Gottfried Adam / Helmut Hanisch / Heinz Schmidt / Renate Zitt (Hg.)
Unterwegs zu einer Kultur des Helfens

Gottfried Adam / Helmut Hanisch /
Heinz Schmidt / Renate Zitt (Hg.)

Unterwegs zu einer Kultur des Helfens

Handbuch des diakonisch-sozialen Lernens

Calwer Verlag • RPE Religion – Pädagogik – Ethik

Wir danken folgenden Institutionen für die finanzielle Unterstützung dieser Veröffentlichung:

Calwer Verlag-Stiftung, Stuttgart
Diakonisches Werk der EKD, Stuttgart/Berlin
Barbara-Schadeberg-Stiftung, Siegen
Diakonisches Werk Oldenburg
Diakonisches Werk Brandenburg
Landeskirchenamt der Ev. Kirche von Westfalen
Diakonisches Werk der Ev. Kirche im Rheinland
Diakonisches Werk Bayern
Diakonisches Werk Ev. Kirchen in Mitteldeutschland
Ev. Kirche der Pfalz (Protestantische Landeskirche)
Diakonisches Werk der Ev. Landeskirche Baden
Diakonisches Werk Württemberg
Ev. Landeskirche Baden
Ev. Kirche von Kurhessen-Waldeck

Bibliografische Information der Deutschen Bibliothek

Die Deutsche Bibliothek verzeichnet diese Publikation in der Deutschen Nationalbibliografie; detaillierte bibiografische Daten sind im Internet über *http://dnb.ddb.de* abrufbar.

ISBN 3–7668–3912–8 (Calwer)
ISBN 3–938356–09–X (RPE)

Umschlaggestaltung: Karin Sauerbier, Stuttgart unter Verwendung der Arbeit von Peter Smoley, Herz (2001)
Satz und Herstellung: Karin Klopfer, Calwer Verlag
Druck und Verarbeitung: Druckhaus Beltz, Hemsbach

e-Mail: info@calwer.com
Internet: www.calwer.com
www.rpe-online.com

Inhalt

Einführung

Projekte diakonisch-sozialen Lernens werden heute in vielen Schulen, aber auch in kirchlicher Bildungsarbeit, im kirchlichen Unterricht, in außerschulischer Jugendarbeit und in der Erwachsenenbildung durchgeführt. Das Freiwillige Soziale Jahr zum Beispiel ist ein solches Großprojekt diakonisch-sozialer Bildung, das sich seit Jahrzehnten großer Wertschätzung erfreut. Trotz dieser vermehrten gesellschaftlichen Präsenz gibt es jedoch selbst im schulischen Bereich immer wieder Verständigungsschwierigkeiten. Bei Fortbildungsveranstaltungen wird deutlich, dass diakonisches Lernen zum Teil in Schulen und bei Schulleitungen kaum bekannt ist. Auch das Phänomen, das sich hinter dieser Bezeichnung verbirgt, ist noch weitgehend unbekannt. Selbst Hinweise darauf, dass es durchaus Bezüge zu sozialem Lernen gibt, bringen nicht immer die nötige Klärung. Diakonisches Lernen scheint immer noch etwas für Insider zu sein, die vorwiegend in Schulen, Ausbildungsstätten, Einrichtungen und Hochschulen in kirchlicher Trägerschaft tätig sind.

Wie diakonisches bzw. soziales Lernen geschehen kann, welche Formen sich dazu eignen, welche Einrichtungen als Partner und welche Orte als Lernarrangements in Frage kommen, ist ebenfalls unklar, weil Lehrerinnen und Lehrer sowie Verantwortliche in Bildungsprozessen in der Regel nicht automatisch Bezüge zum weiten Feld der freien Wohlfahrtspflege sowie zu ihren Einrichtungen unterhalten – es sei denn, sie sind persönlich betroffen bzw. arbeiten und engagieren sich in diakonischen, sozialen oder pflegerischen Handlungsfeldern. Vor diesem Hintergrund gibt das vorliegende Handbuch im zweiten Teil einen Einblick in verschiedene diakonische Tätigkeitsfelder. Zu berücksichtigen ist die besondere Situation im Osten Deutschlands. Diakonische Aufgaben wurden in der Vergangenheit vom SED-Regime in der Regel an die Kirchen delegiert und damit weitgehend dem öffentlichen Leben entzogen. Die Folge davon ist, dass im Hinblick auf die Aufgaben der Diakonie oft Unwissenheit herrscht sowie eine große Unsicherheit im Hinblick auf die Menschen, die besonderen Bedarf an sozialer und pflegerischer Arbeit haben.

Für viele Lehrkräfte, Ausbildungsleiter/innen, Bildungsverantwortliche u. a., die schon von Projekten diakonischen Lernens gehört haben, handelt es sich dabei um ein didaktisch und bildungstheoretisch kaum strukturiertes Praktikum in einer Einrichtung der freien Wohlfahrtspflege, bei dem Jugendliche den dort Tätigen zur Hand gehen und dabei – durchaus wertvolle – Erfahrungen im Umgang mit bedürftigen Menschen machen können. Dass hier gesellschaftsrelevantes Wissen und professionelle Kenntnisse erworben, Verhaltensweisen und Einstellungen geformt und grundlegende existenzielle Fragen reflektiert werden, wird nur selten bedacht.

Wo diakonisch-soziales Lernen in schulische Lernprozesse eingeführt wird, läuft es oft, von einigen profilierten Versuchen abgesehen, außerhalb des normalen Unterrichts als Sonderveranstaltung (z. B. in Projektwochen) oder als ein etwas exotischer Versuch, den ansonsten schwach ausgebildeten fächerübergreifenden Bereich zu beleben. So wichtig solche Anfänge sind, so wenig nachhaltig können sie sein, wenn nicht mit der Zeit deutlich wird, welche neuen Bildungs- und Entwicklungschancen der Schule insgesamt und den Didaktiken einzelner Fächer erschlossen werden. Drei Beispiele seien hier nur erwähnt. Ein völlig neuer gesellschaftlicher Wissens- und Handlungsbereich, der bislang selbst vom Gemeinschaftskundeunterricht sträflich vernachlässigt wurde, wird zum Bildungsgegenstand: die Zivilgesellschaft, die sozialen Systeme, die Sozialpolitik und damit Fragen sozialer Gerechtigkeit und sozialen Engagements sowie die Berufe in diesem Bereich. Es eröffnet sich außerdem ein neuartiger Zugang zu Werten, zu ethischer Reflexion und zur Religion über Handeln und Gesellschaftsgestaltungs-Perspektiven, die im traditionell kognitiven Ethik- oder Religionsunterricht, besonders des Gymnasiums, bestenfalls gelegentlich eine Rolle spielen. Schließlich nötigt eine völlig neue Art des Lernens die ganze Schule, sich wirklich erfahrungsorientierten Lernprozessen zu öffnen und Strukturen des begleitenden Lernens an anderen Lernorten und in der Schule selbst zu entwickeln.

Das nun vorliegende Handbuch des diakonisch-sozialen Lernens steht unter dem Titel »Unterwegs zu einer Kultur des Helfens«. Damit ist die Perspektive dieses neuen pädagogischen Unternehmens benannt. Es geht nicht nur um die Schule, sondern um das ganze Bildungswesen und um die Zukunft der Gesellschaft, die sich als Zivilgesellschaft mit den Schwachen und Bedürftigen erneuern soll und nicht zu einer reinen Wettbewerbsgesellschaft nutzenorientierter Individuen werden darf, die Menschen in schwierigen Lebenssituationen oder mit besonderem Hilfebedarf ausschließt, wegschließt oder einfach nur versorgt. Kultur des Helfens meint eine produktive Qualität des Zusammenlebens, bei der sich Stärkere und Schwächere gegenseitig helfen, indem sie die individuellen Stärken jeder Person fördern und Schwächen soweit ausgleichen, dass eine selbstbestimmte gesellschaftliche Teilhabe möglich wird. Unter dieser Perspektive vollzieht sich diakonisch-soziales Lernen. Wie sich diakonisch-soziales Lernen in die zivilgesellschaftliche Bildungsperspektive einordnet, zeigt das Überblicksschema auf der folgenden Seite, das ursprünglich nur für den schulischen Kontext entworfen und für diesen Kontext modifiziert wurde.[1]

Das Handbuch hat drei Teile, die ihrerseits in mehrere Kapitel aufgeteilt sind. Im ersten Teil werden grundlegende bildungstheoretische Fragen, didaktische Konzepte und curriculare Entwürfe erörtert. Wie diakonisch-soziales Lernen bildungstheoretisch zu verorten ist und welche Profile sich daraus ergeben, zeigen Karl Ernst Nipkow und Jürgen Gohde.

Die derzeit viel diskutierten amerikanischen Konzepte des Situated Learning und des Service Lerarning, die ihrerseits reformpädagogische Traditionen aufgreifen, werden von Helmut Hanisch und Hartmut Rupp zusammen mit Angelika Knapp und Christoph Dammann vorgestellt. Beide – in vieler Hinsicht ähnliche – Konzepte unterscheiden sich aufgrund ihrer philosophisch-ethischen Voraussetzungen. Während das Situated Learning kommunitaristischem Denken entstammt, hat das Service Learning eher einen liberalen und gleichzeitig verantwortungsethischen Hintergrund.

1 Aus H. Hanisch/H. Schmidt (Hg.), Diakonische Bildung, Heidelberg 2004, 152.

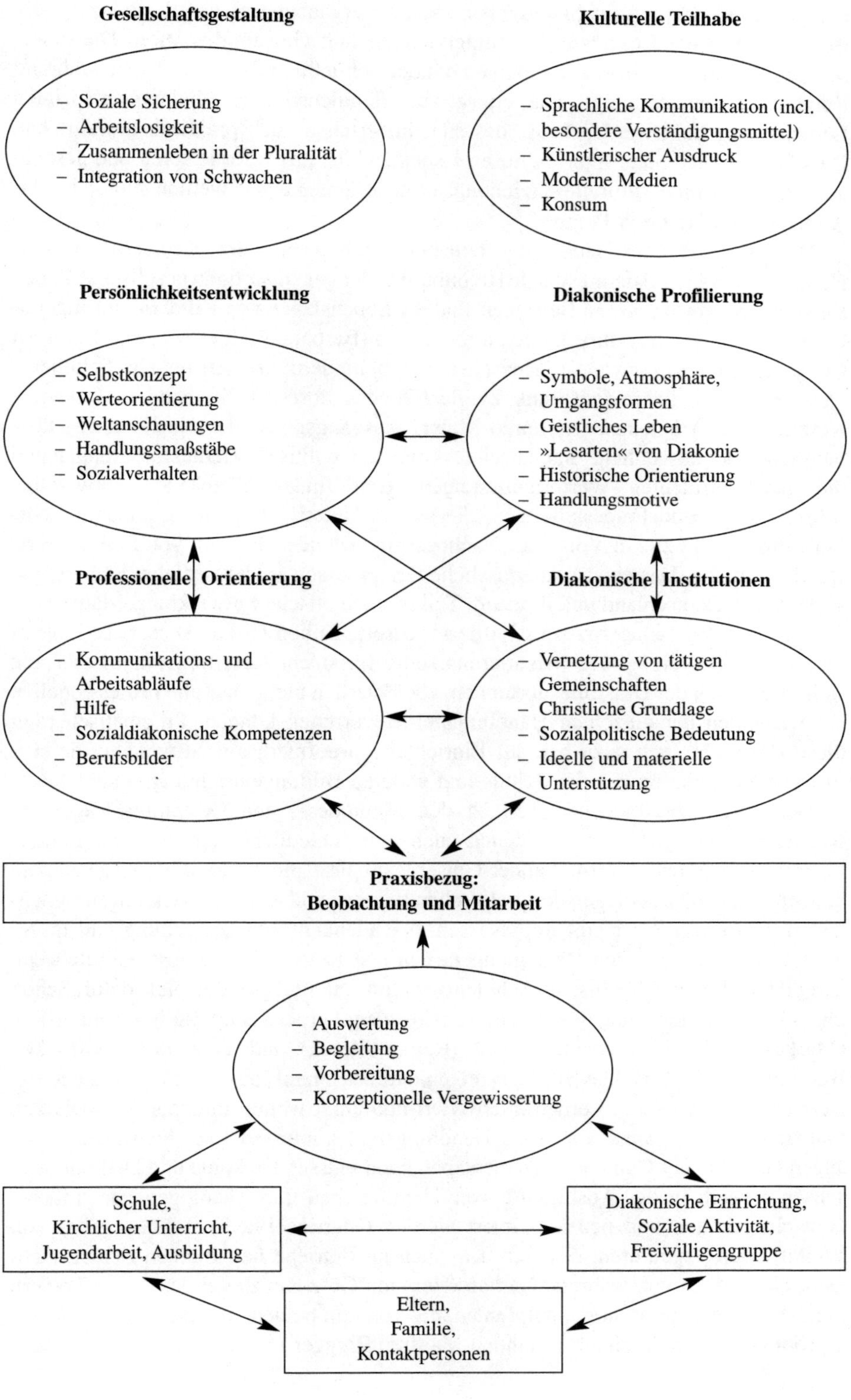
Gesellschaftsgestaltung
– Soziale Sicherung
– Arbeitslosigkeit
– Zusammenleben in der Pluralität
– Integration von Schwachen
Kulturelle Teilhabe
– Sprachliche Kommunikation (incl. besondere Verständigungsmittel)
– Künstlerischer Ausdruck
– Moderne Medien
– Konsum
Persönlichkeitsentwicklung
– Selbstkonzept
– Werteorientierung
– Weltanschauungen
– Handlungsmaßstäbe
– Sozialverhalten
Diakonische Profilierung
– Symbole, Atmosphäre, Umgangsformen
– Geistliches Leben
– »Lesarten« von Diakonie
– Historische Orientierung
– Handlungsmotive
Professionelle Orientierung
Diakonische Institutionen
– Kommunikations- und Arbeitsabläufe
– Hilfe
– Sozialdiakonische Kompetenzen
– Berufsbilder
– Vernetzung von tätigen Gemeinschaften
– Christliche Grundlage
– Sozialpolitische Bedeutung
– Ideelle und materielle Unterstützung
Praxisbezug:
Beobachtung und Mitarbeit
– Auswertung
– Begleitung
– Vorbereitung
– Konzeptionelle Vergewisserung
Schule, Kirchlicher Unterricht, Jugendarbeit, Ausbildung
Diakonische Einrichtung, Soziale Aktivität, Freiwilligengruppe
Eltern, Familie, Kontaktpersonen

Dass beide Konzepte sowohl vereinbar wie auch ergänzungsbedürftig sind, zeigt der Beitrag von Silke Köser zur Konflikterziehung und Gewaltprävention. Die unterschiedlichen didaktischen Perspektiven bündelt schließlich Gottfried Adam, während Reinhard Gronbach zeigt, wie ein ganzes Schulcurriculum diakonisch-sozialen Lernens aufgebaut werden kann, das sich inzwischen auch praktisch bewährt hat. Dass Helfen auch unter interreligiösen Aspekten eine große Rolle spielt und deshalb auch als eine interkulturelle Erziehungsaufgabe angegangen werden muss, ist das Anliegen von Heinrich Pompey.

Der zweite Teil des Handbuchs stellt in der gebotenen Kürze sieben diakonische Handlungsfelder und damit soziale Brennpunkte der gegenwärtigen gesellschaftlichen Entwicklung vor. In diesen Beiträgen sind die Lebenslagen von Kindern und Jugendlichen (Heike Vierling-Ihrig), älteren Menschen (Barbara Städtler-Mach), Migranten (Andreas Klett-Kazenwadel), Menschen mit Behinderungen (Britta von Schubert), Obdachlosen und Armen (Frank Ziegler/Thomas Poreski), Sterbenden (Roswitha Kottnik) und Arbeitslosen (Konrad Maier) Ausgangspunkt des Nachdenkens über mögliche oder tatsächliche diakonische Aktivitäten, politische Herausforderungen und die dabei virulenten Wertorientierungen. Hier finden Erziehende notwendige Informationen und Fragestellungen, die sie im Unterricht sowie in anderen Lehr-Lern-Prozessen bzw. in Vor- oder Nachbereitungsveranstaltungen von Praktika verwenden können. Das ebenso unerlässliche Grundwissen zu den sozialen Sicherungssystemen in Deutschland und ihre zum Teil problematische Entwicklung erläutert die Sozial- und Wirtschaftswissenschaftlerin Gisela Kubon-Gilke. Dieser Teil bietet insgesamt eine vorzügliche Orientierung selbst für solche Leserinnen und Leser, die sich im Bereich der Diakonie auskennen, aber letztlich nicht über alle professionellen Binnensichten der einzelnen Handlungsfelder verfügen können. Pragmatisch trägt diese Übersicht auch dazu bei, auf Einrichtungen aufmerksam zu werden, die sich für eine Kooperation mit der Schule und anderen Bildungeinrichtungen anbieten.

Der dritte, abschließende Teil ist den Methoden-, und Gestaltungsfragen im weitesten Sinne gewidmet, zu denen auch unterschiedliche Lernorte und Lernarragements gehören. Martin Sander-Gaiser expliziert die lernpsychologischen und konzeptionellen Grundlagen des praktischen Lernens und zeigt Entwicklungsmöglichkeiten. Christoph Bizer gibt Impulse zum Nachdenken über Darstellung und Inszenierung bei diakonischen Begegnungen. Christel Ruth Kaiser, selbst Schulleiterin, zeigt Perspektiven diakonischer Schulentwicklung auf und gibt Beispiele dafür. Schon fast klassische Lernorte des diakonisch-sozialen Lernens sind Religionsunterricht (Markus Wild), Konfirmandenarbeit (Rainer Starck) und Teile der Beruflichen Bildung (Renate Zitt). Die Beiträge zeigen darüber hinaus, dass und wie in allen drei Bereichen diakonisches Lernen intensiviert und unter weiterführenden Perspektiven realisiert werden kann. Als neues Handlungsfeld konturiert Lars Schwesinger die Jugendarbeit in der Gemeinde. Dementsprechend müssen Diakonie und Diakoniewissenschaft auch in der Ausbildung von Theologinnen und Theologen ein größeres Gewicht erhalten und neu konzipiert werden (Martina Plieth). Das Angebot von Weiterbildungsagenturen, das sich u. a. auch an Betriebe und Banken richtet, stellt Gabriele Bartsch vor, während Gerhard Hess mit Götz Kunzleiter den freien Trägern Schülermentorenprogramme empfehlen, die von den beiden Autoren entwickelt und erprobt wurden. Schließlich behandelt Manfred Riegger in umfassender Weise mögliche Lehr- und Lernformen und zeigt, inwiefern sie für diakonisch-soziale Lernprozesse an den unterschiedlichen Lernorten geeignet sind.

Dieser kurze Überblick über das Handbuch dürfte schon die Vielfalt dessen zeigen, was sich heute oft noch hinter dem Begriff des diakonisch-sozialen Handelns verbirgt. Das Buch soll informieren, Missverständnisse klären, Verkürzungen korrigieren und insbesondere zu eigenen Projekten ermutigen, sowie die Hilfsmittel bereitstellen, die für solche Projekte benötigt werden. Eine nähere Lektüre wird die vielfachen Vernetzungen zwischen den einzelnen konzeptionellen Perspektiven, Handlungsfeldern, Lernorten und Methoden vor Augen führen und, so hoffen die Herausgeber und die Herausgeberin, auch das notwendige Wissen erzeugen, das für Planung und Durchführung diakonisch-sozialer Lernprozesse erforderlich ist.

Heinz Schmidt

in Zusammenarbeit mit Gottfried Adam,
Helmut Hanisch und Renate Zitt

I. Bildung und Lernen

Karl Ernst Nipkow

Diakonische Bildung und biblische Mitte: Zur Tiefengrammatik der Bildungsmetaphorik

In der Diskussion über eine Diakonie der Zukunft spielen die Begriffe *»Bildung«* und *»Profil«* eine immer zentralere Rolle.[1] Die *Profildebatte* spiegelt sich bereits eindrucksvoll in dem 1997 verabschiedeten vorzüglichen Manifest »Leitbild Diakonie«, das erklärtermaßen »Orientierung geben, Profil zeigen« will. Was das Manifest noch nicht leistet: Es bezieht sich nicht schwerpunktmäßig auch auf Bildung. Nur an einer Stelle kommt am Rande das Wort »bilden« vor (3). An dieser Lücke möchte ich ansetzen. Das unverwechselbare »Profil« diakonischen Handelns soll sich theoretisch und praktisch auch am Verständnis von »Bildung« zeigen und bewähren. Hierfür muss zunächst der Ort von Bildung in der Diakonie bestimmt werden.

1 Die Frage nach dem Ort von Bildung im diakonischen Handeln

1.1 Der zweifache Ort von Bildung – die interne berufsvorbereitende Bildungsarbeit, Fort- und Weiterbildung und die bildenden Lernerfahrungen in der Praxis von Helfenden und Betroffenen

Auch hinsichtlich der *Bildungsdebatte* arbeitet das Diakonische Werk bereits mit bildungstheoretischen Kategorien, geht es doch darum, im Blick auf die Arbeit mit Kindern und Jugendlichen (Kindertagesstätten, Kinder- und Jugendhilfe) oder auf evangelische Schulen die einschlägige Berufsausbildung bildungstheoretisch zu bedenken und auszurichten. Ausbildungsinstitutionen sind Bildungsinstitutionen; die Begriffe »Ausbildung« und »Bildung« sind früher voneinander abgesetzt worden; dies wird heute als problematisch angesehen. Wenn diakonische Ausbildungsinstitutionen auf der Höhe sind, erwerben die jungen Menschen Kompetenzen, die nie nur berufsprofessioneller Art sind, sondern Rückwirkungen auf sie als Personen haben, auf die Studierenden als Menschen. Das Einleitungskapitel der EKD-Denkschrift endet mit der Formel »Bildung, Lebenssinn und der ›ganze Mensch‹« (EKD 2003a, 25). Wenn das Lehren und Lernen nicht oberflächlich erfolgt, trägt es zur Persönlichkeitsbildung bei, die immer mehr auch von der Wirtschaft gefordert wird.

Seit PISA und den Neuorientierungen im Elementarbereich (Bildungsauftrag der Kindertagesstätten) und in der Schule (Ganztagsangebote unter Einschluss von Ganztagsschulen in Zusammenarbeit mit Jugendhilfe und kirchlicher Jugendarbeit[2]) fragt

1 Vortrag auf dem Bildungskongress des Diakonischen Werkes der EKD am 13./14.10.2003 in Speyer unter dem Titel: »Diakonisches Bildungsverständnis – zur Bildungsdenkschrift der EKD ›Maße des Menschlichen‹ unter diakonischen Perspektiven«.

2 Vor kurzem hat auf EKD-Ebene eine Arbeitsgruppe die Überlegungen zu dem letzten Verhältnis

sich allerdings die Diakonie zu Recht, was noch stärker bildungstheoretisch und -politisch auf sie zukommt. Es steht im Zusammenhang mit der Diskussion zum Qualitätsmanagement und zur Qualitätsevaluation auf mehreren Ebenen einschließlich des System-Monitoring. Vorarbeiten beziehen sich auf Schule, wie die Bildungsforen belegen (Diakonisches Werk 1998; 2002). Mit einem engen, nur an Schule und Wissensvermittlung ausgerichteten verkürzten Begriff von Bildung kommen wir allerdings nicht weit genug voran. Die Bildungsdenkschrift der EKD (EKD 2003a), die ich hier diakoniebezogen auswerten will, setzt komplexer und weiträumiger an. Fast zeitgleich hat Renate Zitt im Anschluss an den Verfasser Perspektiven eines »umfassenden Bildungsverständnisses« ins Gespräch gebracht (Zitt/Schmidt 2002, 15). Kurz: Es geht für die Zukunft bei der Bildungs- wie der Profilfrage zwar nicht um einen Neuansatz, aber um eine *Vertiefung* der diakonieinternen Bildungsdebatte und um die deutlichere *Erkennbarkeit* des christlichen Profils im konkreten diakonischen Tun, obwohl oder gerade weil dieser letzte Punkt schwieriger geworden ist.[3]

Damit ist neben neben der ziel- und inhaltsorientierten curricularen Seite der Berufsausbildung die berufliche *Tätigkeit* selbst in ihren Vollzügen angesprochen. Für sie ist eine erweiterte *handlungstheoretische* Spur zu verfolgen (vgl. Collmar 2004). Es seien jene Verben befragt, mit denen das Leitbild-Papier von 1997 »Leitbild Diakonie – damit Leben gelingt!« (DW 1997) diakonisches *Handeln* bezeichnet. Vor Augen treten konkrete Tätigkeiten, also nicht nur jene Verben, die eine diakonische *Haltung* bzw. das diakonische *Ethos* umschreiben wie z. B. den einzelnen Menschen »wahrnehmen«, der Not »ins Gesicht schauen«, sich nicht »abwenden«, sondern »anrühren« lassen usw. (1). Verben, die Tätigkeiten benennen, werden in folgenden zwei Sätzen aneinander gereiht:

»Wir begleiten und beraten Menschen in allen Lebenslagen. Wir pflegen und heilen, trösten, stärken und fördern und bilden sie aus.« (3)

Der Schlusshinweis auf »bilden« korrespondiert zunächst mit dem, was soeben über die Bildung von Einstellungen in der Berufsausbildung gesagt worden ist. Zusätzlich, ja, primär, ist jetzt zu prüfen, ob sich auch »in, mit und unter« dem Begleiten, Beraten, Pflegen, Heilen, Trösten, Stärken und Fördern Bildungsvorgänge vollziehen, oder ob jene Weisen des Handelns dadurch pädagogisch überstrapaziert werden.

Wenn man umsichtig verfährt, ist dies nicht der Fall. Schon im herkömmlichen Sprachspiel der Diakonie trifft man auf einen zu einer Antwort hinführenden *bildungsrelevanten Brückenbegriff*, den des »sozialen Lernens«. Heinz Schmidt (2002) betrachtet *»diakonisches Lernen* als eine spezielle Art *sozialen Lernens«* (155), zugleich als »sozio-moralisches Lernen« und *»ethisches Lernen* bzw. ethische Erziehung« (155f). Darüber hinaus betreffe diakonisches Lernen »alltagsbezogene Spiritualität« sowie soziale »Einstellungen« und christliche »Orientierungen« (156), die von mir als erste Ebene genannte der Haltungen und des Ethos. Der Schwerpunkt von H. Schmidts erhellender Analyse betrifft die *Ausbildung* der in der Diakonie Tätigen, ihre Zurüstung als Experten und als Personen.

---

aufgenommen. In einzelnen Regionen wie Rheinland-Pfalz ist die Zusammenarbeit zwischen Ganztagsschulen und kirchlicher Jugendarbeit bemerkenswert fortgeschritten.

3 So Dr. Karl-Dieterich Pfisterer und Dr. Silke Köser im Gespräch mit mir.

In enger Verbindung mit der fachlichen und trägerspezifisch zu profilierenden Bildung der inneren *»Einstellungen«* und christlichen *»Orientierungen«* (ebd.) ist nun ebenfalls der Blick auf die *Bildungsprozesse in der Praxis selbst* zu lenken. Man darf die Hypothese vertreten, dass dann, wenn in der Diakonie Tätige andere Menschen »begleiten und beraten ..., pflegen und heilen, trösten, stärken und fördern«, auch die von der diakonischen Arbeit Betroffenen *»Lernerfahrungen«* machen, komplementär zu dem, was die diakonisch in jenen Formen Hilfe Leistenden ebenfalls in der Ausübung weiterhin »lernen«. Sie lernen nicht nur im Vollzug ihres Tuns, dies Tun sachgerechter zu leisten; sie lernen ständig auch sich selbst dabei kennen und erhalten Anstöße, ihre Einstellungen und Orientierungen zu überdenken. Es ist jetzt nur noch ein Schritt zu der sich anschließenden Frage nach »Bildung«. Wann findet auf beiden Seiten, der Seite der helfend Handelnden und derer, denen geholfen wird, ein Lernen statt, das die Denkschrift programmatisch *»bildendes Lernen«* nennt und damit in seiner menschlich bedeutsamen Qualität und nachhaltigen Wirkung hervorhebt (EKD 2003a, 14, 16, 24 passim)?

Als *Zwischenergebnis* ist hinsichtlich des Ortes von Bildung zweierlei festzuhalten: Bildung betrifft zwei Gruppen von Menschen: zunächst die Auszubildenden (vor ihnen auch die Ausbilder selbst) und zugleich diejenigen, denen die Ausgebildeten ihren beruflichen Dienst widmen. Im Einzelnen:

- Bildung findet als Bildungsprozess an den Ausbildungsorten und in der Praxis selbst statt. Der Bildungsbegriff ist folglich *erstens* auf das berufsvorbereitende wie berufsbegleitende Lernen der Helfenden zu beziehen, Letzteres als formelles in der Fort- und Weiterbildung und als informelles in, mit und unter der praktischen Tätigkeit.
- Bildung ist inhaltlich auf Verknüpfung von Erfahrung und Wissen gerichtet, auf die Verbindung von Beruf und Leben. Im Zeichen von Bildung sollten Fachausbildung und persönliche menschliche Bildung einander durchdringen. Die Ausbildung von Sach- und Methodenkompetenz auf der einen Seite und die Bildung von Sozial- und Selbstkompetenz auf der anderen Seite dürfen nicht zweigleisig nebeneinander herlaufen. Fachliches Handeln gründet nämlich in wertbezogenen Vorentscheidungen (Ethos in Gestalt von Haltungen und Einstellungen) wie in Sinndeutungen der Lebenswirklichkeit im Ganzen (weltanschaulich-religiöse Überzeugungen und übergreifende Orientierungen). Dieser faktische Zusammenhang ist reflexiv bewusst zu machen und in das Handeln hineinzuholen.
- Wie berufliches Handeln von den Werteinstellungen der umgebenden Kultur beeinflusst ist, wirkt es selbst im ganz kleinen Rahmen auch auf die Kultur zurück. Jedes diakonische Tun trägt zum diakonischen Geist einer Gesellschaft bei. Wird die Diakonie schwächer, verarmt ein Gemeinwesen. Bildung ist die subjektive Seite von Kultur. An ihr entscheiden und bewähren sich die beiden Fragen, die die EKD-Denkschrift gleich einleitend aufwirft: »Leben und Erziehen – wozu?« Und: »Welches Verständnis von Kultur und Zukunft ist zugrunde zu legen?« (10).[4]

4 Zur ersten Frage vgl. die EKD-Synode 1978 in Bethel. Vgl. ferner die zweite These im Schlusskapitel der Denkschrift: »Bildung spiegelt als Kulturanspruch die Sinn- und Wertorientierung einer Gesellschaft und verlangt daher einen kontinuierlichen öffentlichen Bildungsdiskurs.« (89)

- Bildung darf man *zweitens* auch auf die bildungsrelevanten Lernerfahrungen der Menschen anwenden, denen der Dienst gilt. Sie nehmen wahr, was mit ihnen und um sie herum geschieht, und sie denken darüber nach. Erfahrung und (Selbst-) Reflexion aber sind das Elixier von Bildung.

Zusammengefasst kann die Diskussion über »diakonisch-soziales Lernen« einschließlich »ethischen Lernens« und erst recht der Blick auf Alltags- und christliche »Spiritualität« mit Fug und Recht nach mehreren Seiten hin unter der Kategorie der »Bildung« gefasst werden, vorausgesetzt, Bildung wird nicht fatal verkürzt.

Auf die Richtigkeit dieser Interpretation deuten ergänzend noch folgende Sachverhalte. Wer sozial »lernt«, »bildet« sich. Nach H. Schmidt (2002, 155) hat »soziomoralisches Lernen« wegen »der Orientierung an anerkannten Normen, Werten, Prinzipien und Begriffen ... immer auch kognitive Gehalte, die als solche *erkannt* und in ihren Zusammenhängen durchsichtig gemacht werden müssen« – ein typisches Moment selbstreflexiver Bildung. Soziales Lernen ist schon auf der kognitiven Ebene bildungsrelevant. Ebenso gelten wie angedeutet soziale Haltungen, ethische Einstellungen und religiöse Orientierungsmuster als Merkmale von Bildung. Darum spricht die Denkschrift von »soziale(r)«, »ethische(r)« und »religiöser Bildung« (15), an anderer Stelle von »spiritueller Bildung« (46).

Die gegenwärtige wissenschaftliche Pädagogik hat den Bildungsbegriff rehabilitiert. Die evangelische Religionspädagogik hat ihn übrigens nie aus den Augen verloren, auch nicht, als seit den 1960er Jahren der Lernbegriff an seine Stelle rückte (vgl. Nipkow 1977). Er wird heute vor allem aus zwei Gründen neu gewürdigt. Mit dem Wort »Bildung« ist eine *integrierende* und *normativ gehaltvolle übergreifende* Kategorie gegeben, auf die man nicht verzichten sollte.

1.2 Diakonisches Lernen und diakonische Bildung – zur Überwindung der Kluft zwischen schulpädagogischen Bildungskategorien und sozialpädagogischen Lernansätzen

Es gibt leider Hindernisse, die Nähe von diakonischem Handeln und Bildung in der Praxis wahrzunehmen und theoretisch zusammenzudenken. »Soziales Lernen« wird üblicherweise nicht mit dem Wort »Bildung« assoziiert. Das Problem ist genereller Natur.

Wir trennen allenthalben, was zusammengehört, wobei sich auch Voreingenommenheiten verstärkend auswirken. Bekannt sind die wechselseitigen Voreingenommenheiten zwischen der »*Schulpädagogik*« – auf deren Seite von den Sozialpädagogen und Sozialarbeitern »Bildung« lokalisiert wird, und zwar eben meist als schlimm verschulte –, und »*Sozialpädagogik*«, in deren Zuständigkeit von Schulpädagogen das »soziale Lernen« abgeschoben wird. Dem sozialen Lernen steht die Schullehrerschaft in Deutschland ziemlich unbeholfen weil schlecht ausgebildet und daher ratlos gegenüber. Renate Thiersch spricht von einer »institutionellen Fremdheit« von Schul- und Sozialpädagogik. Seit den 70er Jahren ist zum Unterricht zwar die so genannte »*Werteerziehung*« programmatisch hinzugetreten. Es ist aber im deutschen Bildungssystem nicht gelungen, »Bildung« und »Erziehung« befriedigend miteinander zu integrieren. Genau dies versucht die Bildungsdenkschrift der EKD in ihrem Ansatz (71).

Seit PISA unternimmt man es, die beiden Seiten stärker ineinander zu schieben: »frühe *Bildung*« bereits im *Elementarbereich,* nicht nur Spiel und soziales Lernen, und komplementär mehr »*Betreuung*« im *Sekundarbereich* mit »*Ganztagsangeboten*« bis »*Ganztagsschulen*«, die allerdings ohne ein neues, über Betreuung hinausgehendes Konzept der »Schulentwicklung« im Verbund mit einer »sozialpädagogischen« Durchgestaltung keinen Qualitätszuwachs erwarten lassen. Grundsätzlich ist die Zeit überreif für eine Verschränkung bisher eher auseinander driftender Sphären.

Unter den Einrichtungen können übrigens Evangelische Fachhochschulen dann wesentlich zur *Überwindung der Trennung* beitragen, wenn sie in allen ihren drei Bereichen, als Hochschulen für »Soziale Arbeit, Religionspädagogik und Diakonie«, dem Bildungsbegriff jene integrierende, vernetzende Funktion zukommen lassen. Der Grund liegt strukturell auf der Hand: Es werden sowohl Religionspädagogen wie Sozialarbeiter und Sozialpädagogen ausgebildet.

1.3 Integrierendes Bildungsdenken

Die Denkschrift der EKD geht allen einschlägigen Grundbegriffen wie Lernen, Erziehung, Wissen, Schlüsselqualifikationen nach (67–71), um feststellen zu müssen, dass keiner das leistet, was der Begriff der »Bildung« angemessener vermag. Wenn man den Lernbegriff zugrunde legt, ist das sinnvoll, sofern empirisch zu forschende subjektive Aneignungsvorgänge und didaktisch-methodisch konkret anzuleitende Handlungsvollzüge gemeint sind. Wenn aber die Einzelaufgaben über sich hinausdrängen und man auch die mitwirkenden menschlichen Grundeinstellungen, die weltanschaulich-religiösen Überzeugungen, die Rolle symbolischer Orientierungsgrößen und spiritueller Wurzeln mit ansprechen und berücksichtigen will, liegt es nahe, von »diakonischer Bildung« zu sprechen.

Der Begriff »Bildung« selbst wird von der Denkschrift der EKD wie folgt definiert, eine Definition, die zu einem Denken in vernetzten Zusammenhängen einlädt und besonders die umfassenden tragenden Sinndeutungen anspricht:

»Die evangelische Kirche versteht Bildung als *Zusammenhang von Lernen, Wissen, Können, Wertbewusstsein, Haltungen (Einstellungen) und Handlungsfähigkeit im Horizont sinnstiftender Deutungen des Lebens.*« (66)

Wissen wird zusammen mit *Lernen* als Erstes genannt; es ist unabdingbar. *Können* folgt als nächstes Merkmal. Dann treten Begriffe und Perspektiven hinzu, die Bildungspolitiker kaum mitbedenken, als hätte es den Amoklauf am Erfurter Gutenberg-Gymnasium im Sommer 2002 nicht gegeben, als wenn Gewalt auf den Pausenhöfen und Straßen sowie Ausgrenzung von Ausländern nicht existierten, und als wären Sinn- und Wertfragen Randfragen. Die Denkschrift betont demgegenüber mit den Termini »*Wertbewusstsein*«, »*Haltungen*« und »*Einstellungen*« zunächst notwendige *ethische und politische Kompetenzen.* In engster Verbindung mit »Bildung« taucht damit als eine der Bildung innewohnende Dimension das Feld der »*Erziehung*« auf. Es ist üblich geworden, über »Werteerziehung« gesondert zu reden – eine bildungstheoretisch problematische Trennung. Sachlich geht es demgegenüber zwingend z. B.

um die sozialpädagogische Zurüstung der Schulen, um Gewaltprävention, um Friedenserziehung und um interkulturelles Lernen (hierzu interdisziplinär aus biblisch-theologischen, evolutionstheoretischen, pädagogischen und religionsvergleichenden Perspektiven Nipkow 2003b).

Die Denkschrift schließt mit dem gewichtigen Hinweis auf den »*Horizont sinnstiftender Deutungen des Lebens*«. Er fehlt erstens in den bildungspolitischen Programmen des Staates fast ganz, weil der Staat weltanschaulich-religiös neutral sein will und auch sein muss, woraus aber nicht folgt, die Sinnfrage als solche zu übergehen. Zweitens verhält sich auch die wissenschaftliche Pädagogik aus anderen Gründen gegenüber »normativen« Fragen auffallend spröde; sie versteht sich weithin als anscheinend wertneutrale empirisch-analytische Sozialwissenschaft. Der Staat ermöglicht und organisiert zwar den Religionsunterricht. Aber die Dimension der Transzendenz wird allgemeinpädagogisch und schulpädagogisch nicht ernsthaft erörtert und gewürdigt. Die produktive Unruhe durch eine Besinnung auf Gott wird abgedrängt. Erziehung und Bildung brauchen aber wie die große Politik Sinnhorizonte. Erstens sehen sich die einzelnen Menschen nach ihnen um. Zweitens liegt jedem Weltzugriff eine Weltdeutung voraus. Drittens ist eine sich ihrer Sinngrundlagen bewusste (oder sie vergessende!) Verantwortung für ein Gemeinwesen ein Politikum. Gesellschaftskritische ethisch-religiöse Erinnerungen und Warnungen gefallen sicherlich nicht jedem. Die Bildungskammer hat versucht, sich dieser erwarteten Abwehr nicht anzupassen und gleichwohl nicht an den berechtigten Erwartungen aus Politik, Wirtschaft und Wissenschaft vorbeizureden.

2 Kontexte und Profile des diakonischen Bildungsverständnisses und -handelns der Kirche

2.1 Der binnengesellschaftliche Kontext und das gesellschaftsdiakonische Profil

Bildungshandeln setzt stets auch bildungs- und gesellschaftspolitische Zeichen. Die unentrinnbare Verflechtung von Bildung und Bildungspolitik ist für die evangelische Kirche in ihrer Geschichte seit dem Ende des Ersten Weltkriegs und der Weimarer Republik bis zur Gegenwart kürzlich ausführlicher dargestellt worden (Nipkow 2003a).

Begonnen sei mit einem Profil diakonischen Handelns, das in dem oben herangezogenen Abschnitt aus dem Leitbild-Manifest ebenfalls schon in der Überschrift benannt wird: »Wir leisten Hilfe und verschaffen Gehör«. Die Wendung »wir leisten Hilfe« bündelt die Tätigkeiten des Begleitens, Beratens, Pflegen, Heilens, Förderns, Stärkens (siehe oben). Unmittelbar darauf folgen die Sätze:

»Zugleich erheben wir unsere Stimme für diejenigen, die nicht gehört werden. Gemeinsam mit anderen treten wir für eine menschenwürdige Gesetzgebung, chancengerechte Gesellschaft und eine konsequente Orientierung am Gemeinwohl ein.« (3)

Diakonisches Handeln ist *politisches Handeln.* Als *bildungspolitisches* Handeln gehört es ebenfalls ins Zentrum des vielfachen Eintretens für Menschen, zusammen mit Sozial-, Familien-, Zuwanderungs-, Asyl- und Entwicklungspolitik. Der hier verfolgte handlungstheoretische Ansatz (vgl. ähnlich Collmar 2004) betrifft nicht nur die *Mikroebene* der alltäglichen Tätigkeiten in den Einrichtungen, sondern auch die mittlere bzw. *Mesoebene* der einzelnen Institution und die *Makroebene* der gesellschaftlichen Systeme (Gesundheitssystem, Bildungssystem usw.). Die diakonische Ausbildung hat die »Aneignung« von Wissen auf allen Ebenen »zuzumuten« (N. Collmar) und zu einer gebildeten Urteilsfähigkeit zu befähigen.

Die gegenwärtige Bildungsdebatte verlangt, dass sich die Diakonie einmischt. Wenn sie sich »Bildung« in Verbindung mit »Bildungspolitik« angelegen sein lässt, muss sie Stellung beziehen. Was darf »lebenslanges Lernen« nicht bedeuten? Weder den Zwang, dass alle Menschen unbedingt eine höhere oder Hochschulbildung erwerben, noch dass ein Hauptschulabschluss als minderwertig gilt. Alles sollte jedoch getan werden, damit ein junger Mensch überhaupt einen Bildungsabschluss macht. Hierfür ist Förderung von frühauf notwendig.

In jüngerer Zeit hat der Rat der EKD als spezielle Konsequenz aus der Bildungsdenkschrift eine Stellungnahme zu »Perspektiven für Jugendliche mit schlechteren Startchancen« verabschiedet (EKD 2003b). In der Denkschrift war schon in der Einleitung die Frage gestellt worden, die zahllose Jugendliche auf den Lippen haben: »Werden wir in der Gesellschaft überhaupt gebraucht?« (11). Oder konkreter, nochmals die Denkschrift in Kapitel 1: In einer zum ersten Mal zusammensitzenden Hauptschulklasse fragt die Lehrerin: »Was könnt ihr besonders gut?« Verlegenes Schweigen, bedrückte Gesichter; dann sagt einer: »Wir sind doch hier, weil wir schlecht sind und nichts können« (22).

Können sie wirklich nichts? Oder müssen sie sich aufgrund übermäßig gesteigerter Leistungsanforderungen nur als ein Nichts vorkommen? Es gibt unterschiedliche Begabungen, aber niemanden, der nichts kann. Es ist schlimm, wenn dies in unserem Gemeinwesen vergessen wird. Diakonische Bildungshilfe und Bildungspolitik setzt auf das, was Menschen trotz allem können, und sei es auch nur wenig (Kompetenzansatz anstatt Defizitansatz).

Um das im diakonischen Alltag im Kleinen auf der Mikroebene zu fördern, muss es im Großen auf der Makroebene unterstützende politische, rechtliche und finanzielle Rahmenbedingungen geben. Ferner sollten auf der mittleren institutionellen oder Mesoebene leistungsfähige Einrichtungen vorhanden sein. In einem solchen aufgefächerten und damit realitätsnahen, nicht abgehoben abstrakten Sinn tritt die Denkschrift in Verbindung mit der jüngsten zusätzlichen Stellungnahme der Kirche für die Schwachen in unserer Gesellschaft ein, weil das zum Kern einer biblisch begründeten und im wörtlichsten Sinne diakonisch zu nennenden kirchlichen Bildungsverantwortung gehört. In dieser Hinsicht sind Altes und Neues Testament völlig eindeutig: Die Propheten im alten Gottesvolk und Jesus in den Evangelien stehen auf der Seite der Leidenden und Armen, der Schwachen und Geringen, zu denen auch die Kinder zählen, weil an ihnen die Glaubwürdigkeit von »Gottes Gerechtigkeit« hängt, jene Offenbarung seiner selbst, die zur Botschaft von der unverdienten »Rechtfertigung« führen sollte. Die Klagepsalmen nehmen Gott beim Wort (Ps 7; 10; 11), bei der Verheißung seiner »rettenden Gerechtigkeit« (Janowski 1999) und ihrem Abglanz schon hier auf Erden.

Als generelle pädagogische Konsequenz ist in der Bundesrepublik die *Auslese* nachhaltiger als bisher an eine vorausgehende intensive *individuelle Förderung* zurückzubinden mit dem Ehrgeiz, möglichst niemanden abzuhängen. In einer Gesellschaft, die so stark wie die modernen den Lebenslauf um Beruf und Erwerbsarbeit herum organisiert, schlägt bei Bildungsverlierern dieser Verlust auf den Lebenssinn überhaupt durch. Das ist theologisch und pädagogisch schwer erträglich. Der negativen Selbstzuschreibung »Wir sind doch hier, weil wir schlecht sind und nichts können« (siehe oben das Beispiel aus der Hauptschule) stellt das diakonische Bildungsdenken die positive Zuschreibung entgegen: »Du kannst dies und auch das.« Es denkt von den gegebenen »Gaben« aus und sieht den »ganzen Menschen«.[5]

2.2 Der Kontext der Lebensgeschichte und das lebenslauforientierte Profil

Das die gesellschaftlichen Herausforderungen analysierende Kapitel 1 der Denkschrift, dem eben der erste Kontext der Bildungspolitik entsprach, endet mit dem Abschnitt »*Bildung, Lebenssinn und der ›ganze Mensch‹*«. Es leitet mit innerer Logik zu dem umfangreicheren Kapitel 2 »*Lebenslagen und Menschenbild*« über, einem Kapitel, das sich am ausführlichsten mit der diakonischen Arbeit verbinden lässt, denn es spannt den Bogen über den ganzen Lebenslauf. Nacheinander werden die Lebenslagen der Kinder, Jugendlichen und Erwachsenen beschrieben. Unmissverständlich wird deutlich, dass Bildung aus der Sicht der Kirche weit über die Schule hinausreicht. Diakonisches Handeln ist allen Lebenslagen und Lebensphasen zugeordnet, ebenso außerschulischen Lernorten wie der Gemeinde-, Kinder- und Jugendarbeit.

Comenius hat als erster evangelischer Pädagoge und Theologe Bildung auf alle Lebensalter bezogen, wobei er sie in Anlehnung an Calvin mit Schulen vergleicht. Er beginnt seine Betrachtungen in der Pampaedia mit der Schule des »vorgeburtlichen Werdens« (1965, 223ff), eine bemerkenswerte frühe Vorwegnahme der Fürsorge und ethischen Verpflichtung für die Bewahrung und Förderung des noch ungeborenen Lebens. Die Schule des Alters wird dreifach unterteilt, in die des »rüstigen« (429ff), »hohen« (435ff) und »hinfälligen« Alters (443ff). Comenius beschließt seine Ausführungen mit der »Schule des Todes« (447f).

Wie viel und wie lange sollen wir also lernen? Auch aus christlicher Perspektive das ganze Leben lang bis ins Alter. Die Kirche bejaht »lebenslanges Lernen« (EKD 2003a, 23ff), fragt aber nach »neuen Maßen des Lernens« (24). Sie unterscheidet zwischen »Not-Wendigkeiten« und »Maß-Losigkeiten«. Will man »zum permanenten Lernen verpflichten«, oder darf jede und jeder »eigenen Einsichten und Antrieben folgen«? »Dem Konzept lebenslangen Lernens ist ferner ein zunächst nur formales Steigerungsprinzip eingeschrieben« (ebd.)[6]. Demgegenüber steht im inhaltlichen

5 Die Wendung der »ganze Mensch« entstammt einer anthropologisch vertieften Neuorientierung der Medizin. Zu seiner verzweigten Bedeutung vgl. V. Drehsen u. a., 1997 in der Festschrift für Dietrich Rössler.

6 Wer in der Denkschrift einen inhaltlichen Bildungskanon für den Lebenslauf erwartet, wird enttäuscht. Wir haben gerade keine schulischen Lehrplanvorschläge machen wollen, sondern richten den Blick wie in der bildungstheoretischen Diskussion üblich und angemessener auf Dimensionen und Aufgaben (s. bes. Kap. 4).

Zentrum der Denkschrift das Verhältnis zu Gott dem Schöpfer (EKD 2003a, 61, 63, passim) und zur »Neuschöpfung« in Jesus Christus (59f). Das rechte Wissen ist Weisheit angesichts menschlicher Endlichkeit und biblischer Hoffnung.

»Dem *hinfälligen Alter* obliegt die Aufgabe, den Tod zu empfangen und in seiner Begleitung in das neue, unsterbliche Leben einzutreten« (Comenius, Pamp., 443). »Der Tod ... ist der Angelpunkt, um den sich die Ewigkeit dreht« (427).

Christen tragen aus ihrem Glauben eigene Erfahrungen über die Wirklichkeit im Ganzen und über Bildung im Ganzen in die Diskussion ein. Um sie in einer Leitidee auszudrücken, bevorzugt die Denkschrift anstelle der Formel des »lebenslangen Lernens« die Formeln des »*lebensbegleitenden Lernens*« (EKD 2003a, 25), der »lebensbegleitenden Bildung« (93), oder sie spricht von »Bildung als Lebensbegleitung« (62; vgl. Nipkow 1990). Bestimmend ist ein »subjekt- und biographieorientierter Ansatz« (11), der sich nahtlos zur Diakonie fügt.

Kompetentes bildungssensibles diakonisches Handeln ist besonders am Anfang und am Ende des Lebenslaufs gefordert, bei der »*frühen Bildung*« im Elementarbereich als *ganzheitliches Fördern* und bei der Begleitung der älter werdenden Menschen als Hilfe zu einem *sich vertiefenden Verstehen des Lebensganzen*. Die Situation des Alterns sei etwas näher betrachtet. Hierzu heißt es, gestützt auf Altersforschung:[7] »Altern geschieht mehrdimensional, als *physisches, willentlich-handelndes und geistiges, psychisches und soziales Altern*« (EKD 2003a, 45).

Die tieferreichenden anthropologischen und theologischen Aussagen gehen auf Paracelsus' Lehre von den Sphären des Lebens und den Graden der Lebendigkeit in der Interpretation durch Eugen Rosenstock-Huessy zurück (1952, 114–201, bes. 156ff). In allen Lebensphasen ist *Bildung* (wie alle Lernerfahrung) *leiblich gebunden*. In unserem Leib kann die eine Seite unserer Leiblichkeit eine andere mitziehen, sie ‚beleben'. Die *Sinne* regen den *Geist* an; der hierdurch erfrischte oder auch der zur Ruhe gekommene Körper stärkt die Kraft zu geistiger Sammlung, Ausdauer und Kreativität. *Wahrnehmungen* wirken auch auf unser *Wollen*; sie spornen die Willensbereitschaft an oder lähmen den Willen. Alles dies beeinflusst unser *Fühlen*. Wenn nun eine Seite der Leiblichkeit schwächer wird, kann eine andere dem Menschen in seiner Ganzheit aufhelfen. Dies ist der Grundgedanke. Ich nenne es die Erfahrung der »*stellvertretenden Leiblichkeit*«. Was gemeint ist, beschreibt das folgende längere Zitat aus der Denkschrift; es beginnt mit dem Schwund der körperlichen Kräfte und mit dem stellvertretenden »Einspringen« des Geistes.

»Ein noch wacher, gebildeter und sich weiter bildend umsehender Geist (ein Aspekt des ›weisheitsbezogenen Wissens‹) lässt körperliche Gebrechen weniger schwer erscheinen. Falls auch die geistigen Kräfte und Handlungsaktivitäten wesentlich nachlassen, also das physische wie das geistige Altern unumkehrbar sind, bleibt in der Sphäre des psychischen Altwerdens das emotionale Erleben erhalten. Liebe kann von anderen erfahren und auch in aller Schwäche anderen gegeben werden. ›Bildung‹ erscheint als ›Haltung‹ und ›Lebensform‹ im Zusammensein mit anderen Menschen bis hin zur ›Würde‹ im Sterben. Im Angesicht der Unausweichlichkeit des

7 P. B. Baltes/J. Mittelstraß/Ursula M. Staudinger 1994. An dieser Stelle darf ich Jürgen Gohde für einschlägige wissenschaftliche Hinweise danken.

Todes ist die Generationenbeziehung ganz besonders herausgefordert. Der alte Mensch darf gerade jetzt nicht von anderen verlassen werden – Einsamkeit als soziales Altern. In der Sphäre der letztgültigen sozialen Kommunikation ist aus christlicher Sicht Gott die unversiegliche Quelle von Lebendigkeit, die Verheißung ›ewiger‹ Kommunikation unter dem von ihm empfangenen ›Namen‹ (Jes 43,1). Darauf kann vorbereitet werden. Gebet und Meditation, Gesten und Riten, Symbole und Bilder sind Elemente ›spiritueller Bildung‹« (EKD 2003a, 46).

Die Denkschrift lässt den am »ganzen Menschen« in seiner Leiblichkeit und an Gott und seiner Kommunikation mit den Menschen orientierten Gedankengang bildungstheoretisch in eine spirituelle Bildung ausmünden.

Der Kontext der Lebensgeschichte schließt das *Generationenverhältnis* in sich. Die Achtung der Generationen voreinander ist ein Prüfstein der Humanität der Gesellschaft. Schlimm wäre es, wenn die Aussage des amerikanischen Kritikers der neokapitalistischen flexiblen Gesellschaft, Richard Sennett (2000, 129), zutreffen sollte, dass alte Menschen ihre Erfahrung »nicht mehr in Würde« zitieren können.

Ein anderer Prüfstein sind unsere *Maßstäbe für Erfolg und Scheitern.* »Das Scheitern ist das große moderne Tabu. ... Unbehandelt bleibt der harte innere Satz: ›Ich bin nicht gut genug‹« (Sennett, 159). In den Augen Gottes gilt dies nicht. Die Kirche ist auf ein *»integrative(s) diakonisches Bildungsverständnis«* verpflichtet, wie die Bildungsdenkschrift ausdrücklich gegen Schluss von Kapitel 3 hervorhebt (63), wobei bei dem Begriff »integrativ« besonders an Menschen mit Behinderungen gedacht wird. In der Zusammenfassung in Kapitel 5 heißt es darum:

»Wir brauchen Bildungseinrichtungen mit einer Kultur der wechselseitigen Anerkennung, die sich im Umgang mit den schwächsten Gliedern, den Kindern, den Alten und den Behinderten, zu bewähren hat« (92).

2.3 Der Kontext der Globalisierung und die Frage nach Profilen unter weltgesellschaftlichen Veränderungen

Kapitel 3 bildet die Mitte des Ganzen, wobei man bei diesem kürzesten Kapitel nicht übersehe, dass theologische Aussagen an nicht wenigen anderen Stellen getroffen werden (26f; 50; 85–88). Der Stil der Darlegungen ist nicht systematisch-theologisch »von oben nach unten«, sondern eher induktiv »von unten nach oben«, von den Menschen ausgehend[8].

---

8 Schon in Kap. 2, in dem es traditionell gesprochen um das »christliche Menschenbild« geht, werden zunächst möglichst anschaulich typische »Lebenslagen« beschrieben (2.1–2.3); dann erst folgt das grundsätzliche anthropologische Nachdenken über die Frage »Was ist der Mensch?« Kap. 3 beginnt unter der Überschrift »weltgesellschaftliche Veränderungen« mit Trends, die sich im Lebensalltag niederschlagen, um diese mit »Erfahrungen« und »Einsichten« zu konfrontieren, die Kirche und Christen unter der Bibel und in der Kirchengeschichte gewonnen haben und als ihre Denk- und Bildungsprofile eintragen können (55). Erst daran anknüpfend werden »Grundsätze evangelischen Bildungsverständnisses« begründet (60–65). Der Ausgang von den Menschen in ihren Situationen ist beabsichtigt, ähnlich wie zuvor im Aufbau der Denkschrift zum Religionsunterricht (EKD 1994). Theologie kommt einerseits eigens zur Sprache, wird aber andererseits immer wieder auch »untergemischt«, wegen derjenigen, die in der allgemeinen bildungspolitischen Öffentlichkeit mit

Um die inhaltliche Frage zu beantworten, welche Bildung Menschen heute brauchen, geht nicht erst das 4. Kapitel über »Zeitgemäße Bildung« (das ich vernachlässigen muss), sondern schon das theologische Kapitel 3 einen neuen Weg. Es werden im Anschluss an den Pädagogen Alfred K. Treml (2000, 250ff) zunächst vier weltgesellschaftliche Veränderungen skizziert und mit dem biblischen Weltbild in Beziehung gesetzt (EKD 2003a, 55–60). Es sind alles Phänomene, die sich mit der Globalisierung radikal verschärft haben. Sie betreffen Raum, Zeit, Sachen und soziale Beziehungen.

(1) »Auf der *räumlichen* Ebene vollzieht sich die weltgesellschaftliche Globalisierung als *Entgrenzung*: durch Weltwirtschaft, Weltpolitik, Globalisierung der Finanzmärkte, das Ziel einer internationalen Verfassungsordnung, durch globale Umweltpolitik und nicht zuletzt eine vollständige informationstechnologische Vernetzung« (55).

(2) »In *zeitlicher* Hinsicht werden alle globalen Entwicklungen von dem Diktat der *Beschleunigung* beherrscht« (56).

(3) Hinsichtlich der Dimension der Sachen bemerkt die EKD-Schrift: »Entgrenzung und Beschleunigung in Raum und Zeit wirken sich in ihrer Rasanz massiv auch auf den Umgang mit den Dingen und auf sie selbst aus; die *Sachen* werden kontingent, und eine Folge ist ihre *Entwertung*« (57).

(4) »In der *sozialen* Dimension der Veränderungen macht das Stichwort der *Individualisierung* von sich reden, und wieder ist der Bereich der Religion mit betroffen – individualisierte und pluralisierte Religion als Ausdruck persönlicher Freiheit« (58).

Die Denkschrift stellt diesen Entwicklungen die Erfahrungen aus der Bibel gegenüber, die sich zwar in der Christentumsgeschichte abgewandelt, aber in ihrer Substanz erhalten haben:

(1) Das verständigungs- und versöhnungsorientierte Profil

Hinsichtlich der globalen *Entgrenzung* hat die »Kirche ... andere Erfahrungen gemacht; ihre Sorge ist heute schwerpunktmäßig die *globale Verständigung*« (55, Hervorhebung von mir). *Israel* hat aufgrund seines Schöpfungsglaubens dank der Selbstoffenbarung Gottes als Schöpfer »des Himmels und der Erde« als erstes Volk eine globale Vision von Menschlichkeit in nicht begrenzbarer *universaler* Weite hervorgebracht. Der Bund mit Noah ist ein Bund mit der ganzen Schöpfung (Gen 8,21–22). Israel bezeugt analog als erstes Volk, dass jeder Mensch Gottes (personales) »Ebenbild« (Gen 1,27) in Beziehung zu ihm und zu anderen ist. Dieser Beziehung verdankt jeder auf Erden seine Würde, die ihm niemand rauben darf. Das ist Israels Geschenk an die Menschheit. Zugleich wird bezeugt, dass Gott die Schöpfung in *Vielfalt* geschaffen hat. Hieraus fließt »The Dignity of Difference«, »Die Würde der Differenz« (Sacks 2003), erlebt und erlitten vom Judentum in der Diaspora.

---

akademischer Theologie und ihren Systematisierungen nichts anfangen können. Ein solches Vorgehen ist selbst bereits ein Programm, das man als solches erkennen möge.

Im Namen Jesu Christi und seiner *Kirche* bezeugt die Arbeit der Diakonie heute ähnlich weltweit den christlichen Beitrag zu universaler Versöhnung und Verständigung – denn Christi versöhnendes Handeln ist ebenfalls Gottes Wort und Tat für die ganze Welt – und zur Bewahrung von kultureller und individueller Vielfalt gegen die Zerstörung durch vereinheitlichende Globalisierung. Die Aktionen »Brot für die Welt«, »Kirchen helfen Kirchen« und »Hoffnung für Osteuropa« sind immer in diesem Sinne auch als bildungsrelevante Aktionen für alle Beteiligten zu lesen. In, mit und unter dem Helfen wird informell und unaufdringlich gelernt: *Zuwendung und Hilfe eröffnen eine stärkende und tröstende Deutung des Lebens im Ganzen.* Lebensdeutungen aber gehören zur Definition eines mehrdimensionalen Bildungsprozesses (s. o. die leitende Definition). »Trösten« und »Stärken« als Weisen diakonischen Handelns passen zu diesem Bildungsverständnis; das »deutende Wort« gibt dem »zusprechenden Wort« (Trost) am Krankenbett oder in der Beratungspraxis Substanz.

(2) Das alternative Zeitkulturprofil

Im Blick auf das Diktat linearer *Beschleunigung* lebt Bildung aus christlicher Sicht ebenfalls »von anderen Einsichten« (56), von *nichtlinearen Zeiterfahrungen.* Es ist zum einen ein Zeiterleben, das an den *Lebensgezeiten* ausgerichtet ist. Es erfordert eine diakonische Bildung mit dem Gefühl für Zeit als erlebte, erinnerte und erhoffte Zeit. Es achtet ferner auf die überraschend sich ergebenden *Augenblicke*, auf Zeit als Kairos, im Unterschied zu Zeit als chronologischer oder nach Minuten gemessener und abgerechneter Zeit: »Jetzt ist der Augenblick, wo ich diesem Kranken ein helfendes Wort oder eine tröstende Geste vermitteln muss.« Schließlich weiß biblisch orientierte Diakonie um den geschichtlich hineinsprechenden und in die Geschichte eingetretenen biblischen Gott (Exodus, Propheten, Jesus von Nazareth), um *Gottes Zeitsetzungen* (vgl. noch eigens III.). In allem wird mit einer anderen Zeiterfahrung – wenn sie in der Arbeit in der Praxis durchscheint oder artikuliert wird – für die der Diakonie anvertrauten Menschen eine alternative Deutung und Bedeutung des Lebens im Ganzen erlebbar, mit anderen Inhalten als im üblichen Getriebe und Treiben.

»Die Kirche hat seit ihren Anfängen gegenüber der chronologischen Zeitmessung Erfahrungen mit rhythmisierter Zeit in Lebenslauf und Kirchenjahr gemacht. ... Die Kirchen feiern die Feste des Glaubens, die zugleich Zeiten symbolisch bedeutsamer grundsätzlicher Besinnung sind. Sie heben Lebensschwere und Lebensschuld ins Bewusstsein (Karfreitag, Buß- und Bettag), ebenso den immer wieder möglichen befreienden neuen Anfang (Weihnachten, Ostern, Pfingsten). ... Vor allem erhält sich als das wöchentlich erlebte Grundmaß aus der jüdisch-christlichen Tradition bis heute, wenn auch gefährdet, die Unterscheidung von Werktag und Sonntag oder Sabbat.« (EKD 2003a, 56)

Am Sonntag feiert die Christenheit den Beginn einer neuen Schöpfung in Christi Auferstehung als Hoffnung für die ganze Welt.

Wenn man an das moderne *Krankenhaus* denkt, erscheint das gerade Gesagte mit dem in Minuten aufgeteilten Zeitbudget einer Krankenschwester oder eines Pflegers pro Patient unvereinbar. Schöne theologische Worte, wird mancher sagen, aber die Realität? Dennoch muss die christliche Perspektive nicht nur ausgesprochen werden; sie kann und sollte auch dazu führen, diakonisch geführte Einrichtungen wenigstens im Ansatz an ihrer *Zeitkultur* kenntlich werden zu lassen (vgl. in der Denkschrift auch Kapitel 4, 80ff).

An dieser Stelle haben *christlich geführte Krankenhäuser* ihre Chance am Markt. Sie gelten immer noch als »eher empathieorientiert, ihre Stärke wird in ›weichen‹ Faktoren wie Pflegequalität und Einfühlsamkeit des Personals gesehen.« (Holtel 2003, B 2200). Man erwartet von ihnen, »dass Beziehungen nicht vollkommen versachlicht werden, dass auch Werte außerhalb von Messbarkeit und äußeren Regeln geschätzt werden .... Gerade in Lebenskrisen und in schwerer Krankheit wird der Mensch von Ängsten und Sorgen bedrängt. Er kann dies als Anlass nehmen, sich mit dem Sinn seines Lebens zu beschäftigen, seine religiösen Wurzeln und seine Gottesbeziehung zu erkunden. Seelsorge, in liturgischen Angeboten und persönlicher Ansprache, gehört daher in jedes Krankenhaus. Im konfessionellen Haus sollte sie über die professionelle Betreuung durch einen Seelsorger hinausgehen.« (B 2201)

Das Verständnis von Bildung und das Verständnis des »guten Arztes« (Dörner 2001) berühren sich. An die Stelle der bisherigen Orientierung am *Kranken* darf nicht die lediglich an der *Krankheit* treten, wie es durch die Einführung des DRG Fallpauschalen-Systems (Neumann/Hellwig 2002) und durch »Pflege mit der Stoppuhr« geschieht (Ulatowski 2003). »Kommunikative Beziehungen sind der Stoff, aus dem die Arzt-Patient-Beziehung lebt und der ihren ›Kammerton‹ bestimmt.« (Geisler 2003). Die durch Systeme und Zeitreglementierungen paralysierten Ärzte und Pfleger/innen unterlaufen den Sinn des Dienstes am Menschen.

(3) Das bewahrend-wertbezogene Profil

Gegenüber der *Entwertung* der *Sachen*, durch die das Gefühl für Unersetzbares geschwächt wird, führt die Denkschrift nochmals die unersetzbare Grundbestimmung des Menschen als »Ebenbild Gottes« an (Gen 1,27) (EKD 2003a, 57) sowie die *unersetzbare Verantwortung* für *Mitgeschöpfe* und die von uns erzeugten *Lebensgüter* (58). Im modernen Fortschrittsdenken zählt das jeweils neueste Produkt. Hierdurch stirbt das Gefühl für bewährtes Altes ab. Diakonische Arbeit hat aber mit Menschen zu tun, die mit Verzicht und Verlust leben müssen.

In dieser Lage brauchen sie eine *»Beratung«* – ich erinnere mit »Beraten« an eine weitere Form bildungsrelevanten diakonischen Handelns aus dem eingangs vergegenwärtigten Tätigkeitsspektrum –, die ihnen bei Alltagsproblemen und Krisen hilft (z. B. Schuldnerberatung oder Beratung von aus Heimen entlassenen Jugendlichen) und durch die sie möglicherweise neue Perspektiven geschenkten Leben überhaupt gewinnen. Mitarbeiter und Mitarbeiterinnen in der Diakonie geraten somit von mehreren Seiten aus vor die Aufgaben der »Sinngebung, der Glaubenshilfe und der Seelsorge«, wie das Leitbild-Manifest zusammenfasst (5). Sinnsuche und Lebensdeutungen aber, nochmals sei es gesagt, gehören zentral in die oben unter I. zitierte Definition von Bildung.

(4) Das universale freiheitlich-soziale Profil

Angesichts der *Individualisierung* auf der *sozialen* Ebene erinnert die Kirche an eine mögliche Selbsttäuschung und Scheinfreiheit, denn »in ihren Abläufen baut sich die Weltgesellschaft nicht über Individuen auf, sondern über Relationen und Operationen (ökonomische Beziehungen, Expansionen und Zusammenbrüche, Finanztransfers und

Kapitalvernichtung, multinationale Bündnisbildungen, globale Kommunikationsnetze), denen gegenüber sich das Individuum als abhängig, unzureichend und unvollständig erfährt, angesiedelt am Rande. Es wird auch nur unzureichend bewusst. wie beeinflussbar jeder ist.« (58)

Demgegenüber schenken der Glaube an den einen Herrn und Gott und die Botschaft von der Rechtfertigung eine einzigartige *Freiheit und Unabhängigkeit* (ausführlich 59f). Diakonisches Handeln sollte an dieser zentralen theologischen Stelle sein Profil durch eine andere Gesamtlogik gewinnen. Im Zeichen von Rechtfertigung und Neuschöpfung formuliert es die Denkschrift so:

»Die neue Logik ist weder die Logik des Geldes noch die der aufrechnenden Moral, sondern in der Sprache des Apostels Paulus und der Kirche die der unverdienten ›Rechtfertigung‹ ›allein aus Glauben‹ und ›allein aus Gnade‹« (59).

Die *eine* Bindung an Gott verpflichtet zugleich zur Verantwortung für *alle* Menschen – Diakonie sortiert nicht – in der *einen* Welt. Dies ist die auch im Doppelgebot der Liebe gemeinte universale Weite biblisch begründeter Sozialität und Solidarität.

Wir sind in der theologischen Mitte angekommen. Sie darf weder verwässert oder übergangen und verschwiegen noch als eine Glaubensüberzeugung anderen aufgenötigt werden. Aber das weiß das Diakonische Werk, sowohl hinsichtlich der Menschen, denen der Dienst gilt, als auch jener, die den Dienst tun.

3 Bildung biblisch neu denken – zur metaphorischen Tiefengrammatik von Bildung

Um eine Zwischenbilanz zu ziehen: Die Bildungsdenkschrift enthält in ihrer Grundlinie und im Einzelnen mehrere Anschlussstellen für diakonisches Handeln. Besonders die Tätigkeiten des Begleitens, Beratens und Förderns lassen sich leicht in ihrer (auch) bildenden Bedeutung interpretieren. Wie aber steht es mit den Tätigkeiten des Pflegens, Heilens und Stärkens, mit dem Umgang mit Leiden? Wir müssen um eine Antwort nicht verlegen sein. Gerade die Diakonie weist die Spur. Diakonie kann am klarsten »*Bildung biblisch neu denken*«, um die Formel von Hartmut von Hentig »Schule neu denken« theologisch-pädagogisch abzuwandeln.

Zur Tiefengrammatik gehören beim Sprechen die Regeln, die den Satzbau prägen, ohne dass man sich dessen bewusst ist. Beim Denken von Bildung sind es die Muster, denen man ebenfalls eher unbewusst folgt. Sie verraten sich aber in den verwendeten Sprachbildern, in Metaphern, weil sie aus nichtpädagogischen Bereichen stammen und in das pädagogische Denken übertragen worden sind. An der uns geläufigen Bildungsmetaphorik lassen sich drei evolutionär entstandene klassische Grundmuster ablesen, denen gemäß wir Bildung unterschwellig denken. Sie hatten in der Geschichte ein unterschiedliches Gewicht. Unter einem anderen, nämlich theologie- und erziehungsgeschichtlichen Blickwinkel habe ich sie an früheren Stellen schon skizziert. Hier werden sie aus der Perspektive der Suche nach dem biblischen Proprium neu geprüft. Dabei wird der Umkreis der traditionellen Denk- und Handlungsmuster überschritten.

3.1 Bildung als »Formung« – das handwerklich-technologische und künstlerische Denkmodell

Bildung vorgestellt als »Formung« verdankt sich bis heute in evolutionärer Ursprungssuche den uralten handwerklichen und technischen Tätigkeiten der Bearbeitung von Ton, Eisen oder Stein in der Töpfer-, Schmiede- oder bildenden Kunst. Verbreitet ist auch die Rede vom »Prägen« der Kinder; die Münzprägung lässt grüßen. Von früh auf soll sie erfolgen, wenn die Seele des Kindes noch weich ist wie »Wachs«, in das man das »Siegel« eindrücken kann (Ps.-Plutarch 1967, 31, in Anlehnung an Platon).

Ist das biblisches Denken? Ich finde Anhalt hierfür beim griechischen Denken. Hier wird seit der klassischen Periode außerdem die Bildung der »schönen Gestalt« zum leitenden Ideal. Zwar hat sich die Christenheit stets mehr oder weniger an die herrschenden pädagogischen Vorstellungen angeschlossen, auch an die Vorstellung der Formung. Sie sind aber nicht ursprünglich. In ihrer gefährlichsten Perversion behandelt das Denkmuster der Formung und Prägung die Menschen wie Objekte. »Einwirkungen« auf die Seele des Kindes müssen sein; »Eingriffe« in das Innere sind Indoktrination (vgl. Buber 1960, 24).

3.2 Bildung als »Entfaltung« – das wachstümlich-organologische Denkmodell

An der Natur und ihrer Kultivierung konnte sehr früh abgelesen werden, dass Pflanzen aus Samen hervorgehen, dass sie ihre Form zielgerichtet in sich tragen (mit Aristoteles entelechisch) und sich ihr gemäß entwickeln (»geprägte Form, die lebend sich entwickelt«, Goethe, Urworte orphisch), abhängig freilich von Sonne und Regen und einer pfleglichen Unterstützung durch die Menschen.

Naturphilosophisches Denken hat in der Neuzeit zu einem organologischen Denkmuster von Bildung geführt, in der Romantik (siehe Fröbels »Kinder-»garten«) als Gegenbewegung gegen den rationalistischen aufklärerischen oder auch katechetischen Geist des direkten pädagogischen Prägens und überstrapazierten planvollen Bildens (Formens). Rousseau propagierte die »indirekte« Erziehung, das »natürliche« Wachsen. Pädagogen dieses Ansatzes, besonders in der Reformpädagogik, sprechen beredt von der »Entfaltung« und »Entwicklung« von »Anlagen«, von der »Ausbildung« aller »Kräfte«. Der Ansatz hat in der Reformpädagogik wie bei Peter Petersen allerdings auch zu einem volksorganologischen Ganzheitsdenken geführt, das gegenüber der politischen Wirklichkeit und völkischen Ideologie der NS-Diktatur hoch anfällig war und es stützte, anstatt ihm widersprechen zu können. Die unpolitischen und naiven Vorstellungen eines natürlichen Wachstumsprozesses können den Charakter geschichtlicher Vorgänge überhaupt nicht wahrnehmen.

Christliche Pädagogen haben im 20. Jahrhundert auch dieses Denkmuster assimiliert. Kirche und kirchliche Theologie zögerten oder widersprachen, weil eine freie Entfaltung des Subjekts den Normen der Kirche zuwiderlief. Gleichzeitig schlossen sich »Deutsche Christen« der Metaphorik im Blick auf die gewachsene »Volksgemeinschaft« an. Heute gehört »ganzheitliche Entwicklung« mit Recht zum Allgemeingut. Aber hat die Metaphorik des »Naturwüchsigen« biblische Wurzeln? Ganz und gar nicht. Die Naturkulte waren für Israel die schlimmste Versuchung. Wie das

»Formen« ist auch das »Wachsenlassen« im Alten und Neuen Testament nicht anzutreffen. Bildungstheoretiker verbinden längst dialektisch das eine mit dem anderen in komplexen Interdependenzmodellen. Das ist ganz richtig; aber dadurch nähern wir uns immer noch nicht biblischen Ursprüngen.

3.3 Bildung als »Selbstbildung« – das selbstreflexive emanzipatorische Denkmodell

Im klassischen deutschen Bildungsdenken verbinden sich die zwei Denkmuster der Formung und Entfaltung mit einem dritten, dem subjektorientierten der Selbstbestimmung. Langsam ist den Menschen bewusst geworden, dass Geschehnisse nicht nur geheimnisvollen Mächten zuzuschreiben waren, wie es dem magischen Denken entsprach, sondern dem eigenen Handeln. Damit ging Selbstbeobachtung einher, später die auch religiös begründete Selbstinspektion zum Zwecke der bewussten frommen Selbstvervollkommnung (siehe den Individualisierungsschub im Pietismus).

Der Durchbruch des dritten Modells vollzieht sich mit der ökonomischen, politischen, religiösen und kulturellen Emanzipation des Bürgertums im 18. Jahrhundert. Kant verkündet die jetzt allein zählende, unvertretbare sittliche Autonomie des Einzelnen unter dem Begriff der »Mündigkeit«. In »Wilhelm Meisters Lehrjahren« tritt klassisch vor Augen, was »Selbstbildung« biographisch heißt.

Heute gehören Selbstbestimmung und Selbstbildung zum Kern moderner Pädagogik und spielen auch in amtskirchlichen bildungstheoretischen Stellungnahmen eine große Rolle. Das Grundprinzip ist unaufgebbar. Mehr noch: Die Reformation darf mit dem Akzent auf der unvertretbaren Selbstständigkeit der Person vor Gott im heilsrelevanten »geistlichen Regiment« (noch nicht zunächst im »weltlichen«) als eine wirksame geschichtliche Wurzel des Subjektverständnisses angesehen werden. Trotz dieser Nähe zum Protestantismus ist aber auch das dritte Bildungsmuster nicht genuin biblisch. Keinem der Modelle steht vor Augen, dass Unvorhersehbares einbrechen könnte wie Gottes plötzliche Offenbarung, dass angesichts von unerwarteten Widerfahrnissen schmerzliche Umkehr notwendig werden könnte wie die zum Anderen als Fremden in einer pluralen Welt, oder dass angesichts von Weltkriegen und dem Holocaust ein Umdenken verlangt ist. Keines der Modelle denkt radikal geschichtlich.

3.4 Bildung als »Veränderung durch Widerfahrnisse« – ein geschichtsdynamisch-sprachbezogenes Modell

Der Anhaltspunkt im Alltag sind jetzt Ereignisse in der eigenen Lebensgeschichte, die einen aus der Bahn werfen, Neuorientierungen erzwingen oder Wandel. Um gleich zur Diakonie überzugehen: Es können im Kontext der Lebensgeschichte (s. o.) eine eigene Erkrankung, ein Sterbefall in der Familie oder Begegnungen am Krankenbett, im Altenheim oder mit Behinderten sein. Im Kontext der großen Geschichte (siehe ebenfalls oben) war der Erste Weltkrieg ein »Widerfahrnis«, das an sich eine grundsätzliche Korrektur der herrschenden kulturellen und bildungsphilosophischen Tiefengrammatik hätte hervorrufen sollen. Aber er bewirkte nur bei wenigen ein tiefgreifendes Umdenken wie bei den Vertretern des so genannten »Neuen Denkens« (Eugen Rosenstock-Huessy, Franz Rosenzweig, Martin Buber). In unserer Zeit hat der jüdische Sozialphilosoph Emmanuel Lévinas angesichts des »Anderen« anstatt von Widerfahrnis im Anklang an biblische Sprache sogar von einer »Heimsuchung« durch die »Andersheit« und das »Fremdsein« des Anderen gesprochen (1983, 221; Nipkow 1998, Bd. 1, 193; siehe den Rückgriff auf Lévinas auch in dem erwähnten »Lehrbuch der ärztlichen Grundhaltung« – »Der gute Arzt« – von Klaus Dörner, 2001).

In das Bildungsdenken müsste entsprechend eine vorbehaltlose geschichtliche Erwartungs- und Begegnungsoffenheit einziehen. »Bildung« wird in der Tat im Leben immer wieder auch durch »Begegnungen« provoziert. Der Begriff der »Begegnung« wurde auf existenzphilosophischem Hintergrund auch für Otto F. Bollnow (1959) zentral. Bollnow ist den »unstetigen« Formen in Erziehung und Bildung nachgegangen, neben der Begegnung denen der »Krise«, der »Erweckung«, der »Beratung«, dem »Wagnis« und dem »Scheitern«.

Es war kein Zufall, welche Rolle bei dem bis heute kaum beachteten Ansatz des »Neuen Denkens« in den 20er Jahren jüdische und aus dem Judentum kommende christliche Denker spielen sollten. Die Bibel bezeugt Erfahrungen mit Gott als Gott der Geschichte. Sie vergegenwärtigt Einbrüche Gottes in die Geschichte. Zu den »Anrufen«, auf die es zu antworten gilt, zählen auch die menschengemachten Ungeheuerlichkeiten der Geschichte. Hier zeigt der neue geschichtsdynamische Ansatz zugleich seine sprachtheoretische Eigenart.

Als Bildungsmuster versagen sowohl Kategorien der Formung wie der Entfaltung oder Entwicklung, und auch der Gedanke der Selbstgestaltung bzw. Selbstbildung gerät ins Wanken, weil zuerst der »Vokativ« da ist, als »Namengebung« und »Anruf« durch einen anderen Menschen (»Du da! Dich brauche ich!«) oder durch ein äußeres (lebens-) geschichtliches »Ereignis« (Rosenstock-Huessy 1950, 39ff; 83ff; 1968, 25ff). Erst daraufhin kommt (oder unterbleibt) die Antwort des »Ich«. Die zweite Person im Sprechen »verrückt« die erste aus ihrer sicheren Position. Das eigene Selbst muss sich eine Dezentrierung gefallen lassen. Generell steht nicht das eigene Denken am Anfang, sondern das Sprechen als Angesprochenwerden und Wechselgespräch, hiermit die elementare Sozialität des Menschen in den je besonderen Lebenslagen (s. o.). Eine solche Bildung gründet jetzt nicht im Allgemeinen der Vernunft wie sonst im ganzen Abendland, sondern im Besonderen der sich vielfältig kreuzenden menschlichen Sprach- und Handlungssituationen.[9]

3.5 Zum Vergleich der Ansätze

Zum *Vergleich* der Ansätze: Gegenüber den Prinzipien der Ganzheitlichkeit und Entwicklung bzw. Entfaltung im organologischen Ansatz, der als zweiter oben skizziert worden ist und ein starkes Teilrecht behält, weil er eine Ethik der Fürsorge entbindet,

9 Man findet ein ähnliches Gespür für das, was einem »widerfährt«, auch bei Hannah Arendt (siehe ihre Überlegungen zum Geborenwerden, zum Neuanfang, zur Unterbrechung der Abläufe, zu Kontingenz, vgl. Ulrich-Eschemann 2000, 25ff); zu F. Rosenzweig und seiner Kritik an »Entwicklung«, die zwischen Geburt und Tod, Anfang und Ende einen »Zusammenhang« herstellen will, entsprechend zu seiner Sicht der »Übergänge« und »plötzlichen Ereignisse«, s. Ulrich-Eschemann, 57ff.

erlaubt der »christliche Einsatz aus dem Glauben einen Wechsel in die Perspektive des Patienten, der radikaler ist als eine allgemein verstandene ›Ganzheitlichkeit‹« (Holtel 2003, 2201).

Gegenüber dem ersten, historisch wohl ältesten Ansatz des Gestaltens, Formens und Prägens (von außen), der mit der Tatsache notwendiger Tradierung und Sozialisation ebenfalls seine Funktion behält, ist schon das dritte Denkmuster grundsätzlich traditions- und gesellschaftskritisch. Der Standpunkt selbstständiger kritischer rationaler Prüfung ist unhintergehbar; er ist die Stärke des neuzeitlichen subjektbezogenen Denkansatzes und übrigens ein Grundmoment von Protestantismus.

Biblisch rückt jedoch bei dem zuletzt eingeführten Ansatz noch ein anderes Moment zentral ins Blickfeld. In der Bibel führt anders als im Griechentum in einer für den christlichen Glauben entscheidenden Weise eine Linie vom Gottesknecht in Deuterojesaja zu Jesus Christus am Kreuz. Sie handelt nicht von der »schönen Gestalt«, sondern von dem, von dem es heißt, »er hatte keine Gestalt noch Schöne« (Jes 53,2). Diakonie hat es mit Menschen zu tun, die leiden und möglicherweise ganz und gar nicht schön anzuschauen sind, wie ich selbst schockartig als Junge in Bethel, wo ich geboren bin, erfuhr, als ich zum ersten Mal zu Schwerstbehinderten geleitet wurde. Es ist völlig unstrittig, wie unverzichtbar Selbstbildung und Selbstbestimmung sind, das dritte Denkmuster der Autonomie. Aber: Jede überzogene »Aufwertung der Ethik der Autonomie bedeutet eine Dominanz des Stärkeren über die Ethik des Schwachen« (Ziegler u. a. 2002).

Wo Widerfahrnisse den Lebensfluss unterbrechen, kann eine Neubesinnung mit Veränderungen der Wahrnehmung mitsamt der Urteilsgewohnheiten und damit eine Veränderung des eigenen Bildungsprozesses insgesamt die Folge sein, eine Umwendung oder ein Neubeginn, die in der geläufigen Tiefengrammatik von Bildungskategorien nicht vorkommen. Die gegenwärtig geläufige Bildungstheorie hat – verallgemeinernd gesagt – für das, worum es jetzt geht, kaum Beschreibungskategorien und keine ausreichenden pädagogischen Antworten für den Umgang.

Die schulische Bildungsaufgabe muss sich jetzt für die »Durcharbeitung« von Widerfahrnissen öffnen. Unterricht ist jetzt wach für Ereignisse, die den Lehrfahrplan durcheinander bringen. Der Unterricht macht alle, Lehrer und Schüler, zu gleichermaßen Betroffenen wie beim 11. September 2001. Die Lehrenden werden mit gespannter Erwartung angesehen; sie kommen um ihre persönliche Deutung und Stellungnahme nicht herum.

Die genannten anderen Denkmodelle behalten ihr Teilrecht, besonders das für den Protestantismus wichtig gewordene dritte Denkmuster. Wenn ich aber gefragt werde, was das unverwechselbare biblische Profil des christlichen Bildungsverständnisses ist, kann ich keines jener Denkmodelle als letzte Antwort nennen. Ich finde diese in der genannten kreuzestheologischen Perspektive der Bibel als der ureigenen Perspektive der Diakonie.

Jürgen Gohde

Profile diakonisch-sozialer Bildung

1 Vorbemerkungen

Im Kontext von PISA, der Diskussion um die Ganztagsschule und die Einführung von Bildungsstandards ist eine neue Diskussion um den Stellenwert von Bildung in der Öffentlichkeit entbrannt. Das Thema hat auch die Diakonie erreicht, die der Bildung sowohl mit Blick auf die gegenwärtige Situation als auch für die Zukunft einen hohen Stellenwert beimisst.

Verfolgt man aktuelle Debatten, dann erscheint die Förderung von Bildung und Bildungsprozessen als die Kernaufgabe der Zukunft. In diesem Punkt herrscht weit über alle Parteigrenzen hinweg große Einigkeit. Weit weniger homogen gestaltet sich die Diskussion, wenn es um Definitionen von Bildung geht oder gar Bildungsinhalte zur Disposition stehen. Hier stehen vielfältige Modelle und Vorschläge zur Auswahl, was unter Kern-, Schlüssel- und Basiskompetenzen zu verstehen sei und welche Standards gesetzt werden sollten.

Im Anschluss an die Veröffentlichung Donata Eschenbroichs über das notwendige *Weltwissen der Siebenjährigen* (Eschenbroich 2001) und die dort vorgestellte Liste hat sich eine Gruppe von Schülern und Schülerinnen der Bielefelder Laborschule mit dem *notwendigen Weltwissen der Fünfzehnjährigen* beschäftigt (Thurn 2003). Die Grundfrage war dabei, was jede und jeder Jugendliche mit 15 Jahren erfahren und gelernt haben sollte, um gut vorbereitet in eine ungewisse Zukunft gehen zu können. Also: Welche Erfahrungen und Kompetenzen sind notwendig, um die eigene Zukunft zu gestalten?

Die Liste mit über 50 Erfahrungen und Kompetenzen, die Jugendliche nach Meinung der Schüler und Schülerinnen mit 15 haben sollten, lässt die Diskussion um Bildungsstandards und obligatorische Bildungsinhalte in einem anderen Licht erscheinen. Die Aufstellung zeigt: Den Schülerinnen und Schülern geht es nur sekundär um abprüfbares Wissen oder Qualifikationen, sondern vor allem um die Kompetenz, ein Leben in Achtung vor sich selbst und anderen Menschen zu führen. Zwar finden auch sie es wichtig, gewisse Kenntnisse und Fertigkeiten zu besitzen, jedoch gehört für sie an erster Stelle »ein Bewusstsein von Gut und Böse, von Recht und Unrecht zu haben«, »ein soziales Verhalten gelernt zu haben: anderen helfen, Respekt zeigen, friedlich Konflikte lösen können«, »Toleranz und Akzeptanz erlernt haben, zum Beispiel durch den Umgang mit anderen sozialen und gesellschaftlichen Gruppen, Behinderten, Ausländern, Menschen mit anderen Religionen« (Thurn 2003, 65).

Das Bildungsverständnis der Schüler und Schülerinnen eilt den aktuellen Diskussionen dabei teilweise weit voraus, denn hier wird deutlich, dass Bildung unabdingbar mit Selbstbestimmung, Freiheit, Mündigkeit, Identität und Verantwortung verknüpft wird – Begriffe, die für ein evangelisches Bildungsverständnis grundlegend sind.

Der Wiener Religionspädagoge Gottfried Adam spricht in einer jüngeren Publikation von der »Bildungsvergessenheit der Diakonie« (Adam 2002, 125). Dem kann nur insofern zugestimmt werden, dass die Diakonie lange Zeit den Bildungsbegriff aus ihrem Wortschatz gestrichen zu haben schien, die Bildungsarbeit im Bereich von Kindertagesstätten, Jugendhilfeeinrichtungen und insbesondere in ihren eigenen Aus-, Fort- und Weiterbildungsstätten aber kontinuierlich weiterentwickelt hat. Angesichts der Geschichte der Diakonie ist diese »Bildungsvergessenheit« überraschend, denn für die Gründerväter und -mütter der Diakonie war Bildung ein Kernelement ihres diakonischen Auftrags, von dem sie sich besonders nachhaltige gesellschaftliche Veränderungen versprachen und das in der Ausbildung ihrer Mitarbeiterinnen und Mitarbeiter wesentlich zur jeweiligen Profilierung der Einrichtungen beitrug.[1]

Da Bildung jedoch als Kulturanspruch die Sinn- und Wertorientierung einer Gesellschaft spiegelt, bedarf es eines kontinuierlichen öffentlichen Bildungsdiskurses. In diesem Diskurs darf die Stimme der anwaltschaftlichen und helfenden Diakonie nicht fehlen – nicht als Anbieter von Bildungsangeboten für Kinder, Jugendliche und Familien und auch nicht als Träger einer christlich profilierten Aus-, Fort- und Weiterbildung.

2 Den Bildungsbedarf erkennen

PISA und die Debatten über die Zukunftsfähigkeit Deutschlands anlässlich der OECD-Bildungs-Berichte verweisen nur oberflächlich auf einen gesellschaftlichen Bildungsbedarf, dessen Wurzeln allerdings tiefer liegen.

Die Bewältigung des Alltags ist nicht nur für Kinder und Jugendliche eine zunehmend anspruchsvolle Aufgabe: Das schnelle Wachstum von Wissen und seine weltweite Verfügbarkeit durch neue Informations- und Kommunikationstechnologien erfordern die Fähigkeit, sich Wissen schnell anzueignen, es zu bewerten und auszuwählen. Von dieser Fähigkeit hängen in immer größeren Maße persönliche Chancen auf gesellschaftliche Teilhabe und wirtschaftlichen Erfolg ab. Dadurch erhält Bildung eine Schlüsselrolle, denn die durch Bildung erworbenen Kenntnisse, Perspektiven, Haltungen und Kompetenzen gehören zu dem Wichtigsten, was ein Individuum und damit auch die Gesellschaft besitzen können.

Mit dem Abschied von einem Bildungsbegriff, der auf den punktuellen Erwerb von Wissen eingeschränkt war, erhält der Bereich der Fort- und Weiterbildung ein zusätzliches Gewicht. »Sich bilden« wird zu einer lebensbegleitenden Aufgabe, denn Bildung stellt eine Ressource zur Lebensführung dar, mit der biographische Brüche und gesellschaftliche Umbrüche bewältigt und eigene Identität gefunden werden können. In diesem Kontext kann Bildung mit der Bildungsdenkschrift der EKD *Maße des Menschlichen* als »Zusammenhang von Lernen, Wissen, Können, Wertbewusstsein und Handeln im Horizont sinnstiftender Lebensdeutungen« (EKD 2003a, 66) verstanden werden. Diese Definition macht deutlich, dass der Erwerb von fachlichen Kompetenzen in einem christlichen Bildungsverständnis einen hohen Stellenwert hat, darin aber bei weitem nicht aufgeht, denn menschliches Handeln lässt sich nicht in elementare Kompetenzen zerlegen, die anschließend für eine Form der Lebensbewältigung wieder zusammengesetzt werden können.

---

1 Beispielhaft sei an dieser Stelle auf das pädagogische Wirken Johann Hinrich Wicherns verwiesen, aber auch auf die Arbeit Theodor Fliedners, der *vor* seinem Engagement für die Pflege bereits den Bildungsbereich für sich entdeckt hatte.

3 Bildung von Anfang an – Der Bildungsauftrag von Kindertageseinrichtungen

Diakonische Bildung beginnt biographisch in den evangelischen Kindertageseinrichtungen. Mehr als 500 000 Kinder besuchen derzeit ca. 9000 Einrichtungen. Dies ist auch ein erster und entscheidender Schritt zur Partizipation in der Wissensgesellschaft: Wer am Anfang nicht teilhaben kann, wird auf den späteren Bildungsstufen nur schwer Fuß fassen können. Angesichts der Tatsache, dass immer mehr Familien mit Kindern von einer Armut betroffen sind, die nicht nur Einkommen, Gesundheit und soziale Beziehungen betrifft, sondern auch nachhaltige Auswirkungen auf die Bildungschancen ihrer Kinder hat, steht die Diakonie in einer besonderen Pflicht, für Chancengleichheit einzutreten und diese durch die Bildungskonzepte ihrer Kindertageseinrichtungen zu verwirklichen. Besonders für Kinder aus Migrantenfamilien ist der Besuch einer Kindertageseinrichtung häufig der Schlüssel zum Spracherwerb, der Integration und weitergehende Bildungschancen erst ermöglicht. In ihrer Pluralität und Offenheit für alle Kinder leisten evangelische Kindertageseinrichtungen zusätzlich einen wichtigen Beitrag, dass Kinder erste Erfahrungen sammeln, einander in ihrer Unterschiedlichkeit zu achten und eine ethisch-religiös geprägte Erziehung erleben, die ihnen langfristig hilft, einen Lebenssinn zu finden (Bundesverband Evangelischer Tageseinrichtungen für Kinder, BETA, e. V./Verband Katholischer Tageseinrichtungen für Kinder, KTK – Bundesverband e. V. 2002).

Gerade im säkularen Kontext bieten Kindertageseinrichtungen besondere Chancen pädagogischer, diakonischer und missionarischer Art. In gewissem Maße können die Einrichtungen durch ihre Arbeit Ersatz für eine eventuell fehlende familiäre religiöse Sozialisation der Kinder leisten und die Basis für eine christliche Sozialisation und kirchliche Bindung legen. Gleichzeitig können solche Einrichtungen aber auch Zentren des Gemeinwesens und der christlichen Gemeinde und damit besondere Kommunikationsorte sein, die sich durch ihre niedrigschwellige Angebotsstruktur auszeichnen. Vor dem Hintergrund einer Konzeption als Familienzentrum kann es gelingen, Eltern zu unterstützen und anzusprechen, die nur lose mit der Gemeinde in Verbindung bzw. kirchlichen Strukturen kritisch gegenüber stehen. In diesem Sinne ermöglichen Kindertageseinrichtungen nicht nur das Gespräch zwischen christlich geprägten und säkularen Menschen, sondern eröffnen auch Chancen für einen Dialog zwischen Christen und Muslimen bzw. Christen und anderen Religionsgemeinschaften (Schmidt/Götzelmann 1997, Gohde 2004).

Angesichts dieser vielschichtigen Bildungsaktivitäten muss nach dem Sinn und der Verteilungsgerechtigkeit von neuen Finanzierungsmodellen für Kindertageseinrichtungen gefragt werden. Gutscheinsystem, Kindertageseinrichtungen (Kita)-Cards und Kernzeitmodelle bergen die Gefahr in sich, dass die Bildungszeit für Kinder abhängig wird von der Fähigkeit und der Bereitschaft der Eltern, über die Zeit der Grundbetreuung hinaus finanzielle Leistungen zu erbringen. Daher ist es im Sinne von Chancengleichheit notwendig, eine Bildung für alle Kinder zu fordern, die nur durch eine flächendeckende Infrastruktur geleistet werden kann. Dieses Engagement fördert nicht nur die Kinder, sondern unterstützt und entlastet auch die Familien. In diesem Sinn wächst die Bedeutung der Kindertageseinrichtungen als Bildungsträger für die gesamte Familie.

4 Evangelische Schulen

In ihrem Engagement als Träger evangelischer Schulen leistet die Diakonie einen wichtigen Beitrag zu einem pluralen und damit auch demokratischen Schulwesen. In ca. 550 evangelischen Einrichtungen, zu denen allgemein- und berufsbildende Schulen ebenso gehören wie Sonderschulen für Kinder und Jugendliche mit geistiger oder körperlicher Behinderung und Förderschulen für Kinder von Aussiedlern und Asylberechtigten, stehen über 39 000 Plätze zur Verfügung und sind nahezu 16 000 Mitarbeitende tätig. Die Diakonie steht dabei gemeinsam mit den anderen Trägern dieser Einrichtung für ein evangelisches Bildungsverständnis ein, das Schülerinnen und Schülern Orientierung, die Fähigkeit zur Verständigung und zur Verantwortung vermitteln möchte. In der Begegnung mit eigenen Wünschen, Hoffnungen, Schwächen und Erfahrungen der Not – also Erfahrungen, die jenseits der Spaßgesellschaft liegen – können authentische Erfahrungen gemacht werden, die in diesen Schulen einen festen Platz haben. Zum Bildungskonzept gehört, dass sich diese Schulen nicht nur als Orte der Wissensvermittlung, sondern als Orte des Lebens verstehen, in denen Teilhabe, Verantwortung und Solidarität als Werte zu erleben sind.

Mit ihrem Engagement im 2003 gegründeten Arbeitskreis Evangelische Schule stärkt die Diakonie die einzelnen Schulen in der Wahrnehmung ihrer Aufgaben sowie in der Ausbildung eines Profils und nimmt aktiv teil an der Bildungsdebatte in Staat und Gesellschaft.

5 Bildung als Thema der Jugendhilfe

Der Wert des Einzelnen, seiner Gaben und seiner Fähigkeiten haben für das Profil Evangelischer Schulen eine wichtige Bedeutung und sind auch für die Jugendhilfe konstitutiv. Zu den Orten diakonischer Bildungsarbeit gehören daher auch Einrichtungen der Jugendhilfe. Vor dem Hintergrund aktueller Bildungsdebatten gilt es hier zukünftig in besonderem Maße, Bildungsprozesse unter dem Gesichtspunkt ökonomischer Zweckmäßigkeit nicht als eine Art »Informationsmanagement« misszuverstehen, bei dem Benachteiligte einem immer höheren Leistungsdruck ausgesetzt werden. Es ist demnach notwendig, Kooperationen mit anderen Bildungsträgern, wie zum Beispiel den allgemein bildenden Schulen, einzugehen und neue Konzepte für diese Kooperationen zu erarbeiten (Arbeitsgemeinschaft für Jugendhilfe 2003). Bildung muss in diesem Kontext noch stärker als bisher als Befähigung zu selbstbestimmter Lebensführung, als Empowerment und als Aneignung von Selbstbildungsmöglichkeiten verstanden werden. In der Streitschrift des Bundesjugendkuratoriums, die vom Diakonischen Werk der EKD mitverantwortet wird, heißt es daher: »Die Bildungsleistung der Jugendhilfe besteht … darin, dass sie gemeinsam mit Kindern, Jugendlichen und ihren Familien deren Strategien der Lebensführung und Lebensbewältigung reflektiert und nach neuen Ansatzpunkten für einen gelingenden Alltag sucht.« (Bundesministerium für Familie, Senioren, Frauen und Jugend 2001, 25)

6 Diakonisch-soziales Lernen – Diakonische Einrichtungen als außerschulische Lernorte

Der gelingende Alltag steht auch bei den Bildungsprozessen im Vordergrund, die in den letzten Jahren vor allem in evangelischen Schulen mit dem Stichwort »diakonisch-soziales Lernen« bezeichnet werden und insbesondere Praktika in diakonischen Einrichtungen beinhalten. Die vielfältigen Initiativen beantworten die von Theodor Strohm provokativ gestellte Frage »Ist Diakonie lehrbar?« mit einem eindeutigen und praktischen »Ja« (Strohm 1991).

Die seit 1998 stattfindenden Bildungsforen des Diakonischen Werkes der EKD haben dabei versucht, verschiedene Entwicklungen in Schule, Gemeinde und Diakonie, die mit dem Begriff »diakonisch-soziales Lernen« bezeichnet werden, aufzugreifen, Initiativen miteinander zu vernetzen, Modelle vorzustellen und Diakonie als Lernort einer breiteren Öffentlichkeit bekannt zu machen. Die Diakonie-Denkschrift verweist auf den Stellenwert diakonischen Lernens und formuliert programmatisch: »Im diakonischen Lernen geht es um soziale Einstellungen und christliche Orientierungen wie etwa Achtung und Respekt vor anderen Menschen, Gerechtigkeit und Fairness, um Hilfsbereitschaft und Toleranz, sowie um persönliche und gesellschaftliche Verantwortung.« (EKD 1998, 62)

Diakonisches Lernen bietet Schülerinnen und Schülern die Möglichkeit, sich als Annehmende und Angenommene zu erleben, zu erfahren, was es heißt, gebraucht zu werden und auf Hilfe angewiesen zu sein. Achtung vor dem eigenen und dem anderen Leben ist hier nicht nur eine von Lehrern und Eltern eingeforderte Tugend, sondern wird im Umgang mit Mitarbeitenden und den anvertrauten Menschen spürbar. Diese Erlebnisse dürften langfristig mehr Wirkung entfalten als ein Benimmunterricht, der nicht in die Tiefe geht, sondern »Oberflächenkosmetik« betreiben will, indem er Respekt zwar lautstark als Gebot der Stunde verkündet, aber kaum lebendig werden lassen kann. Oder anders formuliert: »Vieles spricht dafür, dass ein diktierter Anstandskanon in den Schulen so viel bewirkt wie das Toben eines genervten Vaters am Abendbrottisch – bestenfalls gar nichts, schlimmstenfalls Trotz« (Kirsten 2003).

Die Diakonie ist qua Auftrag zu einem Engagement für das diakonisch-soziale Lernen verpflichtet, weil Bildung eine »sozialethische Herausforderung ist und dem Aufbau rücksichtsvoller Beziehungen, in einer Solidargemeinschaft zu dienen hat« (EKD 2003a, 91).

Diakonisch-soziales Lernen ist damit Ausdruck eines Bildungsverständnisses, das über den Einzelnen herausragt. Es zielt auf die Akzeptanz einer Solidargemeinschaft und fördert Erfahrungen der eigenen Stärken und Grenzen. In der Interpretation des sozialen Tuns aus der christlichen Botschaft und vor dem Hintergrund des Evangeliums wird soziales Lernen zum diakonischen Lernen.

Diakonisch-soziales Lernen findet an ganz verschiedenen Orten und Plätzen statt und entzieht sich – zum Glück – einer völligen Planbarkeit. Dennoch stehen die Einrichtungen und Verbände hier in einer besonderen Pflicht, denn sie tragen die Verantwortung für die Bereitstellung der Lernarrangements und somit die Verantwortung dafür, ob positive Erfahrungen überhaupt möglich sind. Die Zahl von Schülerinnen und Schülern, die im Rahmen eines obligatorischen Sozial- bzw. Diakoniepraktikums ihrer Schule in diakonische Einrichtungen kommen, nimmt dabei zu. Diese Entwicklung steht unter anderem im Zusammenhang mit der öffentlichen Debatte über die Notwendigkeit der Vermittlung von Schlüsselqualifikationen und hier besonders der Sozialkompetenz. Soziale Erfahrungen kommen heute für immer mehr Menschen nicht mehr von allein zustande, sondern benötigen gesellschaftliche Orte, an denen Formen der Solidarität gelernt und erfahren werden können. Diakonische Einrichtungen engagieren sich hier über das Bereitstellen von Praktikumsplätzen hinaus.

Diese Praktika bieten der Diakonie nicht nur die Chance, sich als verlässlicher und kompetenter Partner in Sachen diakonisch-soziales Lernen zu erweisen, der seinen Bildungsauftrag ernst nimmt, sondern sie ermöglichen es auch, junge Menschen an soziale Berufe heranzuführen. Dieser Aspekt des diakonischen Lernens darf angesichts des zurückgehenden Interesses junger Menschen an sozialen Berufen und der damit verbundenen prognostizierbaren Krise in den Pflegeberufen nicht vernachlässigt werden. Dem Imageverlust sozialer Berufe können sich Einrichtungen jedoch nur erfolgreich entgegenstellen, wenn sie unter anderem im Rahmen ihrer Praktika deutlich machen, dass soziale Arbeit im Horizont des Evangeliums wertgebunden ist, sinnvoll ist und von einer grundsätzlichen Achtung des menschlichen Lebens getragen wird.

Die Diakonie leistet ihren Beitrag zum diakonisch-sozialen Lernen nicht nur durch die Bereitstellung von Praktikumsplätzen, sondern auch im Rahmen des Freiwilligen Sozialen Jahres, in dem langfristige Praktika in Schulen, integrativen Kindertagesstätten und Schulen begleitet und somit tiefergehende Erfahrungen und Einsichten ermöglicht werden. Im Jahr 2002/2003 konnten 3 716 junge Menschen dieses Angebot nutzen.

Unter den veränderten gesellschaftlichen und rechtlichen Bedingungen muss auch der Zivildienst zunehmend als Lerndienst – und damit auch als diakonische Bildungsaufgabe – verstanden werden. Solange die Wehrpflicht besteht, werden kirchlich-diakonische Einrichtungen Plätze für anerkannte Kriegsdienstverweigerer zur Ableistung ihres Zivildienstes bereitstellen. Allerdings: Je kürzer die Dauer des Zivildienstes sein wird, desto aufwändiger wird es sein, ihn zu organisieren und für beide Seiten sinnvoll zu gestalten. Der Zivildienst wird daher stärker unter jugendpolitischen Prämissen und den Aspekten der Nachwuchsgewinnung und Imagebildung durchgeführt werden. Wichtig ist dabei die Weiterentwicklung überzeugender Bildungsarrangements und die Gelegenheit für junge Männer, Lern- und Lebenserfahrungen zu machen und diese reflektieren und bewältigen zu können. Dazu braucht es schlüssige und sinnvolle Konzepte auf der Grundlage vorhandener Kompetenzen und Potenziale innerhalb wie außerhalb der Einsatzstellen. Zivildienstleistende sind ebenso wie Freiwillige Teil der Leistungserbringung von Einrichtungen und damit als Faktor bei Qualitätsmanagementprozessen, bei Organisations- und Personalentwicklung einzubeziehen. Der Zivildienst kann in diesem Sinne eine Brücke zu Freiwilligendiensten als Ersatz und Weiterentwicklung bilden, wenn er als Lerndienst organisiert ist. Das heißt, durch eine zunehmende Strukturähnlichkeit von Zivil- und Freiwilligendiensten, bei denen die Freiwilligendienste mit ihren guten Standards der Begleitung die Zielvorgabe darstellen, kann eine realistische und sinnvolle Option der Konversion eröffnet werden.

7 Ausbildung in sozialen Berufen

Ein traditioneller Bildungsschwerpunkt von Kirche und Diakonie ist die Ausbildung in sozialen Berufen. Im Bereich der Diakonie standen im Jahr 2003 rund 35 000 Plätze in etwa 550 Aus-, Fort- und Weiterbildungsstätten für soziale und pflegerische Berufe bereit. Berufliche Schulen und Ausbildungsstätten in evangelischer Trägerschaft sind traditionell auf diakonische Arbeitsfelder konzentriert. Diese Arbeitsfelder ebenso wie die Berufsausbildung für sie sind vorwiegend in kirchlicher und insbesondere diakonischer Trägerschaft entwickelt worden. Vor dem Hintergrund dieser langjährigen Tradition und aufgrund der damit verbundenen besonderen Erfahrung reklamieren die Träger zum einen eine besondere Kompetenz und stehen zum anderen in einer besonderen Verantwortung für die Definition der sozialpädagogischen und pflegerischen Ausbildung innerhalb wie außerhalb kirchlicher Trägerschaft.

Kern diakonischen Berufs- und Bildungsverständnisses ist ein biblisches Menschenbild, das den Menschen in seinen verschiedenen Lebenslagen wahrnimmt und als Person annimmt. Damit ist eine für diakonisches Handeln konstitutive Verbindung von Fachlichkeit im Sinne von Professionalität sowie Sinnorientierung und Kompetenz in existenziellen Fragen verbunden. Denn »die Fragen nach dem Woher und Wohin, dem Zusammenhalt der Menschen in Solidarität und sozialer Gerechtigkeit, dem Leben zwischen den Generationen, dem Erhalt von Frieden und dem Umgang mit der Natur und der Schöpfung, sind keine Halbwertszeit-Fragen. Ohne diese substanziellen Fragen gibt es keine Entwicklung zur Selbstständigkeit, zum qualitätsvollen Umgang mit Sachen und Menschen … Der Mensch gewinnt seine Würde daraus, wie er seine Erfahrungen, Gefühle, Hoffnungen und Ängste verarbeitet und auf dem Hintergrund einer konkreten Lebenslage denkt und handelt.« (EKD 2003a, 27)

Dieser Anspruch erfordert sowohl eine ganzheitliche Sicht der Schülerin/des Schülers, die sich im Umgang mit diesen in den Ausbildungsstätten manifestiert, als auch eine ganzheitliche Sicht der Klientinnen und Klienten, wie etwa des Kindes, des kranken, alten oder behinderten Menschen. Daher sind kognitive, emotionale und affektiv-handlungsbezogene Aspekte zu berücksichtigen und ganzheitliche Aneignungsprozesse mit Kopf, Herz und Hand anzustreben.

Berufliche Schulen und Ausbildungsstätten in kirchlich-diakonischer Trägerschaft sehen deshalb ihren Auftrag darin, ein fundiertes diakonisches Verständnis sozialpädagogischer und pflegerischer Aufgaben zu definieren und dessen Wert auch für Einrichtungen nichtkirchlicher Träger transparent zu machen. Sie vermitteln nicht nur Faktenwissen, sondern möchten zur Entwicklung eines (Selbst-)Bewusstseins und zur Herausbildung einer Beziehungsfähigkeit auf der Grundlage der Botschaft des Evangeliums anregen. Ziel der Ausbildung ist nicht nur die fachliche Qualifikation, sondern auch die Kompetenz, vor dem Hintergrund eines christlichen Menschen- und Weltbildes auf existenzielle Fragen, wie sie sich in der Erziehung und im Umgang mit kranken, behinderten, alten und in Not geratenen Menschen stellen, sachgemäß einzugehen und auskunftsfähig zu sein. Dazu gehört der anwaltschaftliche Einsatz für Menschen in unterschiedlichen Herausforderungen und Notlagen ebenso wie der verantwortungsvolle Umgang mit Menschen, die ehrenamtlich tätig sind.

8 Diakonische Bildung in der Fort- und Weiterbildung

Die Bildungsverantwortung der Diakonie endet jedoch nicht mit der Ausbildung, sondern manifestiert sich in einem umfassenden Fort- und Weiterbildungsangebot. Die Investition in Aus-, Fort- und Weiterbildung ist ein Signal, dass die in den Leitbildern postulierten Ansprüche zu Maximen des Handeln gemacht werden wollen und Mitarbeitende dabei durch unterschiedlichste Angebote unterstützt werden.

Auch für diese Bildungsbereiche gilt, dass die Diakonie nicht eine reine Reduzierung auf Erfordernisse der Arbeitsgesellschaft anstrebt, sondern der ganze Mensch im Mittelpunkt der Bemühungen steht. Dies kommt exemplarisch in den Thesen zum Ausdruck, welche die Bundesarbeitsgemeinschaft (BAG) Fort- und Weiterbildung bereits 1996 verabschiedet hat (Bundesarbeitsarbeitsgemeinschaft Fort- und Weiterbildung in der Diakonie, 2000). Die BAG weist darin darauf hin, dass Aus-, Fort- und Weiterbildung für die diakonische Qualitäts- und Profilsicherung unabdingbar sind, ein fester Bestandteil der Personalentwicklung sein müssen und für das Erreichen diakonischer Unternehmensziele von hohem Nutzen sind. Das heißt auch, dass die Förderung des christlich-diakonischen Profils – die in der Fort- und Weiterbildung nicht zu Lasten der fachlichen Qualifizierung gehen darf – dringend notwendig ist, damit diakonische Unternehmen in ihrer besonderen Wert- und Zielgebundenheit unterscheidbar bleiben und so auf dem Markt der Wohlfahrtspflege als Diakonie erkennbar sind. Im Blick auf die Entwicklungen auf europäischer Ebene und das dort verhandelte Vorrecht der freien Wohlfahrtsträger wird die Frage nach dem christlichen Profil der Diakonie in Zukunft noch an Bedeutung gewinnen, denn auf dem europäischen Markt wird sie zu einer Überlebensfrage werden.

An dieser Stelle bedarf es zukünftig größerer gemeinsamer Anstrengungen, denn wenn man sich auch dem Verdikt des Diakoniewissenschaftlers Arnd Götzelmann – die diakonische Fort- und Weiterbildung zeichne sich durch eine gewisse »Theologielosigkeit« aus – nicht in vollem Maße anschließen möchte (Götzelmann 2003, 184ff), so fällt doch auf, dass Angebote zur diakonisch-theologischen Weiterbildung in den Programmen der Fort- und Weiterbildungsinstitute eher randständig sind und im Vergleich zu fachlichen Qualifizierungsmaßnahmen selten angeboten werden. Angesichts der vielfältigen Umstrukturierungen und Innovationen in den unterschiedlichen Bereichen leuchtet die gegenwärtige Schwerpunktsetzung zunächst ein – dient sie doch in erster Linie der zwingend notwendigen Qualitätsentwicklung und -sicherung. Auf den zweiten Blick wird aber deutlich, dass gerade die Veränderung in Medizin und Pflege, die Umbrüche in der Sozialgesetzgebung, Fragen des Qualitätsmanagements und auch die Diskussionen um den Stellenwert von Bildung tiefgreifende theologisch-ethische Fragen aufwerfen. Im Kontext von Diakonie müssen Debatten um die Rationierung von medizinischen Leistungen, die Definition von Leben und die Verteilung von materiellen und immateriellen Ressourcen aber immer auch die theologische Perspektive einbeziehen. Sie muss für die Diakonie Richtschnur und Korrektiv sein, die allen Mitarbeitenden zugänglich ist, damit sie für ihren eigenen Arbeitskontext Orientierung erlangen können.

Aus-, Fort- und Weiterbildung müssen daher Mitarbeiterinnen und Mitarbeiter in der Diakonie mit dem protestantischen Selbstverständnis der eigenen Einrichtung bzw. des Verbandes und dem diakonischen Profil derselben vertraut machen. Dabei muss davon ausgegangen werden, dass immer weniger Mitarbeitende eine religiöse Sozialisation mitbringen. Aber es geht nicht darum, neue Mitarbeitende mit diesen Angeboten zu bedrängen oder zu überfordern, sondern sie mit den Leitbildern der Diakonie vertraut zu machen und sie auch zu einer kritischen Auseinandersetzung damit anzuregen, um sie in ihrem Arbeitsalltag auskunftsfähig zu machen.

Fort- und Weiterbildung dienen einer verantwortlichen Personal- und Qualitätsentwicklung; dazu gehört neben der fachlichen Qualifikation auch, dass wir Mitarbeitende, die häufig in Arbeitskontexten stehen, die sie bis an die Grenzen ihrer physischen und psychischen Belastbarkeit führen, seelsorgerlich begleiten und ihnen Möglichkeiten geben, ihren Arbeitsalltag zu bewältigen. Dies beinhaltet nicht nur eine ethische Dimension des Bildungsauftrags, sondern erfordert auch die Wahrnehmung der spirituellen Bedürfnisse und ihre Unterstützung.

In die Verantwortung der Einrichtungen und Träger gehört auch die Gestaltung von sinnvollen und aufeinander aufbauenden Bildungsangeboten, die zum einen eine diakonisch-theologische Grundbildung vermitteln, andererseits aber auch den Zugang zu weitergehenden theologischen Angeboten eröffnen. Damit diese Angebote nicht nur regionalen Charakter erhalten, bedarf es bei der Gestaltung und Abstimmung gemeinsamer Anstrengungen der verantwortlichen Bildungsträger.

9 Anforderungen und Profile diakonischer Bildungsarbeit

Die Bildungsaktivitäten der Diakonie finden auf vielen unterschiedlichen Arbeitsfeldern statt und unterscheiden sich auch innerhalb dieser Arbeitsfelder teilweise erheblich. *Eine* diakonische Bildung kann und soll es daher nicht geben. Dennoch hat die Diakonie – gerade in Zeiten des Umbruchs, in denen die Suche nach Werten allgegenwärtig wird – den Vorteil, dass sie über Werte verfügt, die sie allerdings auch kommunizieren und leben muss.

Mit ihrem Engagement für diakonisches Lernen und ihrem spezifischen Profil von Bildung in Aus-, Fort- und Weiterbildung wirkt Diakonie auf bewusste und konzentrierte Weise in die Bildungslandschaft hinein und kann sich auch als Impulsgeber für andere Bildungsträger profilieren. Dazu bedarf es aber einer Verständigung über den Auftrag und die Vision des eigenen Bildungsauftrags.

Grundlage aller Bildungsaktivitäten in der Diakonie muss ein christliches Menschenbild sein, das vom Evangelium geprägt ist und das daher Bildung in den »Maßen des Menschlichen« betrachtet. Diakonische Bildungsarbeit ist am einzelnen Menschen orientiert. Sie ist kommunikative Annahme, Zuwendung und Anerkennung des ganzen Menschen, das heißt mit seinen Dimensionen von Vergebung, Versöhnung, aber auch Schuld.

Dieses Proprium bedingt, dass das diakonische Bildungsverständnis auch Widerstand gegen den Trend der Verwertbarkeit leistet und sich der Reduktion von Bildung auf kurzzeitig benötigtes Wissen widersetzt. Bildung darf nicht nur der Nutzenmaximierung von »Humankapital« dienen, das Diakonie und Gesellschaft in Deutschland zweifellos benötigen, um am globalisierten Markt zu bestehen. Diakonische Einrichtungen und Institutionen müssen stark sein in der Qualifizierung von Mitarbeitenden und Anvertrauten, dürfen sich aber nicht in die Rolle eines »Qualifizierungsstudios« drängen lassen, das Menschen »fit« für die nächste Runde anstehender Aufgaben macht und dabei das langfristige Wohl des Einzelnen und der Gemeinschaft aus den Augen verliert.

Diakonische Bildung darf nicht der Selektion dienen, sondern muss den einzelnen Menschen in seinen Stärken und Schwächen wahrnehmen und im Rahmen seiner eigenen ihm gegebenen Möglichkeiten seine Selbstbildungskräfte fördern. Dies gilt vor allem für den Kindertagesstättenbereich, die Jugendsozialarbeit und im Bereich der schulischen Bildung von behinderten Kindern und Jugendlichen. Dazu gehört die Entwicklung einer Bildungskultur, welche die Freude an gelingender, aber auch den Umgang mit nicht erbrachter Leistung mit einem Klima der Achtung und der Anerkennung verbindet.

Diakonische Bildung muss ihre Wurzeln in der Sinnfrage haben, in der Wachheit für letzte Fragen und in einer grundlegenden Orientierung am Evangelium. In diesem Sinne gehört eine Förderung christlicher Spiritualität zu den Profilen diakonischer Bildung, denn nur im Erleben kann christlicher Glaube erfahren und erschlossen werden.

HELMUT HANISCH

Diakonisch-soziales Lernen als Impuls zur Persönlichkeitsentwicklung

1 Einleitung

Im Zusammenhang mit diakonischem bzw. sozial-diakonischem Lernen ist es üblich, von Projekten oder Praktika zu sprechen, an denen Schülerinnen und Schüler unterschiedlicher Altersstufen teilnehmen. Dabei ist jedoch in der Regel unklar, von welchem Lernverständnis im Hinblick auf derartige Vorhaben ausgegangen wird. Deutlich wird dies, wenn wir die kritische Frage stellen, ob es sich bei den so genannten diakonischen oder diakonisch-sozialen Projekten tatsächlich um Projekte handelt, wenn Schülerinnen und Schüler über einen bestimmten Zeitraum hinweg etwa verschiedene Dienste in einem Altenheim übernehmen.

Das Gleiche gilt im Hinblick auf den Begriff des Praktikums. Handelt es sich im strengen Sinne um Praktika, wenn Schülerinnen und Schüler beispielsweise in regelmäßigen Abständen mit geistig behinderten Menschen zusammenkommen, um gemeinsamen Aktivitäten nachzugehen? Welche Ziele werden mit solchen »Praktika« verfolgt? Was soll durch sie erreicht werden?

Wir können das angedeutete Problem auch umgekehrt betrachten, indem wir die Frage aufwerfen, ob das, was durch Praktika und Projekte vom lerntheoretischen Ansatz her pädagogisch intendiert ist, dem entspricht, was mit dem Begriff »diakonisch-soziales Lernen« gemeint ist.

Um diese Fragen beantworten zu können, erscheint es notwendig, zunächst zu klären, was wir unter »diakonisch-sozialem Lernen« verstehen und welches lerntheoretische Konzept diesem Lernen entsprechen könnte. Vor diesem Hintergrund wird es dann möglich sein zu diskutieren, ob und in welcher Weise Projekte oder Praktika geeignet erscheinen, diakonisch-soziales Lernen zu ermöglichen.

Im Folgenden soll zunächst erläutert werden, von welchem Begriff diakonisch-sozialen Lernens wir ausgehen (2). Sodann wird zu erörtern sein, welcher lerntheoretische Ansatz geeignet erscheint, diesem begrifflichen Verständnis gerecht zu werden und ein entsprechendes Lernen zu ermöglichen. In dem Zusammenhang spielt der Begriff des »Situierten Lernens« eine Rolle (3). Schließlich wird in einem abschließenden Teil zu überlegen sein, was Projekte bzw. Praktika im Hinblick auf diakonisch-soziales Lernen aufgrund der zuvor gegebenen begrifflichen und lerntheoretischen Erörterung zu leisten imstande sind (4).

2 Begriffliches Vorverständnis diakonisch-sozialen Lernens

Unserem begrifflichen Vorverständnis liegt die These zugrunde, dass diakonisch-soziales Lernen vor allem als Persönlichkeitsentwicklung zu verstehen ist, die dazu führt, junge Menschen zu befähigen, diakonisch-sozial zu handeln. Negativ ausgedrückt bedeutet dies: Das Ziel ist nicht, Schülerinnen und Schüler zum Nachdenken über Diakonie und diakonisches Handeln anzuleiten oder sie zu akademischen Erörterungen über Sinn und Zweck sozialer oder diakonischer Einrichtungen zu befähigen. Auch geht es nicht darum, jungen Menschen im Sinne von Lawrence Kohlberg und seinen Schülern Anstöße zur Höherentwicklung ihrer moralischen Urteilsfähigkeit zu geben. Unser Selbstverständnis diakonisch-sozialen Lernens besteht im Anschluss an die Parabel vom barmherzigen Samariter darin, Jugendlichen Wege zu eröffnen, im Sinne Jesu Christi zu erkennen, wie sie Personen, die ihrer Zuwendung und Hilfe bedürfen, zu Nächsten werden und ihnen qualifiziert helfen können.

Das Verständnis von diakonisch-sozialem Lernen als Entwicklung der Persönlichkeit legt sich aufgrund empirischer Forschungsergebnisse in den USA nahe. Dort sind Daniel Hart und seine Mitarbeiterinnen und Mitarbeiter (vgl. Hart/Yates/Fegley/Wilson 1995) der Frage nachgegangen, was junge Menschen auszeichnet, die sich in besonderer Weise sozial engagieren, ohne dass ihr Engagement durch äußere Faktoren bedingt oder gar erzwungen würde. Dabei ging es indieser Studie nicht darum, wie in der bisherigen Forschung üblich, nach Persönlichkeitsmerkmalen dieser Jugendlichen zu fragen. Das Forscherteam um Hart interessierte sich statt dessen für das Selbstbild der jungen Menschen, die sich uneigennützig sozial engagieren und damit ihre freie Zeit – anders als ihre Altersgenossen – für sozial Schwache und Benachteiligte verwenden. Dabei ließen sich die Wissenschaftlerinnen und Wissenschaftler von der Annahme leiten, dass vor allem das bewusst erlebte Bild einer Person von sich selbst, also die subjektive Erfahrung ihrer selbst, für das außergewöhnliche soziale Engagement bestimmend sei.

Allgemein gesagt: Um die Beweggründe des Handelns einer Person zu verstehen, muss man ihr Selbstkonzept bzw. ihr Selbstbild kennen, denn Personen handeln in Übereinstimmung mit ihm und leiten umgekehrt ihr Selbstbild aus dem eigenen Handeln ab. Diese wechselseitige Verschränkung von Selbstbild und Handeln wird im Folgenden noch eine Rolle spielen. Gerade für das pädagogische Anliegen, junge Menschen zu diakonisch-sozialem Lernen im oben umrissenen Sinn zu befähigen, ist diese wechselseitige Verschränkung bedeutsam.

Hart und seine Mitarbeiterinnen und Mitarbeiter konnten vier Aspekte des Selbstkonzepts herausarbeiten, durch die sich Jugendliche im Alter von 12 bis 17 Jahren mit außergewöhnlichem sozialen Engagement von ihren Altersgenossen unterscheiden. Unter den Stichworten »Selbstzuschreibungen«, »Integration von Idealen in das Selbstbild«, »Theorie des Selbst« und »Zusammenhang des aktuellen mit dem ›vergangenen‹ und ›zukünftigen‹ Selbst« sind folgende Ergebnisse bemerkenswert (vgl. Hart/Yates/Fegley/Wilson 1995, 324ff):

(1) Selbstzuschreibungen

Von Kindheit an sind junge Menschen in der Lage, sich selbst mit einer Reihe von Charakteristika zu beschreiben. Dabei greifen sie je nach Alter bevorzugt u. a. auf ihr physisches Erscheinungsbild, auf Tätigkeiten und Fähigkeiten, Beziehungen zu anderen, auf ihre Persönlichkeit und Gedanken oder Gefühle zurück.

Auffallend ist nun, dass sich sozial engagierte Jugendliche selbst häufiger als ihre sozial nicht engagierten Altersgenossen durch »moralische« Eigenschaften (»ehrlich«, »vertrauenswürdig«, »gerecht«), Handlungen (»ich helfe anderen«, »ich kümmere mich um andere«) und Ziele (»ich möchte anderen helfen«, »ich möchte fair sein«)

beschreiben. Derartige spontane Selbstzuschreibungen sind aufgrund von sozialpsychologischen Forschungsberichten (vgl. Higgins/King/Mavin 1982) der bewussten Reflexion zugänglich und haben als solche handlungsleitenden Charakter. Mit anderen Worten: Weil ich mich selbst als eine Person wahrnehme, die sich Helfen zum Ziel gesetzt hat, helfe ich anderen. Oder: Weil ich mich als eine Person wahrnehme, die gerecht ist, handle ich gerecht. Zweifellos gilt auch das Umgekehrte: Wenn ich mich sozial engagiere, nehme ich mich als eine Person wahr, der soziales Engagement wichtig ist, und werde dann wiederum in Kongruenz mit dieser Selbsterfahrung handeln. Das heißt: Selbstzuschreibungen können zu altruistischem Handeln führen oder sie können dem Handeln folgen. So gesehen stützen und verstärken sich die beiden Betrachtungsweisen gegenseitig. Die sozial handelnde Person gewinnt das Selbstbild sozialen Engagements. Umgekehrt wiederum führt dieses Selbstbild zu verstärktem sozialem Engagement.

(2) Integration von Idealen in das Selbstbild

Das Selbstkonzept einer Person kann aus einer Vielzahl von bestimmten Bildern des Selbst und von Bildern anderer bestehen. Wenn Personen gebeten werden, ihr Selbstbild zu beschreiben, dann ist es denkbar, dass sie ihr Selbstbild als ideales Selbst darstellen oder dass sie es von anderen Personen absetzen, um zu verdeutlichen, dass sie gerade nicht wie diese sein möchten. Sie können sich aber auch von der Vorstellung leiten lassen, wie sie aufgrund der Meinung anderer sein sollten, und ihr Selbstbild entsprechend konstruieren. Schließlich kann eine Person bei der Konstruktion ihres Selbstbildes auch auf für sie bedeutsame andere Personen zurückgreifen. Denkbar ist es in diesem Zusammenhang, dass das Selbstbild maßgeblich dadurch bestimmt wird, so sein und handeln zu wollen wie Mutter oder Vater.

Auffallend ist nun, dass Jugendliche mit einem hohen Maß an sozialer Selbstverpflichtung weit häufiger als andere Jugendliche ihr Selbstbild durch Bezugnahme auf das ideale Selbst darstellen – ein Befund, der von Ann Colby und William Damon gestützt wird (vgl. Colby/Damon 1995). In Zahlen ausgedrückt: Im Rahmen der Untersuchung von Hart u. a. beschreiben 66 Prozent der außergewöhnlich engagierten Jugendlichen ihr Selbstbild in Bezug auf ihr ideales Selbst. Im Gegensatz dazu trifft dies bei den nicht sozial engagierten Jugendlichen nur für 27 Prozent zu (vgl. Hart/Yates/Fegley/Wilson 1995, 328). Zugleich spielt das Vater- oder Mutterbild eine zentrale Rolle für das Selbstbild der außergewöhnlich sozial Engagierten. Sie wollen so sein wie ihre Mutter oder ihr Vater. Auch lassen sie sich von Erwartungen leiten, die ihrer Meinung nach ihre Mutter bzw. ihr Vater an sie herantragen.

Schließlich ist noch ein weiterer Gesichtspunkt erwähnenswert: Junge Menschen, die sich stark sozial engagieren, definieren ihr Selbstbild in weitaus geringerem Maße im Hinblick auf ihre Altersgenossen. Dieses Ergebnis trifft im Vergleich keineswegs für nicht engagierte Jugendliche zu. Für deren Selbstbild ist vor allem wichtig, was die Freundinnen und Freunde von ihnen denken und wie sie bei ihnen ankommen.

Aus dem Gesagten ergibt sich, dass das Bewusstsein der eigenen Ideale und die Orientierung an den Eltern bei sozial engagierten jungen Menschen offenkundig handlungsleitende Funktion haben. In dem Maße nun, wie sie sich als Handelnde erleben, die ihren Idealen gerecht werden, werden diese Ideale augenfällig, was dazu führt, dass sie wiederum zu entsprechendem Handeln Anlass geben. Hier ist von dem gleichen wechselseitig verstärkenden Prozess auszugehen, der bereits bei den Selbstzuschreibungen festzustellen war.

(3) Theorie des Selbst

Vorauszuschicken ist, dass Theorien über das Selbst auf Prinzipien beruhen, aufgrund derer Personen ihre charakteristischen Besonderheiten in einen sinnvollen Zusammenhang bringen (vgl. Damon/Hart 1988, 53ff). Solche Prinzipien sind bei Kindern physische oder soziale Standards. So ist etwa davon auszugehen, dass ein Kind seine charakteristischen Besonderheiten durch den Vergleich mit anderen nach dem Schema erklärt: »Ich bin ein toller Basketballspieler, weil ich besser bin als alle anderen in der Schule.« Auf der nächsten Stufe orientieren sich Jugendliche im Unterschied zu Kindern an sozialer Akzeptanz und in Abhebung vom sozialen Kontext. So kann »klug sein« für die Theorie über sich selbst für eine bestimmte Person bedeutsam sein, weil die Freunde dieser Person keine dummen Menschen mögen und sie nicht akzeptiert werden würde, wenn sie dumm wäre (vgl. Hart/Yates/Fegley/Wilson 1995, 330). Die höchste Stufe, die normalerweise – wenn überhaupt – erst im späten Jugendalter und nicht einmal von allen Erwachsenen erreicht wird, ist eine (naive) »Theorie« des Selbst, die die eigenen Überzeugungen, Lebenspläne und Werte – kurz: die eigene Lebensphilosophie – in den Vordergrund stellt.

Hervorzuheben ist, dass außergewöhnlich sozial engagierte Jugendliche sich wesentlich häufiger als ihre Altersgenossen in dieser Weise beschreiben. Eine mögliche Erklärung dafür lautet: Ihr Handeln fällt aus dem üblichen Rahmen, und deshalb sind sie gezwungen, sich immer wieder vor anderen zu rechtfertigen – was zur Folge hat, dass sie sich intensiv mit ihren eigenen Beweggründen auseinander setzen. Das Ergebnis ist zwangsläufig eine bewusstere Wahrnehmung des eigenen Werte- und Überzeugungssystems.

Auch hier wird man wiederum den Effekt der eigenen Lebensphilosophie auf das Handeln berücksichtigen müssen. Weil die sozial verpflichteten Jugendlichen eine klare Lebensphilosophie haben, in der prosoziale Werte eine zentrale Stellung einnehmen, werden sie auch eher als andere Jugendliche im Einklang mit ihren Überzeugungen handeln. Zugleich gilt das Umgekehrte: Weil sich die Jugendlichen sozial engagieren, entwickeln sie die entsprechende Lebensphilosophie.

(4) Zusammenhang des aktuellen Selbst mit dem »vergangenen« und »zukünftigen« Selbst

Mit Antworten auf Fragen wie »Welche Person warst du vor vier Jahren, vor zwei Jahren?« oder »Wie wirst du in zwei Jahren, in vier Jahren, als Erwachsener sein?« stellen die sozial engagierten Jugendlichen eine zusammenhängende Beziehung zu dem vergangenen und dem zukünftigen Selbst her. Sie sehen in ihrem Leben eine größere Kontinuität und einen größeren Zusammenhang als die Vergleichsgruppe, die sich aus jungen Menschen zusammensetzt, die kein auffallendes soziales Engagement auszeichnet.

Es liegt nahe, dieses Ergebnis mit dem Konzept der Identitätsentwicklung von Erik Erikson in Verbindung zu bringen. Die nicht sozial engagierten Jugendlichen erleben die Phase, in der sie sich befinden, offenbar als eine Art Moratorium: Sie sind nicht mehr die, die sie einmal waren, und noch nicht die, die sie sein werden

– ohne genau zu wissen, was aus ihnen in Zukunft werden wird. Die sozial engagierten Jugendlichen haben die Entwicklungsaufgabe nachweislich bereits erfolgreich bewältigt, sich eine Identität zu erarbeiten, in der sie die eigene Geschichte und ihre Lebensperspektive integrieren. Sie haben klare Ziele vor Augen, die für ihr Handeln leitend sind. Dies sind die gleichen Ziele, die für sie gegenwärtig und in der Vergangenheit bestimmend waren.

Diese Ergebnisse der Sozial- und Entwicklungspsychologie mögen für sich aufschlussreich sein. Es ist jedoch zu fragen, was sie im Hinblick auf das diakonisch-soziale Lernen im Jugendalter bedeuten. Unterstellt, dass die von Hart und seinen Mitarbeiterinnen und Mitarbeitern gewonnenen Forschungsergebnisse nicht nur für die von ihnen untersuchten Jugendlichen in Camden, New Jersey, zutreffen, bedeutet das: Jugendliche, die bereit sind, sich sozial zu engagieren, unterscheiden sich nicht nur durch größere Hilfsbereitschaft, Verträglichkeit und soziale Sensibilität von ihren Altersgenossen, sondern sie haben auch ein grundlegend anderes Selbstbild. Wenn sie besonders empfänglich für Not und Leid anderer sind und daraus Engagement erwächst, dann deshalb, weil ihr Handeln in Kongruenz mit den Idealen und Überzeugungen steht, die ihr Selbstbild bestimmen.

Vor diesem Hintergrund ergibt sich nun die Frage, welche Anstöße zu dem Selbstkonzept der sozial verpflichteten Person geführt haben. Diese Frage ist vor allem deshalb zu stellen, um zu möglichen pädagogischen Schlussfolgerungen zu gelangen. In der Hart-Studie finden sich dazu mindestens drei Hinweise:

- Eher beiläufig wird erwähnt, dass kritische Lebensereignisse zu dem sozialen Engagement und dem damit korrespondierenden Selbstbild geführt haben können, die in der vorliegenden Studie als »transforming events« bezeichnet werden. Besonders krass wird dies bei einem Probanden deutlich, dessen Schwester ermordet wurde. Das Nachdenken über ihren Tod führt bei ihm zu einer völligen Neuorientierung (vgl. Hart/Yates/Fegley/Wilson 1995, 334).
- Für viele engagierte Jugendliche ist die Rolle der Eltern von Bedeutung. Wie bereits erwähnt, wird deren Handeln neben dem »idealen Selbst« oftmals zu einem bestimmenden Faktor für das Selbstkonzept, indem die Jugendlichen das Handeln der Eltern darin aufnehmen oder den Eltern unterstellen, dass sie von ihren Kindern prosoziales Handeln erwarten.
- Schließlich ist die Wechselwirkung oder Reziprozität zwischen dem sozial verpflichteten Handeln und dem Selbstbild zu nennen, auf die das Forscherteam mehrfach hinweist. Weil das eigene Handeln ebenso wie das Selbstkonzept im Jugendalter der Reflexion zugänglich sind und beide tatsächlich auch reflektiert werden, können Jugendliche ihr Handeln und ihr Selbstbild miteinander vergleichen und die Tendenz entwickeln, beides einander anzupassen.

Während sich die beiden ersten genannten Faktoren dem unmittelbaren pädagogischen Zugriff entziehen, eröffnet sich im Hinblick auf den dritten Aspekt die Chance zu sinnvollem pädagogischen Handeln, da die Beziehung zum partizipatorischen Lernen sofort ins Auge springt. Die aktive Teilnahme an praktischen Vorhaben, in welchen sich die Jugendlichen selbst in der Rolle von Helfenden erleben, ist zumindest ein Angebot oder ein möglicher Ausgangspunkt für die Reflexion von Handeln und Selbstbild und auf diesem Wege für einen Wandel des Selbstkonzepts. In diesem

Zusammenhang erscheint es zugleich förderlich, mit Jugendlichen über ihr Selbstbild und ihr Handeln zu reflektieren, um sie zu ermutigen, sich prosoziales Handeln zu Eigen zu machen (vgl. Hart/Yates/Fegley/Wilson 1995, 338).

Wie kann nun das diakonische Profil zur Wirkung kommen, um das es im Hinblick auf das diakonisch-soziale Lernen in erster Linie geht? Ohne eine komplizierte Herleitung vornehmen zu müssen, wird diakonisch-soziales Lernen dann möglich sein, wenn junge Menschen die Chance erhalten, in diakonisch handelnden Gemeinschaften mitzuwirken. Denn dabei erfahren sie im Kontext der alltäglichen Praxis, welche Motive das Handeln bzw. welche Orientierungen die Selbstkonzepte der Handelnden bestimmen. Zugleich besteht in solchen Gemeinschaften die Chance, dass Jugendliche auf Personen treffen, die im Hinblick auf ihr Selbstbild eine ähnliche Funktion übernehmen können wie die Eltern bei den außergewöhnlich sozial engagierten Jugendlichen (vgl. Hart/Yates/Fegley/Wilson 1995, 338). Sozialpsychologisch geht es dabei um die »bedeutsamen Anderen«, die einen nachhaltigen Einfluss auf die Entwicklung der Persönlichkeit Jugendlicher haben können.

Diakonisch-soziales Lernen als Persönlichkeitsentwicklung wird im Sinne der dargestellten Forschungsergebnisse also durch folgende Faktoren begünstigt:

- wenn Jugendliche die Möglichkeit erhalten, sich in einer diakonisch handelnden Gemeinschaft zu engagieren;
- wenn ihnen Menschen begegnen, deren Selbstbild von einer Lebensphilosophie bestimmt ist, die auf diakonischen Überzeugungen beruht;
- wenn sich junge Menschen über ihr diakonisches Handeln und dessen Bedeutung für sie selbst mit anderen austauschen können;
- wenn sie die Wirksamkeit ihres diakonischen Handelns erleben und dadurch ermutigt werden, auch in Zukunft entsprechend zu handeln.

Das lerntheoretische Konzept, das partizipatorisches Lernen in dem angedeuteten Sinn ermöglicht, ist das »situated learning«.

3 »Situiertes Lernen« als Orientierungsrahmen für diakonisch-soziales Lernen

Ausgangspunkt der folgenden Darstellung des »Situierten Lernens« ist zunächst die Erkenntnis der Kognitionspsychologie, dass »Begriffe, trotz ihrer potenziellen Allgemeinheit, eine starke situative Beschränktheit aufweisen« (Seiler/Wannenmacher 1987, 483). Dies wird im Blick auf das »Situierte Lernen« nicht als Defizit gedeutet, sondern als Hinweis darauf, dass Wissen, das losgelöst von konkreten Situationen und Verwendungszusammenhängen erworben wird, in Gefahr ist, abstrakt und bedeutungslos zu sein. Vor diesem Hintergrund gelangen die Vertreterinnen und Vertreter der »situated cognition« und des »Situierten Lernens« zu deutlicher Kritik des schulischen Lernens. Entsprechend heißt es bei John S. Brown, Allan Collins und Paul Duguid: »Man methods of didactic education assume a separation between knowing and doing, treating knowledge as an integral part, self-sufficient substance, theoretically independent of the situations in which it is learned and used. The primary concern of schools often seems to be the transfer of this substance, which comprises abstract, decontextualized formal concepts.« (Brown/Collins/Duguid 1989, 32)

Für das Selbstverständnis der «situated cognition«, die als Spielart des »Situierten Lernens« zu verstehen ist, ist es grundlegend, dass Wissen nur dann für Lernende unmittelbar einleuchtend und bedeutungsvoll erscheint, wenn es an die Situation, in der es seinen Ursprung hat, gebunden ist. Mit anderen Worten: Die Konstruktion von Wissen wird aufs Engste »mit den Erfahrungen verknüpft, die in verschiedenen physischen und sozialen Kontexten gemacht werden« (Sander-Gaiser 2003, 244). Einen empirischen Beleg für diese These liefert Jean Lave. Sie untersuchte, welche Problemlösestrategien Einkaufende in Supermärkten anwandten, um herauszufinden, welche Waren preislich am günstigsten waren. Dabei stellte sie fest, dass die Probandinnen und Probanden bei der Lösung der anstehenden Probleme keineswegs auf Wissen zurückgriffen, das sie im schulischen Mathematikunterricht erworben hatten, sondern aus der Situation heraus eigene Lösungswege entwickelten. Daraus leitet sie die Schlussfolgerung ab, dass die Beziehungen zwischen Personen, ihre Aktivitäten und die Kontexte, in denen sie sich bewegen, im Hinblick auf Lernerfolg oder Lernmisserfolg wichtiger sind als bloße kognitive Strategien, die in der Schule gelernt werden (vgl. Lave 1988, 63).

Vor dem Hintergrund dieser Beobachtungen – wobei es weniger um mathematisches Lösungsverhalten geht als vielmehr um den allgemeinen Nachweis der Kontextgebundenheit von relevantem Wissen – entwickelten Jean Lave und Étienne Wenger das Konzept des »Situierten Lernens«, das sich grundsätzlich vom schulischen Unterricht unterscheidet (vgl. Lave/Wenger 1991). Worin es besteht und welche Impulse sich daraus für das diakonische Lernen ableiten lassen, lässt sich an einem zunächst exotisch anmutenden Beispiel demonstrieren, das Lave und Wenger u. a. heranziehen, um ihren lerntheoretischen Ansatz zu veranschaulichen. Dabei handelt es sich um die Ausbildung zur Hebamme in Yukatan (vgl. Lave/Wenger 1991, 67ff).

Die Lehre der Hebammen in Yukatan

Die Lehrlingsausbildung in Yukatan, die zur Hebammenkunst führt, findet nicht in der Schule oder im Krankenhaus statt, sondern ist in den Alltag eingebettet. Maya-Mädchen, die später Hebammen werden, haben in der Regel Mütter oder Großmütter, die Hebammen sind, denn die Hebammenkunst wird traditionell in der Familie weitergegeben. Die Mädchen eignen sich das spezielle Wissen, das zur Ausübung der Hebammenkunst erforderlich ist, dadurch an, dass sie in den entsprechenden Familien aufwachsen.

Im Alltag erfahren sie, was zum Leben und Beruf einer Hebamme gehört. Sie erleben, dass Hebammen zu jeder Tages- und Nachtzeit zur Verfügung stehen müssen. Sie kennen die Geschichten, die Frauen und Männer erzählen, wenn sie kommen, um Rat und Hilfe zu erbitten. Sie wissen, dass es nötig ist, Kräuter und andere Heilmittel zu sammeln, um sie bei der Geburt zur Verfügung zu haben.

Als kleine Mädchen sitzen sie vielleicht ruhig in einer Ecke, während ihre Mütter Frauen massieren, die kurz vor der Entbindung stehen. Sie hören Geschichten von schwierigen Fällen und von wundersamen Ereignissen. Wenn sie älter werden, nehmen sie Nachrichten in Empfang, übernehmen einfache Dienste und halten Gegenstände bereit, die bei der Entbindung gebraucht werden. ...

Irgendwann kommen sie auf den Gedanken, dass sie selbst gern Hebamme werden möchten. Dann werden sie noch genauer als bislang beobachten, wie ihre Mütter oder Großmütter als Hebammen arbeiten. Sie werden aber wenige Fragen stellen. Denn darauf kommt es nicht an, weil sie das, was sie wissen und können müssen, durch Beobachtung und aktive Teilnahme erwerben. Zugleich wissen ihre Mentorinnen, dass sie auf die Mitarbeit ihrer Enkeltöchter oder Töchter zurückgreifen können nach dem Motto: »Rosa weiß, wie man massiert, also kann ich sie schicken, wenn ich zu viel zu tun habe.« Im Laufe der Zeit übernehmen die jungen Frauen immer mehr Aufgaben, wobei sie in der Regel mit Routineaufgaben und ermüdenden Tätigkeiten beginnen. Das Ende der Ausbildung besteht in der Überwachung der Nachgeburt.

An diesem Beispiel werden die zentralen Grundgedanken des »Situierten Lernens« greifbar. Zunächst wird deutlich, dass die angehenden Hebammen in eine tätige Gemeinschaft (community of practice) hineinwachsen. Es handelt sich in diesem Fall um die Familien, in denen die Mütter oder Großmütter dem Beruf der Hebamme nachgehen. Im Zusammenhang mit der Berufsausübung dieser Frauen erwerben die Mädchen nach und nach Wissen, Kenntnisse und Fertigkeiten, die notwendig sind, um als Hebamme zu arbeiten. Diese ergeben sich aus Beobachtungen, Erlebnissen, Erfahrungen und Begegnungen sowie aus der Übernahme von zunächst kleinen routinemäßigen, im Laufe der Zeit jedoch umfangreicheren Aufgaben, die mit dem Beruf der Hebamme zusammenhängen. Eine Kontrolle oder Überprüfung der jeweiligen Leistungen, die die jungen Menschen erbringen, ist nicht nötig, weil aus der Praxis heraus unmittelbar ersichtlich wird, ob sie die übertragenen Aufgaben bewältigen können oder nicht.

Die wachsende Fähigkeit zur Mitarbeit hat einen nicht zu unterschätzenden Wert im Hinblick auf die Persönlichkeitsentwicklung und das Selbstbild der Mädchen. In dem Maße, wie sie in der Lage sind, Aufgaben der Hebamme zu übernehmen, wachsen sie in die tätige Gemeinschaft hinein und gewinnen in ihr persönlich zunehmend an Bedeutung. Konkret drückt sich dies darin aus, dass ihre Mitarbeit sowohl von den Hebammen als auch von anderen Menschen, die ihre Hilfe erfahren, geschätzt und anerkannt wird. Auf diese Weise entwickeln die Mädchen ein Bewusstsein dafür, wichtige Glieder in der »community of practice« zu sein, was für ihr Selbst- und Weltbild von grundlegender Bedeutung ist. Anzunehmen ist, dass sie die Ideale ihrer Mütter oder Großmütter übernehmen und zu einer entsprechenden Praxis gelangen. Zugleich ist davon auszugehen, dass die Mädchen dadurch motiviert werden, sich weiterhin in noch umfangreicherem Maße in der tätigen Gemeinschaft zu engagieren, um schließlich zur vollen Teilnahme zu gelangen und selbst Hebamme zu sein. So bedingen sich Partizipation und die Entwicklung des damit verbundenen Selbstbildes im Rahmen der tätigen Gemeinschaft wechselseitig.

Für hier beschriebenen Prozess verwenden Lave und Wenger den Begriff »legitimate peripheral participation«, der mit »Situiertem Lernen« gleichbedeutend ist. Dabei ist zu betonen, dass »legitimate«, »peripheral« und »participation« als theoretisches Konstrukt eine Einheit bilden. Dies besagt, dass es im Verständnis des »Situierten Lernens« keine Partizipation ohne Legitimation gibt. Zugleich ist jede Partizipation, mit der ein »newcomer« beginnt, durch das Stichwort »peripher« zu charakterisieren. Was bedeuten nun »legitime« und »periphere Partizipation«?

»Legitim« bezeichnet die Art der Zugehörigkeit zu einer tätigen Gemeinschaft. Sie ist nicht nur eine entscheidende Voraussetzung des Lernens, sondern zugleich ein konstitutives Element des Lerninhalts. Im Beispiel der Hebammenausbildung ist es die Zugehörigkeit zur Familie und zur örtlichen Gemeinschaft, die die Partizipation legitimiert. Die legitime Zugehörigkeit wäre nicht gegeben, wenn das Mädchen, das Hebamme werden möchte, nicht aus einer Familie stammen würde, in der die Mutter oder die Großmutter Hebammen sind. In anderen Fällen kann die legitime Zugehörigkeit etwa durch einen Ausbildungsvertrag oder die Zugehörigkeit zu einem Verein zustande kommen. Zugleich verweist das Stichwort »legitim« darauf, dass die »newcomer« ein Recht darauf haben, in die Aufgaben der tätigen Gemeinschaft einbezogen zu werden.

Das Stichwort »periphere Partizipation« weist darauf hin, dass die »newcomer« zunächst die Möglichkeit bekommen, das Handlungsfeld der tätigen Gemeinschaft, in das sie gestellt sind, zu absorbieren und von ihm absorbiert zu werden, wie es bei Lave und Wenger heißt. Die »newcomer« gelangen dadurch zu einer allgemeinen Vorstellung dessen, was das Handeln in der vorgegebenen Gemeinschaft konstituiert. Für das Mädchen, dessen Mutter Hebamme ist, liegt es auf der Hand, wie sich ihr nach und nach das Handlungsfeld ihrer Mutter erschließt. Losgelöst von diesem Beispiel geht es verallgemeinernd darum, im Hinblick auf die »community of practice« – in den Worten von Lave und Wenger – herauszufinden:

»... wer involviert ist, was sie (die Mitglieder einer tätigen Gemeinschaft) tun, wie das Alltagsgeschäft aussieht, wie die Meister reden, gehen, arbeiten und ihr Leben führen; wie Leute, die nicht Teil der tätigen Gemeinschaft sind, mit ihnen umgehen; was andere Lernende tun; was man lernen muss, um vollwertiges Mitglied zu werden. Dies schließt ein wachsendes Verständnis davon ein, wie, wann und in welchen Zusammenhängen die oldtimer zusammen arbeiten, zusammen wirken und auch aneinander geraten, was ihnen Spaß macht, was sie nicht mögen, was sie respektieren und bewundern. Vor allem bietet die tätige Gemeinschaft Beispiele, um nach und nach vollwertiges Mitglied zu werden. ...« (Lave/Wenger 1991, 95)

Die Lernenden bleiben jedoch nicht bei diesen ersten Eindrücken stehen, sondern ihre Partizipationsmöglichkeiten weiten sich im Laufe der Zeit aus, wie am Beispiel der Hebammenausbildung zu zeigen war. Das entscheidende Ziel ist dabei die volle Teilnahme, die zugleich auch die treibende Kraft ist, die das Lernen in Gang hält. Dies ist jedoch an die Voraussetzung gebunden, dass die »oldtimer« innerhalb einer tätigen Gemeinschaft den Neuen nach und nach uneingeschränkten Zugang zu allen zumutbaren Aktivitäten gewähren. Mit anderen Worten: Die zunächst bestehende Differenz zwischen Alten und Neuen, Wissenden und Unwissenden, zwischen Etablierten und Anfängern gilt es schrittweise aufzuheben. Dies wird dann gelingen, wenn erkannt wird, dass sowohl die Alten wie die Neuen voneinander abhängig sind (vgl. Lave/Wenger 1991, 116). Denn ohne das Wissen der Etablierten haben die »newcomer« keine Chance, im Laufe der Zeit zu voller Mitarbeit zu gelangen. Umgekehrt hängt die Zukunft der tätigen Gemeinschaft von den Anfängern ab, denn sie sind es, die deren Fortbestand sichern. Daneben sind es die »naiven« Fragen der »newcomer«, die innerhalb einer tätigen Gemeinschaft wichtige Anstöße zum Überdenken und zur möglichen Weiterentwicklung der herkömmlichen Praxis geben.

Als letzter Gesichtspunkte im Hinblick auf das Selbstverständnis des »Situierten Lernens« ist schließlich die Rolle der Sprache zu behandeln. Im Kontext des schulischen und akademischen Lernens wird Sprache als ein Medium benutzt, durch das

Kenntnisse und Einsichten in Form von Belehrung und Instruktion weitergegeben werden. Dabei zeichnet sich die in diesen Zusammenhängen verwendete Sprache durch einen hohen Grad an Allgemeinheit aus. Im Gegensatz dazu betonen Lave und Wenger, dass das Sprachgeschehen in tätigen Gemeinschaften in den beiden Formen des »talking within« und des »talking about« geschieht. »Talking within« bezieht sich auf den Informationsaustausch, der notwendig ist, um Arbeitsabläufe sicherzustellen. »Talking about« geschieht in der Regel in der Form von Geschichten, die dem inneren Zusammenhalt der Gemeinschaft dienen und nicht zuletzt auch dann aktualisiert werden, wenn Probleme zu lösen sind (vgl. Lave/Wenger 1991, 105). Im Unterschied zum akademischen Sprachgebrauch ist in beiden Fällen die hier verwendete Sprache konkret auf einzelne Situationen bezogen.

Wie ist nun vor diesem Hintergrund diakonisch-soziales Lernen als Persönlichkeitsentwicklung im Kontext des »Situierten Lernens« vorzustellen? Vier Gesichtspunkte erscheinen in diesem Zusammenhang wegweisend:

- Durch die Mitarbeit in einer diakonisch tätigen Gemeinschaft haben junge Menschen die Möglichkeit, nach und nach grundlegendes Wissen im Hinblick auf den Umgang mit Menschen zu erlangen, die der Hilfe bedürfen. Dieser Wissenserwerb geschieht nicht abstrakt, sondern ist das Ergebnis zunehmend umfassenderer Tätigkeiten im Rahmen eines historisch gewachsenen kulturellen Kontextes (vgl. Sander-Gaiser 2003, 257). Darauf verweist die Verwurzelung diakonisch handelnder Gemeinschaften in der Geschichte der Barmherzigkeit, wie sie sich im Laufe der Jahrhunderte entwickelt und als äußerst wirkungsvoll erwiesen hat. Im Zusammenhang mit diesem Wissenserwerb erfahren die jungen Menschen zugleich, dass ihre Tätigkeit von zwei Seiten respektiert und geschätzt wird: von den Adressaten der Hilfe und von den Mitarbeiterinnen und Mitarbeitern innerhalb der tätigen Gemeinschaft. Dies dürfte einen nachhaltigen Einfluss auf das Selbstbild der jungen Menschen haben, weil sie sich als Helfende erfahren und ihre Hilfe geschätzt und geachtet wird. Die Tätigkeit selbst kann zu einer Veränderung des Selbstbildes führen, was wiederum zu neuem, entsprechendem Handeln führen wird.
- Um die Mitarbeit in der tätigen Gemeinschaft zu legitimieren, erscheint es unverzichtbar, dass die Einrichtung, in der sich die jungen Menschen engagieren, mit ihnen einen Vertrag schließt. In diesem Vertrag sind die zeitliche Dauer und der zeitliche Umfang der Mitarbeit zu regeln. Zugleich sollte darin deutlich werden, dass die Jugendlichen in die tägliche Arbeit und Interaktion integriert sind und einen Anspruch darauf haben, zunächst zu peripherer Mitarbeit herangezogen zu werden. Wenn von »peripherer Mitarbeit« die Rede ist, muss zugleich darauf hingewiesen werden, dass Überforderungen zu vermeiden sind, denen ein »newcomer« nicht gewachsen ist.
- Im Rahmen einer diakonisch tätigen Gemeinschaft arbeiten die jungen Menschen mit Personen zusammen, bei denen davon auszugehen ist, dass ihr Selbstbild auf einer an biblischen Grundsätzen orientierten Lebensphilosophie beruht, die zu diakonischem Engagement führt. Dies wird äußerlich offenkundig, wenn die »newcomer« den geistlichen Kontext der diakonisch tätigen Gemeinschaften wahrnehmen. Darauf verweisen nicht zuletzt – nur um einige Beispiele zu nennen – gottesdienstliche Morgenfeiern, das Gebet zu den Mahlzeiten, der Name der Ein-

richtung und die Ausgestaltung von Räumen mit christlichen Symbolen. Anzunehmen ist, dass das Kennenlernen der Atmosphäre und die Zusammenarbeit mit diakonisch engagierten Personen bei den jungen Menschen dazu führen, nach der eigenen Lebensphilosophie und den das Handeln bestimmenden ethischen Prinzipien zu fragen. Dabei ist es keineswegs ausgeschlossen, dass die interessierte Aufgeschlossenheit und Zuwendung der »oldtimer«, um im Jargon von Lave und Wenger zu sprechen, dazu führen, dass sich die »newcomer« mit deren ethischen Orientierungen identifizieren und ihr Selbstbild entsprechend umgestalten. Dies wird umso mehr der Fall sein, wie es gelingt, persönliche Gespräche über das eigene Selbst und die jeweils leitenden Orientierungen zu führen.

- Bei der Auswertung der Erfahrungen, die junge Menschen in diakonisch handelnden Gemeinschaften gewonnen haben, sollte im Sinne des »Situierten Lernens« das Erzählen im Mittelpunkt stehen. Die Jugendlichen sollten die Gelegenheit haben zu erzählen, was sie beobachtet und erlebt haben. Zugleich sollte in diesen Erzählungen auch von den Menschen und deren Motiven berichtet werden, die ihre Tätigkeit in den Dienst der Hilfe anderer stellen. Solche Erzählungen fordern heraus, über das Selbst, die das Handeln leitenden Orientierungen und die eigene Lebensphilosophie nachzudenken. Darauf sollten sich die Auswertungen von sozial-diakonischen Erfahrungen vor allem konzentrieren und nicht auf abstrakte Reflexionen wie etwa über Sinn und Bedeutung diakonischer Einrichtungen. Dies ist nachdrücklich hervorzuheben, wenn das Ziel diakonisch-sozialen Lernens darin gesehen wird, jungen Menschen dazu zu verhelfen, im Sinne Jesu denen zum Nächsten zu werden, die der Hilfe bedürfen.

4 Diakonisch-soziales Lernen in Projekten und Praktika?

Um die Frage zu beantworten, ob diakonisch-soziales Lernen im Rahmen von Projekten oder Praktika möglich und sinnvoll erscheint, ist zunächst kurz daran erinnern, welche Besonderheiten die Projektmethode bzw. den Projektunterricht auszeichnen. Obwohl es unterschiedliche, oftmals von einander abweichende Begriffsbestimmungen der Projektmethode gibt, kann als allgemein gültiges pädagogisches Ziel festgehalten werden, dass Schülerinnen und Schüler gemeinsam mit Lehrerinnen und Lehrern versuchen, ein echtes Problem in gemeinsamer Anstrengung und in handelnder Auseinandersetzung mit der Wirklichkeit zu lösen (vgl. Hänsel 1999, 75). Als die wichtigsten zehn Kriterien des Projekts sind in diesem Zusammenhang zu nennen: Alltags- und Situationsbezug, das Interesse aller Beteiligten, die Selbstorganisation und Selbstverantwortung der Lerngruppe, die gesellschaftliche Praxisrelevanz, das stets zielgerichtete Arbeiten, die Produktorientierung, der Einbezug möglichst vieler Sinne, die Förderung sozialen Lernens, die Interdisziplinarität und schließlich auch die Wahrnehmung dessen, was durch das Projekt nicht geleistet werden kann (vgl. Gudjons 1982).

Obwohl manche Stichworte bei oberflächlicher Betrachtung an das diakonisch-soziale Lernen im Sinne des »Situierten Lernens« erinnern – dazu gehören vor allem »Alltags- und Situationsbezug«, »gesellschaftliche Praxisrelevanz«, »Förderung des sozialen Lernens« – so ist doch unübersehbar, dass der Projektmethode ein völlig anderes Lernverständnis zugrunde liegt als das, von dem wir im Hinblick auf das diakonisch-soziale Lernen ausgehen. Deutlich wird dies bereits im Hinblick auf die allgemeine Zielsetzung der Projektmethode, deren Ausgangspunkt darin besteht, Probleme in handelnder Auseinandersetzung mit der Wirklichkeit zu lösen.

Dies gilt in gewisser Weise zwar für die »situated cognition«, aber keineswegs für das »Situierte Lernen«, denn hier stehen nicht Probleme im Vordergrund, die es vermittels kognitiver Strategien zu lösen gilt, sondern es geht darum, durch periphere Mitarbeit zunächst in einer handelnden Gemeinschaft Wissen zu erwerben. Dabei kommt es darauf an, dass dieses durch Mitarbeit erworbene Wissen in entscheidender Weise zur Entwicklung der Persönlichkeit Jugendlicher beitragen kann, wenn sie sich als Helfende erfahren und diese Erfahrung ein Teil ihres Selbstbildes wird.

Zugleich gilt es hervorzuheben, dass bei der Projektmethode alle Aktivitäten während eines Projekts an die Schule gebunden bleiben. Anders ausgedrückt: Im Unterschied zum »Situierten Lernen« ist es für den Projektunterricht keineswegs konstitutiv, in einer außerschulischen handelnden Gemeinschaft tätig zu werden. Die Arbeit in Projekten zielt also weniger auf die Persönlichkeitsentwicklung, sondern auf die gemeinsame Lösung von Problemen, die in »Produkten« manifest wird. Bei den Produkten kann es sich u. a. um ein Modell, eine Ausstellung, ein Theaterstück oder einen Zeitungsbericht handeln. Wenn nun von »diakonisch-sozialen Projekten« die Rede ist, dann sollten diese Zusammenhänge klar sein.

Abschließend ist danach zu fragen, ob es angemessen erscheint, im Zusammenhang mit diakonisch-sozialem Lernen von Praktika zu sprechen. Diese Frage setzt eine Verständigung darüber voraus, was pädagogisch unter Praktika zu verstehen ist.

In einem älteren Lexikon der Pädagogik aus dem Jahr 1951 wird unter Praktikum verstanden »die Tätigkeit des Schülers oder Studenten an einer Stätte, die nicht Schule, sondern *Leben* ist, in welcher gehandelt, Gedanken, Pläne, Vorsätze verwirklicht werden. ... Im Praktikum sollen die im theoretischen Unterricht erworbenen *Kenntnisse und Fertigkeiten* angewendet und damit auf ihre Richtigkeit überprüft werden. Neue *Anschauungen,* Erlebnisse und Eindrücke werden gesammelt und in der Regel durch den auf das Praktikum folgenden Anschlussunterricht denkend verarbeitet, wodurch sie erst zu richtigen *Erfahrungen* werden. So ist das Praktikum eine Zwischenstufe zwischen Schule und Lebenswirklichkeit und damit ein gewichtiges Stück der Berufsausbildung« (Kleinert 1951, 407). Ganz ähnlich heißt es in einem neueren Wörterbuch der Pädagogik: »Praktikum heißt jener Teil der Berufsausbildung, bei dem durch vorübergehende Versetzung in die Berufswirklichkeit jene Kenntnisse, Fähigkeiten und Fertigkeiten erworben werden sollen, die durch schulisches Lernen bzw. Studium nicht erlangt werden können« (Böhm 1994, 550).

Im Hinblick auf Praktika geht es aufgrund dieser Bestimmungen vor allem um die Überprüfung und Erweiterung schulisch erworbenen theoretischen Wissens in der Praxis. Dabei werden Praktika als wesentlicher Bestandteil der Berufsausbildung verstanden. Was nicht in den Blick kommt, ist jedoch der für diakonisch-soziales Lernen bedeutsame Aspekt der Persönlichkeitsentwicklung. Daher erscheint die Verwendung des Begriffs »Praktikum« als Lernform diakonisch-sozialen Lernens ungeeignet. Es sei denn, es handelt sich um berufsorientierte oder gar berufsvorbereitende Praktika im diakonisch-sozialen Kontext, also um ein gänzlich anderes Lernfeld.

Der Verweis auf die problematische lerntheoretische Verwendung des Begriffs »Praktikum« nötigt dazu, abschließend noch einmal auf das »Situierte Lernen« zurückzukommen. Wenn es das Ziel der zunächst peripheren Mitarbeit ist, ein vollwertiges Mitglied einer tätigen Gemeinschaft zu werden, zeigen sich an dieser Stelle auch die Grenzen des Konzepts des »Situierten Lernens« für das diakonisch-soziale Lernen: Es kann nicht darum gehen, dass junge Menschen vollwertige Mitglieder einer tätigen Gemeinschaft werden. Vielmehr ist es wichtig, dass sie durch vorübergehende Mitarbeit in einer diakonisch tätigen Gemeinschaft Anstöße für die Entwicklung ihrer Persönlichkeit erhalten. Diese Anstöße bestehen darin, dass sich die Jugendlichen als Helfende erfahren, diese Erfahrung im Zusammenhang mit den vielfältigen Beobachtungen und Erlebnissen während ihres Mitwirkens in der »community of practice« reflektieren und mit ihrem Selbstbild in Verbindung bringen. Die Hoffnung, die sich damit verbindet, besteht darin, dass junge Menschen auch außerhalb der diakonisch tätigen Gemeinschaft im Namen Jesu anderen zu Nächsten werden, wenn sie der Hilfe bedürfen.

Hartmut Rupp, Angela Knapp, Christoph Dammann

Diakonisch-soziales Lernen, Service Learning und gesellschaftliche Verantwortung

1 Veranlassung

Während das Freiwillige Soziale Jahr im Anschluss an die Schulzeit und das Projekt »Compassion« (Gönnheimer 2004, 123–137) in der 11. Klasse des Gymnasiums schon eine tragfähige Tradition gebildet haben, entwickelt sich in den Realschulen Baden-Württembergs eine neue Herausforderung für sozial-diakonisches Lernen: Sozialpraktika für Siebt- und Achtklässler in diakonischen und caritativen Einrichtungen.

Ausgangspunkt und Rahmen für solche Praktika ist das »Themenorientierte Projekt Soziales Engagement«, kurz »TOP SE« genannt, das nach dem neuen Bildungsplan in einer der Klassen 5–10 der Realschule durchgeführt werden muss. Leitend ist das Ziel »Verantwortungsbewusstsein im Umgang mit Menschen zu wecken und zu fördern«. (Bildungsplan Realschule 2004, 180)

Dieses Ziel soll im Rahmen eines Projekts erreicht werden, das 72 Jahresstunden umfasst und für alle Schülerinnen und Schüler verbindlich ist. Wie jedes Projekt hat TOP SE einen definierten Anfangs- und Endpunkt und enthält Vorbereitung, Durchführung, Dokumentation, Reflexion, Präsentation und Bewertung. Zu dem Projekt gehört eine verbale Beurteilung sowie eine Ziffernote, die im Zeugnis ausgewiesen wird. In welchem Schuljahr das Projekt stattfindet und welche Fächer daran beteiligt sind, entscheidet die jeweilige Schule.

2 Konzeptionelle Grundlagen

Mit diesem Projekt sollen wichtige soziale und personale Kompetenzen erworben werden, die für die Allgemeinbildung konstitutiv sind. So soll TOP SE dazu beitragen, dass Schülerinnen und Schüler

- ihre eigenen sozialen Fähigkeiten erkennen und einsetzen können,
- für andere verlässlich Verantwortung übernehmen können,
- zu sozialem Engagement einen eigenen Standpunkt einnehmen und darüber reflektieren können,
- soziale Einrichtungen erkunden und darstellen können. (Bildungsplan Realschulen 2004, 181)

Das »Themenorientierte Projekt Soziales Engagement« und damit auch die Praktika in diakonischen Einrichtungen sind Teil der gegenwärtigen Schulentwicklung, reagieren auf Herausforderungen der Bildungs- und Zivilgesellschaft, wollen nachhaltiges Lernen fördern, nehmen das Konzept des »Service Learning« auf, das in den 1990er Jahren in den USA entwickelt wurde, und weitet den Compassion-Ansatz aus, der Mitte der 90er Jahre von der Zentralstelle der Deutschen Bischofskonferenz vorgestellt wurde (Kuld, Gönnheimer 2000, 7ff).

Grundgedanke des »Service Learning« (Sliwka 2004) ist, dass Schüler in ihrem sozialen Umfeld soziale Probleme identifizieren, dafür konkrete Projekte entwickeln, sich für andere auf Zeit engagieren und so praktische Verantwortung übernehmen. Entscheidend ist, dass sie die Probleme selbstständig recherchieren (z. B. durch eine Zukunftswerkstatt oder ein Detektivspiel), (Sliwka, Pädagogik 5/04, 6–9) sich freiwillig engagieren, in authentischen Lebenssituationen aktiv werden und ihre Erfahrungen gemeinsam systematisch reflektieren.

Im Hintergrund dieses Konzepts und seiner Übernahme steht die Einsicht, dass eine Zivilgesellschaft Bürgerinnen und Bürger braucht, die in der Lage und bereit sind, füreinander freiwillig Verantwortung zu übernehmen (Etzioni, 1997).

Es geht um »das Lernen von Verantwortung durch die Übernahme von Verantwortung« und damit um den Erwerb grundlegender Werthaltungen (Seel 2003, 127) in einer demokratischen Gesellschaft. Die Erwartung ist, dass sich ein solches soziales Lernen auch auf die in PISA-Studie beklagten kognitiven Lernleistungen positiv auswirken wird. Soziales Engagement will also sowohl Beiträge für die Lebensorientierung als auch die Leistungsorientierung bieten (Huber, 2004, 9.15).

Vorbereitet wurde TOP SE von dem Projekt »Compassion«, das 1994 von Adolf Weisbrod, Franz Kuhn und Friedrich Hirsch entwickelt, vornehmlich an katholischen Gymnasien in Baden-Württemberg modellhaft erprobt und von Lothar Kuld und Stefan Gönnheimer wissenschaftlich begleitet wurde. Ausgangspunkt dieses Konzepts war die Wahrnehmung eines »sozialmoralischen Defizits« bei den Heranwachsenden[1], dem durch ein »praktisches Lernen« in diakonischen und caritativen Handlungsfeldern entgegengewirkt werden sollte. Ein wichtiges Ergebnis dieses Modellversuches war, dass eine »Haltung engagierter Mitmenschlichkeit«[2] dann im Gedächtnis bleibt, wenn der Unterricht darauf immer wieder eingeht.

Wenn man davon ausgeht, dass Kompetenzerfahrung, Autonomie, Eingebundenheit und authentische Lernaufgaben entscheidende Grundlagen nachhaltigen Lernens sind[3], dann wird man gerade in einem solchen projektförmigen Erfahrungslernen besonders nachhaltige Wirkungen auf personale und soziale Kompetenzen[4] erwarten dürfen, aber auch auf kognitive Leistungen.[5]

Solche Projekte sind darüber hinaus vorzügliche Elemente einer sich entwickelnden Schule, die sich ihre Lerngegenstände und -aufgaben eigenständig sucht, fächerverbindendes Lernen ermöglicht, sich dabei für das soziale Umfeld öffnet,

---

1 So Kuld/Gönnheimer a. a. O. 7. Dagegen weist Huber a. a. O. 7 auf die in der Shell-Studie 2002 diagnostizierte Partizipationsbereitschaft Jugendlicher hin.

2 So übersetzen Kuld/Gönnheimer den englischen Begriff »compassion« und wollen dabei die Assoziation Mitleid vermeiden.

3 Vgl. Seel a. a. O. 87

4 Zur personalen Kompetenz werden Selbstwertgefühl, positives Selbstkonzept, Resilienz (Widerstandsfähigkeit), Selbstwirksamkeit, Autonomie- und Kompetenzerleben sowie Kohärenzgefühl gerechnet; zur sozialen Kompetenz Empathie- und Perspektivenübernahme; Fähigkeit, verschiedene Rollen einzunehmen, Kommunikationsfähigkeit, Kooperationsfähigkeit und Konfliktmanagement.

5 Andrew Furco a. a. O. 20–24 sieht aufgrund mehrerer Studien einen positiven Effekt von Service Learning auf Charaktereigenschaften und soziale Kompetenzen, auf gesellschaftliches und staatsbürgerliches Bewusstsein, aber auch auf die Wissensaufnahme und auf die Lernleistungen bei standardisierten Tests z. B. im Fach Mathematik sowie zum Sprach- und Leseverständnis.

Schüler als aktive Konstrukteure ihres eigenen Wissens, Könnens und Urteilens in Anspruch nimmt und darauf bezogen Unterricht und Lehrerrolle neu definiert.

Die Projekte können ganz unterschiedlich gestaltet werden. In Frage kommen innerschulische Projekte, aber auch Kooperationen mit außerschulischen Institutionen. Da gibt es das Projekt »Sanitätsdienst« in Zusammenarbeit mit dem Deutschen Roten Kreuz (DRK), bei dem Schülerinnen zum Schulsanitäter ausgebildet werden und dann bei schulischen Veranstaltungen Verantwortung übernehmen. Da gibt es das »Junior-Schülermentoren-Programm«, in dem Schülerinnen und Schüler in Zusammenarbeit mit Sportverbänden, kirchlicher Jugendarbeit, Krankenkassen, Umweltverbänden u. a. zu »Schülermentoren« ausgebildet werden, die dann innerhalb der Schule Verantwortung für die Schule und andere Schüler/innen übernehmen.[6] Bewährt haben sich Modelle, in denen einzelne Klassen Patenschaften oder Partnerschaften für Förderschulen oder Einrichtungen der Lebenshilfe übernommen haben. (Themenheft Pädagogik 5/04, 20–23)

In dieser Palette unterschiedlicher Projekte spielen diakonisch-soziale Praktika eine bedeutsame Rolle. Hier können sich Schülerinnen und Schüler für eine bestimmte Zeit (ca. 20 Stunden)[7] auf die Begegnung mit Menschen einlassen, die in besonderer Weise auf Hilfe und Betreuung angewiesen sind. Auch sind hier wiederum die Lernorte und die Lernformen vielfältig. Infrage kommen kommunale, kirchliche sowie diakonische und caritative Einrichtungen, aber auch private Initiativen wie Besuche bei älteren Menschen oder eben auch schulische Einsätze wie z. B. Spielnachmittage. Auch die Organisationsform ist offen. Denkbar sind Blockpraktika von ein oder zwei Wochen, Ganz- und Halbtagspraktika, die über das Schuljahr verteilt sind und im Unterricht begleitet werden.[8] Das Projekt kann im Klassenverband durchgeführt werden, aber auch in Neigungsgruppen, die sich in einem Jahrgang bilden. Dabei kann es zu einem Nebeneinander ganz unterschiedlicher Ansätze kommen: Während die eine Gruppe ein Praktikum in einer diakonischen Einrichtung durchführt, macht die andere einen Kurs als Schulsanitäter, wieder andere organisieren eine Hausaufgabenhilfe für jüngere Mitschüler.

---

6 Ministerium für Kultus, Jugend und Sport Baden-Württemberg, Sozial-aber wie?! Themenorientiertes Projekt Soziales Engagement, 2004. Hervorgegangen ist das Juniorschülermentorenprogramm aus dem so genannten »Schülermentorenprogramm«, das für Schülerinnen und Schüler ab der 9. Klasse bestimmt ist und vorwiegend vom Evangelischen Jugendwerk Württemberg durchgeführt wird. Nach einem eintägigen Schnupperpraktikum absolvieren der Schülerinnen und Schüler einen vier- bis sechstägigen Jugendleiter-Grundkurs. Danach folgt ein Einsatz in der Schule oder in der Jugendarbeit. Das Modell beinhaltet abschließend einen landesweiten eintägigen »Spezialkurs« mit einem breiten Angebot an Workshops. Vgl. Ministerium für Kultus, Jugend und Sport Baden-Württemberg, Jugendreferat, Leitfaden 7. Kooperation Jugendarbeit und Schule: Schülermentorenprogramm. Soziale Verantwortung lernen, o. J.

7 Amerikanische Studien weisen darauf hin, dass Schüler mindestens 10 bis 15 Stunden in einem Sozialpraktikum tätig sein müssen bevor sich eine Wirkungen auf Charaktereigenschaften oder auf zivilgesellschaftliches Bewusstsein bemerkbar macht. Vgl. Andrew Furco, »Zufriedener, sozialer, sensibler und motivierter«: Hoffnungsvolle Ergebnisse in den USA, in: Anne Sliwka u. a., Durch Verantwortung lernen, 2004, 12–31, dort 25.

8 Eine weitere Möglichkeit bietet das Projekt »72 Stunden – ohne Kompromiss«, das im Oktober 2004 vom BDKJ im Südwesten Deutschlands durchgeführt wurde. In 1242 Aktionen nahmen über 30 000 Jugendliche teil. Vgl. www.72stunden.de.

3 Begriffsklärungen

Der Begriff diakonisch-soziales Praktikum lässt fragen, ob und wie sich soziale und diakonische Praktika unterscheiden und was das Zusammenfügen der Begriffe sozial und diakonisch rechtfertigt.

In beiden Fällen geht es um die Begegnung mit anderen Menschen, insbesondere auch um Hilfsbedürftige und Notleidende. Beide Male geht es sodann um die Übernahme von Verantwortung für andere in einer begrenzten Zeit. In beiden Fällen geht es weiterhin um freiwilliges Engagement, das schließlich zum Gegenstand der Reflexion gemacht wird, sowie um organisierte, geplante Veranstaltungen der Schule, die jedoch eine extensionale Form des Lernens beinhalten.[9] Insoweit sind diakonische Praktika immer auch soziale Praktika, was das Zusammenfügen der Begriffe rechtfertigt.

Diakonische Praktika haben darüber hinaus aber einen bestimmten Ort, nämlich in kirchlichen oder diakonischen Einrichtungen, oder sie können auch im Zusammenwirken mit christlichen Personen bestehen. Es geht hier um die Begegnung mit einem helfenden Handeln, das in Beziehung zur christlichen Gemeinde und deren Verkündigung steht. Dabei ist es nicht zwingend (realistischerweise auch nicht immer zu erwarten), dass jede beteiligte Person für sich diesen Bezug herstellt – wohl aber, dass diese Beziehung in irgendeiner Weise präsent ist und erschlossen werden kann (Schmidt 2002, 155–168).

In diakonischen Praktika geht es sodann darum, eine qualifizierte Beziehung von Hilfsbedürftigen und Helfenden kennen zu lernen, die letztlich in einem christlichen Menschenbild gründet.[10] Diakonische Praktika zeichnen sich schließlich dadurch aus, dass die Ergebnisse in der Begegnung mit Hilfsbedürftigen aus christlich-theologischer Perspektive reflektiert werden und die persönlichen Fragen der beteiligten Schülerinnen und Schüler Aufmerksamkeit und Vergewisserung erfahren.[11]

4 Versuche

Mit dem Schuljahr 2004/05 traten der neue Bildungsplan für die Realschule in Baden-Württemberg und damit auch die Bildungsstandards für TOP SE für die Anfangsklassen 5–7 in Kraft. Für die einzelne Schule stellt sich damit die Aufgabe, ein solches Projekt in einem bestimmten Schuljahr zu platzieren. Da jede Schule vier solcher Projekte auf die Schuljahre zu verteilen hat, nämlich Technisches Arbeiten

9 Den Begriff des »extensionalen Lernens« in Unterscheidung zu einem »intentionalen« und »funktionalen« Lernens hat Alfred K. Treml eingeführt. Er bezeichnet damit Lernprozesse, die intentional beabsichtigt, aber funktional ablaufen (z. B. Auslandsschulaufenthalt) vgl. A.K. Treml, Allgemeine Pädagogik 2000,74–81. Auf diesem Hintergrund ist es nicht überraschend, wenn die Autoren des Compassion-Projekts auf erlebnispädagogische Komponenten ihrer Praktika verweisen s. Kuld/Gönnheimer a. a. O. 19.

10 Schmidt a. a. O. 159 sieht im Lernen von und mit Betroffenen ein Merkmal diakonischen Lernens. Dies weist darauf hin, dass in diakonischen Einrichtungen eine besondere »Beziehungsqualität« herrscht.

11 Vgl. Schmidt a. a. O. 168.

(TA), Soziales Engagement (SE), Berufsorientierung (BORS) und Wirtschaft-Verwalten-Recht (WVR), wird die Frage aufgeworfen, wann das TOP SE und damit auch Sozialpraktika in diakonischen Einrichtungen anzusiedeln sind. Die meisten Schulen konzentrieren sich dabei auf das siebte oder achte Schuljahr, nur in Ausnahmefällen wird die sechste oder neunte Jahrgangsstufe einbezogen. Damit ist aber für ein Sozialpraktikum in diakonischen Einrichtungen eine wichtige Vorentscheidung getroffen: Die Schülerinnen und Schüler sind zwischen 13 und 15 Jahre alt. Kann man sich da ein solches Praktikum vorstellen und sind Einrichtungen überhaupt bereit, so junge Personen mitwirken zu lassen?

Um erste Erfahrungen mit dem TOP SE zu sammeln und Modelle entwickeln zu können, gab es im Schuljahr 2003/04 auf Anregung des Religionspädagogischen Instituts der Badischen Landeskirche und mit Unterstützung des Diakonischen Werkes Baden[12] drei Versuche in der Umgebung von Karlsruhe. Dabei sollten – wenn möglich – unterschiedliche Projekte generiert, durchgeführt und ausgewertet werden.

Die Realschule in Stutensee konnte sich nicht vorstellen, Siebtklässler für eine Woche in diakonischen Einrichtungen einzusetzen. Sie entschied sich deshalb für Tagespraktika in der schulischen Nachbarschaft. Die Durchführung stieß jedoch auf erhebliche Schwierigkeiten. Zum einen fiel es den beteiligten Lehrerinnen und Lehrern schwer, überhaupt ein diakonisch-soziales Projekt für 13-Jährige zu konzipieren, zum anderen bereitete es Probleme, Einrichtungen für ein soziales Engagement von Schülerinnen dieses Alters zu gewinnen. Offenkundig brauchen jüngere Schüler einen eigenen Ansatz, und Einrichtungen müssen in solchen Praktika einen gewissen Ertrag für sich selbst erkennen können.

Anders verliefen die Projekte in der Anna-Frank- sowie in der Wilhelm-Lorenz-Realschule in Ettlingen. Beide Schulen platzierten ihr Projekt im zweiten Halbjahr des achten Schuljahres. In beiden Schulen führten die Klassenlehrerinnen das Projekt in ihrer Klasse durch, in beiden Fällen entschied man sich für eine einwöchige Projektdauer. Beide Male war der Religionsunterricht nicht unmittelbar einbezogen. Ebenso unterließ man es, in der Vorbereitung einen fächerverbindenden Unterricht anzubieten, stattdessen wählte man einen fächerübergreifenden Ansatz. Während die erste Realschule ein 1:3:1-Modell entwickelte, verfolgte die zweite ein 1:4:1-Modell. Das hieß: ein Tag Einführung, drei bzw. vier Tage Einsatz in einer diakonischen Einrichtung, ein Tag Auswertung in der Klasse. Vorausgegangen war eine intensive Vorbereitungsphase, in der das Kollegium das Vorhaben beriet, diakonische, caritative und nichtkonfessionelle Einrichtungen gewonnen und Eltern informiert wurden; währenddessen nahmen die Schülerinnen und Schüler mit ihren Praktikumsorten Kontakte auf.

In dieser sorgfältig strukturierten Vorbereitungsphase hatten die Schülerinnen und Schüler die Aufgabe, ein Bewertungsschreiben aufzusetzen, in dem sie die Ziele des Praktikums vorstellten und ihre eigenen Erwartungen artikulierten. Darüber hinaus bemühten sie sich um Informationen über die Art der Einrichtung sowie ihre

12 Die Projekte in Ettlingen wurden von Christoph Dammann, Diakonisches Werk Baden, konzeptionell entwickelt, begleitet und inhaltlich mit gestaltet.

Arbeitszeiten, befassten sich mit Benimmregeln und vereinbarten telefonisch einen Termin. Über das Telefonat wurde eine Gesprächsnotiz angefertigt. Bei der Akquirierung der Praktikumsplätze zeigte sich, dass die Projektleiterinnen auf Unterstützung angewiesen waren, die sie von den Schülern nicht erwarten konnten. In beiden Schulen waren die Eltern zur Unterstützung bereit, was generell die Elternarbeit förderte. Eine wichtige Hilfe aber war, dass das Diakonische Werk Baden die Einrichtungen anschrieb und diese für das Unternehmen gewann. Beide Schulen boten schließlich die gleichen Praktikumsorte für Schülerinnen an. Die Schüler konnten sich ihren Lernort selbst aussuchen.

Dank dieser Mithilfe war es möglich, für alle Schüler Praktikumsplätze zu finden. Die Mehrheit wählte einen kirchlichen Kindergarten, einige eine kirchliche Sozialstation, ein Altenpflegeheim oder ein Frauenzentrum. Hier zeigte sich, dass die Bereitschaft eines Kindergartens höher ist, jüngere Schülerinnen aufzunehmen, auf der anderen Seite ist deren Interesse besonders hoch, ihren eigenen Kindergarten wieder einmal aufzusuchen.

In der eintägigen *Einführungsphase* wurden die Schüler über die Geschichte und die aktuellen Aufgaben der Wohlfahrtsverbände informiert und sodann Erwartungen, mögliche Probleme und Befürchtungen thematisiert. Auf die Frage, welche Erwartungen sie haben, formulierten die Schülerinnen z. B. »dass ich etwas daraus lerne«, »dass man schwierige Aufgaben übertragen bekommt«, »dass man den Kindern etwas beibringen kann«, »dass es auch ein bisschen lustig wird«. Auf die Frage, welche Probleme auftauchen könnten, notierten sie: »man nimmt mich nicht ernst«, »ich werde gezwungen etwas zu machen, was ich nicht will«, »dass wir mit den Kindern nicht klar kommen«, »dass die alten Leute keine Hilfe annehmen«. Diese Formulierungen lassen erkennen, dass Schülerinnen an Selbstwirksamkeit[13], Autonomie und sozialer Anerkennung liegt.[14]

In der *Praktikumsphase* sollten die Schülerinnen mit Hilfe einer Befragung ein Porträt der Einrichtung erstellen, den Arbeitsablauf kennen lernen und nach Möglichkeit mitwirken. Die Klassenlehrerinnen waren während dieser Zeit für die Schülerinnen und Schüler per Handy erreichbar.[15] Der Einsatz selbst erfolgte in der Regel zu zweit. In den Praktika spielten die Schülerinnen und Schüler mit den ihnen anvertrauten Kindern, andere lasen pflegebedürftigen Personen vor oder begleiteten sie auf Spaziergängen. Es ging also um die persönliche Begleitung einer hilfsbedürftigen Person. Bewusst wurden keine pflegerischen Dienste erwartet.

In der *Auswertungsphase* erläuterten die Schüler ihren Gesamteindruck, präsentierten ihren Einsatzbereich, verglichen die Erfahrungen mit ihren Erwartungen und Befürchtungen und erklärten, welche Menschen sie beeindruckt haben. Außerdem diskutierten sie, was sie gelernt hatten, wie der Verlauf zu verbessern wäre und ob sich hier für sie eine Berufsperspektive zeigt. Sehr betont wurden metakognitive Kompetenzen gefördert.[16] Als Überraschung stellten sich die Erfahrungsberichte aus

---

13 Selbstwirksamkeit meint das Gefühl, Situationen bewältigen zu können.

14 Diese Sicht deckt sich mit Maslows Hierarchie der Bedürfnisse, vgl. Seel a. a. O. 83.

15 U.E. liegt in dem persönlichen Engagement der unterrichtenden Personen ein wichtiger Schlüssel für das Gelingen eines solchen Verwantwortungslernens. Als Konsequenz daraus wird man die Beteiligung der Lehrkräfte zum Standard erheben müssen.

16 Metakognition meint die Fähigkeit, über das eigene Denken nachdenken, bei der Bearbeitung einer

den Kindergärten dar. Aufgrund gezielter Beobachtungsaufgaben konnten die Schülerinnen recht prägnant über unterschiedliche Erziehungsstile, Unterschiede zwischen Mädchen und Jungen und Veränderungen gegenüber der eigenen Kindergartenzeit Auskunft geben.

Die Mehrheit der Schülerinnen und Schüler bewertete das Praktikum mit der Note 1–2. Schlechtere Noten als 2–3 gaben nur ganz wenige. Nahezu allen hat es »Spaß gemacht«. Ein Drittel der Schülerinnen und Schüler konnte sich vorstellen, einen sozialen Beruf zu ergreifen. Wichtig für die Schüler war, dass die regionale Presse bei der Präsentation dabei war und darüber berichtete. Das Projekt und das Engagement der Schülerinnen bekam so öffentliche Aufmerksamkeit, was auf die Nachhaltigkeit der Lernergebnisse wirken dürfte.

Auf die Frage, was sie gelernt haben, berichten sie überwiegend von Schwierigkeiten: »Ich habe für mich gelernt, dass Kindergarten ein schwerer Job ist.« Aber es wurde auch entdeckt, »dass ausländische Kinder genauso sind wie deutsche«. Hier handelt es sich wohl um ein erstes bedeutungsvolles Erfahrungswissen. Beeindruckt haben sie zum einen die betreuenden Personen: »Beeindruckt haben mich die Betreuer, weil sie so gut mit den alten Menschen umgehen können«, aber gerade auch die Betreuten: »Beeindruckt haben mich die alten Menschen, weil manche noch einen starken Lebenswillen haben«, »beeindruckt hat mich Jan, der im Rollstuhl sitzt und so selbstständig war«. Eine Schülerin schreibt in ihrem Prakikumsbericht über ihre Erfahrungen in einem Alten-Pflegheim: »Ebenfalls hat mich eine alte Dame, die mir in den letzten Tagen des Praktikums ans Herz gewachsen ist, beeindruckt. Sie hat immer tatkräftig beim Basteln mitgemacht und war auch mir gegenüber super freundlich und nett!« Beeindruckend sind für die Schülerinnen und Schüler offenbar Selbstständigkeit, Souveränität, allgemeiner formuliert: Lebenskompetenz. Hier dürfte sich zeigen, welche Entwicklungsaufgaben in dieser Lebensphase anstehen und welche personalen Bedürfnisse vorherrschen. Diese prägen offenkundig die Konstruktion der Wirklichkeit. Zumindest für eine Schule waren die Ergebnisse so beeindruckend, dass sie an dem Konzept unbedingt festhalten will und das Sozialpraktikum in ihr Schulprofil aufgenommen hat.

5 Vergleichende Bewertung

Um die Eigenart dieses Modellversuches einordnen zu können, hilft ein Vergleich mit einem anderen Vorgehen. Die Max-Planck-Realschule in Bretten führt seit dem Schuljahr 2001/02 erfolgreich jedes Jahr neben anderen sozialen Projekten (wie z.B. »Jung für Alt«, »Hilfe für Peru«) mit einer achten Klasse das TOP SE in einem einwöchigen Sozialpraktikum durch. Die Unterschiede sind beträchtlich und zeigen die Variabilität des Projekteinsatzes:

In Bretten wird die Vorbereitungsphase für das Sozialpraktikum fächerverbindend in Deutsch, Religion, Gemeinschaftskunde und MUM (Mensch und Umwelt) durchgeführt. Dabei thematisiert der Religionsunterricht die Versorgung von Kranken in

Aufgabe sich beobachten und dabei die beteiligten Lern- und Denkprozesse effektiv organisieren zu können. Vgl. Seel a. a. O. 224.

Deutschland und in der Dritten Welt sowie den Umgang mit Behinderten früher und heute.

Die Einrichtungen werden im Einzugsbereich der Schule in einem standardisierten Verfahren akquiriert. Die Projektleitung nimmt mit ihnen Kontakt auf, um über Voraussetzungen und gegenseitige Erwartungen im Vorfeld zu sprechen. Eine Selbstpräsentation in der Schule war bisher nicht möglich.

Kindergärten werden grundsätzlich als Praktikumsorte ausgeschlossen, da die Schüler in der Begegnung mit bedürftigen und auf Hilfe angewiesenen Menschen Erfahrungen sammeln sollen, die sie bis zu diesem Zeitpunkt in ihrem Alltag noch nicht machen konnten. Man meint in der Wahl des Kindergartens den Wunsch zu sehen, sich in eine vertraute Welt zurückzuziehen, und entsprechend ein mangelndes Zutrauen, Schritte in eine unbekannte Welt zu wagen. Praktikumsorte sind deshalb kirchliche Altersheime, Behinderteneinrichtungen, eine Förderschule, das Asylantenheim in Bretten und die Bahnhofsmission in Karlsruhe. Die Wünsche der Schülerinnen werden bei der Zuordnung berücksichtigt. Die Berichte zeigen, dass die Jugendlichen am Ende des Praktikums für die gemachten Erfahrungen in den für sie neuen Lebenswelten sehr dankbar sind.

Während des Praktikums führen die Schülerinnen und Schüler ein Tagebuch; vonseiten der betreuenden Lehrer gibt es jeweils mindestens einen Besuch. Jeder Schüler verfasst einen Praktikumsbericht, der im Fach Deutsch mit einer Ziffernnote bewertet wird. Die Auswertung erfolgt im Fachunterricht. Die Ergebnisse werden in einem Elternabend vorgestellt, eine Dokumentation des Projekts wird der Schulgemeinschaft auf Stellwänden präsentiert.

Die Schüler/innen erhalten auf ihre Praktikumsarrangements eine differenziert-standardisierte Rückmeldung, die ihre personale und soziale Kompetenz in den Blick nimmt.

Ein Testat über die Teilnahme am Praktikum wird dem Jahrgangszeugnis angehängt. Für das ganze Projekt erhält jeder Schüler/in ab dem Schuljahr 2004/05 zur Verbalbeurteilung zusätzlich eine Ziffernote, die mit Hilfe von Bewertungskriterien für die Fach-, Sozial-, Methoden- und Personalkompetenz gegeben wird. Die Schulleitung bedankt sich in einem Brief bei den sozialen Einrichtungen für ihre Mitwirkung.

Die Projektleitung kann insgesamt aufgrund des Praktikums bei den Jugendlichen eine Stärkung des Selbstwertgefühls und eine starke Aufgeschlossenheit für soziale Probleme und mehr Lebensernst feststellen. Ein Schüler resümiert: »Ich kann etwas, von dem ich nicht dachte, dass ich es könnte.«

Diese Erfahrungen zeigen:

- □ Offenkundig kann man in der achten Klasse ein einwöchiges Sozialpraktikum durchführen, das wahrnehmbare Wirkungen zeigt.[17] Dabei spielt eine große Rolle, welche Aufmerksamkeit die Schule und die Eltern, aber auch die Öffentlichkeit einem solchen Projektlernen einräumen.

---

17 Kuld/Gönnheimer stellen in ihrer Untersuchung fest: »Ca. 80 % sagen ›dieses Schuljahr mit Praktikum und begleitendem Unterricht war eine gute und wichtige Erfahrung‹ und ›das sollte jeder einmal machen.‹ 41 % sagen, sie hätten in ihrem Schuljahr ›etwas Wichtiges geleistet‹. Sogar für die Hälfte bestand das Besondere auch in dem Bewusstsein, ›gebraucht zu werden‹.« A. a. O. 50. Vgl. zu Bedeutung der Eltern und der Lehrerinnen a. a. O. 151–153.

- Für die Steuerung und Begleitung ist die Zuordnung einer einzigen Person sinnvoll und wichtig.
- Sozialpraktika brauchen eine sorgfältige, langfristige Vorbereitung und sowohl schulinterne (Kollegium, Schulleitung) als auch schulexterne Absprachen.
- Einwirkungen auf Berufsorientierung sind zu konstatieren.
- Die Wahlmöglichkeit der Schüler setzt eine ausführliche Information voraus.

Das Ettlinger Anfangsmodell lässt sich noch weiterentwickeln; in diesem Zusammenhang stellen sich auch weiterführende Fragen:

- Welchen Beitrag kann und soll der Religionsunterricht leisten? Wie viele Stunden kann der Religionsunterricht bei einem 72-stündigen TOP SE einbringen?
- Wie sind Praktikumsplätze im diakonischen Bereich zu gewinnen? Wie finden Schüler ihre Einrichtung?
- Wie ist das Verhältnis von Pflicht und Freiwilligkeit angesichts des Sachverhaltes, dass alle Schülerinnen der Klassen zur Teilnahme verpflichtet sind?
- Kann und soll man für die Übernahme von Verantwortung Noten geben? Welche Kriterien sind dabei anzuwenden?[18]
- Soll man für 13- bis 14-Jährige den Kindergarten als Praktikumsort anbieten?

Im Vergleich mit dem eingangs formulierten Konzept des Service Learning stellt sich die Frage, ob die dokumentierten Ansätze ausreichend Gelegenheit geben, das soziale Umfeld eigenständig zu untersuchen und eigene Projektideen zu entwickeln.

6 Organisationsmöglichkeiten

Für Kirche und Diakonie stellt sich die Aufgabe, Praktikumsplätze anzubieten und damit qualifiziertes Verantwortungslernen zu unterstützen. Was jedoch bei einem einzelnen Projekt unproblematisch erscheinen mag, stellt sich bei einem landesweiten Ansatz als erhebliche Herausforderung dar. Es werden viele Schulen nach Praktikumsorten nachfragen, sich bei Absagen enttäuscht zurückziehen und eine mangelnde Kooperationsbereitschaft, wenn nicht gar Desinteresse beklagen. Schon heute ist erkennbar, dass diakonische Einrichtungen dabei an Belastungsgrenzen stoßen. Es wird also darauf ankommen, Mitverantwortung zu übernehmen und Einrichtungen als Lernorte zur Verfügung zu stellen, jedoch ohne diese zu überfordern. Mehrere Ansätze sind dazu erkennbar:

(1) Das Pädagogisch-Theologische Institut in Kassel hat zur Steuerung einer solchen Zusammenarbeit einen »Atlas religionspädagogischer Lernorte« vorgelegt, in dem auch diakonische Einrichtungen Begegnungs- und Lernmöglichkeiten anbieten.[19] Dieser ansprechende Regionalatlas wird jedoch rasch veralten und im Übrigen zu teuer sein. Letztlich bräuchten alle Regionen eine solche Publikation.

---

18 Dazu bedarf es zunächst einmal einer Dimensionierung der zu erwerbenden Kompetenzen und darauf bezogen der Entwicklung von diagnostischen Instrumenten.

19 Zu erhalten beim Pädagogisch-Theologischen Institut, Heinrich-Wimmer-Straße 4, 34131 Kassel. www.pti-kassel.de.

(2) Das Pädagogisch-Theologische Institut in Hamburg hat für das Angebot von Praktikumsplätzen ein Internetangebot eingerichtet, in dem Schülerinnen und Schüler selbst Lernorte recherchieren und Praktikumsplätze vereinbaren können. (www.pti-hamburg.de)

Hier finden Interessenten Kurzbeschreibungen der Einrichtungen, Adressen, Ansprechpartner, Anfahrtswege, Angebote und Erwartungen. Die Problematik dieser Vorgehensweise dürfte darin liegen, dass Einrichtungen mit Anrufen überhäuft und zeitlich belastet werden.

(3) Angesichts dieser Alternativen und ihrer Probleme wurde für die Region Karlsruhe ein anderes Vorgehen beschlossen:

- Das Religionspädagogische Institut fertigt eine Maske für einen Internetauftritt.
- Die diakonischen und caritativen Trägerverbände bitten ihre Einrichtungen anzugeben, wann sie für wen und in welcher Form Lernmöglichkeiten für ein Verantwortungslernen zur Verfügung stellen können und was sie dabei von den Schülerinnen und Schülern erwarten. Kindergärten werden dabei zunächst einmal ausgespart, denn es soll darum gehen, die Grenzbereiche menschlichen Lebens in Blick zu nehmen.
- Das Religionspädagogische Institut stellt die standardisierten Angebote ins Netz, so dass Projektleiter/innen (und nur diese) das Gesamtangebot erkunden und Kontakt aufnehmen können. Ergänzend werden die Schulen über die Schulämter durch eine Druckversion informiert.
- Jedes Jahr wird das Angebot überprüft und ergänzt.
- Für andere Regionen wird Schritt für Schritt das Angebot ausgeweitet.
- Grundsätzlich ist der Auftritt für andere Einrichtungen der freien Wohlfahrtspflege offen.[20]

(4) Kommunale Koordination: In Heidelberg beschloss die Oberbürgermeisterin im Frühjahr 2004, angeregt durch das Diakoniewissenschaftliche Institut der Universität Heidelberg, auf kommunaler Ebene und in Verantwortung der Kommune eine »Koordinierungsstelle Soziales Lernen« mit ehrenamtlicher Leitung einzurichten. Deren Aufgabe ist es, spezielle Projekte Sozialen Lernens an Schulen in der Organisation und unterrichtlichen Begleitung zu fördern und die Bereitstellung von Praktikumsplätzen in sozialen Einrichtungen unterschiedlichster Trägerschaft in der Stadt zu erleichtern. Gleichzeitig geht es darum, die Erfahrungen evangelischer und katholischer Privatschulen mit ihren zweiwöchigen Praktika in sozialen Einrichtungen und auswertendem Unterricht in der Oberstufe einem größeren Kreis auch staatlicher Schulen im Bereich der Kommune zugänglich machen, um diesen Weg sozialen Lernens zu intensivieren.

Die »Koordinierungsstelle« steht also in kommunaler Verantwortung, profitiert aber zugleich von den Erfahrungen und Kenntnissen, die an christlichen Privatschulen – in diesem Fall der evangelischen Elisabeth-von-Thadden-Schule und der katholischen St. Raphael-Schule – bereits gesammelt wurden (v. Schubert 1998).

---

20 Entscheidend wird sein, dass auch die Einrichtungen bei dem Angebot von Praktika einen Gewinn sehen können. Dieser dürfte weniger im Gewinnen künftiger Mitarbeiterinnen liegen als in dem Gewinn eines verbesserten öffentlichen Image. Durch diakonisch-soziale Praktika werden Einrichtungen mit ihrem Angebot und Profil in ihrem Umfeld bekannter. Dies betrifft nicht bloß Schüler, sondern auch Lehrerinnen, Eltern und, wie sich zeigt, die kommunale Öffentlichkeit.

7 Perspektiven für den Religionsunterricht

Schon jetzt ist zu erkennen, dass beim »Themenorientierten Projekt Soziales Engagement« vom Religionsunterricht ein wichtiger Beitrag erwartet wird. Dies betrifft nicht nur einzubringende Unterrichtsstunden[21], sondern auch Hilfestellung bei der Projektorganisation[22] und vor allem auch beim Angebot spezifischer Inhalte.[23] Hier sollte sich der Religionsunterricht unbedingt in die Pflicht nehmen lassen. Die Förderung eines Verantwortungslernens in sozialen Beziehungen und damit von praktischer Nächstenliebe entspricht den Zielen des Religionsunterrichts sowie dem Auftrag von Kirche und Diakonie. Es geht dabei um eine »diakonische Bildung«, die ein Wissen um die konkrete Not von Menschen, die Kenntnis institutioneller Hilfe sowie Empathiefähigkeit und Verantwortungsbewusstsein, aber auch das Selbstverständnis des Menschen als eines auf Hilfe angewiesenen und gleichzeitig zur Verantwortung berufenen Wesens beinhaltet.

Der Religionsunterricht ist zunächst einmal aufgefordert herauszustellen, was er aufgrund seines Auftrags an der öffentlichen Schule und seiner Ziele an Inhalten beitragen kann. Dazu gehören in der Regel die Darstellung und das Kennenlernen diakonischer Arbeit und ihrer biblisch-theologischen Begründung sowie die Auseinandersetzung mit Lebensbildern aus dem Bereich der Diakonie.[24] Dazu gehört aber auch das gemeinsame Nachdenken über eigene Begabungen und Stärken, über das Verständnis des Menschen und den Sinn menschlicher Existenz. Die Verständigung über Regeln gemeinsamen gelingenden Lebens ist dabei ebenso von Bedeutung wie die Reflexion persönlicher Erfahrungen im Kontext informellen und extensionalen Lernens.[25] Hier dürfte es gerade darum gehen, elementare Fragen des Verantwortungslernens aufzugreifen und in ein Theologisieren mit Jugendlichen zu kommen.

Solche elementaren Fragen sind:

- ☐ Warum soll ich überhaupt Verantwortung übernehmen? Kann ich das überhaupt? (Frage nach dem Subjekt der Verantwortung)
- ☐ Für was bin ich eigentlich verantwortlich? (Frage nach dem Objekt der Verantwortung)
- ☐ Wem gilt mein verantwortliches Handeln? (Frage nach dem Adressaten der Verantwortung)

---

21 Dabei wird immer wieder darauf zu achten sein, dass das TOP SE von der ganzen Schule und nicht nur von einem Fach zu verantworten ist. Die angesetzten 72 Stunden sind von mehreren Fächern zu erbringen.

22 Dies betrifft vor allem die Vermittlung von Kontakten zu diakonischen Einrichtungen.

23 Da das Projekt schulrechtlich gesehen für alle Schülerinnen und Schüler verbindlich ist, kann es im Rahmen des konfessionellen Religionsunterrichts selbst nicht angeboten werden. Anders verhält es sich jedoch, wenn das Projekt in Neigungsgruppen durchgeführt wird, bei denen die Religionslehrkraft eine Gruppe anbietet und die Schülerinnen wählen können, oder wenn die Durchführung des Projekts nicht als Religionsunterricht, sondern als Projektunterricht definiert wird.

24 Bei diesen Themen ist der Religionsunterricht bei seinen eigenen Inhalten und kann sich problemlos einbringen. In der Regel ist Diakonie ein verbindliches Thema in der 7./8. Jahrgangsstufe.

25 Auch hier ist der Religionsunterricht ganz bei seinen eigenen Themen und bringt sich selbst als Fach ein.

- □ Vor wem muss ich Rechenschaft ablegen? (Frage nach der Urteilsinstanz von Verantwortung)
- □ Was kennzeichnet eigentlich verantwortliches Handeln? (Frage nach Strukturen und Kriterien verantwortlichen Handelns)
- □ Wie weit reicht meine Verantwortung? (Frage nach dem Handlungs- und Verantwortungsbereich) (Körtner 1999, 98ff).

Bei der Bearbeitung solcher Fragen wird es darauf ankommen, den Blick für ein christliches Verständnis von Verantwortung und damit für Gerechtigkeit im Sinne einer »vorrangigen Option für die Armen« zu öffnen. Dazu könnten die Frage und die damit verbundene Beobachtungsaufgabe dienen: Wer sind in dieser Einrichtung die Schwächsten? Woran erkennt man die Schwäche eines Menschen? Wie kann geholfen werden?

Eine auf Reflexion angelegte Auseinandersetzung kann von solchen Fragen ausgehen, aber auch von Dilemmageschichten, die möglichst nahe an den Praktikumserfahrungen angesiedelt sind. »Ein Pfleger hat die Aufgabe, einem alten Mann zu essen zu geben. Dieser weigert sich, das Essen zu sich zu nehmen. Was soll der Pfleger tun?« Produktiv dürfte auch der Ansatz der »Werteklärung« sein, bei dem die Schülerinnen ihre Tagebücher befragen, welche Wertvorstellungen bei ihnen selbst und bei anderen leitend waren.

Darüber hinaus braucht ein solches Nachdenken aber auch Geschichten, Bilder, Lieder, die verantwortliches Handeln vor Augen stellen; die Regeln verantwortlichen Handelns nahe bringen und ein Selbst- und Weltbild entwerfen, in dem verantwortliches Handeln plausibel ist, ohne jedoch zu überfordern. Denkbar wäre etwa, zu Mt 25,31–46 analog dem Tympanon über dem Portal gotischer Kathedralen ein Kirchenfensterbild zu entwerfen, den Text für heute umzuschreiben oder einen Videoclip dazu zu inszenieren. Denkbar ist es auch, auf dem Hintergrund der eigenen Praktikumserfahrungen neutestamentliche Heilungsgeschichten zu bedenken und zu fragen, ob es heute noch solche Wunder gibt.

Bezogen auf ein Projekt könnte dies für den Religionsunterricht heißen:

Projektphasen	Inhalte
Vorbereitungsphase (im Rahmen eines fächerverbindenden Unterrichts)	Erkundung von diakonisch-sozialem Handeln vor Ort; Auseinandersetzung mit der Geschichte von Diakonie und Caritas; Kennenlernen der Begründung diakonischen Handelns; Kennenlernen von Regeln sozialen Handelns; gemeinsames Nachdenken, wozu Menschen eigentlich da sind
Einführungsphase	Seelsorgerliches Bedenken der eigenen Gaben und Stärken, der eigenen Schwächen und Befürchtungen
Einsatz	Besuch vor Ort; Erinnern an Beobachtungsaufträge und Tagebucheinträge
Auswertungsphase	Klärung elementarer Fragen; Diskussion möglichst authentischer Dilemmageschichten; Werteklärung; Auseinandersetzung mit biblischen Erzählungen (z. B. Lk 10,25–37; Mt 25,31–46)

Bleibt die Frage, ob man schon für 13-Jährige ein diakonisch-soziales Praktikum anbieten soll.

Hier ist festzuhalten, dass diejenigen Schulen, die sich systematisch um das TOP SE in der 8. Klasse gekümmert haben, von einem Erfolg sprechen und unbedingt daran festhalten wollen. Im Blick auf die 7. oder 6. Klasse besteht jedoch Übereinstimmung, dass bei jüngeren Schülerinnen ein Projekt in der geschilderten Form (z. B. als 1:4:1-Modell) nicht durchführbar ist. Weder sind Einrichtungen dazu bereit noch ist dies 13-Jährigen zuzumuten. In diesem Alter sind jedoch Halbtageseinsätze mit Besuchscharakter denkbar: Die Schüler übernehmen die Patenschaft für eine bestimmte Person oder eine kleine Gruppe und begleiten diese ein halbes Schuljahr. Als Praktikumsorte kommen Kindergärten, Behinderteneinrichtungen, aber auch Altenheime in Frage. In der Vorbereitungsphase erkunden die Schülerinnen die sozial-diakonischen Einrichtungen im Umfeld der Schule, finden heraus, was die konkrete Einrichtung anbietet und welche Personen dort anzutreffen sind. In der Einführungsphase entscheiden sie sich für einen konkreten Einsatz. Während der Zeit der Patenschaft führen die Schüler ein Tagebuch, das begleitend reflektiert wird. In der Auswertungsphase dokumentieren und präsentieren sie dann ihren Einsatz. Am Ende bekommen sie ein Zertifikat, das ihr Engagement dokumentiert und in ihr Portfolio aufgenommen wird.

Silke Köser

Diakonisch-soziales Lernen als Beitrag zur Konflikterziehung und Gewaltprävention

Wenn jemand seinen Nächsten nicht liebt, dann ist das Gewalt.
Wenn jemand einem Kind, das sich verirrt hat, nicht den Weg weist, dann ist das Gewalt.
Wenn jemand einem durstigen Kind nichts zu trinken gibt, dann ist das Gewalt.
Wenn jemand einem hungrigen Volk nichts zu essen gibt, dann ist das Gewalt.
Wenn jemand Verletzungen der Persönlichkeit zulässt, dann ist das Gewalt.
(Myung 1975, 168)

1 Diakonisches Handeln ist Handeln gegen Gewalt

Das an den Anfang dieser Ausführungen gestellte Gedicht verweist eindrücklich auf die engen und vielfältigen Verbindungen diakonischer Arbeit mit der Gewaltthematik.

1. Die willkürliche Verweigerung von Hilfe oder anwaltschaftlichem Beistand vor dem Hintergrund der im Evangelium bezeugten und erfahrenen Gottesliebe *muss* zunächst als Akt der Gewalt gegen Mensch und Gott betrachtet werden – als ein Handeln, das die Beziehungen der Menschen untereinander und ihre Gottesbeziehung stört.

2. Diakonisches Handeln als anwaltschaftliches und konkret helfendes Handeln in den unterschiedlichsten Lebenslagen ist häufig Handeln gegen strukturelle oder direkte Gewalt. Die Unterstützung von kirchlichen oppositionellen Gruppen in Diktaturen, die Katastrophenhilfe in Situationen des Krieges, der Vertreibung, bei Naturkatastrophen etc. sind signifikante Arbeitsschwerpunkte ökumenischer Diakonie. Die »innerdeutsche« Diakonie ist in ihrer Tätigkeit im Bereich der Jugendhilfe, der Frauenhäuser, der Beratungsstellen etc. ebenso häufig mit Fragen oder Folgen von Gewalt konfrontiert.

3. Im Frühjahr 2001 hat der Ökumenische Rat der Kirchen in Berlin die weltweite »Dekade zur Überwindung von Gewalt« (Decade to Overcome Violence – DOV) ausgerufen. Damit haben sich die Kirchen zu ihrer besonderen Verantwortung im Bereich der Gewaltprävention und hinsichtlich der Unterstützung der Opfer von Gewalt bekannt. »Diakonie ist Kirche« (Diakonisches Werk der EKD 1997), so heißt die 7. Leitbildthese des Diakonischen Werkes der EKD. Vor diesem Hintergrund hat sich auch die Diakonie der Thematik angenommen und sich im Kontext der Ökumenischen Dekade zur Überwindung von Gewalt intensiv damit auseinander gesetzt. Eine Umfrage in diakonischen Einrichtungen hat ergeben, dass die Mitarbeitenden Kirche, Diakonie und Schule (!) im Bereich der Gewaltprävention und Gewaltüberwindung mehr als anderen gesellschaftlichen Institutionen zutrauen, aber auch einen großen Handlungsbedarf bei dieser Thematik sehen. Denn die Erwartungen an den Erfolg der Dekade sind hoch; so wünschen sich über 60 Prozent der Mitarbeitenden, dass die Dekade eine Sensibilisierung für Gewaltstrukturen in Kirche und Gesellschaft bewirkt, und mehr als 50 Prozent erhoffen sich neue Impulse und Projekte (Diako-

nisches Werk der EKD 2003, 24). Auf die Frage »Was sollte Diakonie vorrangig gegen Gewalt tun?« wird der Schwerpunkt auf präventive Arbeit, konkrete Hilfestellung, Aufdeckung von Gewaltverhältnissen und Konflikttrainings gelegt. Für die Mehrheit der Befragten ist die Überwindung von Gewalt eine genuin christliche Aufgabe, die jedoch in Gemeinschaft mit anderen Gruppen und Institutionen wahrgenommen werden sollte.

4. Diakonie bedarf der Reflexion ihres eigenen gewalttätigen Handelns. In den letzten Jahren haben z. B. Fälle von Gewalt in der häuslichen und stationären Pflege immer wieder Schlagzeilen gemacht. Die Dekade trägt dazu bei, dass es hier zu einer Bewusstseinsschärfung kommt, die dazu beiträgt, dass in allen Bereichen diakonischen Handelns Strukturen und Beziehungen mit Blick auf ihr Gewaltpotenzial hinterfragt werden (Diakonisches Werk der Evangelischen Kirche von Westfalen 2003). Schwerpunkte liegen dabei auf der Entstehung von Gewalt durch Überforderung, Routine, Traditionen etc. und auf der Ausgestaltung tragfähiger Beziehungen zwischen Helfenden und denjenigen, die Hilfe in Anspruch nehmen.

2 Die Notwendigkeit diakonisch-sozialen Lernens

In der 1998 erschienenen Denkschrift »Herz und Mund und Tat und Leben« bekennt sich das Diakonische Werk der EKD zu seiner Bildungsverantwortung. Ausdrücklich beruft sich die Diakonie dabei auf die Tatsache, dass »soziale Erfahrungen heute für immer mehr Menschen nicht mehr von allein zustande kommen« und dass es daher neuer »sozialer Lernarrangements bedarf, in denen Solidarität gelernt und erfahren werden« kann (EKD 1998, 61f).

Nicht umsonst konstatieren wir häufig die unterschiedlichen »Lebens*welten*« z. B. junger und alter, behinderter und nichtbehinderter, sesshafter und nichtsesshafter Menschen und markieren damit einerseits die Differenz unterschiedlicher Lebensweisen, unterstreichen andererseits implizit aber auch das Unvermögen, diese Lebensformen zusammenzubringen – der oder die Nächste erscheint »Welten« entfernt, und ethisches Handeln erhält en passant den Charakter eines »Nahbereichsethos« (Nipkow 2002, 3).

Kinder und Jugendliche wachsen zwar immer häufiger in einem globalen virtuellen Raum auf, ihr erfahrbarer Sozialraum beschränkt sich aber weitestgehend auf Schule, Freundeskreis und Familie. Da viele Familien die Großelterngeneration nicht mehr vor Ort haben bzw. die Großeltern selbst ihre Freizeit aktiv außerhalb der Familie gestalten, bewegen sich Jugendliche zumeist in Gruppen von Gleichaltrigen. Ein selektives deutsches Schulsystem, in dem Bildungschancen und -erfolge in hohem Maße von der sozialen Herkunft abhängen, führt überdies dazu, dass Jugendliche primär Kontakte zu Jugendlichen in ähnlichen sozialen Lebenslagen haben. Die Folge ist nicht nur ein Verlust ganz unmittelbarer sozialer Erfahrungen im Alltag, sondern eine weitere Segmentierung der Gesellschaft.

Will diakonisch-soziales Lernen einen Beitrag zur Bildung als Lebensbewältigungskompetenz leisten, darf es nicht allein darauf abzielen, fremde Erfahrungsräume zu öffnen und die darin gewonnenen Erfahrungen vor dem Hintergrund einer christlichen Orientierung zu reflektieren. Es muss auch dazu beitragen, dass es bei der

Begegnung der unterschiedlichen Lebenswelten nicht zu einem konfliktbehafteten »clash of cultures« kommt. Um tiefere Einsicht und Verständnis für die Lebensweise des oder der jeweiligen anderen zu gewinnen – und somit langfristig die völlige Segmentierung der Gesellschaft in so genannte Parallelgesellschaften zu verhindern –, sind basale Kommunikations- und Kooperationsfähigkeiten nötig, die nur im direkten Kontakt mit anderen Menschen erworben werden können. Kinder und Jugendliche müssen lernen, mit Andersartigkeit umzugehen, ohne ihre eigene Identität aufzugeben. Dieses Lernen muss *in* und *außerhalb* der Schule stattfinden, im Klassenraum und sozialen Institutionen, auf dem Schulhof und in der Familie. Das feststellbare Defizit vieler Jugendlicher hinsichtlich ihrer Kommunikations- und Konfliktfähigkeit darf nicht diesen allein angelastet und der Verantwortung primärer Erziehungs- und Bildungsinstanzen wie etwa der Familie übergeben werden. An diesem Punkt Hilfestellung zu leisten und solche Lernprozesse zu initiieren, ist eine diakonische Aufgabe, die von Schule, Diakonie und anderen außerschulischen Partnern gemeinsam geleistet werden kann und muss.

3 Konflikterziehung und Gewaltprävention als Bestandteile diakonisch-sozial geprägter Schulcurricula

Diakonie ist »in« – so scheint es zumindest, wenn man die Vielzahl von Schulen und anderen Bildungseinrichtungen betrachtet, die sich im Rahmen ihres Bildungs- und Erziehungsauftrags mit diakonischem Handeln beschäftigen bzw. diakonisch-soziales Lernen als Bestandteil ihres Bildungsbegriffs betrachten. Auffällig ist dabei, dass diakonisch-soziales Lernen nicht nur an evangelischen Schulen eine wichtige Rolle spielt (Hallwirth 2004), sondern auch staatliche Schulen[1] eine große Aufgeschlossenheit für evangelisch bzw. katholisch geprägte Modelle des sozialen Lernens aufweisen (Gönnheimer 2004). Sozialpraktika an außerschulischen Lernorten, wie z. B. in Einrichtungen von Diakonie, Caritas oder anderen Trägern der Freien Wohlfahrtspflege und in unterschiedlichsten Organisationsformen sind dabei das primäre Modell (diakonisch-) sozialen Lernens. Für die Entwicklung diakonisch-sozial geprägter Schulprofile und im Kontext der Schulentwicklungsdebatte muss gefragt werden, *wie* diakonisch-soziales Lernen auch am Lernort Schule realisiert werden kann. Hierbei geht es nicht darum, die notwendigen institutionellen Unterschiede zwischen Schule und Diakonie hinsichtlich ihres jeweiligen Auftrags im Bereich der Bildung, Pflege, Beratung, Betreuung etc. zu verwischen, sondern vielmehr um Synergieeffekte im Sinne der Förderung und Unterstützung der Nachhaltigkeit gelingender schulischer Lernprozesse.

Denn Modelle diakonisch-sozialen Lernens, welche – jenseits aller positiven Erfahrungen – die Wahrnehmung der Schülerinnen und Schüler festigen, dass Diakonie »anderswo« stattfindet, nämlich in Krankenhäusern, Beratungsstellen, Pflegeheimen – aber nicht in ihrem Alltag –, verfehlen die Intention diakonisch-sozialen Lernens. Die Diakonie-Denkschrift formuliert daher ausdrücklich offen:

---

1 Eine Internetrecherche zu den Stichworten »Sozialpraktikum« und »Schule« verweist auf die zahlreichen Kooperationen von staatlichen Schule, Diakonie und anderen Trägern der Freien Wohlfahrtspflege.

»Im diakonischen Lernen geht es um soziale Einstellungen und christliche Orientierung wie etwa Achtung und Respekt vor anderen Menschen, Gerechtigkeit und Fairness, um Hilfsbereitschaft und Toleranz sowie um persönliche und gesellschaftliche Verantwortung. Soziales Lernen ist Lernen in zwischenmenschlichen Beziehungen – und zwar auch in unterschiedlichsten Lebenssituationen. Es lehrt die Fähigkeit zur Kommunikation, zur Kooperation und zur Konfliktregelung.« (EKD 1998, 62)

Bewusst formuliert die Denkschrift zunächst eine allgemeine Bildungsaufgabe, die gesellschaftsdiakonischen Charakter hat. Erst in den nachfolgenden Absätzen werden Formen genannt, wie sich diese Bildungsaufgabe durch Förderung des Freiwilligen Sozialen Jahres (FSJ), Begleitung von Sozialpraktika etc. praktisch realisieren lässt.

»Unterschiedlichste Lebenssituationen« lassen sich auch im Nahbereich von Schule und Gemeinde feststellen. Weil jedoch (a) hier die Differenzen oftmals nicht ganz so groß wie in anderen Bereichen sind und (b) relativ dauerhafte, im Alltag begründete Beziehungen existieren, erscheint diakonisch-soziales Lernen an diesen Punkten einerseits besonders erfolgversprechend, andererseits aber auch besonders notwendig. Ereignisse wie der Amoklauf eines Schülers in Erfurt im Jahr 2002 oder das über Wochen andauernde brutale Quälen eines Jugendlichen durch Mitschüler an einer beruflichen Schule in Hildesheim 2003, rücken die Gewaltthematik in den Fokus unserer Aufmerksamkeit, sind aber auch ein Hinweis darauf, dass im »Mikrokosmos Schule« Lebensformen und Verhaltensweisen aufeinandertreffen und massive Konflikte erzeugen können. Beide Beispiele zeigen eindrücklich, welche Gefahr im Ausblenden individueller Lebenssituationen liegt und welche Folgen es hat, Konflikte im Vorfeld zu unterdrücken und zu vermeiden. Gewalttätiges Handeln, dass sich in verbalen Beleidigungen oder auch im körperlichen Ausagieren zum Schaden anderer manifestiert, muss in der Schule einerseits thematisiert und von der Schulgemeinschaft sanktioniert werden; andererseits muss es dazu führen, mit den Schülerinnen und Schülern alternative Handlungsformen zu entwickeln. Wer im nächsten Umfeld gewalttätiges Verhalten durch Ignorieren als eine Handlungsmöglichkeit legitimiert, kann von Jugendlichen nicht erwarten, dass sie in größeren gesellschaftlichen Zusammenhängen oder gar im globalen politischen Kontext Gewalt als Mittel der Wahl ablehnen. Die Schule bietet also zunächst eine besondere Chance, Kooperations- und Konfliktfähigkeit im Alltag einzuüben, denn hier werden Handlungsmaximen wie Fairness, Respekt und Achtung der »Feuerprobe des Gewöhnlichen« unterzogen, und hier werden damit auch die notwendigen Grundlagen für den Zusammenhalt einer Gesellschaft gelegt, die sich durch immer stärker ausdifferenzierende Teilsysteme auszeichnet.

Die positive Resonanz vonseiten der Schüler und Schülerinnen und auch der Einrichtungen belegt, dass in vielen Sozialpraktika und Projekten gelingt, was im Schulalltag Probleme bereitet. Beide Seiten berichten von gelungenen Begegnungen, in denen Schüler, Mitarbeitende und die der Diakonie anvertrauten Menschen ein hohes Maß an Kooperations- und Konfliktfähigkeit beweisen. Die begrenzte Zeit der Praktika, die besondere Situation des Praktikums und die für alle Beteiligten bestehenden Möglichkeiten des Rückzugs erleichtern das Gelingen dieser Begegnungen. Sozialpraktika vermitteln daher wichtige Erfahrungen und Einsichten. Eine nachhaltige Auseinandersetzung mit und die Vermittlung von sozialen Einstellungen und christlicher Orientierung bedarf aber eines breiteren und längerfristigen Ansatzes, der zum einen auf den Schulalltag rekurriert und zum anderen erfahrungsorientierte Anteile enthält, die ein Einüben ermöglichen. Es ist daher nötig, solche Lernprozesse auch am Lernort Schule zu initiieren und sie im Schulcurriculum fest zu verankern.

Gestützt wird diese Forderung durch die Existenz einer innerschulischen Lebenswelt, die für viele Jugendliche durch die Abwesenheit von Achtung, Respekt, Toleranz und Hilfsbereitschaft, dafür aber umso mehr von Gewalterfahrungen geprägt ist. Die Statistiken in den einzelnen Bundesländern geben Auskunft über unterschiedliche Formen und Ausprägungen der Gewalterfahrung von Schülerinnen und Schülern – eines ist aber allen gemein: Eine gewaltfreie Schule, in der weder verbal beleidigt, gemobbt, geschubst, geschlagen, erpresst noch bedroht wird, gibt es nicht. Das Spektrum der individuellen Erfahrungen variiert von Schule zu Schule stark, aber selbst konfessionelle Schulen, die aufgrund ihres spezifischen Schulprofils großen Wert auf eine christliche Orientierung im Schulalltag legen und je nach Schulprofil eine relativ homogene Schülerschaft haben, können sich nicht mehr davon freisprechen, dass es solche Phänomene auch bei ihnen gibt. Gewalt im Schulalltag ist kein singuläres Phänomen von Hauptschulen in sozialen Brennpunkten, sondern nahezu jeder Schüler und jede Schülerin wird im Laufe des Schullebens mit Gewalterfahrungen konfrontiert.

Diakonisch-soziales Lernen, das sich in diesem Sinne als Konflikterziehung und Gewaltprävention versteht, übernimmt daher nicht nur langfristig Verantwortung für den Zusammenhalt einer zukünftige Gesellschaft, sondern reagiert auf einen eklatanten Missstand, der viele Jugendliche belastet. Mit dieser doppelten Zielrichtung nach außen und innen kann Schule eine umfassende diakonische Profilierung erreichen, die sowohl den einzelnen Schüler in seiner subjektiven Befindlichkeit als auch den allgemeinen gesellschaftlichen Bildungsauftrag der Schule im Blick hat. Im Sinne der Ökumenischen Dekade kann es so gelingen, sich mit dem »breiten Spektrum von direkter und struktureller Gewalt« (Raiser 2001, 20) gleichermaßen zu beschäftigen.

Diakonisch-soziales Lernen, das sowohl die Förderung einer »Kultur des Mitgefühls und der Hilfsbereitschaft« (EKD 2003a, 63) als auch eine damit verbundene Persönlichkeitsentwicklung zum Ziel hat, bietet Schnittstellen zu anderen aktuellen pädagogischen Konzepten, die sich mit der Vermittlung sozialer Kompetenzen beschäftigen und die sich in den USA – und in zunehmenden Maße auch in Europa – großer Beliebtheit erfreuen. In erster Linie ist hier das Modell des Service Learning zu erwähnen, in dessen Mittelpunkt das Erlernen zivilgesellschaftlichen Verantwortungsbewusstseins steht (Sliwka/Petry/Kalb 2004, Strohm 2004). Prägend für dieses Modell ist die Balance zwischen »service« und »learning«, d. h. es geht darum, etwas für andere zu tun und sich selbst dabei kognitiv, emotional und sozial zu entwickeln. Neben der Schulung der Wahrnehmungsfähigkeit, die für eine erste Analyse des Umfeldes unter den Fragestellungen »Was läuft schief in unserem Umfeld? Wie geht es anderen Menschen hier? Welche Bedürfnisse haben sie?« wichtig ist, stehen die praktische Umsetzung von Projektideen und die Verantwortungsübernahme für schulische und außerschulische Aufgaben im Vordergrund.

Service Learning und diakonisch-soziales Lernen benötigen beide eine Verankerung im Schulcurriculum, um ihrer gemeinsamen doppelten Aufgabe der Persönlichkeitsbildung und der Förderung des gesellschaftlichen Sozialkapitals nachkommen zu können. Beide gehen davon aus, dass die Interaktion und Kommunikation Jugendlicher mit anderen Menschen gleicher sozialer Schicht, Ethnie, Religion, Altersstufe, körperlicher und geistiger Verfassung *nicht* dazu führt, dass der notwendige »Kit« entsteht, der eine Gesellschaft zusammenhält. Dafür bedarf es vielmehr einer Kommunikation mit Menschen aus anderen Gruppen. Zur Unterstützung der dafür notwendigen Kommunikation- und Interaktionsstrukturen und zur Förderung des gesellschaftlichen »Kits« ist es sinnvoll, nicht nur darauf zu bauen, dass in der einzelnen Begegnung soziale Spielregeln von selbst erlernt werden, sondern gemeinsam mit Jugendlichen systematisch Wege zu finden, die gewaltfreies Handeln ermöglichen und Beziehungsfähigkeit entwickeln.[2] Die curriculare Verankerung dieser Ziele entspricht einer gelungenen Schulreform, welcher es gelingt, die »Balance von Leistungsorientierung und Lebensorientierung, von nachprüfbarem Wissen und Identitätsbildung, von Kulturtechniken und kultureller Verwurzelung« zu wahren (Huber 2004, 9).

4 Gewaltprävention in theologischer Perspektive

Die gesellschaftliche und pädagogische Notwendigkeit, diakonisch-soziales Lernen nicht nur auf Sozialpraktika und Begegnungsnachmittage zu beschränken, sondern als Bestandteil des Schulcurriculums auch am Lernort Schule zu verankern, wurde oben skizziert. Es stellt sich aber auch hier die Frage: Was qualifiziert ein soziales Lernen, das Toleranz, Respekt, ethisches Urteilsvermögen, Kooperationsfähigkeit fördern will, zum *diakonisch*-sozialen Lernen? Oder anders gefragt: Was hat Gewaltprävention, die nur ein Baustein in einem diakonisch-sozialen Schulcurriculum sein kann, im engeren Sinne mit Diakonie zu tun? Und: Brauchen Ansätze der Gewaltprävention eine diakonisch-theologische Prägung?

Die Verbindungen der Diakonie zum Thema Gewalt wurden bereits zu Anfang skizziert – diakonisches Handeln ist Handeln gegen Gewalt und ihre Folgen und reflektiert darüber hinaus seine eigenen Gewaltverhältnisse. Das diakonisch-soziale Lernen hat jedoch auch seinen eigenen Konnex zur Gewaltthematik. Der damalige Generalsekretär des Ökumenischen Rates der Kirchen, Konrad Raiser, hat den Ausgangspunkt aller gewaltpräventiven Arbeit bestimmt: »Die Überwindung der Gewalt muss im Herzen der Menschen, in ihrer Einstellung zum Leben ansetzen« (Raiser 2001, 23). Genau hier liegt eine Schnittstelle von Gewaltprävention und diakonisch-sozialem Lernen. Denn Letzteres greift einen spezifischen Aspekt evangelischen Bildungsverständnisses auf, welches den »Zusammenhang von Lernen, Wissen, Können, Wertbewusstsein, Haltungen (Einstellungen), Handlungsfähigkeit im Horizont sinnstiftender Deutungen des Lebens« (EKD 2003a, 66) zur Grundlage von Bildungsprozessen macht.

»Dieses Bildungsverständnis wurzelt theologisch u. a. im Bewusstsein der Gottebenbildlichkeit des Menschen und rückt dessen Personalität in ihrer span-

2 Gemeinschaftsbildung und Überwindung von Gewalt stehen in einem spannungsvollen Wechselverhältnis und stützen sich gegenseitig (Enns 2001).

nungsreichen Existenz in den Mittelpunkt. Bildung in evangelischer Perspektive ist somit am ganzen Menschen orientiert und geht weit über den Erwerb von kognitiven Fähigkeiten und Wissen hinaus. Vielmehr schließt sie die lebendige Vielfalt aller Fähigkeiten und Erfahrungen ein, die den Menschen zu einem Leben befähigen, das ihn seine Individualität und Persönlichkeit, wie sie von Gott gemeint ist, ausbilden und entfalten lässt, das ihm ein Leben in Beziehung zu Gott, den Mitmenschen und zu sich selbst ermöglicht und ihn sowohl sprach- und deutungsfähig als auch handlungs- und verantwortungsfähig macht.« (Diakonisches Werk der EKD/EKD 2004) Zu dieser Handlungsfähigkeit, die ein Leben in Beziehungen zu Gott, den Mitmenschen und sich selbst ermöglicht, gehört Kommunikations- und Konfliktfähigkeit grundlegend dazu. Denn in evangelischer Perspektive muss eine verantwortungsbewusste Mündigkeit Ziel diakonisch-sozialen Lernens sein, die u. a. folgende Grundsätze konstitutiv einschließt: »Gott ist der Inbegriff von ›Gerechtigkeit und Friede‹; er verkörpert einen *Raum des Lebens*, in dem ›Güte und Treue sich begegnen, Gerechtigkeit und Frieden sich küssen‹ (Ps 85,11).«

»Gottes barmherzige und vergebende Zuwendung zu seinen Geschöpfen hat weitreichende Konsequenzen für das *soziale* Zusammenleben. ... Wie ernsthaft wird der Umgang mit Schwachen, Kranken, Alten, Benachteiligten und Behinderten eingeübt, das ‚Miteinander der Verschiedenen? Je rasanter die Wissens- und Lernansprüche werden, ... desto wichtiger wird das soziale Lernklima *in* (Hervorhebung d. Vf'in) den pädagogischen Institutionen wie in der Gesellschaft insgesamt. Eine überfordernde Rücksichtslosigkeit ist mit der Geschöpflichkeit des endlichen Menschen und der Fürsorge für das versehrbare Leben unvereinbar. ... Der Mensch ist nicht das isolierte Ich, die Gesellschaft nicht die Summe von Individuen. Wir leben durch und durch in Beziehungen« (EKD 2003a, 61, 63f)

Diakonisch-soziales Lernen schließt die christlich-ethische Dimension daher konstitutiv mit ein (Schmidt 2004) und findet auf (a) der affektiv-handlungsorientierten, (b) der kognitiven und (c) der spirituellen Ebene statt. Diakonisch-soziales Lernen, das seine christliche Orientierung ernst nimmt, bietet besondere Chancen, mit Gewalt als sozialem Phänomen umzugehen, denn es bindet das Erlernen von alternativen Handlungsstrategien in einem erfahrbaren Wertehorizont, der es von der Beliebigkeit anderer Handlungsalternativen unterscheidet. Die Einsicht, dass es sich lohnt, auf Gewalt zu verzichten und andere Verhaltenstrategien zu erlernen, benötigt einen »Wurzelgrund« – eine Orientierung an Werten, die jeder Einzelne für sein Leben in Beziehungen als basal betrachtet.

Das Ethos der Gewaltfreiheit lässt sich daher nicht auf eine Reihe von erlernbaren Techniken und Verhaltensweisen reduzieren – ohne Fundament schweben sie haltlos im Raum. Konrad Raiser hat diese Basis treffend wie folgt beschrieben: Das Ethos der Gewaltlosigkeit »wächst ... aus einer Spiritualität, die das eigene Leben und die Gewissheit der eigenen Identität verwurzelt und gesichert weiß in einem Grund jenseits der Strukturen von Macht und Herrschaft, Konflikt und Konkurrenz. Die Liebe zum Feind, die die Feindschaft überwindet, wächst aus der Erfahrung, von Gott angenommen und geliebt zu sein. Hier ist der innerste Kern des biblischen Ethos der Gewaltfreiheit.« (Raiser 2001, 26)

In dieser Weise verwurzelte Modelle der Gewaltprävention können auf einen erfahrungsgesättigten Schatz biblischer Geschichten rund um die Thematik zurückgreifen. Eine an der Bibel orientierte gewaltpräventive Arbeit bietet die Möglichkeit, sich mit dem ganzen Spektrum menschlicher Gewalterfahrungen auseinander zu setzen, ohne in eine »weltfremde Schönfärberei« zu verfallen – denn die biblische Welt ist eine Welt voller Gewalt. Sie steckt voller Gewaltgeschichten und -erfahrungen, die nur z. T. negativ konnotiert sind. Während z. B. einzelne Psalmen von individuellen und kollektiven Gewalterfahrungen erzählen und die Gewalterfahrung an dieser Stelle als beziehungs- und somit auch lebenszerstörend darstellen, kennt die Bibel auch gewalttätige Befreiungs- und Rachegeschichten. Die jüdisch-christliche Tradition ist ein Spiegel nahezu aller Facetten menschlicher Erfahrungen mit Gewalt, Gewaltlosigkeit, »gerechter und ungerechter« Gewalt etc. Sie lädt zu den unterschiedlichsten Formen der Auseinandersetzung ein – eigene Erfahrungen in ihr zu entdecken und vor diesem Hintergrund sprachfähig zu werden, Anstoß zu nehmen, Neuanfänge zu wagen.

Gerade die Psalmen mit ihrer existenziellen Sprache ermöglichen es häufig auch jüngeren Kindern im Grundschulalter eigene Erfahrungen der Angst, Repression und Verletztheit zu verbalisieren und über die Klage hinaus eine Hoffnungsperspektive zu entwickeln. Die starke Bildsprache der Bibel, wie sie z. B. in Psalm 69 zu finden ist, ermöglicht eine Identifikation mit dem Klagenden und gibt Raum genug für die Einbringung eigener Erfahrung.

Andere Texte, wie etwa die Jona-Geschichte, spiegeln den Umgang mit Enttäuschung, die durch Gewaltverzicht entstehen kann. So kann Jona zunächst nur schwer verstehen, warum Gott Ninive nicht dem von ihm angekündigten Strafgericht und der scheinbar wohlverdienten Vernichtung aussetzt. Die Geschichte greift damit das Thema von »gerechter und ungerechter Gewalt« auf, das gerade in Entwicklungsphasen, in denen die Frage nach Gerechtigkeit in den Vordergrund rückt, brisant ist.

Die Evangelien sind in besonderem Maße Geschichten gegen die Gewalt, weil sie im Handeln Jesu das Durchbrechen der Gewaltspirale vorstellen, Wolfgang Krauß spricht sogar von Jesus als »humanitärer Intervention Gottes«. Denn in der »Menschwerdung mischt Gott sich ein in die irdischen Verhältnisse von Ungerechtigkeit, Ausbeutung und Gewalt« (Krauß 2002, 23).

Die Breite biblischer Beschäftigung mit den Thema Gewalt kann hier nur skizziert werden, aber sie und insbesondere die im Evangelium bezeugte Möglichkeit des Durchbrechens der Gewaltspirale vor dem Hintergrund der Gottesliebe sind das Fundament, auf dem diakonisch-soziales Lernen im Hinblick auf seine gewaltpräventiven Aspekte bauen kann.[3]

5 Schulische Ansätze und Grundlagen der Gewaltprävention

Es gibt zahlreiche schulische Gewaltpräventionsprogramme, die an unterschiedlichen Punkten ansetzen und denen unterschiedliche Gewaltdefinitionen zugrunde liegen. Alle gehen jedoch davon aus, dass »die Haltung der Praxis der gewaltfreien Aktion

3 An dieser Stelle sei auch auf die anderen Artikel der informativen epd-Dokumentation »›... dem halte ich auch die andere hin.‹ (Lk 6,29). Theologie und Gewalt« verwiesen.

und Konfliktlösung gelernt werden kann« (Raiser 2001, 26). Wie oben dargelegt, benötigen diese Programme einen Wertehorizont als Fundament; einige sind daher explizit christlich bzw. religiös fundiert, andere gehen davon aus, dass diese Wertefundierung in den Schulen an anderer Stelle stattfindet. Letzteres kann sich aufgrund der Zuständigkeit – in den meisten Fällen wird hierfür der Religions- und Ethikunterricht in Anspruch genommen – für eine solche Verankerung als schwierig erweisen und zur Sollbruchstelle für die Nachhaltigkeit solcher Programme werden. Dennoch haben viele staatliche und private Schulen erfolgreich Programme zur Mediation und Streitschlichterprojekte bereits fest in ihr Schulprofil integriert.

Die Diakonischen Werke auf der Ebene der Kirchenkreise und Landesverbände engagieren sich dabei im Rahmen ihrer Jugendsozialarbeit ebenso wie die Pädagogisch-theologischen Institute der Landeskirchen. Das Spektrum der Angebote ist genauso weit wie die Bandbreite der Betroffenen und ihrer Bedürfnisse. So bieten der Kirchenkreis Blankenese mit seinem Pfarramt Gewaltprävention und die Diakonie Leipzig mit Ihrer Schulsozialarbeit speziell für Schulen handlungsorientierte Präventionsprogramme an. Während hier, wie auch im Diakonischen Werk des Kirchenkreises Recklinghausen, die Durchführung von Konflikttrainings[4] im Vordergrund steht, hat das Diakonische Werk Hannover mit seinem Netzwerk Courage (http://www.evlka.de/extern/hannover/dw/netzwerk-courage) eine Struktur geschaffen, die friedensstiftende, friedensfördernde und gewaltpräventive Ansätze in der Arbeit mit Kindern, Jugendlichen, Heranwachsenden oder verantwortlichen Erwachsenen vernetzt. Im Netzwerk sind vor allem kleine Vereine und Initiativen, aber auch Einzelpersonen vertreten, die für ihr Anliegen eine Basis und einen Verteiler finden. Institutionen wie Schule, Einrichtungen der Jugendhilfe oder -pflege, aber auch Gemeinden oder kommunale Einrichtungen sollen im Netzwerk Courage einen Dialogpartner und Ideengeber finden, wenn gewaltpräventive Projekte, Workshops etc. nachgefragt werden. Dabei wird davon ausgegangen, dass die vielen verschiedenen Formen und Wege der Gewalt ebenso viele Antworten benötigen. Das Netzwerk verfolgt keine spezifische gewaltpräventive Richtung oder Schule; es verschreibt sich nicht einer Idee, sondern sieht in der Vielfalt die Chance, wichtige, fördernde und friedliche Antworten zu finden.

Die gesamtgesellschaftliche Verantwortung für das Thema spiegelt sich auch in den eingegangenen Kooperationen wider. So hat z. B. das Jugendgemeinschaftswerk der Diakonie Kehl gemeinsam mit dem Bundesverwaltungsamt, dem Badischen Landesverband gegen Suchtgefahren und dem DRK-Kreisverband Kehl ein schulisches Präventionsprogramm mit dem Titel »primaKlima« entwickelt, das die Gewaltbereitschaft in der Schule senken und den Missbrauch von Drogen sowie delinquentes Verhalten verhindern möchte (http://www.kv-kehl.drk.de/html/pk%20im%20Netz/primaklima.htm).

Die hier genannten Beispiele illustrieren, dass die Diakonie sich nicht nur im Kontext ihrer Schulsozialarbeit aktiv für eine Umsetzung der im Kontext der Ökumenischen Dekade aufgestellten Forderungen einsetzt, sondern sie sind auch ein

4 Die Diakonie Herten im Kirchenkreis Recklinghausen bietet unter dem Namen »Starke Mädchen – starke Jungs« ein Konflikttraining für Grundschulen und Gemeinden an.

Hinweis auf das zunehmende Bewusstsein der Diakonie hinsichtlich ihrer Bildungsverantwortung.

Trotz der Bandbreite der vorhandenen Ansätze sollen hier in Anlehnung an und in Ergänzung zu Nipkow (2002) und Enns (2002) einige Elemente, die zur Bildung einer Kultur der Gewaltüberwindung erforderlich scheinen, Erwähnung finden:

- Zunächst ist hier an eine an *Grund- und Menschenrechten orientierte Rechtserziehung* zu denken – auch im Sinne eines Demokratie-Lernens, das Zivilcourage und die Förderung bürgerschaftlichen Engagements einschließt.
- Reflexion und Umgang mit *genderspezifischen Verhaltensweisen*, insbesondere maskuliner Aggressivität[5], sind in die gewaltpräventive Arbeit ebenso einzubeziehen wie eine Sensibilisierung für die *Gefahr binärer, ausgrenzender Gesellschaftsmodelle* in Form eines separatistischen »Wir und die anderen«.
- Eine weitere wesentliche Voraussetzung für gewaltfreies Handeln liegt im *Erwerb einer Sensibilität für die Situation und die Identität anderer Menschen.* Dazu gehört zunächst die Fähigkeit, die Befindlichkeit anderer Menschen zu erkennen[6], und dann das Vermögen, sich in fremde Menschen und Kulturen und ihre jeweiligen Spezifika einzufühlen, ohne die eigene Identität aufzugeben.
- Streitschlichter- und Mediationsprogramme gehen davon aus, dass die *Rolle des Vermittlers/der Vermittlerin* eingeübt werden kann, dass es Kindern und Jugendlichen nicht nur möglich ist, sich in eine/n andere/n einzufühlen, sondern dass sie darüber hinaus in der Lage sind, Interessen abzuwägen und gemeinsam Lösungen zu finden.

Die pädagogischen Umsetzungen dieser Grundelemente sind stark standort- und situationsabhängig. Es zeigt sich jedoch, dass an Schulen, die bereits ein größeres Gewaltproblem haben, der Ausgestaltung der Schulkultur und der Möglichkeit, Aggressionen körperlich auf andere Weise im Sport auszuagieren, ein großer Stellenwert zukommt. Die gemeinsame verantwortliche Gestaltung von Klassenzimmern, Schulfluren, Aufenthaltsräumen und Schulhöfen fördert die Bindung an und die Verantwortung für die eigene Schule ebenso wie gemeinsame Jahresplanungen, demokratische Entscheidungsstrukturen etc. Sportarten, die einerseits mit einem großen körperlichen Einsatz verbunden sind, andererseits aber von der Einhaltung strikter Regeln sowie Kooperationsbereitschaft leben, eignen sich besonders gut, auf spielerische Weise gewaltfreies Handeln einzuüben.

In theologischer Perspektive zeichnen sich gelungene Programme der Konflikterziehung und Gewaltprävention durch sechs grundlegende Elemente aus:

---

5 Die Statistiken belegen aber, dass körperliche Gewalt oder schwere Gewalthandlungen wie Erpressung, Nötigung etc. schon lange kein reines Phänomen von gewalttätigen Jungen mehr sind.

6 Das am amerikanischen Präventionsprogramm »second step« orientierte Modell »Faustlos« legt einen besonderen Schwerpunkt darauf, Kindergarten- und Grundschulkinder zunächst als »Gefühlsdetektive« auszubilden. Ausgehend von nationalen und internationalen Studien, die bei vielen Kindern ein Defizit im Deuten von Körperhaltungen und Mimik feststellten – so konnten zahlreiche Kinder nicht einschätzen, ob ihr Gegenüber traurig, zornig, wütend oder hilflos war, und reagierten dementsprechend »falsch« darauf – wird besonderes Gewicht auf den Erwerb von Einfühlungsvermögen gelegt (www.faustlos.de).

- ☐ In den Projekten werden *Beziehungen* (wieder-)hergestellt und *Gemeinschaft* über enge Gruppengrenzen hinaus gebildet.
- ☐ Die *Identität* inclusive der eigenen Geschichte, der Religiosität, der Werte wird respektiert und dient dem Aufbau von *Selbstachtung* und *Respekt*.
- ☐ In gleicher Weise, wie Gott sich den Menschen in Jesus Christus offenbart hat und bei ihnen war, so darf christliches Engagement nicht davor zurückschrecken, an die Orte der Gewalt zu gehen, dort *präsent* zu sein und sich mit ihr zu beschäftigen – sei es in der Schule, der Gemeinde oder der Familie.
- ☐ Gewaltprävention und Konflikterziehung benötigen *Räume*, in denen einerseits ganz praktisch »trainiert« werden kann, andererseits aber geschützte Kommunikation möglich ist. Im übertragenen Sinne handelt es sich hierbei um »heilige Orte«, an denen man vor den Verletzungen und der Gewalt des Alltags sicher ist.
- ☐ Die Bibel bindet nicht nur in Psalm 85 Gerechtigkeit und Frieden eng aneinander, sondern auch in zahlreichen anderen Texten. Die Suche nach *gerechten Strukturen und Handlungsmustern* muss daher einen zentralen Stellenwert in der konkreten Projektarbeit bekommen.
- ☐ Vor dem Hintergrund der christlichen Rede und Vision vom Reich Gottes ist Gewaltfreiheit eine reale Möglichkeit, die als Fixpunkt nicht aus den Augen verloren werden darf und deren Existenz vor Resignation schützt.

Diakonisch-sozialem Lernen ist die Vision einer Gesellschaft inhärent, die das Wohl des Einzelnen ebenso im Blick hat wie das Wohl der Gemeinschaft – einer Gesellschaft, welche die Vorstellung vom Reich Gottes zu einer handlungsleitenden Idee macht und die in diesem Sinne diakonisch geprägt ist. Eine solche diakonisch geprägte Gemeinschaft braucht Menschen, die (a) Gewalt erkennen, (b) Möglichkeiten haben, sich mit ihr konstruktiv auseinander zu setzen, und die (c) in der Lage sind, ihr eigenes gewaltfreies Handeln der Gewalt um sie herum entgegenstellen zu können. Dazu bedarf es Menschen, deren Wahrnehmung geschult ist, die »Verantwortung« gelernt haben und die bereit sind, sich vor dem Hintergrund ihres eigenen Wertehorizontes für ein Leben in Frieden und Gerechtigkeit einzusetzen.

GOTTFRIED ADAM

Didaktische Kriterien und Formate diakonisch-sozialen Lernens

Das Bedenken des Was, Warum, Wozu und Wie der Vermittlung von Erfahrungen, Erkenntnissen und Inhalten ist Gegenstand der didaktischen Reflexion. Im Sinne der kritisch-konstruktiven Didaktik (W. Klafki) ist nach Gegenwarts- und Zukunftsbedeutung sowie der Exemplarizität der Inhalte und nach den entsprechenden Zielen zu fragen. Im Sinne der kritisch-kommunikativen Didaktik (K. Schaller) ist aber auch nach dem Zusammenhang von Inhalts- und Beziehungsdimension und nach der Bedeutung und den Vorgängen von Kommunikation überhaupt zu fragen. Das Lernen in den Fächern steht unbestritten im Zentrum der schulischen Lernprozesse. Das muss aber keineswegs mit reformpädagogischen Ansätzen, zu denen diakonisch-soziales Lernen zu rechnen ist, konkurrieren[1]. Beide Lernwege können einander im Horizont eines ganzheitlichen Bildungsverständnisses, das »Bildung als Zusammenhang von Lernen, Wissen, Können, Wertbewusstsein, Haltungen (Einstellungen) und Handlungsfähigkeit im Horizont sinnstiftender Deutungen des Lebens« versteht (EKD 2003a), komplementär ergänzen (Adam 1999, 143–149).

1 (Diakonisch-)Soziales Lernen: empirische Einsichten

Über die Struktur und die Dimensionen des sozialen und diakonisch-sozialen Lernens geben empirische Erkenntnisse, die im Zusammenhang des württembergischen Modellprojekts Soziales Lernen (1996–1998) gewonnen wurden, wichtige Aufschlüsse[2]. In diesem Projekt wurden modellhaft Kooperationen zur Förderung sozialer Lernprozesse entwickelt und begleitet. Es ging darum aufzuzeigen, welche Erfahrungen für Jugendliche in der Begegnung mit Menschen in betreuten Lebenslagen möglich sind. Zugleich wurde nach der günstigsten Gestaltung der Organisation von solchen Projekten gefragt. Die Begleituntersuchung erbrachte eine Reihe von aufschlussreichen Ergebnissen. Die Erfahrungen im Projekt zeigten, dass gute Lernarrangements vielfältige und prägende soziale Erfahrungen ermöglichen. Offensichtlich tragen persönliche Begegnungen und gemeinsame Erlebnisse mit Menschen in betreuten Lebenssituationen in besonderem Maße dazu bei,

---

1 Die wachsende Bedeutung diakonisch-sozialen Lernens zeigt sich darin, dass in den beiden neuen religionspädagogischen Lexika explizit darauf eingegangen wird: F.W. Bargheer, Art. Diakonisches Lernen, in: N. Mette / F. Rickers (Hg.), Lexikon der Religionspädagogik, Bd. 1, Neukirchen-Vluyn 2001, 329–332, sowie G. Adam, Art. Diakonisches Lernen anstoßen – Das Soziale lernen, in: A. Pithan / G. Adam / R. Kollmann (Hg.), Handbuch Integrative Religionspädagogik, Gütersloh 2002, 397–403.

2 Die Ergebnisse sind zugänglich in W. Keppler/G. Leitmann/J. Ripplinger, Das Soziale Lernen. Ergebnisse eines landesweiten Modellprojektes, Stuttgart 1999. S. ferner G. Leitmann, Projekt Soziales Lernen, in: Diakonisches Werk der EKD (Hg.), Schule und Diakonie – Orte sozialen Lernens, Stuttgart 2000, 25–35.

- die Auseinandersetzung mit Fragen des Sozialen zu fördern,
- Kompetenzen im Umgang mit sich selbst auszubilden und
- Fähigkeiten im Umgang mit anderen (z. B. Kommunikation, Kooperation, Konfliktbearbeitung) zu fördern (Keppler/Leitmann/Ripplinger 1999, 19).

Durch die empirische Begleituntersuchung wird dies in folgender Weise weiter konkretisiert[3]:

- *Ungewöhnliche Erfahrungen:* Begegnungen mit Menschen in sozialen Einrichtungen sind für die meisten Jugendlichen eine neue Erfahrung. Durch den geschützten Rahmen der sozialen Einrichtungen werden in besonderer Weise Gespräche und persönliche Begegnungen ermöglicht.
- *»Soziales Wissen« aus erster Hand:* Das Wissen über soziale Problemlagen und Hilfemöglichkeiten wird erkennbar gefördert.
- *Verständnis und Toleranz:* Die Einblicke in den Lebensalltag, persönliche Betroffenheit und gemeinsame Erlebnisse führen dazu, bisherige Bilder und Vorurteile zu revidieren. Verständnis und Toleranz können somit wachsen.
- *Aufmerksamkeit für soziale Probleme:* Die Auseinandersetzung mit sozialen Lebenslagen und der persönliche Kontakt erhöhen die Aufmerksamkeit für soziale Probleme.
- *Verhaltenssicherheit und soziale Kompetenzen:* Sich in neuen und ungewöhnlichen Situationen zurechtzufinden, sich auf Menschen einzustellen und neue Formen des Umgangs zu erproben – all das trägt zur Förderung sozialer Kompetenzen bei.
- *Kennenlernen eigener Stärken und Schwächen:* Die persönliche Auseinandersetzung mit »Grenzerfahrungen« löst emotionale Betroffenheit aus. Eigene Stärken und Schwächen werden im Umgang mit anderen Menschen bewusst wahrgenommen.
- *Nachdenken über das eigene Leben:* Die Begegnungen fördern in besonderer Weise auch das Nachdenken über das eigene Leben. Fragen nach Sinn und relevantem Wissen im Leben tauchen auf.
- *Als Person wichtig sein und gebraucht werden:* Die Teilnehmenden machen die Erfahrung, als Person akzeptiert zu werden. Sie erleben, dass ihre Tätigkeit sinnvoll ist und dass sie gebraucht werden.
- *Hohe Zufriedenheit bei den Teilnehmenden:* Begegnungen mit Menschen in betreuten Lebenssituationen konfrontieren die Teilnehmenden mit einer »harten« Wirklichkeit. Die Jugendlichen erleben jedoch auch, dass diese Begegnungen Spaß machen können. Die allermeisten Jugendlichen äußern sich zufrieden. Auch dort, wo die Teilnahme obligatorisch war, haben die meisten Teilnehmenden die Erfahrungen als bereichernd und gewinnbringend erlebt.
- *Interesse an weiterem Kontakt:* Das persönliche Kennenlernen verschiedener Felder sozialer Arbeit und die Beziehungen zu Menschen, die auf Hilfe angewiesen sind, fördern die Bereitschaft und das Interesse, sich für Menschen in besonderen Lebenslagen einzusetzen.

3 Ebd., 19–21 sowie G. Leitmann, (wie Anm. 2), 25ff.

- *Vorbereitung und Reflexion sind wichtige Elemente:* Die intensive Vorbereitung auf die Projekttage und Gelegenheiten zu Reflexion und Austausch des Erlebten fördern die Auseinandersetzung mit unterschiedlichen sozialen Lebenssituationen und das Nachdenken über sich und andere.
- *Kurzzeiterfahrungen sind ausreichend:* Eine Woche ist ausreichend, um erste grundlegende Erfahrungen zu machen. »Schlüsselerlebnisse« finden bereits am Anfang der Projekttage statt.

Die Untersuchung macht die Notwendigkeit einer qualifizierten Begleitung von Sozialpraktika bzw. diakonischen Praktika in Form von Vorbereitung und kritischer Reflexion (begleitend und zum Abschluss) deutlich. Dies ist ein deutlicher Unterschied gegenüber diakonischen Praktika in der Vergangenheit. Diese bestanden im Wesentlichen darin, an den Ort des Praktikums zu gehen und dieses »vor Ort« zu absolvieren. Beim neuen Ansatz gehen Erfahrung und Reflexion ein enges Bündnis ein. Diakonisch-soziales Lernen besteht darum strukturell aus zwei Bestandteilen: Diakonie praktisch und Diakonie theoretisch. Die richtige Zuordnung ist wesentlich, weil im gelungenen Falle die von der praktischen Erfahrung kommende Motivation für das Erarbeiten von Sachverhalten fruchtbar gemacht werden kann.

Bemerkenswert ist auch die empirisch abgesicherte Erkenntnis, dass nicht unbedingt ein Zeitraum von vier Wochen für ein erfolgreiches Praktikum notwendig ist, sondern dass bereits ein kurzer Zeitraum ausreicht, um nachhaltige Eindrücke bei den Jugendlichen zu hinterlassen. Damit ist es möglich und verantwortbar, derartige Lernprozesse im Rahmen schulischen Lernens (z. B. mit einer Dauer von zwei Wochen) zu organisieren.

2 Die Bildungsaufgaben wahrnehmen

2.1 Dimensionen sozialen Lernens

Soziales Lernen umfasst unterschiedliche Dimensionen. Die folgende systematisierende Übersicht wurde durch eine Arbeitsgruppe des Kultusministeriums von Baden-Württemberg erarbeitet. Die Matrix zeigt verschiedene Ansatzpunkte und Themen zur gezielten Förderung des Sozialen Lernens auf[4]:

4 Ministerium für Kultus, Jugend und Sport Baden-Württemberg, Sozialverhalten lernen. Eine praktische Hilfe, Stuttgart 1999. Wiedergabe nach: mehrwert. Agentur für Soziales Lernen (Hg.), Soziales Lernen in der Schule, Stuttgart 2002, Abschnitt 4.9.

Selbst	Andere	Miteinander
WAHRNEHMUNG		
• Auf eigene Stimmungen und Gefühle in sozialen Situationen achten • Auf Signale meines Körpers achten	• Andere genau beobachten • Gut zuhören • Stimmungen und Gefühle anderer wahrnehmen	• Abläufe zwischen Personen genauer wahrnehmen • Stimmungen und Klima in Gruppen erspüren
KOMMUNIKATION		
• Kontakt aufnehmen • Eigene Gefühle und Stimmungen ausdrücken • Eigene Befindlichkeit, Einstellungen und Meinungen artikulieren	• Sich in andere einfühlen • Bei anderen nachfragen • Perspektivenwechsel vornehmen	• Rückmeldungen geben und nehmen • Unterschiede und Gemeinsamkeiten herausarbeiten
AKZEPTANZ		
• Sich selbst mit Stärken und Schwächen annehmen	• Andere Erlebnis- und Verhaltensweisen akzeptieren und tolerieren • Rücksicht nehmen	• Verschiedenheit akzeptieren
SOZIALES HANDELN		
• Schwächen zugeben • Nachgeben, sich zurückhalten • Sinnvolle Anweisungen geben • Regeln einhalten • Rechte einfordern • Zivilcourage entwickeln • Mit Gruppendruck umgehen	• Rechte anerkennen • Konstruktiv kritisieren • Überzeugen	• Etwas aushandeln • Abmachungen und Regeln erarbeiten • Kompromisse schließen • Kooperieren • Teilen können
UMGANG MIT SCHWIERIGKEITEN		
• Umgang mit Stress, Ärger und Frustration • Schwierigkeiten als Lernchancen erkennen	• Andere unterstützen, anderen helfen, andere stützen • Mit dem Ärger anderer umgehen	• Konstruktiver Umgang mit Konflikten • Vermitteln • Streit schlichten
ENTWICKLUNG VON EINSTELLUNGEN UND WERTHALTUNGEN		
• Vorteile und Notwendigkeit positiven Zusammenlebens erkennen • Freude an sozialem Engagement entwickeln • Orientierung an allgemein akzeptierten Normen	• Sich für andere einsetzen • Solidarität entwickeln	• Schulleben bewusst als Sozialgemeinschaft verwirklichen • Gemeinschaftliches Ethos entwickeln • Öffnung und Einbildung des Schullebens in die Gesellschaft

Diese Matrix verschiedener Dimensionen ist hilfreich, um das Was und das Wozu zu identifizieren, sie ermöglicht die Formulierung von Zielvorstellungen und deren Gewichtung im Blick auf die Praktika. Es ist in hohem Maße überraschend, welch große Bedeutung der Kommunikation zukommt.

Weiterhin zeigt sich, dass in dieser Matrix die Sachbezogenheit eine große Rolle spielt (Rechte anerkennen, gesellschaftliche Situation bedenken, Solidarität entwickeln usw.). Hier geht es um Wissen, Können und menschliche Fähigkeiten. Auf der anderen Seite sind Komponenten von Begegnungen klar ersichtlich (Selbst, Gegenüber, Gemeinschaft). Hier geht es um das Sein des Menschen, seine Persönlichkeit. Es ist darüber hinaus erkennbar, dass ein so verstandenes soziales Lernen sich gut einem evangelischen Bildungsverständnis zuordnen lässt.

2.2 Profil des diakonisch-sozialen Lernens

Diakonisches Lernen ist eng mit dem sozialen Lernen verwandt. Es schließt jedoch die christlich-ethische Dimension in seiner Begründung und Motivation mit ein. An diesem Punkt unterscheidet es sich vom sozialen Lernen.

(1) »Diakonisches Lernen anstoßen – die Bildungsaufgaben wahrnehmen«

In dem so überschriebenen Abschnitt der EKD-Denkschrift zu Fragen der Diakonie aus dem Jahre 1998 wird deutlich, worin diakonisches Lernen sich vom sozialen Lernen unterscheidet: »Im diakonischen Lernen geht es um soziale Einstellungen und christliche Orientierungen, wie etwa Achtung und Respekt vor anderen Menschen, Gerechtigkeit und Fairness, um Hilfsbereitschaft und Toleranz sowie um persönliche und gesellschaftliche Verantwortung. Soziales Lernen ist Lernen in zwischenmenschlichen Beziehungen – und zwar auch in unterschiedlichsten Lebenssituationen. Es lehrt die Fähigkeit zur Kommunikation, zur Kooperation und zur Konfliktregelung. Der Diakonie ist beim sozialen Lernen vor allem an der geistlichen Komponente gelegen.« (EKD 1998, 61–63)

Konkret geht es dabei um die Vermittlung der Erfahrungen des christlichen Glaubens im Lebensalltag sowie die Einübung des Miteinanders von Hilfebedürftigen und Helfenden. Diakonisches Lernen bedeutet neue Bereitschaft zur Zuwendung, zum Entdecken des Mitmenschen, Erwachen sozialer Fantasie, aber auch Entdecken der Wahrheit des Evangeliums im gesellschaftlichen Alltag. Es werden als Lernorte diakonischen Lernens genannt: Diakonisches Jahr, Freiwilliges soziales Jahr im Ausland, begleitete Sozialpraktika in Schulen, integrative Kindertagesstätten und integrative Schulen[5].

5 Auf der katholischen Seite gibt es ein Projekt, das manche Parallelität zum diakonisch-sozialen Lernen aufweist: das »Compassion-Projekt«. »Compassion« steht für Sozialpraktika von Schüler/innen der oberen Klassen in Einrichtungen für Menschen mit Behinderungen, Altersheimen, Kindergärten, Krankenhäusern, Flüchtlingsheimen etc. Der Ansatzpunkt dieses Konzepts liegt bei der Bildung sozialer Sensibilität und sozialverpflichteter Haltungen als notwendigem Bestandteil heutigen Schulehaltens. Der englische Begriff »Compassion« unterstreicht diese Absicht. Er ist dem Vokabular der Kennedy-Brüder entnommen, die angesichts der Entsolidarisierungstendenzen der US-amerikanischen Gesellschaft seinerzeit eine Gesellschaft mit »compassion« forderten, in der Hilfsbereitschaft und Zuwendung zu den Schwachen selbstverständliche Bürgertugenden darstellen. Es geht dabei nicht um »Mitleid«

Das diakonisch-soziale Lernen hat aber seinen zentralen Bezugspunkt, darauf hat vor allem Helmut Hanisch hingewiesen, in der Persönlichkeitsbildung (Hanisch 2004, 128–133). Partizipatorisches Lernen in diakonischer Praxis einerseits und die Aufklärung über die Motive und Beweggründe solcher Praxis andererseits spielen eine wesentliche Rolle bei diesem Vorgang der Persönlichkeitsbildung. Hinsichtlich des Doppelbegriffs »diakonisch-sozialen Lernen« lässt sich formulieren:

(2) Ziele und Kriterien diakonisch-sozialen Lernens

»Diakonisch-soziales Lernen findet auf drei Ebenen statt: (a) der affektiv-handlungsorientierten, (b) der kognitiven und (c) der spirituellen Ebene.

Es bedarf der konkreten Erfahrung und der Reflexion, d. h. diakonische Praxis muss erfahren, Erfahrung reflektiert werden. Damit sind auch die Ziele diakonisch-sozialen Lernens angedeutet, die sich auf fünf Punkte konzentrieren lassen.

1. Diakonisch-soziales Lernen zielt darauf ab, jungen Menschen die Entwicklung einer Persönlichkeit zu ermöglichen, für die folgende Erfahrungen konstitutiv sind:
   - gebraucht zu werden und auf Hilfe angewiesen zu sein,
   - neue Perspektiven zu gewinnen und auf diese Weise Vorurteile abzubauen,
   - Fähigkeiten und Kompetenzen jenseits schulischer Anforderungen zu besitzen und dadurch
   - »Mensch-Sein« im ganzheitlichen Sinne zu erleben, aber dabei die Erfahrung zu machen, an eigene Grenzen zu stoßen und Anforderungen und eigenen Erfahrungen nicht gerecht werden zu können.
2. Persönlichkeitsbildung in einem evangelisch verantworteten Bildungsverständnis will im diakonisch-sozialen Lernen die theologische Dimension des ›Diakonischen‹ erfassen, d. h. das Bewusstsein, dass die Liebe Gottes sich in der Liebe Jesu zu den Menschen zeigt, in seinem Dienst an Kranken, Schwachen und Ausgegrenzten und seinem Eintreten für sie. Das impliziert eine Sensibilisierung für ethische Fragestellungen und Offenheit für letzte Fragen.
3. Daran anknüpfend will diakonisch-soziales Lernen die Erfahrung christlichen Glaubens im sozialen Alltag ermöglichen.
4. Es will die soziale Sensibilität und Bereitschaft zu sozialer Verantwortung bei jungen Menschen wecken und bestärken sowie die Akzeptanz einer Solidargemeinschaft fördern, indem das soziale Engagement als Bindeglied der Gesellschaft in seiner Bedeutung sowie die dafür notwendigen Voraussetzungen bewusst gemacht werden.
5. Dazu gehört letztlich auch, Schüler/innen die diakonischen/sozialen Handlungsfelder in ihren Zielen und Formen nahe zu bringen und Impulse für berufliches und ehrenamtliches Engagement zu geben.«[6]

(charity), sondern um »Mitleidenschaft«, Solidarität, Empfindsamkeit für das Leid anderer Menschen. Es geht nicht um Fairness und Gerechtigkeit im Sinne des gesellschaftlichen Aushandelns (L. Kohlberg), sondern um Zuwendung, die rechtlich nicht erzwingbar ist, für die man aber werben und gute Gründe geltend machen kann.

6 Dieser Abschnitt nach »AK Diakonisches Lernen«, Diakonische Bildung und diakonisch-soziales Lernen. Arbeitspapier Okt. 2004.

3 Diakonisch-soziales Lernen in der Schule

Die weiteren Ausführungen geben einen kurzen Überblick über die Formen diakonisch-sozialen Lernens in der Schule und konzentrieren sich dann auf die Durchführung der Blockpraktika, die das umfangreichste Angebot diakonisch-sozialen Lernens darstellen.

3.1 Übersicht

Diakonisch-soziales Lernen vollzieht sich im Rahmen der verschiedenen Unterrichtsfächer sowie in der Gestaltung und Strukturierung von Schule und Schulleben. Es bezieht sich auf (a) das Schulleben und die Schule als Ganze, (b) den Unterricht im Blick auf die einzelnen Fächer, d. h. den Religionsunterricht und die fächerübergreifenden und fächerverbindenden Formen des Unterrichtens, und (c) Kooperationsprojekte, die über den schulischen Rahmen hinausgehen und in Zusammenarbeit mit außerschulischen Partnern durchgeführt werden.

Für das diakonisch-soziale Lernen in der Schule ergibt sich daher folgende Matrix[7]:

Unterrichtskonzepte	**Kooperationsprojekte**	**Angebote im Schulleben**
• Seminarkurs »Soziale Ungleichheit«	• Lernprojekt »Blockpraktikum«	• Festival der Schulen
• Grundkurs Diakonie	• Projekt »Compassion«	• Sozialtag
• AG Soziales Netz	• Schülermentorenmodell	• Schülerzeitung/Obdachlosenzeitung

Das *Schulleben* bietet zweifellos die Chance zur Förderung des Sozialverhaltens. Ein Sozialtag ist dabei ein Tag, an dem anstelle des Unterrichts soziale Themen Gegenstand der Beschäftigung sind. Die Schüler/innen können auswählen, ob sie sich eher theoretisch in Workshops und durch Referate (Zivildienst, Gemeindediakonie usw.) mit den Themen beschäftigen oder lieber praktische Erfahrungen vor Ort sammeln wollen. Beim Festival der Schulen geht es um einen gemeinsamen Festtag mehrerer Schulen, der von der Schulsozialarbeit angeboten wird, um z. B. Fragen des Vorurteils anzugehen. Beim Projekt Schülerzeitung arbeiten die Redakteurinnen und Redakteure der Schülerzeitung bei einer Obdachlosenzeitung mit, schreiben Reportagen und helfen beim Verkauf.

Die unter der Sparte *Unterrichtskonzepte* genannten Ansätze dienen der kognitiven Aufarbeitung. Im Seminar »Soziale Ungleichheit« setzen sich Zwölftklässler mit dem genannten Thema theoretisch und praktisch auseinander. Beim Thema Armut arbeiten sie konkret bei Mittagstischen etc. mit, setzen sich theoretisch mit der Frage auseinander und suchen nach Lösungsmöglichkeiten.

In der AG Soziales Netz beschäftigt sich z. B. eine Gruppe von Schüler/innen mit dem Thema »Armut in der eigenen Stadt«. Es wird untersucht, welche Strukturen

7 Dazu: mehrwert. Agentur für Soziales Lernen (Hg.), Soziales Lernen in der Schule, 8f.

diese Not lindern können, welche Möglichkeiten ehrenamtlichen Engagements es gibt. Nachmittags werden soziale Einrichtungen besucht oder Betroffene zu einem Gespräch eingeladen. Die Treffen werden protokolliert und dokumentiert. Am Ende steht eine Ausstellung.

Der Grundkurs Diakonie wird als Wahlfach in Klasse 12 oder 13 angeboten. Er hat einem Umfang von zwei Wochenstunden. Zunächst machen die Jugendlichen ein Praktikum in einer sozialen Einrichtung (teilweise nachmittags): Der Kurs leistet einen Beitrag zur Persönlichkeitsbildung wie zur Berufserkundung.

Im Michelbacher Modell wurde inzwischen ein vierjähriges Curriculum für das Unterrichtsfach Diakonie entwickelt. Im Abschnitt 3.5 des Artikels »Diakonisch-soziales Lernen – ein Curriculum« (siehe Seite 94ff in diesem Band) findet sich eine Grafik mit einer mustergültigen Auflistung von personaler, sozialer, diakonischer, Fach- und Methodenkompetenz, die für eigene Überlegungen hilfreich ist.

Von besonderem Interesse sind die Kooperationsprojekte, bei denen die Schulen für sie in der Vergangenheit ungewohnte, neue Formen der Zusammenarbeit mit außerschulischen Institutionen eingehen.

3.2 Lernen in Kooperation mit außerschulischen Lernorten

Auf diese Weise kommt es zu einem Zusammenspiel vom Lernort Schule und einem außerschulischen Lernort. Die außerschulische diakonische Praxis wird so zum Gegenstand von Vorhaben, Projekten, Kursen und Lehrgängen in der Schule. Dabei sollte man vermeiden, in ein Muster zu verfallen dergestalt, dass hilfsbedürftige Menschen in die Rolle von stigmatisierten Außenseitern gedrängt werden; dies würde zu einer Stabilisierung der »normalen« Mehrheit auf Kosten der genannten Personengruppen führen. Einer solchen Gefahr lässt sich am besten dadurch begegnen, dass eine klare, theologisch reflektierte Begründung diakonischen Handelns zur Geltung gebracht wird, die allen Schüler/innen die Einsicht in die Hilfsbedürftigkeit, Begrenztheit und das Gefährdetsein eines jeden Menschenlebens ermöglicht.

Die Form des »Sozialpraktikums« oder »Diakonischen Praktikums« ist eine sehr anspruchsvolle und arbeitsaufwändige Form diakonisch-sozialen Lernens. Ein solches Praktikum unterscheidet sich deutlich von einem Unterrichtsgang, einer Exkursion oder einer Erkundung. Die zuletzt genannten Formen sind relativ kurze Unternehmungen mit dem Ziel der Veranschaulichung oder Erkundung eines Unterrichtsinhaltes. Das Praktikum gewinnt hingegen gegenüber dem Unterricht ein anderes Eigengewicht.[8] Hier geht es um die Erfahrung, dass die andere Person im Sinne der Leistungsgesellschaft schwach ist und nie mehr stark sein wird. Kinder und Kranke werden in der Zukunft maßgeblich etwas zum Sozialprodukt beitragen können, für viele behinderte und alte Menschen gilt dies nicht mehr. Es geht bei der Zielsetzung solcher Praktika über die bisher erörterten Aspekte hinaus um folgende Einsichten:

---

8 Zum Folgenden s. W. Kummerow u. a., Das Diakonische Praktikum, in: Evangelisches Schulwerk in Württemberg / PTZ Stuttgart (Hg.), Projektorientiertes Lernen (Birkacher Beiträge für Bildung und Erziehung 1), Stuttgart 1997, 26–35 sowie G. Adam, Diakonisches Lernen (wie Anm. 3), 73–75.

- □ Es gehört offenbar zum Humanum, mit Menschen umzugehen, die mehr Hilfe benötigen, als sie jemals an Leistung werden erbringen können.
- □ In der Frage nach dem Lebensrecht der Menschen in schwierigen Lebenslagen von beständiger Dauer wird die Frage nach Grund und Ziel des Lebens erkennbar, bricht die Frage nach dem Maßstab für menschliches Leben auf.
- □ Ein Praktikum kann auch wesentliche Einsichten zur Bedeutung von Leistung im menschlichen Leben vermitteln. Leben umfasst auch noch anderes als Leistung. So kann der pädagogische Sinn eines Praktikums darin liegen, in einer früheren Altersstufe den Jugendlichen in der Frage nach Leistungsanforderungen im Blick auf das eigene Selbstbewusstsein und Selbstverständnis neue Dimensionen zu eröffnen und ihnen Perspektiven zu einem menschlichen Begriff von Leistung zu zeigen.
- □ Durch die Begegnung mit Menschen, die am Rande der Gesellschaft leben (müssen), und durch das Übernehmen von Verantwortung werden Haltungen wie Solidarität und Empathie konkret geübt.

Helmut Hanisch hat die didaktische Struktur solcher Praktika in fünffacher Hinsicht beschrieben:

- □ »In der Sensibilisierung junger Menschen für diejenigen, die ohne fremde Hilfe nicht leben können,
- □ in der Wahrnehmung persönlicher Motive, die die Grundlage diakonischen Handelns darstellen,
- □ in der anschaulichen Entfaltung des theologischen Fundaments dessen, was ›diakonein‹ im Neuen Testament bedeutet,
- □ im Kennenlernen diakonischen Handelns im persönlichen und institutionellen Bereich und
- □ in der Weckung der Bereitschaft, diakonisches Handeln mitzutragen und unterstützen.« (Hanisch 2000, 11ff)

3.3 Organisationsformen

Für Sozialpraktika bzw. Diakonische Praktika gibt es unterschiedliche Organisationsformen. Relativ häufig findet sich in deutschen Schulen die Platzierung in der 9. und 11. Klasse des Gymnasiums. Bei der Verkürzung der Gymnasialzeit auf zwölf Jahre wird das Praktikum sinnvollerweise in Klasse 10 durchgeführt. Für die praktische Durchführung bietet sich eine große Vielfalt an:

- □ Die Jugendlichen werden in Zweier- oder Vierergruppen in einzelne soziale Einrichtungen geschickt.
- □ Jede Klasse kann mit einer sozialen Einrichtung (z. B. von Diakonie/Caritas) zusammenarbeiten, so dass die Schüler/innen nicht einzeln oder in Zweiergruppen auf unterschiedliche Einrichtungen verteilt werden müssen. Diese Vorgehensweise ermöglicht eine gute Zusammenarbeit bei der Vor- und Nachbereitung sowie bei der Betreuung der Praktika in der Einrichtung und bei der Information der Klassen über die einzelnen Einrichtungen.
- □ Es ist möglich, das Praktikum in Form des »schuljahrbegleitenden« Praktikums

durchzuführen. Diese Form bedeutet, dass nicht alle Schüler/innen einer Klasse zur gleichen Zeit im Praktikum sind, sondern man nimmt in Gruppen von vier bis sechs Jugendlichen jeweils für die Dauer von vier bis sechs Wochen im Verlauf des Schuljahres jeweils an einem Nachmittag teil: z. B. am Besuchsdienst in einem Pflegeheim, am Sportunterricht einer Schule für behinderte Schüler/innen oder am Freizeitprogramm dieser Schule.
- Wählt man die Blockform von fünf bis zehn aufeinanderfolgenden Tagen, so findet das Praktikum für die ganze Klasse am Ende des Schuljahres zusammenhängend in einer Woche oder in zwei Wochen statt. Es gibt auch Beispiele dafür, dass dies in der Mitte des Schuljahres organisiert werden kann.

4 Planungsverlauf eines Blockpraktikums

Am Beispiel eines zweiwöchigen Blockpraktikums werden die Planungsschritte erläutert.[9] Die Darstellung ist für andere Formen der Durchführung jeweils sinngemäß zu modifizieren.

4.1 Klärung der Ziele und der schulischen Anbindung

In einem ersten Schritt sind die Ziele und die schulische Anbindung zu klären. Für die Diskussion der Ziele bieten die oben genannten Dimensionen diakonisch-sozialen Lernens und die übrigen Ausführungen eine Hilfestellung zur eigenen Zielklärung. In einer Reihe von Artikeln dieses Handbuches werden darüber hinaus vielfältige und präzise formulierte Zielvorstellungen genannt, die im Zusammenhang praktischer Erprobung entwickelt wurden. Auch diese stellen für die eigenen Überlegungen eine Fundgrube dar und können manche Anregungen bieten.

Zugleich ist zu klären, in welchem Zusammenhang das Vorhaben mit der Schule und dem Lehrplan steht:
- Welchen Stellenwert soll es innerhalb der Schule einnehmen?
- Wird das Projekt von der Schulleitung unterstützt?
- Welche Lehrkräfte beteiligen sich daran?
- In welcher Weise wird das gesamte Lehrerkollegium informiert, einbezogen?
- Welche Fächer sollen beteiligt sein? Soll die Durchführung im Rahmen eines Faches verantwortet werden (z. B. Religion) oder fächerübergreifend (Religion, Geschichte, Deutsch, Sozialkunde, Kunst)?
- Soll das Praktikum schuljahresbegleitend (zwei Stunden pro Woche, am Nachmittag) oder als
- Blockveranstaltung (z. B. am Ende des Schulhalbjahres) konzipiert werden?
- Soll die Teilnahme freiwillig oder verpflichtend sein?
- In welcher Klassenstufe soll das Praktikum angeboten werden?

9 Für die folgenden Ausführungen verdanke ich wichtige Hinweise: mehrwert. Agentur für Soziales Lernen (Hg.), aaO., 10–25, und L. Kuld / S. Gönnheimer (Hg.), Praxisbuch Compassion. Soziales Lernen an Schulen, Donauwörth 2004, 19–23.

4.2 Weitere Vorbereitungen

Ungefähr sechs Monate vorher (Beginn des neuen Schuljahres) sollte
- ✓ ein Informationsbrief für Eltern und Schüler/innen herausgehen,
- ✓ die Vorstellung des Projekts und der geplanten Vorgehensweise bei Elternabenden erfolgen,
- ✓ eine Konferenz der Lehrkräfte zur Festlegung der Themen, Termine und Formen des Unterrichts stattfinden.

Vier bis fünf Monate vorher:
- ✓ Kontaktaufnahme mit Institutionen wegen möglicher Praktikumsplätze (Diakonie; Caritas, Arbeiterwohlfahrt, Einrichtungen für Menschen mit Behinderungen, Einrichtungen für alte Menschen, Malteser, Kliniken, Stadt- oder Gemeindeverwaltung; Kirchengemeinden (kirchliche Trägerschaft sozialer Einrichtungen).
- ✓ Absprachen und Vereinbarungen mit den Kooperationspartnern treffen. Oft ist es den Institutionen wichtig, dass sie in der Schule feste Ansprechpartner/innen haben. Ein persönlicher Kontakt ist meist hilfreicher als ein Telefonat. Kontinuierliche Ansprechpersonen sind auch seitens der Kooperationspartner wichtig.

Zwei bis drei Monate vorher:
- ✓ Aushängen der Listen mit den Angeboten der Praktikumsorte
- ✓ Prüfung von eventuellen Zusatzvorschlägen der Schüler/innen
- ✓ Einzelberatung zu den Erwartungen und Motiven sowie den Praktikumsmöglichkeiten
- ✓ Entscheidung über die Praktikumsorte und -bereiche.

Vier Wochen vorher:
- ✓ Bekanntgabe der Zuordnung zu den Praktikumsplätzen
- ✓ Aushängen der Listen im Lehrerzimmer und in den Klassenräumen
- ✓ Zuordnung von Lehrkräften zu den Schüler/innen (durch die Lehrer/innen selbst oder als Wahl der Schüler/innen).

Zwei Wochen vorher:
- ✓ Dank- und Absagebriefe an nicht gewählte Einrichtungen
- ✓ Bekanntgabe der betreuenden Lehrkräfte
- ✓ Informationstag in der Schule (z. B.: Übersicht von Vertretern der Diakonie, Caritas, freier Wohlfahrtsverbände) zur Situation sozialer Dienste in Deutschland
- ✓ Schlussrunde (im Plenum).

- ✓ Vorstellung der Praktikant/innen vor Ort in ihren Einrichtungen mit einem Informationsblatt für die betreuenden Kräfte vor Ort und evtl. einem Versicherungsschein. Es genügt auch der Hinweis in dem Informationsblatt, dass es sich um eine Schulveranstaltung handelt und die Schüler/innen damit automatisch versichert sind.

4.3 Durchführung

- ✓ Während des Praktikums sollten die Lehrkräfte die Praktikantinnen möglichst am Ende der ersten Woche besuchen.
- ✓ Wichtig ist neben dem Gespräch mit den Jugendlichen, dass die Lehrer/innen auch das Gespräch mit den professionellen Kräften suchen: zum einen, um das Interesse der Schule auch an ihrer Arbeit zu verdeutlichen, zum anderen, um externe Rückmeldungen über die Praktikant/innen zu erhalten, die im direkten Gespräch nicht möglich, zur Betreuung aber womöglich wichtig sind. Die Ergebnisse dieser Besuche sollten den koordinierenden Lehrkräften unbedingt mitgeteilt werden.

4.4 Auswertung

- ✓ Auswertung und Reflexion der Erfahrungen durch die Schüler/innen bei einem Wochenendblock oder
- ✓ am letzten Tag des Praktikums (im Plenum, in den einzelnen Klassen oder nach Einrichtungen getrennt).

- ✓ Dokumentation und / oder Präsentation der Projektergebnisse
- ✓ Auswertung des Gesamtprojekts.

Zum Verlauf eines *Auswertungstages* schlagen L. Kuld und S. Gönnheimer vor (Kuld/Gönnheimer 2004, 21f):

1. Die Schüler/innen schreiben Begriffe oder kurze Sätze, in denen sie Erlebnisse, Erfahrungen, Eindrücke formulieren, auf rote (negative, bedrückende Erfahrungen) und grüne (positive, gute Erfahrungen) Kärtchen und legen die Begriffe auf entsprechend vorbereitete Papierbahnen oder auf den Boden. Die das Gespräch leitenden Lehrer/innen regen das Schreiben und Anordnen der Zettel durch einfache schriftliche Impulse (Leitbegriffe, Themenstellungen) an und steuern es. Die Impulse können z. B. auf eine große Pappe oder ein Plakat geschrieben werden.
2. Nach einer gewissen Zeit tauschen sich die Schüler/innen über ihre konkreten Erfahrungen und über die Anordnung auf dem Plakat aus.
   Das Ziel besteht darin, dass die Schüler/innen ihre Praktikumserfahrungen, vor allem auch schwierige und belastende Erfahrungen mitteilen und diskutieren können. In diesem Zusammenhang lassen sich auch konkrete Schwierigkeiten in bestimmten Einrichtungen bzw. Tätigkeitsfeldern noch bearbeiteen und eventuell lösen.
3. Erstellen eines Textes (plakativ in Stichpunkten), mit dem die nachfolgenden Schüler/innen über das Praktikum informiert werden sollen. Diese Texte können in der Schule an Plakatwänden etc. aufgehängt werden. Mögliche Themen:
   - Tätigkeiten (knapp, Typisches),
   - Schwierigkeiten, Belastendes,
   - positive Erfahrungen.

4.5 Weitere Schritte

- ✓ Erfahrungsaustausch der am Praktikum beteiligten Lehrkräfte
- ✓ Fragebogen an die Schüler/innen (anonym oder mit Namenangabe), um die konkreten Erfahrungen auszuwerten
- ✓ Öffentlichkeitsarbeit (Jahrbuch der Schule, Schülerzeitung, Internetseite, Tageszeitung etc.)
- ✓ Zeugnis der Schule für die Praktikant/innen.

4.6 Das Erstellen einer Praktikumsmappe

Neue Unterrichtsformen und eine damit verbundene neue Lernkultur erfordern einen anderen Umgang mit Schülerleistungen (Winter 2004, 185–310).

Für das diakonisch-soziale Lernen ist z. B. das Tagebuch oder die Praktikumsmappe ein geeigneter Weg. Für den Praktikumsbericht seien abschließend noch einige Hinweise gegeben (Kuld/Gönnheimer 2004, 22f).

Der inhaltliche Aufbau kann etwa folgende Aspekte behandeln:
- ✓ Kurze Vorstellung der Einrichtung: Zielsetzung, Größe, Tätigkeitsbereiche
- ✓ Beschreibung der Tätigkeit im Praktikum
- ✓ persönliche Erwartungen/Befürchtungen zu Beginn des Praktikums
- ✓ positive und negative Erlebnisse und Erfahrungen während des Praktikums
- ✓ Erlebnisse/Ereignisse im Zusammenhang mit den in der Einrichtung betreuten Personen; Bewertung dieser Ereignisse
- ✓ Resümee des gesamten Praktikums.

Für die Erstellung des Berichts ist die eigene Reaktion auf das Erlebte wichtig; z. B.: Fällt es leicht oder schwer, in der Einrichtung zu arbeiten? Welche Gefühle und Gedanken beschäftigten mich bei der Arbeit oder gehen mir nach der Arbeit noch nach?

Oft ist es sinnvoll, nicht möglichst viele, sondern eine wirklich wichtige Erfahrung ausführlich darzustellen: Was ist passiert? Wie ging es mir dabei? Wie beurteilte ich die Situation?

Für den Abschluss des Praktikumsberichts noch folgende Anregungen:
- ✓ Für die abschließende Bewertung des Praktikums wichtige Erfahrungen resümierend zusammenfassen;
- ✓ Fragen, die mir durch das Praktikum wichtig geworden sind, formulieren und für ein Unterrichtsgespräch konkretisieren;
- ✓ Kritik (positive und negative) an der Durchführung und Begleitung des Praktikums durch die Schule oder durch die Einsatzstelle formulieren und diese mit Verbesserungsvorschlägen für die Zukunft versehen.

Die Berichte sollten nach Möglichkeit den Schüler/innen der folgenden Praktika zur Verfügung stehen; ebenso interessierten Kolleginnen, die im Unterricht auf die konkreten Erfahrungen der Schüler/innen zurückgreifen wollen. Die Freigabe der Praktikumsberichte sollte aber nicht zwingend von den Jugendlichen gefordert sein, da diese Reflexionen sehr persönlich sein können, so dass das Erlebte vielleicht nicht über die eigene Klasse hinaus nach außen getragen werden soll. Das sollte auf jeden Fall respektiert werden.

5 Ausblick

Diakonisch-soziales Lernen war von Anfang an einerseits auf die Schule, andererseits aber darüber hinaus auch auf entsprechende Lernprozesse an anderen Lernorten – wie der Jugendarbeit, dem Betrieb, der beruflichen Ausbildung – ausgerichtet. Das sollte weiter im Blick bleiben und in konkrete Praxis umgesetzt werden. Diakonisch-soziales Lernen darf und soll sich nicht auf Kirche, Schule und diakonische Einrichtungen beschränken.

Heinz Schmidt hat zu Recht darauf hingewiesen: »Nur wenn Diakonie als kulturelle Praxis in der ganzen Gesellschaft bekannt ist und Menschen jeden Alters zum Engagement reizt, wird sie auch in Schulen und Familien hinreichende Beachtung finden. Freiwillige Hilfe in der Jugendarbeit, in der Kranken- und Altenpflege oder im Besuchsdienst von Kirchengemeinden ist ziemlich verbreitet, aber oft wenig bekannt. Die kirchlichen und diakonischen Träger sollten nicht nur dafür werben, sondern auch mit dafür sorgen, dass diese unspektakuläre Hilfe öffentlich anerkannt und durch Aufmerksamkeit honoriert wird.« (Schmidt 2002, 168)

Reinhart Gronbach

Diakonisch-soziales Lernen: Ein Curriculum (Das Michelbacher Modell)

Eine der großen aktuellen Herausforderungen liegt in der Reform unsres Sozialstaates, der mehr denn je auf das soziale und diakonische Engagement seiner Bürger angewiesen ist. Dieses bürgerschaftliche Engagement ist gefordert inmitten von gesellschaftlichen Strömungen, die mit »Hai-Society« und »sozialer Kältewelle«, mit »alltäglichem Narzissmus« oder »Egogesellschaft« charakterisiert werden. Auch unter den Heranwachsenden ist eine »sozialentpflichtete Selbstbezüglichkeit« zu konstatieren, die sie zum Teil von Eltern und Erziehern vorgelebt bekommen. Diese findet ihren Niederschlag in »Bonmots« (eher wohl »Malmots«) wie: »Jedem das Seine – und mir das Beste!«, und »Jeder gegen jeden – und keiner für alle«, oder (als Schlagertext) »Du musst ein Schwein sein auf dieser Welt« ... Erfülle deine Wünsche. Egal, wer darunter zu leiden hat.

Auf der anderen Seite stellt die Shell-Jugendstudie 2000 fest, dass Jugendliche durchaus sozial interessiert sind. Nicht mehr so kontinuierlich in Vereinen, Kirchen oder Verbänden, wohl aber punktuell sind Heranwachsende bereit, sich sozial zu engagieren. Sie handeln altruistisch nicht aus Opferbereitschaft oder Selbstlosigkeit heraus, sondern weil sie das Gefühl haben, selbst etwas davon zu haben: eine tiefe Befriedigung, wie sie nur aus zwischenmenschlichen Beziehungen zu ziehen ist. So sind die Jugendlichen nicht »egoistischer, im Gegenteil haben sie es schwerer denn je, um ihr psychosoziales Existenzminimum zu ringen und Bedürfnisse nach Empathie, Zugehörigkeit und sozialer Achtung zu befriedigen« (Noormann 1998, 6). Da viele Jugendliche aber nicht mehr in prägende Sozialinstanzen eingebunden sind, fehlen ihnen oft die Möglichkeiten und notwendigen Anleitungen zum sozialen Engagement. So bedarf es vermittelnder Anstöße und Organisationen, die zwischen Helfern und Hilfsbedürftigen vermitteln.

Diese Aufgabe als vermittelnde Organisation haben viele kirchliche Schulen übernommen. Evangelischerseits wurden in den allgemein bildenden Schulen, insbesondere in den Gymnasien, seit den 1980er Jahren mehrwöchige diakonische Praktika angeboten. Vielfältig in der Auswahl der sozialen Arbeitsfelder, sind diese Praktika aber für alle Schülerinnen und Schüler verpflichtend. Katholischerseits hat sich in den 90er Jahren daraus das Compassion-Projekt entwickelt.

Das Evangelische Schulzentrum Michelbach/Bilz ist nun einen Schritt weiter gegangen. Über die Diakoniepraktika hinaus wurde ein vierjähriges Curriculum für die Klassen 8/9 bis 12/13 entwickelt. Das diakonisch-soziale Lernen wird in einem eigenen Fach vertieft, das in Verbindung mit Religion sogar Kernfach ist. Dadurch ist ein Diakonie-Curriculum möglich, das eine große Bandbreite sozialer Erfahrungen eröffnet und eine ebenso große Nachhaltigkeit zeitigt. Jugendliche können hier über vier Jahre hinweg verschiedenste Praxiserfahrungen im diakonisch-sozialen Bereich sammeln, die im fortlaufend begleitenden Diakonieunterricht reflektiert werden. Im curricularen Charakter und darin wiederum in der durchgängigen Verbindung von Praktikum und Unterricht liegt das Spezifikum des Michelbacher Modells für das diakonisch-soziale Lernen.

1 Das Evangelische Schulzentrum Michelbach/Bilz

Das Evangelische Schulzentrum Michelbach liegt im Nordosten von Baden-Württemberg und ist eine Einrichtung der Schulstiftung der Evangelischen Landeskirche in Württemberg. Früher ausschließlich ein Aufbaugymnasium mit Internat (seit 1950), ist das Angebot um ein Gymnasium und eine Realschule mit Ganztagesbetreuung (seit 1999) erweitert worden. Alle drei Schularten werden in der Unter- und Mittelstufe einzügig geführt.

Auch in Michelbach wurde Mitte der 80er Jahre ein zweiwöchiges Diakoniepraktikum eingeführt, das bis heute für alle Schüler der Oberstufe verpflichtend ist. Im Wechsel vom ersten zum zweiten Halbjahr, also Ende Januar/Anfang Februar, ist in den Klassen 11 kein Unterricht, statt dessen arbeiten die Schüler in verschiedenen sozialen und diakonischen Einrichtungen mit. In den letzten Jahren hat sich dann die »innerschulische Diakonie« weiter entfaltet. Wie an staatlichen Schulen werden Streitschlichter und Mentoren ausgebildet.

Auf dem Schulcampus ist eine Klasse mit Kindern, die eine geistige Behinderung haben. Verschiedene Kooperationen werden mit dieser Klasse erprobt, beim Werk- und Sportunterricht, im Religionsunterricht, bei Andachten und Musik»events«. Die nichtbehinderten Schüler leisten u. a. auch in dieser Sonderschulklasse ihre Praktika ab.

Seit dem Schuljahr 1996/1997 ist das *eigenständige Unterrichtsfach Diakonie* eingeführt, das in Kombination mit Religion als Kernfach gilt und somit der Mathematik oder einer Fremdsprache gleichgewichtig ist. Zunächst wurde das Fach Religion/Diakonie im Aufbaugymnasium erprobt. Nun aber wird es auch auf die Realschule übertragen. Mit einigen thematischen Veränderungen und neuen Praxisfeldern (z. B. verstärkt im Kindergarten) wird es ab dem Schuljahr 2003/2004 als Diakonisch-sozialer Lernbereich neben Französisch im Wahlpflichtbereich angeboten und ist somit wiederum als Kernfach gewertet. Ebenso kann es nun im gymnasialen Zug als fünftes Kernfach ab Klasse 8/9 gewählt werden. Besonderes Gewicht bekommt Diakonie auch dadurch, dass es als Neigungs- und Profilfach Religion/Diakonie ausgewiesen und somit ein abiturrelevantes Fach ist.

In Michelbach ist Diakonie zum Profilfach in allen drei Schularten und somit neben Musik bzw. Naturwissenschaft/Religion zur inneren Klammer des Evangelischen Schulzentrums geworden. Wichtig ist nicht nur diese sozusagen horizontale Verzahnung, sondern ebenfalls die vertikale Möglichkeit, dass die Schüler im Gymnasium und Aufbaugymnasium von der Mittelstufe bis zum Abitur das Fach Religion/Diakonie wählen können.

Das Diakonieprofil hat in den letzten Jahren viele Entwicklungen durchgemacht. In Michelbach wurde es ein großer Erfolg, so dass am Aufbaugymnasium über ein Drittel der Schüler/innen das Diakonieprofil wählt. Schon mehrere Klassenstufen haben das ganze diakonische Programm von Klasse 9–12 durchlaufen. Allerdings gibt es auch viele Quereinsteiger, die sich aber bisher gut in die Lerngruppe integrieren ließen.

Michelbacher Diakonieschüler sind keine Sozialhelden, dennoch schätzen sie am Fach Diakonie vor allem die Praktika-Phasen. Selbst bei negativen Erfahrungen wollten sie nie auf das Praktikum verzichten. Mühevoller ist es für die Schüler/innen, soziales bzw. diakonisches Grundwissen zu erarbeiten und ihre eigenen Praxiserfahrungen schriftlich bzw. mündlich zu reflektieren.

Für die Lehrenden erwiesen sich die gebotenen Freiräume für die Anordnung und inhaltliche Gestaltung der einzelnen Bildungsplaneinheiten als hilfreich. Auch von Schülerseite kamen sehr viele Anregungen zur Verbesserung des Bildungsplanes. Alle diese Veränderungen wurden – zusammen mit einigen Grundsatzüberlegungen – in die Bildungsplanrevision 2004 eingearbeitet.

2 Organisationsform des Michelbacher Modells

Im Michelbacher Modell werden für die Klassen 8/9–10/11 drei Profile angeboten: Naturwissenschaft/Technik/Religion (NaTuR) – Musikprofil – Religion/Diakonie. Im Diakonieprofil sind zwei Stunden Religion und drei Stunden Diakonie zu einem gemeinsamen Kernfach zusammengefasst. Religion findet im Klassenverband statt, während in den Profilfächern die Klasse geteilt wird.

Bei der Notengebung wird Religion mit 40 Prozent und Diakonie mit 60 Prozent gewichtet. In Religion werden zwei bis drei Klassenarbeiten im Schuljahr geschrieben, in Diakonie nur eine Klausur, ergänzt eventuell durch kleinere Tests. Der Gestaltung eines Berichtsordners, der Praktikums-Berichte und einer Jahresarbeit kommt eine wichtige Rolle zu. Fernerhin wird die Mitarbeit im Unterricht, aber auch in Projekten und im Praktikum in die Note mit aufgenommen.

Zwei Stunden des Diakonieunterrichtes finden als Blockunterricht an einem Nachmittag statt. Rund um die Diakoniestunden ist nach Möglichkeit kein anderer Unterricht platziert, da eine gewisse zeitliche Flexibilität notwendig ist, z. B. für Besuche oder bei Einladungen von Fachleuten.

Das Profil- und Neigungsfach Religion/Diakonie findet zurzeit in 12/2 vierstündig statt. In den anderen drei Halbjahren werden die verpflichtenden Themen aus dem Fach Religion unterrichtet.

3 Zum Bildungs- und Erziehungsauftrag

3.1 Erweiterter Bildungsbegriff und das Fach Diakonie

Der erweiterte Bildungsbegriff geht davon aus, dass Bildung eine Aneignung von Sach- und Fachwissen beinhaltet, gleichzeitig aber auch eine Auseinandersetzung mit »epochalen Schlüsselproblemen« (W. Klafki) ermöglicht. Dabei wird Bildung als ein interpersonaler Prozess begriffen, der in Bezug auf Gegenwart und Zukunft sprach-, deutungs- und handlungsfähig machen soll. Voraussetzung hierfür ist eine Erziehung zur Gemeinschaftsfähigkeit. Dies umso mehr, da die Gestaltung des Sozialstaates, der ohne soziales Engagement seiner Bürger/innen nicht zukunftsfähig ist, eines der Schlüsselprobleme der Zukunft sein wird.

Das Michelbacher Modell sieht das Besondere des Faches Diakonie im Folgenden:

Lernen außerhalb der Schule
interessanten Menschen begegnen
praktisch tätig sein und mithelfen
soziale Berufsfelder kennen lernen
über diakonische Erfahrungen nachdenken.

So wird im Fach Diakonie der erweiterte Bildungsbegriff in die Unterrichts- und Erlebnispraxis von Schülern und Lehrern umgesetzt:

- ☐ *Zur Handlungsfähigkeit:* Das Fach Diakonie lebt von den Praktika, die an Nachmittagen, Wochenenden oder auch in zusammenhängenden Wochen geleistet werden. Daneben führen die Jugendlichen einzelne Projekte durch, wie z. B. die Gestaltung eines Altennachmittags oder eines Eine-Welt-Verkaufs- und Infostandes. Hierbei können Schüler verschiedenste Handlungsfähigkeiten einüben.
- ☐ *Zur Deutungsfähigkeit:* Im Fach Diakonie werden viele soziale Einrichtungen, also Lernorte außerhalb der Schule, aufgesucht. Zur Vertiefung der Praxiserfahrung werden gleichwohl Fachleute von außen in den Unterricht geholt. Beides dient dazu, dass die Schülerinnen die soziale Wirklichkeit besser deuten und einordnen können.
- ☐ *Zur Sprachfähigkeit:* Die Erfahrungen aus den Praktika werden ausgewertet und vertieft. Ohne diese reflektierende Vor- und Nacharbeit besteht die Gefahr, dass ein Praktikum nur als einen »social event« abgehakt oder als Erlebnisknoten verdrängt wird. Die Aufgabe des Unterrichts ist es also, das Erlebte zu strukturiert und zu bewerten hilft und damit den Aneignungsprozess voranzubringen. Die Auswertungen werden sowohl in Einzel- als auch Gruppengesprächen vorgenommen, aber auch in schriftlicher Form durch Praktikaberichte. Durch die Berichte und Erzählungen über den Schülern sonst kaum zugängliche Erfahrungsbereiche wird die Sprachfähigkeit in hohem Maße gefördert.

Im Fach Diakonie wird aber auch in besonderer Weise der Erziehungsauftrag der Schule wahrgenommen. Gerade die Praktika ermöglichen eine Einübung in die Verantwortung. Dabei sind Sekundärtugenden wie Verlässlichkeit, Pünktlichkeit, Rücksichtsnahme und Respekt gefordert. Eine besondere Chance liegt darin, dass die Erziehungsarbeit nicht mehr nur vom Lehrer gegeben ist, sondern auch durch Praxisbegleitern/innen oder durch Fachleute von außen mitgetragen wird.

3.2 Soziales und diakonisches Lernen

Das Fach Diakonie zielt auf den Aufbau und die Veränderung von sozialen Kompetenzen bzw. Haltungen. Dazu gehört, dass die Schüler/innen

- die Lebensumstände anderer Menschen außerhalb der eigenen Familie und Schule kennen lernen,
- ein angemessenes Verhalten in verschiedenen sozialen Umgebungen einüben,
- sich ihrer eigenen Stärken und Schwächen bewusst werden und lernen, an der Entwicklung ihrer eigenen Persönlichkeit zu arbeiten.

Es hat sich in den letzten Jahren gezeigt, dass die Schüler/innen ihr Engagement für andere als bereichernd erfahren haben und dabei eine Handlungsbereitschaft im Sozialen entwickelten. Sie bestätigen, dass sie sich durch das Fach Diakonie eine höhere soziale Sensibilität erwerben konnten und viele Impulse fürs eigene Leben erhielten.

Das soziale Lernen wird darüber hinaus durch das diakonische Lernen vertieft und erweitert. Die Schüler/innen sollen verstehen lernen, dass gerade das Christentum das soziale Engagement von Einzelnen und die soziale Ausrichtung heutiger Staaten mit bedingt und geprägt hat. Sie erfahren dabei, dass die Diakonie eine grundlegende Lebensäußerung der Kirche ist und dass Kirche eben nicht auf die Trias von Kreuzzügen, Hexenverfolgung und Inquisition zu reduzieren ist. Vielmehr sollen die Schüler/innen erkennen, dass »ohne die kirchliche Kultur altruistische Orientierungen in der Gesellschaft zurückgehen würden. Die säkulare Gesellschaft erzeugt jene Verhaltensorientierungen nicht, die sie dringend braucht« (Schmidtchen 1992, 224).

So sollen sich die Schüler/innen biblische Grundlagen für ein sozial verpflichtetes Handeln erarbeiten. Insbesondere ist auf die uneingeschränkte, universelle Solidarität Jesu Christi mit den Armen und Leidenden einzugehen. Im Sinne Jesu heißt diakonisches Lernen »für andere da zu sein, bevor man überhaupt etwas von ihnen hat« (Metz 1997, 57). Zentral ist im christlichen Verständnis die Nächstenliebe. Sie ist nicht als »Gnadenerweis von oben herab« zu verstehen, sondern als eine Haltung der Hilfsbereitschaft, die im anderen einen Menschen erkennt, der Gottes einmaliges Geschöpf ist und deshalb Anspruch auf Zuwendung hat. Diakonisches Handeln im Sinne Jesu hat immer auch mit Selbstverzicht und hingebungsvollem Einsatz für andere Menschen zu tun. Dabei sind aber Tendenzen zur Selbstausbeutung gerade im Arbeitsfeld Diakonie kritisch zu überdenken.

In allen Praxiserfahrungen und auch unterrichtlichen Reflexionen wird es letztlich immer um das Menschenbild gehen, sei es im Umgang mit älteren Menschen, in der Frage nach der Hospizbewegung oder aktiver Sterbehilfe, sei es im Zusammenleben mit Behinderten oder der Hilfe für Obdachlose. Die Schüler/innen können erfahren, dass jeder Mensch durch seine unverwechselbare Geschichte eine Bereicherung unserer Gesellschaft darstellt. Damit soll eine Grundhaltung aufgebaut werden, die jeden Menschen, gleich in welchen Lebensumständen, in seiner Würde und Eigenart achtet. Hierbei gilt es immer wieder, das christliche Menschenbild ins Gespräch einzubringen und auf das jeweilige Erfahrungsfeld hin zu überdenken.

Die Frage nach einer religiösen Sinngebung ist unweigerlich mit dem Fach Diakonie gegeben und auch – gerade im Rahmen einer evangelischen Schule – gewollt. Die Schüler/innen erfahren das soziale Handeln der Kirche und engagierter Christen und können sich mit deren Glaubens- und Lebensüberzeugungen auseinander setzen. Sie erfahren, dass Diakonie nicht nur die körperliche Seite des Menschen umfasst, sondern immer auch eine seelsorgerlich-geistliche Dimension hat. Die Hinwendung zum Nächsten, zum anderen kann Anstoß und Umfeld zu einer christlichen Selbstfindung sein. In Michelbach gibt es daher auch die Möglichkeit, dass interessierte Schüler/innen ihre Erfahrungen in Andachten und Gottesdienste einbringen und somit in eine geistliche Dimension stellen.

Das soziale und diakonische Lernen will also den Lebenshorizont der Jugendlichen erweitern, ihnen ein Orientierungswissen anbieten und vermitteln, sie darüber hinaus aber auch für Grund- und Grenzfragen des Lebens sensibilisieren.

3.3 Unterrichtsperspektiven

(1) Handlungsorientierter Unterricht

Die Schüler verlassen das Klassenzimmer und suchen soziale Brennpunkte auf. Das didaktische Konzept geht vom Nahen zum Fernen, von der diakonischen Arbeit vor Ort hin zu der weltweiten Diakonie der Ökumene. So soll neben konkreter Nachbarschaftshilfe am Wohnort auch ein Förderprojekt im Rahmen einer internationalen Hilfsorganisation betreut werden. Die Schüler/innen besichtigen soziale Einrichtungen, sprechen mit den Verantwortlichen und werten ihre Erfahrungen aus.

Besondere Bedeutung kommt den verschiedenen Praktika zu, in denen die Schüler selbst Aufgaben in der Lebensbegleitung und Pflege hilfsbedürftiger Mensch übernehmen. Durch Fallbeispiele sowie durch Rollen- und Planspiele sollen die praktischen Erfahrungen der Schüler/innen noch erweitert und vertieft werden. Gleichzeitig ist damit eine Einführung in das Berufsfeld von sozialen und diakonischen Diensten möglich.

(2) Fächerübergreifender Unterricht

Die Lehrplaninhalte des Faches »Diakonie« bedürfen geradezu eines fächerübergreifenden Lernens. So sind nach dem Besuch z. B. von Krankenhäusern und Pflegeeinrichtungen ethische und medizinische Grundfragen zu erörtern. Dies geschieht in Zusammenarbeit mit der Biologie. Wenn es um das Sozialsystem unseres Staates geht – wiederum nach Erkundungen bei Sozialämtern und auch Krankenversicherungen –, ist die Gemeinschaftskunde gefragt.

Bei der Durchführung von Altennachmittagen oder Andachten ist eine punktuelle Zusammenarbeit mit Musik notwendig, desgleichen auch mit Bildender Kunst, z. B. beim Gestalten von Infowänden. Schließlich ist die Zusammenarbeit mit dem Fach Deutsch wichtig, sollen doch die Schülerinnen Protokollbücher führen, Leserbriefe formulieren und eine Jahresarbeit verfassen.

Es besteht dabei die Hoffnung, dass aus dem praktischen Bereich »Diakonie« Fragen und Arbeitsweisen hervorgehen, die von andern Fächern aufgegriffen werden können. Insbesondere lässt sich dabei die Präsentation von Referaten und Jahresarbeiten einüben.

(3) Kooperativer Unterricht

Für das Fach »Diakonie« liegt kein Lehrwerk vor – und ist auch gar nicht erwünscht. Die Schüler sollen sich nach den entsprechenden Praxiserfahrungen selber vertiefendes Material und weiterführende Informationen besorgen. Dazu können sie Interessenverbände anschreiben und Gesprächspartner/innen einladen. Der Lehrer ist dabei ein Koordinator und Lernender zugleich. Lehrer/innen und Schüler/innen müssen sich über ihre Arbeitsschwerpunkte und Arbeitsschritte immer wieder neu verständigen. Allerdings ist dies meistens erst im Nachhinein möglich, da viele Termine mit Einrichtungen bzw. Fachleuten von außerhalb längerfristig festgelegt werden müssen.

(4) Pathischer Unterricht

Ein praxisbezogenes Lernen kann Gefahr laufen, sich in Aktivismus zu verlieren. Eine Pädagogik des »Machens« bleibt oberflächlich, wenn nicht gleichzeitig Raum ist für das »Sich-Betreffen-Lassen«. Deshalb müssen im Fach Diakonie immer wieder Motivation, Gefühle und Erlebnisse der Schüler zur Sprache kommen.

Das Fach Diakonie wird sehr stark auch den emotionalen Bereich der Schüler und Schülerinnen ansprechen. Sie müssen sich in Menschen ganz anderer Lebenserfahrung hinein versetzen, deren Hilfsbedürftigkeit, Gefährdetheit aber auch Lebensfreude nachspüren. Dies eröffnet Rückfragen an das eigene Lebenskonzept und Einsichten in die eigenen Möglichkeiten, aber auch Begrenztheiten.

In der Begegnung mit hilfsbedürftigen Menschen und im gemeinsamen Sprechen darüber kann sich ein gegenseitiges Mitgefühl entfalten. Das »Sich-Betreffen-Lassen« und das praktische Tun eröffnen ein diakonisches Lernen. Aus beidem heraus erwachsen Verantwortung, Engagement und soziale Verantwortung, die für die gesellschaftliche, zwischenmenschliche und berufliche Zukunft unerlässlich sind.

3.4 Inhalte und Ziele der Praktika

Wie oben schon angesprochen, kommt den Praktika für das Fach Diakonie eine zentrale Bedeutung zu. Sie sind in ihren Organisationsformen und Erfahrungsfeldern sehr vielfältig. Folgende Praktika werden zurzeit durchgeführt:

□ Klasse 8/9:
- An 8–10 Nachmittagen ein Praktikum im Arbeits-, Freizeit- und Wohnbereich von Menschen mit Behinderung, vor allem geistiger Behinderung.
- Teilnahme an einem familienentlastenden Wochenende der Offenen Hilfe.
- Mitarbeit an einer Straße der »diakonischen Initiativen vor Ort«.

□ Klasse 9/10:
- An 4 Nachmittagen und an einem Wochenendtag ein Praktikum in Altenheimen und auf Sozialstationen.
- 20–25 Stunden Nachbarschaftshilfe bei kinderreichen Familien, älteren Mitmenschen, in der Hausaufgabenhilfe und im Tagestreff für Obdachlose.
- Vorbereitung und Durchführung eines Altennachmittags.

□ Klasse 10/11:
- 25–30 Stunden Patenschaft bei verschiedenen Einrichtungen.
- Zweiwöchiges Diakoniepraktikum.
- Vorbereitung und Durchführung eines Eine-Welt-Verkaufs- und Infostandes.
- Mitarbeit bei einem Sommerfest für behinderte Erwachsene.

□ Klasse 12/13:
- 8 Tage Praktikum im Krankenhaus und Hospiz.
- Alternativ: Mitarbeit an zwei Wochenenden zur Betreuung und Pflege von Menschen mit Behinderung.

Die Praktika erfordern von den Schülern ein hohes Maß an Selbstständigkeit und Selbsttätigkeit. Sie sollen eine praktische Kompetenz aufbauen, bei der sie lernen, selbstverantwortlich ihre Patenschaften und Nachbarschaftshilfe zeitlich zu planen und durch zuführen. Folgende Ziele sind näherhin mit den Praktika verbunden:
- die Praktikumseinrichtung kennen lernen (Art und Größe der Einrichtung, Beschäftigte, verschiedene Berufe, soziale Aufgaben etc.);
- Einblick in das Arbeitsleben nehmen und konkrete Arbeitsleistungen erbringen (beobachten, mithelfen, einfache Arbeiten erledigen);
- Probleme am Arbeitsplatz und an sich selbst erfahren (körperliche Anstrengung, Ausdauer, Umgang mit unterschiedlichsten Menschen);
- die Gelegenheit wahrnehmen, mit anderen Beschäftigten über deren Erfahrung im Beruf zu sprechen;
- Material für Berichtsblätter bzw. einen Praktikumbericht sammeln. Die Berichte sollen dazu beitragen, dass die Schüler/innen ihr Praktikum bewusster erleben.

3.5 Aufbau von Kompetenzen

In der direkten Begegnung mit Menschen, die in einem sozialen bzw. diakonischen Beruf arbeiten, erleben die Schüler, welchen Wert soziale Arbeit hat, wie viel Engagement und auch Idealismus zu einer solchen Tätigkeit gehören, aber auch, wie viel Freude es macht, Menschen zu helfen, sie zu betreuen oder zu beraten. Dabei kann zugleich die Bereitschaft wachsen, sich ehrenamtlich für diakonische und soziale Dienste zur Verfügung zu stellen.

Das Fach Diakonie will durch die Praktika und den Unterricht einen Erfahrungsraum eröffnen, in dem die Schüler/innen verschiedene Kompetenzen entdecken, entfalten und einüben können. Es eröffnet vielfältige Lernerfahrungen, die zur Entwicklung personaler, sozialer und diakonischer Kompetenzen mit beitragen und das Fachwissen über soziale Zusammenhänge fördern. Dabei können die Jugendlichen auch eine über das Fach hinausgehende methodische Kompetenz erwerben.

Personale Kompetenz:
- Einfühlungsvermögen
- Offenheit
- Eigeninitiative
- Selbstständigkeit
- Verantwortung übernehmen
- Einsatzfreude
- Frustrationstoleranz
- Ausdauer
- Belastbarkeit
- Sorgfalt
- Zuverlässigkeit

Soziale Kompetenz:
- Kommunikations- und Kooperationsfähikeit
- Teamfähigkeit
- Selbst- und Fremdeinschätzung
- partnerschaftliches Konfliktlösen
- Entscheidungen treffen

Diakonische Kompetenz:
- Christliche Sinn- und Lebensdeutungen
- sich in fremde Welten anderer einlassen – das Gemeinsame im unverwechselbar Einzelnen
- verpflichtet dem biblischen Menschenbild – der Mensch als von Gott geliebtes »Fragment«
- im Horizont der Auferstehungshoffnung
- Nächstenliebe – die Last des anderen mittragen
- Helfen als ethisches Grundprinzip des Miteinanders in der Gesellschaft

Methodenkompetenz:
- Dokumentation und Wahrnehmungsschulung durch Berichte
- Präsentation von Referaten und Jahresarbeiten
- Planung und Durchführung sozialer Aktivitäten

Fachkompetenz:
- Bedeutung des Sozialen in der modernen Gesellschaft
- Einblick in soziale Einrichtungen
- Auseinandersetzung mit drängenden sozialen Fragen
- Aufbau der Sozialsysteme und der Diakonie
- Kennenlernen sozialer Berufsfelder

4 Das Curriculum

Der Bildungsplan enthält viele Anregungen, die in ihrer Fülle nicht behandelt werden müssen. Der praktische Erfahrungsbereich soll Grundlage kognitiver Ergebnissicherung sein. Dazu muss ein hohes Maß an Freiräumen erhalten bleiben.

So ist dem Bildungsplan zunächst eine Übersicht über die inhaltlichen Schwerpunkte vorangestellt. Diese inhaltlichen Schwerpunkte sind als Module zu verstehen, die immer wieder verändert und auch anderen Klassenstufen zugeordnet werden können.

Mit der Einführung des achtjährigen Gymnasiums wird es zukünftig zu altersgemischten Gruppen kommen. Die Schüler aus dem Gymnasium werden Diakonie mit der 8. Klasse beginnen, die Schüler aus dem Aufbaugymnasium in der 9. Klasse. Die Lerngruppe wird sich schulartübergreifend zusammenstellen.

Ein besonderer thematischer Schwerpunkt liegt auf dem Zusammensein mit Menschen mit Behinderung. Dies ist aus regionalen Gründen gegeben, da sich in Schwäbisch Hall mit der Sonnenhofschule, der Offenen Hilfe, der Beschützenden Werkstätte und dem Heim Schöneck ein Zentrum für Menschen mit geistiger Behinderung gebildet hat. In vielfältiger Weise werden sich die Schüler/innen mit diesem Erfahrungsfeld auseinander setzen, so dass es durchgängig in jeder Jahrgangsstufe als Thema und Praktikumsmöglichkeit vorgesehen ist.

4.1 Inhaltliche Schwerpunkte der Klassen 8/9 bis 12/13 im Überblick

KLASSE 8/9

- ☐ Diakonie als kirchliches Handlungsfeld
  - Biblische Hintergründe und Geschichte der Diakonie
  - Regionale Diakonie – Haus der Diakonie in Schwäbisch Hall
- ☐ Soziale und diakonische Aufgaben vor Ort
  - Gespräch mit dem Bürgermeister und im Landratsamt
  - Gespräch mit dem Dekan – Gemeindediakonie
  - Andere Träger: z. B. Caritas, AWO, Rotes Kreuz, ASB
- ☐ Zusammensein mit Menschen mit Behinderungen
  - Praktikum an einem Nachmittag (8-bis 10-mal) in der Beschützenden Werkstätte, Schule für Menschen mit geistiger Behinderung, Wohngruppen, Freizeitaktivitäten
  - Teilnahme an einem familienentlastenden Wochenende der Offenen Hilfe bzw. bei Einrichtungen für Menschen mit Behinderung
  - Auswertung und Vertiefung (z. B. Gespräch mit einem Arzt, biblische Hintergründe zum Thema)
- ☐ Geschichte der Behindertenarbeit vor Ort
  - Behindertenarbeit von ihren Anfängen im Diak Hall bis zum Sonnenhof und der Offenen Hilfe

Zu allen Erfahrungsfeldern sind Berichtsblätter zu führen.

KLASSE 9/10

☐ Sozialstaatlichkeit – Sozialpolitik
  - Sozialstaatsprinzip der BRD – Sozialprinzipien
  - Soziale Problem- und Arbeitsfelder im Überblick
  - Sozialversicherung und Eigeninitiative

☐ Neue Armut und Obdachlosigkeit
  - Ursachen und Hilfsmöglichkeiten
  - Schuldnerberatung
  - Obdachlosigkeit: Besuche bei Betroffenen bzw. Einrichtungen
  - Armut: Besuch einer Vesperkirche und von Hilfseinrichtungen für wohnungslose Jugendliche

☐ Seniorenarbeit
  - Problemstellung der Seniorenarbeit
  - Praktikum an Nachmittagen (4-mal) und an einem Wochenendtag in einer Alteneinrichtung bzw. Diakoniestation
  - Planung und Durchführung eines Altennachmittags

☐ Kontinuierliche Nachbarschaftshilfe (z. B. bei älteren Mitbürgern bzw. kinderreichen Familien oder Familien mit behinderten Kindern, Mitarbeit bei einem Obdachlosentreff etc.)

Ein Praktikumsbericht und ein Referat sind zu erstellen, die Berichtsblätter sind zu führen.

KLASSE 10/11

☐ Ökumenische Diakonie
  - Eine-Welt-Problematik
  - Hilfsorganisationen, z. B. »Brot für die Welt«
  - Projekte mit Infoständen und Sammlungen (z. B. für Schulen in der Dritten Welt)

☐ Migrations- und Asylproblematik
  - Rechtliche Lage – Einwanderungspolitik
  - Spätaussiedler – Herkunft und Probleme der Integration
  - Kontakt mit Betroffenen und Organisationen wie Pro Asyl
  - Kirchenasyl und Abschiebepraxis

☐ Kriminalität und Strafvollzug
  - Kriminalitätstheorien und verschiedene Strafverständnisse
  - Strafrecht und Formen des Strafvollzugs
  - Strafvollzug in christlicher Perspektive und Verantwortung

☐ Hilfe für Kinder und Erwachsene mit Behinderungen
  - Schulische Ausbildung und Fragen der Kooperation bzw. Integration
  - Lebensumfeld von erwachsenen Behinderte
  - Kirchlich-diakonische Hilfe für Menschen mit Behinderung

☐ Kontinuierliche soziale Aufgabe (z. B. Mitarbeit im Dritte-Welt-Laden, Hausaufgabenhilfe, familienentlastende Dienste etc.)

Ein zweiwöchiges diakonisches Praktikum nach freier Wahl (für die gesamte Klasse). Eine Jahresarbeit ist zu erstellen und die Berichtsblätter sind zu führen.

PROFIL-/NEIGUNGSFACH RELIGION/DIAKONIE – KLASSE 12/13

- ☐ Einführung in Diakoniewissenschaft
  - Theologische und anthropologische Grundlagen diakonischer Dienste
  - Exemplarische Aspekte der Diakonie in der Kirchengeschichte
- ☐ Strukturen, Probleme und Perspektiven der Diakonie und des Sozialwesens in der Gegenwart
  - Das Sozialsystem in der Bundesrepublik Deutschland und die Herausforderungen durch europäische Entwicklungen
  - Arbeit der Wohlfahrtsverbände und Struktur kirchlicher Sozialdienste
  - Verschiedene Formen der Diakonie und Leitbildfrage der Diakonie
  - Diakonie zwischen Markt und Sozialstaat – Probleme sozialer Dienste durch zukünftige Herausforderungen
- ☐ Einblick in Pflegeberufe am Beispiel des Krankenhauses und des Hospizes
  - Besuch eines Krankenhauses und einer Hospizeinrichtung
  - Geschichte und Anliegen der Hospizbewegung
  - Seelsorge im Krankenhaus und im Hospiz
  - Medizinisch-ethische Grundfragen
  - Gesundheitspolitik
- ☐ Vertiefung zum Thema Behinderung
  - Betreuung und Pflege von Menschen mit geistiger Behinderung
  - Selbstbestimmtes Leben von Behinderten (europäisches Helios-Projekt)

Praktikum im pflegerischen Bereich: Krankenhaus, Hospiz, Offene Hilfe, eventuell Altenheim

4.2 Bildungsplan Klasse 8/9

Bildungsplaneinheit 8/9.1. Einführung: Diakonie als kirchliches Handlungsfeld
Die Schüler/innen werden befähigt, ihre schon gemachten sozialen Erfahrungen in das kirchliche Handlungsfeld Diakonie einzuordnen. Sie lernen Diakonie als eine christliche Existenzform verstehen. Die Schüler/innen erarbeiten sich biblische Hintergründe und Geschichtsbeispiele der Diakonie. Sie erkennen dabei die christliche Grundlage des sozialen Rechtsstaates in Deutschland. Sie setzen sich mit den Zielsetzungen heutiger Diakonie auseinander und lernen verschiedene Organisationsformen und Arbeitsfelder der Diakonie kennen (Regionale Diakonie).

Durch die Begegnung mit Mitarbeitern in der Diakonie werden die Schüler/innen herausgefordert, über ihre eigene Wert- und Sinnorientierung nachzudenken. Sie setzen sich mit einer christlichen Grundorientierung, die von Nächstenliebe und Mitgefühl für andere geprägt ist, auseinander.

- ☐ Biblische Grundlagen der Diakonie
  - Soziales Grundanliegen des Alten Testaments
  - Diakonisches Leben und Wirken Jesu
  - Nächstenliebe als Grundmotiv der Diakonie
- ☐ Das Menschenbild der Diakonie
  - Gottebenbildlichkeit des Menschen und Jesu Zuwendung zu den Menschen, insbesondere zu den »Mühseligen und Beladenen«

□ Geschichtliche Beispiele
  – z. B. Franz von Assisi, Johann H. Wichern, Friedrich von Bodelschwingh, Diakonissenbewegung, Mutter Teresa
□ Organisationsformen und Arbeitsfelder
  – Von der diakonischen Gemeinde bis zur ökumenischen Diakonie
  – Regionale Diakonie
  – Diakoniestationen
□ Exemplarisches Arbeitsfeld einer Einrichtung Erfahrungen in der Diakonie
  – z. B. Beratungstätigkeit in der Diakonischen Bezirksstelle
  – Gespräche mit Mitarbeitern/innen in der Diakonie führen und eigene Einblicke reflektieren

Bildungsplaneinheit 8/9.2. Soziale Aufgaben vor Ort – Soziale und diakonische Einrichtungen in ihrer Vielfalt und im Vergleich
Die Schüler/innen machen sich kundig, welche sozialen Aufgaben vor Ort zu bewältigen sind. Sie machen Besuche bei der bürgerlichen Gemeinde und der Kirchengemeinde, bei diakonischen Bezirksstellen oder im Landratsamt. Sie erhalten Zugang zu nützlichen Informationen über vielfältige soziale Dienstleistungen, die zur Verfügung stehen, wenn menschliche Grundbedürfnisse und persönliche Entfaltung gefährdet sind.

Die Schüler/innen entdecken das Zusammenwirken von ehrenamtlicher und professioneller Arbeit in kirchlichen, gesellschaftlichen und privaten Einrichtungen auf regionaler Ebene. Sie beobachten die Vielfalt der verschiedenen Einrichtungen, ihre Träger, Zielsetzungen und Finanzierung. Sie erfahren die vielen Bereiche, in denen Solidarität und soziales Handeln wichtig sind, und sie sehen gelebte Verantwortung für die Gemeinschaft in ganz unterschiedlicher Form.

□ Soziale Aufgaben einer bürgerlichen und kirchlichen Gemeinde
  – Gespräch mit Bürgermeister und Pfarrer
  – Ortserkundungen
  – Besuch einer Gemeinderats- bzw. Kirchengemeinderatssitzung
□ Regionale Sozialarbeit
  – Soziale Aufgaben eines Landkreises/Landratsamtes
  – Landeswohlfahrtsverband
□ Einrichtungen freier Träger
  – z. B. AWO, Rotes Kreuz, ASB
  – Geschichte und Selbstverständnis der Einrichtungen, Probleme und Perspektiven

Bildungsplaneinheit 8/9.3. Zusammensein mit Menschen mit Behinderungen
Die Schüler/innen erwerben Kompetenzen im Umgang mit Menschen mit Behinderungen. Sie setzen sich mit deren Fähigkeiten und Bedürfnissen auseinander und erwerben Kenntnisse für ein gelingendes Zusammenleben. Die Schüler/innen erkunden Förderungs- und Betreuungsmöglichkeiten für Menschen mit Behinderungen. Die Schüler/innen sollen sich in die persönliche Situation Behinderter einfühlen und dabei fähig werden, mit Behinderten unbefangen umzugehen.

- ☐ Leben mit einer Behinderung
  - Ursachen und Arten von Behinderungen
  - Angeborene und erworbene Behinderungen
  - Beispiele von gelungener Lebensbewältigung
- ☐ Hilfe für Behinderte
  - Staatliche finanzielle Hilfen, Verbesserungen an Gebäuden und Verkehrsmitteln, Schulen, Rehabilitation, Selbsthilfegruppen, z. B. Verein für Lebenshilfe
- ☐ Einblicke in die Unterrichtsarbeit mit Menschen mit Behinderungen
  - Ansätze und Methoden der Sonderschulpädagogik
- ☐ Lebensperspektiven von Menschen mit Behinderungen – Problematik der Integration
  - Heim und Außenwohngruppen, Tagesförderstätten und Beschützende Werkstätten
  - Aktionsgruppe: Selbstbestimmtes Leben, Abbau von Vorurteilen, Mitarbeit in Hilfsorganisationen, Eingliederung in die Arbeitswelt, Ideen entwickeln zu Verbesserung des Zusammenlebens

Bildungsplaneinheit 8/9.4. Geschichte der Behindertenarbeit vor Ort
Die Schüler/innen sollen sich die geschichtlichen Entwicklungen der Behindertenarbeit in der Region Schwäbisch Hall erarbeiten und Lebensperspektiven von Menschen mit Behinderung kennen lernen.

- ☐ Geschichte vor Ort
  - Behindertenarbeit im Diak Hall
  - Euthanasieprogramm in der Nazizeit
- ☐ Neuanfänge in der Region
  - Entwicklung des Sonnenhofes und des Heimes Schöneck
  - Beschützende Werkstätte
- ☐ Offene Hilfe
  - Arbeitsweise und Organisation
  - Aufgabenfelder

Bildungsplaneinheit 8/9.5. Praktikum
Die Schüler/innen machen erste Erfahrungen im Zusammensein mit Menschen mit Behinderung. Sie arbeiten an 8 bis 10 Nachmittagen und an einem Wochenende im Arbeits-, Wohn- und Freizeitbereich von Menschen mit Behinderung. Sie arbeiten bei einer regionalen »Straße der Diakonie« mit und erhalten dadurch vielfältige Einblicke in verschiedene Initiativen vor Ort

4.3 Bildungsplan Klasse 9/10

Bildungsplaneinheit 9/10.1 Sozialstaatlichkeit
Die Schüler/innen beschäftigen sich eingehend mit dem Sozialstaatsprinzip. Dabei sollen sie eine Vorstellung von der Sozialordnung in unserer Gesellschaft gewinnen und lernen, die damit verbundenen Rechte und Pflichten wahrzunehmen.

Sie erkennen die politischen Rahmenbedingungen, unter denen unter anderem diakonische Hilfe organisiert wird, und erfahren die Notwendigkeit, aber auch die

Grenzen staatlicher Politik. Sie setzen sich mit den gesellschaftlichen Grundwerten auseinander, die eine sozialstaatliche Politik rechtfertigen können.

Ausgehend von Alltagssituationen sollen die Schüler schließlich Vorschläge entwickeln, wie sie selbst in ihrem eigenen Lebensumfeld im Sinne der sozialstaatlichen Grundsätze handeln können.

- □ Staatliche Verantwortung für Menschen in Not
  - Gespräche mit Politikern und Vertretern von Kirchen und Verbänden
  - Staatliche Verpflichtungen und Eigenverantwortung
- □ Sozialstaatsprinzip der Bundesrepublik Deutschland
  - Entwicklung der Sozialgesetzgebung
  - Sozialprinzipien
  - Wichtige Sozialleistungen des Staates
- □ Organisation und Zuständigkeiten sozialstaatlicher Einrichtungen
  - Öffentliche Sozialverwaltung wie Aussiedlerbetreuung, Sozialamt, Jugendamt, Gesundheitsamt, Sozialgericht
- □ Sozialversicherungen
  - Entwicklungen und Perspektiven z. B. bei Renten- und Pflegeversicherung
- □ Möglichkeiten der Eigeninitiative
  - Sozial verpflichtetes Handeln des Einzelnen, z. B. im Verein, in der Schule, bei der Hilfe für andere Menschen

Bildungsplaneinheit 9/10.2. Neue Armut und Obdachlosigkeit

Die Schüler/innen bekommen Einblick in die harte und oft ausweglose Welt von Armut und Obdachlosigkeit. Sie erarbeiten sich die gesellschaftspolitischen Ursachen und begegnen Einzelschicksalen. Die Schüler/innen erschließen sich dabei Situationen menschlicher Not und Hilfsbedürftigkeit. Sie lernen Einrichtungen bzw. Initiativen kennen, die Arme und Obdachlosen unterstützen wollen, und begreifen so die Notwendigkeit, aber auch die Grenzen individueller und institutioneller Hilfe. Die Schüler/innen sollen befähigt werden, sich ihre eigenen Vorurteile klar zu machen und diese zu überprüfen. Dadurch soll die Bereitschaft wachsen, Menschen am Rande unserer Gesellschaft mit Achtung begegnen zu können.

- □ Ursachen der neuen Armut
  - Armutsbericht der BRD
  - Fallbesprechungen, eventuell Gespräche mit Betroffenen
- □ Hilfsmöglichkeiten
  - Schuldnerberatung
  - Frauen-, Kinder- und Jugendschutzhäuser
- □ Facetten der Obdachlosigkeit/Wohnungslosigkeit
  - Besuch und Gespräche bei Tagestreff für Obdachlose und/oder der Erlacher Höhe
  - Wiedereingliederungsmöglichkeiten wie »Neue Arbeit«
- □ Projekt
  - Einen Tag Mitarbeit in einer Vesperkirche
  - Nachbarschaftshilfe in einem Tagestreff für Obdachlose

Bildungsplaneinheit 9/10.3. Leben mit älteren Menschen – Seniorenarbeit
Bei der Begegnung mit älteren Menschen sollen die Schüler entdecken, inwiefern der Übergang ins Alter ebenso mit Veränderungen und Problemen verbunden ist wie ihre eigene Entwicklung zum Erwachsensein. Sie sollen Verständnis entwickeln für den Rollenwandel älterer Mitmenschen, von dem sie mit betroffen sind. Sie werden dabei erfahren, dass ältere Menschen besondere Aufmerksamkeit und auch Fürsorge benötigen.

Die Schüler/innen lernen öffentliche sowie private Hilfen kennen und erproben, wie sie selbst praktische Lebenshilfe leisten können. Gespräche mit älteren Menschen bieten die Möglichkeit zu erleben, wie Generationen sich gegenseitig etwas geben können. So kann sich bei den Schülerinnen die Bereitschaft entwickeln, das Alter zu verstehen und zu respektieren.

□ Situation älterer Menschen
  – Bevölkerungsanteil, wirtschaftliche Lage, Wohnsituation, allmählicher Rollenwandel beim Älterwerden
□ Prozess des Älterwerdens
  – Gesellschaftliche Veränderungen
  – Biologische und psychosoziale Veränderungen
□ Bedürfnisse und Probleme im Alter
  – Chancen und Wert des Alters, Selbstständigkeit und Abhängigkeit
  – Vereinsamung und Hospitalisierung, Krankheit und Tod
  – Fallbeispiele für unterschiedliche Lebensgestaltung älterer Menschen
□ Hilfe für ältere Menschen, Altenarbeit
  – Generationenvertrag
  – Altenarbeit als öffentliche Aufgabe: ambulante und stationäre Altenarbeit, altengerechter Wohnungsbau
  – Hilfe in Familie und Nachbarschaft
□ Zusammensein mit älteren Mitbürger/innen
  – Mitarbeit an ca. vier Nachmittagen und an Wochenendtagen in einem Altenheim
  – Organisation und Gestaltung eines Altennachmittags

Bildungsplaneinheit 9/10.4. Praktikum
Es gibt zwei Arten von Praktika in der Klasse 10. Einerseits sind es – wie in Klasse 9 – praktische Einsätze an Nachmittagen oder Wochenendtagen.

Hinzu kommt nun die Nachbarschaftshilfe bzw. »Patenschaft«. Die Schüler/innen wählen sich eine soziale Arbeit aus, die sie weitgehend selbstständig organisieren. In einem Schuljahr müssen sie ca. 20 bis 25 Arbeitsstunden ableisten. Manche Schüler/innen sind bei älteren Mitbürgern, andere bei kinderreichen Familien, einer Hausaufgabenhilfe oder einem Tagestreff für Obdachlose. Hierbei erfahren sie, was es heißt, ehrenamtlich tätig zu sein. Die Nachbarschaftshilfe gibt ihnen einen Einblick in die Bedeutung und Herausforderung eines Ehrenamtes.

4.4 Bildungsplan Klasse 10/11

Bildungsplaneinheit 10/11.1. Ökumenische Diakonie
Die Schüler/innen gewinnen Einblick in staatliche, kirchliche und private Einrichtungen, die sich zum Ziel gesetzt haben, internationale Solidarität und Hilfe zu organisieren. Sie informieren sich über deren Hilfskonzeption und ideelle Begründung. Sie betreuen ein konkretes Hilfsprojekt in Zusammenarbeit mit außerschulischen Gruppen und beteiligen sich an Info-Ständen und Verkaufsmärkten zur Unterstützung eines Projekts. Die Schüler/innen sollen dabei erfahren, dass Leben und Wohlergehen unteilbar sind und auch im internationalen Rahmen gesehen werden müssen.

- □ Internationale Interdependenz in der Einen Welt
  - Welthandel, Dependenztheorie
  - Unterentwicklung und Armut, Umweltzerstörung, Korruption, Gespräche mit politisch Verantwortlichen
- □ Biblische und kirchliche Orientierung
  - Gerechtigkeit bei Jesus und den Propheten
  - konziliarer Prozess »Frieden, Gerechtigkeit und Bewahrung der Schöpfung«, »Vorrangige Option für die Armen« im Kontext der Kirche(n) Lateinamerikas
- □ Hilfsangebote für Menschen und Völker
  - Kirchliche und staatliche Einrichtungen: Brot für die Welt bzw. Misereor,
  - Entwicklungsministerium, EDCS und Oikokreditbank
  - Gespräche mit Vertretern verschiedener Hilfsorganisationen
- □ Projekt
  - Info- und Verkaufsstand für ein Projekt von »Brot für die Welt«

Bildungsplaneinheit 10./11.2. Migrations- und Asylproblematik
Die Schüler/innen sollen sich vertiefte Kenntnisse über Mitbürger aus anderen Ländern erwerben. Das Wissen um andere Kulturen ist Grundlage für Verständigung und Toleranz.

Die Schüler/innen erarbeiten sich ein grundlegendes Wissen über die Migrations- und Asylpolitik. Insbesondere soll dabei die Situation der Spätaussiedler in den Blick kommen.

Die Schüler/innen informieren sich über die rechtlichen Grundlagen und nehmen Stellung zu der aktuellen Diskussion in der BRD. Sie kommen ins Gespräch mit Menschen, die in Bezug auf die Einwanderungsproblematik betroffen und engagiert sind. Die Schüler/innen setzen sich mit ihren eigenen Ängsten und Vorurteilen auseinander und versuchen für eine eigenständige Position einzutreten.

- □ Ausländische Arbeitnehmer
  - Geschichtliche Hintergründe und gegenwärtige Diskussion, Gründe für die Beschäftigung ausländischer Arbeitnehmer/innen
- □ Migrationsbewegungen
  - Zu- und Abwanderung in der BRD
  - Einwanderungspolitik

☐ Spätaussiedler
  – Geschichte und Situation der Spätaussiedler
  – Besuch in einem Aussiedler- und Asylantenheim
☐ Asyl
  – Geschichtliche Entwicklung des Asylrechtes, geltende Gesetzeslage, Gespräch mit Zuständigen im Landratsamt
☐ Situation der Asylanten
  – Gespräche mit Betroffenen und Organisationen wie »Pro Asyl«; rechtsradikale Ablehnung und Gewalttaten gegen Ausländer
☐ Kirchenasyl und Abschiebepraxis
  – Biblische Grundlagen des Kirchenasyls
  – Problematik heute und Gespräch mit betroffenen Kirchengemeinden

Bildungsplaneinheit 10/11.3. Kriminalität und Strafvollzug
Die Schüler/innen setzten sich mit unterschiedlichen Auffassungen von Strafe und Strafvollzug auseinander. Sie erarbeiten sich exemplarische Teile aus dem Strafrecht und lernen verschiedene Formen des Strafvollzuges kennen. Auf dem Hintergrund christlicher Ethik und kirchlichen Handelns wird nach Verbesserungen im Strafvollzug gefragt.

☐ Kriminalitätstheorien
  – Fallbeispiele und Statistiken
  – Gespräch mit Verantwortlichen der Polizei
☐ Reaktionsweisen auf Straftaten
  – Ohnmachts-, Rachegefühle und Aggressionen, Ruf nach harter Strafe,
  – Diskussion um Todesstrafe
☐ Strafrecht
  – z. B. Auszüge aus dem Strafrecht für Jugendliche, Schuld und Schuldfähigkeit
☐ Verschiedene Strafverständnisse
  – Vergeltung, Sühne, Wiedergutmachung, Abschreckung, Resozialisierung
☐ Strafvollzug
  – Lebenssituation der Gefangenen, Haftbedingungen, Umgang mit Schuld, Dienst eines Vollzugsbeamten
  – Gespräche mit Anstaltsleitung und Gefangenen
☐ Umgang mit Strafe, Strafvollzug und Strafentlassenen in christlicher Verantwortung
  – Biblische Botschaft von Vergebung und Versöhnung, Täter-Opfer-Ausgleich Beispiele kirchlichen Handelns;
  – Gespräch mit Gefängnisseelsorger/in

Bildungsplaneinheit 10/11.4. Hilfe für Kinder und Erwachsene mit Behinderung
Die Schüler/innen arbeiten zusammen mit einer Schulklasse für Kinder mit geistiger Behinderung, mit der das Evangelische Schulzentrum kooperiert. Sie betreuen die Schüler/innen bei den integrierten Workshops. Durch einen weiteren praktischen Einsatz sollen sie wahrnehmen, wie erwachsene Behinderte ihr Leben gestalten und mit welchen Hilfsmöglichkeiten sie unterstützt werden.

- □ Schulische Ausbildung für Kinder mit Behinderung
  - Möglichkeiten schulischer Kooperation
  - Entwicklungsfähigkeiten
- □ Lebensumfeld von erwachsenen Behinderten
  - Arbeitswelt, Wohnmöglichkeiten, Freizeitgestaltung
  - Integrationsmöglichkeiten
- □ Kirchlich-diakonische Hilfe
  - »Lobbyarbeit« mit und für Behinderte z. B. Heim Schöneck und der Sonnenhofschule, einer Schule für Kinder mit geistiger Behinderung
- □ Projekt
  - Mitarbeit bei Workshops und bei einem Sommerfest vom Heim Schöneck

Bildungsplaneinheit 10/11.5. Praktikum

Auch in Klasse 11 wird es zwei Arten von Praktika geben. Zum einen werden die Schüler/innen in der Nachbarschaftshilfe bzw. »Patenschaft« tätig sein. Diese Arbeit wird vorwiegend bei Institutionen wie der Offenen Hilfe oder bei Einrichtungen wie dem Heim Schöneck sein. In einem Schuljahr müssen die Schüler/innen ca. 25–30 Arbeitsstunden ableisten, die sie selbstständig organisieren.

Zum anderen werden die Schüler/innen ein zweiwöchiges Diakoniepraktikum machen. In dieser Zeit findet kein Unterricht statt. Die Schüler/innen sind in eine Einrichtung eingebunden, in der sie allmählich in betreuende und einzelpflegerische Aufgaben eingewiesen werden. Sie werden damit in einen beruflichen Alltag eingeführt, der Zuverlässigkeit, Flexibilität und Belastbarkeit erfordert. Sie lernen Verantwortung zu übernehmen und erfahren dabei, dass sie persönlich gebraucht werden. Dem Praktikum schließen sich Auswertungstage an.

4.5 Bildungsplan Klasse 12/13

Im Profil- bzw. Neigungsfach Diakonie werden die Grundlagen der Diakonie noch einmal vertieft behandelt, wobei die Erkenntnisse der Diakonie- und Sozialwissenschaften wissenschaftspropädeutisch mit aufgenommen werden. Gleichzeitig bleibt aber der praktische Schwerpunkt, der in dieser Jahrgangsstufe im pflegerischen Bereich liegt. Aus diesem Praxisfeld erwachsen dann die jeweiligen Unterrichtthemen, qualifiziert durch Besuche und Vorträge von Fachkräften.

Bildungsplaneinheit 12/13.1. Einführung in die Diakoniewissenschaft

Die Schüler/innen setzen sich mit den Grundlagen für diakonisches Handeln im Alten und Neuen Testament und in der Kirchengeschichte auseinander. Sie lernen exemplarische Ausformungen der Überlieferung und Handlungsgeschichte zu analysieren. Diakonisches Handeln soll abgeleitet werden aus der Berufung des Menschen zu Gottes Ebenbild und der Zuwendung Jesu Christi zu allen Menschen, insbesondere den »Mühseligen und Beladenen«.

Bei der exemplarischen Behandlung wichtiger Abschnitte der Kirchengeschichte kann diakonisches Handeln auch an Lebensbildern verdeutlicht werden. Die Themenauswahl wird Erfahrungen der Schüler ebenso berücksichtigen wie regionale Gesichtspunkte.

- □ Alttestamentliche Impulse
  - Gottebenbildlichkeit des Menschen (z. B. Gen 1,26ff)
  - Alttestamentliche Gesetzgebung (Schutz der Schwachen und Fremden)
  - Prophetische Sozialkritik
  - Gerechtigkeit und Schalom
- □ Diakonie in Worten und im Wirken Jesu
  - Jesu Taten, z. B. Krankenheilungen
  - Diakonische Grundtexte (z. B. Mk 12,28–34, Lk 10,25–37; Mt 25,31–46)
  - Jesus als Diakon
- □ Diakonische Gemeinde und diakonisches Amt
  - Nächstenliebe als Grundmotiv der Diakonie.
  - Diakonie als Christusnachfolge Mt 10,1–4; Apg 2,37–47; Apg 4,32–37; Apg 6,1–7 (Diakonisches Amt)
  - Diakonie bei Paulus 1. Kor 10,17–22; 1. Kor 12, Gal 6,2
  - 1. Kor 16,1–3 (Kollektensammlung)
- □ Von der Alten Kirche bis zum Pietismus
  - z. B. Ambrosius von Mailand
  - Johannes Chrysostomos
  - Armutsbewegungen im Mittelalter, z. B. Franz von Assisi
  - Luther und Leisinger Kastenordnung
  - A. H. Francke, Zinzendorf
- □ Neuansatz diakonischen Handelns im 19. Jahrhundert im Kontext gesellschaftlicher Entwicklung
  - Diakonie als eine Antwort auf die soziale Frage im 19. Jahrhundert: z. B. Fliedner, Wichern, Werner, Löhe, Bodelschwingh
- □ NS- und Nachkriegszeit
  - Herausforderung durch Euthanasie und Judenverfolgung.
  - Entstehung des Evangelischen Hilfswerkes

Bildungsplaneinheit 12/13.2. Strukturen, Probleme und Perspektiven der Diakonie in der Gegenwart
Die Schüler/innen beschäftigen sich eingehend mit dem Sozialstaatsprinzip Deutschlands in europäischer Perspektive und setzen sich mit den Sozialprinzipien auseinander. Sie lernen die verschiedenen Ausprägungen der Wohlfahrtshilfe und der Diakonie kennen. Sie erarbeiten sich die Struktur kirchlicher Sozialdienste und bilden sich eine eigene Meinung zur Leitbildfrage. Sie nehmen die zukünftigen Probleme und Herausforderungen der Diakonie in den Blick, insbesondere die Position der Diakonie zwischen freiem Markt und dem sich wandelnden Sozialstaat.

- □ Sozialstaatsprinzip der Bundesrepublik Deutschland im europäischen Kontext
  - Entwicklung der Sozialgesetzgebung
  - Sozialprinzipien: Personalität – Solidarität – Subsidiarität – Nachhaltigkeit
  - Wichtige Sozialleistungen des Staates, z. B. Renten- und Pflegeversicherung
  - Europäische Entwicklungen
  - Vorgaben im Sozialbereich
  - Grenzen und Zukunft des Sozialstaates

☐ Ausprägungen der Wohlfahrtsverbände und der Diakonie
 – Freie Wohlfahrtsverbände
 – Gemeinde-, Einrichtungs-, Gesellschaftsdiakonie
 – Selbstverständnis und Leitbild der Diakonie
☐ Zukünftige Herausforderungen der sozialen und diakonischen Dienste
 – z. B. Generationenvertrag, Einsparungspolitik im Sozialwesen, Wettbewerbsdenken, Diakonie und Wirtschaftlichkeit
☐ Staatliche und kirchliche Verantwortung für Menschen in Not
 – Gespräche mit Politikern und Vertretern von Kirchen und Verbänden
 – Besuch beim Diakonischen Werk Württemberg

Bildungsplaneinheit 12/13.3. Einblick in Pflegeberufe am Beispiel des Krankenhauses und des Hospizes

Die Schüler/innen lernen die besondere Bedeutung von pflegerischen und medizinischen Berufen für die Gesellschaft kennen. Die Begegnung mit Menschen dieser Berufsgruppen ermöglicht eine vertiefte Einsicht in deren Aufgabenbereiche. Die Schüler/innen haben Einblicke ins Krankenhaus und in Hospize und erfahren dabei etwas von den Problemen der heutigen Gesundheitspolitik. Darüber hinaus können sich die Schüler/innen mit medizinisch-ethischen Grundfragen exemplarisch auseinander setzen.

☐ Organisation und Aufbau eines Krankenhauses und Hospizes
 – Besuch z. B. im Diak Schwäbisch Hall und in einem Hospiz
☐ Gesundheitspolitik
 – Auseinandersetzung mit der aktuellen Gesundheitsdebatte und der gegenwärtigen Finanzierungskrise
☐ Geschichte der Hospizbewegung
 – Entstehungsgeschichte der Hospize, Sterbebegleitung und Palliativmedizin
☐ Konfrontation mit verschiedenen Krankheitsbildern
 – spezifische Behandlungsformen
 – Bedeutung der medizinischen Technik
☐ Einblick in die Herausforderungen der heutigen Pflege
 – Gespräche mit Pflegepersonal
☐ Seelsorge im Krankenhaus und im Hospiz
 – Arbeit des Seelsorgers und der Grünen Damen
☐ Ethisch-medizinische Grundfragen
 – Organspende und -transplantation
 – Chancen und Risiken der medizinischen Technik
 – Pränatale Diagnostik und Abtreibung
 – Sterbehilfe und Sterbebegleitung

Bildungsplaneinheit 12/13.4 Betreuung und Selbstbestimmung von Menschen mit Behinderung

Die Schüler/innen sollen Einblicke in die Pflege von Menschen mit schwerer geistiger Behinderung erhalten. Dabei vertiefen sie ihre Kenntnisse über die familienentlastenden Dienste der Offenen Hilfe. Auf der anderen Seite sollen sie einen Blick dafür bekommen, dass viele Behinderte sich weitgehend selbst versorgen wollen. Frage und Möglichkeiten der Integration von Behinderten sollen erarbeitet werden. Dabei lernen sie die Ziele und Anliegen der Behindertenbewegung für »Selbstbestimmtes Leben« kennen.

- ☐ Betreuung und Pflege von Menschen mit geistiger Behinderung
  - Mitarbeit bei familienentlastenden Diensten der Offenen Hilfe
- ☐ Initiative »Selbstbestimmtes Leben« und Frage nach den Integrationsmöglichkeiten von Behinderten
  - Gespräch mit Betroffenen
  - Europäisches Helios-Projekt

Bildungsplaneinheit 12/13.5. Praktikum

Die Schülerinnen leisten ein Praktikum von ca. 70 Stunden in einem pflegerischen Arbeitsbereich (Krankenhaus, Hospiz, familienentlastende Dienste, eventuell auch Altenheim). Sie sollen Erfahrungen im Umgang mit hilfs- und schutzbedürftigen Menschen sammeln und sich einen Einblick in die Herausforderungen der hauptberuflich und ehrenamtlich Tätigen verschaffen. Sie sollen die Notwendigkeit, aber auch die Probleme sozialen Handelns durch eigenes Tun erfahren.

HEINRICH POMPEY

Solidarität und Helfen in interreligiöser Perspektive entdecken lernen

1 Einführung

1.1 Die Notwendigkeit des interreligiösen Lernens im Kontext der Diakonie

In Zukunft werden zwei Entwicklungen – eine nationale und eine internationale – ein intensiveres interreligiöses Lernen[1] im Blick auf eine gemeinsame Hilfekultur und ein umfassendes globales soziales Denken wie Handeln erfordern.

(1) Notwendigkeit und Möglichkeit interreligiöser Kontakte in Deutschland
Viele Länder – so auch Deutschland – entwickeln sich zu multikulturellen und multireligiösen Gesellschaften. Bedingt durch Verfolgungen wie durch Arbeitslosigkeit und Armut nimmt die Migration zu. Ende 1999 waren bereits 9 Prozent der deutschen Bevölkerung Ausländer[2]. Hinzu kommen die deutschen Staatsbürger anderer Religionen bzw. Kulturen[3]. Die Einwanderung der Muslime in Europa beträgt fast 100 Millionen Menschen. Auf dem Balkan, dem traditionellen Siedlungsraum der Muslime, leben ca. 6,5 Millionen Muslime, in Deutschland etwa 3,2 Millionen, das entspricht ca. 4 Prozent der deutschen Bevölkerung[4], in Frankreich sind es 2,6 Millionen[5], das entspricht ca. 4,5 Prozent, in England sind es 11 Prozent der Bevölkerung (Baier 2001, 9). Die Zahl der jüdischen Mitbürger beträgt 166 000, d. h. 0,2 Prozent und die der Buddhisten 150 000, ebenfalls 0,2 Prozent der deutschen Bevölkerung.[6]

Die ausländischen Gäste und Asylanten partizipieren an den sozialen und medizinischen Diensten und Einrichtungen der deutschen Wohlfahrtsverbände, z. B. des Diakonischen Werkes und des Caritasverbandes. Zahlreiche muslimische, hinduistische, buddhistische etc. Mitbürger arbeiten in den Wohlfahrtsverbänden (z. B. im Pflegebereich oder in sozialen Diensten).[7] Eigene Gesundheits- und Wohlfahrtseinrichtungen und Dienste wurden von den neuen religiösen und ethnischen Gruppen in Deutschland – mit Ausnahme der jüdischen Mitbürger, die bereits vor 90 Jahren den Jüdi-

---

1 Der Begriff »interreligiöses Lernen« wird umfassend verstanden und begrenzt sich nicht auf das schulische Lernen, sondern versteht sich als generelles Kennenlernen und Erfahren anderer Weltreligionen durch berufsbegleitenden Dialog einer gemeinsamen Kooperation im Sinne des »sozialen Lernens« nach Heinz Schmidt (Schmidt 2002, 155).

2 Vgl. Sozialpolitische Umschau, Nr. 4, 35 (2001) 16.

3 In 25 Jahren werden 50 Prozent der in Deutschland Lebenden nicht mehr muttersprachlich deutschstämmig sein. In den USA werden in 25 Jahren mehr Menschen Spanisch als Englisch sprechen.

4 Vgl. Evangelische Kirche: Kirchenamt der EKD, Referat Statistik, Kirchenaustritte in Deutschland, http://www.kirchenaustritt.de/Statistik.

5 Die Zahl der praktizierenden Muslime ist in Frankreich inzwischen größer als die der praktizierenden Katholiken.

6 Vgl. Ebd., Kirchenaustritte in Deutschland.

7 Vgl. Zeitschrift Medizinische Ethik, Heft 3: Transkulturelle Pflege, 46 (2000).

schen Wohlfahrtsverband gründeten – nicht errichtet. Die Einbeziehung von nichtchristlichen Mitarbeiterinnen und Mitarbeitern in Diakonie und Caritas wie aber auch eine künftige *nationale* Zusammenarbeit mit potenziellen deutschen islamischen oder buddhistischen Hilfswerken macht interreligiöses Lernen im Blick auf gemeinsame Interaktionen möglich und erforderlich (Braun; Muckel 2000).

(2) Internationale Notwendigkeit und Möglichkeiten des interreligiösen Kooperierens und Lernens

Noch gravierender stellt sich die Frage nach einem interreligiösen Lernen im Blick auf die *internationale* Kooperation bei Naturkatastrophen wie bei ethnischen Auseinandersetzungen sowie langfristig im Blick auf ein helfendes globales Solidarsystem. Aber auch die gigantische Beschleunigung einer grenzenlosen Kommunikation und die Globalisierung der Märkte, der Wirtschaft, des Geldes, der politischen Strukturen etc. schenken den Menschen, Organisationen und Völkern zwar neue ökonomische Entwicklungsmöglichkeiten, doch die daraus resultierenden Lebenschancen sind oft gepaart mit neuen sozialen und ökologischen Lebensgefährdungen: Zerfall von Ehen und Familien, neue Krankheiten wie Aids, Krebs, SARS etc., Ausbeutung, geistig-moralischer Verfall in Ländern Afrikas, Südamerikas und Asiens. Religionen und Kulturen fühlen sich bedroht. Natürliche wie soziale Lebensökologien werden überfordert bzw. gehen zugrunde. Das führt zu Frustrationen und zu den bekannten Attacken islamistischer Gruppen gegenüber der westlichen Welt.[8]

Das bedeutet eine Herausforderung an die Adresse der Weltreligionen. Als Hüterinnen sozialer Werte haben sie dazu einen entscheidenden Beitrag zu leisten. Soziale Energien und soziale Optionen der Religionen und Kulturen sind zu mobilisieren. Doch eine sozial verantwortliche globale Ordnungspolitik (Schwartlander 1992) und ein Netz globalen Helfens bzw. kulturenüberschreitenden gemeinsamen sozial-helfenden Kooperierens sind – angesichts der genannten Herausforderung – nur möglich bzw. effizient, wenn die Religionen sich im Blick auf ihr Helfen verständigen und ihre sozialen Ressourcen und Ideen verbinden (vgl. Nipkow 2005, 14).

(3) Schwierigkeiten der Kooperation

Ein interreligiöser Gedankenaustausch, der Verstehen einschließt, ist vor allem dem Islam – wegen seines bedingungslosen Absolutheitsanspruchs bzw. wegen eines anderen Toleranzverständnisses – fremd. Toleranz kann für Muslime nie bedeuten, die Meinung eines anderen zu akzeptieren oder zu versuchen, ihn zu verstehen. Muslime legen umgekehrt den Christen Toleranz als Schwäche der eigenen Glaubensgewissheit aus. Ferner ist zu berücksichtigen, dass zwar manches ähnlich klingt und benannt wird, jedoch die Bedeutung eines Begriffes und die mit diesem

---

8 Ein globaler bzw. internationaler sozialer Handlungsbedarf wurde bei der UN-Konferenz für Umwelt und Entwicklung in Rio de Janeiro 1992 in Form eines Maßnahmenkatalogs (Agenda 2000) für das 21. Jahrhundert formuliert und verabschiedet. Er enthält Lösungsansätze für die wechselseitigen voneinander abhängigen ökologischen, wirtschaftlichen und sozialen Probleme der Zukunft. Ziel soll eine nachhaltige und zukunftsfähige Entwicklung der Welt sein. Wirtschaftliches Wachstum soll in Einklang mit den natürlichen und sozialen Bedingungen des Landes stehen. Dies schließt ein, dass neben einer globalen Agenda auch eine entsprechende nationale wie lokale Agenda entsteht.

Begriff beschriebene Wirklichkeit anders zu verstehen ist. Beispielsweise ist der Begriff Moschee nicht mit unserem Verständnis von Kirche gleichzusetzen. Eine Moschee ist kein reines Gebetshaus, sondern ein Haus der Religion und zugleich der Politik. Glaube und Politik bilden im Islam eine Einheit. Moscheen tragen darum häufig Namen von politischen Eroberern, z. B. in Deutschland von muslimischen Eroberern Europas.

Ein caritativ-diakonischer Gedankenaustausch ist zudem erschwert, weil die Annahme eines natürlichen Sittengesetzes bzw. einer Autonomie der Moral vom Islam radikal abgelehnt wird. Damit fehlt eine Grundlage für Konsensgespräche. Hinzu kommen innere Widersprüchlichkeiten z. B. im Koran (Offenbarung), in der Hadith (Überlieferung) und in der Scharia (Rechtsordnung) des Islam. Zudem ist Religion keine Privatsache, über die z. B. ein Moslem frei spekulieren und denken darf. Sie ist absolut und öffentlich. Es ist Muslimen nicht erlaubt, Glaubenssachverhalte zu hinterfragen. Dies wäre ein Zweifel am Wort Gottes und damit an Gott; Allah ist zu gehorchen und nicht zu hinterfragen.

Mit Hindus und Buddhisten ist der caritativ-diakonische Gedankenaustausch wegen fehlender Festschreibung von ethischen Forderungen bzw. wegen des Fehlens einer für alle Gruppierungen verbindlichen Religionsschrift ebenfalls erschwert. Manches erscheint zwischen Hinduismus und Buddhismus oder innerhalb dieser Religionsgemeinschaften ähnlich, muss aber zugleich als viel unähnlicher angesehen werden. Besonders im Hinduismus, zum Teil aber auch im Buddhismus gibt es keine absolute und öffentliche Verbindlichkeit bezüglich sozialer Optionen.

(4) Wege interreligiösen Lernens im Blick auf caritativ-diakonische Kooperationen

Angesichts dieser Schwierigkeiten lassen sich zwei Wege eines interreligiösen Lernprozesses einschlagen, um ein gemeinsames soziales Hilfeverhalten langfristig national wie international zu ermöglichen.

1. Der Versuch, zuerst ein gemeinsames *Weltethos* zu formulieren, um zu einem gemeinsamen sozial verantwortlichen Handeln zu kommen (d. h. eine deduktive Vorgehensweise bzw. ein theoriezentriertes interreligiöses Lernen). Ein Vertreter dieser Option ist Hans Küng (Küng ^{3}1996). Ähnliche Bemühungen verfolgt das Wittenberg-Zentrum für Globale Ethik (Zentner 2000).

2. Ein anderer Weg beginnt mit der Zusammenarbeit von Vertretern der verschiedenen Weltregionen bei konkreten nationalen oder internationalen Katastrophen und Notlagen, um dann auf der Basis gemeinsam erworbener Praxiserfahrungen allgemeine Kooperations-Grundsätze und Hilfsziele national bzw. international zu entwickeln und zu formulieren (d. h. eine induktive Vorgehensweise bzw. ein praxiszentriertes interreligiöses Lernen). Beide Wege dauern lange, vermutlich Jahrzehnte, bis sich gemeinsame interreligiöse Lernergebnisse zum sozialen Handeln einstellen. Doch der zweite Weg ermöglicht eine sofortige soziale Interaktion und Kooperation.

1.2 Begegnung und Gespräch als Grundlage eines interreligiösen Lernens im Blick auf ein national und international helfendes und solidarisches Handeln (der deduktive theoriezentrierte Weg des interreligiösen Lernens) am Beispiel des Solidaritäts- und Hilfeverständnisses

Probleme bzw. Blockaden des ersten Weges bestehen – außer den genannten grundsätzlichen Schwierigkeiten – darin, interreligiös die grundlegenden Wertoptionen beispielsweise der Solidarität zu definieren. Der als selbstverständlich und allgemein gültig angenommene Grundwert der Solidarität, d. h. alle Menschen als gleichwertig anzusehen und allen Menschen gegenüber gleich verantwortlich zu sein und zu helfen, ist für Christen und für aufgeklärte Humanisten der westlichen Welt selbstverständlich und prägt auch die Grundrechtscharta der Vereinten Nationen. Doch dies ist für andere Kulturen nicht plausibel, sogar teilweise ihrem Lebensverständnis konträr. Im Blick auf ein sozial-diakonisch relevantes Weltethos – als Basis gemeinsamen Kooperierens – ist darum die Konsensfähigkeit des Solidaritätsverständnisses und des solidarischen Helfens in den großen Weltreligionen kritisch zu beurteilen.

(1) Die interreligiösen Konsenschancen mit dem Judentum

Das christliche Solidaritätsverständnis ist dem jüdischen sehr verwandt. Gottes Zuwendung zu den Elenden, seien sie arm, fremd oder krank, gilt allen: »JHWH, euer Gott, ist der Gott über den Göttern und der Herr über den Herren ... Er schafft Waisen und Witwen ihr Recht. Er liebt die Fremden und gibt ihnen Nahrung und Kleidung – auch ihr sollt die Fremden lieben, denn ihr seid Fremde in Ägypten gewesen« (Dtn 10,17f). Die Propheten fordern die Volksgemeinschaft, die jüdischen Könige und die einzelnen Volksgenossen auf: »Sorgt für das Recht! Helft den Unterdrückten! Verschafft den Waisen Recht, tretet ein für die Witwen« (Jes 1,15). Im Blick auf das helfende Individuum heißt es: »Es ist dir verkündet, Mensch, was gut ist, was JHWH an dir sucht: nichts anderes als Gerechtigkeit üben, den Brudersinn lieben und in Demut wandern mit deinem Gott« (Mi 6,8) (Deissler 1975, 38).

(2) Die interreligiösen Lernchancen mit dem Islam

Im Islam finden sich dagegen starke Einschränkungen der Solidarität mit allen Menschen. Die Gemeinschaft aller Muslime, die *Umma*, und die in ihr begründete Barmherzigkeit gelten nur für eigene Glaubensgenossen. Selbst Juden und Christen sind nicht eingeschlossen, obwohl ihnen gegenüber eine gewisse Toleranz besteht (Trutwin 1996, 239).[9] Der Koran spricht davon, dass unter allen Menschen die Christen den Muslimen »in der Liebe am nächsten stehen«, weil es bei ihnen die Frage nach Gottes Willen gibt (Sure 5,82). Doch die Toleranz schließt keine Hilfsverpflichtung anderen gegenüber ein; schon gar nicht wird sie ungläubigen Heiden zuteil. Jeder, der nicht zur großen Umma gehört, hat sich selbst entschieden, nicht dazuzugehören, bzw. es ist Gottes Wille, dass er nicht dazugehört. Darum fällt

9 Die Hilfe wird gegen Entrichtung einer besonderen Steuer gewährt (Sure 9,29). Mit Polytheisten, Atheisten und Abtrünnigen gibt es keinerlei Gemeinschaft. »Noch 1995 wurden in Saudi-Arabien 200 Menschen öffentlich hingerichtet, zum großen Teil deshalb, weil sie vom Islam zu einer anderen Religion übergetreten waren«, Trutwin 1996, 243.

er aus der Solidargemeinschaft heraus. Andererseits ist es Muslimen nicht verboten, Nichtmuslimen zu helfen.

Da der Islam keine Trennung zwischen Glaubensgemeinschaft und Staatsgemeinschaft kennt, ist der islamische Staat Träger der sozialen Hilfsdienste und Gesundheitseinrichtungen sowie auch Verwalter der Spenden für die Armen, die der fromme Moslem gemäß den fünf Säulen des Islam zu entrichten hat. Wobei die Sicht der Armut weiter gefasst ist als bei den Christen; so gelten Glaubenskrieger, muslimische Missionare etc. ebenfalls als arm und sind daher zu unterstützen.

Ähnlich wie im Christentum – wo es zwischen evangelischer Diakonie, katholischer Caritas und orthodoxer Barmherzigkeit bzw. Philanthropie keine gravierenden theologischen Unterschiede bezüglich des konkreten Helfens und der Solidarität gibt – finden sich keine relevanten Unterschiede zwischen den Sunniten, Schiiten und Aleviten im Blick auf soziales Handeln, was das interreligiöse soziale Lernen etwas erleichtert.

(3) Die interreligiösen Konsens- und Lernchancen mit dem Hinduismus

Der Hinduismus besteht aus einer Vielzahl von Ausrichtungen. Insgesamt ist der Hinduismus nicht so lebensaktiv wie das Christentum. Andererseits kennen manche seiner Ausprägungen eine helfende Zuwendung. Doch das bekannte Kastenwesen grenzt die Solidarität und damit das Hilfeverhalten allen Menschen gegenüber ein. Gravierend wird das Helfen durch das Verständnis des *Karma* beeinflusst. Karma besagt, dass es einen inneren Zusammenhang zwischen einer Handlung und seiner Wirkung gibt, die den Menschen wiederum prägt. So ist der Mensch für sein Schicksal, für sein Leid selbst verantwortlich. Leid ist Folge der eigenen Handlung. Durch das Ertragen einer Leidenssituationen kann der Mensch das – von ihm durch eine Handlung selbst mit verursachte – negative Karma ausgleichen. Eine soziale oder medizinische Beseitigung der leidvollen Wirkung einer Krankheit oder einer materiellen wie sozialen Katastrophe z. B. durch Ärzte, Pfleger, Sozialarbeiter etc. verhindert die Auflösung eines negativen Karmas und beeinflusst negativ die Wiedergeburt des Menschen z. B. auf einer niedrigeren Lebensstufe bzw. trägt dazu bei, dass der Mensch im Kreislauf der Wiedergeburten verharrt. Das Annehmen und auch das Geben einer Hilfe werden somit für strenggläubige Hindus zu einem Problem. Andererseits ist für die meisten hinduistischen Richtungen eine helfende Zuwendung erlaubt, wenn sie die »Selbstlosigkeit« des Helfers fördert. Ein selbstloses Helfen bewirkt für den Helfer ein positives Karma und ruft einen positiveren Grad der Wiedergeburt hervor. Ein so geprägtes Helfen ist ein Weg der Entsagung und hilft, dem Kreislauf der Wiedergeburt zu entrinnen. In diesem Sinne geschieht soziales bzw. zwischenmenschliches Helfen im Hinduismus helfer- und nicht nächstenzentriert.

Darüber hinaus fehlt hinduistischen Glaubensrichtungen eine gemeindliche Prägung im Sinne der festen Zugehörigkeit zu einer Tempelgemeinde. So finden sich kaum organisierte Dienste und Einrichtungen sozialer oder medizinischer Art. Wohl ist z. B. in Deutschland eine natürliche Solidarität unter Besuchern einer Hinduzeremonie oder bei Mitgliedern eines Hinduzentrums anzutreffen.

(4) Interreligiöse Konsenschancen mit dem Buddhismus

Der Buddhismus lehrt eine Art Solidarität im Sinne einer Kommunalität mit allen Lebewesen. So besitzt – im Gegensatz zum Hinduismus – die Hilfe für Arme und Kranke durchaus einen Stellenwert, zumal Buddha selbst Kranken geholfen haben soll. Um das Verwehen, d. h. das Nirvana der eigenen Person, und damit die Verschmelzung mit der kosmischen All-Einheit zu erlangen, kann eine selbstlose Tat, die das eigene Wollen überwindet, dienlich sein. Doch in den drei großen Richtungen des Buddhismus – der *Hinayana-Buddhismus* (kleines Fahrzeug, n. 370 v. Chr.), der *Mahayana-Buddhismus* (großes Fahrzeug, n. 270 v. Chr.) und der *Vajrayana-Buddhismus* (das diamantene Fahrzeug ca. 600 n. Chr. entstanden) – ist das Helfen nicht in gleicher Weise optiert. Zu beachten ist, dass das Leid umfassender verstanden wird, nämlich als Erleiden der ganzen Lebensexistenz und Lebens-»wirk«-lichkeit. Leben bedeutet für Hindus wie für Buddhisten: Leiden. Der *Hinayana-Buddhismus* betont eine passiv-meditativ-spirituelle Form der inneren Loslösung vom Leid – und damit vom Leben als Weg der allgemeinen Leid-/Lebensüberwindung –, d. h. er ist eher distanziert zur Welt und fördert keine aktive soziale Gestaltung des Lebens. Interreligiöses soziales Lernen ist darum zwischen Hinayana-Buddhisten und Christen kaum möglich. Im *Mahayana-Buddhismus* wird der Mensch zum sozialen individuellen Hilfeverhalten zumindest indirekt motiviert. Die helfende Zuwendung zu Menschen in Not intendiert zwar nicht die Initiierung von Solidarität, z. B. zur Bildung von Selbsthilfeaktivitäten, wohl aber eine menschenfreundliche, individuelle Fremdhilfe als Übung der Loslösung von der Lebensverhaftetheit. Die Loslösung ist also dem ewigen Wohl des Einzelnen verpflichtet. Dem dienen auch die fünf Sittenregeln des Buddhismus: 1. Abstehen vom Töten, 2. Abstehen vom Nehmen des nicht Gegebenen, 3. Abstehen von unrechtem Wandel hinsichtlich der Sinneslüste, 4. Abstehen vom Lügen und 5. Abstehen von Rauschmitteln. Bei den buddhistischen Sittenregeln geht es nicht um die Optimierung des menschlichen Miteinanders im Sinne der Solidarität, sondern um die Loslösung von der Weltverhaftetheit.

Eine gezielte aktive Beseitigung von Leid, Not und Krankheit wird – ähnlich wie beim Hinduismus – nicht als zentral und heilsnotwendig angesehen, da das Sich-Loslösen von der Welt wie die Auflösung der Personalität und nicht das Mitgestalten der Welt (Gen 1,28) und die personale Vollendung des Menschen in Gott (2. Kor 3,6; 1. Kor 15,51) wie im Christentum intendiert sind. Da Helfen an sich sinnlos ist, bedarf es keiner Sozialpolitik.[10] Allein eine absichts- und selbstlose Barmherzigkeit, die das Selbst zur Erleuchtung befreit, wird optiert.

Zum Zweck selbstloser Erleuchtung bzw. der Verwehung sind Klostergemeinschaften oft ein Ort des Helfens. Da jedoch dem Buddhismus – mit Ausnahme der Klostergemeinschaften – ähnlich wie dem Hinduismus institutionelle Großstrukturen

10 Wollen Christen in der Barmherzigkeits- und Gerechtigkeits-Diakonie mit Buddhisten kooperieren, ist zu bedenken, dass die Veränderung einer Gesellschaft im Sinne der Solidarität und des Helfens nach buddhistischem Verständnis von innen kommen muss und nicht von außen organisiert bzw. strukturell produziert werden kann. Nur durch ein Moralsystem, das gleichzeitig für Einzelpersonen wie für Gruppen gilt, d. h. durch sittlich relevante Metanoia, kann sich eine Solidaritäts- und Hilfekultur in einer Gesellschaft entfalten. Eine ausschließlich sozialpolitische oder ordnungspolitische Veränderung von sozialen Strukturen ist vom Buddhismus nicht intendiert.

fremd sind, werden von der buddhistischen Glaubensgemeinschaft eines Landes keine sozialen Einrichtungen und Dienste organisiert.

Umso erfreulicher ist es, wenn der Präsident der Weltgesellschaft der Buddhisten *Upasaka Ko Ping-Yip* vor der 9. Vollversammlung des Lutherischen Weltbundes 1997 in Hongkong im Blick auf das interreligiöse Gespräch hervorhebt: »Um das gegenseitige Verständnis zu fördern, muss das gemeinsame Gespräch zwischen den Religionen bei ihren Ähnlichkeiten ansetzen. Auf diese Weise verletzen wir einander nicht und erreichen eine friedliche Koexistenz zwischen allen Gesellschaften und Nationen der Welt«.[11]

1.3 Kooperationen als Grundlage des gemeinsamen interreligiösen sozialen Lernens (der induktive, praxiszentrierte Weg)

Die globalen Herausforderungen zwingen dazu, umgehend mit dem gemeinsamen Helfen zu beginnen, was bereits konkret in verschiedenen Regionen der Welt mehr oder weniger geschieht (z. B. in Südkorea, wo Christen und Buddhisten in sozialen Projekten kooperieren, oder in der Zusammenarbeit von Diakonie/Caritas mit staatlichen Organisationen in Krisengebieten islamischer Länder, z. B. Bosnien, Afghanistan oder Indonesien – z. B. Tsunami-Hilfe – usw.). Ferner sind in Deutschland nichtchristliche Mitarbeiter in diakonischen Einrichtungen und Diensten angestellt, was einen gewissen Handlungskonsens bzw. gemeinsame Leitlinien erforderlich macht, um unnötige Kooperationsstörungen zu vermeiden. Darum empfiehlt es sich, nicht erst auf die Entwicklung einer gemeinsamen interreligiösen Handlungstheorie im Sinne eines Weltethos zu warten, sondern die gemeinsame Praxis, das gemeinsame soziale Kooperieren als Ort des interreligiösen sozialen Lernens zu entdecken. Daher seien die praktischen Kooperationschancen national und international betrachtet.

(1) Die derzeitigen Bedingungen einer praktisch-interreligiösen Interaktion und Kommunikation

□ Heutige jüdisch-christliche Gesprächs- und Kooperationschancen

Der Staat Israel verfügt über eine gut ausgebaute Wohlfahrtspflege, die jüdische *Sedaka.* Daneben gibt es eine Kultur des privaten Hilfeverhaltens in Israel. In der jüdischen Diaspora unterhalten die Synagogen-Gemeinden für ihre Gläubigen medizinische und soziale Einrichtungen und Dienste. Mit dem fachlichen Ausbau der Wohlfahrtsdienste in Deutschland zum Ende des 19. Jahrhunderts gründeten deutsche Juden die Zentrale Wohlfahrtsstelle der Juden in Deutschland e. V. 1917 in Berlin. Neben dem Diakonischen Werk und dem Caritas-Verband ist diese Zentrale einer der sechs Spitzenverbände der freien Wohlfahrt in Deutschland. In den so genannten

---

11 Vgl. Weltgesellschaft der Buddhisten plädiert für gute Zusammenarbeit der Religionen – Ähnlichkeiten als Ausgangspunkte des Gespräches – Vollversammlung des Lutherischen Weltbundes in Hongkong. In: FAZ vom 15.7.1997, 6.

westlichen Ländern ist die jüdische Praxis der Barmherzigkeit – entsprechend den jeweiligen nationalen Wohlfahrtssystemen – ähnlich ausgeprägt. Synergetische soziale und helfende Kooperationen sind mit jüdischen Wohlfahrtseinrichtungen und -organisationen relativ leicht möglich, ebenso auch die Abstimmung von Hilfekonzepten, sofern die jüdischen Speisevorschriften respektiert werden. Einem interreligiösen sozialen Lernen stellen sich somit keine großen Hindernisse entgegen.

□ Heutige Möglichkeiten eines islamisch-christlichen Kooperierens[12]
Mit wenigen Ausnahmen – wie z. B. in der Türkei[13] – unterhalten Moscheegemeinden keine sozialen Einrichtungen und helfenden Dienste, was sich in Deutschland in der fehlenden Gründung eines eigenständigen islamischen Wohlfahrtsverbandes zeigt. Dagegen findet sich ein selbstverständliches gegenseitiges Hilfeverhalten unter den Gläubigen, z. B. innerhalb einer marokkanischen oder einer türkischen Moscheegemeinde. Die Bereitstellung von Krankenhäusern und anderen Sozialzentren ist nach ihrem Verständnis Aufgabe des Staates, wie dies ähnlich in vielen traditionell christlichen westeuropäischen Ländern auch der Fall ist. Die in christlichen Ländern übliche kirchliche Institutionalisierung eines religiös geprägten Helfens wird nicht analog optiert, da es für Muslime keine Trennung zwischen staatlichem und religiösem sozialem Engagement gibt. Diese unterschiedliche Ausprägung des Solidaritäts- und Hilfeverhaltens der Christen und Muslime erschwert in Deutschland die Kooperation auf institutioneller Ebene. Andererseits sind muslimische Ärzte, Krankenpflegerinnen, Sozialpädagogen und Psychologen in Einrichtungen und Diensten der Kirchen tätig. Die Mitwirkung z. B. in katholischen oder evangelischen Krankenhäusern ist für Muslime kein Problem. Die Frage ist, ob Diakonie und Caritas Zeiträume zur Verfügung stellen, damit sich die christlichen und muslimischen Mitarbeiter über ihre persönlichen Ressourcen und Optionen des Helfens, des Pflegens und Heilens – im Sinne eines interreligiösen sozialen Lernens – austauschen können.

Zwar wurde in Deutschland 1985 ein freies gemeinnütziges Hilfswerk von Muslimen (Muslime Helfen e. V.) gegründet, das aber keine Pflege- und Sozialdienste in Deutschland anbietet, sondern anderen muslimischen Ländern hilft, ähnlich den christlichen Werken *Brot für die Welt, Misereor* u. a. Es ist dabei nicht zu vergessen, dass muslimische Hilfswerke neben religiösen und sozialen auch politische Zielsetzungen einschließen, z. B. die Unterstützung von Freiheitskämpfern. Wenn auch das Gespräch über gemeinsame Hilfe- und Solidaritätsaktionen von christlicher wie von muslimischer Seite eher fehlt, so hat zumindest ein theoretisches Lernen im Sinne des wissenschaftlichen Forschens bereits begonnen (Azhar 1997, 34–39).

---

12 Den protestantischen Kirchen werden 1967 vom Ökumenischen Rat der Kirchen Dialogrichtlinien vorgelegt. 1976 folgt die gemeinsame Erklärung des Ökumenischen Rates der Kirche und des muslimischen Weltkongresses in Chambesy/Schweiz, 1977 werden Empfehlungen für den christlich-islamischen Dialog herausgegeben und 1982 findet das erste Gespräch des Ökumenischen Rates der Kirche mit dem islamischen Weltkongress in Colombo statt.

13 Dies dürfte eine Folge der christlichen Barmherzigkeitstradition sein, wie sie vom hl. Basilius mit seinen Basiliaden begründet wurde. Kirchen waren umgeben von verschiedenen sozialen Einrichtungen. Der Islam, der Kirchen zu Moscheen in Kappatokien umwandelte, übernahm vermutlich die ihnen vorausgegangene soziale Praxis.

Im Blick auf eine interreligiöse caritativ-diakonische *Zusammenarbeit mit muslimischen Ländern* lässt sich sagen: Je nach islamischer Strenggläubigkeit eines Landes kann der Staat Kooperationen ermöglichen und zulassen, wie dies z. B. heute in Afghanistan geschieht, sofern sie den Vorschriften des Islam entsprechen und keine Propaganda des Christentums darstellen. Das bedeutet z. B. konkret für *Caritas International:* Verzicht auf das Symbol das Flammenkreuzes. Unmöglich ist dagegen eine Kooperation im Sudan, im Jemen und in Saudi-Arabien, d. h. in den Ländern, wo die Scharia[14], das muslimische Staatsgesetz, radikal angewandt wird. Aber auch in den etwas offeneren Ländern wie der Türkei und Ägypten sind Aktivitäten von Diakonie und Caritas eingeschränkt (Boulad 1997) und ein Gespräch über die tieferen Grundlagen und damit ein interreligiöses soziales Lernen ausgeschlossen. Außerdem ist zu beachten, dass im Islam Religion, Moral, Recht, Politik und Staat eine unauflösliche Einheit bilden (Günthör 2002, 33), so dass soziale NGOs streng genommen in muslimischen Ländern nicht anzutreffen sind.

Eine Katastrophenhilfe für Arme und Kranke organisiert in islamischen Ländern der *Rote Halbmond*[15]. Es wird dabei international Hilfe von christlichen Organisationen angenommen, aber keine Hilfe für Christen in muslimischen Ländern angeboten. Schon gar nicht ist ein Austausch über die Grundlagen gemeinsamer Hilfekonzepte möglich, sondern lediglich eine pragmatische Unterstützung.

Ähnlich wie bei anderen Weltreligionen zeigt sich auch im Islam eine uneinheitliche Akzeptanz der eigenen Glaubenstradition. Es finden sich Menschen, die streng an der Lehre des Koran und der entsprechenden Tradition festhalten und andere, die ebenso bemüht sind, den Anforderungen der heutigen Zeit und einer globalisierten Welt gerecht zu werden. Eine Studie in den Niederlanden zeigt, dass innerhalb von vier Jahren der Moscheebesuch unter türkischen Muslimen von 44 Prozent auf 35 Prozent zurückgegangen ist, und dies insbesondere bei jüngeren, gut ausgebildeten und sozial integrierte Muslimen (Konradsblatt Nr. 31, 2004, 5). Dem widerspricht, dass die Attentäter von New York, von London bis zum Mörder von Theo van Gogh in den Niederlanden aus der gebildeten Mittelschicht und zum Teil aus der zweiten Einwandergeneration der Muslime stammen. Darum ist dieser »Erfolg« des gesellschaftlichen Lernens im säkularen Europa unterschiedlich zu bewerten: Bei einigen Muslimen veranlasst die Begegnung mit der europäischen Lebenskultur einen Verlust an religiöser Identität, bei anderen bewirkt sie eine radikale Ablehnung, und anderen Muslimen ermöglicht sie eine leichtere Kommunikation und Interaktion mit der säkularen Gesellschaft. Verharren, Ablehnung und Modernisierung stehen einander gegenüber. Dies alles ist für interreligiöses Lernen im Kontext einer praktischen Diakonie zu beachten.

14 Die Scharia umfasst das rituelle Recht sowie das Familien-, Erb-, Schuld-, Straf- und Kriegsrecht. Die rituellen Vorschriften sind in islamischen Ländern auch heute noch gültig. Trotz der grundsätzlichen Gültigkeit der Scharia für muslimische Länder und für die einzelnen Muslime werden manche Gesetze der Scharia nicht, wie z. B. die Steinigung von Frauen, wenn sie vergewaltigt wurden, nur begrenzt angewandt. Andererseits haben einige islamische Länder die Menschenrechtskonvention nicht unterschrieben, da sie mit der Scharia nicht vereinbar sei.

15 Als islamisch-staatliche Wohlfahrtsorganisation unterscheidet er sich vom Roten Kreuz. Das Deutsche Rote Kreuz wie das Diakonische Werk und der Caritasverband sind vom Staat unabhängige, freie Verbände religiöser oder säkularer Art.

☐ Begegnungen mit dem Hinduismus als interreligiöse Lernchance und -möglichkeit
Auch wenn das Helfen im Hinduismus keinen hohen Stellenwert besitzt, ist soziales Handeln bei Hindus anzutreffen. Organisierte Gesundheits- und Wohlfahrtsfürsorge geschieht allein durch den hinduistischen Staat, z. B. die Einrichtung von Krankenhäusern und sozialen Zentren. In diesen Einrichtungen sind Ärzte, Pflegekräfte oder Sozialpädagogen tätig, die oft in Europa oder Amerika ausgebildet sind. Das erleichtert die Kooperation mit westlichen, d. h. westlich geprägten Hilfswerken und Trägern sozialer wie medizinischer Dienste und führt immer wieder auch zu interreligiösem Austausch über die Grundlangen des Helfens und der Solidarität.

Außerdem bewirkten die politischen, religiösen und philosophischen Einflüsse Europas seit dem 19. Jahrhundert die Entstehung neo-hinduistischer Gesellschaften, so die so genannte *Ramakrishna-Mission*, die 1887 – vermutlich unter dem Einfluss caritativ-diakonischer Dienste der Christen – in Indien gegründet wurde und caritative Einrichtungen und Dienste unterhält (Dehn 1989, 9). Sie ist die Mutterorganisation der inzwischen international verbreiteten *Vedanta-Gesellschaften*. Im Westen besonders bekannt ist die *Hare-Krishna-Bewegung*, die ihrerseits soziales und pflegerisches Helfen einschließt. Offen für ein austauschendes Gespräch zeigen sich vor allem Vertreter des Neo-Hinduismus, wie *Vivekanada* (1863–1902) – Schüler des Mystikers Ramakrishna (1836–1886). Er erklärte beim Weltparlament der Religionen 1893 in Chicago: »Wir erkennen alle Religionen als wahr an« (Dehn 1989, 9). Dies sind Ergebnisse eines indirekten interreligiösen Lernprozesses auf dem Gebiet der Gesundheits- und Sozialdienste. Insgesamt sollten Christen in hinduistischen Ländern sensibel sein, um Hindus nicht durch Aktivitäten der Caritas und Diakonie zu provozieren.[16] Ferner ist darauf zu achten, Hindus bei Kooperationen wie beim Austausch über die Grundlagen des praktizierten Helfens nicht zu überfordern.

☐ Heutige buddhistisch-christliche Lern- und Kooperationschancen
Der *Mahayana-Buddhismus*, zu dem sich die größte Gruppe der Buddhisten bekennt, besitzt durch sein Verständnis der All-Einheit der Welt und des Lebens eine dezidiertere soziale Sichtweise des Lebens, was sich in den entsprechenden Staaten und Gesellschaften durch Etablierung von buddhistischen Gesundheits- und Wohlfahrtsdiensten bzw. -einrichtungen zeigt. Ferner findet sich beim Mahayana-Buddhismus – im Vergleich zu hinduistischen und den anderen buddhistischen Glaubensgemeinschaften – eine größere Toleranz und Kooperationsbereitschaft mit christlichen Diensten der Diakonie oder Caritas. Ebenfalls arbeiten z. B. in Südkorea Mahayana-Buddhisten in kirchlichen Sozialeinrichtungen mit bzw. Christen unterstützen mahayana-buddhistische Dienste.

So ist es – nicht zuletzt durch den Einfluss der christlich-caritativen Diakonie und durch die wachsenden sozialen und psychischen Probleme infolge der Industrialisierung – in neuester Zeit zur Bildung von konkreten internationalen Vereinigungen zum Wohl von Not leidenden Buddhisten gekommen. So entstand das internationale *Network of Engaged Buddhists* (INEB) in Bangkok (gegründet 1989), die *World Fellow-*

16 Vgl. die Aggressionen oder auch Beschwernisse bei Unterbindung der Tätigkeit von Mutter Teresa in Kalkutta.

ship of Buddhists (gegründet 1952 in Hiroshima), eine buddhistische Weltgesellschaft mit einem Präsidenten und verschiedenen regionalen Zentren, wie z. B. in Hongkong und Macau. In Deutschland gibt es die *Deutsche Buddhistische Union* mit Sitz in München. Diese Vereinigungen sind jedoch nicht mit konfessionellen Kirchenorganisationen vergleichbar. Eine vorrangig sozial arbeitende Organisation ist z. B. die buddhistische *Tsu-Ji.* Letztere wurde im Jahr 1966 von einer buddhistischen Nonne (Cheng-Yeng) gegründet. Die Zahl ihrer Anhänger beträgt etwa drei Millionen.

Wenn auch hinsichtlich des Verständnisses von Leid und Hilfe die Standpunkte unterschiedlich sind, so wird in fast allen buddhistischen Ländern sozial-caritativ gehandelt. Dies lässt gemeinsames sozial-caritatives Handeln mit Christen und einen gemeinsamen Austausch über die soziale Praxis zu.[17]

(2) Gelingende Kommunikation und Interaktion als Voraussetzung eines interreligiösen sozialen Lernens

So plädiert der zweite Weg für ein Handeln in Verbindung mit einem »nachdenkenden« interreligiösen Lernen. Dieser Weg ist nicht leicht zu gehen. Er setzt *pragmatische Toleranz* bzw. Akzeptanz einer Pluralität anthropologischer wie religiöser Optionen voraus. Ohne praktische Toleranz gelingt kein interreligiöses Lernen und damit kein gemeinsames Helfen. Interaktions- und Kooperationsverweigerung führt dagegen zur praktischen Separierung einer religiösen Gruppe, verhindert das Wachsen einer Gemeinsamkeit und schließt bereits eine minimale Integration in eine nationale bzw. internationale Gemeinschaft aus. Dies bedeutet für verschiedene Religionsvertreter, u. a. ihre Sicht von *Mission* in Verbindung mit sozialer Diakonie zu klären (Lienemann-Perrin 1999).

Andererseits ist zu hoffen, dass der bevorstehende lange Weg gemeinsamer interreligiöser Kooperations- und Lernerfahrungen hinsichtlich des eigenen Helfens und der Solidarität mit Religionsfremden geistige Spuren hinterlässt. Etwa angesichts gemeinsam erlebter Grenzerfahrungen des Helfens und der damit gegebenen emotionalen wie physischen Überforderungen z. B. der Tsunami-Katastrophe stellen sich Fragen wie: »Woher nimmst du die Kraft, angesichts dieser oder jener sozialen Ohnmacht nicht zu kapitulieren?« Oder: »Welchen Sinn hat für dich unsere Hilfeanstrengung angesichts dieser nicht mehr begrenzbaren Leidenskatastrophe?« Lebenskraft und Lebenssicht, d. h. theologisch *dynamis* und *sophia*, werden in Grenzsituationen radikal herausgefordert und nötigen zum Austausch über die gemeinsamen sozialen Ressourcen und Visionen, was vermutlich nicht ohne nachhaltigen Effekt bleibt, so dass langfristig wertgeprägte Theorieableitungen für eine gemeinsame sozial-caritative Diakonie entstehen.

---

17 Belegt wird diese Kooperationsmöglichkeit durch empirische Untersuchungen zur buddhistischen Sozialarbeit, die vom Institut für Caritaswissenschaft der Universität Freiburg in Korea 1998, z. B. von Herrn G. C. Do durchgeführt wurden (Unveröffentlichte Diplomarbeit am AB Caritaswissenschaft der Universität Freiburg).

2 Kommunikationspsychologische und pädagogische Aspekte des interreligiösen sozialen Lernens

2.1 Wertschätzung, Offenheit und Verstehen

Interreligiöses Lernen durch soziales Kooperieren, also im Sinne des zweiten Weges, ist nur möglich, wenn diese Kooperation von einer bedingungsfreien gegenseitigen Wertschätzung der helfenden Partner – gleich welcher Kultur oder Religion – geprägt ist, die sich ihrerseits mit Echtheit (d. h. einer eigenen, in sich ruhenden Identität) und Offenheit verbindet, die darüber hinaus gepaart ist mit gegenseitigem Verstehen der Kooperationspartner und einem Mitfühlen mit den Notleidenden des jeweiligen Landes (Metz 2000). Dies sind soziale Gesprächsvoraussetzungen (Tscheulin 1981, 15–127), die von vielen Völkern und Kulturen für das gelingende Miteinander in gleicher Weise favorisiert werden, jedoch im Islam – insbesondere bezüglich Akzeptanz und Empathie – gegenüber Ungläubigen nicht angewandt werden dürfen. Ein selbstsicherer westlich geprägter Mensch weiß, dass interreligiöse soziale Kooperation den eigenen Glauben nicht bedroht. Nur fundamentalistische Kreise lehnen den interreligiösen Gedankenaustausch als glaubensgefährdend ab.[18]

2.2 Identität und Empathie

Bereits Georg Herbert Mead (vgl. Raiser 1972) stellt für das gelingende soziale Miteinander heraus, dass Kommunikation und Kooperation am besten gelingen, wenn neben einer *Empathiefähigkeit* die Kommunikationspartner über eine klare *Identität* verfügen. Das bedeutet für gelingendes interreligiöses soziales Lernen, dass die aktuellen bzw. künftigen Kommunikationspartner ihre eigenen christlichen Glaubensinhalte und Handlungsweisen kennen und für sich selbst akzeptieren, d. h. über eine *Glaubensidentität* verfügen.[19] Unsicherheit, Unkenntnis und fehlende Akzeptanz bezüglich der eigenen Glaubensorientierung bewirken in der Begegnung mit Andersgläubigen Angst und Abwehr. Eine Person, die über eine unsichere religiöse Identität verfügt, kann sich auf Kraftquellen und Lebenssicht eines anderen nicht einlassen, sondern wird die ihm fremden Gesichtspunkte abwehren, ignorieren oder verzerren (Tenbohelen 2002, 96–98). Angst verhindert, dass die andersgläubigen Gesprächspartner sich neugierig oder sogar wertschätzend auf Glaubensinhalte und Handlungsweisen des Gesprächs- oder Kooperationspartners einlassen können. Sollen interreligiöse Erziehung und damit spätere Kooperationen gelingen, dann stellen die Förderung einer klaren eigenen religiösen Identität in Verbindung mit Empathiefähigkeit zentrale pädagogische Aufgaben dar. Dies gilt für alle Gesprächspartner. Wird z. B. Empathie, d. h. das verstehende Einfühlen in die Glaubenswelt des Anders-

18 Die positive Sicht des interreligiösen Lernens wird auch von den Delegierten der Vollversammlung des Lutherischen Weltbundes im Juli 1997 in Hongkong hervorgehoben.

19 Die Bedeutsamkeit von Identifikation und Identität eines Lehrenden im Prozess des religiösen Lernens belegen die qualitativen Forschungen von Klaus Kießling (Kießling 2004, 88f) z. B. in der besonderen Herausforderung einer Berufsschule.

gläubigen, verhindert bzw. verweigert, sind die Kooperations-, Dialog- und Lernchancen gering.

Ängste und Empathieverweigerung lassen sich am besten abbauen durch die Praxis: »Komm und sieh!« (Joh 1,46). Nur gegenseitige Erfahrungen, d. h. das Zeugnis ohne Worte, wird Kommunikationsblockaden lösen können, wenn das praktizierte Lebens- und Glaubenszeugnis gepaart ist mit Offenheit und Echtheit in Verbindung mit Wertschätzung und einer Atmosphäre der Freiheit. Inhaltliche Dispute, Versuche, mit Argumenten die andere Seite zu überzeugen, werden wenig bewegen, wenn nicht sogar blockieren – zumal ein offener freier Erfahrungsdiskurs bei den so genannten Buchreligionen wie Judentum, Islam und Christentum schwerer herzustellen ist, da sie stärker zu Abgrenzungen gegenüber anderen Religionen neigen.

2.3 Der Inhalts- und Beziehungsaspekt im interreligiösen Lernen

Der Kommunikationswissenschaftler Paul Watzlawick (Watzlawick [10]2000) unterscheidet im Blick auf gelingende Kommunikation und Interaktionen einen Inhalts- und einen Beziehungsaspekt und hebt hervor, dass der Beziehungsaspekt den Inhaltsaspekt entscheidend mitbestimmt. Auch diese sozial-kommunikativen Sachverhalte prägen das interreligiöse Kooperieren und Lernen, wie die jüngsten Forschungen von Klaus Kießling (Kießling 2004, 155) zeigen.[20] Nach Watzlawick prägt und beeinflusst das »Wie ich lebe« das »Was ich rede«. So überzeugt nicht das Wort allein, sondern ebenso der Sprecher dieses Wortes, d. h. seine eigene Beziehung zu den mitgeteilten Inhalten, »insbesondere angesichts existenzieller Herausforderungen und leidvoller Erfahrungen« (Kießling 2004, 157). Dieser Sachverhalt wird biblisch mit dem Begriff *martyria* beschrieben.

In *Kindergärten und Schulen* mit christlichen und andersgläubigen Kindern gelingt interreligiöses soziales Lernern nicht, wenn ausschließlich religiöse Inhalte thematisiert und Feste der Religionen lediglich nachgespielt werden. Also: wenn es zu keiner Teilhabe – nicht zur Teilnahme – an den mit den Inhalten und den Festen verbundenen religiösen Erfahrungen der anderen kommt bzw. wenn der persönliche Bezug der Erzieherinnen, der Eltern und der Kinder zu den vorgestellten Inhalten und vollzogenen Glaubenspraktiken nicht spürbar ist. Zum interreligiösen Lernen gehört es, Raum zu geben für die je eigene religiöse Identitätsfindung. Schließlich ist es ein Anliegen, in christlichen Kindergärten und zumindest in christlichen Schulen, zur religiösen Identitätsentwicklung der Kindes und Jugendlichen beizutragen. Ohne eigene religiöse Identität gelingt kein religiöses Miteinander. Die multireligiöse Erziehung darf bzw. sollte somit durchaus auch monoreligiös sein. Synkretistische bzw. relativierende Religiosität optimiert das Miteinander nicht. Das je Eigene und die Erfahrung des Anderen sind zu ermöglichen. »Die religiöse Heterogenität einer suchenden und fragenden Schülerschaft verlangt nach methodischer Kreativität und einer Beziehungsdidaktik, die den Religionsunterricht – zumindest im Ansatz – zu

20 »Die Qualität des Religionsunterrichts resultiert primär aus der Qualität der darin lebendigen Beziehungen: der Lehrkräfte zu sich selbst, zwischen Lehrenden und Lernenden, schließlich der Schülerinnen und Schüler untereinander.« Ebd, 155.

einem Ort wechselseitiger Selbstkundgabe werden lässt. Seine Konfessionalität hängt oft an der Konfessionalität allein der Lehrenden.« (Kießling 2004, 162)

In den interreligiösen Erziehungs- oder Unterrichtseinheiten sollten die menschlichen Grundhaltungen des Miteinanders zwar spezifisch religiös begründet, jedoch stets auch human bzw. humanwissenschaftlich substituiert werden. Dies trägt zum gegenseitigen Verstehen wesentlich bei. Auf der Basis so entdeckter Gemeinsamkeiten kann man überlegen, wie Alltagserfahrungen zu sehen bzw. zu deuten sind und wie auf der Basis humanwissenschaftlicher und religiöser Erkenntnisse das Alltagsleben miteinander zu gestalten ist. Antworten und Anhaltspunkte für die damit verbundenen spezifisch religiösen Fragen nach Lebenssinn, nach Lebenswertorientierung bzw. nach Lebenskraft – insbesondere in den Herausforderung von Leid und Not – sind aus den jeweiligen religiösen Traditionen zu entwickeln.

Interreligiöse Lernimpulse bzw. Lernfragen können im Einzelnen lauten: Wie lässt sich Solidarität und Hilfeverhalten angesichts bestimmter Lebensherausforderungen allgemein und spezifisch durch eigene Glaubenstradition begründen? Wie können sich Solidarität, Gerechtigkeit und Barmherzigkeit für das mitmenschliche Miteinander aus der Sicht der jeweiligen Religion im eigenen Land absichern? Wie lassen sich Wahrhaftigkeit, Vertrauen und Versöhnung durch die verschiedenen Religionen substituieren? Worin bestehen die zentralen Vorurteile oder auch Missverständnisse hinsichtlich der anderen Weltreligionen? Was sind die Ursachen des individuellen und strukturellen Bösen, das die Entfaltung des gelingenden Lebens der Menschen unterbindet? Wie sehen und bewerten die Weltreligionen die zunehmende Instrumentalisierung der Menschen im Zuge der Globalisierung der Märkte und Ausbeutung von Ressourcen in der Natur?

Interreligiöses soziales Lernen schließt jedoch ein, dass Erzieher/innen, Lehrpersonal und Sozialpädagogen eine Atmosphäre der Echtheit, der Offenheit, der Wertschätzung und der tolerierenden Freiheit schaffen, damit interreligiöses Lernen möglich wird. Es ist eine Atmosphäre herzustellen, die angstfrei die Fragen der Kinder und Jugendlichen nach dem Glauben ihrer Eltern und Familien wie auch einfache, so genannte »unbedarfte« Fragen nach des eigenen Glaubens zulässt und die darüber hinaus erlaubt, Symbole und Rituale der eigenen Religion zu vollziehen (z. B. das Gebet in Richtung Mekka), ohne belächelt, ohne abgelehnt zu werden. Dabei können Kinder und Jugendliche wie auch Kolleginnen sich austauschen, was den einen am Glauben der anderen anspricht, was gefällt, was fremd ist oder vielleicht Angst macht.[21] Wichtig ist, dass Kinder und Jugendliche einer Schule bzw. Mitarbeiter einer diakonischen Einrichtung interreligiös erleben, was ihnen gemeinsam ist und was sie verbindet.

Dies setzt bei Erziehenden bzw. Sozialpädagogen einer diakonischen Einrichtung voraus: Dass sie sich über die eigene religiöse Überzeugung im Klaren sind; dass ihnen grundsätzlich die religiöse Erziehung ein wichtiger Aspekt in der Bewältigung von Lebensherausforderungen ist; dass sie Kenntnisse über andere Glaubensgemeinschaften besitzen; dass sie wissen, dass Mitglieder ein und derselben Religionsge-

---

21 U. a. sei auf das Beispiel eines muslimischen Schülers hingewiesen (Kießling 2004, 152f).

meinschaft keine homogene Großgruppe darstellen, ähnlich wie das bei den Christen zwischen Orthodoxen, Protestanten und Katholiken der Fall ist. Sie sind Vermittler von religiösen Glaubensinhalten und haben gleichzeitig die Aufgabe, den gemeinsamen Austausch fair und unparteiisch zu ermöglichen.

Fazit: Die interreligiöse soziale Lern- bzw. Erziehungssituation erfordert von den Fachkräften einer pädagogischen Einrichtung oder eines sozial-diakonischen Dienstes eine hohe Aufmerksamkeit und ein großes Einfühlungsvermögen. Pädagogische Konzepte des interreligiösen sozialen Lernens sind angesichts der multikulturellen Situation der deutschen Gesellschaft und der multikulturellen Situation des weltweiten Kooperierens für Kindergärten, Kindertagesstätten, für den Primärschulbereich, für den Sekundarstufenbereich, für die Begleitung von interreligiösen Begegnungen, sozialen Initiativen und caritativ-diakonischen Einrichtungen und Diensten etc. dringend differenziert zu entwickeln.

II. Lebenslagen und Handlungsfelder in didaktischer Perspektive

Heike Vierling-Ihrig

Kinder und Jugendliche

Verallgemeinernde Aussagen über Kinder und Jugendliche einhergehend mit allgemein gültigen pädagogisch-didaktischen Konzepten sind in einer pluralen Gesellschaft kaum mehr möglich. Allgemein ist man der Auffassung, dass verschiedene Lebenslagen von Kindern und Jugendlichen wahrgenommen werden müssen, auf die hin sich spezifische pädagogisch-didaktische Modelle und differenzierte Handlungsfelder entwickeln lassen – auch und gerade in Bezug auf eine »Kultur des Helfens«. Dieser Ansatz hat seine Berechtigung und sollte auch im Einzelnen verfolgt werden. Gleichzeitig verstärkt er jedoch eher die Pluralität in unserer Gesellschaft bzw. verfestigt die differenzierten Lebenslagen der Kinder und Jugendlichen, als dass er sie mindert. Ist es von daher nicht ebenso hilfreich, den Blick der Kinder und Jugendlichen weg von ihrer heterogenen Situation hin auf Lebenslagen anderer Menschen und Kontexte zu lenken, um im Gegenüber, im anderen Menschen sich selbst kennen zu lernen, ja besser kennen und verstehen zu lernen?

Im Folgenden werden zunächst die verschiedenen Lebenslagen von Kindern und Jugendlichen aufgezeigt und mit dem Menschenbild in Beziehung gebracht. Anhand der Einheit »Die Würde des Alters – auf der Suche nach einer integrierten Gesellschaft« wird ein pädagogisch-didaktischer Zugang vorgestellt, der den Grundsatz »Sich kennen lernen im Gegenüber« expliziert. Die Einheit ist konzipiert für den schulischen Bereich, genauer für den der offenen Ganztagsschule, die zusammen mit einem ihrer potenziellen Kooperationspartner vor- und dargestellt werden soll. Sie nimmt unterschiedliche Lerngruppen in den Blick und benennt erreichbare Ziele und Kompetenzen.

1 Die verschiedenen Lebenslagen von Kindern und Jugendlichen – ein Überblick

Lebenslagen sind nicht statisch, sondern ergeben sich aufgrund sich ändernder gesellschaftlicher, familiärer, politischer, sozialer oder ökonomischer Bedingungen immer wieder neu. Im vergangenen Jahrhundert hatte sich die soziale Lage erheblich verändert: Die Geburtenrate sank, Kinderarbeit wurde verboten, medizinische und soziale Einrichtungen entstanden, um nur wenige Beispiele zu nennen. Das hatte zur Folge, dass Kinder und Jugendliche neu und verstärkt wahrgenommen wurden: Kindern wird heutzutage einerseits mehr Aufmerksamkeit auch in Form von Förderung und Entwicklung geschenkt, andererseits sind sie verstärkt gesellschaftlichem Leistungsdruck ausgesetzt. Der Vergleich zwischen damals und heute zeigt, dass Kinder und Jugendliche inzwischen ganz anders leben als früher. Familie, Arbeitswelt, Wohngegend, Bildungsangebote, Freizeitmöglichkeiten, Medien- und Konsumwelt gestalten heute das Leben junger Menschen auf je spezifische Weise. Die moderne Gesellschaft mutet Kindern und Jugendlichen ein Leben mit Spannungen und häufigen Wechseln zu und fördert auch deren Individualisierung.

Die Beschreibung der Lebenslagen berücksichtigt im Allgemeinen das Lebensalter und die Lebensphasen; daher sollen die Lebenslagen von Kindern und Jugendlichen im Folgenden separat beschrieben werden (EKD 2003a, 28–53).

1.1 Lebenslagen von Kindern

Kindsein wird durch die familiäre Situation und deren Umgebung bestimmt, die wiederum durch verschiedene Sachverhalte, Spannungen, Ambivalenzen sowie Umbrüche und Widersprüche gekennzeichnet ist:

☐ Kinder wachsen überwiegend in kleinen Haushalten auf, d. h.
- sie haben häufig keine Geschwister,
- sie leben in Ein-Eltern-Familien oder
- sie leben in Patchworkfamilien.

Da Drei-Generationen-Familien bzw. Großfamilien unter einem Dach kaum noch existieren, zeigt sich die soziale Wirklichkeit von Kindern »kontakt- und beziehungsärmer« und fördert die Individualisierung.

☐ Kinder erleben vielfältige Lebensformen, z. B.
- nichteheliche Gemeinschaften[1],
- »normales« Familienleben,
- Zweitfamilien oder Patchworkfamilien, d. h. sie wachsen teilweise mit Stiefeltern, Stiefgeschwistern und Stiefverwandten auf.

Weniger die Kontinuität als vielmehr der Wechsel von einer zur anderen Lebensform gehört heute zur sozialen Wirklichkeit. Kinder müssen sich in diesen verschiedenen Lebensmodellen arrangieren; sie sind also gezwungen, in variablen und instabilen Familienkonstellationen zurechtzukommen.

☐ Kinder wachsen mit verschiedenen kulturellen Kontexten auf. So erleben sie schon früh, dass es verschiedene Werte, Religionen und Lebensformen von Menschen gibt.

☐ Kinder können am sozialen Leben außerhalb der Familie kaum nach teilnehmen bzw. dieses gestalten. Durch die immer stärkere Funktionalisierung öffentlicher Räume und Plätze, durch die Zunahme des Straßenverkehrs sowie durch die Einbettung der Kinder in einen geregelten und terminierten Tages- und Wochenablauf können sie eine eigene soziale Umwelt kaum noch aufbauen. Auch nachbarschaftliche Kontakte zu anderen Kindern reduzieren sich durch die sinkenden Kinderzahlen oder werden durch moderne Wohnformen erschwert.

☐ Das Wohnumfeld von Familien bestimmt ebenfalls die Lebensqualität der Kinder. In ärmlicheren Wohngebieten mangelt es den Kindern nicht nur an Spielplätzen,

---

1 Ergänzend sei hier auf die Schrift des Bundesministeriums der Justiz: Lebenslagen nichtehelicher Kinder. Rechtstatsächliche Untersuchung zu Lebenslagen und Entwicklungsverläufen nichtehelicher Kinder, Köln 1997, verwiesen., die auch die Begründungen nichtehelicher Gemeinschaften sowie die Lebensläufe bzw. Biographien der Mütter untersucht.

Grünflächen oder an Freizeitangeboten, sondern auch an Infrastruktur bezüglich Kindereinrichtungen und Verkehrsanbindungen. In »besseren« Wohnvierteln werden Kinder häufig zu sehr behütet, so dass sie die vermeintliche Lebensrealität nicht selbst erleben. Was die Teilhabechancen der Kinder an den Angeboten der staatlichen oder kirchlichen Kinderhilfe angeht, so wird sich zukünftig die Schere zwischen begünstigten und benachteiligten Lebenslagen weiter öffnen, d. h. die Chancenungleichheit wird noch verstärkt.

Hat somit die industrialisierte Gesellschaft den Kindern traditionelle Einbindungen – Geschwister, Kinder in der Nachbarschaft – genommen, so hat sie gleichzeitig neue Möglichkeiten und Freiräume geschaffen – z. B. das erweiterte Angebot der Kinderkultur. Jedoch können Kinder diese neuen Möglichkeiten nur erreichen und annehmen, wenn sie in gut ausgestatteten Regionen leben, wenn ihnen die Eltern soziale Kontakte erschließen und Angebote der Kinderkultur finanzieren. Von den Kindern selbst wird dabei mehr denn je Kontaktfreudigkeit, Flexibilität und Initiative gefordert.

□ Eltern und Kinder werden immer stärker von der kommerziellen Welt beeinflusst. In der Werbung werden Kinder nicht nur als potenzielle Kunden und Käufer innerhalb ihrer Spiel- und Freizeitwelt angesprochen, so dass sie neue Handlungs- und Erfahrungsräume erproben können, sondern sie werden auch als Werbeträger benutzt, um das Konsumverhalten ihrer Eltern zu beeinflussen, und in der Gestaltung ihrer Freizeit und ihres Konsumverhaltens instrumentalisiert.

□ Um ihr Leben zu meistern, brauchen Kinder grundlegende Bildungsprozesse, die in der Familie beginnen, und kompetente Erziehungsleistungen der Eltern. Die Familie soll die Verbindung zwischen den Einzelnen, den Verwandten und Bekannten und der Gesellschaft herstellen und die Kinder in generationenübergreifende Solidarität einüben. Sie soll den Kindern emotionalen Rückhalt (Liebe, Zugehörigkeit und Vertrauen) geben, aber auch Regeln und Grenzen vereinbaren, begründete Forderungen stellen, eine interessante Umwelt gestalten und das Lernen der Kinder begleiten und unterstützen. Viele Familien können ihren Kindern die notwendigen sozialen, emotionalen und kognitiven Erfahrungen und Lernmöglichkeiten nicht mehr in ausreichendem Maß zur Verfügung stellen, so dass Kinder nicht selten eine mangelhafte Frühförderung erfahren. Zahlreiche Eltern brauchen daher Unterstützung in ihrer Erziehungsleistung.

Die Lebenslage der Kinder wird durch einen weiteren Sachverhalt bestimmt. Kinder bilden eine Bevölkerungsgruppe, die zunehmend benachteiligt wird. Durch die demographische Entwicklung werden sie mehr und mehr zu einer Minderheit, ihre Anliegen zu Randthemen. Familien mit Kindern sind in Deutschland finanziell benachteiligt. Die Erwerbschancen von Eltern sinken. Zeit für Kinder konkurriert mit anderen Interessen.

Die Armutsberichte der Bundesregierung belegen seit Jahren, dass die Kinderarmut in Deutschland kontinuierlich ansteigt. Dabei bezieht sich der Begriff Armut nicht nur auf die materielle Not – auf das Fehlen finanzieller Mittel und einer die Gesundheit erhaltenden Umgebung, auf fehlende Sozialbeziehungen und Bildungsmöglichkeiten –, sondern auch auf emotionale Armut – fehlende Zuwendung, Vernachlässigung und Gewaltanwendung.

Dennoch ist eine kulturpessimistische Übertreibung im Blick auf Kinder nicht angebracht. Denn die »faktischen Schwächen der Familie mindern nicht ihre konstitutive gesamtgesellschaftliche Rolle, weil man gesellschaftliche Zukunft ›ohne Familie gar nicht haben kann‹ und deshalb auch ihre Erziehungskompetenz vorrangig zu stärken ist« (EKD 2003a, 32). Eine »Kultur des Helfens« kann bei der Unterstützung und Stärkung der elterlichen Erziehungsaufgaben ansetzen. Sie kann Netzwerke aufbauen, die Defizite ausgleichen können und in denen sich Kinder selbstverständlich bewegen und entwickeln können.

1.2 Lebenslagen von Jugendlichen

Mit »Jugendzeit« bezeichnet man die Lebensphase zwischen der Kindheit und dem Erwachsenenalter. Die Lebenslage Jugendlicher ist durch zahlreiche verschiedene Verlaufsformen und Zeitstrukturen gekennzeichnet, abhängig u. a. von Geschlecht, Religion und Kultur, sozialen und materiellen Verhältnissen, schulischem und beruflichem Werdegang oder regionaler Herkunft. »Die Jugend« gibt es damit nicht, vielmehr existieren verschiedenen Formen von Jugend nebeneinander, die verschiedene Altersabschnitte umfassen.

Diese sehr unterschiedlichen Lebenslagen Jugendlicher haben jedoch einige gemeinsame Merkmale:

□ Jugendliche beschäftigen sich verstärkt mit den Problemen ihrer Zukunft, dagegen treten klassische Selbstfindungsfragen oftmals in den Hintergrund.
Anstatt die Gleichung Jugendzeit = Vorbereitungs- und Qualifizierungszeit (Bildung und Identitätsfindung), um im Erwachsenenalter die Früchte zu ernten (Belohnung und Bewährung), annehmen zu können, müssen sich Jugendliche mit einer ungewissen Zukunft auseinander setzen, die ihre aktuellen Entscheidungen und Weichenstellungen in Frage stellen kann. Jugendliche müssen sich also bereits mit Sachverhalten des Erwachsenenalters auseinander setzen. Unter diesem Aspekt verkürzt sich ihre Jugendzeit.

□ Dagegen steht: Jugendliche sind stärker als bisher in der Schülerrolle verhaftet. Das Bildungssystem ermöglicht es ihnen, immer länger in berufsvorbereitenden Bildungssystemen zu bleiben.

□ Junge Menschen leben in verschiedenen Welten gleichzeitig. »Sie haben einerseits gelernt, durch diese Lebenswelten in unterschiedlichen gesellschaftlichen Teilsystemen zu ›surfen‹, die entsprechenden (oft stark differierenden) Rollenanforderungen auszufüllen und damit verbundene Widersprüche zu integrieren; also jugendlich zu leben und dennoch hinsichtlich wichtiger sozialer Kriterien längst erwachsen zu sein. Sie stehen andererseits vor der schwierigen Aufgabe, nicht länger als von ihnen selbst gewollt in der Lebenslage Jugend gefangen zu bleiben, sondern sie einigermaßen erfolgreich, also auch mit einer ausreichenden wirtschaftlichen Unabhängigkeit, zu beenden.« (EKD 2003a, 38)

□ Die Identitätsbildung heutiger Jugendlicher ist erschwert, da sich ihre Umwelt ständig wandelt. Konzepte der Lebensführung, die auf in sich geschlossenen Identitäten basieren, sind nicht mehr haltbar. Jugendliche müssen sich der Gratwanderung aussetzen zwischen ihrem eigenen Sein, Tun und Wollen, das einen »roten Faden« braucht, und den sich permanent wandelnden Anforderungen der Umwelt, die von ihnen einen flexiblen Rollenwechsel erwartet. Orientierung, Stütze und Sicherheit finden Jugendliche bei ihrer Suche »nach dem eigenen Weg« und ihrem Lebensstil weniger bei Erwachsenen als unter Gleichaltrigen.

□ Jugendliche fragen verstärkt nach Werten und dem Sinn des Lebens. Religiöse Kategorien interessieren Jugendliche in direkter Beziehung zur Bewältigung ihres Lebensalltags. Junge Menschen sind religiös Suchende – Ausgangspunkt sind Lebensfragen sowie die Frage nach Gott –, aber auch ausübende Personen, ehrenamtlich Tätige. Den weltanschaulichen Pluralismus nehmen sie als gegeben an. Religiöse und konfessionelle Unterschiede relativieren sie.

Die Lebenslagen Jugendlicher fordern dazu heraus, »jungen Menschen Ressourcen in Form von förderlicher Begleitung und Orientierung eröffnenden (Lebens-)Räumen zur Verfügung zu stellen. Angesichts der komplexen, vielschichtigen und uneinheitlichen Lebenslagen lässt sich diese Aufgabe nur mit einem konsequent entwickelten Netz von Angeboten beantworten. Neben Schule und Elternhaus muss ein breites Spektrum strukturell und funktional aufeinander bezogener Bildungsorte gewährleistet bleiben, die sich wechselseitig durchdringen und die für die prinzipielle Vielgestaltigkeit subjektiv erforderlicher Bildung offen sind. Dazu gehören alle Formen der Jugendhilfe und insbesondere Angebote der Jugendarbeit, die freiwilliger Natur und nicht auf das Erreichen eines bestimmten Bildungsziels ausgerichtet sind.« (EKD 2003a, 41)[2]

2 Das Menschenbild

Sich auf Lebenslagen zu beziehen und eine »Kultur des Helfens« zu entwickeln, ist nur sinnvoll, wenn man auch die Frage nach dem Menschenbild stellt.

Dabei gibt es keine allgemein gültigen empirischen oder normativen Antworten auf die Frage: Was ist der Mensch?[3] Konsens besteht zwar über die Bedeutung der im deutschen Grundgesetz verankerten Grundrechte des Menschen: »Die Würde des Menschen ist unantastbar. … Das Deutsche Volk bekennt sich darum zu unverletzlichen und unveräußerlichen Menschenrechten als Grundlage jeder menschlichen Gemeinschaft, des Friedens und der Gerechtigkeit in der Welt« (Art. 1, GG). Jedoch

---

2 »Wird dennoch ein einheitliches ›Konstrukt Jugend‹ als Orientierungsrahmen für bildungspolitisches, jugendpolitisches und jugendpädagogisches Handeln beibehalten, kommt es unweigerlich dazu, dass Lebensrealität und politisch-pädagogische (Bildungs-)Programme auseinander klaffen, weil junge Menschen als Subjekte nicht wirklich ernst genommen werden.« (EKD 2003a, 36)

3 Anthropologen versuchten historisierend zu antworten. Menschsein ist abhängig von Raum und Zeit, einem gegebenen Ort und einer gegebenen Zeit.

wird die Menschenwürde selbst mit unterschiedlichen Argumenten begründet, die miteinander in einem Konkurrenzverhältnis stehen. Die biblische Sicht des Menschen[4] hat seit jeher viel zur Verständigung über das Humane auch mit Nichtchristen und mit Nichtjuden beigetragen und ein Ethos des Helfens begründet. Sie kann auch für heutiges Nachdenken über eine Kultur des Helfens wichtige Impulse geben. Grundlegend ist:

Der Mensch verdankt sich Gott, und Gott liebt seine Schöpfung. Das zeigt sich darin, dass er den Menschen als sein Ebenbild geschaffen hat und als Geschöpf annimmt (Gen 1,26.27). Realistisch zeigt die Bibel aber auch die ambivalente moralische Natur des Menschen auf – der Mensch ist zum Guten wie zum Bösen absolut fähig. Und die Bibel enthält die Reaktion Gottes auf dieses menschliche Verhalten (das Festhalten an der ursprünglichen Schöpfung, ihre Erneuerung und seine vergebende Liebe im Neuanfang durch Jesus Christus) und Gottes Gebot (Gutes tun und Böses meiden).

Nach neutestamentlicher Sichtweise ist die Verbindung zwischen Gott und Mensch, zwischen den Menschen untereinander sowie zwischen den Menschen und ihrer Umwelt nicht von naturwissenschaftlichen Gesetzen bestimmt, sondern durch die Rechtfertigung, »allein aus Glauben«, »allein aus Gnade«.

Zwischen dem Menschen als Subjekt und dem Menschen als Person muss unterschieden werden. Jeder Mensch muss »Subjekt« werden – auch und gerade durch lebenslanges Lernen –, »Person« dagegen ist der Mensch bereits in seiner »unveräußerlichen Menschenwürde durch seinen Schöpfer« (EKD 2003a, 60).

Das biblische Menschenbild zeigt die Möglichkeiten und Bedingungen menschlichen Tun und Handelns auf:

- Der Mensch ist das einzige Wesen, das sein Verhalten reflektieren und hinterfragen kann.
- Die Möglichkeiten menschlichen Handelns sind begrenzt und müssen maßvoll sein.
- Nicht was machbar ist, interessiert, sondern das, was human zu begründen und vor Gott zu verantworten ist.

So orientiert sich das Handeln des Menschen, die »Kultur des Helfens« am »Grund des Lebens«: »Das Menschliche ist in der Menschlichkeit Gottes, die Möglichkeiten des Menschen sind in den Möglichkeiten Gottes gegründet« (EKD 2003a, 6).

Das Menschliche bzw. die Menschenwürde (EKD 2003a, 49–59) muss zum einen durch spezifische Beschreibungen, die sich auf die aufgeführten Lebenslagen beziehen, konkretisiert werden, also beim konkret Menschlichen ansetzen:

- Eine äußere und innere Lebenslage muss wahrgenommen, zwischen Oberfläche und Innenseite muss getrennt werden.
- Lebenslagen sind objektive Gegebenheiten (Geschlecht, Gesundheit, Arbeit usw.), aber auch subjektive Einschätzungen (eigene Sicht- und Deutungsweisen). Auch Kinder und Jugendliche sollen sich selbst bestimmen können und dürfen.

4 Mit dem Menschenbild steht das christliche Weltbild in Zusammenhang.

- Nicht nur der einzelne Mensch, auch Gruppen entwerfen und arbeiten bewusst oder unbewusst mit so genannten »Menschenbildern«, so dass sie über Menschen verfügen.
- Lebenslagen sind von »Lebensannahmen« oder »Lebenshypothesen« mitbestimmt, die, wenn sie sich als nicht richtig erweisen, aufgegeben werden.
- Lebenslagen stehen nicht mit unendlichen, sondern mit begrenzten Lernfähigkeiten und -möglichkeiten in Zusammenhang.

Zum anderen wird der Mensch von »weltgesellschaftlichen« Veränderungen tangiert, die sich auf vier Ebenen abspielen:

- Die räumliche Ebene – Globalisierung bewirkt Entgrenzung.
- Die zeitliche Ebene – Globalisierung bedeutet Beschleunigung.
- Die sachliche Ebene – Globalisierung bewirkt Entwertung.
- Die soziale Ebene – Globalisierung heißt Individualisierung.

3 Sich kennen lernen im Gegenüber

Eine »Kultur des Helfens«, die auf den »Grund des Lebens« hin ausgerichtet ist, wird im Alltag als eine Kultur des helfenden Handels konkret: Einerseits muss sie die verschiedenen Lebenslagen von Einzelnen und Gruppen berücksichtigen, andererseits darf sie sich in den zahlreichen gruppenspezifischen und individuellen Lebenslagen nicht verlieren. Hier hat eine »Kultur des Helfens« die Möglichkeit, den Blick der Kinder und Jugendlichen weg von ihrer eigenen heterogenen Situation und Befindlichkeit hin auf Lebenslagen anderer Menschen und Kontexte zu lenken. In der Hilfe, die Kinder und Jugendliche im Sinne des Gebotes der Nächstenliebe anderen Menschen zuteil werden lassen können – seien es kranke, behinderte, alte oder schwache Menschen –, können sie in mehrfacher Hinsicht für sich selbst Bereicherung und Hilfe erhalten. Zum einen können sich Kinder und Jugendliche im Gegenüber, im anderen Menschen, selbst besser kennen und verstehen lernen. Sie können ihren eigenen Lebenshorizont erweitern, weil ihre soziale Wirklichkeit – innerhalb und außerhalb der Familie – komplexer wird und mehrere Generationen einschließt. Sie werden als kleine Gruppe kenntlich, die Präsenz und Einsatz zeigt und damit auf sich aufmerksam macht. Und schließlich können durch die Begegnungen lebenslagenspezifische Defizite reduziert und Lebenssituationen ein Stück weit homogenisiert werden.

Ein »Sich kennen lernen im Gegenüber« wird da möglich, wo Netzwerke vorhanden oder im Entstehen sind. Mit Blick auf den Kontext von Kindern und Jugendlichen ist insbesondere an zwei Netzwerke zu denken:

Zum einen an solche *Kindertageseinrichtungen*, die als Nachbarschaftszentren in der Gemeinde verstanden werden. Ihnen kommt als Zentrum diakonischer Gemeindeentwicklung zukünftig größere Bedeutung zu. Sie haben Netzwerkcharakter, da hier nicht nur Kleinkinder betreut werden, sondern verstärkt auch in die Gemeinde hineinwachsen können und sollen, damit die Gemeinde zusammenwachsen kann. Dabei werden spezifische Bedürfnisse berücksichtigt, ganze Familien integriert sowie Notwendigkeiten und neue Herausforderungen ernst genommen. In diesem Kontext können Kinder und Jugendliche die Lebenssituation der ganz kleinen Kinder, beispielsweise ihrer jüngeren Geschwister, erleben und begleiten, und dabei einen ersten Einblick in die ersten Lebensjahre eines Menschen, in ihre eigene Vergangenheit, erhalten. (Schmidt & Götzelmann, 1997)

Zum anderen an die offene *Ganztagsschule*, die neben dem verbindlichen Unterricht freiwillige Angebote anbietet und dabei mit außerschulischen Partnern zusammenarbeitet.

4 Die offene Ganztagsschule

Mit dem Ausbau der Ganztagsschulen in Deutschland ergeben sich neue Aufgaben, Herausforderungen und Chancen. Nach Bundesbildungsministerin Bulmahn soll die Ganztagsschule einen wesentlichen »Beitrag zur Bildungsqualität und Chancengleichheit von Kindern leisten sowie die Vereinbarkeit von Elternschaft und Berufstätigkeit ermöglichen« (nach Lübking, 31).

In der BRD[5] wird derzeit eine offene Ganztagsschule[6] ausgebaut, in der vormittags ein verbindlicher Unterricht stattfindet und nachmittags die Schüler und Schülerinnen an freiwilligen Angeboten teilnehmen sollen.[7] Ein differenziertes pädagogisches Gesamtprogramm soll der Ganztagsschule zugrunde gelegt werden, das unterrichtliche, erzieherische und sozialpädagogische Aktivitäten enthält. Begründet wird die Ganztagsschule mit sozialpolitischen sowie schul- und bildungspolitischen Argumenten.

Sozialpolitische Argumente beziehen sich vor allem auf den Wandel der Familie. Zum einen streben immer mehr Mütter eine Berufstätigkeit an, zum anderen steigt die Zahl der Ein-Eltern-Familien kontinuierlich. Alleinerziehende und Berufstätige sind während ihrer Arbeitszeit auf eine kontinuierliche Betreuung ihrer Kinder angewiesen. Eine Ganztagsschule würde dabei helfen, Familie und Beruf besser zu vereinbaren.

Untersuchungen haben gezeigt, dass Kinder und Jugendliche häufig ein ungesundes Ernährungsverhalten haben, dessen medizinische Folgen sichtbar sind (Übergewicht, Bluthochdruck etc.). In der Ganztagsschule würden sie regelmäßig eine Mahlzeit erhalten, die ernährungswissenschaftlichen Gesichtspunkten gerecht wird. Bei vielen Schülern ist überdies ein Mangel an sozialen Kontakten und Erfahrungen festzustellen, da sie den Nachmittag allein mit sich, mit dem Computer oder dem Fernseher verbringen. An einer Ganztagsschule hätten sie Kontakt mit Schülern und Lehrern – über den Unterricht und den Klassenverband hinausgehend beim Essen und

---

5 Im Gegensatz zu Deutschland haben die meisten europäischen Staaten einen ganztägigen Schulalltag.

6 Neben der offenen Ganztagsschule wäre eine gebundene möglich, in der vormittags wie nachmittags ein verbindlicher Unterricht stattfindet.

7 Nach Einschätzung von Lübking sind damit keine wirklichen Ganztagsschulen im Entstehen: »Durch Bündelung der ›Kräfte von Schule, Jugendhilfe und weiteren Trägern im Umfeld der Schule‹ entstehen dabei allerdings eher Halbtagsschulen mit angedockter Betreuung, Hausaufgabenhilfe, Neigungskursen und pädagogischer Freizeitgestaltung am Nachmittag« (32). Das Problem liegt in der Finanzierung: Für höhere Personalkosten, Ausgestaltung der Räume und Arbeitsplätze für Schüler und Lehrer, Mensabetrieb fehlt das Geld.

bei der gemeinsamen Freizeit in Interessengruppen. So könnten Schüler Kontakte knüpfen und damit ihre sozialen Kompetenzen erweitern. Gleichzeitig käme diese sozialpolitische Perspektive der Ganztagsschule sozial benachteiligten Familien zugute.

Als ein bildungspolitisches Argument lässt sich die bessere Förderung der Stärken und Beseitigung der Schwächen der Schüler anführen (z. B. durch spezifisch abgestimmte Unterstützungsangebote für Lernschwächere), womit auch mehr soziale Gerechtigkeit geschaffen würde. Auch die Integration leistungs- und herkunftsverschiedener Schüler wäre in einer Ganztagsschule besser möglich, da diese mehr Möglichkeiten und Angebote schaffen und anbieten kann (AGs, Medienangebote, Bibliotheken, Freizeitangebote, Kontakte zu außerschulischen Partnern, schulbezogene Elternmitarbeit). Ganztagsschulen könnten mit einem Angebot an außerschulischen Projekten die Schüler mit anderen erwachsenen Lebenswirklichkeiten vertraut machen. Ebenso ermöglichen sie einen variantenreicheren Unterrichtsablauf – etwa durch fächerübergreifenden Unterricht, Projektunterricht oder handlungs- und erfahrungsorientiertes Lernen. »Ganztagsschulen können sich positiv auf die soziale Integration und das Schulklima auswirken«[8], behauptet Lübking, denn sie kann eine für den Schulalltag und für die Beteiligten (Schüler, Lehrer und Eltern) »veränderte Schule« (34) sein. Das zeigt sich vor allem in der Möglichkeit, dass Ganztagsschulen (erleichtert durch den neuen Bildungsplan) ihr ganz eigenes Profil entwerfen und Schwerpunkte in ihrer Ausrichtung und in ihrer Arbeit setzen können (musikalisch, sprachlich etc.). Ein zukunftsfähiges Profil wäre es, die Ganztagsschule als einen Ort des Lernens und Lebens zu gestalten und ganzheitlich auszurichten: Als einen Ort, an dem die Schülerinnen und Schüler Sachverhalte differenziert wahrnehmen und sich Wissen aneignen können (affektive und kognitive Dimension, »Wahrnehmung« der Lebenslagen), wo sie Werte erschließen können und vermittelt bekommen (religiöse und ethische Dimension, Menschenbild) und zum Handeln motiviert werden (praktische Dimension, »Kultur des Helfens«).

5 Evangelische Kirche als Partner der Ganztagsschule

Eine mögliche Zusammenarbeit der Ganztagsschule mit außerschulischen Partnern möchte ich vorstellen am Beispiel der Evangelischen Kirche als einer potenziellen Partnerin, die außerunterrichtliche Angebote (z. B. musikalische, bildnerisch-kreative, sozialpädagogische) und Projekte an außerschulischen Lernorten (z. B. in diakonische Einrichtungen) anbieten kann.

»Die Kirche ist zu einem freien Dienst an einer freien Schule bereit«, erklärte 1958 die EKD-Synode. Was ist daraus für die Ganztagsschulen zu folgern? »Wenn Ganztagsschulen mehr als Halbtagsschulen dazu beitragen können, dass Kinder und Jugendliche in ihren Potenzialen stärker gefördert werden, vielfältige Anregungen zur Bildung ihrer geistigen und körperlichen, kognitiven und kreativen Fähigkeiten

8 Er formuliert dies als eine, auch auf eigene Erfahrungen basierende, Vermutung, da es keine empirischen Studien gibt.

erhalten, die Schule als emotionalen Rückhalt und als Ort verbesserter Chancengerechtigkeit erleben können, dann kann die Evangelische Kirche die Ganztagsschule nur unterstützten – um der Kinder und Jugendlichen willen – und von sich aus die Zusammenarbeit anbieten« (Lübking, 35). Schule und kirchliche Kinder- und Jugendarbeit können in der Ganztagsschule miteinander kooperieren und diese Kooperation kann gelingen, wie erste Erfahrungen aus Rheinland-Pfalz belegen.[9]

Wenn Kirche bei den Menschen sein und Weltverantwortung übernehmen will, hat sie in der Schule ein großes Potenzial zur Verfügung. Sie trifft hier nicht nur auf kirchennahe Schüler, sondern kann auch die kirchenfernen erreichen.

Und die Kirche hat einen großen Vorteil: Durch den Konfirmandenunterricht hat sie Kontakte zu einzelnen Schülern und ist überdies durch den Religionsunterricht an der Schule bereits vertreten. Sie hat damit die einmalige Chance, Unterricht (den Bereich des Lernens) und außerunterrichtliche Projektangebote (den Bereich des Lebens) miteinander zu verbinden – auf vielfältige Weise:

- Die örtliche Kirchengemeinde kann zu Besuch in die Schule kommen. Auch können Partnerschaften zwischen Kirchengemeinde und Schule eingegangen werden, um z. B. religiöse Schultage oder -wochen zu gestalten und gemeinsame Feste und Veranstaltungen durchzuführen.
- Das Kirchengebäude kann zum Gottesdienst, aber ebenso wie Gemeindehaus und Friedhof darüber hinaus zu kirchenpädagogischen Begegnungen genutzt werden (z. B. für Exkursionen).
- Begegnungen und Berufspraktika können in der Kirchengemeinde oder einer kirchlichen bzw. diakonischen Einrichtung ermöglicht und vermittelt werden (Kindergarten, Krankenhaus, Sozialstation, Seniorenheim).

6 Auf der Suche nach einer integrierten Gesellschaft

An einem konkreten Beispiel soll die Zusammenarbeit zwischen Schule und Kirche unter dem Gesichtspunkt einer »Kultur des Helfens« verdeutlicht werden: »Die Würde des Alters – auf der Suche nach einer integrierten Gesellschaft«. Das Problem der Überalterung unserer Gesellschaft wird momentan in vielen verschiedenen Arbeitsbereichen diskutiert und bearbeitet. Explizit findet sich das Thema bislang kaum in Lehr- oder Bildungsplänen. Es lässt sich aber im Bereich des Schulcurriculums verorten.

6.1 In außerunterrichtlichen Angeboten und Projekten an außerschulischen Lernorten

Die Analyse der Lebenslagen hat gezeigt, dass Kinder und Jugendliche kaum mehr Berührungspunkte mit alten Menschen haben. Die Drei-Generationen-Familie unter einem Dach gehört der Vergangenheit an und damit auch das Leben in einer größeren Gemein-

9 Erste Erfahrungen und Kooperationskriterien beschreiben Lübking (36f) und das Landesjugendpfarramt Hannover.

schaft. Kinder und Jugendliche erleben Alter, Krankheit und Tod nicht mehr unmittelbar mit. Ihnen fehlen die sozialen Kontakte, wie das »Miterzogenwerden« von Oma und Opa, das Wissen und die Hilfe der Alten. Ihnen fehlt auch der natürliche und selbstverständliche Umgang mit alten Menschen, deren Bedürfnisse ihnen zunehmend nicht mehr bekannt sind. Wichtig ist daher, dass die Schüler zunächst die Lebenslage der älteren Menschen kennen lernen und differenziert wahrnehmen. Sie brauchen die Gelegenheit, zu empfinden, wahrzunehmen und zu erkennen, um dann zu einem helfenden Handeln zu gelangen. Das gelingt am besten am »Subjekt vor Ort«, in der unmittelbaren Kontaktaufnahme. Schülerinnen sollen daher die Möglichkeiten zu verschiedenartigen Besuchen haben: Im Seniorenheimen, im betreuten Wohnen, in kirchlichen Seniorengruppen, in Privathaushalten von Senioren, bei Engagements von Senioren etc. Da das einige Zeit braucht, sollten sie die Gelegenheit haben, ihre Besuche zu wiederholen.

Nachdem in einem ersten außerschulischen Angebot diese Besuch und darüber hinaus eine Kontaktaufnahme mit diakonischen Einrichtungen und kirchlichen Gruppierungen, mit deren Anbietern und Teilnehmern, stattgefunden haben, lassen sich durch Zusammentragen und Analysieren der verschiedenen Wahrnehmungen weitere Angebote gemeinsam mit den Schülern entwickeln:

- ☐ Workshop: Poster zum Thema »Die Würde des Alters«.
- ☐ Workshop: Poster zum Thema »Wir Jungen – Ihr Alten«.
- ☐ AG: Besuchsdienst für Senioren.
  Schüler lernen selbst zu koordinieren: Person, Zeitplan und Inhalt (vorlesen, musizieren, spielen, spazieren gehen).
- ☐ AG: Hilfe für Senioren.
  Schüler erkunden die Bedürfnisse und Notwendigkeiten (Einkaufsdienst, Hilfe bei der Gartenarbeit etc.)
- ☐ AG: Unterhaltungsprogramme für Senioren.
  Schüler entwerfen und gestalten selbst: gemeinsame Feiern, Gottesdienste, Ausflüge, Workshops etc.

6.2 Im verpflichtenden Unterricht

Im Zusammenhang mit solchen praktischen Begegnungen lässt sich »Alt werden« dann auch unterrichtlich – trotz der Lücken in den Lehrplänen – gut thematisieren. Im *Religionsunterricht* geht es um Themen wie: Was verstehen wir unter »Altwerden«? Was ist der Sinn des Altwerdens? Welches Bild vom Alter bzw. Altern fördert einen Zusammenhalt der Gesellschaft? Und was sind die Beiträge der Kirchen und der Gesellschaft zu einem neuen, würdigen Bild vom Altern?

Anhand von vier Punkten kann dies aufgezeigt werden:

1. Altern ist ein individueller Prozess. – Die ethische Dimension des Alterns (Alter als Lebensabschnitt, chronologisches Alter oder individuelle Lebensuhr, Patientenverfügung, würde- und friedvolles Sterben, Palliativmedizin).
2. Begleitung statt Verwaltung alter Menschen. – Der diakonische Aspekt (Alte Menschen als Teil der Gemeinde sehen, die Begegnung mit ihnen suchen, sie als Individuen kennen lernen, sie unterstützen und von ihnen lernen).

3. Beziehungen zwischen jungen und alten Menschen. – Stichwort Gemeindeaufbau (Alte Menschen können junge bereichern durch ihre Lebensweisheit, junge Alte zeigen große Bereitschaft, sich ehrenamtlich zu engagieren, intergenerationelle Wohnprojekte).
4. Das Altern ist eine Bereicherung. – Die seelsorgerliche Dimension (Sanduhrmodell: die sich vollendende Zeit ist wertvoll, Fülle und Reichtum der erfahrenen Lebenszeit, Menschen sollen auch im Alter Mensch bleiben können).

Das Thema »Die Würde des Alters – auf der Suche nach einer integrierten Gesellschaft« muss didaktisch auf die jeweilige Klassenstufe bzw. Entwicklungsphase der Schülerinnen und Schüler abgestimmt werden und kann so in seiner Ausrichtung und Pointierung variieren. Zahlreiche biblische Belege und Personen (z. B. der lebenssatte Abraham (Gen 25,8), der sterbende Isaak (Gen 27,1ff) oder der alte König David (1. Kön 1,1–4) können herangezogen werden, um das christliche Menschenbild zu vermitteln.

Daneben kann dieses Thema auch *fächerübergreifend* unterrichtet werden. Z. B. kann
- ☐ der Biologieunterricht das biologische Altern behandeln;
- ☐ der Deutschunterricht untersuchen, wie in der Literatur das Alter aufgegriffen wird, z. B. Simone de Beauvoir, Das Alter;
- ☐ der Kunstunterricht Porträts bearbeiten und eigene Bilder zum Thema entwerfen, z. B. eigenes Bild auf potenzielles Aussehen im Alter umgestalten;
- ☐ der Geschichts- und Sozialkundeunterricht demographische Entwicklung und soziale Auswirkungen bearbeiten.

Durch den Unterricht und die außerschulischen, unmittelbaren Begegnungen erhalten alle Schüler die gleichen Möglichkeiten, soziale Kompetenzen über Generationen hinweg zu erwerben. Sie sehen die Ambivalenzen im Leben: Einerseits die Gebrechlichkeit und Hilfsbedürftigkeit im Alter, andererseits auch die Lebensweisheit und Gelassenheit des Alters. Sie erhalten Reaktionen auf ihre geleistete Hilfe: Emotionen, Dank. Sie werden in Gespräche verwickelt und nehmen Anteil am vergangenen und gegenwärtigen Leben der alten Menschen. Beziehungen zwischen Schülern und den alten Menschen entstehen, die zu gemeinsam organisierten Projekten führen können: Projekten musikalischer oder kreativer Art, Feste und Ausflüge, Wochenendaktivitäten, Familienzusammenführungen. Nicht selten werden bei diesen Kontakten die Eltern der Schüler mit einbezogen. So sind z. B. auch Patenschaften von Schülerinnen oder Familien für alte Menschen denkbar.

Eine »Kultur des Helfens« ist keine »Einbahnstraßenhilfe« oder einmalige Hilfe. In diesem Beispiel ist sie als eine kontinuierliche und umfassende Hilfe angelegt – ausgerichtet auf die Kinder und Jugendlichen, hilft sie allen Beteiligten, auch den jungen und alten Erwachsenen. Wer sich für eine »Kultur des Helfens« engagiert, erfährt meist zugleich eine »Kultur, in der geholfen wird«.

Barbara Städtler-Mach

Alte Menschen

Die Begegnung junger Menschen mit alten Menschen stellt die Grundlage des »Wissens« über das Alter und auch das Altern dar. In der Regel erleben Jugendliche und Kinder alte Menschen zunächst in einem vertrauten Umfeld: Familie und Nachbarn, Bekannte ihrer Eltern oder Großeltern. Im Gespräch mit jungen Menschen wird häufig deutlich, dass sie »die Alten« auf diese Weise überwiegend positiv erleben. Besonderheiten von Großeltern sind bekannt und werden geschätzt oder wohlwollend hingenommen, ihre Zuwendung wird als Unterbrechung des Alltags erlebt, ihr Lebensvollzug ermöglicht Einblicke in andere Lebensweisen. Nicht selten besteht zwischen Kindern und Großeltern ein intensives, oft liebevolles Verhältnis – eine Situation, die angesichts der aufgelösten Strukturen von Großfamilien durchaus bemerkenswert ist und mit der vielfach sogar die Bereitschaft zur Übernahme von Pflege der alten Familienmitglieder verbunden ist (Noelle-Neumann/ Haumann 2001, 5ff).

Davon unterscheidet sich häufig der Kontakt zu alten Menschen, die als Unbekannte erlebt werden: in öffentlichen Verkehrsmitteln und Geschäften, in Pflegeeinrichtungen, in die Kinder mitgenommen werden, eventuell auch in einer Kirchengemeinde. Kinder und Jugendliche berichten bei solchen anonymen Begegnungen tendenziell eher von schlechten Erfahrungen. Alte Menschen erscheinen ihnen als seltsam, häufig griesgrämig und besserwisserisch, altmodisch und langsam. Sie fühlen sich als Kinder nicht verstanden und kritisiert, ohne allerdings ihrerseits die Besonderheiten alter Menschen angemessen einordnen zu können. Von daher erscheint es unabdingbar, in altergemäßer Weise auch Wissen über alte Menschen zu erwerben.

1 Die Bedingungen des Altwerdens

Die Begegnung mit alten Menschen findet häufig in Zusammenhängen statt, in denen das Alter eine Rolle spielt. So wird beispielsweise beim Geburtstag gratuliert mit dem Glückwunsch »Gesundheit und ein langes Leben«. Offensichtlich war bislang für viele Menschen beides erstrebenswert, sowohl Gesundheit wie auch langes Leben. Die besonders erhoffte Form bestand in der Verbindung von beidem. Lang zu leben und sich dabei guter Gesundheit zu erfreuen erschien als ein Geschenk für den Menschen.

Hier hat sich ein Wandel vollzogen: Nicht von vornherein wird ein langes Leben, wird Alter oder gar alt sein als erstrebenswert empfunden. Dabei werden die Menschen in unserer Gesellschaft so alt wie nie zuvor. Die durchschnittliche Lebenserwartung bei Männern beträgt derzeit 74,4 und bei Frauen 80,6 Jahre. Aufgrund der seit 160 Jahren andauernden Entwicklung ist damit zu rechnen, dass die Lebenserwartung in den großen Industrienationen bis 2060 auf fast 100 Jahre wächst (Seeberger 2004, 4).

Was bedeutet nun Alter und Altsein? In welcher Weise gibt es Vorbilder, Lebensmuster und Lebensentwürfe für ein Leben, das gut und gern 20 bis 30 Jahre länger dauert als das noch vor einigen Generationen der Fall war? In der Begegnung mit alten Menschen entstehen Fragen nach der medizinischen Betreuung langlebiger Menschen, ihrer Wohn- und Lebensformen, der finanziellen Absicherung und der gesellschaftlichen Wahrnehmung dieser Altersgruppe im Ganzen. In vielerlei Hinsicht hat sich nicht nur die Lebenserwartung verändert, sondern auch die Formen und Stile, in denen sich dieses Leben darstellt.

Dabei sind verschiedene Abschnitte unterschiedlich zu unterscheiden: Die Zeit von Ruhestandsbeginn bis zu möglichen deutlichen Einschränkungen durch Krankheit oder Pflegebedürftigkeit ist anders zu sehen als die Jahre, in denen eben jene Befindlichkeiten im Vordergrund stehen. Menschen, die auf den 65. Geburtstag zugehen, haben ganz andere Pläne als die vergleichbaren von vor 20 Jahren. Wer heute alt ist, sieht neue Lebensperspektiven für den nächsten Lebensabschnitt. Dabei können sich noch einmal ganz andere als die bisherigen Lebensvollzüge ergeben.

Demgegenüber ist das lange Leben jenseits des 80. Geburtstags nicht von neuen Zielen, sondern tendenziell von zunehmender Krankheit, Altersbeschwerden, Rückzug aus sozialen Bezügen und Einsamkeit bis hin zur Isolation gekennzeichnet (Lehr 1979).

2 Charakteristika einer zukünftigen Gesellschaft unter gerontologischer Perspektive

Um die Sichtweise alter Menschen und ihre Betreuung in den Blick zu nehmen, ist zunächst die Gesellschaft zu sehen, der wir einerseits selbst angehören, andererseits mit dem Angebot der Altenhilfe gegenübertreten. Pflege und Betreuung, zumal die der alten Menschen, ist immer mit einer wachen Aufmerksamkeit für die Verhältnisse, in denen das Individuum lebt, verbunden. Neben der schon genannten Langlebigkeit wird unsere Gesellschaft wesentlich durch eine wachsende kulturelle Pluralisierung gekennzeichnet sein. Damit ist der Verlust sozialer und individueller Sicherheit verbunden (Rosenmayr/Kolland 1994). Erfahrbar wird diese Entwicklung für den Einzelnen in dem Prozess, den wir gemeinhin als Wertewandel bezeichnen. Was früher galt, was früher wertvoll war, muss heute lange nicht mehr so gesehen werden. An die Stelle bestimmter Wertigkeiten, die helfen, das Leben zu ordnen und ihm eine Sinnzuschreibung zu geben, treten andere Werte und Richtlinien, die eine solche Sinnzuschreibung möglicherweise sehr erschweren.

Im persönlichen Bereich ist dieser Wertewandel überdies durch einen sozialen Prozess begleitet, der als Ent-Gemeinschaftung verstanden werden kann. Wir erleben Differenzierungsprozesse innerhalb der Sozialstrukturen, die eine Parallele zu dem charakterisierten Wertewandel im Denken darstellen. Zu diesem Prozess gehört auch, dass es kaum eine Institution gibt, die für alle verbindlich regelt, was gut und schlecht ist. Dazu kommt, dass wir in vielerlei Hinsicht über Dinge zu entscheiden hätten oder wenigstens Stellung dazu beziehen müssen, die wir faktisch kaum in ihren Ausmaßen beurteilen können. Durch den Prozess der Globalisierung sind wir einerseits mit weltweit entfernten Geschehnissen und Entwicklungen vertraut, andererseits können wir sie weder ermessen noch tatsächlich beeinflussen. Gleichzeitig wird der Nächste (im Sinn des Wortes: der Nachbar oder nebenan

Lebende) uns fremd, bleibt uns verborgen und unbekannt. In diesen Entwicklungsprozessen wird es auch immer schwieriger, eine deutliche Sinnorientierung zu finden. Die traditionellen Vermittler von Werten und Sinn, die Kirchen, stehen hier zwar nach wie vor zur Verfügung, haben aber sowohl an Vertrauen als auch an Glaubwürdigkeit verloren. Vielfach werden Orientierung und Sinnstiftung außerhalb der traditionellen Anbieter, der Kirchen, gesucht (Ziemer 2000 21–39).

Schließlich ist der Prozess der Ökonomisierung und Verrechtlichung zu nennen. Die Notwendigkeit, nahezu alle Vorgänge und Leistungen des Lebens in Kostengrößen zu benennen, sowie deren Planung und Finanzierung hat mittlerweile sämtliche Bereiche unserer Gesellschaft erfasst. Insbesondere die Dienstleistungen sind von dieser Entwicklung betroffen. Quer durch die gesamte Hierarchie des Gesundheits- und Pflegewesens ist zu lernen, dass Zuwendung allein nicht reicht. Erst die Zuordnung zu einer bestimmten Finanzierung schafft die Voraussetzung für solche Zuwendung. Das Herz am rechten Fleck zu haben, ist schon lange nicht mehr als Möglichkeit für pflegerisches Handeln ausreichend.

Kein Bereich diakonischer Arbeit ist von mehr rechtlichen Bestimmungen betroffen als die Altenhilfe: Pflegeversicherungsgesetz, Heimpersonalverordnung, Qualitätssicherungsgesetz und an die 30 Gesetze und Verordnungen mehr (Klie 1997).

Diakonische Altenpflege ist immer auch Antwort auf die Gegebenheiten der gegenwärtigen Gesellschaft. Dabei ist sowohl zur Reaktion aufgerufen als auch grundsätzlich dazu, Lebensbedingungen mitzugestalten. Insbesondere die eingangs genannte Perspektive immer längeren Lebens stellt die Herausforderung dar, sich mit dem Thema »Alter« auch auf ethischer und anthropologischer Basis zu befassen. Angesichts der vielen langlebigen Menschen wird die Wandlung in unserer ethischen Anschauung gravierend. Langes Leben allein stellt beileibe keinen Wert dar, für den alles aufgebracht werden muss und der um jeden Preis zu schützen wäre. Im Hinblick auf alte und hoch betagte Menschen und auf die Möglichkeit, sie medizinisch und pflegerisch zu versorgen, wird die Frage der Ethik »Was sollen wir tun?« vielmehr zu der Frage »Was dürfen wir lassen?« Da die ethischen Grundvoraussetzungen durch den Wertewandel innerhalb der Gesellschaft und auch schon häufig innerhalb einer Familie weit auseinander klaffen, wird auf diese Fragen entsprechend auch keine einheitliche Antwort zu finden sein.

3 Aspekte der Anthropologie

Da Ethik von den anthropologischen Vorstellungen abhängt, ergibt sich bei einem langen Leben darüber hinaus die Frage, was unter Leben eigentlich verstanden wird. In welcher Weise entwickeln sich Bilder vom Leben und Bilder vom Alter? Wird diese Lebensphase eher als negativ oder positiv gesehen? Wie verhalten sich dabei die Einschätzungen jüngerer und älter Menschen dabei zueinander?

So wie langes Leben in den letzten Lebensjahren aussieht oder besser: so wie alte Menschen von außen wahrgenommen werden, wird langes Leben von vielen jüngeren als nicht lohnend empfunden. »Das ist doch kein Leben mehr«, sagen etwa Menschen im Hinblick auf Demenzkranke oder sehr pflegebedürftige Menschen. In diesem Zusammenhang werden Vorstellungen wissenschaftlicher und persönlicher Art über das, was als Lebensqualität definiert wird, immer wichtiger. Generell ist das Bild vom alten Menschen und die sich daraus ergebende Einstellung ihm gegenüber durchaus von Defiziten geprägt. Wo jung und schön sein, Gesundheit und Fitness, Leistungsfähigkeit und Erfolg gelten, hat der alte Mensch wenig Chancen. Dabei existieren – im Grunde ganz natürlich – Unterschiede hinsichtlich dessen, was als Lebensqualität definiert wird, die vor allem vom Lebensalter derjenigen Person abhängen, die darüber nachdenkt. Vitalität, Leistungsfähigkeit, Abwechslung und soziale Kontakte sind Kriterien für Lebensqualität, die in verschiedenen Lebensaltern völlig unterschiedlich bewertet werden.

4 Ethische Aspekte

Alter als ein soziales Thema in diakonischer Perspektive betrifft als Herausforderung alle Mitglieder einer Gesellschaft, wobei bestimmte Gruppen in besonderer Weise gefordert sind. Da alte Menschen vielfach pflegebedürftig sind, sind an dieser Stelle vorrangig professionell Pflegende gefragt, gleichzeitig aber auch die Pflegebedürftigen selbst, ihre Angehörigen, die christliche Gemeinde und schließlich die gesamte Gesellschaft. Betrachtet man zunächst die Gruppe der Pflegenden, so wird häufig deutlich, dass sie die Lebenssituation alter Menschen und ihre Pflegebedürftigkeit als äußerst problematisch empfinden. Viele Pflegende äußern, dass sie selbst niemals so alt werden wollen wie die Menschen, die sie pflegen. Damit meinen sie vor allem die Lebensumstände, die sich mit dieser Altersstufe ergeben. Hinfälligkeit, Demenz, Wohnen in einer Pflegeeinrichtung, Rückgang der sozialen Kontakte und damit der Teilnahme am Leben anderer sind für viele Pflegende Lebensbedingungen, die sie so für sich selbst nicht wollen.

In diakonischer Pflege und Betreuung wird dies deutlich. Zum einen erschöpft sich Leben eben nicht im Stillen der Grundbedürfnisse »satt und sauber«, zum anderen ist Leben in einem biblisch-theologischen Sinn auch nicht nur das Leben, das in irgendeiner Form gelingt oder gar als »vollkommen« gilt. Im Gegenteil, gerade das Leben, das bruchstückhaft und fragmentarisch bleibt oder auch wird, ist im biblischen Sinne volles und vollwertiges Leben. Nicht weil jemand etwas leistet oder bedeutet, ist er oder sie wertvoll, sondern weil das Leben ein Geschenk Gottes ist.

Demgegenüber bringt die Betrachtung des Alters als ein von Defiziten gekennzeichneter Lebensabschnitt kritische Äußerungen mit sich. Diese Wahrnehmung scheint sich auch bei alten Menschen selbst durchzusetzen. Langes Leben, ein Alter jenseits der 80 etwa, wird durchaus als Zumutung für andere empfunden. Nicht zur Last fallen, nicht auf der Tasche liegen, nicht im Weg stehen sind Wünsche, die alte Menschen im Hinblick auf ihre Angehörigen und auch auf die gesamte Gesellschaft haben. An dieser Stelle wird deutlich, wie alte Menschen sich selbst einschätzen, gleichsam mit den Augen der anderen.

In besonderer Weise entsteht hier die ethische Herausforderung, zwischen Selbst- und Fremdbestimmung eine Balance zu finden. Ein Mensch, der pflege- oder hilfsbedürftig wird, vor allem dann, wenn er selbst nur noch eine begrenzte Wahrnehmung seiner Situation besitzt, behält nach dem Verständnis des christlichen Menschenbildes trotz alledem das Recht auf Selbstbestimmung. Wo es nicht mehr wahrgenommen werden kann, ist mit einer Fremdbestimmung äußerst behutsam umzugehen. An dieser Stelle sind die Beispiele der Sterbehilfeforderung im Gegensatz zur palliativen Hilfe bzw. zur Hospizidee oder auch der Umgang mit »PEG-Sonden« zu nennen.

Besonders deutlich wird die Unterscheidung von Fremd- und Selbstbestimmung im Umgang mit der Patientenverfügung. Stand in den vergangenen Jahren, in denen dieses Instrument der Regelung von Lebensumständen populär wurde, die Selbstbestimmung im Vordergrund, so geht es heute zunehmend um die Absicht, nicht durch medizinische Behandlung lange als »Kostenfaktor« zu leben. Patientenverfügungen werden nicht mehr vorrangig mit der Absicht verfasst, die Umstände des Sterbens wie auch des Lebens möglichst weitgehend selbst zu bestimmen, sondern um einer kostspieligen Behandlung, die den Jüngeren gegenüber als Zumutung empfunden wird, zu entgehen.

Schließlich sind auch die Angehörigen und darüber hinaus die gesamte Gesellschaft in den Blick zu nehmen. Wenn Angehörige von der Hinfälligkeit und Pflegebedürftigkeit eines Elternteils betroffen sind, wird das häufig als Belastung empfunden, zumal sie ja selbst schon oft »ältere Menschen« sind. An dieser Stelle entsteht insbesondere unter der diakonischen Perspektive die Forderung nach Solidarität mit den Hilfsbedürftigen in der Versorgung und Betreuung alter Menschen. In manchen Gesellschaften wird diese Solidarität im Wesentlichen durch die Familie geleistet, in unserem Land ist das nicht (mehr) der Fall. Von daher haben wir es in der Beziehung der alten Hilfsbedürftigen und den Menschen, die sie pflegen bzw. die professionelle Pflege nutzen, mit dem zu tun, was als »Schuldkonto« innerhalb der Generationen zu beschreiben ist. Innerhalb unserer Gesellschaft reduziert sich der innerfamiliäre Hilfebedarf aus unterschiedlichen Gründen. Getrennte Wohnsitze, Mangel an Zeit und Fertigkeiten, getrennte Lebensbereiche und -stile führen dazu, dass der Hilfebedarf von außerfamiliären Personen übernommen werden muss. Hier tritt die professionelle Altenpflege ein, die in solidarischer Gemeinschaft zwischen den Generationen einerseits und den Pflegebedürftigen und Pflegenden andererseits menschliche Grundfragen wie Fürsorge und Begleitung, Zuwendung und Beziehung übernimmt. An dieser Stelle wird deutlich, dass Altenpflege, zumal im diakonischen Kontext, eine gesellschaftlich relevante Aufgabe übernimmt, die eine entsprechende Wertschätzung garantieren muss (Evangelische Arbeitsgemeinschaft für Altenarbeit in der EK 2002).

ANDREAS KLETT-KAZENWADEL

Migration / Flüchtlinge

1 Einleitung

Deutschland ist de facto ein Einwanderungsland. Dies ist nicht nur eine Tatsache, sondern vor allem eine Notwendigkeit[1]; daran lässt sich nichts ändern. Das Bild der deutschen Bevölkerung verändert sich. Immer mehr Menschen ausländischer Abstammung leben und arbeiten hier. In den nächsten Jahren wird sich diese Tendenz voraussichtlich fortsetzen. Daher ist es sinnvoll und dringend notwendig, über Möglichkeiten des diakonisch-sozialen Lernens gerade im Handlungsfeld Migration/ Flüchtlinge nachzudenken. Es reicht nicht aus, sich in der Politik und durch entsprechende Gesetzgebung den Themen Zuwanderung, Aufenthaltsstatus, Ausweisung, politisches Asyl, ausländische Fachkräfte etc. zu widmen, denn bei Migration handelt es sich zum einen um ein gesellschaftspolitisch sehr umstrittenes Thema, zum anderen um ein globales Phänomen.

Weltweit wurden im Jahr 2002 nach offiziellen Zahlen rund 183 Millionen Migranten gezählt. Dies bedeutet bei einer Weltbevölkerung von 6,3 Milliarden Menschen einen Anteil von fast drei Prozent.

Ein kleiner Teil dieser Migration fand in Deutschland statt. 2002 zogen 842 543 Menschen nach Deutschland, 623 255 Menschen verließen das Land. Zusammen sind das weniger als ein Prozent aller Migranten. Wiederum gemessen an einer deutschen Gesamtbevölkerung von rund 82,5 Milllionen machten die Migranten in Deutschland einen Anteil von 1,8 Prozent aus.

Trotz der zahlenmäßig eher geringen Bedeutung spielen die Themen im Umfeld von Migration eine erhebliche Rolle in Politik und Gesellschaft. »Zuwanderung gestalten – Integration fördern« ist der Titel des Berichts der Unabhängigen Kommission »Zuwanderung«, den diese am 4. Juli 2001 vorlegte. Eingesetzt wurde die Kommission am 12. September 2000 von Bundesinnenminister Otto Schily. Einen vorläufigen Abschluss haben die Kommissionsergebnisse in dem am 9. Juli 2004 vom Bundesrat verabschiedeten so genannten Zuwanderungsgesetz gefunden.[2] Dieses

---

1 »Deutschland braucht Zuwanderinnen und Zuwanderer. Die Steuerung der Zuwanderung nach Deutschland und die Integration der Zugewanderten werden zu den wichtigsten politischen Aufgaben der nächsten Jahrzehnte gehören.« (Zuwanderungskommission, 11)

2 Am 23. Februar 2000 kündigt Bundeskanzler Gerhard Schröder die Einführung der so genannten »Greencard« an und löst damit eine erneute Diskussion über geregelte Zuwanderung aus. Daraufhin wird in den Zuwanderungskommissionen beraten und ein Bericht angefertigt. Am 7.11.2001 beschließt die Bundesregierung den Entwurf für ein Zuwanderungsgesetz, das am 1.3.2002 vom Bundestag verabschiedet wird. Nachdem es am 22.3.2002 im Bundesrat zu Unstimmigkeiten bei der Abstimmung kommt, erklärt das Bundesverfassungsgericht am 18.12.2002 die Abstimmung für rechtswidrig und verhindert dadurch das In-Kraft-Treten des Gesetzes. Ab September 2003 wird im Vermittlungsausschuss beraten. Am 25. Mai 2004 erreicht Bundeskanzler Schröder eine Einigung mit den Vorsitzenden von SPD, Grünen, CDU, CSU und FDP. Günther Beckstein (CSU), Peter Müller (CDU) und Otto Schily (SPD) legen am 17.6.2004 einen gemeinsamen Gesetzesentwurf vor, der schließlich vom Bundesrat gebilligt wird.

»Gesetz zur Steuerung und Begrenzung der Zuwanderung und zur Regelung des Aufenthalts und der Integration von Unionsbürgern und Ausländern« tritt am 1. Januar 2005 in Kraft. Damit geht ein jahrelanger politischer Streit zwischen Regierung und Opposition zu Ende.

Auf gesellschaftlicher Ebene sind die Probleme der Akzeptanz und der Integration von Migranten jedoch längst nicht gelöst. Nach wie vor fühlen sich die meisten Zuwanderer und Ausländer in Deutschland unwillkommen, diskriminiert, manche sogar bedroht.[3]

Dieser Beitrag wird sich im Weiteren schwerpunktmäßig mit folgenden Fragen beschäftigen: Was bedeutet Migration? Welche Formen der Zuwanderung gibt es? Welche Gründe bewegen Menschen dazu, ihre Heimat zu verlassen? Welche Aussagen finden sich in der Bibel zu der Frage des Umgangs mit Migranten? Was ergibt sich daraus für das diakonisch-soziale Handeln? Welche Kompetenzen sind dabei vonnöten? Welche Ziele sind insbesondere bei Schülerinnen und Schülern pädagogisch zu erreichen?

2 Migration

Von Migration wird immer dann gesprochen, wenn Menschen ihren bisherigen Wohnsitz verlassen und sich an einem anderen Ort niederlassen – aus welchen Gründen auch immer. Das Wort Migration geht auf das lateinische Verb *migrare* zurück, das »wegziehen« oder »wandern« bedeutet. Unser Substantiv entspricht dem lateinischen *migratio* und bedeutet entsprechend »Wanderung«. Die Worte Immigration und Emigration bezeichnen folglich die Ein- bzw. Auswanderung. Die betroffenen Menschen werden als Migranten und Migrantinnen bezeichnet.

Migration ist ein Phänomen, das sich weder zeitlich noch räumlich begrenzen lässt. Zu allen Zeiten der Geschichte und in allen Regionen der Erde gab bzw. gibt es Menschen, die ihren Aufenthaltsort wechselten. Migration darf jedoch keinesfalls als grundsätzlich negatives Phänomen verstanden werden. Der Wunsch und die Notwendigkeit, eine Region zu verlassen und sich irgendwo anders niederzulassen, gehört zur menschlichen Lebensweise als legitime und sinnvolle Option dazu.

Da sich die konkreten Formen von Migration und ihre äußeren Umstände stark unterscheiden, wurden in der Forschung verschiedene Typologien entwickelt. Man unterscheidet einerseits die Migration einzelner, mehrerer und ganzer Massen. Andererseits wird die Migration, die sich innerhalb eines Landes vollzieht (interne bzw. Binnenwanderung) von der Migration unterschieden, bei der Landesgrenzen überschritten werden (externe bzw. internationale Wanderung). Ebenso kann zwischen der zeitlich begrenzten (temporären) und der dauerhaften (permanenten) Migration differenziert werden. Auch die Ursachen von Migration können als Kriterium dienen. Folglich unterscheidet man z. B. Arbeitsmigranten von Flüchtlingen.[4]

---

3 Es sei jedoch betont, dass sich Fremdenfeindlichkeit und ausländerfeindliche Übergriffe nicht pauschal auf einzelne Gruppen der Gesellschaft beschränken lassen.

4 Vgl. hierzu die Ausführungen zu den Push- und Pull-Faktoren.

Flucht und Vertreibung stellen eine besondere Art der Migration dar, denn hierbei handelt es sich um Formen erzwungener Wanderungen. Die betroffenen Personen konnten sich nicht frei entscheiden. Sie hatten lediglich die Wahl zwischen Aufbrechen und Leben oder Bleiben und Sterben.

Insgesamt sind diese Einteilungsversuche kritisch zu betrachten und nur mit Vorbehalt zu gebrauchen. Es muss davon ausgegangen werden, dass Migration in den wenigsten Fällen auf einer freien, selbstbestimmten Entscheidung eines einzelnen Individuums beruht. Außerdem entwickelt sich aus einer ursprünglich temporären Migration in vielen Fällen der Wunsch nach einem dauerhaften Aufenthalt. Arbeitsmigration hat in der Regel einen Familiennachzug zur Folge, der dann eine ganz andere Migrationsform darstellt. Dazu kommt, dass die geltenden Gesetze meist einen sehr engen Flüchtlingsbegriff verwenden – was dazu führt, dass aus vielen Migranten so genannte »Wirtschaftsflüchtlinge« gemacht werden.

Im Laufe der Geschichte fanden immer wieder größere zusammenhängende Wanderungsbewegungen statt. Aus der griechischen und römischen Antike kennen wir zahlreiche Berichte über die Vertreibung der Bevölkerung aus eroberten Gebieten, Berichte über Deportationen, Zwangsumsiedlungen und Verbannungen ins Exil. Die Verschleppung Tausender Menschen zum Zwecke der Sklaverei wurde über Jahrhunderte bis in die jüngste Geschichte hinein betrieben. Im Mittelalter lösten neben Hunger insbesondere die Kreuzzüge Flucht- bzw. Wanderungsbewegungen aus. Vor und nach der Reformation kam es immer wieder auch zu religiös motivierten Migrationen. Erwähnt seien hier die Katharer und Albigenser (13. Jahrhundert), die Waldenser (14. und 15. Jahrhundert) und die Hugenotten im 16. Jahrhundert, nicht zu vergessen die zahlreichen Vertreibungen von Juden in ganz verschiedenen Epochen. Auch die Französische Revolution hatte zur Folge, dass zahlreiche Royalisten, Anhänger des Ancien Régime und Geistliche zur Emigration gezwungen wurden. Vor dem Ersten Weltkrieg verließen mehr als 50 Millionen Menschen Europa. Hiervon gingen etwa 37 Millionen nach Nordamerika, rund 11 Millionen nach Südamerika. Die deutschen Nationalsozialisten und die faschistischen Regime Italiens und Spaniens zwangen schon vor dem Ausbruch des Zweiten Weltkriegs mehr als 800 000 Menschen zum Verlassen ihrer Heimat. Nach Kriegsende befanden sich etwa 9 Millionen so genannter »Fremdarbeiter« in Deutschland, die während des Krieges aus den besetzten Gebieten geholt worden waren. Im Zusammenhang mit der Repatriierung dieser Menschen wurde schließlich zum 1.1.1951 das Amt des Hohen Flüchtlingskommissars der Vereinten Nationen (UNHCR) geschaffen. Die Arbeit des UNHCR beschränkte sich in den ersten Jahren noch auf die Hilfe und Unterstützung vorwiegend europäischer Flüchtlinge in der Folge des Zweiten Weltkriegs. Doch schon bald agierte UNHCR weltweit.

Die Situation in Deutschland (und Westeuropa) nach 1945 lässt sich grob in drei Phasen darstellen. Nach Kriegsende bestand eine starke Nachfrage nach Arbeitskräften. Deshalb wurden aus anderen Ländern meist Männer angeworben. Vorwiegend Italiener, Griechen, Jugoslawen, später auch Türken wanderten nach Deutschland, um hier zu arbeiten. Anfang der 70er Jahre veränderte sich die weltwirtschaftliche Situation, woraufhin ein Anwerbestopp ausgesprochen wurde. Die so genannten »Gastarbeiter« gingen jedoch nicht unverzüglich wieder zurück in ihre Heimatländer zu ihren Familien, wie man ursprünglich angenommen hatte. Statt dessen holten sie ihre Familienangehörigen zu sich nach Deutschland. Die zweite Phase ist also geprägt vom Familiennachzug der angeworbenen Arbeitsmigranten. Mitte der 80er Jahre setzte die dritte Phase ein, in der die Zahl der Asylsuchenden stark anstieg. Zusätzlich kam es seit dem Ende des Kalten Krieges und dem Zusammenbruch des Ostblocks zur massenhaften Einwanderung von Aussiedlern aus der ehemaligen Sowjetunion.

Migration entwickelte sich zu einem globalen Phänomen, das sich mittlerweile über alle Teile der Erde erstreckt und jedes Land und jede Region betrifft. So ist es auch folgerichtig, dass sich nicht nur jeder einzelne Nationalstaat Ausländer-, Zuwanderungs- oder Asylgesetze gibt, sondern dass Migration als europäische und internationale Herausforderung angesehen wird.[5] Das neue deutsche Zuwanderungsgesetz ist schon stark von den europäischen Vorgaben mit geprägt. Andere europäische Staaten müssen ihre Gesetzgebung noch anpassen. Leider werden die politischen Verhandlungen um diese europäische Harmonisierung momentan hauptsächlich durch wirtschaftliche Interessen (Stichwort »hoch qualifizierte Fachkräfte«) und sicherheitspolitische Aspekte (Vereinfachung der Möglichkeit, bestimmte Personen ausweisen zu können) bestimmt und weniger vom Gedanken der humanitären Verantwortung.

3 Formen der Zuwanderung nach Deutschland

Migration, die sich auf ein Land bezieht, teilt sich auf in Zuzug und Fortzug von Personen. Bei den Zuzügen können verschiedene Gruppen unterschieden werden. Die wichtigsten Gruppen von (legalen) Zuwanderern nach Deutschland sind[6]:

- □ Saisonarbeitnehmer (ca. 315 000 Personen[7])
- □ EU-Binnenmigranten (110 610 Personen[8])
- □ Spätaussiedler (91 416 Personen[9])
- □ nachziehende Ehegatten und Familien (85 305 Personen[10])
- □ Asylbewerber (71 124 Erstanträge[11])
- □ Ausländische Studierende (58 480 Studienanfänger)

---

5 Mit dem 1999 in Kraft getretenen Amsterdamer Vertrag wurde die Zuständigkeit der EU für die Asyl- und Migrationspolitik festgelegt. Innerhalb von fünf Jahren sollten Verordnungen und Richtlinien erarbeitet werden, die zur europäischen Harmonisierung in diesem Bereich führen sollen.

6 Alle hier gemachten Angaben beziehen sich auf das Jahr 2002. Die Zahlen stammen aus dem Migrationsbericht der Integrationsbeauftragten 2004.

7 Darunter 259 615 polnische und 22 233 rumänische Arbeitskräfte. Ca. 90% der Saisonarbeiter werden in der Land- und Forstwirtschaft eingesetzt, etwa 7% im Hotel- und Gaststättengewerbe.

8 22% aus Italien, 13% aus Griechenland, 12% aus Frankreich, jeweils 9% aus Österreich, den Niederlanden und Großbritannien.

9 Bei den Spätaussiedlern muss unterschieden werden zwischen denjenigen, die in eigener Person Spätaussiedler sind (22%), den Ehegatten und Abkömmlingen von Spätaussiedlern (64%) und den weiteren Familienangehörigen, z. B. Ehegatten und Kindern von Abkömmlingen (14%).

10 Hierbei kamen 29% der Personen aus der Türkei und 11% aus dem ehemaligen Jugoslawien.

11 Das Bundesamt für die Anerkennung ausländischer Flüchtlinge entschied im Jahre 2002 über insgesamt 130 128 Asylanträge. Dabei wurden 2379 Personen (1,8%) als Asylberechtigte nach Art. 16a GG anerkannt, 78 845 Anträge (60,6%) wurden abgelehnt (Bundesamt, Migration und Asyl, 51).

- □ Werkvertragsarbeitnehmer (45 409 Personen)
- □ jüdische Zuwanderer aus dem Gebiet der ehemaligen UdSSR (19 262 Personen[12])
- □ IT-Fachkräfte (von August 2000 bis Ende 2002 insgesamt 9 614 Personen).

Im Hinblick auf die Dauer des Aufenthalts in Deutschland und auf den Aufenthaltsstatus der einzelnen Migranten bestehen erhebliche Unterschiede. Der Aufenthalt von Saisonarbeitskräften z. B. ist auf eine bestimmte Zeit beschränkt. Hingegen ist Familiennachzug auf einen dauerhaften Aufenthalt angelegt. Asylbewerber haben einen anderen rechtlichen Status als zum Beispiel jüdische Zuwanderer oder Spätaussiedler aus der ehemaligen Sowjetunion.

Nach Deutschland ziehen Menschen aus allen Teilen der Erde: aus Europa (ohne EU) kamen etwa 430 000, aus der EU 110 000, aus Asien 160 000, aus Amerika und Australien 50 000 und aus Afrika 39 000 Personen.

Die sechs wichtigsten Herkunftsländer oder -regionen waren die EU (16 Prozent)[13], Polen (12 Prozent), Russische Föderation (9 Prozent), ehemaliges Jugoslawien (7 Prozent), Türkei (7 Prozent) und Kasachstan (5 Prozent).

Parallel dazu können die Zuzüge nach den sechs wichtigsten Staatsangehörigkeiten aufgeführt werden: deutsch (21 Prozent), polnisch (9 Prozent), türkisch (7 Prozent), russisch (4 Prozent), italienisch (3 Prozent) und ehemals jugoslawisch (3 Prozent). Die größte Gruppe der Einwanderer im Jahr 2002 waren also Deutsche, nämlich 184 202 Personen. Diese Zahl setzt sich vorwiegend aus Spätaussiedlern und deutschen Rückwanderern[14] zusammen.

Die Altersstruktur der Zuwanderer stellt sich folgendermaßen dar: 77,4 Prozent waren jünger als 40 Jahre. Jünger als 65 Jahre waren 97,4 Prozent. Das Durchschnittsalter lag bei 29,8 Jahren. Dies wirkt sich auf die deutsche Gesellschaft demographisch verjüngend aus[15]. Der Frauenanteil beträgt bei den Zuzügen etwa 40 Prozent.

4 Die wichtigsten Push- und Pull-Faktoren

Wenn sich Menschen dazu entscheiden, ihren angestammten Wohnsitz zu verlassen, spielen dabei sehr unterschiedliche Faktoren eine Rolle. Dieser Entschluss lässt sich nur selten auf einen einzigen Grund reduzieren. Momentan werden theoretisch Push- und Pull-Faktoren unterschieden, also Faktoren, die Menschen sozusagen aus ihrer Heimat heraustreiben (*push*) und Faktoren, die Menschen in ein anderes Land oder eine andere Region ziehen *(pull)*.

---

12 Die Aufnahme von Juden geht auf einen Beschluss der DDR-Regierung aus dem Jahre 1990 zurück, in dem jüdischen Personen aus der Sowjetunion die erleichterte Einreise ermöglicht wurde. Dieser Beschluss wurde nach der Wiedervereinigung weitergeführt. Motiv dafür ist unter anderem die Erhaltung und Stärkung der jüdischen Gemeinden in Deutschland.

13 Vor der Osterweiterung im Jahre 2004.

14 Es kehrten z. B. 27 779 Deutsche aus anderen EU-Staaten zurück, 11 268 Personen aus den Vereinigten Staaten, 19 502 Personen aus Polen.

15 Unter 18 Jahre: 14,7% bei den Zugezogenen gegenüber 18,5% bei der deutschen Gesamtbevölkerung; 18–39 Jahre: 62,7% gegenüber 29,9%; 40–64 Jahre: 20% gegenüber 34,1%; älter als 65 Jahre: 2,6% gegenüber 17,5%.

Das Bundesamt für die Anerkennung ausländischer Flüchtlinge ordnet verschiedenen Migrationstypen sehr schematisch-vereinfachend jeweils einen Push- und einen Pull-Faktor zu. So werden der »politischen Migration« die Faktoren »politische Verfolgung« und »Freiheit/Demokratie/Toleranz« zugeordnet oder der »Ökomigration« die Faktoren »Umweltkatastrophen« und »gesundes Klima« (Bundesamt, Wanderungsbewegungen, 55).

Gewalt, Ungerechtigkeit, Bevölkerungsdruck und begrenzte Ressourcen stellen die vier grundlegenden Push-Faktoren dar. Sie konkretisieren sich in Kriegen, Rechtlosigkeit, Menschenrechtsverletzungen, Willkür, Repressionen, Armut, Überbevölkerung, Arbeitslosigkeit und Umweltzerstörung.

Bei den Pull-Faktoren geht es meist um die Aussicht auf Verbesserung der eigenen Lebensumstände und der Chancen für die Kinder. Erhofft werden insbesondere Schutz vor Verfolgung, sauberes Wasser und ausreichend Nahrungsmittel, eine Arbeit, die der Qualifikation entspricht, Fort- und Weiterbildungsmöglichkeiten, überhaupt ein Zugang zu Bildung, medizinische Grundversorgung über ein intaktes Gesundheitssystem, menschenwürdige Wohnverhältnisse, Rechtssicherheit, Frieden.

An dieser Stelle sei nochmals betont, dass es ein natürliches menschliches Bestreben ist, sich aus bedrückenden und lebensfeindlichen Bedingungen befreien zu wollen. Genauso normal ist es, dass Menschen an besseren Verhältnissen, die an anderen Orten herrschen, partizipieren wollen. Hierbei sind diejenigen, die die Möglichkeit zur Emigration besitzen, selten gewillt, geduldig auf eine positive Veränderung in der Heimatregion zu warten. Die Globalisierung ist für die weltweite Verbreitung der hohen Lebensstandards der wohlhabenden und wirtschaftsstarken Staaten mit verantwortlich. Somit können die Migrationsströme nach Europa als eine unmittelbare Folge der Globalisierung angesehen werden, da erst durch sie die verstärkte Wahrnehmung der qualitativen und quantitativen Unterschiede zwischen »Erster« und »Dritter Welt« ermöglicht wurde.[16] Eine nicht zu unterschätzende Rolle spielt dabei auch der Fortschritt in der Kommunikationstechnologie (insbesondere Fernsehen und Internet).

5 Ausgewählte biblische Aussagen[17]

»Mein Vater war ein Aramäer, dem Umkommen nahe, und zog hinab nach Ägypten und war dort ein Fremdling mit wenig Leuten und wurde dort ein großes, starkes und zahlreiches Volk. Aber die Ägypter behandelten uns schlecht und bedrückten uns und legten uns einen harten Dienst auf. Da schrien wir zu dem HERRN, dem Gott unserer Väter. Und der HERR erhörte unser Schreien und sah unser Elend, unsere Angst und Not und führte uns aus Ägypten mit mächtiger Hand und ausgestrecktem Arm und mit großem Schrecken, durch Zeichen und Wunder, und brachte uns an diese Stätte und gab uns dies Land, darin Milch und Honig fließt.«[18]

16 Vgl. hierzu die Untersuchungen von F. Heckmann.

17 Vgl. zu diesem Abschnitt F. Crüsemann, 25ff; EKD 1997.

18 Dtn 26,5b–9.

Diese kurze, zum liturgischen Stück verfestigte Erinnerung aus dem Deuteronomium konserviert die vielleicht grundlegendste Erfahrung des jüdischen Volkes: Jakob, einen der Stammväter Israels, zwang laut den biblischen Aussagen eine Hungersnot nach Ägypten.[19] Dort machte er die Erfahrung des Fremdseins und der damit verbundenen Schwierigkeiten und Nachteile. Desgleichen erlebte das geknechtete und leidende Volk, dass Gott sein Schreien und seine Bitten erhörte. Schließlich wurden die zahlreichen Nachkommen Jakobs gerettet, befreit und mit fruchtbarem Land beschenkt.

Jakob war nicht der Erste und nicht der Einzige, von dem das Alte Testament eine Flucht- oder Migrationsgeschichte zu erzählen weiß.[20] Entscheidend ist, dass diese Geschichten und die darin überlieferten Erfahrungen für Israel eine solche Bedeutung erlangten, dass sie den jüdischen Glauben, die Theologie und die Gesetze sehr tiefgreifend prägten. Israel hat selbst Fremde und Unterdrückung erlebt und überstanden. Deshalb sollen in Israel Fremde nicht unterdrückt werden.

Die Priesterschrift hat dies im Heiligkeitsgesetz so formuliert: »Wenn ein Fremdling bei euch wohnt in eurem Lande, den sollt ihr nicht bedrücken. Er soll bei euch wohnen wie ein Einheimischer unter euch, und du sollst ihn lieben wie dich selbst; denn ihr seid auch Fremdlinge gewesen in Ägyptenland. Ich bin der HERR, euer Gott.«[21] Diese alttestamentliche Weisung stellt das Ergebnis einer Entwicklung dar. Sie beginnt bei dem fast allen Religionen eigentümlichen Schutz an und in heiligen Orten. Im Zusammenhang damit steht jedoch die Problematik, dass auch Schuldige – das heißt für die damalige Zeit nicht Schutzbedürftige – dort geschützt und dem Zugriff entzogen waren.[22] Nicht zuletzt wurden dadurch die heiligen Stätten nur noch als Zufluchtsorte für Verfolgte beschrieben, die eine nicht vorsätzliche Tat begangen haben und vor den Bluträchern Schutz suchten.[23]

Parallel zu dieser Beschneidung des Schutzes, der von heiligen Orten ausging, wurde ein breiter und umfassender Schutz der Fremden formuliert. Grundlage dafür waren wie oben erwähnt die eigenen Erfahrungen und eine spezifische Gottesvorstellung[24]: Gott liebt die Fremden (Dtn 10,18), er beschützt und behütet sie (Ps 146,9). Nicht nur durch das Aufsuchen der heiligen Stätten erfahren die Fremden Schutz, sondern grundsätzlich gilt, dass Gott keine Unterschiede bei Menschen macht. So wie er alle Menschen erschaffen hat, so wie jeder Mensch Ebenbild Gottes ist, so soll

19 Gen 46,1ff.

20 Siehe insbesondere die Erzählung vom Aufbruch Abrahams (Gen 12,1ff) oder die Erzählung von der Flucht Jakobs nach Haran (Gen 27,41ff). Kirchenamt der EKD 2002, 7: »Migration und Fremdheit gehören zu den Grunderfahrungen des Glaubens.«

21 Lev 19,33f.

22 Dies kritisieren einzelne Propheten. Z. B. Jer 7,1ff; Mi 3,9f. Die Problematik findet sich immer wieder im Laufe der Geschichte. Auch nach dem Zweiten Weltkrieg wurde Nazis in verschiedenen Ländern und in Kirchen Zuflucht gewährt. Dazu: E. Klee, Persilscheine und falsche Pässe.

23 Dtn 19,4ff: »In diesem Fall soll ein Totschläger, der dahin (in eine Asylstadt) flieht, am Leben bleiben: Wenn jemand seinen Nächsten erschlägt, nicht vorsätzlich, und hat vorher keinen Hass gegen ihn gehabt ... auf dass nicht der Bluträcher dem Totschläger nachjage in der Hitze seines Zornes und ihn einhole ... und ihn totschlage, wo er doch nicht des Todes schuldig ist.«

24 Gott selbst stellt sich laut erstem Gebot als Retter und Befreier der Unterdrückten da. Ex 20,2: »Ich bin der HERR, dein Gott, der ich dich aus Ägyptenland, aus der Knechtschaft, geführt habe.«

auch für Fremde nichts anderes gelten als für Einheimische. »Für die ganze Gemeinde gelte nur eine Satzung, für euch wie auch für die Fremdlinge.«[25]

Der letzte Gedanke kann als Verbindung zum Neuen Testament dienen. Die Liebe und die Fürsorge für den Nächsten (auch Fremden![26]) stellen die herausragenden Aufforderungen auch der neutestamentlichen Weisung dar.[27] Daneben gehört die Zusage der Gleichheit aller Menschen vor Gott und das Ideal der Gleichheit aller Glieder innerhalb der Gemeinde[28] zu den christlichen Grundaussagen. Da weder religiöse Sozialisation noch ethnische Abstammung, weder sozialer Stand noch das Geschlecht in der Gemeinschaft entscheidende Rollen spielen dürfen, kann gefolgert werden, dass auch kein Unterschied zwischen Einheimischen und Hinzugekommenen gemacht werden darf. Oft wird übersehen, dass die Geschichte der Christenheit selbst mit einer Flucht beginnt.[29] Fernerhin wendet sich Jesus mit seiner Botschaft auch Nichtisraeliten zu und hilft ihnen sogar.[30] Paulus bezeichnet die Christen in seinen Schriften als Fremde. Damit will er verdeutlichen, dass alle christliche Existenz hier auf Erden der Situation von Fremden und Wandernden vergleichbar ist, die sich auf dem Weg befinden, unterwegs sind zur endgültigen und vollkommenen Gemeinschaft mit Gott.[31]

6 Diakonisches Handeln im Flüchtlings- und Migrationsbereich

Die biblischen Weisungen befreien und fordern auf zum verantwortlichen Dienst der Christen in der Welt. In besonderer Weise geschieht dies im Blick auf Flüchtlinge und Migranten.[32]

Immer wieder haben sich die EKD, die evangelischen Gliedkirchen und die katholische Kirche des Themas Flucht und Migration angenommen. Grundsätzlich wird stets davon ausgegangen, dass heutige Gesellschaften eine ethnische, kulturelle und religiöse Pluralität aufweisen, die als gesellschaftliche und politische Herausforderung wahrgenommen werden muss. Kirche will dazu einen Beitrag leisten, um einerseits die Menschenwürde von Migranten zu schützen und um andererseits den sozialen Frieden zu

25 Num 15,15a.

26 In der Perikope vom eschatologischen Weltgericht in Mt 25 sind die Fremden explizit mit aufgenommen: »Ich bin ein Fremder gewesen, und ihr habt mich (nicht) aufgenommen.«

27 Siehe das höchste Gebot, das so genannte Doppelgebot: Gott und den Nächsten lieben (Mt 22,34ff).

28 Gal 3,28: »Hier ist nicht Jude noch Grieche, hier ist nicht Sklave noch Freier, hier ist nicht Mann noch Frau; denn ihr seid allesamt einer in Christus Jesus.« – 1. Kor 12,13: »Denn wir sind durch einen Geist alle zu einem Leib getauft, wir seien Juden oder Grieche, Sklaven oder Freie, und sind alle mit einem Geist getränkt.«

29 Mt 2,13–15a: »Als die Weisen aus dem Morgenland hinweggezogen waren, siehe, da erschien der Engel des Herrn dem Josef im Traum und sprach: Steh auf, und nimm das Kindlein und seine Mutter mit dir und flieh nach Ägypten und bleib dort, bis ich dir's sage; denn Herodes hat vor, das Kind zu suchen, um es umzubringen.«

30 Siehe beispielsweise die Erzählung von Jesus und der Frau aus Syrophönizien (Mk 7,24ff).

31 2. Kor 5,6–8; auch 1. Petr 2,11; Hebr 13,14; Eph 2,19f.

32 Vgl. hierzu die »Liebfrauenberg-Erklärung der Kirchen am Rhein zu den Herausforderungen von Migration und Flucht«. Sie dokumentiert die Ergebnisse der Konsultation der Konferenz der Kirchen am Rhein und der Gemeinschaft evangelischer Kirchen in Europa/Leuenberger Kirchengemeinschaft vom 10. bis 12.5.2004.

bewahren. Der Schlüsselbegriff lautet »Integration«. Darunter wird ein kontinuierlicher Prozess verstanden, dessen Ziel die gleichberechtigte Teilhabe am gesellschaftlichen Leben ist. Dies kann nicht einseitig geschehen, sondern Integration fordert die aufnehmende Gesellschaft genauso wie die Hinzukommenden. Auf beiden Seiten bedarf es einer Offenheit und Flexibilität. Die EKD hat im Jahr 2002 einzelne Bereiche aufgezählt, in denen eine so verstandene Integration stattfinden muss (EKD 2002, 20ff): in Recht und Politik, in Bildung und Arbeit, im Gemeinwesen und in der Zivilgesellschaft, in Religion und Kultur, in den Medien.

Jede und jeder Einzelne ist als Teil der Gesellschaft aufgerufen, zu mehr Akzeptanz, Dialog und Verständigung beizutragen, um ein gelingendes friedliches Zusammenleben zu gewährleisten. In den beiden großen christlichen Kirchen sind Diakonie und Caritas mit der Beratung und Begleitung von Migranten beauftragt.[33] Daneben darf das große Engagement von Ehrenamtlichen und einzelner Kirchengemeinden nicht unterschätzt werden.

Kirche bzw. Diakonie befindet sich bei ihren Aufgaben in einem Spannungsfeld verschiedener Interessen. Doch sie wird »eindeutig zugunsten der berechtigten Interessen und der Menschenwürde von Betroffenen Position beziehen. Kirchliche und diakonische Arbeit hat hier sozial-anwaltschaftliche Funktion und muss Probleme, politische Verantwortlichkeiten und Handlungsnotwendigkeiten offen benennen« (Diakonisches Werk in Baden, 13).

Folgende Möglichkeiten und konkrete Ziele können in diesem Bereich für die kirchliche Arbeit formuliert werden:
- Unterstützung und Förderung der sprachlichen, beruflichen, sozialen, gesellschaftlichen, rechtlichen und politischen Integration.
- Gewährung von Schutz für Flüchtlinge, die bedroht sind.
- Statussicherung und Statusverbesserung.
- Sicherung der Grundbedürfnisse, insbesondere Gesundheit, Wohnung, Existenzgrundlage.
- Stärkung von Selbstvertrauen, Selbstwertgefühl, Eigeninitiative, Handlungs- und Entscheidungskompetenz.
- Aufklärung, Information und Förderung der Akzeptanz in der Aufnahmegesellschaft; Abbau von Diskriminierung und Ausgrenzung.

Zur Verfolgung und Realisierung dieser Ziele stehen der Diakonie ihre etablierten Dienste und Einrichtungen zur Verfügung. Daneben wurden beispielsweise in Baden spezielle Migrationsfachdienste eingerichtet: »Sozialarbeit mit Flüchtlingen und Asylsuchenden«, »Sozialarbeit mit SpätaussiedlerInnen und ihren Familienangehörigen«, »Ausländersozialdienste«, »Jugendgemeinschaftswerke« (Diakonisches Werk in Baden, 23ff). Zusätzlich wird auch eine fachliche Begleitung auf landeskirchlicher Ebene gewährleistet.[34]

---

33 Die Ziele, Aufgaben und Organisationsstrukturen von Caritas und Diakonie unterscheiden sich nicht wesentlich, weshalb im Weiteren der Fokus auf der Diakonie liegt.

34 Derzeit durch Pfarrer Thomas Dermann und Jurist Jürgen Blechinger. Evangelischer Oberkirchenrat, Blumenstr.1–7, 76133 Karlsruhe.

7 Unerlässliche Kompetenzen

Grundsätzlich erfordert die Beratung, Begleitung und Unterstützung von Migranten und Flüchtlingen die gleichen Schlüsselkompetenzen wie andere diakonische Bereiche. Dazu gehören insbesondere Kommunikationsfähigkeit, Offenheit, Empathie, Flexibilität, Teamfähigkeit, hohe Vermittlungskompetenz und Toleranz. Außerdem sind weitere Fähigkeiten und ein spezielles Fachwissen unabdingbar.

Eine Grundvoraussetzung für Kommunikation ist die Sprache. Fremdsprachenkenntnisse sind daher sehr wünschenswert und nützlich, um ein direktes persönliches Gespräch zu führen. Ansonsten muss auf die Dienste eines Dolmetschers zurückgegriffen werden. In den meisten Fällen ist es nicht ratsam, angehörige Kinder bei Beratungen übersetzen zu lassen. Beim Übersetzen geschieht eine Vergegenwärtigung von früheren Erlebnissen, und es kommt leicht zu einer zusätzlichen Belastung durch die gegenwärtigen Anforderungen und Probleme.

In migrationsspezifischen Fragestellungen ist eine sinnvolle Beratung nur auf dem Hintergrund guter Rechtskenntnisse möglich. Dem deutschen Ausländer-, Sozial- und Familienrecht kommt dabei die größte Bedeutung zu; in manchen Angelegenheiten spielen aber auch bi- bzw. internationale Regelungen eine Rolle.

Neben dem juristischen Bereich sind Kenntnisse in Bezug auf Politik, Geschichte[35], Geographie und Wirtschaft in Deutschland und in den Herkunftsstaaten vonnöten, insbesondere als Hintergrundinformation für die Ursachen von Migration.

Hinzukommen sollten soziologische und psychologische Kenntnisse über Folgen von Migration oder Flucht. Migranten können stark unter der neuen Situation leiden. Sie haben Schwierigkeiten dabei, den Gesellschaftswechsel zu verkraften. Sie leiden unter einem so genannten Entwurzelungssyndrom, etliche Flüchtlinge sind traumatisiert. In den Familien treten gravierende Spannungen auf, häufig können psychosomatische Symptome festgestellt werden.

Wissen über Vorurteile, Rassismus sowie Fremdenfeindlichkeit und über ihre Ursachen sind insbesondere bei Integrationsbemühungen und Öffentlichkeitsarbeit unerlässlich. Erfahrungen in Konfliktmanagement, Deeskalationsstrategien oder Mediation können bei Auseinandersetzungen gute Dienste leisten.

Immer wieder ist in diesem Zusammenhang von interkultureller Kompetenz die Rede. Seit den 80er Jahren wird dieser Begriff in Deutschland gebraucht und viel diskutiert. In Nordamerika begann diese Diskussion schon in den 60er Jahren. In der Regel wird interkulturelle Kompetenz als eine Form der sozialen Kompetenz verstanden, die um kulturelle Komponenten erweitert ist. »Damit ist die Kommunikations- und Handlungsfähigkeit in kulturellen Überschneidungssituationen gemeint.«[36] Eine »Interkultur« ereignet sich immer dann, wenn sich Menschen aus verschiedenen Kulturen begegnen und miteinander kommunizieren und/oder agieren. Dabei entsteht

35 »Die Zerstörung vorkapitalistischer und vorindustrieller Gesellschaften und ihrer natürlichen Reproduktionsbedingungen, die Hegemonie der durch die Industrieländer bestimmten weltwirtschaftlichen Prozesse und die damit verbundenen Verletzungen von Formen politischer Demokratie und von Menschenrechten schlagen auch in zunehmender Form auf den entwickelten Norden in Form der Migration zurück.« (Diakonisches Werk der EKD, 1996, 41)

36 http://de.wikipedia.org/wiki/Interkulturelle_Kompetenz

eine dritte Kultur, die Anteile der Kultur des einen und Anteile der Kultur des anderen beinhaltet. Diese Interkultur ist nicht statisch; sie verändert sich immer wieder, sie wird permanent neu erzeugt.[37]

Mittlerweile gibt es unzählige Angebote für interkulturelle Trainings und Übungen. Diese sind auf ganz verschiedene Bereiche zugeschnitten wie zum Beispiel Wirtschaft, Politik, Verwaltung und Schule. Gerade in diesen Bereichen wurde der Bedarf an interkultureller Kompetenz besonders deutlich: Wirtschaft und Politik kommen im Zeitalter der Globalisierung nicht umhin, sich auf Gesprächs- und Verhandlungspartner aus anderen Kulturbereichen einzustellen. Ebenso wurden die Verwaltungen in zunehmendem Maße mit Ausländern und ihren spezifischen Anliegen konfrontiert. Schließlich besuchen zunehmend Kinder von zugewanderten Eltern deutsche Schulen. Daher muss nicht nur von den Lehrkräften, sondern auch von den Schülerinnen und Schülern interkulturelle Kompetenz erwartet werden.

8 Erreichbare Lernziele

Gerade bei Kindern und Jugendlichen ist es unumgänglich, interkulturelle Kompetenz zu fördern. Denn sie wachsen in Gesellschaften auf, die zunehmend multinational, multikulturell, multireligiös geprägt sind und dies in Zukunft in noch stärkerem Maße sein werden. Die daraus resultierenden Schwierigkeiten und Konflikte sind weltweit auf ihre je eigene Weise offensichtlich. Die Angst vor Fremdem und Fremden ist Auslöser für ausländerfeindliche Haltungen und Übergriffe. Genauso offenkundig wie die Probleme ist das Unvermögen, mit diesen Problemen umzugehen und ihnen entgegenzuwirken. »Integration« ist seit Jahren das große Schlagwort in Politik und Gesellschaft. Doch wird Integration oft als Aufforderung zur Assimilation verstanden, was Ausdruck dafür ist, dass sich viele Menschen nicht auf eine andere als die eigene Kultur einlassen wollen oder können.

Interkulturelle Kompetenz als Befähigung, sich auf Fremdes einzulassen, ihm offen zu begegnen, Kontakt aufzunehmen und angemessen interkulturell zu kommunizieren und zu agieren, ist erlernbar. Dabei können verschiedene Ziele formuliert werden, die methodisch auf ganz unterschiedliche Weise zu erreichen sind. Als übergeordnetes Lernziel ist festzualten, dass die Schülerinnen und Schüler durch die Auseinandersetzung mit dem Thema Migration/Flucht den betroffenen Menschen offen, tolerant und respektvoll begegnen.

Die Schüler sollen dazu befähigt werden, Fremdes und Fremde nicht als Gefahr zu betrachten. Sie sollen lernen, mit einer gewissen Wertschätzung auf Menschen aus anderen Kulturen zuzugehen. Außerdem sollen sie einüben, Unterschiede, Irritationen und Mehrdeutigkeiten im Kontakt mit Ausländern auszuhalten. Wobei nicht vergessen werden darf, dass soziales Lernen, also auch interkulturelles Lernen, ein Prozess ist, der angestoßen werden kann und muss, der jedoch ein Leben lang weitergeht.

---

37 Bei dieser Beschreibung von interkultureller Kompetenz wird kritisch hinterfragt, ob ein Unterschied zwischen interkultureller und sozialer Kompetenz gemacht werden kann, bzw. ob eine soziale Kompetenz überhaupt ohne interkulturelle Aspekte auskommen kann.

Als Teilziele können für einzelne Unterrichtsabschnitte oder -einheiten formuliert werden: Die Schülerinnen und Schüler sollen

- ☐ erfahren, dass es spannend sein kann, etwas über Menschen aus anderen Ländern und ihre Heimat zu erfahren.
- ☐ sich über das Gefühl des Fremdseins anhand eigener Erfahrungen bewusst werden.
- ☐ ihre Angst und die Vorbehalte gegenüber Fremdem und Fremden wahrnehmen, formulieren und damit umgehen lernen.
- ☐ Gemeinsamkeiten und Unterschiede in Lebensbedingungen und Lebensformen zwischen der eigenen und einer fremden Welt entdecken.
- ☐ darauf aufmerksam werden, dass und wie in Deutschland Menschen aus anderen Ländern und Kulturen leben.
- ☐ Fluchtursachen (Push- und Pull-Faktoren) kennen lernen und sich damit auseinander setzen.
- ☐ sich in die Situation und Gefühlslage von in Deutschland lebenden ausländischen Mitbürgern versetzen.
- ☐ anhand von Informationen über Migranten und Flüchtlinge über verbreitete Vorurteile nachdenken und sie ausräumen.
- ☐ die diakonische und caritative Arbeit der Kirchen und Gemeinden kennen lernen.
- ☐ zu Organisationen wie UNHCR, ProAsyl, amnesty international u. a. Kontakt aufnehmen und die entsprechenden Informationsmaterialien sichten.
- ☐ überlegen, wo und wie sie sich für die Belange von Migranten oder Flüchtlingen in ihrer Umgebung einsetzen können.
- ☐ darin bestärkt werden, auf ausländische Menschen zuzugehen und das Gespräch mit ihnen zu suchen.

9 Schluss

Den ersten Schritt hin zu einem friedvollen Zusammenleben in Deutschland hat der ehemalige Bundespräsident Johannes Rau einmal in Anlehnung an Theodor W. Adorno so beschrieben: »Man muss lernen, ohne Angst verschieden zu sein.« Solch ein (interkulturelles) Lernen sollte so früh wie möglich beginnen und muss ein Leben lang weitergeführt werden. Die Notwendigkeit ist offensichtlich, denn es sieht keineswegs danach aus, dass in Zukunft weniger Migranten nach Deutschland kämen oder dass Menschen künftig nicht mehr aus ihren Heimatländern flüchten müssten. Vom Staat, von den Kirchen und von jedem einzelnen Mitglied der Gesellschaft muss eine Beteiligung an diesem gesamtgesellschaftlichen Lernprozess gefordert werden. Es gibt dazu keine Alternative.

BRITTA VON SCHUBERT

Menschen mit Behinderungen

1 Vorüberlegungen

Es ist zu beobachten, dass nach der Hoch-Zeit der Diskussion um soziales Lernen in den 1960er und 70er Jahren und nach einem Abebben des Gesprächs darüber in den 80er Jahren[1] seit nunmehr gut zehn Jahren neue Anstöße und Aufgabenstellung aus den Schulen heraus entwickelt worden sind, die z. T. intensiv aufgenommen, weiter verbreitet und wissenschaftlich reflektiert werden.

Anders als das damalige soziale Lernen, das den konkreten Lebensalltag der Schülerinnen und Schüler und ihre alltäglichen subjektiven Erfahrungen mit dem Ziel von Mündigkeit und gesellschaftlicher Teilhabe zum Gegenstand hatte, konzentriert sich soziales Lernen als diakonisches oder als diakonisch-soziales Lernen auf das Kennenlernen von Lebensbereichen und Gruppen von Menschen, die im Lebensalltag der Kinder und Jugendlichen nicht oder zu wenig vorkommen, da sie an den Rand der Gesellschaft und in die Betreuung von Experten geraten sind. Zugang zu und Erfahrungen mit alten Menschen, Menschen mit Behinderungen, Obdachlosen, Kranken und Suchtgefährdeten soll den Schülern die ihnen nahezu verschlossenen gesellschaftlichen Bereiche eröffnen, sie zu gesellschaftlicher Mitverantwortung führen und ihnen Selbsterfahrungen vermitteln, die sie bereichern und stärken.

Wenn im Folgenden das »Handlungsfeld Behinderung« als Thema diakonisch-sozialen Lernens thematisiert werden soll und dargestellt werden soll, in welcher Weise Schülerinnen und Schüler kognitiv und emotional mit der Thematik des Zusammenlebens von Menschen mit und ohne Behinderung vertraut gemacht werden sollen, erscheint es erforderlich, zunächst die Frage nach heutigen Aufgaben von Schule, dann die Frage nach dem Verständnis von sozialem und diakonischem Lernen und schließlich die gegenwärtige Diskussion um Integration von Menschen mit Behinderungen auf dem Hintergrund der jüngeren Vergangenheit zu behandeln. Erst dann können Schritte und Ergebnisse von schulischem Lernen auf diesem Gebiet dargestellt werden.

2 Diakonisch-soziales Lernen

2.1 Aufgaben und Möglichkeiten der Schule

In den aktuellen Diskussionen und Verlautbarungen über die Zielsetzungen allgemein bildender Schulen hat der Erwerb sozialer Kompetenz wieder einen hohen Stellenwert. Ichstärke und Selbstwertgefühl stehen dabei neben Empathie und Toleranz, politische Bildung neben sozialer und ethischer Bildung. Schule wird als möglicher

---

1 Vgl. u. a. M. Fromm, W. Keim (Hg.), Diskussion Soziales Lernen, Baltmannsweiler 1982.

Ort der Integration unterschiedlicher Traditionen und Kulturen verstanden, wer oder was immer dabei auch in den Blick gerät.[2]

Staatliche Schulen und Schulen in privater Trägerschaft, deren Autonomie heute zunehmend betont und ermöglicht wird, begeben sich verstärkt seit etwa zehn Jahren – einige auch schon erheblich länger – auf den Weg, Modelle zu entwickeln und sich gegenseitig darüber auszutauschen und anzuregen, wie der Erwerb sozialer Kompetenzen gerade in der Begegnung mit an den Rand geratenen Gruppen angestoßen und umgesetzt werden kann.[3] Wenn in Baden-Württemberg das Kultusministerium in den Jahren 1999 bis 2001 eine Arbeitsgruppe aus Vertretern evangelischer und katholischer Privatschulen gebildet hat mit dem Auftrag, Projekte sozialen Lernens (Compassion, Caritas-/Diakonie-Projekt) in den Fortbildungsakademien des Landes allen staatlichen und privaten Schulen vorzustellen und die Nachahmung solcher Projekte auf Schulleiterkonferenzen allen Schulleitern und Schulleiterinnen anzuempfehlen, dann zeigt dieses Beispiel, in welchem Ausmaß Interesse und Einsicht in die Notwendigkeit sozialen Lernens unter dem Aspekt der Begegnung, der Integration, der sachkundigen Hilfeleistung gegenüber aus dem Blickfeld geratenen Menschen besteht. Zugleich wird deutlich, dass der von Schulen genutzte Spielraum, Modelle sozialen Lernens zu entwickeln, Wertschätzung und Anerkennung findet.

2.2 Prinzipien sozialen Lernens: das Prinzip »Verantwortliche Gesellschaft«

Es ist das Verdienst des Sozialethikers und Diakoniewissenschaftlers Theodor Strohm, mit der Darlegung und Erläuterung des sozialethischen Konzepts der »Verantwortlichen Gesellschaft« ein zugleich christlich-ökumenisches, philosophisch-ethisches und zivilgesellschaftliches Prinzip benannt und herausgearbeitet zu haben, mit dem soziales Lernen in einen Christen und Nichtchristen verbindenden Gedankengang gebracht und an Schulen unterschiedlicher Trägerschaft vertreten und weitervermittelt werden kann.[4]

Strohm macht deutlich, dass es den christlichen Kirchen seit den Weltkonferenzen in Stockholm 1925 und Oxford 1937 um ihr besonderes soziales Amt und »ihre Verantwortung für das gesamte Leben in Gesellschaft, Volk und Staat« (30) geht und dass es von daher ihr Anliegen sein muss, auch im eigenen Sozialstaat »das humane Defizit im Bewusstsein (zu) halten« sowie darauf hinzuweisen, »dass Christsein heute Chance und Verpflichtung zugleich ist« (33). Unter Hinweis auf H. Jonas spricht Strohm im philosophisch-ethischen Sinn von der »Verantwortung für die der Hilfe bedürftige und um Hilfe bittende Mitkreatur, wodurch das eigene ›Ich‹ ... sich einübt in Verantwortung« (34). Auch Sozialwissenschaftler wie Beck und Rauschenbach werden zitiert mit ihrem Verweis darauf, dass »der Staat konsequent auf die Förderung von Formen gemeinwohlorientierten Engagements setzen« müsse, um

2 Vgl. H. Schmidt, in: H. Hanisch, H. Schmidt (Hg.), Diakonische Bildung, Heidelberg 2004, 6.

3 Vgl. B.von Schubert, Soziales Lernen als Element evangelischer Bildungsverantwortung. Konkretionen am Beispiel eines evangelischen Gymnasiums, in: Praktische Theologie 1/2003, 31–40.

4 Vgl. Th. Strohm, Soziales Lernen in der Perspektive der »Verantwortlichen Gesellschaft«, in: H. Hanisch, H. Schmidt, Diakonische Bildung, 29–40.

Sinn, Freiheit und Frieden zu sichern (36). So müsse es, laut Strohm, »um eine neue sekundäre lebensweltliche Aneignung des Sozialen und der Solidarität außerhalb und unterhalb der Expertenkulturen, (gehen), ... um das Soziale als eine geplante allgemeine Bildungsaufgabe« (37). Das Prinzip der »Verantwortlichen Gesellschaft« ist damit geeignet, auf gesellschaftliche Aufgaben und »Erfahrungen mit dem Fremden« gerichtete Konzepte sozialen Lernens miteinander zu verknüpfen und sie als Konzepte sozialen Lernens staatlichen Schulen und als Konzepte diakonisch-sozialen Lernens christlichen Privatschulen anzubieten.

2.3 Prinzipien sozialen Lernens: diakonisches Lernen

Heinz Schmidt hat aufgezeigt[5], dass diakonisches Lernen als eine spezielle Art sozialen Lernens verstanden werden kann. Diakonisches Lernen beziehe sich auf »christologisch legitimierte Verhaltensmuster«, soziales Lernen mit dem Ziel zwischenmenschlicher und gesellschaftlicher Handlungsfähigkeit hingegen auf »allgemein anerkannte Verhaltensmuster«. Methodisch unterscheidet Schmidt ethisches Lernen, das eher kognitiv-reflexive Aspekte enthalte, von moralischem Lernen, das sich auf Motivation, Identifikation, Partizipation stütze. Diakonisches Lernen mit seiner eigenen ethisch reflektierten Grundorientierung sei eine Spielart ethischer Erziehung und umfasse kognitives und affektiv handlungsbezogenes Lernen mit einer auf den Alltag bezogenen Spiritualität.

3 Menschen mit Behinderungen

Wenn diakonisch-soziales Lernen an Schulen mit dem Ziel diakonisch-sozialer Bildung mit Menschen mit Behinderungen zu tun hat oder haben soll, dann besteht eine zentrale, wenn nicht *die* zentrale Aufgabe darin, sich zunächst sachkundig zu machen, um welche Fragestellungen es auf diesem Gebiet heute geht[6], denn ohne Kenntnisse der gegenwärtigen Fragestellungen aufseiten der schulisch Verantwortlichen können Schüler weder methodisch und didaktisch angeleitet werden noch kann ihr Denken und Handeln hilfreiche Anstöße erhalten.

Dazu wird es nötig sein, zunächst einen Rückblick auf die jüngere Geschichte zu werfen, sodann nach dem heutigen Verständnis von Behinderung zu fragen und sich weiter nach Denkanstößen und nach neuen Formen des Zusammenlebens umzusehen, die vor allem von Betroffenen selbst artikuliert und formuliert werden.

---

5 Vgl. H. Schmidt, Diakonisches Lernen: Grundlagen, Kontexte, Motive und Formen, ebd. 9–28.

6 Vgl. zur Gesamtthematik B. von Schubert, Behinderung und selbstbestimmtes Leben, Heidelberg 1995. Vgl. auch: Dies, Auf Augenhöhe. Wie Menschen mit und ohne Behinderungen zusammenleben können (soziale kompetenz). Schülerheft und Vorbereitungsheft für Lehrerinnen und Lehrer, Stuttgart 2005.

3.1 Umgang mit »Behinderung« im 19. und 20. Jahrhundert

Im 19. Jahrhundert haben christliche Impulse der Erweckungsbewegung mit ihren missionarischen und diakonischen Anstößen zur Gründung von »Rettungshäusern« geführt, die krüppelhaften und schwachsinnigen Menschen offen stehen, sie beschützen und fördern sollten. Speziell die Situation geistig Behinderter hatte sich im Zug der Industrialisierung verschlechtert. Sie galten als unbrauchbar, für das öffentliche Schulwesen als unbildbar, in Dörfern und Städten als Störenfriede der öffentlichen Ordnung, und stellten für betroffene Familien vielfach eine soziale Kränkung dar. Hier gewann private Wohltätigkeit in der Gründung von Hilfsvereinen und Anstalten eine hohe Bedeutung: als Schutz vor Diskriminierung und in der Weiterentwicklung lebenspraktischer Fähigkeiten dieser Menschen mit dem erklärten Ziel, dass sie eines Tages ihr eigenes Brot verdienen könnten und zu »brauchbaren« Gliedern der menschlichen Gesellschaft werden. Das Stigma der Unbrauchbarkeit lastete auf ihnen – und damit der Erwartungsdruck auf der Anstaltsarbeit, sie brauchbar zu machen. Entschließungen der Gemeinderäte verlagerten die Anstaltsarbeit an Plätze außerhalb der Ortschaft, um Unzuträglichkeiten für Bewohner zu verhindern, einen nachteiligen Einfluss auf die Dorfjugend zu vermeiden und durch den Anblick dieser Menschen einen schädlichen Einfluss auf Schwangere zu verhindern. Eine Umfriedung mit einer drei Meter hohen Bretterplanke sollte den »täglichen widerwärtigen Anblick« vermeiden helfen.

Um die Jahrhundertwende gewannen sozialdarwinistische Gedankengänge Anhänger in weiten Kreisen auch der Anstaltsdiakonie, sodass erst recht nach dem Ersten Weltkrieg von »Ballastexistenzen« in den Anstalten und von eugenischen Maßnahmen der Sterilisation gesprochen wurde. Nützlichkeits- und Lebenswert-Kategorien rückten an die Stelle der individuellen Würde menschlichen Lebens. Wer am Ende der Rangordnung von Behinderung stand, wurde wirtschaftlich und erbbiologisch als Bedrohung des Volkes hingestellt. Den Impulsen, durch Gründungen von Anstalten christliche Verantwortung gegenüber den Schwachen und Ausgegrenzten wahrzunehmen, folgten – auch aus dem Zentrum der Inneren Mission heraus – Forderungen nach eugenischer Neuorientierung und gegen »übertriebene Schutzmaßnahmen für Asoziale und Minderwertige«.

Damit waren die christlichen Prinzipien, die zur Gründung der Einrichtungen geführt hatten, aufgegeben. Behinderten- und Krankenmorde ungeheuerlichen Ausmaßes in der Zeit des »Dritten Reiches« (»Euthanasie«) waren letztlich die Folge der wertenden Unterscheidung menschlichen Lebens, eines »defizitorientierten« anthropologischen Deutungsmusters von starken und schwachen Menschen.

Der Beginn oder Wiederbeginn einer Behindertenarbeit nach 1945 in Deutschland hätte mit der Aufarbeitung von Schuld und Versagen denen gegenüber einsetzen müssen, deren seelische und körperliche Unversehrtheit und Förderung Ziel und Aufgabe seit Beginn des 19. Jahrhunderts hatte sein sollen – und die statt dessen zu Tausenden auch aus den Anstalten der kirchlichen Wohlfahrtsverbände dem brutalen Mord zum Opfer gefallen waren. Am Anfang eines Neubeginns stand jedoch nicht die Aufarbeitung von Schuld. Geistig Behinderte wurden überwiegend in psychiatrische Anstalten und Kliniken abgeschoben. Sie litten unter Raumnot, schliefen in sterilen Sälen meist in Betten mit Sondermaßen, um Platz zu sparen; ihr privates Hab und Gut beschränkte sich auf kleine Kistchen von 45 x 30 x 30 Zentimetern oder entsprechende Schrankflächen, zu denen sie keinen freien Zugang hatten. Erst mit der Gründung der Elternvereinigung »Lebenshilfe« traten Änderungen ein.

Im Bereich der Körperbehinderung bezogen sich gesetzliche Regelungen zunächst nur auf Kriegsinvalide. Das Bundessozialhilfegesetz von 1961 gestand mit dem Begriff »Subsidiarität« der freien Wohlfahrtspflege den Vorrang beim Aufbau und bei der Errichtung von Anstalten der Behindertenfürsorge zu. Damit waren vor allem kirchliche Träger in der Lage, ihre Vorstellungen zu realisieren, und sie knüpften an die Traditionen der großen Einrichtungen an. Besonders seit den 70er Jahren führten enorme Anstrengungen zum Aus- und Neubau eines umfassenden Netzes von Einrichtungen zur medizinischen, schulischen, beruflichen Rehabilitation. Bis zum Ende der 70er Jahre wurden 21 Berufsförderungswerke, 38 Berufsbildungswerke, 390 Werkstätten für Behinderte sowie eine Fülle von spezialisierten Sonderschulen mit den verschiedensten Fachdiensten eingerichtet. Caritas und Diakonie hatten in hohem Maße Anteil an der Rehabilitationsentwicklung und ihrer spezialisierten Versorgung mit Einrichtungen. Sie sind als Spitzenverbände der Freien Wohlfahrtspflege zu einem der größten Rechtsträger und Arbeitgeber auf diesem Gebiet geworden und verdanken diesen enormen Aufschwung u. a. dem Vorrangprinzip von 1961. In der Interessenvertretung der »Bundesarbeitsgemeinschaft der Freien Wohlfahrtspflege« haben sich die Spitzenverbände ein Forum geschaffen, das die Zusammenarbeit mit staatlichen Stellen und die Mitwirkung an Gesetzgebung und Öffentlichkeitsarbeit wahrnimmt.

Die 70er Jahre können in Deutschland als die Dekade der Rehabilitation bezeichnet werden. Anspruch und Zielsetzungen des Rehabilitationsgedankens im Bereich der Körperbehinderung machen deutlich, dass die Person des Arztes das Leben des Körperbehinderten und seiner Familie dominiert. Der Arzt, die Ärztin hilft dabei, Krankheit und Behinderung zu akzeptieren. Der Körperbehinderte wird in jeder Beziehung, in seiner Persönlichkeit, seinem Rollenverhalten, seinen Sozialkontakten, seiner Intelligenz als defizitär beschrieben. Auch die Fähigkeit der Eltern, ihr Kind zu akzeptieren, wird erst dem Einwirken von Fachleuten zugeschrieben.

Die Problematik des sich des behinderten Menschen und seiner Familie bemächtigenden Rehabilitationsdenkens wurde ansatzweise bereits in den 70er Jahren deutlich und verstärkte sich in den 80er Jahren. So grandios die finanziellen Aufwendungen, so imposant die architektonischen Großbauwerke, so beeindruckend die diversifizierten Fachgebiete der Behinderten-Spezialisten sich auch entwickelten, bereits Ende der 70er Jahre setzte unüberhörbar Kritik an der Methode der Ausgliederung zum Zwecke der Eingliederung an. Es wurde von »Isolationskarrieren« gesprochen, die mit dem Eintritt in den Sonderkindergarten beginnen und über Sonderschulen – deren Besucher meist als minderwertig angesehen werden – in die Ghettos der ihnen angegliederten Ausbildungsstätten, Berufsbildungs- und Berufsförderungswerke bis in die Werkstätten für Behinderte führen. Der Isolationscharakter einer Sondereinrichtung, die die weitgehende Trennung von der »normalen« Bevölkerung verursacht, wurde zunehmend deutlich.

»Woher wir kommen, das kann man nicht ohne große Beklemmungen beantworten. Denn wir kommen … aus einem finsteren schrecklichen Land. Und die Schatten der damaligen Finsternis begleiten unsere Arbeit bis in die Gegenwart hinein.«

Diese Sätze leiteten 1985 einen Vortrag zum 50-jährigen Bestehen des Verbandes evangelischer Einrichtungen für geistig und seelisch Behinderte ein, in dem Joachim Klieme, der Leiter der Neuerkeröder Anstalten, Bestürzung über nicht geleistete

»Trauerarbeit« am Beispiel eines Referats des ersten Verbandsvorsitzenden Nell aus dem Jahr 1951 zum Ausdruck brachte. Er verband damit die Aufforderung, die bemerkenswerte Aufbauleistung der 50er bis 70er Jahre in der Behindertenarbeit neuen kritischen Anfragen auszusetzen und »der Frage nachzusinnen, für welche Art und Qualität von Leben eines behinderten Menschen wir intern in der Arbeit und extern politisch zu optieren gedenken.« Klieme benannte als einzig gültiges Kriterium für die Qualität von Behindertenarbeit: »Nur die von unserer Arbeit letztlich Betroffenen, die behinderten Menschen, haben ein Recht dazu zu sagen, ob und wann der Mensch dem Menschen ein Helfer ist.«[7]

3.2 Definitionen von »Behinderung« und Abbau von Barrieren

Betroffene machen verstärkt seit den 80er Jahren auf ein gewandeltes Verständnis von Behinderung aufmerksam, wie es auch der internationalen Klassifikation der UNO und der Weltgesundheitsorganisation WHO zugrunde liegt. Bis in die 60er Jahre hinein bestand die vorherrschende Definition von »Behinderung« in der Feststellung des medizinischen Defizits, so dass sich der oder die Betroffene zeitlebens als defekt empfinden musste.

Darauf folgte eine gesellschaftsbezogene Interpretation von Behinderung, in der weniger die Beeinträchtigung als solche als vielmehr die Auswirkung einer Beeinträchtigung unter dem Aspekt der Teilhabe an gesellschaftlichen Prozessen in den Blick rückte. Der Gesellschaft wurde dabei die Aufgabe zugeschrieben, durch Toleranz einem Menschen mit Behinderung eine spezifische, individuelle Rolleninterpretation zu ermöglichen.

In ganz anderer Weise deutet die aus den USA stammende Selbsthilfe-Bewegung *Independent Living* Behinderung als Vorenthalten individueller Hilfe nach Maßgabe des Bedürfnisses des jeweils Betroffenen. Behinderung wird zu einer Aussage über eine versäumte Verpflichtung der Gesellschaft, folglich als eine gesellschaftlich verursachte Benachteiligung verstanden, die durch Schranken- und Barrierenbildung erst entsteht und die abgebaut werden muss, um der Menschenwürde gerecht zu werden.

Mittlerweile gilt als anerkannte Definition von »Behinderung« der von der WHO formulierte und von der UNO und anderen internationalen Organisationen wie der Europäischen Gemeinschaft und dem Europarat übernommene dreiteilige Behinderungsbegriff, der als *impairment* (Funktionsstörung), *disability* (Beeinträchtigung) und *handicap* (Benachteiligung) in seinem dritten Aspekt, der »Behinderung als Benachteiligung«, die Benachteiligung durch Barrierenbildung kennzeichnet und zu ihrer Beseitigung im Sinne der Menschenwürde und der Menschenrechte auf allen Gebieten menschlichen Denkens und Zusammenlebens auffordert.

Menschen mit Behinderungen stoßen vielfach auf materielle, soziale und gedankliche Schranken, die eine gleichberechtigte Teilhabe am Leben der Gemeinschaft verhindern. *Materiell*: Öffentliche Einrichtungen, Verkehrsmittel, Arbeitsmarkt, Wohnun-

---

7 J. Klieme, Woher wir kommen. Rückblick auf die Behindertenarbeit von 1935 bis 1985, in: Zur Orientierung 3+4/1985, 233–240, dort: 233.

gen, Schulen, Kirchen sind überwiegend für Menschen mit Behinderungen nicht zugänglich. Bestenfalls werden Sonderdienste (Sonderschulen, Sondertransporte, Behindertenwerkstätten) eingerichtet, die zur aussondernden Barrierenbildung beitragen. Entsprechend dem UNO-Weltaktionsprogramm und im Anschluss daran den UNO-Standardregeln bedeutet der Grundsatz gleicher Rechte jedoch, dass die Bedürfnisse jedes Einzelnen als gleichgewichtig anzusehen sind und dass auf dieser Grundlage die Planung der Gesellschaft geschehen muss.

Sozial: So fordern Menschen mit Behinderungen die Durchsetzung ihrer Rechte auf gleiche Entscheidungsmöglichkeiten und Wahlfreiheit mit Blick auf Mobilität, Ausbildungs- und Berufswahl sowie Partnerbeziehungen, auf Trennung von Wohn- und Arbeitsplatz und gleichberechtigte Teilhabe an der Gesellschaft, außerhalb separierender Sondereinrichtungen. Vor allem spüren sie auf, wo Barrieren im schulischen, beruflichen und gesellschaftlichen Leben ihnen die gleichberechtigte Teilhabe am Leben verwehren und wo Barrieren im Denken und in der Einstellung der Mitmenschen für sie zu Hindernissen und Benachteiligungen werden. Dass es für uns nicht mehr selbstverständlich sei, vom kranken oder vom behinderten Menschen her zu denken, statt dessen ein Bild vom gesunden Menschen als normativ zu setzen, bezeichnet Johannes Degen als die Krankheit unserer egoistischen Gesundheitskultur.

Gedanklich: Dass auch die Kirchen in ihren Verlautbarungen Barrieren aufgebaut haben, die den Anliegen Betroffener nicht gerecht geworden sind, hat sich in besonderer Weise in dem im Jahre 1989 in ökumenischer (evangelisch-katholischer) Gemeinsamkeit entstandenen und publizierten Buch »Gott ist ein Freund des Lebens« mit dem darin enthaltenen Kapitel »Behindertes menschliches Leben« gezeigt. Dieser Text ist bei nachdenklichen und selbstbewussten Jugendlichen mit z.T. schwersten körperlichen Behinderungen (Muskeldystrophiker, Hämophile, Spastiker ...)[8] auf Unverständnis bis einhellige Ablehnung gestoßen wegen des darin entworfenen Bildes des behinderten Menschen als schwach, leistungsgemindert, artikulationsunfähig – als eines Menschen, dessen Geburt das Gegenteil von einem glücklichen Ereignis ist. (»Wer noch nie mit Behinderten zu tun hatte, wird den Text gut finden.«)

In den letzten Jahren hat vor allem der Theologe Ulrich Bach kritische Anfragen an die Theologie gerichtet. Er stellt die These auf, dass Elemente der Ghettoisierung behinderter Menschen in der Praxis unseres Zusammenlebens durch ihre Absonderung auch in der Theologie bedingt seien. Immer wieder werde Behinderung mit Schuld und Sünde in Verbindung gebracht. Dadurch entstünden Belastungen, an denen eine missverständliche Theologie ursächlich beteiligt sei. Bis in die Gegenwart hinein wirke sich eine Schöpfungstheologie aus, die den behinderten Menschen von der guten Schöpfung ausnimmt, ihn bestenfalls als »beschädigte Schöpfung« bezeichnet und die die Gottebenbildlichkeit des Menschen in aufweisbaren menschlichen Fähigkeiten (E. Jüngel: »aufrechter Gang«; E. Brunner: »Ansprechbarkeit«, dagegen K. Barth: »Angesprochensein«) sieht. Unter dem Einfluss der griechischen Philosophie habe sich in der Theologie Augustins und mit Auswirkungen in das Mittelalter und die Neuzeit hinein ein Denken ausgewirkt, das in der Schöpfung Gottes nur das

8 Vgl. B. von Schubert, Behinderung und selbstbestimmtes Leben, a.a.O. 19f.

Gute und Wohlgeordnete sehen kann, das *summum bonum*, Krankheit und Behinderung dagegen auf die menschlich schuldhaft verursachte Seite des Bösen stellt. Im Rückgriff auf Augustin habe dann das Mittelalter popularisierend das Böse personifiziert und mit dem Hässlichen identifiziert. Kranke, Missgebildete oder körperlich Andersartige seien mit dem Bösen zusammengebracht worden; darüber hinaus sei umgekehrt der Böse als missgestaltet vorgestellt worden.

3.3 Die Gleichwertigkeit und Zusammengehörigkeit menschlichen Lebens

In den 80er Jahren begannen Behinderten-Selbsthilfebewegungen zunehmend in Distanz zu den etablierten Organisationen und Einrichtungen zu treten. Die Anstalt als traditionelle »totale Institution« umzuwandeln, erwies sich jedoch als schwierig, da Gebäude nahezu unflexibel sind, wenn sie erst einmal stehen. Trotz des im Bundessozialhilfegesetz bis vor kurzem niedergelegten Grundsatzes der Vorrangigkeit ambulanter vor stationärer Hilfe, der die Möglichkeit individuellen Wohnens außerhalb einer Einrichtung anbieten sollte, blieb eine offene Behindertenarbeit mangels Angeboten im ambulanten Bereich in größerem Stil zunächst kaum durchführbar.

Selbsthilfeverbände und Vereinigungen von Betroffenen artikulieren seit den 80er Jahren zunehmend ihre eigenen Vorstellungen und Bedürfnisse, fordern die Wahrung ihrer Menschenwürde und ihrer Menschenrechte gegenüber Positionen, die sie als Mitleidsobjekte behandeln und die ihnen mit dem Argument der Leidvermeidung sogar ihr Lebensrecht bestreiten.

Nach christlichem Verständnis gründet die im Grundgesetz verankerte, nicht zu begründende, sondern zu schützende und zu wahrende Würde des Menschen, seine Einzigartigkeit und Unersetzbarkeit, nicht in menschlichen Fähigkeiten, sondern darin, dass Gott ihn gewürdigt und berufen hat zur Ebenbildlichkeit und Verantwortung in mitmenschlicher Gemeinschaft. Die Basis christlicher Ethik besteht somit in der Ehrfurcht vor Gott und in der Ehrfurcht vor allem geschöpflichen Leben.

Mit angestoßen durch Bücher und Vorträge des australischen Bioethikers Peter Singer ist in Deutschland die Debatte um Menschenwürde und Menschenrechte von Menschen mit Behinderungen heftig geführt worden. Singers Position, Menschen in Gruppen von höherem und niedrigerem Wert (Person / Mitglied der Gattung *homo sapiens*) aufzuteilen und die zweite Gruppe zur vorgeblichen »Leid«-Vermeidung als ersetzbar – und damit: als zu töten – zu bezeichnen, hat zu massiven Protesten und inhaltlichen Auseinandersetzungen geführt, die vor allem auch in Schulen für körperbehinderte Jugendliche stattfanden.

Selbsthilfeverbände und Vereinigungen von Betroffenen im Bereich *Körperbehinderung, geistige Behinderung* und *psychische Behinderung* haben sich seit den 90er Jahren zunehmend zur Wahrung ihrer Interessen zusammengeschlossen und sind an die Öffentlichkeit getreten. Sie lehnen die traditionellen Wege einer »Hilfe«, wie sie vor allem durch die spezialisierten Institutionen und Einrichtungen angeboten wird, als nicht »hilfreich« ab.

Mit dem Begriff *selbstbestimmt leben* verbindet sich zunächst eine Bewegung aus Berkeley aus den 60er Jahren. Dort entstand eine Art Bürgerrechtsbewegung von

Menschen mit körperlichen Behinderungen, die sich der Betreuung in Behindertenzentren entzogen und 1972 das erste *Center for Independent Living* gründeten, dem mittlerweile über die USA verteilt mehr als 300 weitere Zentren folgten. Die CIL haben das Ziel der gegenseitigen Beratung Behinderter, der Dienstleistungsvermittlung im Sinne persönlicher Assistenz, der Interessenwahrnehmung und Durchsetzung von Rechten. Sie haben den entscheidenden Anstoß für eine dortige Antidiskriminierungs-Gesetzgebung im Jahre 1973 und deren Ausbau im Jahre 1990 gegeben. Diese Bewegung ist eine Bemühung von Menschen mit Behinderungen um Selbstbestimmung und ein erfüllteres Leben sowie um Berufstätigkeit auch für diejenigen, für die vieles bis dahin als unmöglich galt.

Es war der Vorstand der Bundesvereinigung Lebenshilfe für geistig Behinderte, der im Jahre 1990 in seinen ethischen Grundaussagen Behinderung als »eine besondere Form von Gesundheit«, als Normalität innerhalb der Verschiedenartigkeit der Menschen bezeichnet hat *(Normalisierung)*. Diesen Gedanken hat der damalige Bundespräsident Richard von Weizsäcker 1993 in einer Rede aufgenommen und Behinderung als Verschiedenheit bezeichnet. Er fuhr allerdings fort: »In der Wirklichkeit freilich ist Behinderung nach wie vor die Art von Verschiedenheit, die benachteiligt wird.« Gerade die Lebenshilfe als Zusammenschluss von Menschen mit geistigen Behinderungen und ihren Angehörigen hat in ihrem Grundsatzprogramm von 1990 für die Prinzipien der Normalisierung, der sozialen Integration und selbstbestimmten Lebensführung plädiert. In ihrer »Duisburger Erklärung« forderte sie eine größere Mitwirkungsmöglichkeit geistig Behinderter. Zuletzt hat sie in ihrer Empfehlung »Offene Hilfen« dazu aufgefordert, aufmerksam zu werden auf »die Stimme derer, die wir einst als unfähig angesehen haben, sich zu artikulieren – deshalb war unser Schlachtruf: Wir sprechen für sie.« Und die Lebenshilfe fragt nun: »Sind wir bereit, ihre neue Stimme zu hören?«

In allerjüngster Zeit hat sich, zuletzt mit der Gründung des *Bundesverbandes Psychiatrieerfahrener* im Jahre 1992, auch auf diesem Gebiet eine entsprechende Entwicklung vollzogen. Auch psychisch kranke oder behinderte Menschen fordern ihre Anerkennung als Gesprächspartner, als gleichwertige Bürger mit gleichen Rechten der gesellschaftlichen Teilnahme und Mitwirkung.

Eines der ersten zentralen Anliegen der Selbstbestimmungsbewegung in Deutschland, die Verankerung eines Diskriminierungsverbots aufgrund von Behinderung im Grundgesetz Art. 3 (3), ist am 15. November 1995 mit dem Inkrafttreten der neuen Verfassung zu einem ersten Abschluss gekommen.

Lebensbereiche, in denen die alltägliche Gleichstellung behinderter und nichtbehinderter Menschen auch gesetzlich zu verankern ist, sind auch nach internationaler Übereinkunft die der Schulausbildung, der Freizeit, der Berufstätigkeit, der Kunst, des Wohnens und der Mobilität sowie der gesellschaftlichen Anerkennung. Gelungene Beispiele können die Fantasie anregen und haben gegenwärtig eine Reihe von Aktivitäten zur Folge, über die in der Presse berichtet wird. So »prüfen geistig Behinderte 78 Läden und Gaststätten auf freundlichen Service« (Württembergisches Gemeindeblatt, 37/2003). So werden Schulneubauten von vornherein integrativ geplant. Dass solche Initiativen überall noch in den Anfängen stecken, sollte nicht zur Entmutigung führen, aber doch längerfristig über ein Gleichstellungsgesetz hinaus zur einer Antidiskriminierungsgesetzgebung führen.

Ein Ausbau offener Hilfen stellt jedoch Anforderungen an die Verantwortungsübernahme auf kommunaler Ebene im Hinblick auf die in der Kommune lebenden Menschen mit Behinderungen: *Community Care*. Der Ausbau derartiger Hilfen und ihre Kontrolle müssen zielgerichtet auf die Bedürfnisse und damit die Selbstbestimmung der Menschen mit Behinderungen sein. Dienstleistungsanbieter in einer Kommune müssten ihre kommunale Förderung an die Sicherung der Selbstbestimmung der Betroffenen gebunden sehen. Obwohl das noch neue Feld der offenen Hilfen aufgrund der hohen Anforderungen an die Assistenzdienste auch ein hohes Maß an Professionalität erforderlich macht, wird dennoch der Laienhilfe ein wichtiger ergänzender Stellenwert eingeräumt, wenn es darum geht, die Integration in Nachbarschaft und Gemeinde zu verbessern. Laienhelfer zu gewinnen und ihre Arbeit anzuleiten, könnte im Verbund zwischen Gemeinde und professionellen Helfern geschehen. Das Konzept entspricht den Thesen und Erläuterungen der Berliner Untersuchung (Humboldt-Universität) zur Integration: »Die Entwicklung von Empathie und Solidarität ist auf die Wahrnehmung des anderen Menschen und das Erkennen seiner Bedürfnisse und Möglichkeiten ihrer Befriedigung angewiesen. Jener Teil der Bevölkerung, der Menschen mit Behinderung im Alltag nicht wahrnehmen kann, hat kein sicheres Bild von ihnen und tut sich deshalb schwer, den Theorien der Bioethik-Diskussion und den Fortschritten der Gentechnik eine eigene, selbst gebildete Meinung entgegenzusetzen, die besagen könnte: Ich kenne Menschen mit Behinderung in meiner Nachbarschaft, die ein Leben führen wie du und ich. Es sind glückliche Menschen.«[9]

Auch christliche Gemeinwesenverpflichtung müsste dazu beitragen, gemeinwesenintegriertes Wohnen für Menschen auch mit schwersten Behinderungen zu ermöglichen und zu erleichtern. Dazu gehört die Überzeugung, dass kein Mensch ausgesondert werden muss, sondern in seiner Individualität akzeptiert wird und in die menschliche Vielfalt hineingehört. Dazu gehört weiterhin die Vision eines Gemeinwesens, das auch schwer geistig und körperlich behinderte Menschen einschließt und das alle Anstrengungen unternimmt, Formen des Zusammenlebens zu erforschen und zu erproben und das urbane Wohnumfeld entsprechend zu gestalten. Dazu gehört schließlich die Bereitschaft, den Auf- und Ausbau regionaler Hilfesysteme, mobiler Hilfsdienste, gemeindeorientierter offener und stützender Hilfen unter Hinzuziehung von Laienhelfern zu fördern, politisch zu fordern und zu vertreten, je nach dem individuellen Bedarf in der jeweiligen Kommune. So könnten Kirchen dazu beitragen, dass die Bevölkerung insgesamt das Zusammenleben wieder lernt, statt Gruppen gegen ihren Willen als »anstaltsbedürftig« auszusondern, weil sie besser »unter sich«, »mit ihresgleichen« seien.

4 Lernprozesse: Praktika – Unterricht – Erfahrung

Im Anschluss an die Darstellung der gegenwärtig national und international aktuellen Thematik auf dem Gebiet der Integration von Menschen mit Behinderungen und des Zusammenlebens von Menschen mit und ohne Behinderungen stellt sich die Frage,

9 M. Hahn u. a., Die Leute sind ja draußen aufgeblüht …, Berliner Beiträge, Reutlingen 2003, 435.

wie Schülerinnen und Schüler mit dieser Thematik so vertraut gemacht werden, dass sie in ihrem Leben, im Denken und Handeln befähigt werden, zum Barrierenabbau beizutragen, am Aufbau von Gemeinwesen nach dem Prinzip von *Community Care* mitzuwirken und sich selbst als integrationsfähig und -bereit zu erfahren.

4.1 Praktika

Projekte sozialen Lernens, zumeist in der Oberstufe des Gymnasiums verankert[10], haben sich als nachweislich besonders ertragreich und lernintensiv erwiesen, wenn sie ein zweiwöchiges Praktikum mit reflektierendem – vorausgehendem und nachbereitendem – Unterricht verbinden. Die Suche und Auswahl entsprechender Praktikumsplätze ist von zentraler Bedeutung, wenn versucht werden soll, ein »Handlungsfeld« für die Schülerinnen und Schüler zu erschließen. Dabei muss es darauf ankommen, dass die jungen Leute vor Ort begleitet und eingeführt, zugleich aber nicht überfordert werden.

Auch heutzutage sind gerade Menschen mit Behinderungen im öffentlichen Bewusstsein noch das Fremde, das Schülern bisher kaum begegnet ist, das am Rande lebt und als schwach, mitleids- und betreuungsbedürftig eingeschätzt wird, ja, das noch bei der ersten Begegnung als lebensuntüchtig und nicht lebenswert angesehen wird. Zugleich ist die Scheu, einen Praktikumsplatz in diesem Umfeld zu wählen, bei Schülern zunächst enorm groß.

Junge Menschen mit Behinderungen befinden sich heute überwiegend in Sonderschulen – für Blinde und Sehbehinderte, für allgemein Körperbehinderte sowie für Epilepsiekranke; ältere Menschen sind eher in besonderen Werkstätten anzutreffen. Vereinzelt existieren jedoch auch integrative Kindergärten, in denen behinderte und nichtbehinderte Kinder gemeinsam spielen und lernen. In Heidelberg gibt es z. B. die »Individualhilfe Schwerbehinderte«, die den Schülern zeigen kann, dass es für einen großen Teil von schwer behinderten Menschen möglich ist, ein selbstbestimmtes, von Assistenten begleitetes Leben in einer eigenen Wohnung zu führen und einer Arbeit an einem regulären Arbeitsplatz nachzugehen. Zugleich können Jugendliche so auch erleben, was es bedeutet, Hindernissen im öffentlichen Leben zu begegnen oder aber sich dank Barrierefreiheit selbstständig zu bewegen. Solche höchst unterschiedlichen Orte gilt es für Schülerpraktika ausfindig zu machen. Bezogen auf das Kennenlernen aktueller Fragen für das Handlungsfeld Integration ist die Vielfalt und Unterschiedlichkeit teils traditioneller Formen und teils neuartiger Modelle von großer Bedeutung.

Es hat sich als ertragreich erwiesen, wenn Schülerinnen und Schüler möglichst zwei Wochen »am Stück« ihr Praktikum ableisten; erst nach einigen Tagen der Orientierungssuche und Unsicherheit setzt ein Prozess des Vertraut- und Sicherwerdens ein, der das Selbstwertgefühl der Jugendlichen stärkt und ihnen das Gefühl vermittelt, sinnvolle und hilfreiche Arbeit zu verrichten.

---

10 Vgl. dazu: B. von Schubert, Diakonie in Schule und Unterricht, in: danken und dienen, 1998, 88–95.

4.2 Unterricht

Ein Unterricht, der Praktika vorbereiten und Schülereindrücke verarbeiten und nacharbeiten will, damit sie zu Erfahrungen gerinnen, die Lernprozesse auch für die Zukunft lebendig erhalten, steht gerade bei der Integrationsthematik vor vielfältigen Aufgaben.[11]

Zum einen sind vor dem Praktikum behutsam die Unsicherheiten und Bedenken anzusprechen, zum anderen sollte nachher mündlich erzählt und schriftlich beschrieben und dargestellt werden, was erlebt, beobachtet und gelernt wurde.

Darüber hinaus sollte ein diakoniewissenschaftlich vorbereiteter und angeleiteter Unterricht versuchen, Fragen der Diakonie-Geschichte zum Umgang mit Behinderung zu verbinden mit schöpfungstheologischen, christologischen und ekklesiologischen Gedanken; er sollte weiterhin auf die Rolle der Wohlfahrtsverbände in Deutschland und die Systeme sozialer Sicherung eingehen, dazu die sozialpolitischen Forderungen nach Durchsetzung von Diskriminierungsverboten und Selbstbestimmung behandeln und das Verständnis von Hilfeleistung problematisieren. Ein Ethik- und Sozialkunde-Unterricht wird sich vermutlich anstelle theologischer Reflexion auf Menschenrechtserklärungen und die Wertsetzungen des Grundgesetzes beziehen. Die Frage nach dem Sinn und Wert von Leben wird sich stellen und zu diskutieren sein.

Bezüglich der Methodik wird es keine erheblichen Unterschiede geben. In jedem Fall sind es die persönlichen Eindrücke und Erlebnisse, die dem kognitiven Umgang mit der Thematik Impulse verleihen.

Die mündlich geäußerten und in Praktikumsberichten niedergelegten Beobachtungen und Überlegungen sowie die im Klassenverband zusammengetragenen Erlebnisse laufen immer wieder auf folgende Gesichtspunkte hinaus:

- das Staunen und die Überraschung über die Fähigkeiten der Betroffenen (»ich wusste gar nicht, wie toll Blinde Fußball spielen können«; »auf der Straße ist es nur schlimm, wenn jemand, der keine Ahnung hat, ihnen helfen will«; »Rollstuhlfahrer stehen mit beiden Beinen im Leben«; »obwohl er nicht hören kann, versteht er alles, weil er von den Lippen abliest; das kann ich nicht«);
- das Bedauern, nicht häufiger und länger zusammen sein zu können (»ich wäre am liebsten noch dort geblieben«);
- die Überlegungen, wie man in der eigenen Schule, im eigenen Lebensumfeld, in der eigenen Familie in gegenseitiger Bereicherung zusammen leben könnte (»ich könnte mir jetzt gut vorstellen, auch ein behindertes Kind zu haben«; »warum haben wir eigentlich keine Aufzüge in der Schule?«);
- die Beobachtung, dass Behinderte nicht voll akzeptiert werden (»im Geschäft wurde ich angesprochen, obwohl doch der Rolli-Fahrer etwas kaufen wollte«);
- die Überraschung, mit welcher Selbstverständlichkeit kleine Kinder mit und ohne Behinderung miteinander umgehen, wenn sie täglich zusammen sind.

---

11 Vgl. Unterrichtsmaterialien – Schülerhefte und Vorbereitungshefte für Lehrerinnen und Lehrer – unter dem Titel *soziale kompetenz* (Stuttgart, ab 2005).

4.3 Erfahrung

Die Schülerinnen und Schüler sind nahezu ausnahmslos beeindruckt von den Fähigkeiten der »Behinderten«, sie haben selbst Entscheidendes gelernt dadurch, dass sie in ihrem Denken und Empfinden eine Korrektur ihrer Vorurteile und Erweiterung ihres Vorstellungsvermögens und damit selbst eine Hilfe empfangen haben – mehr als dass sie selbst geholfen hätten.

Nachgewiesenermaßen vertreten und verbreiten Schülerinnen und Schüler, die solche Projekte mitgemacht haben, das Gelernte und Erfahrene nach außen. Immer wieder geschieht es, dass sie noch über ihre Schulzeit hinaus Kontakt zu den Orten und Personen halten, bei denen sie ihr Praktikum gemacht haben. Viele fühlen sich angeregt zur Ableistung eines freiwilligen sozialen Jahres oder verbringen ihren Zivildienst dort. Einige verfolgen ihr weitergehendes Interesse dadurch, dass sie einen neu an ihrer Schule eingerichteten Kurs zum diakonischen Lernen belegen.

Auch der gedankliche Austausch im Klassenverband und mit den als Mentoren gewählten Lehrkräften über die unterschiedlichen »Handlungsfelder« zeigt, dass ein hohes Maß an sozialer Sensibilisierung, z. T. im christlich-diakonischen Kontext, erreicht worden ist. Soziale Verantwortung wird an Sätzen deutlich wie: »Ich sehe meine Stadt mit anderen Augen, nicht mehr nur die Fassaden.«

5 Zusammenfassende Überlegungen

Für die zukünftigen Lebensbedingungen der Menschen mit Behinderungen selbst wird im Vordergrund stehen, ob für sie Barrieren abgebaut, Selbstbestimmung zugelassen und Zusammenleben in Zukunft mehr und mehr ermöglicht wird. Für sie ist es wohl weniger wichtig, vor welchem weltanschaulichen Hintergrund junge Leute sich den Fragen des »Handlungsfeldes Behinderung« gestellt haben. Schulen, die ihre Schüler mit Problemen der Marginalisierung von Menschen vertraut machen wollen, sollten alle Wege beschreiten, auch andere Schulen dazu anzuregen, ihnen die reichhaltigen Erfahrungen mit Projekten dieser Art weiterzuvermitteln. Dabei muss der eigene Hintergrund diakonisch-sozialen Lernens nicht verborgen bleiben, mit Vorsicht sollte jedoch das »Leitbild Diakonie« des Diakonischen Werkes der EKD gelesen werden. Gerade Schüler, die sich gründlich und sensibel mit dem Themenbereich Behinderung befasst haben, halten die Hinzufügung »stark für andere« für problematisch, nachdem sie die Stärke vieler Menschen mit Behinderung erfahren haben, und sie wehren sich gegen den Begriff »Gelingendes Leben«[12] – im Untertitel des Heftes –, weil sie sich – mit den eigenen Urteilen und Vorurteilen gegenüber Behinderung konfrontiert – jedes Urteils enthalten wollen, Aussagen darüber zu machen, wer die Maßstäbe für Gelingen oder Nichtgelingen finden könnte.

12 Vgl. auch die kritische Auseinandersetzung mit diesem Vorstellungshorizont bei G. Schneider-Flume, Leben ist kostbar. Wider die Tyrannei des gelingenden Lebens, Göttingen 2002.

Frank Ziegler, Thomas Poreski

Obdachlosigkeit und extreme Armut

1 Historische Entwicklungslinien der evangelischen Obdachlosenhilfe

1.1 Diakonisch-ethische Wurzeln

Die alttestamentarische Weisheit und die Propheten des Alten Testaments sprechen von einer doppelten Dimension von Gerechtigkeit: Gerechtigkeit rührt an das Herz des Einzelnen, dem Armen sein Herz zu schenken, und sie hat zugleich eine gesamtgesellschaftliche Komponente. Ziel ist ein gerechtes Gemeinwesen, in dem auch sozial Benachteiligte einen Ort finden, sich zu entfalten und ihre Stärke zu leben.

Aufgabe der evangelischen Obdachlosenhilfe ist es, Situationen der Ausweglosigkeit in Situationen des Segens zu verwandeln, angesichts des Am-Ende-Seins von Menschen Neues zu schaffen und Hoffnung zu wecken. Denn der Mensch findet Annahme, Würde und Wert seiner Person allein aus Gnade, nicht durch seine Leistungen. Ein Satz von Dietrich Bonhoeffer umschreibt dies: »In seiner Freiheit von mir will der Andere geliebt werden als der, der er ist, nämlich als der, für den Christus Mensch wurde.«

Bis zu dieser Perspektive und zu diesem Menschenbild war es jedoch ein weiter Weg, flankiert und geprägt von sozialen und kulturellen Veränderungen und notwendigen Lernprozessen auch im Hilfesystem selbst.

1.2 Der Besserungsansatz der Wanderarbeiterhilfe

Bereits Ende des 19. Jahrhunderts war das Bild vom wandernden Gesellen, der in einer lebensgeschichtlichen Übergangsphase vom Gesellendasein zur Meisterexistenz durch Deutschland zog, ein romantisch verklärtes Bild. Zwar war in einer Reihe von Handwerksberufen die freiwillige berufliche Wanderschaft durchaus üblich, die Mehrzahl der umherziehenden Arbeiter wurde jedoch durch einen zunehmenden sozialen Problemdruck und durch Mangel an Arbeit bei fehlender sozialer Absicherung zur Mobilität gezwungen. Armut, die Suche nach Gelegenheitsarbeiten und das Erbetteln von Almosen bestimmten den Alltag der wandernden Arbeiter und führten in der öffentlichen Wahrnehmung zu einer Stigmatisierung als »Landstreicher« und »Vagabunden«.

Die Innere Mission nahm den Niedergang der zünftigen Ordnung und die zunehmenden gesellschaftlichen Desintegrationsprozesse als Aufforderung zum Handeln wahr.

»Auf der Grundlage eines patriarchalischen Fürsorgeverständnisses sollten die ›höheren Stände‹ die sozialen Unterschichten durch die ›Tat der rettenden Liebe‹ zum Evangelium und zu einer an sittlich-religiösen Normen orientierten Lebensweise zurückführen« (Scheffler 1987, 11).

Der christliche Charakter der Herbergen zeigte sich in den Anfängen der Wohnungslosenhilfe durch Morgenandachten und sonntägliche Gottesdienste. Allerdings war das Interesse der Besucher an diesen Angeboten gering. Die in den Hausordnungen fixierten Regeln führten aber dazu, dass sich die freiwilligen Besucher auf diejenigen beschränkten, die sich mit ihrem christlichen Charakter von vornherein identifizieren konnten.

Auch damals gab es schon andere, zukunftsweisende Ansätze: »Obwohl Perthes vor einer von oben verordneten Christlichkeit gewarnt hatte, wurden die Herbergen vielfach mit einer starren christlichen Hausordnung identifiziert, die von den wandernden Gesellen und Arbeitern als Verhaltenszwang und Disziplinierung empfunden wurde.« (Scheffler 1987, 16)

Der Ansatz der Hilfe zur sittlichen Besserung hielt sich lange in der Wohnungslosenhilfe. Das 1961 geschaffene Bundessozialhilfegesetz sah entsprechende Hilfen für »Nichtsesshafte« vor. Diese zeichnen sich laut Gesetzestext dadurch aus, »dass sie aus Mangel an innerer Festigkeit ein geordnetes Leben in der Gemeinschaft nicht führen können« (§ 72, Abs. 1). Dementsprechend war es das Ziel der Hilfe, »den Gefährdeten zu einem geordneten Leben hinzuführen« (§ 72, Abs. 2). In besonders schweren Fällen sah das BSHG sogar die Möglichkeit vor, die Besserung gegen den Willen des Betroffenen durchzusetzen: »Lehnt ein Gefährdeter ... die angebotene Hilfe ab, kann das Gericht ihn anweisen, sich in einer geeigneten Anstalt, in einem geeigneten Heim oder in einer geeigneten gleichartigen Einrichtung aufzuhalten.«

In deutlichem Kontrast dazu steht die aktuelle Grundsatzposition der evangelischen Obdachlosenhilfe: »Hilfe muss angeboten werden, aber sie darf den Hilfesuchenden nicht aufgezwungen werden« (Evangelische Obdachlosenhilfe 2003, 16).

1.3 Hilfe als Kontrolle

Der normative Wunsch, die umherziehenden Arbeiter zu einem sittlich-religiösen Leben (zurück)zuführen, verband sich mit dem Wunsch der staatlichen Behörden nach einer effektiven Überwachung potenziell revolutionärer Elemente durch ein ausgefeiltes System der Kontrolle.

Die Überwachung der Hygienevorgaben artete oftmals in eine rigide Körperkontrolle aus, es herrschte striktes Alkoholverbot, ein gesittetes Benehmen wurde erwartet. Oftmals wurden die Pässe und Wanderbücher der Herbergsbesucher abends von der Polizei eingezogen, und die umherziehenden Arbeiter und Handwerker mussten diese am nächsten Morgen auf dem Revier wieder abholen.

Auch die christliche Armenhilfe reihte sich da ein, doch gab es hier auch früh schon zukunftsweisende Abweichungen von den radikal kontrollierenden Tendenzen: »Der Abstempelung des wandernden Arbeiters zum ›Vagabunden‹ und damit dem in der Regel unvermeidlichen Einstieg in einen Kreislauf der Auffälligkeit (Verhaftung, Bestrafung: Haft oder Arbeitshaus) vorzubeugen, hatte sich die maßgeblich von Friedrich von Bodelschwingh geprägte Wandererfürsorge zum Ziel gesetzt.« (Scheffler 1987, 17)

Ihre extremste Ausprägung hatten die zitierten, von ihrer Zeit geprägten, aber nichtsdestotrotz überaus problematischen Entwicklungslinien in der Verfolgung der so genannten »Asozialen« im Dritten Reich in die leider auch diakonische und kirchliche Einrichtungen verstrickt waren. Der historische Band »Bürger und Bettler« hat diese Verstrickung auf Initiative diakonischer Einrichtungen und Dienste in den

1990er Jahren auf ebenso beeindruckende wie bedrückende Weise aufgearbeitet (Bürger und Bettler, Band 1).

1.4 Erklärungsansätze im Wandel

Entsprechend den gesellschaftlichen Bedingungen und den sie begleitenden Erklärungsansätzen hat auch das Hilfesystem einen großen Wandel hinter sich: von der Wanderarmenhilfe ab der zweiten Hälfte des 19. Jahrhunderts über die Nichtsesshaftenhilfe bis zur heutigen differenzierten Wohnungslosenhilfe.

Aus heutiger Sicht ist Wohnungslosigkeit zum einen das Ergebnis eines langfristigen Verarmungs- und Ausgrenzungsprozesses benachteiligter Menschen: Arbeitsmarktkrise, Modernisierungsprozesse und Sozialabbau führen zu sozialen Ungerechtigkeiten und Armutsrisiken. Hinzu kommt die Diskriminierung »auffälliger« Menschen sowie – nicht selten – die Verweigerung notwendiger und frühzeitiger Hilfen.

Zum anderen kommen Menschen durch krisenhafte persönliche Lebensumstände – wie Tod eines Partners, Scheidung und Arbeitsplatzverlust – in Notlagen, die sie überfordern, existenziell bedrohen und aus denen sie sich nicht mehr aus eigener Kraft heraushelfen können.

Spätestens mit der Novellierung der Durchführungsverordnung zu § 72 BSHG im Jahre 1996 hat diese Lebenslagenorientierung des Hilfesystems auch den gesetzlichen Rahmen erreicht. So verzichtet die neue Rechtsverordnung auf jede Typisierung der Personen oder auf Aufzählung von Personengruppen (z. B. Nichtsesshafte). Dies war ein immenser Fortschritt, »weil die alten Begrifflichkeiten immer ein fachlich längst überholtes Hilfeverständnis in die Praxis getragen haben« (Roscher 2001, 50). Statt dessen setzt die Verordnung an dem die besondere Lebenslage beschreibenden Begriff des § 72 BSHG an, wonach besondere soziale Schwierigkeiten immer dann bestehen, wenn besondere Lebensverhältnisse derart mit sozialen Schwierigkeiten verbunden sind, dass die Überwindung eines der beiden Tatbestandsmerkmale auch die Beseitigung des anderen erfordert.

Dieses differenzierte Ursachen- und Problemverständnis hat dazu geführt, dass falsche und einseitig moralisierende Vorstellungen von einer individuellen »Schuld« oder »Fehlerhaftigkeit« der Betroffenen zurückgedrängt werden konnten. Mit dem Rückbau des Sozialstaates gewinnen sie in der öffentlichen Debatte allerdings wieder an Gewicht.

2 Betroffene und Hilfestandards

2.1 Risikofaktoren für Armut und Ausgrenzung

Bei Menschen, die auf der Straße leben oder sich innerhalb des Hilfesystems bewegen, ist der Wohnungsverlust oft mit vorausgehenden bzw. begleitenden materiellen, sozialen und persönlichen Problemen verbunden: Wohnungslosigkeit ist dabei die Folge einer lang andauernden Benachteiligung und einer Spirale von Misserfolgen und Scheitern, Verarmung und Ausgrenzung.

Den »typischen« Wohnungslosen gibt es nicht. Die Wahrscheinlichkeit, wohnungslos zu werden, wird jedoch immer größer, je mehr Risikofaktoren zusammentreffen:

- besondere Belastungen durch Lebensereignisse wie Trennung, Scheidung, Krankheit, Unfall und Tod,
- materiell und wirtschaftlich schlechte Ausgangssituationen,
- erschwerten Zugang zum Bildungssystem und schlechte Startchancen ins Berufsleben,
- Einschränkungen und Belastungen durch Sucht und psychische Erkrankungen, akute oder chronische Erkrankungen, die vor allem durch die extreme Lebensweise auf der Straße entstehen.

Menschen in Wohnungsnot verfügen zumeist über geringe soziale Ressourcen zur Alltagsbewältigung, zum Umgang mit Krisen und zur Inanspruchnahme von Hilfesystemen. Erschwerend hinzu kommen unverarbeitete negative Lebenserfahrungen wie Gewalt, soziale Isolation und Stigmatisierung, die oft bis in die Kindheit und Jugend zurückreichen.

Als Folge ihrer geschlechtstypischen Sozialisation ist die Wohnungslosigkeit von Frauen häufig weniger auffällig als bei Männern: Frauen versuchen ihre Notlage eher durch die Inkaufnahme prekärer Wohnsituationen und Lebensverhältnisse zu kaschieren.

2.2 »Wohnungslosenkarrieren«

Menschen, die ihre sozialen Wurzeln verloren haben und über einen gewissen Zeitraum auf der Straße leben, haben verletzende und ausgrenzende Erfahrungen unterschiedlichster Art gemacht. Meistens ist der Wohnungsverlust mit einem Arbeitsplatzverlust oder bereits zuvor bestehender Arbeitslosigkeit verbunden. Ohne polizeiliche Anmeldung entfallen die Anspruchsvoraussetzungen für Lohnersatzleistungen wie Arbeitslosengeld oder –hilfe. Der Krankenversicherungsschutz durch eine gesetzliche Krankenkasse steht auf dem Spiel. Viele Sozialämter lehnen Hilfen ab, die über Gutscheine oder Tagessätze hinausgehen. Unterhaltsverpflichtungen, Schulden oder Geldstrafen können infolge des Einkommensverlustes nicht mehr beglichen werden. Als Folge von materieller Unterversorgung entsteht ein Zwang zur Mobilität, zum Umherziehen von Stadt zu Stadt. In Verbindung mit unzureichender postalischer Erreichbarkeit kann es bei Unterhaltsverpflichtungen und Geldstrafen zu Zuspitzungen kommen, die letztlich in Haftstrafen enden. Nicht zuletzt ist es für Menschen ohne eine polizeiliche Meldung schwierig, ihre demokratischen Rechte – wie z. B. das Wahlrecht – in Anspruch zu nehmen.

Leben auf der Straße bedeutet materielle und soziale Randständigkeit, die Menschen deprimiert, krank macht und Fluchtreaktionen – häufig zu Alkohol und anderen Drogen – auslöst.

Ein Teufelskreis entsteht, wenn die Betroffenen nicht in der Lage sind, die ihnen zustehenden Hilfen anzunehmen, wenn die notwendige Hilfe verweigert wird, wenn das Hilfesystem nicht lernt, passende Hilfen anzubieten oder wenn eine im konkreten Einzellfall ungeeignete Hilfe aufgedrängt wird.

2.3 Hilfe: differenziert und ressourcenorientiert

Menschen in Wohnungslosigkeit brauchen ein fachlich qualifiziertes, differenziertes und vernetztes Hilfeangebot. Soforthilfen sind in einem sozialpolitischen Umfeld, das den Mangel verwaltet, zwar notwendig, können aber langfristige Hilfeangebote nicht ersetzen. Vielmehr müssen sie so angelegt sein, dass sie zur dauerhaften Eingliederung motivieren. Gerade deshalb muss niederschwellige Hilfe wie Wärmestuben und Tagesstätten mit viel Sensibilität und fachlicher Kompetenz Brücken schlagen zu einem verbindlicheren Hilfeprozess, der den betroffenen Menschen Perspektiven eröffnet.

Ziel der Hilfe muss die Veränderung belastender Lebenssituationen sein, wobei sehr bewusst an die Fähigkeiten und Ressourcen der Betroffenen angeknüpft wird.

Angesichts multipler und kumulierender Problemlagen ist jedes Problemlösungsverhalten zunächst einmal als solches zu akzeptieren. Die Wohnungslosenhilfe muss an diesen Fähigkeiten und Stärken der Betroffenen ansetzen, anstatt allein die Schwächen zu bearbeiten. Auch im Hilfefeld der Obdachlosen muss die Diakonie darauf setzen »was Menschen trotz allem können« (Nipkow, in diesem Band, 15ff). Dieser ressourcenorientierte Ansatz ist gerade bei den Menschen zentral, die vermeidlich oder tatsächlich kaum Ressourcen haben. Die Diakonie »denkt von den gegebenen ›Gaben‹ aus und sieht den ›ganzen Menschen‹« (Nipkow).

Nipkow weist zu Recht darauf hin, dass Beratung eine Form »bildungsrelevanten diakonischen Handelns« (Nipkow) ist. Gerade die Hilfesuchenden in der Obdachlosenhilfe haben einen großen Beratungsbedarf. Neben der allgemeinen Lebens- und Sozialberatung gewinnt hierbei die Beratung bezogen auf rechtliche Fragen und auf Leistungsansprüche eine immer größere Bedeutung. Gerade das Gebiet der Obdachlosenhilfe ist mit dem für den modernen Rechtsstaat beschämenden Zustand konfrontiert, dass Rechtsansprüche und Rechtswirklichkeiten oftmals weit auseinander klaffen.

Die Finanzmisere der Kommunen führt zu drastischen Sparmaßnahmen, die leider oftmals so weit gehen, dass festgeschriebene Rechtsansprüche versagt werden.

»Die finanzielle Notlage der Kommunen ist jedoch überall die gleiche, und überall wird versucht zu sparen. Sozialhilfeempfänger(innen) sind bevorzugte Opfer für dezidierte oder auch nur indirekt formulierte Sparabsichten der Kommunen. Den Betroffenen fehlt häufig der Mut und die Ausdauer, sich gegen rechtswidriges Verwaltungshandeln zu wehren.« (Erklärung von Jurist(innen) bei Caritas und Diakonie 2004, 9)

2.4. Präventive Hilfe

Bei der Hilfeorganisation geht die Tendenz immer mehr in Richtung eines Case Managements, also einer vernetzten Hilfe für Menschen in besonderen – und im Detail sehr vielfältigen – sozialen Schwierigkeiten. Die Kombination mit präventiven Hilfen wird dabei immer mehr zum Beratungsstandard.

Präventive Hilfe, die einen drohenden Wohnungsverlust abwendet, muss die Schwellen für die Inanspruchnahme von Hilfe senken. Notwendig ist dabei häufig der

Übergang von einer Komm- zu einer Gehstruktur. Beispielsweise gibt es als Modellprojekt Kooperationen mit Wohnungsbaugesellschaften, die der Wohnungslosenhilfe drohende Zwangsräumungen melden. Das Einverständnis und die Mitwirkung der Betroffenen vorausgesetzt, wird ein bedarfsgerechter Hilfeprozess eingeleitet, der den Wohnungsverlust verhindert – von der Entschuldung über Sozialhilfeanträge, Hilfe bei der Arbeitssuche, Mediation in Nachbarschaftskonflikten bis hin zur Einleitung einer Therapie.

Für Menschen in gewaltgeprägten Lebenslagen – insbesondere Frauen und Kinder – müssen wohnortnahe Hilfeleistungen und gesicherte Anlaufstellen vorhanden sein.

Eine weitere Notwendigkeit ist die Sozialraumorientierung in der Wohnungslosenhilfe, wobei verstärkt mit anderen Feldern der sozialen Arbeit sowie mit Stadtteilinstitutionen kooperiert wird. Weil traditionelle soziale Bindungen zunehmend verschwinden, wird durch Netzwerkarbeit im sozialen Umfeld in Stadtteilen versucht, die Selbstorganisation und die Selbsthilfepotenziale der Bewohnerinnen und Bewohner gezielt zu unterstützen und zu stärken. Hilfe zum Aufbau sozialer Beziehungen wird von der Wohnungslosenhilfe auch im engeren Wohnumfeld geleistet, etwa beim ambulant betreuten Wohnen.

2.5 Institutionelle Hilfe – ambulant vs. stationär

Die formale Trennung in ambulante, teilstationäre und stationäre Einrichtungen verlor in den vergangenen Jahren fachlich immer mehr an Bedeutung – zumal die Grenzen fließend sind: »Ambulant betreutes Wohnen« etwa wird je nach Kostenträgerschaft mal als ambulant, mal als stationäre Hilfe eingestuft. Die Formel »ambulant = gut, stationär = schlecht« greift fachlich nicht mehr. Auch Anhänger/innen der »reinen Lehre« der Ambulantisierung erkennen heute an, dass für bestimmte Personen mit einem umfassenden Hilfebedarf stationäre Hilfen sinnvoll sein können. Die Grundtendenz, ambulante vor stationäre Hilfen zu setzen, ist hingegen weiterhin Stand der fachlichen Diskussion.

Vor allem in den neuen Bundesländern hat die prekäre Finanzlage allerdings zu einer etwas absurden Entwicklungstendenz bei den Einrichtungen geführt, die jede Fachlichkeit ausklammert: Weil stationäre Einrichtungen in der Regel besser finanziert werden als ambulante, ging und geht eine Reihe von bisher ambulanten Einrichtungen dazu über, sich aufzulösen und als stationäre Einrichtungen neu zu gründen.

3 Soziale Dynamik und aktuelle Herausforderungen

3.1 Die Armutspopulation wächst

Angesichts von über 20 000 Menschen, die bundesweit ohne jedes Obdach auf der Straße leben, ist der Hilfebedarf ist enorm, doch die finanziellen Mittel sind knapper denn je. Besonders in den Ballungszentren nimmt die Zahl der Räumungsklagen ständig zu, ebenso wie die Zahl der Beratungsfälle der Wohnungslosenhilfe. Die Einrichtungen der evangelischen Obdachlosenhilfe – bundesweit 50 Prozent der Wohnungslosenhilfe – melden vor allem in den Ballungsgebieten erhebliche Steigerungsraten bei den Hilfesuchenden.

Die Zahl der Wohnungslosen liegt bei bundesweit über 400 000 Menschen. Jede Statistik deckt das Problem aber nur unzureichend ab: Da sie verdeckt und unauffällig damit umgehen, sind beispielsweise weitaus mehr Frauen wohnungslos, als lange Zeit angenommen wurde.

Der Frauenanteil unter den statistisch erfassten Wohnungslosen liegt zwischen 20 und 25 Prozent, das sind ca. 80–90 000 Frauen, von denen ca. 2 500 ohne jede Unterkunft auf der Straße leben.

Hinzu kommt bei regional entspannten Wohnungsmärkten das, was von den Fachkräften als Sozialhilfemilieu bezeichnet wird: Menschen in prekären Lebenslagen mit besonderen sozialen Schwierigkeiten, die aber – u. a. aufgrund eines regional entspannten Wohnungsmarktes – (noch) nicht wohnungslos sind. Deshalb ist es gut, dass Projekte wie Tagesaufenthalte ihre Angebote ausdrücklich auch für diese Menschen zur Verfügung stellen. Denn es geht um die gleichen Problemlagen, auch wenn die sichtbare Ausdrucksform – Wohnungslosigkeit – nicht erkennbar ist.

3.2 Vielfalt der Problemlagen

In der größten bundesweiten Studie über die Problemlagen von Hilfesuchenden in der Wohnungslosenhilfe, die im Auftrag der evangelischen Obdachlosenhilfe erstellt und im Juli 2004 veröffentlicht wurde, schält sich eine Reihe von sozialpolitisch ebenso bedenklichen wie bemerkenswerten Trends heraus.

(1) Immer mehr junge Wohnungslose

Ein erschreckender Befund ist: Der Anteil der Hilfesuchenden unter 28 Jahren liegt mittlerweile bei 25 Prozent, der Altersdurchschnitt bei nur noch 38 Jahren. Das ist eine radikale Umkehrung des Trends der vergangenen Jahrzehnte, von dem Einrichtungen und Dienste bereits im vergangenen Jahr berichtet haben. Dieser neue Trend wird auch von den Stichtagserhebungen vieler Bundesländer bestätigt. Die Wohnungslosenhilfe wird zu einem letzten Auffangnetz, wenn vorgelagerte soziale Sicherungssysteme v. a. aufgrund von Sparzwängen nur unzureichend funktionieren – nicht nur die Jugendhilfe, sondern beispielsweise auch die Suchtkrankenhilfe und die sozialpsychiatrische Versorgung.

(2) Extreme Armut und Ausgrenzung

Die Zahl der Menschen ohne jedes Einkommen außer Betteln nimmt zu. Die Problemlagenstudie zeigt das Ausmaß der Verarmung: Rund 60 Prozent der Hilfesuchenden in den Einrichtungen der evangelischen Obdachlosenhilfe haben gegenwärtig ein Einkommen unter 310 Euro, also unterhalb der Sozialhilfe. 44 Prozent haben kein regelmäßiges Einkommen, also auch keine regelmäßige Sozialhilfe. Das liegt nur zum Teil daran, dass sich Menschen in extremen Lebenskrisen oft scheuen, verbriefte Rechte einzufordern. Immer öfter wird Ihnen die zustehende Hilfe auch verweigert. Durch die Studie ist nun bekannt, wie sich das auf die Vielzahl der Hilfesuchenden auswirkt. Ein dringender gesetzlicher Handlungsbedarf lässt sich immer weniger leugnen.

(3) Gesundheitsversorgung: gefährdet

Rund 40 Prozent der Hilfesuchenden in den Einrichtungen der evangelischen Obdachlosenhilfe waren im Erhebungszeitraum akut oder chronisch krank, doch nur 25 Prozent waren in ärztlicher Behandlung. Diese Daten wurden vor der Gesundheitsreform 2004 erhoben. Seither, das melden alle Einrichtungen, hat sich die Gesundheitsversorgung für diesen Personenkreis nochmals drastisch verschlechtert.

Im Zusammenhang mit Krankheit und Gesundheit gibt es aber auch eine positive Nachricht: Die Einschätzungen des Gesundheitszustands durch die Mitarbeitenden den Einrichtungen sind außerordentlich präzise. Die Übereinstimmung mit vergleichenden Diagnosen durch medizinische Fachdienste lag bei über 75 Prozent. Echte Fehleinschätzungen waren zudem außerordentlich selten. Dies bedeutet aber auch: Die alarmierenden Botschaften aus den Einrichtungen sind fundiert und sehr ernst zu nehmen.

(4) Bildung und Berufsausbildung

Über die Hälfte der Wohnungslosen hat die Volks- und Hauptschule absolviert. Ein Viertel hat sogar einen Realschulabschluss oder mehr. Bei der Frage nach einem möglichen Berufsabschluss gaben über 40 Prozent der Befragten an, eine abgeschlossene Lehrausbildung zu haben. Etwa ein Drittel hat gar keinen Berufsabschluss. Zu befürchten ist, dass die zunehmende Wohnungslosigkeit bei Jugendlichen die Gruppe derer ohne jeden Schul- und Berufsabschluss weiter steigen lassen wird.

Interessante Ergebnisse zeigen sich auch bei einem genaueren Blick auf einzelne Gruppen von Wohnungslosen: So ist das höchste Bildungsniveau bei Wohnungslosen mit Migrationshintergrund zu finden. Ein fehlender Berufsabschluss ist dagegen vor allem ein Problem für Frauen.

(5) Vielfalt der Personengruppen

Die lebensgeschichtlichen Hintergründe der Betroffenen sind vielfältiger geworden – das war bekannt. Doch im Detail sind die Studienergebnisse überraschend und widerlegen gängige Vorurteile: So haben zwar erwartungsgemäß viele Klientinnen und Klienten Suchtprobleme. Doch deutlich weniger als 40 Prozent sind trockene oder nasse Alkoholiker – die meisten Schätzungen lagen weit darüber.

Erstmals konnte auch eine Studie bestätigen, dass sich der Anteil von Menschen mit Migrationshintergrund in der Wohnungslosenhilfe dem Niveau in der Normalbevölkerung angenähert hat.

Die Problemlagenstudie ist eine wissenschaftlich fundierte Argumentationshilfe, die fachlichen und sozialpolitischen Handlungsbedarf aufzeigt und Anstöße für eine neue Kultur des Helfens liefert.

4 Herausforderungen für eine Kultur des Helfens

4.1 Wohnungslosenhilfe: Lotse im Hilfesystem

In der Regel sind es handfeste wirtschaftliche Notlagen gepaart mit schwierigen persönlichen Lebensumständen, die Menschen in die Wohnungslosigkeit treiben. Doch die Vielfalt der Problemkonstellationen von Menschen in besonderen sozialen Schwierigkeiten ist groß. »Typische« Wohnungslose gibt es deshalb kaum.

Ebenso bemerkenswert sind die Beobachtungen in den Tagesaufenthaltsstätten der evangelischen Obdachlosenhilfe: Die meisten Besucher/innen sind zwar formal nicht wohnungslos, haben aber ebenfalls die besonderen sozialen Schwierigkeiten, die auch bei wohnungslosen Menschen zu beobachten sind. Sie haben damit Anspruch auf persönliche Hilfen im Sinne des früheren Bundessozialhilfegesetzes und des aktuellen Sozialgesetzbuches XII. Auch dieser Befund belegt: Die sichtbare Wohnungsnot ist nur die Spitze eines Eisbergs. Statistisch überhaupt nicht erfassbar sind beispielsweise Menschen in prekären Wohnlagen, die – oft unter gewaltgeprägten Lebensumständen – bei Bekannten oder Verwandten Unterschlupf finden.

Vor dem Hintergrund der kaum noch überschaubaren Vielfalt erklärt sich auch das Hilfeverständnis der evangelischen Obdachlosenhilfe: Sie versteht sich als Lotse im Hilfesystem, das sie zum Teil selbst gestaltet, zum anderen einfach nur koordiniert – beispielsweise in Kooperation mit Schuldnerberatungsstellen, der Jugendhilfe, mit Frauenhäusern, der Suchtkrankenhilfe oder sozialpsychiatrischen Diensten. Dabei müssen stets neue Kooperationen gesucht und Kompetenzen erworben werden. Die empirisch gesicherten Beobachtungen der vergangenen Jahre zeigen zum Beispiel sehr deutlich, dass die Kooperation mit den Migrationsfachdiensten weiter intensiviert werden muss, um den Hilfesuchenden gerecht zu werden.

4.2 Sozialraumorientierung und Ehrenamt

Eine wesentliche fachliche Zielsetzung für die evangelische Obdachlosenhilfe ist die Sozialraumorientierung. Um Menschen in besonderen sozialen Schwierigkeiten ein an der Normalität orientiertes Leben zu ermöglichen, brauchen wir in der sozialen Arbeit, aber auch in den Kommunen einen ganzheitlichen Blick auf die Menschen und auf ihr Lebensumfeld. Eine solche Perspektive ist eine wichtige Grundlage für Präventionsarbeit, und sie ist eine Voraussetzung dafür, dass sich soziale Arbeit auch volkswirtschaftlich rechnet.

Um es im Kontext aktueller sozialpolitischer Auseinandersetzungen auf den Punkt zu bringen: Die Integration in den Arbeitsmarkt ist zwar wichtig. Aber es ist ein Irrglaube, mit einer einseitigen Arbeitsmarktorientierung könnte die Infrastruktur für Menschen in besonderen sozialen Schwierigkeiten, die Familien- oder Suchtberatung zusammengestrichen werden, ohne dass das soziale Gefüge insgesamt leidet und irreparablen Schaden nimmt.

Im Sinne der Sozialraumorientierung ist auch die Einbeziehung von ehrenamtlichen Helferinnen und Helfern ein Hilfestandard, der sich zunehmend durchsetzt. Ehrenamtliche Hilfe kann dabei kein Ersatz für professionelle Hilfe sein. Sie ist vielmehr eine von der professionellen sozialen Arbeit mitzugestaltende und notwendige Ergänzung mit doppelter Brückenfunktion: Für die Hilfesuchenden sind die Ehrenamtlichen eine Brücke in das räumliche Lebensumfeld, in den Sozialraum. In umgekehrter Wirkungsrichtung sind die Ehrenamtlichen aber auch Botschafter für die Betroffenen und für die Wohnungslosenhilfe in die Gemeinden, Stadtteile und Kommunen hinein.

4.3 Sozialpolitisches Lobbying

Damit eine vernetzte Hilfe wirksam werden kann, brauchen wir die richtigen gesetzlichen Weichenstellungen. Ein Beispiel: Immer mehr Landesregierungen kommunalisieren die Kostenträgerschaft für die Wohnungslosenhilfe. Gerade kleinere Kommunen können es sich an zwei Fingern ausrechnen: Wenn sie Hilfen rechtswidrig begrenzen oder verweigern, werden arme und ausgegrenzte Menschen irgendwann resignieren und in die Anonymität der großen Ballungsgebiete weiterziehen. Die einzig sinnvolle Antwort ist eine überörtliche Kostenträgerschaft bei gleichzeitig regionaler Verantwortung in der Umsetzung der Wohnungslosenhilfe. Mit der überörtlichen Kostenträgerschaft verbunden sein muss auch eine landesweite Steuerung, welche die regional Verantwortlichen begleitet und dafür Sorge trägt, dass die Regionen tatsächlich auch Angebote bereitstellen.

Um die Folgen von Armut und Ausgrenzung für die Betroffenen zu mildern, sind komplementär zum Ziel einer schlüssigen Finanzierung der Hilfen Möglichkeiten zu schaffen, die dazu beitragen, dass benachteiligte Menschen tatsächlich zu ihrem Recht kommen. Gerade wenn Menschen sich scheuen oder aus anderen Gründen nicht in der Lage sind, zu klagen oder den Instanzenweg durchzustehen, bietet sich das Instrument der Verbandsklage an. Dann können anerkannte Verbände im Interesse der Betroffenen gegen diskriminierende Vorschriften, Gesetze und Verfahren vorgehen. Die evangelische Obdachlosenhilfe fordert dies, mit Unterstützung des Diakonischen Werkes der EKD, seit langem. Die Offenheit hierfür in der juristischen Fachöffentlichkeit wächst:

»Als materielle Einsatzbereiche kommen für die Verbandsklagen namentlich solche Gebiete in Betracht, in denen Individualrechtsschutz aus rechtlichen oder tatsächlichen Gründen nicht ausreichend in Anspruch genommen wird und daher die Verhaltensnormen nicht effektiv durchgesetzt werden können.« (Koch 2000, 441)

Neben den notwendigen grundsätzlichen Weichenstellungen gibt es aber auch eine Reihe von gesetzlichen Einzelregelungen, die überflüssig und diskriminierend sind.

Zwei Beispiele: Die Inanspruchnahme von sozialen Leistungen kann heute unter Umständen noch immer zur Ausweisung von Migrantinnen und Migranten führen. Wenn Probleme aber verschleppt werden, verschärfen sie sich in der Regel für die Betroffenen – und für die Gesellschaft wird es am Ende teuer. Auch Migrant/innen brauchen deshalb den vollen Zugang zum Hilfesystem.

Ebenso problematisch sind die Folgen der Gesundheitsreform 2004: Die geforderten Zuzahlungen und Eigenbeiträge führen dazu, dass arme und ausgegrenzte Menschen den Gang zum Arzt scheuen. Selbst die medizinischen Dienste für Wohnungslose melden Behandlungsrückgänge von bis zu 50 Prozent. Die Folge: Notwendige Behandlungen werden verschleppt, der Gesundheitszustand verschlechtert sich weiter.

Aufgrund der Vernetzung nicht nur der Hilfen, sondern auch der Problemlagen muss sich die evangelische Obdachlosenhilfe vermehrt auch in sozial- und armutspolitische Grundsatzdebatten einmischen. Die Fragen nach – aktuell immer neu auszutarierender – Gerechtigkeit sind zumindest im Hintergrund stets präsent und werden auch immer wieder offensiv gestellt, etwa im Rahmen diakonischer Arbeitsstrukturen, bei Kongressen und Fortbildungsveranstaltungen, im Rahmen des sozialpolitischen Lobbyings und nicht zuletzt im europäischen Kontext, wenn es um Indikatoren sozialer Ausgrenzung geht.

4.4 Kontinuität im Wandel

Bei allen Veränderungen und Anpassungen, bei allem notwendigen Pragmatismus verfügt die evangelische Obdachlosenhilfe über Entwicklungslinien und Grundlagen, an denen sie sich angesichts aktueller Herausforderungen orientieren kann – ganz besonders dann, wenn zugleich ein waches Bewusstsein für historische Entwicklungen und Fehlentwicklungen kultiviert wird. »Besonders die Tätigkeiten des Begleitens, Beratens und Förderns lassen sich leicht in ihrer (auch) bildenden Bedeutung interpretieren« (Nipkow 2004, 19). Ein »erzieherischer Ansatz« hat sich dagegen als ein – zwischenzeitlich längst korrigierter – Irrweg erwiesen.

Die Wohnungslosenhilfe der Diakonie steht fest in der Tradition christlicher Armenhilfe. Diese verpflichtet nicht nur zu einer bedarfsgerechten Hilfe und einem respektvollen Umgang mit armen und ausgegrenzten Menschen. Sie verlangt auch, sich immer neu mit den Bedingungen von Armut und Ausgrenzung auseinander zu setzen. Nach ihrem Selbstverständnis hat die organisierte Wohnungslosenhilfe deshalb auch eine Lobbyfunktion, »sowohl bei der Wahrnehmung und Benennung der Probleme wohnungsloser Menschen in der Öffentlichkeit als auch bei der Begleitung und Unterstützung zur Durchsetzung von Rechten Betroffener« (aus der Grundsatzposition der evangelischen Obdachlosenhilfe e. V.).

Die evangelische Obdachlosenhilfe leistet damit Bildungsarbeit in dem umfassenden Sinne, wie sie der evangelische Religionspädagoge Karl Ernst Nipkow umschreibt. Die Konstanten dieses umfassenden Bildungskonzepts sind:
- der Bezug auf die gesellschaftliche Realität,
- die Hoffnung auf eine humanere Lebensweise,
- die Ausrichtung auf die persönliche Mündigkeit,
- die Rückbindung an geschichtlich wirksame Überlieferungen sowie
- die Einbindung in die menschliche Verständigungsgemeinschaft (vgl. Zitt/Schmidt 2002, 15).

Die Formel aus dem diakonischen Leitbild »Wir leisten Hilfe und verschaffen Gehör« (Diakonisches Werk der EKD 1997, 3) gilt für die Obdachlosenhilfe in ganz besonderer Weise. Evangelische Obdachlosenhilfe ist in ihrem Kern sozialanwaltschaftliche Diakonie – mit gesamtgesellschaftlicher Perspektive!

Roswitha Kottnik

Hospizarbeit

1 Das Hospiz als Lebens- und Lernort

1.1 Eine gesellschaftliche Basisbewegung

In den letzten 25 Jahren hat sich in Deutschland mit der Hospizbewegung eine Bürgerbewegung etabliert, der es gelungen ist, ein jahrzehntelang in den industrialisierten Gesellschaften als Tabu behandeltes Thema in die öffentliche Diskussion einzubringen: den Umgang mit Sterben, Tod und Trauer.

Damit bildet sie bewusst einen Gegenpol zu der gängigen Auffassung, dass lebenswertes Leben durch den Besitz von Gesundheit, Jugendlichkeit, Schönheit, Erfolg und Geld definiert wird. Die Grenzen des Machbaren werden aufgezeigt. Mit dieser Enttabuisierung verfolgt die Hospizbewegung sehr bewusst gesellschaftliche Ziele. Für den Bereich diakonischer Hospizarbeit bedeutet dies:

- Sie rückt die Begrenztheit und Vergänglichkeit des Lebens ins öffentliche Bewusstsein und trägt so zu einer Ethik der Endlichkeit und der Selbstbegrenzung bei.
- Sie lehrt Sterben und Tod als Teil des Lebens zu verstehen; damit stellt sie sich gegen die Verherrlichung der Vitalität, des Konsums und des unbegrenzten Fortschritts.
- Sie hat die Sterbebegleitung als allgemeine menschliche Aufgabe wiederentdeckt und versucht, Formen gemeinschaftlicher und alltäglicher Problembewältigung zu entwickeln.
- Sie macht die Notwendigkeit ehrenamtlichen Engagements bewusst und stellt die Frage nach verpflichtender Sozialzeit.
- Sie praktiziert eine neue Form generationen-, familien- und schichtübergreifender Verpflichtung und stärkt damit das Solidaritätsprinzip in unserer Gesellschaft.
- Sie stellt eine primär technologisch und einseitig am Ziel der Lebensverlängerung orientierte Medizin in Frage und betont die im Angesicht des Todes wichtige Haltung der Annahme und Begleitung.
- Sie nimmt teil an der ethischen Grundlagendebatte über das Verständnis der Menschenwürde und des Personseins des Menschen, wie sie in den westlichen Gesellschaften seit einiger Zeit verschärft geführt wird.
- Sie betont die im Christentum verankerte Überzeugung, dass die Würde jedes, also auch des kranken, hinfälligen und sterbenden Menschen unbedingt zu achten und zu schützen ist.
- Sie versucht durch ihre Theorie wie durch ihre Praxis, den Argumenten für eine Legalisierung aktiver Sterbehilfe den Boden zu entziehen. (Diakonisches Werk der EKD 1997, 11)

Die Folgen dieses gesellschaftlichen Diskurses sind gegenwärtig deutlich sichtbar. Tod und Sterben entfernen sich aus der Tabuzone. Überregionale Zeitschriften, audiovisuelle Medien und ein nicht mehr überschaubares Bücherangebot befassen sich zunehmend mit Fragestellungen, wie ein selbstbestimmtes Sterben gelingen kann. Defizite im Gesundheits- und Sozialsystem, die zum Misslingen der erhobenen ethischen Forderungen nach menschenwürdigem Sterben beitragen, werden anschaulich dargestellt und Veränderungen eingefordert.

Wie groß der Handlungsbedarf ist, zeigt die Einsetzung einer Arbeitsgruppe »Patientenautonomie am Lebensende« durch die Bundesjustizministerin im September 2003. Die Arbeitsgruppe schlägt in ihrem Abschlussbericht vom 10.6.2004 vor, Änderungen im Betreuungsrecht und im Strafrecht vorzunehmen, um eine Erhöhung der Rechtssicherheit für Patientinnen und Patienten sowie deren Bevollmächtigte oder gesetzliche Vertreterinnen und Vertreter und für die Ärzteschaft zu erreichen. In einem Referentenentwurf vom 1.11.2004 des Bundesjustizministeriums soll die Patientenverfügung als Rechtsinstitut im Betreuungsrecht verankert werden und so deren Verbindlichkeit erreicht werden.

Im Zwischenbericht der durch den Bundestag eingesetzten Enquete-Kommission »Ethik und Recht in der modernen Medizin« (Bundestagsdrucksache 15/3700 vom 13.9.04) wird festgestellt: »Tod und Sterben sind in unserer Gesellschaft trotz der sich entwickelnden Hospizbewegung ein weitgehend tabuisiertes Thema. Nicht die religiös begründete Hoffnung, dass mit dem Tod etwas Neues anfängt, bestimmt das herrschende Bild vom Tod und Sterben, sondern die Angst vor dem Sterben als unumkehrbaren Prozess des Zuendegehens, wobei der Tod nur noch das Ende ist und kein Übergang.« (6)

Die genannten Beispiele zeigen eine Aporie: Einserseits herrscht eine angstbesetzte Haltung gegenüber dem Tod mit der daraus resultierenden Verdrängung; andererseits hat das Individuum jedoch den Wunsch, bis zum letzten Atemzug die Selbstbestimmung über das eigene Leben zu behalten. Es ist der verständliche aber kaum zu bewältigende Versuch, Ängste mittels rechtlicher Vorgaben aufzulösen. Das Verdrängen des Todes geschieht in zwei Richtungen: innerhalb der Gesellschaft als Delegation an Institutionen und Einrichtungen (z. B. Krankenhäuser oder Pflegeheime), in der individuellen Lebensführung als Abwehrhaltung und Verdrängung von Erfahrungen des Leidens, des Sterbens und der Trauer.

Hier setzt die Hospizbewegung mit ihrer Grundannahme ein, dass Sterben immer ein Teil des Lebens ist. Wie diese letzte Zeit des Lebens erfahren wird, ist von verschiedenen Faktoren abhängig: vom körperlichen und seelischen Befinden, vom sozialen Umfeld, von der eigenen Einstellung. Die Hospizbewegung zeigt, dass diese Faktoren zum Teil gestaltbar sind und so Einfluss nehmen auf das Wohl- oder Unwohlbefinden eines sterbenden Menschen.

Die Hospizbewegung ist sich bewusst, dass sie als gesellschaftliche Bewegung auch der Gefahr des Missbrauchs ausgesetzt ist, z. B. durch Herausbilden eines neuen Spezialistentum oder durch Tendenzen, die eine Verwaltung, Pädagogisierung und Normierung des Sterbens fördern – etwa anhand des Leitbildes vom sanften, bejahenden, beglückenden Sterben. Solchen Entwicklungen kann begegnet werden durch offene Organisationsformen, durch Betonung der ehrenamtlichen Dimension der Hospizarbeit, durch immer neue kritische Reflexion der eigenen Arbeit und ihrer Grundsätze und durch das Bewussthalten, dass der Hospizdienst den alltäglichen und primären Sozialgestalten (z. B. Familiennetzwerk) nach- und zugeordnet bleibt.

1.2 Essentials der Hospizbewegung

Für jegliche Hospizarbeit gilt das, was in der *Hospiz-Definition der Nationalen Hospiz-Organisation der USA* ausgesagt wird: *Hospize bejahen das Leben.* Sie machen es sich zur Aufgabe, Menschen in der letzten Phase einer unheilbaren Krankheit zu unterstützen und zu pflegen, damit sie in dieser Zeit so bewusst und zufrieden wie möglich leben können. Hospize wollen den Tod weder beschleunigen noch hinauszögern. Sie leben aus der Hoffnung und Überzeugung, dass sich Patienten und ihre Familien so weit geistig und spirituell auf den Tod vorbereiten können, dass sie bereit sind, ihn anzunehmen. Voraussetzung hierfür ist, dass eine angemessene Pflege gewährleistet ist und es gelingt, eine Gemeinschaft von Menschen zu bilden, die sich ihrer Bedürfnisse verständnisvoll annimmt.

Diese Definition von Hospiz wird für die praktische Arbeit in fünf Qualitätsgrundsätzen beschrieben (nach Diakonisches Werk der EKD 1997, 9):

(1) Die Wünsche, Bedürfnisse und Rechte des Sterbenden und seiner Angehörigen stehen im Mittelpunkt des Hospizdienstes

In der Hospizarbeit geht es nicht um ein geregeltes oder gar normiertes Sterben, sondern um das aufmerksame Wahrnehmen der jeweiligen Wünsche des sterbenden Menschen in sozialer, körperlicher, seelischer und geistlicher Hinsicht. Angehörige und Freunde bedürfen derselben Aufmerksamkeit.

(2) Ein interdisziplinäres Team von Fachleuten steht zur Verfügung

Neben Fachleuten medizinischer Berufe (Arzt/ Krankenschwester), gehören ebenso Sozialarbeiter, Seelsorgerinnen, Kunst- oder Musiktherapeuten sowie ehrenamtliche Mitarbeiter/innen dazu. Sie bilden ein interdisziplinäres und handlungsfähiges Hospizteam.

(3) Unterstützung der primären Bezugspersonen durch ein Team ehrenamtlicher Mitarbeiterinnen

Die ehrenamtlichen Mitarbeiterinnen gewährleisten als Stützen der alltäglichen Bezugspersonen die notwendigen sozialen Kontakte in einer besonders belasteten Situation. Sie unterstützen und entlasten die Angehörigen. Sie knüpfen ein Netz tragender Gemeinschaft. Auf diese Aufgabe werden sie sorgfältig vorbereitet und erhalten fortlaufende Praxisbegleitung.

(4) Spezielle Kenntnisse in der Schmerztherapie und Symptomkontrolle

Das Hospiz-Team achtet darauf, dass (wenn notwendig) eine den neuesten Erkenntnissen entsprechende Schmerztherapie zur Anwendung kommt. Neben der körperlichen Dimension des Schmerzes werden auch die sozialen, psychischen und spirituellen Dimension des Schmerzes wahrgenommen und behandelt.

(5) Die Gewährleistung von Kontinuität in der Begleitung

Das Hospiz-Team garantiert den Sterbenden und ihren Angehörigen eine ständige Ansprechbarkeit des sozialen Netzes, in besonders schwierigen Situationen auch nachts. Zur Kontinuität der Begleitung gehört der regelmäßige Kontakt zu den Angehörigen in der Zeit der Trauer.

Die genannten Qualitätskriterien beschreiben den in der Hospizarbeit inzwischen eingebürgerten Begriff *Palliative Care*. Palliative Care ist die umfassende Sorge für den sterbenskranken Menschen. Sie umfasst alle Dimensionen menschlichen Seins und orientiert ihr Handeln an den körperlichen und psychischen, den sozialen und den spirituellen Bedürfnissen des sterbenden Menschen.

Die Barcelona-Deklaration der Europäischen Association for Palliative Care (EAPC) definiert: Palliative Care bedeutet das Lindern eines weit fortgeschrittenen, unheilbaren Leidens mit begrenzter Lebenserwartung mit dem Ziel einer hohen Lebensqualität für den Patienten und seine Angehörigen, dies durch ein multidisziplinäres Team und möglichst am Ort der Wahl des Patienten.

1.3 Handlungsfelder der Hospizarbeit

»Der sterbende Mensch mit seinen Bedürfnissen steht im Mittelpunkt hospizlichen Handelns.« Von dieser Grundaussage ausgehend soll Hospizarbeit an allen Orten möglich sein, wo Menschen sterben. Dies kann im stationären und im ambulanten Bereich möglich sein, in speziellen Hospizeinrichtungen wie in bestehenden Einrichtungen des Gesundheitssystems.

(1) Ambulante Hospizdienste

Die ambulanten Hospizdienste stellen den größten Teil aller vorhandenen Hospizangebote. Unter ambulanten Hospizdiensten versteht man in der Regel Initiativen und Gruppen von Ehrenamtlichen, die dorthin gehen, wo schwerstkranke und sterbende Menschen leben. Vorrangiges Ziel ist es, ein Sterben »zu Hause« zu ermöglichen. Aber auch in Alten- und Pflegeeinrichtungen, in Krankenhäuser und Kliniken werden ambulante Hospizdienste gerufen. Der Schwerpunkt ambulanter Hospizarbeit liegt jedoch in der häuslichen Begleitung.

Grundsatz der ehrenamtlichen Hospizdienste ist die Nachrangigkeit gegenüber bestehenden Bezugssystemen. Wenn Angehörige zu Hause einen Sterbenden begleiten, so ist es Aufgabe der Ehrenamtlichen, die Fortsetzung der Begleitung zu ermöglichen, indem sie die Angehörigen unterstützen und sie in der Begleitung entlasten.

(2) Stationäre Hospize

Stationäre Hospize nehmen Menschen auf, die an einer tödlichen Erkrankung leiden, die unaufhaltsam fortschreitet. »Sie sind selbstständige Einrichtungen mit dem eigenständigen Versorgungsauftrag, für Patienten mit unheilbaren Krankheiten in der letzten Lebensphase palliativ-medizinische Behandlung zu erbringen. Sie sind kleine Einrichtungen mit familiärem Charakter mit in der Regel höchstens 16 Plätzen, wobei die räumliche Gestaltung der Einrichtung auf die besonderen Bedürfnisse schwer kranker sterbender Menschen auszurichten ist. Stationäre Hospize verfügen über eine besondere Ausstattung, die eine palliativ-medizinische, palliativ-pflegerische, soziale sowie geistig-seelische Versorgung gewährleistet ...« (aus § 1 Satz 1 der Rahmenvereinbarung nach 39a Satz 4 SGB V über Art und Umfang sowie zur Sicherung der Qualität der stationären Hospizversorgung).

(3) Weitere Formen der Hospizversorgung

Neben der ambulanten und stationären Hospizarbeit gibt es ein breites Spektrum hospizlicher Arbeit, z. B. Palliativstationen als Krankenhausstation mit dem Schwerpunkt Palliativmedizin und -pflege, Tageshospize/teilstationäre Hospize. Zur Hospizarbeit gehören ebenso die Sitzwachengruppen in Alten- und Pflegeheimen.

Das besondere Kennzeichen organisierter Hospizarbeit ist die Kooperation zwischen professionell und ehrenamtlich Arbeitenden. Diese Besonderheit entspringt der Entstehung von Hospizarbeit als Ausdruck bürgerschaftlichen Engagements.

Die Hospizarbeit lässt eine große strukturelle Vielfalt erkennen: ambulante Hospizdienste und stationäre Einbindung mit oder ohne institutionelle Verbindung zur anderen Pflegeeinrichtung, kommunale oder kirchliche Trägerschaften, Vereine oder gGmbH. Diese unterschiedlichen Organisationsformen im Hospizbereich sind abhängig von den je regionalen Anforderungen oder institutionellen Notwendigkeiten.

Die qualifizierte Zusammenarbeit von Ehrenamtlichen und Professionellen in der Hospizarbeit dürfte beispielgebend sein für andere Handlungsfelder im Bereich des Gesundheits- oder Sozialsystems. Voraussetzung für Hospizarbeit ist die Bereitschaft aller Beteiligten, den eigenen Fragen nach Sterben und Tod nicht auszuweichen. Diese stetige Auseinandersetzung mit Fragen der Begleitung, Gestaltung und Deutung des Lebensendes fordert eine ständige Fort- und Weiterbildung sowie Supervision.

2 Fort- und Weiterbildung in der Hospizarbeit

2.1 Grundsätze hospizlicher Fortbildung

Für die Arbeitsfelder im Hospizbereich sind in den letzten Jahren differenzierte Curricula entwickelt worden. Hervorgegangen sind sie aus der Praxiserfahrung, dass die Begleitung sterbender Menschen gut vorbereitete Mitarbeiter erfordert. Dies gilt unterschiedslos für ehrenamtliche und für professionelle Mitarbeiter. Die Aus- und Weiterbildungskonzepte für Hospizarbeit und Palliative Care sind gekennzeichnet durch Offenheit und Durchlässigkeit gegenüber unterschiedlichen Disziplinen wie Palliativmedizin und -pflege, Psychologie, Sozialarbeit und Seelsorge.

Die Konzepte selbst müssen den Prinzipien der Hospizidee entsprechen und die Vermittlung dieser Prinzipien gewährleisten. »Geistige Freiheit als Fürsorge im Respekt vor der Freiheit des anderen« postuliert C. Saunders als ersten Grundsatz: »... all unsere Fürsorge muss dem anderen absolute Freiheit lassen, damit er seinen Weg zum Sinn finden kann.« Als zweiten Grundsatz formuliert Saunders die »Ganzheit und Einheit von Herz und Verstand«. Sie betont die Notwendigkeit »der Verbindung von Verstand als wissenschaftlichem Anspruch, Experimentieren, Forschen und Studieren mit Freundschaft des Herzens als einer individuellen und persönlichen Fürsorge und Beziehung«. »Offenheit gegenüber der Welt und der Welt uns gegenüber, gegenüber den Patienten und ihren Familien untereinander, für das Jenseitige und für neue Herausforderungen« ist das dritte Grundprinzip (Saunders 1997, 40ff).

Alle Konzepte der Aus- und Weiterbildung verbinden Fachwissen und die Vermittlung von Kommunikationsfähigkeit. Palliative Care setzt das Wissen um pflegerische, medizinische, psychologische und seelsorgerliche Fähigkeiten je nach

Profession voraus. Notwendig für alle Professionen wie für Ehrenamtliche ist die Fähigkeit, mit schwerstkranken sterbenden Menschen und deren Angehörigen und Bezugspersonen zu kommunizieren. Schwerpunkt von Palliative Care sind Kommunikation und Beratung. Auch in anderen Bereichen des Gesundheits- und Sozialwesens ist die Fähigkeit zu Empathie und einfühlsamer Beratung notwendig. In der Begleitung und palliativen Pflege sterbender Menschen stellt jedoch die zeitliche Begrenzung, die Arbeit »im Angesicht des Todes«, eine besondere Herausforderung an das Begleitungsteam dar.

»Dies setzt voraus, dass wir uns gegenseitig als Menschen wahrnehmen und akzeptieren und dass unsere Beziehungen zueinander einen höheren Stellenwert haben als das, was wir füreinander tun« (Davy/Ellis 2003, 11). Gegenseitige Akzeptanz ist Voraussetzung für die Zusammenarbeit Haupt- und Ehrenamtlicher. Sie wird deshalb in allen Weiterbildungskonzepten thematisiert.

2.2 Berufliche Bildung

Die ersten Fortbildungskonzepte sind in den 1990er Jahren im Rahmen der Arbeit in Palliativstationen entstanden. Gelernt wurde aus Erfahrungen in Hospizen und Palliativstationen in Großbritannien und in USA. Während in Deutschland traditionell in separierten Fachdisziplinen gearbeitet wurde (wird), ist das Konzept palliativer Arbeit interdisziplinär und teamorientiert angelegt und nicht hierarchisch. Das Ziel palliativer Behandlung und Begleitung ist die Wiederherstellung von Lebensqualität durch eine umfassende Schmerz- und Symptomkontrolle, unter Berücksichtigung auftretender psychischer, physischer, sozialer oder spiritueller Fragen und Probleme. Dieser ganzheitliche Ansatz mit dem Ziel, das Wohlbefinden des ganzen Menschen in seiner Leib-Seele-Einheit zu erreichen, ist nur durch interdisziplinäres Arbeiten verwirklichbar. Jede Berufsgruppe muss sich der Herausforderung stellen, diesen palliativen Ansatz mit den jeweiligen berufsspezifischen Inhalten und Kenntnissen zu füllen und ein gemeinsames Handlungskonzept entwickeln. Curricula sollen helfen, Haltungen zu vermitteln und einzuüben. Fachwissen kann nur dann sinnvoll angewandt werden, wenn die Fähigkeit, »sich auf die Ängste und Gefühle von Patienten einzulassen«, geschult wird:

»Dies kann nicht losgelöst von der eigenen Person geschehen.
- Ehrliche Überprüfung der eigenen Kommunikationsfähigkeiten und Emotionen
- Verstehen religiöser und kultureller Einflüsse
- Respekt vor dem Leben und Auseinandersetzung mit dem Tod

sind Voraussetzungen für eine ethische Grundhaltung gegenüber dem Patienten und seinen Angehörigen.« (Müller u. a. 1997, 6)

In der Begleitung schwerstkranker und sterbender Menschen ist die Lernfähigkeit der Professionen Voraussetzung für jedes Handeln. Mediziner, Pflegekräfte, Sozialarbeiter und Seelsorger lernen von den Menschen, die sie begleiten und pflegen. Damit begeben sich Helfende und Hilfsbedürftige auf eine gemeinsame Ebene. Der sterbende Mensch hat dabei immer die Erfahrung seines letzten Weges voraus.

Karl Ernst Nipkows These, dass Bildung inhaltlich immer auf die Verknüpfung von Erfahrung und Wissen gerichtet ist, wird im palliativen Konzept entsprochen. Seine Forderung, dass Fachausbildung und persönliche menschliche Bildung einander durchdringen sollen, wird in der Hospizarbeit bereits praktiziert. Nipkows Ansatz, dass Fach- und Methodenkompetenz auf der einen Seite und die Bildung von Sozial- und Selbstkompetenz auf der anderen Seite nicht zweigleisig nebeneinander herlaufen dürfen, bestimmt die Bildungsinhalte hospizlicher Arbeit. Die Verknüpfung zwischen dem Erwerb von Fachkenntnissen und dem Erwerb bzw. Bewusstmachen von Haltung und Einstellung kommt bereits in den didaktischen Vorbemerkungen des Curriculums in Palliativmedizin zum Ausdruck: »Hauptziel ... ist es, den Teilnehmern Handlungsmöglichkeiten im Umgang mit schwerstkranken und sterbenden Patienten sowie deren Familien und Freunden zu erschließen. Wir vertreten die Meinung, dass ein vorder-gründiges Erlernen von Techniken und eine ausschließende Aneignung von Wissen nur unzureichende Prozesse der Um- oder Neubewertung im Umgang mit den Themen Leid, Angst, Sterben, Tod und Trauer initiieren können. Angestrebte Verhaltensänderungen wie die Stimulation angemessener Reaktionen, die Entwicklung einer schärferen Wahrnehmung menschlicher Probleme, das Entdecken des eigenen Kreativitätspotenzials für die Orientierung in Konfliktbereichen können u.E. erst eintreten, wenn die Teilnehmer motiviert werden, sich mit den eigenen Einstellungen und Haltungen auseinander zu setzen, und bereit sind, die bisherigen Einstellungen oder bisherigen Deutungsmuster zu vertiefen oder auch ggf. zu verändern. So stellt sich die Frage, ob es nicht sinnvoller ist, zunächst Haltungen zu vermitteln und diese modellhaft im Umgang mit den Teilnehmern zu demonstrieren, als Kommunikationsformen einzuüben, die in der Kürze der zur Verfügung stehenden Zeit als bloße Techniken erscheinen müssen.« (Müller, M. u. a. 1997, 142)

Auf die Vermittlung von konkreten Fertigkeiten wird nicht verzichtet. Sie werden jedoch als sich aus der Haltung ableitende Handlungsmöglichkeiten erarbeitet.

Student u. a. empfehlen deshalb folgende Lernziele und -inhalte für Hospizschulungskurse:

- Es ist zu klären, wie mit dem körperlichen und seelischen Stress der täglichen Arbeit umgegangen wird, was uns gut tut und was wir tun, um uns selbst zu pflegen. Diese Fragen sind gerade für Pflegekräfte und Hospizleute durchaus ungewohnt. Dazu gehören Arbeitsbedingungen, die dies berücksichtigen, z. B. Freiräume, Rückzugsmöglichkeiten und kollegiale Beratung.
- Zur Entlastung und Stressverarbeitung ist eine angemessene Trauerbewältigung erforderlich. und zwar sowohl der Trauer beim Sterben von Patienten, denen wir uns nahe fühlen, als auch jener »alten« Trauer, die uns beim Sterben eines fremden Menschen bewusst wird. Hilfreich ist die Entwicklung von Trauerritualen und die Aussprache über Trauererfahrungen.
- Es dient der emotionalen Entlastung – der Helferin wie des Sterbenden und der Angehörigen – angemessen zu kommunizieren, d. h. über Worte und Gesten hilfreiche, unterstützende, entlastende Beziehungen aufzubauen und aufrechtzuerhalten. Kommunikationsfähigkeit ist lernbar und muss eingeübt werden.
- Der Umgang mit Aggressionen muss gelernt werden, da Ärger und Spannungen in der Hospizarbeit unvermeidlich sind. Einüben von Konfliktfähigkeit und kreati-

> ver Umgang mit Aggressionen gehören zum Lernstoff, den die Curricula der Hospizlehrgänge abbilden. Dies ist nicht einmal und endgültig zu erreichen, sondern eine Aufgabe lebenslangen Lernens, wofür die professionelle Sozialarbeit alle Voraussetzungen mitbringt. (Student u. a. 2004, 60f)

Die hier formulierten Lernziele und -inhalte beschreiben die Aufgabe von Sozialarbeitern im Hospizkontext. Sozialarbeit ist eine wesentliche Aufgabe im Bereich der Koordination, der Schulung und Begleitung Ehrenamtlicher und der Netzwerkbildung der Hospizarbeit. Den dargestellten Lernzielen und -inhalten kommt deshalb über die Sozialarbeit hinaus eine grundsätzliche Bedeutung für die Fortbildung in der Hospizarbeit zu.

2.2 Fort- und Weiterbildung für Ehrenamtliche

Seit den 1980er Jahren engagieren sich Menschen ehrenamtlich in der Hospizarbeit. Sie begleiten Schwerstkranke und Sterbende in deren letzter Lebenszeit. Damit haben Ehrenamtliche maßgeblich zur Enttabuisierung im Umgang mit Sterben und Tod beigetragen. Um diese Arbeit im Grenzbereich zwischen Leben und Tod ausüben zu können, bedarf es einer angemessenen Vorbereitung. Diese Vorbereitung soll dazu beitragen, Überlastungen vorzubeugen, das eigene Tun zu reflektieren, mit eigenen Ängsten und den Ängsten der begleiteten Menschen umgehen zu können. Es bedarf einer gründlichen Auseinandersetzung mit den existenziellen Fragen des Lebens und Sterbens. Um diesem Anspruch gerecht zu werden, enthalten die Fortbildungscurricula wesentliche Anteile aus dem Bereich der Selbsterfahrung. Die Hospizbewegung versteht sich als Ausdruck bürgerschaftlichen Engagements. Die Prinzipien des bürgerschaftlichen Engagements finden sich deshalb auch in den Curricula wieder. Sie bestimmen die Inhalte und Methoden. Zu den typischen Merkmalen gehören:

> - Die Aktiven bestimmen grundsätzlich selber, wofür sie sich einsetzen, auf welchen Wegen, in welchen Schritten und mit welchen Mitteln sie dies tun (Prinzipien der Selbstbestimmung, Selbstwahl und Selbstorganisation).
> - In ein und derselben Initiative finden sich Menschen mit einer oftmals sehr unterschiedlichen »Ausrüstung«, d. h. einem »bunten«, breit gefächerten Fundus an Kenntnissen, Erfahrungen wie auch Haltungen zusammen, die sie im Laufe ihres Lebens, jedes Individuum für sich, gesammelt und entwickelt haben.
> - Hospizarbeit als bürgerschaftliches Engagement ist immer wieder neuen Herausforderungen und Aufgabenstellungen ausgesetzt und damit immer neuen Entwicklungs- und Lernanforderungen. Wie auch andere gesellschaftliche Entwicklungen ist sie nur bedingt vorhersehbar und oftmals zusätzlich von Ort zu Ort noch einmal unterschiedlich. (Dorn u. a. 2004, 12)

Daraus abgeleitet lassen sich »Prinzipien und Ansatzpunkte für bürgerschaftliches Lernen« entwickeln.

- Berücksichtigung der klassischen Prinzipien des selbstorganisierten Lernens: Ziele/Themen/Methoden werden von den Teilnehmenden so weit wie möglich selbst bestimmt; nur das äußere Setting wird vorgegeben

- ☐ Selbstverantwortung der Teilnehmerinnen und Teilehmer für das, was gelernt werden soll.
- ☐ Offenheit für Fehler
- ☐ Generationsunterschiede (Sichtweise, Haltung, Erfahrungen) und -gemeinsamkeiten (z. B. Erfahrungen aus der Hospizarbeit) zur Sprache bringen und fruchtbar machen.
- ☐ Lernaufgabe: Flexibilität und Kontinuität
- ☐ Aufspüren gesellschaftlicher Wandlungsprozesse: Wer hat welche Prozesse im eigenen Leben wie wahrgenommen?
- ☐ Ansetzen an der eigenen Biographie. Persönlichkeitsentwicklung: »Man ist in dieser Arbeit ständig dabei, sich selbst neu oder anders kennen zu lernen.«
- ☐ »Auseinandersetzen« und »Zusammensetzen«: Beides muss zusammengeführt werden zu zusammengesetzten Sichtweisen.
- ☐ An persönlichen Fragen ansetzen und eigene Antworten finden aus der Gruppe heraus und nicht durch externe Experten.

Fortbildungsangebote für Ehrenamtliche richten sich an den oben dargestellten Prinzipien aus. Dies ist vermutlich ein Grund dafür, dass die Kurse sehr erfolgreich mit hohen Teilnehmerzahlen besucht werden. Nicht wenige nutzen die Kursangebote zur eigenen Persönlichkeitsentwicklung und zum Finden einer veränderten Einstellung zu Sterben und Tod. Diese Teilnehmer gehen nach Beendigung des Kurses nicht in die praktische Hospizarbeit. Sie gewinnen aber neue Perspektiven für die eigene Lebensgestaltung und tragen mit dazu bei, den Umgang mit Tod und Sterben in der Gesellschaft zu enttabuisieren.

2.3 Der Bildungsbegriff in der Hospizarbeit

Innerhalb der Hospizbewegung wurde lange diskutiert, ob die Begriffe Fortbildung oder Weiterbildung angemessen sind, da es nicht einseitig um Fort- oder Weiterbildung im Sinne kognitiven Lernens geht. Häufig spricht man deshalb lieber von »Befähigung«. Diese Definition macht deutlich, dass es nicht engführend um den Erwerb von Fachwissen geht, sondern um die Entdeckung und Förderung sozialer Kompetenzen. Schon in den Anfängen hospizlicher Arbeit wurde Wert auf eine gute Vorbereitung der Ehrenamtlichen gelegt. Bereits 1993 hat die Vereinigte Evangelisch-Lutherische Kirche in Deutschland (VELKD) das erste Handbuch zur Begleitung Schwerstkranker und Sterbender unter dem Titel »Verlass mich nicht, wenn ich schwach werde« herausgegeben. Die Verfasser beschreiben das Ziel des auf Grundlage des Handbuches konzipierten Kurses: »Dieser Kurs enthält die Chance, zusammen mit anderen, Vorstellungen über Sterben, Tod und Leben nach dem Tod auszutauschen und dabei zu größerer Klarheit und Gewissheit zu gelangen« (Ebert 1993, 7). Als »Celler Modell zur Vorbereitung Ehrenamtlicher in der Sterbebegleitung« bildet dieses Handbuch die Grundlage oder ist Vorbild vieler Vorbereitungskurse. Seit 1996 gilt dieses Modell auch für die Malteser Hospizarbeit als verbindliche Grundlage zur Vorbereitung Ehrenamtlicher.

Nach zehn Jahren erfolgreichen Einsatzes ist 2004 eine völlig überarbeitete Fassung des Celler Modells unter dem Titel »Sterbende begleiten lernen« erschienen.

Die Verfasser verstehen dieses Kursbuch »... als thematische Vorbereitung für Menschen, die mit der Begleitung schwerstkranker und sterbender Menschen beginnen wollen ... Das entscheidende Lernen wird in der Gruppe und durch die Gruppe stattfinden ... Die TN lernen an sich selbst und in der Gruppe, sie ›sind ihr eigenes Material‹«. (Schölper 2004, 11f). Dieser Ansatz entspricht dem hospizlichen Selbstverständnis, eigene Potenziale zu entdecken.

Da die Hospizarbeit nicht auf den kirchlichen Bereich beschränkt ist bzw. die Gründungsphase der Hospizarbeit in Deutschland eine eher kirchenkritische säkulare Bewegung war und ist, müssen dieser Entwicklung auch die Vorbereitungskurse Rechnung tragen. Ein nicht unerheblicher Teil der ehrenamtlichen Mitarbeiter kommt aus kirchenfremden oder kirchenfernen Kreisen und ist weder mit dem Vokabular noch mit der Denkweise kirchlicher Tradition vertraut. Trotzdem ist es der Hospizbewegung gelungen, Fragen nach Spiritualität, nach dem Woher und Wohin des Menschen, nach Hoffnungsbildern über den Tod hinaus, als wesentlichen Teil der Fortbildung zu thematisieren und in großer Offenheit zu diskutieren. Möglich wurde dies, weil Erfahrung und Wissen der Teilnehmer, ihre Selbstkompetenz, »Material« des Bildungsangebotes sind. Hier ist das gelungen, was K. E. Nipkow als Bildung beschreibt: Die inhaltliche Verknüpfung von Erfahrung und Wissen, die Verbindung von Beruf und Leben. Das Bewusstmachen, dass fachliches Handeln sich auf wertbezogene Vorentscheidungen gründet. Deshalb fordern und fördern alle Fortbildungsmodelle die Auseinandersetzung mit den eigenen Glaubensfragen. Es geht um die Auseinandersetzung mit Glaubensbildern und Glaubenswegen sowie dem Wissen um weltanschauliche religiöse oder gesellschaftliche Verhaltensmuster. Hier haben Kirche und Diakonie die Chance, in einen Dialog mit Menschen einzutreten, die sich sehr unorthodox religiösen oder spirituellen Fragen öffnen und nach Antworten suchen. Diese Chance wird viel zu wenig genutzt.

Um der Breite der Hospizbewegung gerecht zu werden, wurde 1995 eine Arbeitsgruppe beim damaligen Bundesministerium für Arbeit und Sozialordnung gegründet. Diese Arbeitsgruppe veröffentlichte 1995 »Empfehlungen für Vorbereitungskurse von Hospizhelfern«. Diese Empfehlungen bieten Grundstandards für Fortbildungsinhalte. Auch in diesen Empfehlungen geht es um »Menschenbildung«, die Fähigkeit, die eigene Persönlichkeit weiterzuentwickeln, Sensibilität für eigene und fremde Gefühle zu erwerben. Mit diesem Konzept wird seit Jahren erfolgreich gearbeitet. Die nach diesem Konzept geschulten Ehrenamtlichen tragen wesentlich dazu bei, dass die Hospizarbeit zu einer gesellschaftlich breit akzeptierten Bewegung bürgerschaftlichen Engagements geworden ist. Fortbildung wird von allen Hospizdiensten und Initiativen als eine wesentliche Aufgabe ernst genommen. Sie verstehen ihre Arbeit auch als Bildungsauftrag für die Gesellschaft. Gut ausgebildete und begleitende Mitarbeiterinnen und Mitarbeiter sind Qualitätskennzeichen für den Dienst.

Aus diesen Erfahrungen der Fortbildung im ehrenamtlichen Bereich haben Student u. a. Thesen zur Fortbildung entwickelt, die deutlich machen, dass Fortbildung Kräfte freisetzt, aber auch das richtige Maß zwischen zu viel und zu wenig gefunden werden muss.

Thesen zur Fortbildung (nach Student u. a. 2004,65f)

1. These: *Zur Sterbebegleitung ist grundsätzlich jeder Mensch befähigt und jeder sollte diese Befähigung im Alltag nutzen. Hierzu bedarf es keiner Fortbildung.* Es ist zwar unbestritten, dass Helfende im Hospiz eine Vorbildung für ihre Arbeit haben sollten, allerdings könnte der falsche Eindruck entstehen, dass die Begleitung nur von denen geleistet werden kann, die über eine entsprechende Ausbildung verfügen ... Wenn die Schwelle für Sterbebegleitung durch Vorschaltung einer Fortbildung erhöht wird, besteht die Gefahr, die Allgemeinheit auszuschließen.

2. These: *Bildungsarbeit dient der Qualitätssicherung in der Sterbebegleitung im Hospiz nach innen (bezogen auf die helfende Person) und nach außen (bezogen auf die sterbende oder trauernde Person).* Hospizmitarbeiter wenden sich nicht in völliger Eigeninitiative sterbenden oder trauernden Menschen zu, sondern tun dies im Auftrag einer Institution. Diese übernimmt dabei Verantwortung in zwei Richtungen: Gegenüber den Sterbenden im Sinne einer Qualitätskontrolle und gegenüber den Helfenden im Sinne einer verantwortlichen Unterstützung.

3. These: *Fortbildung in der Sterbebegleitung setzt Kräfte bei den Helfenden frei.* Angemessene Bildungsarbeit muss in diesem Kontext immer die ganze Person des oder der Helfenden einbeziehen. Sterben, Trauer und Tod sind Themen, die jeden Menschen existenziell betreffen – auch jeden Helfenden. Bei dem, der eigene schwere Verlusterfahrungen nicht verarbeitet, wird die unbewusste Bindung an den Schmerz Kräfte absorbieren und blinde Flecken bei der Wahrnehmung der Nöte anderer erzeugen. Fortbildung kann die oft verdrängten Gefühle »bewegen« und Kräfte freisetzen, die die Helfende für ihr eigenes Leben ebenso nutzen kann wie für die Arbeit mit Sterbenden.

4. These: *Fortbildung für Hospizmitarbeiter dient der Angstbewältigung.* Die Begegnung mit sterbenden oder trauernden Menschen ist stets eine Konfrontation mit der Angst vor dem eigenen Tod. Mitarbeiterinnen in Hospizen sollten um die eigenen Ängste wissen. Sie werden geschult, ihre Angst angesichts der Ängste Sterbender nicht zu verdrängen, sondern mit der nötigen Wachheit wahrzunehmen. Bildungsarbeit kann dabei nur unterstützen.

5. These: *Bildungsarbeit für Menschen, die Sterbende begleiten, ist Entwicklungschance und Lohn der Tätigen.* Tatsächlich ist Fortbildung (wie jede Bildung) auch in der Sterbebegleitung so etwas wie eine Belohnung, weil sie Kräfte freisetzt (3. These). Dies ist speziell für die Arbeit der freiwilligen Begleiterinnen bedeutsam, die ja (noch) keine materielle Entlohnung für ihre Arbeit erhalten. Inneres Wachstum und eigene Entwicklung sind nötig, um die Früchte der Sterbebegleitung einbringen zu können.

2.4 Zusammenfassung

Der Begriff Bildung umfasst im Hospizbereich sowohl das Erwerben von Fachwissen als auch die Erweiterung persönlicher Kompetenzen, das Wissen um eigene Fähigkeiten und Schwächen. Dieser ganzheitliche Ansatz begründet den immer noch wachsenden Zulauf von Ehrenamtlichen in die Hospizarbeit. Dies ist Anfrage und Aufgabe für Kirche und Diakonie, aus biblisch-christlicher Tradition heraus Fragen und Themen zu thematisieren, die als Phänomene an der Grenze des Lebens zu beobachten sind.

Die Gewinnung religiöser Kompetenz ist in den oft kritischen Situationen der Sterbebegleitung unabdingbar. Dazu stellt U. Gerstenkorn fest: »Religiöse Kompetenz erfüllt eine doppelte Funktion: zum einen ermöglicht sie, das Gegenüber in seinen existenziellen Fragen und seelischen Nöten ernst zu nehmen und ihm sprachliche und gestalterische Ausdrucksmöglichkeiten anzubieten; zum anderen dient sie der Sorge für sich selbst im Umgang mit belastenden und verunsichernden Erfahrungen. Religiöse Kompetenz wird auf diese Weise zu einem wichtigen Merkmal einer anspruchsvollen und qualifizierten Pflege, die den Anforderungen in der Gegenwart gerecht zu werden versucht.

Aus der Sicht der Praxis ist nicht die christliche oder gar konfessionelle Bindung einer Mitarbeiterin gefordert, sondern die Bereitschaft zur intensiven und reflektierten Auseinandersetzung mit existenziellen Erfahrungen. Deshalb gilt es, zu einer Ausbildung einer individuellen religiösen Kompetenz zu befähigen, die die eigenen Antworten im Einzelfall glaubwürdig ins Gespräch zu bringen versteht und die Gefahren menschenverachtender Deutungsmuster erkennt. Es ist die Aufgabe praktisch-theologischer Forschung, die Spiritualität im Alltag sozialer Praxis aufzuspüren ... « (Gerstenkorn 2004, 320f)

Das Bildungsverständnis der Hospizbewegung wirkt auch in andere Institutionen und Strukturen hinein. In den letzten Jahren lässt sich die erstaunliche und erfreuliche Beobachtung machen, dass die gut ausgebildeten, selbstbewussten Ehrenamtlichen Impulse in Organisationen (Krankenhäuser, Alten- und Pflegeheime, ambulante Pflegedienste) hineinbringen, zu deren Arbeitsbereich der professionelle Umgang mit Sterben und Tod gehört und die dieser Aufgabe aus unterschiedlichsten Gründen nicht gerecht werden. Die Impulse aus der Hospizbewegung beginnen, den Umgang mit Sterben und Tod in diesen Einrichtungen zu verändern. Fortbildungen werden neu konzipiert, die Thematik Sterben und Tod findet Eingang in die Ausbildungskonzepte der Pflege. Organisationsabläufe werden verändert, um Sterbebegleitung möglich zu machen, und der Einsatz von Ehrenamtlichen in diesen Institutionen wird Teil des Gesamtkonzepts. Diese Veränderungen werden bisher erst in einer Minderheit der Einrichtungen und Dienste umgesetzt. Versuche einer Veränderung scheitern u. a. an verfestigten Organisationsstrukturen, hierarchischen Führungsstilen oder den immer knapper werdenden finanziellen Ressourcen im Gesundheitsbereich.

Wünschenswert ist, dass auch die medizinischen Fachgesellschaften zunehmend Impulse aus der Hospizbewegung aufnehmen. Im Bereich der Palliativmedizin geschieht das bereits. Die dortigen Fortbildungsangebote sind ganzheitlich angelegt. Es fehlt aber immer noch an genügend Ausbildungskapazität und der Hineinnahme der Palliativmedizin als Pflichtfach in die medizinische Ausbildung. Wenn es gelingt, diesen ganzheitlichen Ansatz an Bildung zu verwirklichen und umzusetzen, wird die Diskrepanz zwischen dem, was beruflich Pflegende und Heilende wollen, und dem, was praktisch möglich ist, geringer und die Arbeitsmotivation kann wachsen. Wenn Bildung den ganzen Menschen als denkendes, fühlendes und soziales Wesen im Blick hat, ist sie ein Beitrag zur Reifung und Weiterentwicklung der Persönlichkeit. Das ist ein lebenslanger Prozess, für den die Hospizarbeit ein nachahmenswertes Vorbild bietet.

Konrad Maier

Arbeitslosigkeit

In ihrem gemeinsamen Sozialwort »Für eine Zukunft in Solidarität und Gerechtigkeit« im Jahre 1997 sehen die katholischen Bischöfe und der Rat der Evangelischen Kirche in Deutschland in der »anhaltendenden Massenarbeitslosigkeit die dringendste politische, wirtschaftliche und soziale Herausforderung« (25). Seit Mitte der 70er Jahre werden immer wieder neue Programme aufgelegt, um die Arbeitslosen in das Erwerbssystem zu integrieren, die Zahl der amtlich registrierten Arbeitslosen stieg seither jedoch immer weiter an auf ca. 5 Millionen im Winter 2004/2005. Inzwischen ist die »Arbeit mit Arbeitslosen« zu einem bedeutenden Arbeitsfeld der Sozialarbeit und der Diakonie geworden: Arbeitslosenzentren und -beratungsstellen, vielfältige Maßnahmen der Jugendberufshilfe, unterschiedliche Formen der Qualifizierung von Arbeitslosen und der Aufbau eines zweiten Arbeitsmarktes gehören zu den Diensten der Diakonie und werden mehr oder weniger komfortabel von der öffentlichen Hand finanziert.

Damit ergibt sich für den folgenden Beitrag eine recht weite und komplexe Themenstellung: In der Sozialen und diakonischen Arbeit mit Arbeitslosen wird immer wieder deutlich, dass für viele Arbeitslose die Integration in die normale Erwerbsarbeit kein realistisches Ziel ist, dass der Alltag erst wieder gelingt, wenn die Fixierung auf die Erwerbsarbeit überwunden wird und das Leben jenseits der Erwerbsarbeit wieder Sinn erhält. Hierbei stellt sich immer wieder die Frage nach der Bedeutung von Arbeit für den Menschen, die Frage, ob menschliche Arbeit nur im Sinne der modernen Erwerbsarbeit definiert werden kann, die Frage nach dem Sinn des Lebens schlechthin. Deswegen kann sich dieser Beitrag nicht darauf beschränken, die Lebenslage »Arbeitslosigkeit« zu beschreiben und die praktische diakonische Arbeit mit Arbeitslosen darzustellen. Vielmehr muss auch die widersprüchliche Situation der Arbeitslosen und unserer Gesellschaft im Sinne einer »Krise der Arbeitsgesellschaft« thematisiert werden.

Nach einer Darstellung des sozialpolitischen Regelsystems für Arbeitslose (1) werden verschiedene Deutungen der psychosozialen Folgen von Arbeitslosigkeit vorgestellt (2). Da hierbei die Bewältigung von Arbeitslosigkeit in den Mittelpunkt der Diskussion rückt, gilt es, die heutige Form der Erwerbsarbeit und die hierauf aufbauende Arbeitsgesellschaft insgesamt kritisch zu reflektieren (3). Auf diesem Hintergrund wird nach möglichen Konsequenzen für die Politik gefragt (4), um abschließend die Aufgaben und Arbeitsfelder der Diakonie zu erörtern (5). Dabei wird – bei allem Bemühen um eine angemessene Wiedergabe des Forschungsstandes – konsequent die Perspektive derer eingenommen, die am Rande der Arbeitsgesellschaft stehen, denn »nach dem Vorbild des biblischen Gottes und in der Nachfolge Jesu Christi muss eine diakonische Kirche zur Parteinahme ›für die am Rande‹ im Sinne eines Wahrnehmens, Denken und Handelns ›vom Rande her‹ finden« (Pompey/Roß 1998, 362).

1 Das sozialpolitische Regelwerk für Erwerbslosigkeit

In unserer Gesellschaft gilt es als normal – und als Norm – dass man nach der allgemeinbildenden Schule eine berufliche Ausbildung absolviert und dann bis zur Erreichung des Rentenalters in einer Normalanstellung (unbefristete Vollzeitstelle mit tariflicher Bezahlung) erwerbstätig ist. Als Alternative hierzu wird – insbesondere bei Frauen – die Rolle der Hausfrau und Mutter anerkannt, die über das Erwerbseinkommen des »Haushaltsvorstands« versorgt und sozial abgesichert ist.

Die Zahl derer, die dieser Norm der herrschenden Arbeitsgesellschaft nicht gerecht werden bzw. derer, die aus der Normalität mehr oder weniger ausgeschlossen sind, ist sehr viel größer als die Zahl derer, die nach der *Legaldefinition* als *Arbeitslose* registriert sind[1].

- ☐ Arbeitslos im Sinne des Gesetzes sind diejenigen, die (im Sinne der Erwerbsarbeit) arbeitsfähig und arbeitswillig sind und bei der Arbeitsverwaltung als arbeitslos registriert sind.[2]
- ☐ Alle diejenigen, die arbeitsfähig und grundsätzlich arbeitswillig sind, sich aber nicht (mehr) bei der Arbeitsverwaltung melden, werden von der Arbeitslosenforschung und der Bundesagentur für Arbeit mit der Kategorie »Stille Reserve« erfasst[3], die in einer ähnlichen Größenordnung liegt wie die der »Arbeitslosen«.
- ☐ Von der Krise des Erwerbssystems sind neben den Erwerbslosen (registrierte Arbeitslose plus stille Reserve) auch diejenigen mehr oder weniger stark betroffen, die in »prekären« Arbeitsverhältnissen stehen. Hierzu gehören einmal diejenigen, die in irgendwelchen Maßnahmen der Arbeitsverwaltung (von Fortbildungsmaßnahmen bis zu »Ein-Euro-Jobs«) »beschäftigt« sind, wie auch die zunehmende Zahl von Arbeitsverhältnissen, die nicht dem klassischen »Normalarbeitsverhältnis« (unbefristete Vollzeitbeschäftigung mit mindestens tariflicher Bezahlung) entsprechen. In den 60er Jahren entsprach jedes zehnte Arbeitsverhältnis nicht einem normalen Arbeitsverhältnis, in den 80er Jahren war es bereits jedes vierte und in den 90er Jahren jedes dritte Arbeitsverhältnis. Es wird davon ausgegangen, dass in zehn Jahren nur noch die Hälfte der Arbeitnehmerinnen und Arbeitnehmer in einem »normalen« Arbeitsverhältnis stehen.

---

1 Zuverlässige und differenzierte Informationen über Umfang und Entwicklung von Erwerbslosigkeit, materieller Armut und prekärer Lebenslagen insgesamt bietet der alle zwei Jahre vom Statistischen Bundesamt herausgegebene Datenreport, der gegen eine geringe Schutzgebühr bei der Bundeszentrale für politische Bildung (www.bpb.de) angefordert und auch im Internet abgerufen werden kann (Datenreport 2004); aktuelle Zahlen der Bundesagentur für Arbeit und des angegliederten Instituts für Arbeitsmarkt und Berufsforschung (IAB) finden sich im Internet unter www.iab.de

2 Vgl. SGB III, §16. Im Januar 2005 lag die Zahl der Arbeitslosen bei knapp über 5 Millionen Menschen, das entspricht einer Arbeitslosenquote von 12 %. Die Arbeitslosenquote gibt den Anteil der Arbeitslosen an der Gesamtzahl der »Erwerbspersonen«, d. h. allen Erwerbstätigen sowie den registrierten Arbeitslosen wieder.

3 Diese »stille Reserve« wird in der Arbeitsmarktforschung erfasst mit der Größe des ›Erwerbspersonenpotenzials‹. Dies ist eine Schätzgröße für das maximale Arbeitskräfte-Angebot einer Volkswirtschaft. Es setzt sich zusammen aus den Erwerbstätigen, den registrierten Arbeitslosen und der stillen Reserve.

- □ In vollem Umfang wird die Krise des Erwerbsarbeitssystems erst sichtbar, wenn man die individuellen Biographien betrachtet: Fachleute gehen davon aus, dass von denjenigen, die heute in Deutschland einen beruflichen Abschluss machen (durch Lehre, Schule oder Studium), nicht einmal mehr die Hälfte eine normale Erwerbskarriere (tariflich bezahlte Vollzeitbeschäftigung vom Abschluss der Ausbildung bis zur Erreichung der Altersgrenze) vor sich haben. Die Patchworkbiographie mit vielfältigen Brüchen und Übergängen wird zunehmend zur Normalität (vgl. Strünck 2003).

Insgesamt ist deswegen die Zahl derer, die von Erwerbslosigkeit betroffen sind, sehr viel höher als die Zahl der amtlich registrierten Arbeitslosen.[4] Allerdings wäre es töricht, alle diejenigen, die keine normale Erwerbskarriere haben, als Opfer der Krise des Erwerbssystems zu definieren. Viele empfinden Teilzeitbeschäftigung, zeitlich begrenzte Arbeitsverhältnisse, im Zweifelsfall untertarifliche Bezahlung und eine Patchwork-Biographie durchaus als Befreiung von der sozialen Norm einer »Normalerwerbs-Biographie«.

Erwerbslosigkeit führt jedoch für viele zu einer prekären Einkommenssituation:

- □ Arbeitslosengeld I erhalten nur Arbeitslose, die in den letzten drei (ab 2006: zwei) Jahren vor Beginn der Arbeitslosigkeit zwölf Monate beitragspflichtig beschäftigt waren. Hierbei handelt es sich um eine Versicherungsleistung, die unabhängig von der finanziellen Situation bezahlt wird. Die familiäre Situation wird nur insofern berücksichtigt, als Arbeitslosengeld für Arbeitslose mit einem oder mehreren Kindern 67 Prozent, für alle übrigen nur 60 Prozent des früheren Nettoarbeitsentgeltes beträgt.
- □ Für alle übrigen registrierten Arbeitslosen, die mindestens drei Stunden täglich arbeiten können, (und nach Auslaufen des in der Regel auf ein Jahr begrenzten Arbeitslosengeldes I) gibt es grundsätzlich Arbeitslosengeld II. Hierbei handelt es sich um eine Fürsorgeleistung, die aus Steuermitteln aufgebracht wird. Dies bedeutet, dass die Hilfe nur nachrangig gewährt wird, also erst wenn alle anderen Möglichkeiten der Sicherung des Lebensunterhalts ausgeschöpft sind. Es bedeutet auch, dass ein mögliches Arbeitseinkommen (z. B. im Rahmen einer geringfügigen Beschäftigung) bis auf einen geringen Freibetrag voll auf das Arbeitslosengeld angerechnet wird.[5]

---

4 Um das Ausmaß der von der Krise der Erwerbsgesellschaft Betroffenen zu erfassen, muss zu der Zahl der amtlich registrierten Arbeitslosen zumindest noch einmal die Zahl der Menschen in der »stillen Reserve« hinzugezählt werden. Rechnet man noch diejenigen hinzu, die im Rahmen von Maßnahmen der Arbeitsverwaltung beschäftigt oder fortgebildet werden, so liegt die Zahl der »Erwerbslosen« bereits deutlich über 25% des ›Erwerbspersonenpotenzials‹, d. h. aller, die im Sinne der Erwerbsarbeit arbeiten können und wollen.

5 Das Arbeitslosengeld II liegt geringfügig höher als die bisherigen Regelsätze für die Hilfe zum Lebensunterhalt (345 Euro West und 331 Euro Ost), dafür fallen die meisten einmaligen Beihilfen weg, weil sie als Pauschale in den Regelsatz integriert sind. Zu dem Arbeitslosengeld II kommen Leistungen für eine angemessene Wohnung einschließlich der Heizkosten sowie Pflichtbeiträge zur Renten-, Kranken- und Pflegeversicherung hinzu. – Fachleute sehen in der Anrechnung zusätzlicher Arbeitseinkommen das größte Hindernis für eine nachhaltige Integration der Erwerbslosen in den ersten Arbeitsmarkt. Sehr vielversprechend erschien das »Einstiegsgeld«, das in mehreren Städten mit Erfolg erprobt wurde (Spermann 1996, Dann u. a. 2002).

- Für die Familienangehörigen der Bezieher von Arbeitslosengeld II gibt es – falls sie nicht selbst Anspruch auf Arbeitslosengeld haben und über keine anderweitigen Einkünfte verfügen – Sozialgeld. Dieses ist ebenso gestaffelt wie die Hilfe zum Lebensunterhalt bei der Sozialhilfe: Bei einem verheirateten Paar erhalten beide Partner je 90 Prozent des Regelsatzes, Kinder unter 15 Jahren 60 Prozent und Kinder über 15 Jahren 80 Prozent des Regelsatzes.
- Alle, die nach dem Gesetz nicht als arbeitslos (und damit grundsätzlich erwerbsfähig) eingestuft werden, erhalten »Hilfe zum Lebensunterhalt« nach dem SGB XII (vormals Sozialhilfegesetz).[6]

Nach dem Prinzip *»Fördern und Fordern«* sind im SGB II und III zahlreiche Hilfen für die Integration in das Erwerbsleben vorgesehen, teilweise verbunden mit der Androhungen von empfindlichen Kürzungen des Arbeitslosengeldes. Insbesondere sind dies Bildungsmaßnahmen (§ 77–87 SGB III), Eingliederungshilfen (§ 217–222 SGB III), Arbeitsbeschaffungsmaßnahmen (§§ 260ff. SGB III), Hilfen zur Existenzgründung für Arbeitslosengeld I-Bezieher (§ 57 und § 421 SGB III) sowie für Arbeitslosengeld II-Empfänger die so genannten Ein-Euro-Jobs (§ 16 SGB II).

Personen unter 25 Jahren haben nach § 3 Abs. 2 SGB II einen Anspruch darauf, unverzüglich nach Antragstellung in eine Arbeit, eine Ausbildung oder eine Arbeitsgelegenheit vermittelt zu werden. Fachleute befürchten, dass mit der Einführung von Hartz IV (SGB II) eine deutliche Verlagerung vom Primat der Qualifizierung zu einem Primat der Vermittlung einhergeht und die neueren Ansätze der Jugendberufshilfe (s. u. Abschnitt 5) deutlich geringere Chancen der Umsetzung haben (Krafeld 2004; Nüsken 2004).

2 Psychosoziale Folgen von Arbeitslosigkeit

Erwerbslosigkeit ist für viele Menschen auch unabhängig von der Sicherung des Lebensunterhalts eine beträchtliche Herausforderung und Belastung. Als im Wirtschaftswunderland Bundesrepublik in den 70er Jahren immer mehr Menschen arbeitslos wurden, wurde dies als Skandal empfunden. Akademien und Kirchentage beschäftigten sich mit diesem Thema, es erschienen zahlreiche wissenschaftliche Publikationen über »individuelle und gesellschaftliche Folgen der Arbeitslosigkeit« – so ein viel zitierter Sammelband aus dem Jahre 1985 (Kieselbach/Wacker 1985).

Die ersten Untersuchungen knüpften überwiegend an die Arbeitslosenforschung der 1930er Jahre an, insbesondere an die klassische Langzeitstudie über die Arbeitslosen von Marienthal (Jahoda/Larzarzfeld/Zeisel 1975). Arbeitslosigkeit erscheint

6 Arbeitslosengeld I ist im Sozialgesetzbuch (SGB) III (vormals Arbeitsförderungsgesetz) geregelt, für das Arbeitslosengeld II wurde ein neues SGB II eingeführt. Die Regelungen der Sozialhilfe finden sich im SGB XII (vormals Bundessozialhilfegesetz); ein zuverlässiger Ratgeber für alle Erwerbslosen und diejenigen, die beruflich in der Erwerbslosenarbeit stehen, ist seit vielen Jahren der immer wieder neu aufgelegte »Leitfaden für Arbeitslose«, der vom Fachbereich Sozialarbeit/Sozialpädagogik der Fachhochschule Frankfurt herausgegeben wird; ein fortlaufendes Informationssystem bietet die vierteljährlich erscheinende Zeitschrift »Informationen zum Arbeitslosenrecht und Sozialhilferecht«.

hier als *gesellschaftlich verursachte Belastung*, als Ausschluss aus der Normalität: Wird ein erwachsener Mensch, der voll in das Erwerbsleben integriert war, arbeitslos, so bringt das Veränderungen in nahezu allen Lebensbereichen mit sich:

- Die Strukturierung der *Zeit* durch den Achtstundentag und die Fünf-Tage-Woche fällt weg. Damit entfällt auch der Wechsel zwischen An- und Entspannung, die Kategorie »Freizeit« verliert ihren Sinn, da es das Gegenteil nicht mehr gibt. Der Arbeitslose ist damit bezüglich der Strukturierung seines Tages und Wochenablaufes ganz auf sich selbst zurückverwiesen.
- Mit dem Arbeitsplatz fallen auch die durch die Arbeit vermittelten *sozialen Kontakte* weg. Der Arbeitslose ist in Gefahr zu vereinsamen oder er muss neue und andersartige Sozialbeziehungen aufbauen.
- Arbeitslosigkeit verändert die *bisherige Rolle* des Menschen in seinem unmittelbaren Lebensumfeld: Die arbeitslose Frau wird zur Nur-Hausfrau, der arbeitslose Familienvater verliert seine Rolle als Ernährer und er ist – für Ehefrau und Kinder ungewohnt – überwiegend zu Hause.
- Die *persönliche Identität* ist in unserer »Arbeitsgesellschaft« sehr stark geprägt durch die Erwerbstätigkeit und die berufliche Stellung. Der Verlust der beruflichen Stellung bedeutet in der Regel sowohl eine Veränderung (in der Regel Degradierung) der Fremdeinschätzung wie auch eine Verunsicherung der Selbsteinschätzung.
- Je mehr ein Mensch in der Arbeit *Selbstverwirklichung* erfuhr, je mehr der Beruf seinem Leben *Sinn* gab, umso mehr erscheint das Leben des/der Arbeitslosen *sinn-los* oder aber: Der Sinn des Lebens muss neu definiert werden.
- Zumindest bei längerer Dauer bedeutet Arbeitslosigkeit in der Regel eine deutliche *Senkung des Lebensstandards* und ein Absinken in materielle Armut und umfassende Ausgrenzung aus dem sozialen Leben.

Insbesondere *aus psychologischer Perspektive* wurde die Verarbeitung von Arbeitslosigkeit bei Betroffenen untersucht und dabei eine *Abfolge von Verarbeitungsmustern* festgestellt. Ali Wacker hat ein Ablaufmodell der Verarbeitung von Arbeitslosigkeit entwickelt: Nach anfänglichem Schock bei Eintreten der Arbeitslosigkeit folgt eine kurze Phase der Euphorie, die aus der Überzeugung gespeist wird, dass man endlich genügend Zeit für bisher Unerledigtes verfügbar habe und bald auch wieder Arbeit finden werde. Erfüllt sich dieser Wunsch nicht, folgt eine Phase des Realismus, in der die Arbeitslosen beginnen, ihre Chancen nüchtern zu sondieren, Beratungsgespräche in Anspruch zu nehmen, Bewerbungen zu schreiben und ggf. eine Fortbildung zu absolvieren. Bei anhaltender Arbeitslosigkeit mündet die persönliche Stimmungslage in Resignation. In der letzten Stufe der Deprimiertheit macht sich ein Fatalismus breit, und man begreift sich als völlig gestaltungsunfähig; die eigene Situation erscheint als durch eigenes Zutun nicht veränderbares Schicksal (Wacker 1978; vgl. Haußer 1983).

Bereits in den 80er Jahren wurde Kritik daran geäußert, dass Arbeitslosigkeit nur als Belastung gedeutet und untersucht wird. Ebenso könne Arbeitslosigkeit auch als *Befreiung von belastender Erwerbstätigkeit* und krank machenden Arbeitsbedingungen erfahren werden (vgl. Bonß/Keupp/Koenen 1984; Schaarschuch 1990). Für den Bereich der Kulturschaffenden beschreibt Pankoke in der zweiten Hälfte der 80er

Jahre eine zunehmende Entkoppelung von Beruf und Erwerb: Der Lebensunterhalt wird nur noch teilweise (durch begrenzte Honorare) im erlernten Beruf verdient, daneben wird zeitlich begrenzt gejobbt. Der – meist unfreiwillige – Verzicht auf feste Anstellungsverhältnisse wird belohnt durch ein höheres Maß von Selbstverwirklichung mit einer hohen innovativen und experimentellen Offenheit in »selbstaktiven Feldern« (Pankoke 1988, 32). Ähnliche Erfahrungen und darauf aufbauende Lebenskonzepte werden beschrieben für den Bereich Sozialer Arbeit (Rabe-Kleberg 1988).

In einer breit angelegten soziologischen Untersuchung wurde in der ersten Hälfte der 90er Jahre eine »*Typologie* der Erfahrungs- und Umgangsweisen mit unterschiedlich wahrgenommenen Gefährdungen der Erwerbsbiographie» entwickelt (Kronauer/Vogel/Gerlach 1993, 82). Folgende Typen der Verarbeitung werden beschrieben:

- Arbeitslosigkeit wird als integrierbarer Bestandteil der Erwerbsbiographie gedeutet, wobei die einen sie als Chance auf Zeit interpretieren, die anderen als einen Einschnitt, mit dem man eine Zeit lang zurechtkommen kann;
- Arbeitslosigkeit erscheint als Bedrohung, und die Integrierbarkeit der Arbeitslosigkeit in die Biographie wird in Frage gestellt, wobei die einen sich dieser Bedrohung ausgeliefert sehen, die anderen ihr etwas entgegensetzen;
- Arbeitslosigkeit wird zur lebensbestimmenden sozialen Realität, wobei sich die einen der schlechten Realität unterwerfen, die anderen sich in der schlechten Realität einrichten;
- insbesondere Frauen wechseln in eine andere, sozial anerkannte Rolle, nämlich diejenige der Hausfrau und Mutter.

Die Untersuchung kommt zu dem paradoxen Ergebnis: Die »Arbeitsgesellschaft hält für die einen »zu viel« Erwerbsarbeit bereit, dazu noch allzu oft in Arbeitsverhältnissen, die sie als sehr belastend und unbefriedigend erleben. Für die anderen jedoch gibt es überhaupt keine Erwerbsarbeit mehr, obwohl auch sie auf sie angewiesen sind. Für die Arbeitslosen, die sich einigermaßen sicher sind, ohne soziale Einbußen und eine aufgezwungene Revision ihrer Lebenspläne wieder in Erwerbsarbeit zurückzukehren, kann die Auszeit geradezu zu einer Chance werden, endlich Erfahrungen zu machen, die sonst zu kurz kommen, und Wünschen nachzugehen, die im Erwerbsalltag erstickt werden. Für diejenigen Arbeitslosen jedoch, die die »Arbeitsgesellschaft« überflüssig gemacht hat, verliert auch die arbeitsfreie Zeit ihren Sinn oder es bleibt nur der Ausweg, durch den Rückzug in den Kreis der Entbehrlichen sich Sinnzonen am Rande der Gesellschaft zu bewahren« (Kronauer/Vogel/Gerlach 1993, 240).

Seit Ende der 80er Jahre hat sich neben der Belastungsforschung zunehmend eine *Bewältigungsforschung* entwickelt. So kommt Krafeld in einer bemerkenswerten Untersuchung der Arbeit von Arbeitsloseninitiativen in Bremen zu dem Ergebnis, dass Arbeitslosigkeit umso mehr bewältigt wird, je mehr es gelingt,

- sich eigene Lebensgestaltungs- und Zeitplanungsmuster zu entwerfen, die nicht bedingungslos der Arbeitsplatzsuche untergeordnet werden, auch jenseits der beruflichen Tätigkeit Kenntnisse und Fähigkeiten zu erwerben, staatliche und andere Hilfen optimal in Anspruch zu nehmen und auch jenseits legaler Bedingungen Erwerbstätigkeit auszuüben;

- sich vielfältige sozialräumliche Zusammenhänge zu erschließen, die kostenlos nutzbar und weder erwerbsabhängig sind noch über das Fehlen von Erwerbsarbeit definiert werden;
- eine Gegen-Öffentlichkeit zu entfalten, in der nicht Maßstäbe der Arbeitsgesellschaft monopolartig gelten, sondern Fragen der Lebensbewältigung jenseits kontinuierlicher Erwerbsarbeit als relevant und legitim akzeptiert sind,
- eine Lebensplanung auch ohne Erwerbsarbeit als Voraussetzung und Ausgangspunkt zu entwerfen (Krafeld 1990, 266f).

Inzwischen wurden im Diskurs der Sozialen Arbeit auf dem Hintergrund psychologisch/therapeutischer Bewältigungskonzepte und der vielfältigen praktischen Sozialarbeit mit Arbeitslosen empirisch und theoretisch fundierte Konzepte zum Umgang mit Arbeitslosen und zur sozialarbeiterischen Unterstützung von Arbeitslosen entwickelt.[7] Spätestens dann, wenn die Integration ins Erwerbsleben nicht mehr als realistisches Ziel erscheint, stellt sich die Frage nach dem Sinn der Erwerbsarbeit und danach, wie Leben ohne Erwerbsarbeit sinnvoll sein kann.

3 Krise der Arbeitsgesellschaft?

Eine sehr grundsätzliche Infragestellung der in unserer Gesellschaft üblichen Erwerbsarbeit erfolgte bereits Anfang der 80er Jahre unter der Chiffre der »Krise der Arbeitsgesellschaft« [8]. Danach wurde mit der Herausbildung der modernen Industriegesellschaft im 19. und verstärkt im 20. Jahrhundert ein Teil der notwendigen Arbeit – insbesondere die Arbeiten, die traditionell den Männern zugeschrieben wurden[9] – in der Rolle des Arbeiters institutionalisiert, der außerhalb des unmittelbaren Lebenszusammenhangs des Hauses die »eigentliche« Arbeit vollbringt. Diese Erwerbsarbeit wurde zum zentralen Medium, über das die Güter der Gesellschaft verteilt werden: das Einkommen und der Lebensstandard, die soziale Absicherung bei Krankheit, Invalidität und Alter, der Zugang zu Bildung und Kultur, soziales Ansehen und Selbstwertgefühl. Erwerbsarbeit wird zum zentralen Medium der Selbstverwirklichung und des Sinns des Lebens.

Die Konzentration aller Energien auf die Optimierung der Produktion von Gütern führt jedoch in einer unabwendbaren Dialektik zu einer Krise der Arbeitsgesellschaft, da durch den enormen technologischen Fortschritt die Erwerbsarbeit zunehmend

7 Krafeld 1998; Böhnisch/Schröer 2001; Galuske 2002.

8 So lautete das Thema des deutschen Soziologentages 1982 (Matthes 1983), besonders wichtig der programmatische Beitrag von Ralf Dahrendorf »Wenn der Arbeitsgesellschaft die Arbeit ausgeht« (25–37), der an Theorien anknüpft, die die jüdische Sozialphilosophin Hannah Arendt bereits in den 50er Jahren formuliert hat (Arendt 1978). Wichtige Impulse zur Diskussion um die Arbeitsgesellschaft gaben der französische Marxist André Gorz (Gorz 1983, Gorz 2000) und der Soziologe Ulrich Beck (Beck 2000).

9 Es handelt sich dabei um die Tätigkeiten, die im Griechischen als *poiesis* bezeichnet wurden, bei denen es um die Hervorbringung eines Werkes, insbesondere auch eines Kunstwerkes geht. Die sklavische Arbeit der *»opera servilia«*, die der unmittelbaren Erhaltung des Lebens dient, wurde zur Hausarbeit.

überflüssig wird. Damit ergibt sich die paradoxe Situation, dass wir gesamtgesellschaftlich mit immer weniger Arbeit ein Höchstmaß an Wohlstand produzieren können und damit das höchste Ziel aller vormodernen Kulturen, nämlich ein Leben in Muße, weithin realisierbar erscheint. Gerade darüber sind wir aber äußerst unglücklich.

Obwohl das bisherige Erwerbssystem immer mehr in eine Krise gerät, bleibt der politische und ideologische Überbau im Sinne einer Arbeitsgesellschaft erhalten. Erwerbsarbeit erscheint als das zentrale Medium der Vergesellschaftung insgesamt. Nur so lässt sich das gigantische und zugleich gespenstische pädagogische Programm von Hartz IV begründen, das Millionen von Arbeitslosen mit einem enormen Aufwand in Erwerbsarbeit bringen möchte, für die es volkswirtschaftlich überwiegend keine Verwendung gibt.

Diese Diskrepanz zwischen der realen Situation im Erwerbssystem und der dominierenden Ideologie der Arbeitsgesellschaft führt zu einer *paradoxen Situation*: Die Arbeitsgesellschaft verheißt und fordert Integration in ein Normalarbeitsverhältnis (das ganze Bildungssystem ist darauf ausgerichtet), sie verwehrt jedoch einer zunehmenden Zahl von Menschen diese Verheißung und zugleich die Möglichkeit, den Ansprüchen der Gesellschaft gerecht zu werden. Lothar Böhnisch hat im Anschluss an Robert K. Merton aufgezeigt, zu welchen Verwerfungen dies führen muss und welche Herausforderungen sich hieraus an die Soziale Arbeit stellen (Böhnisch 1994, 160ff, 218ff).

4 Herausforderungen für die Politik

Dieser sozialwissenschaftliche und sozialphilosophische Diskurs um eine fundamentale Krise der Arbeitsgesellschaft wird von der Politik in keiner Weise aufgegriffen. Dort dominiert in allen politischen Parteien wie auch in den großen Verbänden das ökonomische Denken und hier zunehmend in der Form einer angebotsorientierten Wirtschaftspolitik. Die Wiederherstellung von Vollbeschäftigung erscheint als zentrale Aufgabe, vielfach wird die Lösung des Problems der Arbeitslosigkeit als wahlentscheidend angesehen. Als zentrale Instrumente zur Überwindung der Arbeitslosigkeit erscheint einmal die Förderung von Wachstum und zum andern eine Politik des »Förderns und Forderns« gegenüber den Arbeitslosen.

Nachdem sich auch die deutsche Sozialdemokratie von der keynesianischen Wirtschaftspolitik losgesagt hat, gilt die *angebotsorientierte Wirtschaftspolitik* quer durch fast alle Parteien als adäquates Instrument zur Förderung des Wachstums. Hierzu gehören die Priorität von Geldwertstabilität, eine Senkung der öffentlichen Abgaben, eine gemäßigte Lohnpolitik und neuerdings sogar die nachhaltige Senkung der Löhne sowie eine Reduzierung von staatlichen Regulierungen des Arbeitnehmerschutzes, der sozialen Absicherung oder auch des Umweltschutzes. Hier trifft sich die angebotsorientierte Wirtschaftspolitik mit der Förderung des »Wirtschaftsstandorts« Deutschland angesichts der Globalisierung. Es bildet sich geradezu ein neuer Wirtschaftsstandort-Nationalismus heraus, der durchaus neo-merkantilistische Züge aufweist. Die Förderung des Wirtschaftsstandorts gewinnt eine zunehmende Plausibilität, der sich auch Gewerkschaften, Sozialpolitiker und Umweltschützer nur schwer entziehen können. Unabhängig von den sozialen und ökologischen Kosten einer solchen Wachstums- und Standortpolitik weist diese vielfältige Widersprüche in sich auf: Ein Gefälle im Bereich der Löhne und Abgaben zwischen entwickelten und weniger entwickelten Volkswirtschaften ist geradezu eine Herausforderung für die Überwindung der enormen ökonomischen und sozialen Unterschiede in der enger zusammenwachsenden Welt. Eine solche Angleichung der Wirtschaftskraft und der Produktivität ist ein erklärtes Ziel der EU-Politik, für das vielfältige Strukturhilfen gegeben werden. Eine neo-merkantilistische Politik/Ethik steht jedoch in krassem Gegensatz zu jeder Entwicklungshilfe.

Zwar ist wirtschaftliches Wachstum und damit eine Steigerung des zur Verteilung bereitstehenden Volkseinkommens aus vielen Gründen wünschenswert, ein *unmittelbarer Zusammenhang zwischen wirtschaftlichem Wachstum und Vollbeschäftigung* bzw. Überwindung der Arbeitslosigkeit wird jedoch immer fragwürdiger: Wirtschaftshistoriker gehen davon aus, dass die enormen Wachstumsraten der Nachkriegsentwicklung in der einmaligen Situation des Wiederaufbaus begründet waren und dass sich nun die Wachstumsraten wieder den langfristigen Entwicklungstrends angleichen mit jährlichen Wachstumsraten von 1,5–2 Prozent. Die anhaltenden Exportüberschüsse der deutschen Volkswirtschaft lassen darauf schließen, dass sich durch eine Verbesserung des Wirtschaftsstandorts Deutschland das Wachstum nicht mehr wesentlich steigern lässt. Wenn einem jährlichen Wachstum des Bruttoinlandsprodukts von 1,5 – 2 Prozent jedoch jährliche Steigerungen der Produktivität in Höhe von 3–4 Prozent gegenüberstehen (und die fortschreitende Globalisierung erzwingt die Ausnutzung aller Möglichkeiten einer Produktivitätssteigerung), so wird bei einer gleich bleibenden Zahl von Erwerbspersonen die Arbeitslosigkeit mit Sicherheit weiter zunehmen.

Langfristig ist infolge der *demographischen Entwicklung* durchaus von einem Rückgang der Erwerbspersonen auszugehen. Wann und in welchem Umfang sich diese demographische Entwicklung auf die Erwerbspersonen und einen tatsächlichen Rückgang der Arbeitslosigkeit auswirkt, ist offen: Entscheidende Einflussvariablen sind der Grad der Erwerbstätigkeit (und der scheint langfristig insbesondere bei den Frauen zuzunehmen), mögliche Zuwanderungen im Zuge der Ausweitung der Europäischen Union und / oder von Flüchtlingsbewegungen aus möglichen Krisengebieten sowie insbesondere die weitere Entwicklung der Produktivität, die sich jeder exakten Berechnung entzieht. Vieles spricht dafür, dass mittelfristig auch bei »normalem« Wachstum mit einer hohen (und möglicherweise zunehmenden) Zahl von Arbeitslosen zu rechnen ist.

Damit wird eine Gesellschaft, »die nicht mehr wie heute strikt in Arbeitsplatzbesitzer und Menschen ohne Arbeit geteilt« ist, zu einem eigenständigen gesellschaftspolitischen Ziel – so der ehemalige Bundespräsident Roman Herzog in seiner viel beachteten »Adlon«-Rede 1997. Insbesondere die Gewerkschaften wollten dies durch eine konsequente *Arbeitszeitverkürzung* und eine entsprechende Reduzierung von Überstunden erreichen. Eine gerechte Verteilung der vorhandenen Arbeit stand auch im Zentrum einer Evangelischen Denkschrift aus dem Jahre 1982 (Solidargemeinschaft von Arbeitenden und Arbeitslosen 1982). Die moralisch griffige Formel vom »Teilen« erscheint jedoch im Sozialwort der Kirchen von 1997 nicht mehr als Patentrezept sondern nur noch als mögliche Aufgabe (Für eine Zukunft in Solidarität und Gerechtigkeit 1997, 70f). Vieles spricht dafür, dass die Möglichkeiten einer Arbeitszeitverkürzung an eine Grenze gestoßen sind: Bei vollem Lohnausgleich würde Arbeitszeitverkürzung vermutlich zu mehr Arbeitslosigkeit führen, da einerseits die deutschen Güter auf dem Weltmarkt verteuert würden, andererseits die Nachfrage nach Dienstleistungen bei höheren Preisen rückläufig wäre. Ohne Lohnausgleich würde eine Arbeitszeitverkürzung bei den unteren Einkommensgruppen zu einer deutlichen Zunahme der Einkommensarmut führen und zugleich die Finanzkrise der sozialen Sicherungssysteme verschärften. Insbesondere bei personenbezogenen Dienstleistungen (z. B. der Pflege, der Heimerziehung) und bei Leitungsaufgaben setzen vermutlich auch die Arbeitsinhalte einer weiteren Arbeitszeitverkürzung enge Grenzen. Eine Teilung von Arbeit erscheint nach den gegenwärtigen Erfahrungen am ehesten im Rahmen der Lebensarbeitszeit möglich – wenn die entsprechenden Voraussetzungen gegeben sind.

Seit Mitte der 90er Jahre wurden Vorschläge entwickelt, die Krise des Erwerbssystems durch eine *Aufwertung der Bürgerarbeit* im Rahmen einer Zivilgesellschaft zu überwinden.

- Der Club of Rome schlug 1997 ein »Mehrschichten-Modell produktiver Tätigkeiten« vor: EIne erste Ebene bildet dabei ein staatlich garantierter Beschäftigungssektor, der jedem Bürger, jeder Bürgerin eine Grundbeschäftigung im Umfang von ca. 20 Wochenstunden garantiert und damit in Form eines »Sozialgehalts« einen menschenwürdigen Lebensunterhalt gewährleistet, der allerdings an die Grundbeschäftigung gebunden ist. Die zweite Ebene umfasst Beschäftigungsverhältnisse auf dem freien Arbeitsmarkt, die von der Tätigkeit in der ersten Ebene befreien, die dritte Ebene ist die der Eigenarbeit und der freiwilligen, insbesondere ehrenamtlichen Tätigkeiten (Giara/Liedke 1998).
- Nach dem Freizeitforscher Opaschowski stützt sich die Zukunft der Gesellschaft auf drei Säulen: die Erwerbsarbeit, die Lernarbeit und die Gemeinschaftsarbeit. Als Alternative zu dem Einkommen aus Erwerbsarbeit wird den Menschen ein »Sozialeinkommen« angeboten, wenn eine »sozial nützliche Tätigkeit« nachgewiesen wird (Opaschowski 1998).
- Der Soziologe Beck legt ein plurales Tätigkeitskonzept vor, in dem Erwerbsarbeit, Eigenarbeit und Bürgerarbeit auf der Basis einer bedingungslosen Grundsicherung zu frei wählbaren Optionen werden (1999).

So unterschiedlich diese Konzepte im Einzelnen sind und so sehr sie der Konkretisierung bedürfen – die gemeinsame Voraussetzung ist eine Relativierung der Erwerbsarbeit und eine mehr oder weniger konsequente Abkoppelung des Lebensunterhalts von der Erwerbsarbeit.[10]

Bereits in den 60er Jahren wurde von sozialliberalen Wirtschaftswissenschaftlern in den USA das Konzept eines *erwerbsunabhängigen Grundeinkommens* vorgelegt (Theobald 1967; Fienberg 1983; vgl. Rifkin 1995, 194ff). Ralf Dahrendorf hat auf

10 Einen Überblick gibt Galuske 2002, 257ff. Ein Konzept legte im Jahre 2003 der Bund der deutschen katholischen Jugend vor (Vision für eine gerechtere Gesellschaft 2003).

dem Deutschen Soziologentag 1982 die »Krise der Arbeitsgesellschaft« beschworen und eine relative Abkoppelung der Verteilung des Volkseinkommens von der Arbeit gefordert (Matthes 1983), der katholische Sozialethiker Büchele hat für Österreich einen imponierenden Entwurf vorgelegt (Büchele/Wohlgenannt 1985). Vertreter aller Bundestagsparteien, beginnend mit den Grünen über die FDP (Bangemann) bis hin zu Vertretern der SPD und CDU haben derartige Forderungen formuliert. 1992 hat der Paritätische Wohlfahrtsverband ein recht einsichtiges Finanzierungskonzept für ein erwerbsunabhängiges Grundeinkommen vorgelegt (Blätter der Wohlfahrtspflege, Heft 3, 1992), 1993 hat der deutsche Caritasverband auf der Basis einer umfangreichen Armutsuntersuchung die Einführung eines Existenzminimums in die zentralen Systeme der sozialen Sicherung gefordert (Hauser/Hübinger 1993), und in die endgültige Fassung des »Sozialworts« der Kirchen von 1997 wurde der Satz eingefügt: »Deshalb kann die Gesellschaft dadurch humaner und zukunftsfähiger werden, dass auch unabhängig von der Erwerbsarbeit die Chancen für einen gesicherten Lebensunterhalt, für soziale Kontakte und persönliche Entfaltung erhöht werden.« (Für eine Zukunft in Solidarität und Gerechtigkeit 1997, 62)

Hemmnis für die Durchsetzung dieses plausiblen Konzepts ist sicherlich nicht das Problem der Finanzierbarkeit, sondern es sind tief sitzende *ideologische Vorurteile* und Barrieren. Im deutschen Bürgertum hat der in Luthers Berufsethos zentrale Satz »Wer nicht arbeitet, soll nicht essen« (2. Thess 3,10–12) tiefe Spuren hinterlassen. Historisch ist die Authentizität des zweiten Briefes von Paulus an die Thessalonicher äußerst fragwürdig, und vieles steht im Widerspruch zu zentralen Grundaussagen der paulinischen Theologie; jedenfalls wandte sich die Berufs-/Berufungstheologie Luthers ganz bestimmt nicht gegen Arbeitslose, sondern gegen die einseitige Verherrlichung von Meditation und Wissenschaft bei gleichzeitiger Abwertung körperlicher Arbeit. Die Luthertradition hat sich jedoch in Verbindung mit der reformatorischen Arbeitsethik im deutschen Bürgertum tief festgesetzt, ihre Auswirkungen reichen sogar bis in die deutsche Arbeiterbewegung.

Im Gothaer Programm der SPD von 1875 hat diese Tradition in dem Satz »Arbeit ist die Quelle allen Reichtums« ihren geschichtsträchtigen Niederschlag gefunden. Kein geringerer als Karl Marx hat in seiner Kritik am Gothaer Programm aufgezeigt, dass es neben der Arbeit die Produktionsfaktoren Boden und Kapital gibt, wobei er Kapital definiert als »geronnene Arbeit«. Dies bedeutet aber, dass die heute Arbeitenden nur deswegen mit relativ geringem Aufwand so große Werte schaffen können, weil frühere Generationen intensiv gearbeitet und einen erheblichen Konsumverzicht geleistet haben. Damit haben frühere Generationen wesentliche Voraussetzungen für unseren gesellschaftlichen Reichtum geschaffen, und es ist keineswegs zwingend oder auch nur schlüssig, diesen Reichtum allein nach den Kriterien Erwerbsarbeit und Vermögen zu verteilen.

Der Gedanke einer erwerbsunabhängigen Grundsicherung hat inzwischen durchaus Eingang in unser Rechtssystem gefunden – so in der Einrichtung einer Grundsicherung für ältere und erwerbsgeminderte Menschen (Grundsicherungsgesetz seit Januar 2003; ab Januar 2005 in SGB XII integriert) wie auch die Grundsicherung für Arbeitsuchende (SGB II). Der zentrale Fehler von Hartz IV liegt aus der hier entwickelten Perspektive darin, dass das Arbeitslosengeld II konsequent nur als Fürsorgeleistung konzipiert worden ist und damit eine »Arbeitslosenfalle« entsteht, bei der es keinen ernsthaften Anreiz gibt, sich um Erwerbstätigkeit im ersten Arbeitsmarkt zu bemühen, da das Einkommen – fast – voll für den Lebensunterhalt eingesetzt werden muss. Das Prinzip des Einstiegsgeldes (s. o. Anmerkung 5) widerspricht offensichtlich zu sehr dem Grundsatz, dass jeder seinen Lebensunterhalt durch Erwerbsarbeit erwirtschaften muss. Zweifellos ist es noch ein weiter Weg bis zu einer befriedigenden Grundsicherung jenseits der Erwerbsarbeit. Der evangelischen Kirche kommt dabei die Aufgabe zu, den Wust von theologischen und pseudoreligiösen Überhöhungen der Erwerbsarbeit abzutragen und den Blick für die geschichtliche Bedingtheit und Begrenztheit der Arbeitsgesellschaft zu öffnen (Klumbies 1996). Aus einer relativen Distanz zur Arbeitsgesellschaft könnte Kirche die zentralen Fragen sozialer Gerechtigkeit und Solidarität neu reflektieren und gerade dadurch eine wichtige politische Aufgabe übernehmen.

5 Aufgaben und Arbeitsfelder der Diakonie

Diakonische Arbeit mit Arbeitslosen geschieht in einer paradoxen Situation: Alle von der Gesellschaft zur Verfügung gestellten Ressourcen sind dazu bestimmt, die Arbeitslosen in das »normale« Erwerbsleben zu integrieren, und dies ist auch das Ziel der meisten Arbeitslosen. Dem steht die klare Erkenntnis gegenüber, dass diese Integration in das Erwerbssystem für viel Erwerbslose nicht erreichbar ist. Leitziel des diakonischen Handelns ist, dass sich in dieser paradoxen Situation bei den betroffenen Menschen »eine je eigene Selbstauslegung ereignen kann«; dies bedeutet, dass entgegen dem politisch-gesellschaftlichen Auftrag diakonisches Handeln mit und für Arbeitslose »erst da zum wirklichen Akt wird, wo das bedürftige Subjekt an der Interpretation der Situation und ihrer Milderung oder Aufhebung beteiligt ist« (Marquard 2004, 69).

In der Denktradition der Sozialpädagogik, die die Herausbildung der neuzeitlichen Diakonie im 19. und 20. Jahrhundert nachhaltig beeinflusst hat, ging es immer darum, die »sozial Schwachen« in die Gesellschaft zu integrieren, sie zu sozialisieren und an die gesellschaftlich vorgegebenen Rollen anzupassen. Lothar Böhnisch hat auf dem Hintergrund der Modernisierungstheorie das *Konzept der »biographischen Lebensbewältigung«* entwickelt, nach dem es Aufgabe der Sozialen Arbeit ist, den Menschen in einer unübersichtlich gewordenen sozialen Wirklichkeit mit vielfältigen Handlungsoptionen zu einer »psychosozialen Handlungsfähigkeit« zu verhelfen (Böhnisch 1999, 29). Arbeitslosigkeit stellt vermutlich eine der größten Herausforderungen an die Lebensbewältigung dar: Sie ist gekennzeichnet durch

- ☐ *die Erfahrung des Selbstwertverlustes* und die Suche nach Wiedergewinnung des Selbstwertes,
- ☐ *die Erfahrung der sozialen Orientierungslosigkeit*, des Sich-nicht-mehr-zurechtfinden-Könnens und die entsprechende Suche nach unbedingter Orientierung,
- ☐ *die Erfahrung des fehlenden sozialen Rückhalts* angesichts personal nicht mehr überschaubarer biographischer Risikosituationen und die entsprechende Suche nach Halt und Unterstützung,
- ☐ *die Sehnsucht nach Normalisierung*, nach der Möglichkeit, aus dem Stress der Handlungsunfähigkeit und Desintegration herauszukommen und eine Balance von Handlungsfähigkeit und Integration zu erreichen (Böhnisch 1999, 41).

Aufgabe der Sozialen Arbeit ist es, die Menschen in dieser schwierigen Situation zu begleiten und förderliche Milieus zu schaffen. Dies entspricht in hohem Maße dem Anspruch an eine Diakonie, die der Versuchung widersteht, »schon im Voraus zu wissen, was für diese oder jene Bedürftigkeit das Gute und Bessere sei« (Marquardt 2004, 70) sondern sich gemeinsam mit den Betroffenen auf die Suche nach Bewältigungsmöglichkeiten macht.

Bereits in den 80er Jahren sind in vielen Städten in der Trägerschaft oder unter Beteiligung der Diakonie *Arbeitslosentreffs, -zentren und -initiativen* unterschiedlichster Art entstanden (Arbeitslosengruppen in Deutschland 1998). So unterschiedlich die Konzeptionen und Organisationsstrukturen dieser Einrichtungen und Initiativen sind, erfüllen sie in der alltäglichen Praxis in aller Regel folgende Funktionen: Zunächst sind sie eine Anlaufstelle, in der Arbeitslose Informationen und individuelle Beratung über die Rechtslage und über den Umgang mit Arbeitgebern und Ämtern unterschiedlicher Art erhalten. Auf diesem Hintergrund entwickelt sich häufig eine längerfristige persönliche Begleitung bei der Suche nach einer neuen Lebensperspektive auch ohne Erwerbsarbeit. Darüber hinaus bieten die Arbeitslosentreffs/-zentren einen Raum, in dem Erwerbslose erfahren, dass sie nicht allein sind, einen Raum, in dem sie gemeinsame Aktionen vom regelmäßigen Frühstück über Freizeitaktivitäten bis zu politischen Aktivitäten unternehmen können. In der Regel bilden diese Arbeitslosenzentren ein wichtiges Korrektiv für die Praxis der Arbeitsverwaltung, der Sozial- und Wohnungsämter, da diese immer damit rechnen müssen, dass ihre Entscheidungen und ihr Verhalten von den Mitarbeitern der Arbeitsloseninitiativen kritisch begleitet und kontrolliert werden (Krafeld 1989). Obwohl diese Einrichtungen inzwischen in den meisten Städten zu einem unverzichtbaren Knoten im sozialen Netz geworden sind, sind sie der widersprüchlichen Situation ausgesetzt, dass sie finanziert werden unter der Zielsetzung der Hilfe zur Integration ins Erwerbsleben, in ihrer Alltagsarbeit sich aber auch durchaus als Hilfe zu einem erfüllten Leben ohne Erwerbsarbeit verstehen. Der Umgang mit dieser Paradoxie stellt hohe Anforderungen an die Professionalität der Mitarbeiterinnen und Mitarbeiter.

Eine besondere Herausforderung stellt die Krise des Erwerbssystems an die *Jugendberufshilfe.* Die öffentliche Hand finanziert eine Vielzahl von Maßnahmen zur beruflichen Integration insbesondere von sozial benachteiligten Jugendlichen. Seit Januar 2005 verpflichtet das SGB II die Arbeitsagenturen und Kommunen, jedem Arbeitslosen im Alter zwischen 15 und 25 Jahren umgehend eine Ausbildung oder Beschäftigung anzubieten. Bisher ist die Jugendberufshilfe wie auch das gesamte Schulsystem auf das Ziel der Integration in das Erwerbsleben hin orientiert. In der Fachdiskussion setzt sich immer deutlicher die Erkenntnis durch, dass »die Jugendberufshilfe durch ihre ›Arbeitsmarktfixierung‹ die Chance vergibt, innerhalb von Projekten lebenslauffördernde Lernprozesse zu organisieren, die den Klienten ermöglichen, auch unter den Bedingungen einer modernisierten Arbeitsgesellschaft gelingenderen Alltag zu praktizieren« (Galuske 1998, 11f). Bereits von der allgemein bildenden Schule wird ein Übergang vom »Modell der schulischen Lebensvorbereitung zum Konzept der Lebensbewältigung in der Risikogesellschaft« gefordert (Baur/Storz 1997, 21) im Sinne einer »Vorbereitung auf ein Leben am Rande der Normalität« (Baur 2001, 5). Für die unterschiedlichen Maßnahmen zur beruflichen Integration formuliert Galuske drei Grundprinzipien:

- *Lebenswelt- statt Arbeitsmarktorientierung* (die Lernprozesse dürfen sich nicht primär an einer eher unwahrscheinlichen zukünftigen Berufstätigkeit orientieren, sondern müssen an den konkreten lebensweltlichen Zusammenhängen und den individuellen Bewältigungsproblemen der Jugendlichen ansetzen);
- *ohne Arbeit leben lernen*;
- *Hier-und-jetzt-Prinzip* (Galuske 1998, 12).

So plausibel diese Postulate klingen, so schwierig sind sie in der Praxis umzusetzen. Empirische Untersuchungen zeigen, dass Erwerbsarbeit nach wie vor eine zentrale Bedeutung für die Identitätsentwicklung von Jugendlichen hat, da sie eben in unserer Gesellschaft die Möglichkeit der »produktiven Selbstverwirklichung, der sozialen Anerkennung und der gesellschaftlichen Teilhabe erschließt« (Keupp u. a. 1999, 123).[11]

Trotz aller Bemühungen um alternative Bewältigungsstrategien jenseits der Erwerbsarbeit wird es eine beträchtiliche Zahl von Menschen geben, die ohne Erwerbsarbeit nicht zurecht kommen, selbst wenn der Lebensunterhalt gesichert wäre. Deswegen ist die Schaffung von *Arbeitsmöglichkeiten im Sinne eines zweiten Arbeitsmarktes* eine unverzichtbare Aufgabe diakonischen Handelns. Hier hat gerade die evangelische Kirche unter der Chiffre »Neue Arbeit« Beträchtliches geleistet. Die Grundschwierigkeit besteht darin, dass die öffentliche Förderung der Projekte des zweiten Arbeitsmarktes ganz auf die Integration in den ersten Arbeitsmarkt ausgerichtet ist und Personalkostenzuschüsse immer nur für begrenzte Zeit gewährt werden. Immer wieder zeigt sich jedoch, dass der Sprung in den ersten Arbeitsmarkt für viele nicht gelingt und eine dauerhafte Beschäftigung jenseits des ersten Arbeitsmarktes eine nachhaltige Hilfe darstellt. Hierfür mit viel Kreativität und Engagement Möglichkeiten zu eröffnen, ist deswegen eine wichtige diakonische Aufgabe.

Unter der Chiffre *»lokale Ökonomie«* oder *»Gemeinwesenökonomie«* werden seit Anfang der 90er Jahre unterschiedliche Formen sinnvoller Tätigkeit und der Verbesserung der Einkommenssituation bzw. des Lebensstandards auf lokaler Ebene erprobt, die durchaus als »graue Märkte« bezeichnet werden können. Hierzu zählen Tauschringe und Talentbörsen, kleine Konsum- und Produktionsgenossenschaften sowie Dienstleistungsunternehmen unterschiedlichster Art.[12] Alle diese Unternehmen erfordern ein beträchtliches Maß an Unternehmungsgeist und unternehmerischen Fähigkeiten, in der Regel gelingen sie in einer Kombination von Lohnzuschüssen, lokalen Ressourcen, z. B. in Form von Räumen und einem engagierten Management, das unternehmerische und sozialarbeiterische Kompetenzen vereint. In diesem Bereich eröffnen sich vermutlich besondere Chancen in der Zusammenarbeit der verbandlichen Diakonie mit Kirchengemeinden, indem Letztere Räume und das fachliche Wissen engagierter Gemeindemitglieder einbringen.

---

11 Ansätze für eine Umorientierung ergeben sich vermutlich aus der empirisch festgestellten »Destandardisierung der Erwerbsbiographie« in dem Sinne, dass »eine an einem bestimmten Berufsbild der Zugehörigkeit zu einer Berufsgruppe oder einem Betrieb orientierte berufliche Autorität zunehmend abgelöst wird von einer an bestimmten Arbeitsorientierungen, individuellen Kompetenzen und Sinnansprüchen festgemachte Arbeitsidentität« (Keupp 1999, 128). Konkrete und in der Praxis erprobte Vorschläge gibt insbesondere Krafeld 2000 und 2004.

12 Einen Überblick über Formen und Reichweite lokaler Ökonomien gibt Birkhölzer 2000.

Gemeinsames Kennzeichnen der hier skizzierten Arbeitsfelder ist es, dass nicht auf bewährte Programme mit klar definierten Zielen zurückzugegriffen werden kann und dass sich Diakonie auch nicht darauf beschränken kann, von den staatlichen Geldgebern definierte Programme durchzuführen. Vielmehr gilt es, mit den von Erwerbslosigkeit Betroffenen zusammen Bewältigungsstrategien zu entwickeln. Eine wichtige Aufgabe der Diakonie als großem Verband könnte es sein, die Ergebnisse dieser vielfältigen Ko-Produktionen zu dokumentieren, auszuwerten und zu publizieren, denn vermutlich nur auf diesem Wege können Lösungen für die Krise der Arbeitsgesellschaft gefunden werden können. Damit haben Kirche und Diakonie die Chance, in der Gesellschaft einen zentralen Dienst zu übernehmen, zu der sie wie keine andere gesellschaftliche Organisation von ihrer Sendung und ihren organisatorischen Möglichkeiten her prädestiniert sind (Maier 2000).

Gisela Kubon-Gilke

Grundwissen zu den sozialen Systemen in Deutschland

1 Einleitung

Das soziale System in Deutschland ist im Umbruch. Viele aktuelle politische Debatten, auch öffentliche Proteste und Diskussionen, konzentrieren sich auf die Frage der Gestaltungsmöglichkeiten und -wünsche der sozialen Sicherung. Die gesamte Soziale Arbeit und damit auch das diakonische Wirken hängt in vielfältiger Weise von der Ausgestaltung und dem Umfang des Sozialsystems ab, u. a. wird damit zumindest partiell das Klientel der diakonischen und Sozialen Arbeit definiert, es werden bestimmte Anforderungen an das diakonische Barmherzigkeitsgebot gestellt, und es tangiert auch die Finanzierung diakonischer Arbeit, wenn Diakonische Werke z. B. Aufträge des Staates zur Sozialen Arbeit oder im Gesundheitswesen übernehmen.

In diesem Beitrag wird zunächst in einigen grundsätzlichen Anmerkungen diskutiert, warum eine »entwickelte« Marktwirtschaft ein spezifisch politisch definiertes soziales System benötigt, welche Ausgestaltungsmöglichkeiten es gibt und ob tatsächlich Sachzwänge existieren, die bestimmte Formen der sozialen Sicherung unmöglich machen. Zudem wird erläutert, wie das System der sozialen Sicherung in Deutschland der Struktur nach aussieht, welche Probleme die aktuellen Regelungen mit sich bringen, welche Reformen umgesetzt und geplant sind und welche Optionen es überhaupt für die Ausgestaltung gibt. Die einzelnen Bereiche der sozialen Sicherung werden nicht im Detail beschrieben, auch keine konkreten Zahlen über Beitragssätze und Leistungen etc. angeboten, weil sich solche Zusammenhänge durch schnelllebige Reformen zu schnell überholen. Es werden deshalb eher grundsätzliche Entscheidungen und Regeln diskutiert sowie exemplarisch darauf hingewiesen, dass einzelne Regeln oder Teilsysteme soziale Ungleichheiten eher verstärken statt sie zu verkleinern.

2 Das ökonomische Problem, Wirtschaftssysteme als Koordinationsinstanzen und systemimmanente Ungleichheit

Jede Gesellschaft steht vor dem Problem, dass Arbeitsteilung an sich zwar vorteilhaft ist, aber jeweils geklärt und organisiert werden muss, welche Güter produziert werden sollen. Diese Frage stellt sich vor allem, weil die Ressourcen wie Arbeit, Grund und Boden sowie Maschinen nicht in unendlichen Mengen zur Verfügung stehen und immer eine Auswahl getroffen werden muss, welche Güter und Leistungen den Mitgliedern einer Gesellschaft ganz besonders wichtig sind – lebten wir in einem Schlaraffenland mit beliebig produzierbaren Mengen, wären viele Probleme wie etwa die Rationierung von Leistungen im Gesundheits- oder Bildungswesen nicht existent. Außerdem ist festzulegen, wer die Güter und Dienstleistungen wo, wann und wie herstellen soll und wer wie viel zum Schluss von diesen Gütern erhalten soll. Das letzte Teilproblem berührt die Verteilungsfrage, der erste Problemkomplex wird zusammengefasst als Allokationsproblem – welche Güter in welchen Mengen, von welchen Ressourcen produziert – charakterisiert. Es gibt drei grundsätzliche Möglichkeiten, dieses Gesamtorganisationsproblem zu lösen (vgl. dazu zusammenfassend Kubon-Gilke 2000):

Traditionssystem. Diese gesellschaftliche Organisation ist z. B. für Feudal- oder Kastengesellschaften kennzeichnend. Individuen bekommen in der Regel per Geburt, Geschlecht oder bestimmter sozialer Kategorien bestimmte Pflichten zur Produktion auferlegt, haben aber auch Rechte, von anderen Personen Güter und Dienste zu erhalten.

Hierarchiesystem. In diesem System versucht man des Organisationsproblems durch eine zentrale Planung Herr zu werden, indem man z. B. durch eine staatliche Behörde herauszubekommen versucht, welche Präferenzen die einzelnen Gesellschaftsmitglieder haben, und dann bei gegebenen knappen Ressourcen politisch plant, welche Güter wie und wann produziert werden sollen. Diese Güter könnten dann beliebig nach politischen Leitvorstellungen verteilt werden. Die sozialistischen Länder haben überwiegend eine solche Steuerungsform eingesetzt.

Marktsystem. In Marktökonomien wird das Organisationsproblem einem anonymen Mechanismus übertragen. Jeder plant für sich allein (welchen Beruf man ausüben möchte, welche Güter man gern hätte oder produzieren möchte etc.), und der Angebots-Nachfrage-Mechanismus soll dafür sorgen, dass tatsächlich die »richtigen« Güter in den richtigen Mengen gemäß der individuellen Vorstellungen von den dafür am besten geeigneten Ressourcen hergestellt werden. Das Marktsystem dominiert in allen »entwickelten« Industrieländern und mittlerweile auch in vielen Transformations- und Entwicklungsländern, wenngleich in allen Systemen auch traditionelle und hierarchische Elemente nach wie vor zu finden sind.

Selbst wenn alle Märkte perfekt funktionierten und das Allokationsproblem lösten, existiert ein *systematisches Verteilungsproblem* in Marktökonomien. In diesem System kann die Verteilungsfrage nicht völlig *unabhängig* vom Allokationsmechanismus festgelegt werden, weil auf Märkten Preise gebildet werden und damit auch gleichzeitig feststeht, wer für seine Leistungen einen hohen Preis bzw. ein hohes Einkommen erhält und wer wenig oder gar nichts bekommt. Hohe Einkommen bzw. Preise erzielen alle Personen, die ein knappes Gut veräußern (wenig Mitanbieter, hohe Nachfrage, z. B. wenig Personen, die exzellent Fußball spielen können, aber viele Menschen, die ein hohes Interesse an guten Fußballspielen haben). Geringe Einkommen erzielt man, wenn man nichts »Knappes« anbieten kann, weil man entweder nicht erwerbsfähig ist, weil man Fähigkeiten hat, über die sehr viele andere Personen auch verfügen, oder weil man nur Dinge produzieren kann, für die wenig Interesse bei den Gesellschaftsmitgliedern besteht.[1] Da die Wünsche der Bürgerinnen und Bürger nach verschiedenen Gütern unterschiedlich sind und auch das Angebot an Gütern und Arbeit für verschiedene Qualifikationen differiert, wird die Entlohnung in einem Marktsystem systematisch ungleich sein.

---

1 Das hat mit »Leistung« nur höchst indirekt etwas zu tun (tatsächlich geht es um die Grenzleistung im Sinne des Marginalkalküls auf dem Markt). Wenn z. B. einfach mehr Handwerker in einer bestimmten Branche ihre Arbeit anbieten, dann wird das sinkende Löhne für diesen Beruf implizieren, auch wenn der Einzelne genauso fleißig ist und so viel leistet wie zuvor.

Die tatsächlichen Ungleichheiten werden z. B. in Armutsberichten erfasst, die jedoch eine Reihe konzeptioneller Probleme haben, sehr viele normative Setzungen benötigen und je nach statistischen Verfahren z. B. zur Mittelwertsberechnung sowie zur Umrechnung verschiedener Haushaltsgrößen zu weit differierenden Ergebnissen kommen (vgl. Atkinson 1998). Da sich das Hauptaugenmerk bei der Armutsmessung auf die *relative* Einkommensposition der ärmsten Bevölkerungsgruppe konzentriert, ist die Messung der Einkommensverteilung eher geeignet, um die Ungleichheiten anzuzeigen. Dabei ist den Statistiken zu entnehmen, dass die Vermögensungleichheit in Deutschland sehr ausgeprägt ist, die Einkommensungleichheit in den letzten Jahren auch stärker geworden ist (vor allem gerät das unterste Quintil der Einkommensbezieher in einen zunehmenden Rückstand), wenn auch nicht ganz so dramatisch, wie man aus den Armutsberichten vielleicht vermuten könnte (vgl. Institut der Deutschen Wirtschaft 2004: Tabelle 6.8 zur Entwicklung der Einkommensverteilung; Geißler 2002 dokumentiert sehr ausführlich die gesamte Sozialstruktur Deutschlands).

Es ist allerdings nicht trivial, Marktergebnisse zu ändern. Wenn der Staat etwa in die Preisbildung eingreift, z. B. Mindestlöhne festlegt oder für lebensnotwendige Güter Höchstpreise vorschreibt, Subventionen zahlt etc., dann kann diese Intervention den Allokationsmechanismus so sehr stören, dass weniger und auch nicht mehr die gewünschten Güter in gewünschter Qualität zur Verfügung stehen (vgl. zu den theoretischen Grundlagen Kubon-Gilke 2004a). Dabei besteht zusätzlich die Gefahr, dass von Umverteilungsversuchen Effekte auf Preise und Mengen ausgehen, die die eigentlich gewünschte Umverteilungsrichtung umkehren können (vgl. Kubon-Gilke 2001 zu einem Beispiel, wie eine wohlmeinende Wohnungspolitik mit Mietbeihilfen de facto die Vermieter subventioniert, weil die Zuschüsse die Zahlungsbereitschaft der Mieter, damit die Nachfrage, erhöhten und im Wohnungsmarkt deshalb höhere Mieten die Folge sind).

3 Allokative Aufgaben der Sozialpolitik

Märkte sind nicht in jedem Fall geeignet, das Allokationsproblem besonders gut zu lösen. In diesem Fall spricht man von Marktversagen. Ein besonderes Problem entsteht z. B. bei asymmetrischen Informationen, d. h. wenn Anbieter und Nachfrager unterschiedliche Informationen über marktrelevante Zusammenhänge haben. Z. B. können Anbieter bessere Kenntnisse über die Produktqualitäten haben als die Nachfrager. In diesem Fall droht ein »Verschwinden« guter Qualität (vgl. Akerlof 1970 zu dem grundsätzlichen Problem). Ganz besonders problematisch sind die Folgen für Versicherungsmärkte. Angenommen, es gäbe zwei homogene Gruppen von Personen, die gern eine Krankenversicherung abschließen möchten: Gruppe A (hohes Krankheitsrisiko) und Gruppe B (geringes Krankheitsrisiko). Gruppe A hat durchschnittliche Behandlungskosten von 500 Euro im Monat und wäre bereit, bis zu 550 Euro für eine Versicherungsprämie auszugeben (wegen des Risikos, dass z. T. auch höhere Kosten anfallen könnten), bei der Gruppe B betragen die Kosten 300 Euro und die Zahlungsbereitschaft 330 Euro. Für beide Gruppen wäre es effizient, sie zu versichern, weil die Versicherten bereit sind, mehr für die Übernahme des Risikos zu zahlen als die durchschnittlichen Behandlungskosten pro Monat betragen, und weil eine Versicherung einen Vorteil hätte, weil sie die Risiken gut streuen und mit den durchschnittlichen Behandlungskosten kalkulieren könnte. Bei jeder Prämie zwischen 500 und 550 Euro für Gruppe A bzw. 300 und 330 Euro für Gruppe B würden sowohl eine Versicherung als auch die Versicherten profitieren. Wenn eine Versicherung allerdings nicht weiß, zu welcher Gruppe ein Versicherungsinteressent gehört, die entsprechende Person ihr eigenes Risiko hingegen relativ gut einschätzen kann, dann wird keine effiziente Marktlösung mit einer Vollversicherung aller Personen zu erwarten sein. Wenn die Versicherung einem heftigen Wettbewerb ausgesetzt ist und letztlich Prämien so kalkulieren muss, dass sie keine Gewinne macht, dann kann sie mangels Zuordnungsmöglichkeit zu den einzelnen Gruppen nur von einem durchschnittlichen Krankheitsrisiko ausgehen. Wenn beide Gruppen gleich groß sind, dann beträgt die kostendeckende Prämie ½ (300 + 500) = 400 Euro. Gruppe A wird die Versicherung abschließen, Gruppe B unter diesen Konditionen aber nicht. Wenn dann aber nur die Mitglieder der Gruppe A versichert sind, kann die Versicherung ihre Kosten nicht mehr decken (die durchschnittlichen Behandlungskosten betragen bei den Personen der Gruppe A ja 500 Euro) und muss die Prämien erhöhen. Zum Schluss sind nur die schlechten Risiken zu sehr hohen Prämien versichert, für die guten Risiken gibt es keine hinreichend attraktiven Angebote. Das ist ein volkswirtschaftlich unerwünschtes Ergebnis, weil es eigentlich effizient wäre, wenn auch die guten Risiken versichert wären.

Nun gibt es zwar privatwirtschaftlich einige Teillösungen durch bestimmte Versicherungsverträge mit Selbstbeteiligungen etc. für dieses Problem, aber die maximale Effizienz wird durch ein Marktsystem nicht erreicht. Die Folgen sieht man recht gut z. B. am amerikanischen Gesundheitswesen und dem Phänomen, dass sehr viele Bürger/innen dort nicht krankenversichert sind. Gerade bei den existenziellen Risiken ist letztlich der Staat gefordert, dem Marktversagen entgegenzutreten. Eine Lösung für dieses Problem ist es, eine Pflichtversicherung für alle einzuführen. Die Ausgestaltung dieser Pflichtversicherung ist allerdings nicht trivial, weil das Prämiensystem immer noch das Problem asymmetrischer Informationen zu lösen hat und bei »falscher« Konstruktion eine schlechte Versorgung mit Gesundheitsleistungen bei sehr hohen Versicherungsprämien droht (vgl. Breyer/Zweifel 1997, Kap. 6 zu den grundsätzlichen Problemen und Lösungsmöglichkeiten).

Eine Lösung besteht darin vorzuschreiben, dass sich jeder eine (private) Versicherung suchen muss (wie bei der KFZ-Haftpflicht), oder der Staat übernimmt selbst die Pflichtversicherung und kalkuliert die Prämien, wobei er dann auch noch soziale Kriterien zu berücksichtigen versucht. Die soziale Sicherung in Deutschland hat also letztlich zu einem großen Teil *auch* die Aufgabe, Marktversagen entgegenzuwirken, weil befürchtet wird, dass sonst viele Bevölkerungsgruppen nicht oder nur unzureichend gegen existenzielle Risiken versichert werden könnten (vgl. auch Ahns/Feser 1997 zu allgemeinen Aufgaben der Wirtschaftspolitik, die aus Allokationsproblemen erwachsen).

4 Ethische Begründungen und distributive Aufgaben der Sozialpolitik

Die Hauptbegründung für die Notwendigkeit zu sozialpolitischem Handeln bezieht sich weniger auf Allokations- als auf Gerechtigkeitsprobleme. Die ungleiche Verteilung von Chancen und Einkommen widerspricht einer Vielzahl ganz unterschiedlicher Gerechtigkeitsvorstellungen und fordert den Staat dazu auf, die Situation Benachteiligter zu verbessern, Armut zu bekämpfen, für eine gleichmäßigere Verteilung der Einkommen zu sorgen und zu verhindern, dass Personen oder Gruppen nicht am üblichen gesellschaftlichen Leben teilnehmen können. Es gibt allerdings sehr unterschiedliche Gerechtigkeitskonzepte, die jeweils ganz verschiedene Anforderungen an ein System der sozialen Sicherung stellen. Als Prinzipien werden das Bedarfs-, Egalitäts- und Leistungsprinzip unterschieden (vgl. Ahrns/Feser 1997: Kap. 5.1). Selbst aus einer evangelischen Perspektive ist nicht eindeutig auszumachen, welches Gerechtigkeitskonzept und welches Prinzip zwingend folgt. Im Alten und im Neuen Testament gibt es sehr unterschiedliche Gerechtigkeitsauffassungen, und auch die offiziell vertretenen Meinungen der Kirche haben sich als sehr wandlungsfähig erwiesen (vgl. Kubon-Gilke 2004b: Kap. 2 zu einer Zusammenfassung der in der Bibel angelegten Gerechtigkeitsideale und der Kirchenpositionen seit der industriellen Revolution). Die Hauptströmungen kirchlicher Positionen waren: 1. Systemakzeptanz ohne Forderung nach staatlicher Sozialpolitik, aber mit der Selbstverpflichtung zu Barmherzigkeit und der Förderung solidarischer Selbsthilfe; 2. Gewährung von Chancengleichheit durch regelmäßige Ressourcenumverteilung (früher Landreformen, heute eher Vermögen- und Erbschaftsteuer, gerechter und allgemeiner Zugang zum Bildungssystem etc.); 3. Umverteilung mit einer strikten Orientierung am absoluten Wohlergehen der Ärmsten einer Gesellschaft; 4. Umverteilung mit einer Orientierung an der relativen Position einer Gesellschaftsgruppe, wobei die relative Position der Ärmsten im Vordergrund steht.

Die von Ökonomen vertretenen Gerechtigkeitstheorien zur Begründung einer sozialen Sicherung aus Verteilungsgründen heraus beziehen sich überwiegend auf den Ansatz von Rawls (1979). Der Solidaritätsgedanke wird – wenn auch höchst implizit – mit dem »Schleier der Ungewissheit« vermittelt. Das ist die hypothetische Vorstellung, Personen würden ohne jegliche Kenntnis ihrer späteren Position in eine Gesellschaft »hineingeboren« und müssten sich eine Gesellschaftsordnung geben, wobei sie dabei zu bedenken haben, dass jede Person eben auch zu den Unterprivilegierten gehören kann. Wenn die Gesellschaftsmitglieder dieses Risiko mit Sorge sehen, werden sie Regeln zustimmen und Sicherungssysteme etablieren, die das absolute Wohlergehen der Ärmsten fördern. Neben der Achtung eines jeden als moralische Person (Äquivalenzprinzip) besagt entsprechend das zweite Rawls'sche Prinzip, das Differenzprinzip, dass »... soziale und wirtschaftliche Ungleichheiten so beschaffen sein (müssen, dass sie) unter der Einschränkung des gerechten Spargrundsatzes den am wenigsten Begünstigten den größtmöglichen Vorteil bringen.« (Rawls 1979, 336).

Eine andere wichtige Strömung der ökonomischen Gerechtigkeitsdebatte dreht sich weniger um philosophische Fragestellungen als darum, wie Menschen tatsächlich Gerechtigkeitsurteile fällen (vgl. Konow 2003). Dabei zeigt sich, dass kontext- und situationsabhängig entschieden wird. Ein striktes Egalitäts- oder Gleichverteilungsprinzip wird von wenigen Individuen als gerecht angesehen. Gewisse Bedarfs- und Leistungselemente spielen in Gerechtigkeitsurteilen immer auch eine wesentliche, wenn auch keine alleinige Rolle. Die individuellen Gerechtigkeitsvorstellungen sind auch bei den aktuellen Debatten um die Soziale Sicherung relevant, bei denen sich die Positionen unter den Stichworten »Anspruchsdenken und Missbrauch des Sozialstaats« und »Unzumutbarkeit von Sozialleistungskürzungen« (vor allem für Langzeitarbeitslose) unversöhnlich gegenüberzustehen scheinen. Das hat zwar auch Ursachen in unterschiedlichen Grundsatzpositionen, verschiedenen Vorstellungen über die Funktionszusammenhänge des Wirtschaftssystems und einigen Konstruktionsmängeln in der sozialen Sicherung selbst, aber ein wesentlicher Grund für das gegenseitige Unverständnis liegt auch darin, dass die soziale Sicherung in zwei sehr unterschiedlichen Kontexten gesehen wird. Von den Beitragszahlern werden die Pflichtsysteme tatsächlich oft gar nicht als Versicherungen interpretiert, die in vorher genau definierten »Schadensfällen« Leistungen schulden und in denen jeweils ein spezifisches Risiko gehandelt wird, sondern eher als ein Ansparen von finanziellen Mitteln, die man wieder zurückhaben möchte; dies wird auch als Anspruch formuliert. Es ist vor diesem Hintergrund keineswegs unverständlich, wenn Arbeitnehmer/innen, die nach langen Berufs- und Beitragsjahren arbeitslos werden, verbittert sind, wenn sie durch die Konstruktion als »Teilkaskoversicherung« nur ein Jahr lang Arbeitslosengeld erhalten, obwohl sie vielleicht sehr viel mehr eingezahlt haben als sie letztlich aus der Versicherung erhalten. Wenn aber diese Interpretation auf Auszahlung des Angesparten sich in reales Verhalten umsetzt (sei es bei Schwarzarbeit, Ansprüche an Leistungen des Gesundheitssystems, Vorruhestandsregeln mit dem Bezug von Arbeitslosengeld u.v.a.m.), dann kann die Versicherungsfunktion gar nicht mehr geleistet werden – oder das System wird immer teuer, was aber wieder bei steigenden Beiträgen auch die Ansprüche erhöht. Das ist nicht moralisch verwerflich, man muss bei der Politikgestaltung nur berücksichtigen, welcher Kontext ein System der sozialen Sicherung unterstützt, welche speziellen Gerechtigkeits- und Anspruchsvorstellungen damit impliziert werden und welche Rückwirkungen das wiederum auf die Funktionsfähigkeit des Systems hat.

5 Subsidiarität und Solidarität

Die vielfältigen Debatten um Gerechtigkeit und die Folgen für die Ausgestaltung der Sozialen Sicherung haben einen gewissen Konsens in Deutschland und auch in der EU gefunden, indem zwei Leitprinzipien der Sozialpolitik wenig umstritten sind, die vorwiegend von Vertretern der katholischen Soziallehre entwickelt wurden:

- *Subsidiaritätsprinzip:* Danach soll kein Sozialgebilde Aufgaben an sich ziehen, die einzelne Personen oder kleinere Sozialgebilde aus eigener Kraft und Verantwortung mindestens gleich gut lösen können. Nur wenn kleine Einheiten es nicht leisten können, sollen größere Sozialgebilde die kleineren unterstützen oder die Aufgaben ganz übernehmen. Dieses Prinzip wird z. T. auch als »Selbsthilfe vor Fremdhilfe« gekennzeichnet.
- *Solidaritätsprinzip:* Solidarität wird verstanden als ethisch begründete gegenseitige Verantwortlichkeit, ohne Gegenleistungen von Begünstigten zu erwarten (vgl. zu beiden Prinzipien Lampert/Althammer 2004, 450–452).

Beide Prinzipien können u. U. gewisse Inkompatibilitäten aufweisen, aber es ist deutlich darauf hinzuweisen, dass auch das Solidaritätsprinzip nicht impliziert, dass keinerlei Forderungen an die zu Unterstützenden gestellt werden. Das wird insbesondere dann nicht der Fall sein, wenn man vermutet, dass explizite Anforderungen die *Fähigkeit* zur Selbsthilfe unterstützen. Die Leitidee »fördern und fordern« wird auch vom Diakonischen Werk vertreten und gerade mit dem Solidaritätsgebot begründet. Die konkreten Anforderungen an die Empfänger von Hilfeleistungen werden dann aber sehr unterschiedlich formuliert, je nachdem, wie stark man den Gedanken des »Nicht-Erwartens von Gegenleistungen« macht und wie er genau interpretiert wird.

6 Träger der Sozialpolitik und Sozialstaatsmodelle

Wenn man umfassend alle Formen der Sozialpolitik darstellen wollte, dürfte man sich nicht auf staatliche Aktivitäten beschränken, wie es dann nachfolgend geschieht. Auch andere Akteure sind für sozialpolitische Aufgaben gefordert bzw. sozialpolitisch aktiv, wie es folgende Übersicht zeigt:

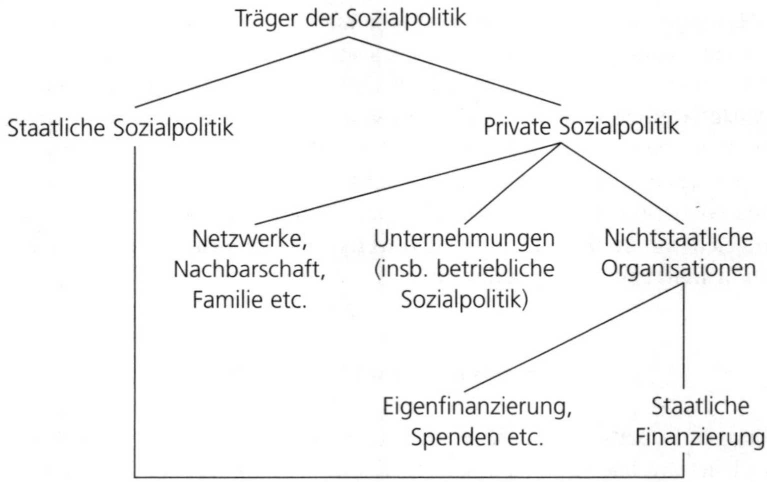

Bei der staatlichen Sozialpolitik sind Bund, Länder, die Gemeinden und die Sozialversicherungen als Parafisci die wesentlichen Träger. Die EU spielt für die soziale Sicherung (noch) keine sehr große Rolle. Das liegt wesentlich am Subsidiaritätsprinzip und der Schlussfolgerung, dass in der Regel nicht die größte Einheit – also die EU – die Sicherung gewährleisten sollte. Die tatsächliche Sozialpolitik der EU konzentriert sich neben der Festlegung sozialer Mindeststandards in starkem Maß auf den Arbeitsmarkt und auf Qualifizierungsmaßnahmen zur Gewährung von Chancengleichheit. Ein weiterer Grund für das relativ geringe sozialpolitische Engagement der EU ist, dass sich die historische Entwicklung der sozialen Sicherungssysteme in den EU-Ländern sehr heterogen gestaltet hat, immer noch sehr unterschiedliche Systeme vorliegen und deshalb eine Angleichung vor großen Schwierigkeiten stünde (vgl. Berié/Fink 2000). Das wiederum hängt u. a. mit verschiedenen Vorstellungen zum notwendigen Ausmaß der sozialen Sicherung und vor allem mit zwei sehr gegensätzlichen Leitbildern der Sozialen Sicherung zusammen, die in den einzelnen

Ländern die Systemgestaltung beeinflusst haben: 1. das Beveridge- oder Wohlfahrtsstaatsmodell, bei dem die soziale Sicherung überwiegend durch steuerfinanzierte kostenlose Bereitstellung von Gütern (z. B. im Gesundheits- und Bildungswesen) plus finanzieller Unterstützung Benachteiligter geschieht, und 2. das Bismarck- oder Sozialversicherungsmodell, in dem ein bestimmter Versichertenkreis definiert und über Beiträge und Versicherungsprämien die soziale Sicherung gewährleistet wird (vgl. Cremer/Pestieau 2003).

Die realen Systeme sind jeweils Mischsysteme aus beiden Modellen. Aber die Schwerpunkte werden unterschiedlich gesetzt, und auch das Ausmaß der Sicherung ist unterschiedlich. Heute werden vier wesentliche Systeme unterschieden:

Systeme der sozialen Sicherung

	Skandinavisches Modell	**Kontinental-europäisches Modell**	**Angelsächsisches Modell**	**Südeuropäisches Modell**
Gesicherter Personenkreis	Alle Bürger	Arbeitnehmer	Alle Bürger	Bedürftige
Hauptziel	Soziale Sicherheit	Sicherung des Lebensstandards	Mindestsicherung	Armutsvermeidung
»Recht auf«	Arbeit	Einkommen	Residuale Absicherung	Arbeit und soziale Sicherung
Finanzierung	Steuern	Beiträge	Steuern	Beiträge

In Anlehnung an die Darstellung in Bizer/Sesselmeier 2004, 76

7 Systematik sozialpolitischen Handelns in Deutschland

Wenn man die folgende Übersicht über die Systematik der Sozialpolitik in Deutschland betrachtet, dann ist zu bedenken, dass das deutsche System in weiten Teilen der Logik des kontinentaleuropäischen Modells folgt und dass auch geschichtlich ein sehr spezieller Fokus auf der Existenzsicherung von Arbeitnehmern lag. Zum einen wurde das mit besonderen Risiken durch den Arbeitsmarkt begründet, zum anderen existierte zumindest zu Beginn der Debatte um die Einführung von Sozialversicherungen aber auch eine Art »Erziehungsmotiv«, wobei unterstellt wurde, dass Arbeiter nicht verstünden, wie notwendig eine Vorsorge für den Alters- oder Krankheitsfall sei. Deshalb müsse der Staat ein Zwangssystem vorsehen. Vertreter dieser These, z. B. Gustav Schmoller, dachten sogar daran, die Sozialversicherungen später wieder abzuschaffen, wenn die Arbeiter »gelernt« hätten, wie wichtig diese Vorsorge ist (vgl. Reiniger 1999). Die Konzentration auf Existenzsicherungsprobleme von Arbeitern, später allen Arbeitnehmern, macht es verständlich, dass ein wesentlicher Teil der gesamten sozialen Sicherung in Deutschland arbeitszentriert ist, wie es auch die folgende Übersicht verdeutlicht.

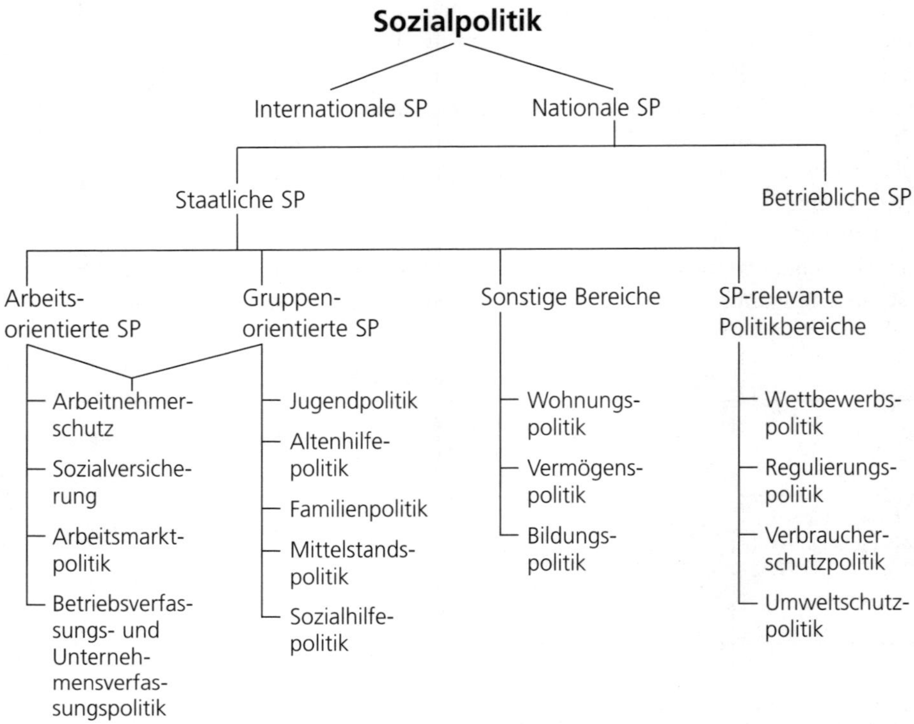

In Anlehnung an Lampert/Althammer 2004, 165

7.1 Kurzcharakterisierung einzelner Bereiche der sozialen Sicherung[2]

Historisch standen Regelungen zum Arbeitnehmerschutz am Beginn des sozialpolitischen Engagements des Staates. Darunter fallen heute alle Regeln des *Arbeitszeitschutzes* (Verbot von Nachtarbeit für bestimmte Arbeitnehmergruppen, Anspruch auf Erziehungsurlaub, Mindesturlaub, tägliche maximale Arbeitszeit – wobei betriebliche oder tarifliche Regeln immer Verbesserungen gegenüber den Mindestanforderungen des Gesetzes vorsehen können), des *Gefahrenschutzes* (Schutz vor Unfällen, Krankheit, aber auch Gewährung der »Sittlichkeit«), des *Lohnschutzes* (nicht die Höhe des Lohnes wird gesichert, sondern die pünktliche und korrekte Auszahlung der Löhne sowie eine gewisse Sicherung im Falle eines Unternehmenskonkurses) sowie des *Bestandsschutzes* von Arbeitsverhältnissen. Der letzte Punkt hat als zentrale Rechtsgrundlage das Kündigungsschutzgesetz. Bei allen Regeln ist jeweils die Arbeitsmarktrückwirkung mit zu bedenken, um den Gesamteffekt einer gesetzlichen

2 Vgl. Lampert/Althammer 2004 sowie Frevel/Dietz 2004 zu einer ausführlicheren Darstellung aller Regelungen der sozialen Sicherung incl. ihrer gesetzlichen Grundlagen. Sozialpolitische Regeln werden häufig reformiert, Beitragssätze angepasst u.v.a.m. Zu sehr aktuellen Grundinformationen über Regeln, Neuregelungen, Statistiken, gesetzlichen Grundlagen, Literatur u. a. gibt es eine sehr ergiebige und stets aktuelle Quelle im Internet, die wie folgt erreicht werden kann: http://www.sozialpolitik-aktuell.de

Vorgabe zu überprüfen. Vor allem ist in einer solchen ökonomischen Wirkungsanalyse zu untersuchen, ob die Funktionsfähigkeit der Arbeitsmärkte positiv oder negativ tangiert wird. Im schlimmsten Fall kann eine wohlmeinende Regel zu zunehmender Arbeitslosigkeit und zu noch mehr sozialer Ungleichheit führen. Das ist auch der Grund, warum z. B. aktuell die Lockerung der Kündigungsschutzregeln für Deutschland diskutiert wird. Dabei ist allerdings darauf hinzuweisen, dass sehr heterogene Arbeitsmarktmodelle existieren, die jeweils sehr unterschiedliche Konsequenzen sozialpolitischer Maßnahmen für die Funktionsfähigkeit des Arbeitsmarktes ausmachen. Eine eindeutige Beurteilung ist a priori nicht möglich, vor allem, weil man im Lichte der modernen Arbeitsmarkttheorie zu ganz anderen Schlussfolgerungen zur Umgestaltung des Sozialen Systems kommt als sie aktuell in der Politik diskutiert werden. Im Bereich des Kündigungsschutzes besteht allerdings nicht sehr viel Dissens. In so gut wie allen Arbeitsmarkttheorien ist ein sehr ausgeprägter Kündigungsschutz in dem Sinne dysfunktional, dass er insgesamt das Arbeitslosigkeitsproblem erhöht, also eine Abwägung zwischen Bestandsschutz bestehender Arbeitsverhältnisse und der Bekämpfung der Arbeitslosigkeit zu treffen ist.

Die Sozialversicherungen sollen sowohl die angesprochenen allokativen als auch die distributiven Probleme lösen. Das Konstruktionsprinzip sieht jeweils vor, dass Arbeitnehmer pflichtversichert sind, sich Arbeitnehmer und Arbeitgeber die Versicherungsbeiträge teilen und die Beiträge einkommensabhängig sind bis zu einer Beitragsbemessungsgrenze. Diese Beitragsbemessungsgrenze definiert die maximalen Zahlungen in eine Sozialversicherung (Beitragsprozentsatz · Einkommen der Bemessungsgrenze). Sofern Geldleistungen aus der Versicherung gezahlt werden wie bei der Rente oder dem Arbeitslosengeld, definiert diese Grenze auch die maximalen Ansprüche (vgl. Institut der Wirtschaft 2004, Tabelle 7.12 zu Beitragssätzen und Bemessungsgrenzen bzw. Höchstbeiträgen aller Sozialversicherungen und deren zeitlicher Entwicklung). Bei den einzelnen Sozialversicherungen sind einige Besonderheiten zu beachten:

Rentenversicherung (RV): Die RV wird durch ein Umlagesystem finanziert. Dabei werden nicht wie in einem Kapitaldeckungssystem die Beiträge der einzelnen Sozialversicherungspflichtigen durch Kapitalmarktanlagen angespart und später verzinst wieder ausgezahlt, sondern die laufenden Renten werden aus den laufenden Einnahmen bezahlt. Das ist ein generationenübergreifendes System, bei dem die aktuellen Arbeitnehmer/innen mit ihren Beiträgen zur RV die Renten der aktuellen Rentnergeneration finanzieren und selbst wieder darauf angewiesen sind, dass die Nachfolgeneration ihre Renten finanziert. Die RV ist die größte der deutschen Sozialversicherungen, gemessen an der Anzahl der Beitragszahler und dem Finanzvolumen. Neben dem Ersatz des Arbeitseinkommens bei Erreichen der Altersgrenze oder bei Erwerbs- und Berufsunfähigkeit besteht eine Aufgabe der RV darin, der Erhaltung, Verbesserung oder Wiederherstellung der Arbeitskraft zu dienen, was sich u. a. darin äußert, dass Rehabilitationsmaßnahmen oder Kuren z. T. von den Rentenversicherungsträgern finanziert werden. Die monatlichen Rentenzahlungen richten sich nach einer Rentenformel, die sich als Produkt aus vier Faktoren ergibt:

Monatsbetrag einer Zugangsrente = PE·ZF·RF·RW mit PE = Persönliche Entgeltpunkte, ZF = Zugangsfaktor, RF = Rentenartfaktor, RW = aktueller Rentenwert. Die PE ergeben sich aus der Zahl der Beitragsjahre (dabei werden vollwertige Beitragsjahre von beitragsgeminderten und beitragsfreien unterschieden und auch verschieden gewichtet – so werden z. B. Erziehungs- und Ausbildungszeiten mit erfasst) und jeweils aus dem Verhältnis des eigenen Verdienstes zum Gesamtdurchschnittsverdienst eines Jahres, wobei bei Geringverdienern, die sehr lange Beitragszeiten vorzuweisen haben, der eigene Verdienst auf fiktive 75 Prozent des Durchschnittsverdienstes angehoben wird. Der ZF erfasst, ob jemand vorzeitig oder im vorgesehenen Alter die Rente antritt. Bei vorgesehenem Renteneintritt beträgt dieser Faktor eins, bei vorzeitigem Rentenbezug gibt es Abschläge. Der RF definiert, ob es sich um eine Alters-, Erwerbsunfähigkeits-, Hinterbliebenen- oder Erziehungsrente handelt. Alters- und Erwerbsunfähigkeitsrente gehen mit dem Faktor 1 in die Rechnung ein, alle anderen Renten mit niedrigeren Werten. Der RW schließlich errechnet sich aus der aktuellen Lohnentwicklung und soll die Anpassung des Renten- an das Lohnniveau sichern. Diese Anpassung wurde allerdings 2004 und 2005 wegen Finanzierungslücken der RV ausgesetzt.

Krankenversicherung (KV): Versicherungspflichtig sind nur solche Arbeitnehmer/innen, deren regelmäßiges Einkommen die Beitragsbemessungsgrenze nicht überschreitet, alle anderen können sich z. B. privaten Krankenkassen anschließen. Diese Beitragsbemessungsgrenze beträgt 75 Prozent derjenigen der Arbeitslosen- und Rentenversicherung. Neben den Arbeitnehmer- und Arbeitgeberbeiträgen finanzieren sich die gesetzlichen Krankenkassen auch durch Beiträge von Rentnern und der RV sowie aus Beiträgen der Agentur für Arbeit. Die KV hat nicht nur die Aufgabe, die Gesundheitsdienstleistungen zu finanzieren. Zudem übernimmt sie z. B. die Fortzahlung des Gehalts im Krankheitsfall, wenn ein Arbeitnehmer länger als sechs Wochen erkrankt (für diesen speziellen Fall gibt es einige Besonderheiten in der Beitragserhebung und Finanzierung zu beachten, die hier nicht im Detail beschrieben werden). Es gibt einen gewissen Wettbewerb zwischen den einzelnen Krankenkassen, die mittlerweile auch verschieden hohe Versicherungsprämien festlegen können. Möglich wird der Wettbewerb vor allem, weil unter Beachtung von Kündigungsfristen ein Wechsel von Krankenkassen zulässig ist. Die gesetzlichen Krankenkassen unterliegen einem Vertragszwang, können also im Prinzip keinen Versicherungspflichtigen abweisen. Um Kostenunterschiede auszugleichen, die darin liegen, dass die einzelnen Kassen verschiedene Risikomischungen an Versicherten haben, gibt es einen Strukturausgleichsfonds, in den Krankenkassen mit »billigen« Versicherten einzahlen müssen; die anderen erhalten Leistungen daraus. Zur Finanzierung der Gesundheitsdienstleistungen schließen die einzelnen Kassen u. a. Verträge mit den Kassenärztlichen Vereinigungen.

Pflegeversicherung (PV): Die PV ist die jüngste Sozialversicherung und explizit als »Teilkaskoversicherung« konzipiert, sie soll also nicht die gesamten Pflegekosten abdecken. Versicherungspflichtig sind alle Bürger/innen, also z. B. auch Beamte und Selbstständige. Wer nicht einer Pflegeversicherung über eine der gesetzlichen Krankenkassen angehört, muss sich privat äquivalent versichern. Eine Besonderheit ist, dass sowohl die Beitragssätze als auch die Leistungen politisch festgelegt werden – was besondere Finanzierungsprobleme nach sich zieht. Die Leistungen richten sich nach drei Pflegestufen, die sich an dem Ausmaß des Pflegebedarfs ausrichten und vom Medizinischen Dienst der Krankenkassen bescheinigt werden, außerdem danach, ob ambulante oder stationäre Pflege in Anspruch genommen wird.

Arbeitslosenversicherung (AV): Die Höhe der Leistungen richtet sich nach dem letzten (gemittelten) Nettoeinkommen und danach, ob unterhaltspflichtige Kinder in der Familie leben bzw. zu unterstützen sind. Die Dauer des Leistungsbezuges ist an die Zahl der Beitragsjahre gekoppelt. Mit der Hartz-IV-Reform wird der Bezug von Arbeitslosengeld allerdings auf maximal ein Jahr begrenzt (für ältere Arbeitnehmer über 55 Jahren bis maximal 18 Monate). Früher gab es im Anschluss an das Arbeitslosengeld (zeitlich im Prinzip unbefristet) Arbeitslosenhilfe. Diese wurde nicht über die AV, sondern über Steuermittel finanziert, sicherte einen niedrigeren Prozentsatz des letzten Nettoeinkommens ab und war an eine Bedürftigkeitsprüfung gekoppelt. Mit den Hartz-Reformen ist die Arbeitslosenhilfe abgeschafft worden. Statt dessen gibt es das Arbeitslosengeld II, das der Sozialhilfe entspricht. Für Sozialhilfeempfänger ergeben sich durch die Neuregelungen einige kleinere Verbesserungen, die finanzielle Unterstützung von Langzeitarbeitslosen ist gegenüber der vorherigen Regelung im Durchschnitt schlechter. Neben der Verschlechterung der finanziellen Situation sind die Anforderungen an die Arbeitslosen gestiegen, z. B. hinsichtlich der »Zumutbarkeit« zur Annahme neuer Stellen, sowohl was die Akzeptanz von Jobs unter dem eigenen Qualifikationsniveau angeht als auch die räumliche Entfernung vom Wohnort.

In der Arbeitsmarktpolitik, die sehr stark von der Leitidee eines »im Prinzip« funktionierenden Arbeitsmarktes ausgeht, werden drei große Teilgebiete unterschieden:

- In der *Arbeitsmarktausgleichspolitik* soll dem Problem begegnet werden, dass die Passung von Angebot und Nachfrage durch time-lags von Entscheidungen und aufgrund von Informationsproblemen oftmals nicht gut gelingt. Deshalb hat die Agentur für Arbeit die Aufgaben der Arbeitsvermittlung (mittlerweile allerdings nicht mehr als Monopol), der Arbeits- und Berufsberatung, der Mobilitäts- sowie der Ausbildungs- und Weiterbildungsförderung. Außerdem gibt es spezielle Förderungen für »Problemgruppen« (Frauen (!), ältere Arbeitnehmer/innen, Menschen mit Behinderungen, Jugendliche ohne abgeschlossene Ausbildung u. a. m.). Umstritten ist vor allem die aktive Arbeitsmarktpolitik mit der Beschäftigung von Arbeitslosen in eigenen staatlichen Betrieben und Arbeitsbeschaffungsmaßnahmen. Dabei werden vor allem die Wirksamkeit und die Sparsamkeit der Maßnahmen angezweifelt, z. B. weil man befürchtet, dass durch staatliche Betriebe nur private Betriebe verdrängt werden und letztlich kein positiver Effekt auf dem Arbeitsmarkt wirksam ist.
- Die *Arbeitsmarktordnungspolitik* regelt durch gesetzliche Vorgaben die Verhandlungen zwischen Arbeitgebern und Arbeitnehmern. Da ohne Regelungen zu befürchten ist, dass Arbeitnehmer eine zu schwache Machtposition in Verhandlungen haben, wird im Tarifvertragsgesetz geregelt, dass Gewerkschaften und Arbeitgeberverbände überbetrieblich über die Arbeitskonditionen verhandeln. Die Möglichkeiten zu Streik und Aussperrung sind dabei ebenfalls vorgegeben. Zunächst gelten die Regeln nur für gewerkschaftsgebundene Arbeitnehmer und verbandsgebundene Unternehmungen, wurden aber lange Zeit in der Regel generell übernommen. Erst in letzter Zeit bricht das etwas auf, vor allem in den neuen Bundesländern. Der Wirtschaftsminister kann Tarifvereinbarungen auch für allgemein verbindlich erklären, dann müssen sie von allen angewendet werden.

- Die *Beschäftigungspolitik* ist eigentlich makroökonomische Geld- und Fiskalpolitik und soll den Konjunkturverlauf steuern. Mit Variationen von Steuern, Staatsausgaben, der Geldmenge u. a. m. soll insbesondere die gesamtwirtschaftliche Nachfrage in Rezessionszeiten verstärkt werden. Da man sich damit auch positive Rückwirkungen auf den Arbeitsmarkt verspricht, wird auch diese Politik der Arbeitsmarktpolitik im Bereich der Sozialpolitik zugeordnet.

Die Betriebsverfassungspolitik regelt die Mitbestimmungsmöglichkeiten von Arbeitnehmer/innen und damit deren Beteiligung an der Leitung von Unternehmungen. Die wesentlichen Regeln sind im Betriebsverfassungsgesetz und im Personalvertretungsgesetz zu finden. Die Mitbestimmung ist je nach Unternehmensgröße und je nach der Rechtsform von Betrieben unterschiedlich. In Tendenzbetrieben wie Kirchen, Parteien, Gewerkschaften und der Presse gelten eingeschränkte Mitwirkungsmöglichkeiten.

Die gruppenorientierte Sozialpolitik richtet sich an soziale Gruppen, die in besonderer Weise vor Problemen des sozialen Ausschlusses stehen und bei denen die arbeitszentrierten Mittel der Sozialpolitik nicht oder nur zum Teil greifen. Es sei hier nur der Bereich der Familienpolitik herausgegriffen. Darunter fallen so verschiedene Regelungen wie das Kindergeld, der steuerliche Kinderfreibetrag, das Ehegattensplitting bei der Einkommenssteuer, die Gewährung von Erziehungsgeld, Regeln des Elternzeitgesetzes zum Erziehungsurlaub, Mutterschutzregeln für Arbeitnehmerinnen, Eigenheimförderung für junge Familien u. a. m.

Wenn weder Ansprüche an Sozialversicherungen noch an andere bislang genannte Unterstützungen bestehen, aber dennoch Bedürftigkeit festgestellt wird, dann greift als letzte Instanz der sozialen Sicherung (im Sinne des Subsidiaritätsprinzips) die Sozialhilfe. Das relativ junge Sozialhilfegesetz aus dem Jahr 1962 wurde 2005 abgeschafft und in das SGB überführt (SGB XII, relevant ist auch SGB II mit dem Gültigkeitsbereich für alle Erwerbsfähigen zwischen 15 und 65 Jahren). Diese Ansprüche werden in einer Bedürftigkeitsüberprüfung ermittelt, wobei sowohl eigene Einkünfte und Vermögen als auch die naher Verwandter (etwas differierend hinsichtlich der gegenseitigen Verpflichtung von Eltern und Kindern) einbezogen werden. Wer anspruchsberechtigt ist, kann 1. Hilfe zum laufenden Lebensunterhalt und 2. für besondere Lebenslagen erhalten, wobei im Vergleich zu früheren Sozialhilferegelungen fast alle Leistungen pauschaliert als Hilfe zum laufenden Lebensunterhalt gezahlt und nur in sehr wenigen genau spezifizierten Tatbeständen Einmalhilfen gewährt werden. Die Höhe der Sozialhilfesätze wird in zeitlichen Abständen angepasst und richtet sich de facto nach einem Warenkorbmodell, wobei im Prinzip danach gefragt wird, welche Güter »lebensnotwendig« sind und wie viel Geld man benötigt, um diese Güter zu erwerben. Umstritten ist, ob die Sozialhilfe zumindest partiell durch die Ausgabe von Gütern statt durch Geld geleistet werden sollte. Eigene Einkünfte werden bis auf einen relativ kleinen Betrag vollständig angerechnet, d. h. die Sozialhilfe reduziert sich nach diesem Freibetrag vollständig um die eigenen Einkünfte (bis auf einige Ausnahmen).

In den weiteren Bereichen der Sozialpolitik geht es besonders um die Güter, bei denen der Staat – ob paternalistisch oder nicht – der Ansicht ist, dass diese für eine Existenzsicherung besonders wichtig sind. Dabei nimmt die Versorgung mit Wohnraum und Bildung eine zentrale Rolle ein. In der Wohnungspolitik geht es um Mietbeihilfen, die Festlegung von Höchstmieten durch Mietspiegel, um sozialen Wohnungsbau und Anreize für Privatpersonen zum Bau oder Modernisieren von Wohnungen. Die Bildungspolitik richtet sich an der Gewährung der Chancengleichheit aus. Sie regelt die Struktur des Bildungssystems und dessen Finanzierung. Sowohl die BAföG-Regeln als auch die Diskussion um Studiengebühren, Kindergartengebühren, die Gliederung des Schulsystems, die Ausbildungsplatzabgabe oder die Einführung von Bachelor- und Master-Abschlüssen haben eine zentrale sozialpolitische Bedeutung. Aber auch dabei ist zu betonen, dass die vermeintlichen direkten Verteilungseffekte sowohl in der Wohnungs- als auch in der Bildungspolitik einer ökonomischen Wirkungsanalyse unterzogen werden müssen, weil die einzelnen Regulierungen z. T. mit direkten Markteingriffen verbunden sind, die völlig andere Verteilungseffekte als die eigentlich intendierten nach sich ziehen.

7.2 Aktuelle Probleme der sozialen Sicherung

Die gesamte soziale Sicherung in Deutschland steht vor erheblichen Finanzierungsproblemen. Das liegt vor allem an den folgenden Gründen:

- *Demographische Entwicklung*. Unsere Gesellschaft altert. Einer niedrigen Geburtenrate steht eine immer höhere Lebenserwartung der älteren Generation gegenüber. Das heißt z. B., dass Renten über einen immer längeren Zeitraum gezahlt werden müssen, dass ein immer größerer Anteil der Bevölkerung im Rentenalter ist und über das Umlagesystem von der jüngeren Generation finanziert werden muss. Bei der Pflege älterer Personen können sich u.U. durch die höhere Lebenserwartung die Pflegekosten insgesamt durch einen steigenden Pflegebedarf erhöhen.
- *Arbeitslosigkeit*. Die Arbeitslosigkeit ist in Deutschland seit den 1970er Jahren dramatisch gestiegen. Niedrige Beschäftigung impliziert jedoch eine niedrige Beitragsbasis für die Sozialversicherungen, bei gleichzeitig steigenden Finanzierungsanforderderungen z. B. an die Auszahlung von Arbeitslosengeld.
- *Steuerreform und Stabilitätspakt*. Zur Förderung des Wachstums wird der Spitzensteuersatz gesenkt. Ohne tatsächliches Wachstum müssen die Aufgaben mit sinkenden staatlichen Einnahmen finanziert werden. Eine stärkere Staatsverschuldung wird mit Hinweis auf den europäischen Stabilitätspakt, Inflationsgefahren und eine ungebührliche Belastung späterer Generationen abgelehnt (vgl. zu den »Fallstricken« dieser Argumente Kubon-Gilke 2004b, Kap. 5 und 6).
- *Technischer Fortschritt*. Insbesondere im Gesundheits- und Pflegebereich ermöglicht der technische Fortschritt neue Möglichkeiten der Behandlung und Vorsorge. Diese technikbasierten Verfahren sind in der Regel sehr kostenintensiv, und es stellt sich die Frage, ob bzw. in welchem Umfang alle diese neuen Möglichkeiten finanziert werden können.
- *Veränderte Familienstrukturen*. Höhere Bildungsqualifikationen, eine höhere Erwerbsbeteiligung von Frauen und eine immer stärkere Dominanz der Marktkoordination in Bereichen, die früher in Traditionssystemen wie den Familien organisiert wurden, führen dazu, dass sich familiäre Formen wandeln und immer

weniger Aufgaben subsidiär in Familien geleistet werden können (Pflege, Kindererziehung u. a. m.). Das definiert dann gleichzeitig neue Aufgaben für übergeordnete Sozialgebilde und erhöht den Finanzierungsbedarf für den gesamten sozialen Sektor.

- *Dysfunktionale Sozialpolitik.* Wie bereits dargelegt, können Instrumente der sozialen Sicherung sich durch indirekte Preis- und Mengeneffekte in ihr Gegenteil verkehren und die soziale Ungleichheit sowie den sozialen Ausschluss von Personen oder ganzen Gruppen noch verstärken. Dann wird durch die Sozialpolitik selbst zusätzlicher sozialpolitischer Bedarf definiert.
- *Unwirtschaftliche Steuerungsmechanismen.* Viele Bereiche der sozialen Sicherung steuert der Staat, indem er vorgibt, wie Leistungsanbieter finanziert werden, wonach sich die Bezahlung der Mitarbeiter in sozialen Einrichtungen richten darf, welcher Qualifikationsschlüssel gefordert wird, ob und welchen Wettbewerb es zwischen Anbietern gibt, wie Versicherungen ihre Prämien gestalten dürfen u.v.a.m. In einer mikroökonomischen Analyse zeigt sich, dass viele dieser Strukturen in höchsten Maße ineffizient sind und selbst bei bestem Willen der Mitarbeiter/innen und der Leiter/innen der sozialen Einrichtungen de facto die Leistungen nicht in gewünschter Qualität und zu insgesamt zu hohen Kosten produziert werden (vgl. Kubon-Gilke 2004c). Das beste Beispiel ist das desaströse Einzelleistungsabrechnungsverfahren bei ambulant tätigen Ärzten (vgl. Breyer/Zweifel/Kifmann 2004, Kap. 10).

8 Reformen und Reformvorschläge

Soweit Reformen und Reformpläne von der Bundesregierung initiiert werden, entspringen sie überwiegend der Agenda 2010. Die meisten der aktuellen Reformen (2005) sind allerdings eher als Kurieren an Symptomen und als kurzfristiges Stopfen von Finanzierungslöchern zu verstehen, was im Übrigen bei Alternativvorschlägen der Opposition überwiegend auch nicht viel anders ist. Das ist auch nicht nur negativ zu sehen, da große Reformen bei »falschem« mikroökonomischen Modell entsprechend auch extrem große negative Konsequenzen haben könnten. Außerdem ist auch die politische Durchsetzbarkeit nicht beliebig, zumal die Besitzstandswahrung der einzelnen Gruppen ausgeprägt ist und sich bestimmte Reformen auch nur schwer mit üblichen Gerechtigkeitsvorstellungen in Einklang bringen lassen, wie die Demonstrationen gegen die Hartz-Reform im Spätsommer des Jahres 2004 zeigten.

Ein großer Teilbereich der Reformen der Agenda 2010 bezieht sich auf die als »Hartz-Gesetze« bekannt gewordenen vier Gesetze für moderne Dienstleistungen am Arbeitsmarkt, in denen nicht nur die bereits erwähnten Änderungen beim Arbeitslosengeld und die Abschaffung der Arbeitslosenhilfe geregelt sind, sondern u. a. auch die Aufgaben der Bundesagentur für Arbeit neu definiert wurden sowie die Möglichkeiten der Existenzgründung (»Ich-AG«) und der geringfügigen Beschäftigung revidiert wurden. Wesentliche Reformen und Reformvorhaben beziehen sich auf das gesamte Sozialversicherungssystem und die davon betroffenen Wirtschaftsbereiche. In diversen Gesundheitsreformen wurden einige Wettbewerbselemente in der Konkurrenz zwischen den Krankenkassen geändert. Die Selbstbeteiligung der Patienten wurde erhöht (z. B. Zuzahlungen für Arzneimittel, Finanzierung nur noch der billigsten Arzneimittel bei wirkungsgleichen Präparaten, Praxisgebühr, neue Höchstgrenzen für einige Leistungen wie der Physiotherapie). Es wird überlegt, das gesamte Finanzierungssystem umzustellen. Dabei wird einerseits das Modell *Bürgerversicherung* diskutiert; es will das bisherige System im Prinzip beibehalten, aber die Zahl der Beitragszahler erhöhen, indem nicht nur Arbeitnehmer/innen versicherungspflichtig werden sollen, sondern auch Selbstständige und Kapitaleinkommensbezieher/innen. Das soll sowohl den Arbeitsmarkt entlasten als auch die Beitragsbasis erweitern. Das zweite Modell ist das der *Kopfpauschale*. Danach sollen alle Versicherungspflichtigen unabhängig von ihren Einkommen Beiträge zahlen, evtl. nur unterschieden nach Erwachsenen und Kindern. Damit will man u. a. dem Problem begegnen, dass ein Versicherungssystem nicht gleichzeitig effizient die Umverteilung zwischen dem »Risiko gesund vs. krank« und zwischen arm und reich regeln kann und das jetzige Prämiensystem sehr ineffizient ist. In der Rentenversicherung sind keine umwälzenden Reformen geplant, vor allem nicht die Abkehr vom Umlagesystem, u. a. deswegen, weil dadurch eine zu große Belastung für eine Generation gesehen wird, die sowohl die eigenen Renten als auch die der aktuellen Rentnergeneration finanzieren müsste. Aktuell wurde nur die Rentenanpassung ausgesetzt, und es ist geplant, die Rentenformel um einen »Nachhaltigkeitsfaktor« zu ergänzen, der sich auf das Verhältnis der Anzahl der Rentner zur Anzahl der Beitragszahler beziehen soll. Das wird zur Folge haben, dass die Rentenansprüche bzgl. der monatlichen Auszahlungen insgesamt sinken werden. Zusätzlich gibt es neue Regeln zur Förderung der privaten Vorsorge (z. B. Riester-Rente). Ergänzt werden die Änderungen im Sozialsystem in der Agenda 2010 durch eine Steuerreform, in der insgesamt eine Entlastung der Bürger/innen bei der Einkommenssteuer resultiert – mit Absenkung der marginalen Steuersätze vor allem im oberen Bereich.

Im Bereich des Kündigungsschutzes werden deutliche Einschränkungen gegenüber bisherigen Regeln diskutiert. In der Familienpolitik ist das Erziehungsgeld Gegenstand von Überlegungen (nicht als Bestandteil der Agenda 2010). Mehr aus bevölkerungspolitischen Motiven heraus wurde der Vorschlag unterbreitet, dass gut qualifizierte und gut verdienende Eltern ein höheres Erziehungsgeld als andere bekommen sollten. Das widerspricht zwar vielen Gerechtigkeitsvorstellungen, soll aber der demographischen Entwicklung entgegenwirken und dazu beitragen, dass sich vor allem gut verdienende Frauen vermehrt für eine Familiengründung entscheiden. Die Bildungspolitik ist nach den PISA-Studien in einer Generaldiskussion um die geeignete Ausgestaltung.

Neben den politisch aktuell diskutierten Reformen gibt es auch diverse Ansätze zur generellen Neustrukturierung der sozialen Sicherung auf allen Ebenen, von denen hier nur zwei genannt werden sollen. In dem *Modell der negativen Einkommenssteuer* wird die Sozialversicherung de facto abgeschafft, zumindest, wenn es um finanzielle Unterstützungen wie bei Renten oder dem Arbeitslosengeld geht (vgl. Sesselmeier/ Klopfleisch / Setzer 1996 zu der Entwicklung der Idee der negativen Einkommenssteuer, den verschiedenen Modellen dazu und der erwarteten Arbeitsmarktwirkung). Alle Sicherungssysteme sollen vereinheitlicht werden und ohne Bedürftigkeitsprüfung auskommen. Grundidee ist, dass der Staat ein Mindesteinkommen sichert. Wenn eine Person kein eigenes Einkommen erzielt, dann zahlt der Staat via Finanzamt diesen

Transfer in Höhe der Mindestsicherung (das ist die »negative Steuer«). Eigene persönliche Einkünfte werden auf die Unterstützungszahlung nicht zu 100 Prozent angerechnet. In den meisten Vorschlägen werden Transferabzugsraten von 50 Prozent festgesetzt, d. h. dass jeder selbst verdiente Euro zur Hälfte behalten werden kann, weil die staatliche Unterstützung nur um 50 Cent sinkt. Das soll Anreize zur Aufnahme von Tätigkeiten setzen und die Bedürftigkeitsprüfung überflüssig machen. Wenn das eigene Einkommen bei einer Transferentzugsrate von 50 Prozent doppelt so hoch wie die Mindestsicherung ist, gibt es keine staatliche Unterstützung mehr und der eigentliche Steuerbereich beginnt, bei dem jeder zusätzlich verdiente Euro zu einem bestimmten Prozentsatz je nach Steuertarif an den Staat abgeführt werden muss. Ein gewisses Dilemma besteht darin, dass bei einer hohen Mindestsicherung erst bei einem hohen Einkommen der Steuerbereich beginnt, so dass sich Finanzierungsprobleme ergeben könnten. Befürworter dieses Modells favorisieren deshalb eine eher geringe Mindestsicherung, z. T. wird ein Niveau unterhalb des jetzigen Sozialhilfeniveaus vorgeschlagen. Als Institution benötigt man für dieses Transfer-Steuer-System nur noch das Finanzamt, bei dem jede Person ihre individuellen Einkommenssituation darlegen muss.

Das zweite *Modell der Initiative Soziale Marktwirtschaft* sieht bei der Negativen Einkommensteuer das grundsätzliche Problem der schlechten Unterstützungsmöglichkeit für Personen, die nicht erwerbsfähig sind. Deshalb sehen die Vertreter/innen dieses Ansatzes weiter eine Bedürftigkeitsprüfung und eine unterschiedliche Unterstützung von Erwerbsfähigen und Nicht-Erwerbsfähigen vor und schlagen auch nicht vor, das jetzige Sozialversicherungssystem in allen Details abzuschaffen (vgl. Breyer et al. 2004 zu einer umfassenden Darstellung des Reformmodells). Sie orientieren sich an der Verteilungsgerechtigkeit im Sinne des Rawls'schen Gerechtigkeitskonzepts, am Subsidiaritätsprinzip, und sie streben Effektivität und Effizienz der einzelnen Elemente und des Gesamtsystems der sozialen Sicherung an. Zudem soll das Gesamtsystem nachhaltig, stabil und für alle Bürger transparent sein. Wesentliche Elemente der Reformideen, die partiell bereits Eingang in einige Reformen gefunden haben, sind:

- Senkung des Sockelbetrages der Sozialhilfe für Erwerbsfähige (Halbierung!), Eigenverdienste bis zum bisherigen Sozialhilfeniveau sollen anrechnungsfrei bleiben, höhere Verdienste zur Hälfte angerechnet werden. Sollte jemand keine Stelle finden, garantieren Gemeinden eine Beschäftigung, so dass mindestens das jetzige Sozialhilfeniveau erzielt werden kann. Bei Nicht-Erwerbsfähigen soll der Sockelbetrag der Sozialhilfe nicht abgesenkt werden.
- Abschaffung der Arbeitslosenversicherung (es handele sich um ein nicht versicherungsfähiges Risiko), evtl. als Ersatz die Einführung von »Sparkonten« mit Zwangsbeiträgen bei Beschäftigung und Verfügungsmöglichkeit über die Mittel in Zeiten der Arbeitslosigkeit.[3]

3 Das entspricht auch in gewisser Weise der »Akzeptanz des Faktischen«, weil die Arbeitslosenversicherung gar nicht mehr als Versicherung wahrgenommen wird, sondern der Anspruch auf Rückzahlung der Beiträge viele Gerechtigkeitsvorstellungen beherrscht. Am Beispiel der Unterstützung von Langzeitarbeitslosen sieht man besonders deutlich, wie sich verschiedene Gerechtigkeitsvorstellungen gegenüberstehen. Während in einer Sicht auf lange Arbeitsjahre im Dienst der Gesellschaft und

- □ Einstellung der aktiven Arbeitsmarktpolitik.
- □ Einbeziehung der gesamten Wohnbevölkerung in das Rentenversicherungssystem, an der RV keine tief greifenden Änderungen. Leistungen aus der RV nur bei Erwerbsunfähigkeit und bei Erreichen der Altersgrenze, keine Hinterbliebenenrenten, sondern sofortiges Splitten der Ansprüche von Verheirateten bzw. von Partnern in Lebensgemeinschaften (das bedeutet bei einem lange verheirateten Paar z. B., dass der überlebende Partner noch 50 Prozent der Gesamtrente erhält). Keine Anrechnung von irgendwelchen Ersatz- oder Ausfallzeiten, sämtliche Einkünfte als Bemessungsgrundlage, Beibehaltung einer Beitragsbemessungsgrenze.
- □ Krankenversicherung auf die gesamte Wohnbevölkerung ausweiten. Absicherung nur eines »Grundleistungskatalogs«, alles andere soll privat zu versichern sein. Keine versicherungsfremden Leistungen wie Sterbegeld oder Mutterschaftsleistungen (dafür ggf. anderes sozialpolitisches Instrumentarium einsetzen). Einführung bzw. Stärkung von Selbstbeteiligungen, Einheitsprämie (Kopfpauschale) für Erwachsene und Kinder – mit niedrigeren Beiträgen für Kinder, mehr Wettbewerb zwischen Ärzten und zwischen Versicherungen.
- □ Abschaffung der Pflicht-Pflegeversicherung, einige Pflegeleistungen in den Grundleistungskatalog der Krankenkassen überführen.
- □ Wegen der deutlich höheren Belastung von Familien z. B. durch die Kopfpauschalen der Krankenversicherung im Gegenzug deutliche Erhöhung des Kindergeldes (konkret ist in dem Vorschlag aus dem Jahr 2004 ein Kindergeld von 295 Euro pro Kind vorgesehen), aber Abschaffung des Kinderfreibetrages bei der Einkommensteuer (kann bis jetzt alternativ zum Kindergeld gewählt werden und begünstigt die Bezieher hoher Einkommen).
- □ Die durchschnittlichen Grundbeiträge zur RV und zur KV sollen steuerfrei bleiben.

Dieser Maßnahmenkatalog ist nicht nur als eine reine Umverteilung zwischen verschiedenen Instrumenten der sozialen Sicherung zu verstehen (z. B. Ausgleich der Verschlechterung durch die KV-Regeln durch mehr Kindergeld). Die Vertreter versprechen sich erhebliche Effizienzsteigerungen innerhalb der Sicherungssysteme und zudem positive Arbeitsmarkteffekte.

Im Lichte der modernen Arbeitsmarkttheorie sind jedoch sowohl die tatsächlichen Reformen wie auch die derzeit diskutierten kleinen und großen Reformideen kritisch zu sehen. Alle gehen von der Leitvorstellung eines im Prinzip perfekt funktionierenden Arbeitsmarktes aus. Das führt dazu, dass eine Liberalisierung und Flexibilisierung des Arbeitsmarktes sowie die Abschaffung *impliziter Mindestlöhne*, die durch die jetzige Konstruktion der sozialen Sicherung, insbesondere der Sozialhilfe, verursacht seien, als probate Mittel zum Abbau von Arbeitslosigkeit und letztlich zur

auf Ungerechtigkeiten durch eine verschlechterte Unterstützung der Langzeitarbeitslosen hingewiesen wird, verweisen BefürworterInnen der Zusammenlegung von (jeweils steuerfinanzierter und nicht an die AV gekoppelter) Arbeitslosen- und Sozialhilfe u. a. auf Fragen der horizontalen Gerechtigkeit, nach der es ungerecht sei, Langzeitarbeitslose besser zu unterstützen als Erwerbsunfähige, die auf Sozialhilfe angewiesen seien. Das sind nur zwei von sehr heterogen Gerechtigkeitsidealen und -ebenen, so dass Gerechtigkeitsurteile in der Tat nicht immer trivial zu treffen sind.

Gewährung von mehr Verteilungsgerechtigkeit angesehen werden. Das übersieht jedoch die empirischen und theoretischen Erkenntnisse zu *endogenen und systematischen* Gleichgewichten auf vielen mikroökonomischen Arbeitsmärkten, bei denen kein Ausgleich von Angebot und Nachfrage erreicht wird (vgl. z. B. Nicolin 1997 oder Mücke 2002). Diese Modelle zeigen, dass nicht jede Institutionalisierung auf dem Arbeitsmarkt ineffizient sein muss und eine völlige Deregulierung des Arbeitsmarktes das Arbeitslosigkeitsproblem sogar noch verschärfen statt lösen kann. Insbesondere ist kritisch anzumerken, dass nach diesen neueren Modellen die Steuerreform einen genau entgegengesetzten Effekt – Erhöhung der Arbeitslosigkeit – bewirken wird, ebenso eine zu starke Lockerung der Tarifgesetze und die Stärkung von Lohnverhandlungen auf Betriebsebene. Eine Senkung der Unterstützung für Arbeitslose ist nach dieser Arbeitsmarkttheorie zumindest wenig nützlich mit Blick auf die Bekämpfung der Arbeitslosigkeit und aus Verteilungsgründen eher abzulehnen.

9 Fazit

Für die diakonische Arbeit sind nicht nur Kenntnisse über die derzeitige Struktur des Systems der sozialen Sicherung wichtig, wenngleich das sicherlich einen zentralen Stellenwert hat, weil sowohl die soziale Lage der einzelnen Bevölkerungsgruppen und Individuen in Deutschland davon mitbestimmt wird als auch zu einem großen Teil die Finanzierung sozialer Einrichtungen davon abhängt. Daneben ist aber auch ein Grundverständnis der ökonomischen Wirkungsanalyse unerlässlich. Diese Analyse vermag zu verdeutlichen, dass es wenig relevant ist, wer welche Unterstützungsleistung *ausgezahlt* bekommt. Über indirekte Preis- und Mengeneffekte auf Märkten können sich ganz andere Personenkreise als Nutznießer bestimmter Maßnahmen herausstellen, was der eigentlich gewünschten Verteilungswirkung entgegenlaufen kann. Diese Zusammenhänge zu erkennen ist insbesondere dann wichtig, wenn sich die diakonische Arbeit auch in einem politischen Sinne versteht und Empfehlungen zur Gestaltung des Sozialstaates abgibt. Dazu müssen Möglichkeiten und Wirkungen in einem marktwirtschaftlichen System mit bedacht werden. In diesem Beitrag wurde eine grobe Skizze der sozialen Sicherung in Deutschland dargestellt, wesentliche Reformen und Reformvorschläge wurden vorgestellt und exemplarisch auf die Folgerungen aus der Wirkungsanalyse hingewiesen.

III Lernarrangements und Lernorte

Martin Sander-Gaiser

Diakonisches Lernen als Tätigkeit und Partizipation

In diesem Beitrag soll ein Theorierahmen für diakonisches Lernen in theologischer und lernpsychologischer Perspektive entwickelt werden.[1] Wir folgen dabei den Prinzipien der religionspädagogischen Konvergenztheorie (u. a. Nipkow 1975, I, 200, 211 und 2003, 239; Sander-Gaiser 2003, 97). D. h. wir erarbeiten zunächst eine theologische Grundorientierung für diakonisches Lernen und fragen dann nach korrespondierenden erziehungswissenschaftlichen Konzeptionen. Das Ergebnis ist ein Theorierahmen, der sich theologisch und erziehungswissenschaftlich verantworten will, ja mehr noch, als *genuiner religionspädagogischer Theorierahmen* zur erziehungswissenschaftlichen Debatte des sozialen Lernens sowie zur theologischen Debatte über Glauben, Lernen und (diakonische) Tätigkeit beitragen will.

Am Anfang steht eine theologische und erziehungswissenschaftliche Durchdringung des Wechselverhältnisses von Glauben, Tun und Denken. Dort, wo sich beide Disziplinen überlappen, kann ein Verständnis von diakonischem Lernen als Transformation von physischer und geistiger Tätigkeit entwickelt werden.[2] Transformation geschieht, wenn Schüler und Neulinge an diakonischen Tätigkeiten partizipieren. Diakonische Tätigkeiten werden als durch den Glauben vermittelte (mediatisierte) Tätigkeiten verstanden (Zinchenko 1996, Sander-Gaiser 2003, 325). In der Perspektive der Erziehungswissenschaft erscheint dieser Theorierahmen als religiös interpretierte und weiterentwickelte Form der *activity theory*. Hierin nehmen wir Erkenntnisse aus anderen lernpsychologischen Strömungen auf und fassen sie im Begriff einer »gelungenen Lehrzeit«. Einzelne Aspekte einer solchen »Lehrzeit«, etwa die Motivation der Schülerinnen und Schüler und die Vorbildfunktion diakonisch Tätiger sind zu beleuchten. Zum Abschluss weise ich auf mögliche Anschlusspunkte des Theorierahmens in gegenwärtigen (schul)pädagogischen Strömungen hin.

Zur verwendeten Begrifflichkeit: Der Begriff der Tätigkeit umfasst die Begriffe Denken, Handeln und Tun. Diese Trias ist zu verstehen als eng aufeinander bezogene, wesensgleiche Prozesse und also Begriffe: Das Denken entspringt dem menschlichen Tun, geistige und physische Tätigkeit haben dieselben Strukturen (Aebli 1980, 13). So sind beispielsweise für die Psychologen Piaget und Galperin geistige Operationen immer geistige Handlungen. Unter Lernen verstehen wir hier die Transformation geistiger und physischer Tätigkeit, die Umstrukturierung aller in eine Tätigkeit involvierten Elemente. Die Engpässe des stark auf das Individuum beschränkten An-

---

1 Für den gesamten folgenden Text schließen auch grammatisch maskuline Formen zur Bezeichnung von Personen das weibliche Geschlecht gleichermaßen ein. Fremdsprachige und mittelalterliche Texte im Haupttext werden übersetzt wiedergegeben.

2 »Verben, die Tätigkeiten benennen, werden in folgenden zwei Sätzen aneinander gereiht: ›Wir begleiten und beraten Menschen in allen Lebenslagen. Wir pflegen und heilen, trösten, stärken und fördern und bilden sie aus‹ (Leitbild Diakonie – damit Leben gelingt, 1997)« (Nipkow, siehe in diesem Band 15ff).

satzes von Piaget *(cogito ergo sum)* sollen dabei überwunden werden: Mit Vygotsky verstehen wir Lernen immer auch kontextuell, d. h. von den Interaktion des Individuums mit der Gemeinschaft, her. Erst durch diese Erweiterungen spielen die diakonischen Gemeinschaften, ihre Arbeits-und Rollenverteilung, ihre materiellen, geistigen und religiös-kulturellen Artefakte, eine Schlüsselrolle für das diakonische Lernen.

1 Empirische Befunde und die Frage nach dem Zusammenhang von Theorie und Praxis

Zu Beginn der Erarbeitung eines Theorierahmens stellt sich die Frage, auf welche empirisch gesicherten Einsichten zum diakonischen Lernen zurückgegriffen werden kann. Oder genauer: Wie wollen die Schülerinnen und Schüler selbst Diakonie lernen? Empirische Studien zeigen auf: Wenn Schüler Diakonie lernen, wollen sie Diakonie tun. »Diakonie-praktisch« steht bei ihnen deutlich höher im Kurs als »Diakonie-theoretisch«. Sie wollen wissen, wie »man in einer solchen Hilfsbedürftigen-Situation richtig anpacken kann« (Hanisch u. a. 2004, 106). Wenn dieses Anliegen berücksichtigt wird, rangiert z. B. der »sozial-diakonische Fachbereich« am Evangelischen Schulzentrum in Leipzig in der Beliebtheitsskala der Schüler auf Platz eins, gefolgt von Sport, Kunst und Religion. Auffällig ist weiterhin, dass praktisches Handeln und Gestalten das verbindende Element dieser Fächergruppe der Mittelschüler ist. Solche Befunde hinterfragen den traditionellen Unterricht und die dort implizite Theorie schulischen Lernens. Im Bereich Diakonie spüren Jugendliche die Differenz zwischen einem Lernen aus Büchern und einem Lernen in der diakonischen Praxis. Sie entwickeln nach erfolgreichem praktisch-diakonischem Lernen eine kritische »Sicht der Schule und der Inhalte des Unterrichts« (Kuld 2002, 277). Der Lernort Klassenzimmer steht in seiner Begrenztheit in Frage. Nach praktischen diakonischen Erfahrungen beurteilen die Schüler den Unterichtnach seiner Lebensrelevanz. Um praktisches Handeln – so viel dürfte schon in motivationspsychologischer Perspektive deutlich geworden sein – führt kaum ein Weg herum. Darüber stellen die empirischen Untersuchungen die Frage, ob diakonisches Wissen und diakonische Fertigkeiten erst in der Praxis erworben werden können: »Die Notwendigkeit und das Ausmaß von Solidarität kann *tatsächlich erst in der Begegnung* (kursiv d. Vf.) mit jenen, denen meine Solidarität gelten soll, wirklich eingesehen und angemessen verstanden werden« (Kuld 2002, 280).

Religionspädagogisch stellt sich die Aufgabe, einen angemessenen Theorierahmen zu entwickeln, der »Diakonie-praktisch« und »Diakonie-theoretisch« zu einander in Beziehung setzt: Hanisch u. a. schlagen vor, sich am *situated learning* zu orientieren (Hanisch u. a. 2004, Sander-Gaiser 2003, 243). Dabei wird die von der Protagonistin des »situated learning«, Lave, vorgetragene prinzipielle Schulkritik (Lave 1988; Lave & Wenger 1991) nicht übernommen (ähnliche Argumentationen finden sich bereits bei Illich in den 70er Jahren). Formal rücken die Autoren in die Nähe eines auf die Schule bezogenen »situated learning«, wie es etwa von Brown u. a. (1998, 1992) vertreten wird. Lave und Wengers Programm der »legitimen peripheren Partizipation« (1991) ist dabei für das diakonische Lernen programmatisch. »Diakonie-theoretisch« wird hiermit verbunden, indem es die außerschulischen Erfahrungen der Schüler aufnimmt. Ähnliche Wege geht auch das Compassion-Projekt[3] (Kuld, Gönnheimer 2000): Diakonische Praktika und die Schule werden als ein zusammengehöriges »Action-Reflection-Modell« aufeinander bezogen. Für die Schüler liegt der Schlüssel zur Akzeptanz von »Diakonie-theoretisch« in der Aufnahme ihrer praktischen Erfahrungen: Sobald der Unterricht diesem Kriterium entspricht, steigt die Zahl derer, »die sagen, dass der Unterricht etwas zum Nachdenken über mich beiträgt« (Kuld 2002, 276). Schmidt schlägt vor, Einsichten verschiedener lernpsychologischer Strömungen für eine Lerntheorie diakonischen Lernens aufzugreifen (2004, 9). So wird auf das soziale Lernen am Modell (Bandura), auf Lohn und Strafe (Skinner) und den Aufbau kognitiver Netzwerke und Schemata (Piaget) hingewiesen. Grundlage hierfür ist die in der Religionspädagogik und Praktischen Theologie weit verbreitete Definition von Lernen als Verhaltensänderung durch Reize (Schmidt, G. 1993, 55; Grethlein 1998, 215). Diakonisches Lernen erscheint in dieser Perspektive dann als eine durch Jesus *Handeln* qualifizierte Weise des sozialen Lernverhaltens (Schmidt 2004, 9). Als wichtigsten Grundzug diakonischer Lerntheoriebildung kennzeichnen Schmidt u. a. die Handlungsorientierung (Schmidt & Zitt, 2004, 70). Zugleich wird auf die Notwendigkeit einer kritisch-ethischen Reflexion der Praxis Wert gelegt, darüber hinaus die Bedeutung des Glaubens für diakonische Tätigkeit herausgestellt und damit auf das Alleinstellungsmerkmal diakonischen Lernens gegenüber anderen Formen sozialen Lernens insistiert. Für Schmidt liegt das Ziel des diakonischen Lernens in einer christologisch legitimierten und begründeten Handlungsfähigkeit, Wertevermittlung und Ausbildung moralischer und ethisch-reflektierter Handlungskompetenz. Hanisch u. a. fügen dem noch den Aspekt der Persönlichkeitsbildung hinzu (Hanisch u. a. 2004, 131). Somit bleibt zu klären, wie ein die beiden Bereiche »Diakonie-theoretisch« und »Diakonie-praktisch« *verbindender* Theorierahmen aussehen könnte und wie »situated learning« hierin zu positionieren ist. Um diese Fragen beantworten zu können, ist zunächst ein theologisches Fundament zu legen, in welchem der Zusammenhang von Handeln, Denken und Glauben näher erhellt wird.

2 Theologische Orientierung: Gute Werke »fließen« aus dem Glauben

In Luthers Theologie besteht zwischen Handeln, Denken und Glauben eine elementare Verbindung. »Gute Werke« haben ihren Ursprung im Glauben. Hierin unterscheiden sich diakonische von anderen »guten Werken«. »Glauben lernen« ist hierfür die Grundlage und dieses ist als lebenslanger, den Menschen transformierender Prozess zu verstehen. In der Verbindung von Glauben und Handeln gilt das Primat des Glaubens vor den Werken – nicht im Sinne einer Überordnung des Glaubens über die Werke, sondern als Beschreibung *eines Zusammenhangs von Ursache und Wirkung*. Erst durch und im Glauben sind Werke möglich, die vor Gott bestehen können und daher das Prädikat »gut«, d. h. »diakonisch«, erhalten: »Wir werden nicht

3 Fürsprecher ist Johann Baptist Metz, der *compassion* als Empfindlichkeit für das Leid der anderen übersetzt. Das (erreichte) Ziel ist Stärkung des prosozialen Verhaltens der Schülerinnen und Schüler durch gemeinsame soziale Projekte der katholischen Compassion-Schulen.

wiedergeboren durch Werke tun; aber wenn wir auch wiedergeboren sind, tun wir gute Werke. Die Frucht zeuget nicht den Baum, sondern im Gegenteil, der Baum die Frucht« (Luther WA 10,III,103,3). Gute Werke sind die Auswirkung einer tiefen Transformation der menschlichen Natur: »Denn es ist eine wichtige Lehre, fromm sein und gute Werke tun ... So muss eine jegliche Natur erst gut sein, sollen anders alle ihre Werke gut sein« (Luther WA 10,III,99, 21). Die Transformation des »alten Adam« durch den Glauben beschreibt Luther als »fröhlichen Wechsel«: Gott zieht unsere Sünde an und wir erhalten von ihm ein neues Leben. Dieser (ungleiche) Wechsel vollzieht sich, indem der Mensch Gottes Wort vertraut. Im Glauben verrichtet das Wort Gottes am Menschen sein Werk und führt ihn zu seiner Bestimmung als Gottes Ebenbild zurück. »Gute Werke« müssen dann nicht mehr (vom Gesetz Gottes) eingefordert werden, sondern »fließen von sich aus, aus dem Glauben heraus« (*sponte fluunt opera foras ex fide,* (Luther WA 57,III,116). Die Schrift gebraucht hier auch das Bild des »neuen Herzens«. Im Glauben verändert sich die Motivation, anderen zu helfen und zu dienen. Der Gedanke, sich hierdurch in irgendeiner Form einen Lohn zu verdienen, entfällt. Jede Form extrinsischer Handlungsmotivation endet, wenn das Handeln der Liebe zu Gott entspringt: »›Ich bin hungrig gewesen‹ etc. (Mt 25,42). Das muss nun verstanden werden von den ganzen Werken des Glaubens, und nicht von denen, die diese heucheln, weil der Glaube niemals ohne gute Werke ist. Denn wie ein Kind, das geboren ist, nicht ohne Bewegung sein kann, also auch ein Wiedergeborner, der tut mit Freuden gute Werke und sagt: Siehe, Christus hat das für mich getan, billig muss ich ihn wieder lieben« (Luther WA 10, III, 106, 8).

2.1 »Gott glauben« als Tätigkeit

»Denn wer gute Werke wissen und tun will, der darf nichts anderes denn Gottes Gebote wissen« (Luther WA 6, 204, 15). Das Gesetz endet nicht, sondern wird im Glauben erfüllt. Was endet, ist sein anklagender, einfordernder Charakter. Das erste Gebot spielt in diesem Wandel die Schlüsselrolle: Es ist nur in der Liebe zu Gott, im Vertrauen und Glauben zu erfüllen. Der Erfüllung des ersten Gebotes folgt die Erfüllung der anderen Gebote, die »guten Werke« entstehen. Luther beschreibt diesen Zusammenhang als *tätigen Glauben,* also dass »der Glaube durch das erste Gebot alle Ding tut« (Luther WA 6, 213,17). Es mag verwundern, dass »tätiger Glaube« für Luther dadurch ermöglicht wird, dass *»glauben« nicht nur als Gabe Gottes sondern auch als Tätigkeit* verstanden wird. Luther kann von »glauben« in einer doppelten, ja paradoxen Weise reden: Zum einen ist es das Werk des heiligen Geistes und zugleich das höchste »Werk«, welches ein Mensch tun kann: »Das erste und höchste, aller edelst gutes Werk ist der Glaube in Christum ... Denn in diesem Werk müssen alle Werk gehen und ihrer Gutheit Einfluss, gleichwie ein Leihen von ihm empfangen. Das müssen wir grob ausstreichen, dass sie es (be)greifen mögen« (Luther WA 6, 204,25–205,1). Paradoxien kennzeichnen Luthers Theologie und müssen nicht als Widerspruch, sondern vielmehr als zueinander gehörige Pole einer Ellipse *(simul iustus et peccator)* bzw. als zwei Seiten einer Münze verstanden werden. Beide Aspekte gehören zusammen *(simul).* »Gott glauben« ist die höchste Form des menschlichen Handelns. »Hie zu glauben, das Gott einen gnädigen Wohlgefallen über uns habe, ist das höchste Werk, das geschehen mag von und in der Kreatur« (Luther WA 16, 463,34). Zugleich ist das »höchste Werk« nur durch den heiligen Geist und durch Gottes Handeln am Menschen möglich. »Gott glauben« heißt für Luther »Christus glauben«, »denn das soll das allervornehmste, edelste Werk sein eines christlichen Menschen, dass er seinem lieben Christo traue und ihm glaube« (Luther WA 7, 242,25). Luther warnt davor, den Aspekt der menschlichen Tätigkeit im Glauben und Tun zu übersehen. »Glauben« nur passiv zu verstehen, etwa als eingegossene Gnade (gratia infusa) führt zur inneren und äußeren Passivität: »Ja sie (die Scholastiker) haben den Glauben nicht ein Werk bleiben lassen, sondern, wie sie sagen, ein habitum (*habitus, habere*: »Ge-habe) daraus gemacht, so doch die ganze Schrift keinem nicht gibt den Namen göttlichen guten Werks, dann dem einigen Glauben« (Luther WA 6, 206,24). Für diakonische »Werke« ist dieser Zusammenhang essenziell: Diakonische Tätigkeit ist Ausdruckform einer von Gott gewirkten, aber vom Menschen vollzogenen Glaubenstätigkeit. Diakonische Werke gehen hervor aus der tätigen Erfüllung des ersten Gebotes: »Also ist das erste höchste und alleredelste gute Werk in diesem (ersten) Gebot der Glaube in Gott, denn in diesem Werk müssen alle Werke gehen und ihrer Gutheit Einfluss, gleich wie ein Lehen von ihm empfangen. *Und wo der Glaube nicht ist, so ist den Werken der Kopf ab und all ihr Leben und Gutes ist nichts ...* Denn alle andere Werke mag ein Heide, Jude, Türke, Sünder auch tun, aber Gott vertrauen festiglich ist nicht möglich, denn einem Christen mit Gottes Gnaden erleuchtet« (Luther WA 16, 462,3).

2.2 »Gute Werke« als Vermittlung des Göttlichen im Menschlichen

Diakonische Werke werden durch den Glauben vermittelt und vermitteln durch sich selbst wieder Glauben. Hierdurch unterscheiden sie sich qualitativ von anderen moralisch-ethischen »guten Werken«. Auch wird das Paradoxon des göttlichen Werkes durch den Menschen auch im diakonischen Werk deutlich. Dieses Element findet sich auch in Luthers Christologie: In Christus teilt sich das Göttliche *im* zutiefst Menschlichen (und nicht spekulativ in einer Jenseitigkeit dahinter) mit. Ebenso können diakonische Werke von Menschen das Göttliche repräsentieren und vermitteln. Oder mit einem psychologischen Terminus: Der tätige Glauben »mediatisiert« das Göttliche im zutiefst menschlichen Handeln.

Da die Vermittlung (Mediatisierung) ein Kernbegriff des intendierten Theorierahmens ist, soll der Begriff noch einmal veranschaulicht werden: Wenn wir jemanden lieben, müssen wir nicht lange überlegen, wenn wir dem geliebten Menschen etwas schenken können. Wenn wir hierzu angehalten werden müssen, »fließen« unsere Taten nicht mehr aus der Liebe hervor. Möglicherweise sind in beiden Fällen die Geschenke gleich, dennoch vermitteln sie etwas anderes. So ist es zu verstehen, dass »gute Werke« der Liebe zu Gott entspringen *(sponte fluunt)* und die Güte und Liebe Gottes vermitteln (mediatisieren). Dies ist der Kern aller »guten«, d. h. diakonischen Werke. Und nur dies besteht in Gottes Urteil, »denn die Werke sind nicht (von) ihres wegen, sondern von des Glaubens wegen Gott angenehm, welcher einig und ohne Unterschied in allen und jeglichen Werken ist, wirkt und tut sie alle« (Luther WA

16, 463,14). Diakonisches Handeln wird damit zu einer Form der Verkündigung: »So soll euer Licht leuchten vor den Menschen, damit sie eure guten Werke sehen und euren Vater, der in den Himmeln ist, verherrlichen« (Mt 5,16). Der Schritt zur Verkündigung des Wortes durch diakonisch Tätige liegt auf der Hand. Für Luther wird der Zusammenhang von Tun-Glauben-Verkündigen bei den ersten Diakonen und Aposteln deutlich. Das Amt eines Diakons besteht für ihn darin, »zeitlich Nahrung« und »Güter auszuteilen« (Luther WA 11, 414,26). Hier ist noch die neutestamentliche Bedeutung von *diakonein* als »Tischdienst« (Apg 6,2) zu spüren. Zugleich sind die ersten Diakone – wie z.B. Philippus – immer auch Verkündiger (Apg 8,5–25). »Dienst am Nächsten« und »Dienst am Wort« sind hier unlösbar miteinander verbunden. So schildert Luther Stephanus als Diakon nicht nur als »Armenfürsorger«, sondern zugleich auch als aktiven Prediger und Lehrer, der keine Gelegenheit verpasst, den geistlichen Kontext diakonischen Handelns zum Ausdruck zu bringen: »Aber S. Stephan steht hie fest und gibt Macht mit seinem Exempel einem jeglichen, zu predigen, an welchem Ort man hören will, es sei im Haus oder auf dem Markt und liest Gottes Wort« (Luther WA 10 I, 264,3 vgl. Apg 8,26–40).

2.3 Lernen des Wort Gottes als lebenslanger Prozess der Erneuerung

Religiös verstandenes Lernen geschieht für Luther immer in der Perspektive des Evangeliums, nicht des Gesetzes. Lernen wird – analog zu Luthers Rede vom tätigen Glauben – durch das Zusammenwirken von Gottes Geist *und* dem menschlichen Streben nach Einsicht gekennzeichnet: »In jeder Weisheit ist geistliche Weisheit und (menschlicher) Verstand« (Luther WA 45, 248,14 vgl. Sander-Gaiser 2003, 140). So findet sich nicht nur im diakonischen Handeln, sondern auch im religiösen Lernen der Gedanke des Zusammenwirkens von Gott und Mensch *(cooperatio dei)* wieder (Seils 1962). Beim religiös verstandenen Lernen geht es um die Erneuerung der menschlichen Natur durch Gottes Wort, um einen den ganzen Menschen (und seine Taten) umschließenden transformatorischen Prozess. Das Ziel dieses Prozesses liegt in der Gottesebenbildlichkeit des Menschen. Lernen ist (Um)bildung, eine in die Gottes Ebenbild hineinlernende Bildung. In diesem theologischem Kontext ist diakonisches Lernen eine mögliche Gestalt des »bildenden Lernens« (EKD 2003a).

2.4 Von der Einübung diakonischer Werke

»Also liebe Freunde, das Reich Gottes, *das wir sind,* steht nicht in der Rede oder Worten,sondern in der Tätigkeit, das ist in der Tat, in den Werken und Übungen. Gott will nicht Zuhörer oder Nachreder haben, sondern Nachfolger und Über. Und das in dem Glauben durch die Liebe« (Luther WA 10 III, 4,8–10). Trotz des »fließenden Charakters« guter Werke brauchen Menschen Ein-Übung. Sie sind vergesslich, fehlerhaft und bringen nicht die notwendigen Kompetenzen für diakonisches Handeln mit. Da Menschen *simul iustus et peccator* sind, kann es auch notwendig sein, »dass ich den faulen Esel zähme, denn der Alte Adam will, dass man ihn antreibe und ihm die Sporen gibt« (Luther WA 7, 243,2).

Einübung ist die Brücke zwischen Anspruch und Faktizität, Wissen und Tun: »Es gehören die beiden zusammen: Wissen und Tun. Das Gesetz lehrt das eine, das Evangelium gibt das andere« (Luther WA 29, 538,10). Nicht nur die praktische Einübung, sondern auch die Bitte um »ein neues Herz«, um eine veränderte »Natur«, gehört zur diakonischen Praxis. Eben weil »... ich fühle, dass die zwei, Reden und Tun, Wort und Leben, noch weit voneinander sind, Predigen, reden, schreiben, singen, lesen kann ich's wohl, Aber da fehlt's, dass es nicht will ins Herz mit solchem starken, lebendigen Glauben und brünstiger Liebe« (Luther WA 36, 420,14–25).

2.5 Lernen durch diakonische Praxis

Das Lernen des Wortes von Gott gehört zur Diakonie hinzu. Und hieraus folgt der Auftrag, dieses zu lehren und zu verkündigen (Priestertum aller Gläubigen). Darüber hinaus kann jedoch auch aus den Erfahrungen gelernt werden, die das diakonisches Handeln mit sich bringt: »Sobald du anfängst zu gehen und zu tun, was du glaubst, da wird der Weg deutlicher erkannt als deine eigenen Füße, sodass du durch dein Handeln ein helleres Licht hast als allein durch den Glaubensaffekt. Weil sobald du glaubst, so hast du ein im Affekt eingeschlossenes Licht, aber sobald du handelst, dann wird gleichsam das Licht durch die Erfahrung herausgeführt und du wirst richtig auf den Weg geführt. *Darum sind diejenigen, die den Glauben tun, erleuchteter als die, die über den Glauben spekulieren*, wie auch der Philosoph in seiner Metaphysik sagt, dass der Erfahrene sicherer handelt« (Luther WA 4, 356,32–38). Eine der wichtigsten Erfahrungen praktischen christlichen Handelns ist für Luther die Anfechtung *(tentatio)*: Sobald der Glaube tätig wird, trifft er auf Widerstand, scheint es, als würde sich Gott gegen den Gläubigen selbst stellen. Diese Erfahrung aus dem praktischen Tun gehört zum »Glauben lernen« hinzu: »Wer nicht Anfechtung also leidet und ihm wider sein Willen gehet, der kann nicht den Glauben lernen« (Luther WA 9, 581,16). Nur so ist für Luther erfahrbar, dass Gottes Wort tatsächlich Kraft hat: »Denn sonst wird man nimmermehr gewahr, was für Kraft unter dem Buchstaben ist, bis es zum Treffen kommt, da man erfährt, dass es halten kann wider alle Irrtum, Sund, Tod und Teufel« (Luther WA 36, 498,12).

2.6 Diakonisches Lernen heißt in Gemeinschaft lernen

Christus als Diener *(diakonos)* ist ein Exempel für jeden diakonisch-handelnden Christen.[4] Aus Gründen der Arbeitsteilung beginnt in der christlichen Gemeinde schon früh eine Rollenverteilung. Die materielle Sorge um die Bedürftigen wird an eine neue Form der christlichen Gemeinschaft innerhalb der Gemeinde delegiert: »Darum, ihr lieben Brüder, seht euch um nach sieben Männern in eurer Mitte, die

4 Christus ist Vorbild nicht im Sinne des Heilsweges, sondern gemäß der augustinischen Unterscheidung von *exemplum* und *sacramentum*, die Luther verwendet. Erst aufgrund der Rechtfertigung bekommt das diakonische Handeln Vorbildcharakter für Christen. Ähnlich verhält es sich mit Luthers Verständnis von Lernen.

einen guten Ruf haben und voll Heiligen Geistes und Weisheit sind, die wir bestellen wollen zu diesem Dienst« (Apg 6,3). Damit entstehen schon früh Strukturen, die über die individuelle Sorge des einzelnen Christen in der Nachfolge von Christus als Diakon hinausweisen. Das Göttliche wird nicht mehr nur durch das Handeln von Individuen »mediatisiert«, sondern durch neue Formen diakonisch tätiger christlicher Gemeinschaften. Die Vorstellung des »Mundhauses« ist für Luther Ausdruck des Lernens in Gemeinschaft: »Also sind die Aposteln nit gesand, bis das Christus kommen ist gen Mundhaus[5] das ist: bis dass es Zeit war mündlich zu predigen, und das Evangelium aus der toten Schrift und Federn in die lebendige Stimme und Mund gebracht werden« (Luther WA 10, I/2, 48,10). Das »Mundhaus« wird für ihn zum Sinnbild des Lernens in Gemeinschaft: »darum ist die Kirche ein Mundhaus, nicht ein Federhaus ...« (Luther WA 10, I/2, 48,5).

3 Zwei lerntheoretische Perspektiven: Individuum oder Gemeinschaft/Kultur?

Diakonisches Lernen geschieht individuell und ist doch unlöslich mit religiösen, d. h. diakonisch tätigen Gemeinschaften verbunden. Auf der Suche nach lerntheoretischer Orientierung erscheint ein Festhalten an Lerntheorien, die sich entweder nur auf das Individuum beschränken oder nur die Gemeinschaft/Kultur betonen, als Engführung. Im Folgenden ist nach einer Lösung zu suchen, um die lerntheoretischen Perspektiven von Individuum und Gemeinschaft zueinander zu bringen.

Zu Beginn des 20. Jahrhunderts wurde die Frage, ob Religiosität in der Kultur oder im Individuum entsteht, heftig diskutiert. Der Religionspsychologe Pratt setzte sich in seinem Werk »The Religious Consciousness« (1926) mit diesem Problem intensiv auseinander. Er griff die Kritik seines Kollegen Wundt an James auf, in der dieser vor der Nichtbeachtung des kulturellen Kontextes für die Entstehung von Religiosität warnte. Pratt suchte die Antwort nach dem Ursprung von Religiosität in einer doppelten Perspektive, die hier übernommen werden soll: Er betonte den unlösbaren Zusammenhang von Individuum und Kultur. Zugleich hielt er – wie einige Jahre später auch Vygotsky – an der Nichthintergehbarkeit des Individuums fest: »Das Individuum kann sich fürchten, aber es muss von der Gemeinschaft lernen, was zu fürchten ist. Es kann lieben, aber es muss lernen, was zu lieben ist. Das Individuum kann denken, aber es muss lernen, was zu denken ist« (Pratt 1926, 74).

3.1 Engführung Individuum und Gemeinschaft in der westlichen Psychologie

Leider wurde jedoch in der Geschichte der Religionspsychologie diesem engen Zusammenhang von Individuum und Gemeinschaft nur wenig Beachtung geschenkt

5 Luther findet diesen Namen in Mt 21,1 »Als sie nun nahe bei Jerusalem kommen gen Bethphage, an den Ölberg ...«. Die Auslegung »Mundhaus« holt Luther wahrscheinlich auch von der Erklärung des Namens in den Erklärungen der Vulgata (*domus oris*).

(Belzen, 1997). Ähnliche Tendenzen sind auch in der therapeutischen Psychologie und Psychologie des Lernens zu beobachten. Wie die therapeutische Psychologieerarbeitete auch die Lernpsychologie ihre Einsichten »klinisch«, d. h. unter weitgehendem Ausschluss von authentisch-kulturellen Kontexten[6]. Es ist das Verdienst von Aebli, die Lernpsychologie vom klinischen Laborforschungsparadigma der allgemeinen Psychologie abgesetzt zu haben: »Zwar ist Piaget durchaus der Meinung, dass die Entwicklungsfortschritte, die zwischen den genetischen Bestandsaufnahmen stattfinden, *teilweise* unter dem Einfluss der Umwelt geschehen. Aber nirgends lesen wir bei Piaget, dass eine Vernachlässigung einer pädagogischen oder didaktischen Aufgabe irgendeinen Entwicklungsrückstand erzeugt hätte«[7]. Damit begann Aebli »Lernen« und »Entwicklung« *pädagogisch,* d. h. *kontextuell eingebunden* zu verstehen. Dennoch geht er den nächsten Schritt nicht, Lernen auch als *interindividuellen und sozial vermittelten Prozess* zu verstehen. Seine analytische Betrachtung der Lernprozesse kommt nicht völlig von der Sicht seines Lehrers Piaget los. Dementsprechend versteht Aebli auch soziales Lernen immer nur im Rahmen von Individualität: »Wir betrachten die Handlung unter dem Gesichtspunkt des handelnden Subjekts. Wenn wir von sozialen Handlungen sprechen, so meinen wir den Beitrag eines Handlungsteilnehmers und das Bild, das dieser von seinem Standpunkt aus vom Handlungszusammenhang und seinem Ergebnis gewinnt« (Aebli 1980, I, 83).

Das Beispiel Aebli zeigt, wie schwierig es für die Lernpsychologie war, das soziale Lernen – als wesentlichen Grundzug menschlichen Lernens überhaupt – ernst zu nehmen. Meist diente es lediglich als Hintergrundwissen zum Verständnis von Lernprozessen (Gardner 1985)! In den 90er Jahren ist eine Veränderung zu spüren, die einer Theoriebildung zum diakonischen Lernen entgegenkommt. Es beginnt »eine entscheidende Trendwende in der Psychologie des Lernens, die menschliche Lern- und Denkvorgänge lange Zeit auf den Aspekt der individuellen Informationsverarbeitung eingeengt hat« (Reinmann-Rothmeier & Mandl 1997, 749). So lassen sich gegenwärtig zwei grundsätzliche Auffassungen von »Lernen« unterscheiden: Auf der einen Seite steht die traditionellere Konzeption des Menschen als »Einzellerner«. Dabei wird die individuelle Aneignung von Wissen betont, kognitive Fertigkeiten werden als übertragbare Strukturen begriffen. Auf der anderen Seite steht ein jüngeres, soziokulturelles Verständnis von Lernen als gemeinschaftlicher, partizipatorischer Prozess. Hier werden Lernkontext, Interaktion, Kommunikation und die »Situiertheit« von Wissen und Fertigkeiten betont. So steht ein kognitiv-aneignungsorientiertes Lernverständnis einem situierten, partizipatorischen Lernverständnis gegenüber. Wir wollen mit Pratt an einer doppelten Betrachtungsweise von Individuum und Gemeinschaft festhalten, an individueller Aneignung *und* Partizipation. So hilft diese doppelte Betrachtungsweise auch, das Lernen in »Diakonie-theoretisch« und »Diakonie-praktisch« näher zueinander zu bringen. Zwar wird Wissen auch in

---

6 »Aber es gelang uns damals nicht, die eigentliche Entwicklungspsychologie Piagets auf die Pädagogik anzuwenden. Dieses Problem hat uns nun zehn Jahre beschäftigt. Heute glauben wir zu sehen, worin die Schwierigkeit begründet ist: in der Tatsache einesteils, dass Piaget die Lernprozesse in den von ihm durchgeführten Experimenten nicht sieht ...« (Aebli 1975, 159).

7 Ebd., 88.

der Klasse durch Gruppenarbeit, verschiedenste Interaktionformen und Rollenverteilung sozial vermittelt, dennoch ist tendenziell mehr Raum für »individuelle Auseinandersetzung und Aneignung« als in der diakonischen Praxis. Umgekehrt ist auch in Praktika Raum für Auseinandersetzung, etwa mit diakonischen oder medizinischen Texten. Dennoch wird hier eher die Partizipation an praktischer Tätigkeit im Mittelpunkt stehen. Ein Theorierahmen soll von daher Tun und Denken, Individualität und Sozialität des Lernens konzeptionell miteinander vereinen, ohne dabei eine »Patchwork-Theorie« aufzubauen.

3.2 Die Mediatisierung menschlichen Tuns (Aebli, Vygotsky)

Die theologische Analyse hat gezeigt, dass diakonisches Handeln, Tun und Tätigkeit (gute Werke) durch den Glauben an Christus vermittelt werden und sich im Rahmen christlicher Formen von Gemeinschaft vollziehen. Diakonisches Handeln und Denken erhalten durch den Glauben eine besondere Qualität: Sie mediatisieren das Göttliche im zutiefst Menschlichen. Diese Aufhebung der trennenden Dualität von Glaube und Werk, die Erkenntnis, dass beide im Kern Tätigkeiten sind und strukturelle Analogien aufweisen (tätiger Glaube), liegt dieser Einsicht zugrunde. In diesem Rahmen ist auf die Erkenntnisse von Aebli, Vygotsky und Bakhtin über das menschliche Denken einzugehen. Alle drei erkennen, dass Denken in den elementaren Lebensvollzügen und in der physischen Tätigkeiten des Menschen eingewurzelt ist: Denken und Tun setzen vorhandene oder neue generierte Elemente miteinander in Beziehung. Ihr Grundzug ist es, im Hinblick auf das angestrebte Ziel neue Verbindungen zu legen: Ein Kind, das einen Spielzeugturm baut, setzt Bausteine in Beziehung zueinander. Der Schreiber eines Textes arrangiert Vorstellungen, Erkenntnisse und Wörter miteinander, um sein Ziel zu erreichen. Wenn wir Unternehmungen planen, dann setzen wir Akteure, Kontexte, materielle und geistige Artefakte miteinander in Beziehung. Tun und Denken tragen dieselben verbindungsstiftenden Strukturen in sich, damit wir unsere Ziele erreichen und Absichten verwirklichen können.

Die Entwicklung oder die Transformation dieser Strukturen findet in zwei Dimensionen statt: Transformation vom Einfachen zum Komplexen und Abbildung des Tuns in ein anderes Medium. Zum einen entwickeln sich einfache Strukturen – etwa das Wegnehmen von Gütern aus einer bestimmten Menge – zu einer komplexen, ausgearbeiteten Operation (Rechnen). Zum anderen verändert sich das Medium des Tuns: Das einfache, anschauliche Arrangieren von Gegenständen wird in ein Medium abgebildet, welches das Arrangieren der Elemente schneller und sicherer vonstatten gehen lässt. Sprache und Bilder spielen als Medien hier eine Schlüsselrolle, ferner alle Prozesse, die bildhaftes, verstehendes Anschauen ermöglichen.

Die geistige Aneignung externer Tätigkeiten wollen wir mit Vygotsky (1981) Interiorisierung nennen: Erfahrungen werden verallgemeinert, Begriffe und Verständnis entstehen durch Abstraktion, Regeln entstehen aus praktischen Erfahrungen. Dabei verlieren die geistigen Tätigkeiten nie den Charakter der elementaren und praktisch ausgeführten Tätigkeiten. Erst wenn geistige Tätigkeiten von praktischen Tätigkeiten isoliert entwickelt werden, entsteht eine Kluft zwischen Denken und Tun, Theorie und Praxis. Dies gilt es für den Zusammenhang von »Diakonie-praktisch«

und »Diakonie-theoretisch« mit zu bedenken. Die Transformation praktischer und geistiger Tätigkeiten verläuft evolutionär, d. h. beide Ebenen streben nach Entwicklung durch Schaffung einer neuen Ordnung. Indem das Chaos strukturiert wird, werden Willkür und Zufall minimiert und Tätigkeiten weiterentwickelt. Ein wichtiges Element ist dabei die Transparenz. Je durchsichtiger und anschaulicher eine Tätigkeit mental oder physisch abgebildet ist, desto einfacher kann sie neu strukturiert und entwickelt werden.

Ein anderes evolutionäres Element der Tätigkeit ist die *Begriffsbildung*. Damit wird das Gefüge von Beziehungen, welche wir stiften, fassbar, wir haben die Wirklichkeit »im Griff«. Hierzu lösen wir die praktischen Erfahrungen aus ihrem Kontext und vergleichen sie mit anderen Erfahrungen und Gegebenheiten. Diese Strategie hilft bei der Lösung von Problemen. Etwas, was zuvor noch als ungeordnete Zielverstellung und unstrukturiertes Tun erscheint, wird durch Begriffe analysierbar und kann mit einer neuen Handlungsstrategie versehen werden. Im Hinblick auf die Diakonie bedeutet dies, dass die praktischen Tätigkeiten in geistige Tätigkeiten transparent, begrifflich geordnet und weiterentwickelt werden müssen. Oder anders: Der Dienst am Nächsten umfasst das Nachdenken über und Analysieren von Diakonie im Hinblick auf die qualitative Verbesserung diakonischer Prozesse.

Das Problem trat bereits im Schülervotum zu »Diakonie-praktisch« und »Diakonie-theoretisch« zutage: Dualismus – hier in der Trennung von Tun und Denken, Reflexion und diakonischer Wirklichkeit, Unterricht und diakonischer Praxis. Erkennbar ist der Dualismus an Theorien, die von der Verifikation ihrer Erkenntnisse absehen. Wir stolpern dabei immer wieder über eine Erblast unserer Geistesgeschichte. Aebli sieht diese in der Tradition der *contemplatio* begründet, der inneren Schau, die Schwierigkeiten hat, zur *actio* zu gelangen. Wie schon Luther, so betont auch Aebli das Moment der »Bewährung« *(tentatio)*. Erst wenn Wissen praktische Tätigkeit wird, kann es sich bewähren. »Wo es aber keine Handlung gibt, da gibt es keine Bewährung, und wo das Denken handlungsfern verstanden wird, da geschieht es leicht, dass auch die Bewährung des Gedankens, die man die Verifikation nennt, nicht hoch im Kurse steht. Ja, man könnte radikal formulieren, wo die Bewährung fehlt, da gibt es letztlich kein Wahr und Falsch« (Aebli 1980,16). Dies ist für »Diakonie-theoretisch« elementar. Es geht nicht nur um die »Reflexion«, d. h. geistige Transformation praktischer Tätigkeit, sondern um die Bewährung der dort gewonnenen Erkenntnisse in der Praxis. Oder anders: Erkenntnisse in »Diakonie-theoretisch« müssen sich in »Diakonie-praktisch« bewähren«.[8]

---

8 »Der didaktische Kurzschluss besteht darin, bloße Ergebnisse zu vermitteln und zu meinen, man habe nicht die Zeit oder es sei zu umständlich, mit Schülern jene Tätigkeiten in Gang zu setzen, deren Ergebnis die Einsicht, die Problemlösung, der Begriff ist« (Aebli 1987, 30). Aebli folgt daraus, dass es im Unterricht deshalb notwendig sei, »von der Situation eine strukturelle Beschreibung zu liefern. Denn diese muss doch im Geiste des Handelnden repräsentiert sein. Wie könnte er sonst seine Handlungen auf sie beziehen« (Aebli 1980, I, 85).

3.3 Gemeinschaft und Sprache als Quelle des Denkens

Vygotsky betont die wichtige Funktion der Sprache. Hierin werden die Erkenntnisse von Aebli, dass Denken »Handeln in einem anderen Medium« ist, noch einmal beleuchtet. Für Vygotsky ist klar, dass jede absichtsvolle menschliche Tätigkeit, immer mittelbar, d. h. durch kulturell angeeignete »Artefakte/Werkzeuge« geschieht. Vygotsky illustriert dies an vergleichenden Untersuchungen zur Intelligenzentwicklung bei Mensch und Tier. Schimpansen sind beim praktischen Problemlösen auf die unmittelbare, visuelle Präsens von Gegenständen und Situationen angewiesen. Kinder hingegen beginnen schon früh ihr Tun zu kommentieren und in ihr sprechendes Denken abzubilden. Zugrunde liegen die sozialen Erfahrungen des Kindes. Es weiß, dass Sprache hilft, Ziele zu erreichen und Bedürfnisse zu stillen. Die Kommentierung des eigenen Tuns ist deshalb immer sozial, d. h. sie richtet sich in Gegenwart eines anderen Menschen an diesen Menschen. Fehlt dieser, spricht das Kind zu sich selbst. Versuche, dieses Sprechen zu unterbinden, führen zum »Einfrieren« des praktischen Tuns (Vygotsky 1978, 25). Man kann auch sagen, dass der Weg eines Kindes zu seinem Ziel sozial und kommunikativ ist. Und dieses soziale und durch Sprache mediatisierte Tun wird zu einer Grundstruktur unseres Geistes. Denken trägt dialogische Züge. Aus den zunächst externen sozialen und egozentrischen Sprachakten entsteht eine innerpsychologische Funktion, das Denken. Folgte anfänglich die Sprache der praktischen Tätigkeit, so bestimmt nun das verinnerlichte Sprechen (das Denken) stets mehr den Verlauf der Tätigkeit. Sprache und Denken erzeugen eine planerische Funktion und übernehmen das Ordnen des Tuns.

Für das diakonische Lernen bedeutet dies, dass Sprache nicht nur ein genuin theologische Element des Lernens ist, sondern den Aufbau höherer, geistiger Formen von Diakonie erst ermöglicht.

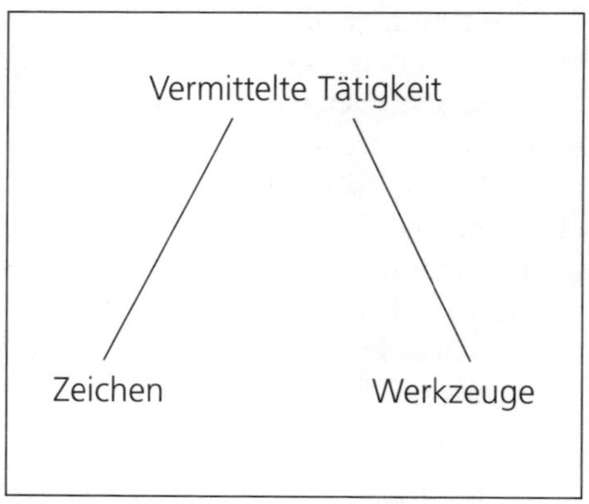

Vygotsky führt über Aebli hinaus, indem er nachweist, dass Denken nicht nur die Strukturen des Tuns, sondern die Strukturen seiner sozialen Vermittlung in sich trägt. Darum ist es unmöglich, diakonisches Lernen loszulösen von der Kommunikation und Interaktion in authentischen diakonischen Kontexten: »Ein interpersoneller Prozess wird transformiert in einen intrapersonalen Prozess. Jede Funktion in der kulturellen Entwicklung eines Kindes erscheint doppelt oder auf zwei Ebenen. Erstens auf der sozialen Ebene und später auf der Ebene des Individuums: zuerst zwischen Menschen (interpsychologisch) und dann im Kind (intrapsychologisch). Dies trifft vollständig zu für freiwillige Aufmerksamkeit, Gedächtnis der Logik, die Bildung von Konzepten (Begriffen). Alle höheren (geistigen) Funktionen entspringen tatsächlichen Beziehungen zwischen Menschen« (Vygotsky 1978, 57). Vygotsky hat dabei nicht nur die unmittelbare Interaktion und Kommunikation zwischen Menschen im Blick. Jede Interaktion steht für ihn in einem komplexeren

Netzwerk sozialer Beziehungen, welche wiederum geschichtlich gewachsen sind. Diese größeren Kontexte, also z. B. die Weise wie die Arbeit der Diakonie bundesweit organisiert wird, entsprechen in ihrem Aufbau den höheren geistigen Funktionen im Menschen. Wichtig ist es, sich hier noch einmal den Prozess der Interiorisierung zu vergegenwärtigen. Menschen generieren ihr Denken anhand vorfindlicher äußerer Strukturen: »Notwendigerweise war alles Innerliche in höheren Formen einmal äußerlich, das heißt, es war für andere Menschen einmal das, was es nun für einen selbst ist. Jede höhere mentale Funktion durchläuft notwendigerweise ein äußerliches Stadium in seiner Entwicklung, weil es ursprünglich eine soziale Funktion (zwischen Menschen, d.Vf.) ist. Das ist der Kern des gesamten Problems des inneren und äußerlichen Verhaltens ... Wenn wir von einem Prozess sprechen, so meint ›äußerlich‹ immer ›sozial‹. Jede höhere mentale Funktion war einmal äußerlich, weil sie an irgendeinem Zeitpunkt sozial war, bevor sie eine innere, wirkliche mentale Funktion wurde« (Vygotsky 1981, 162).

3.4 Die dialogische (soziale) Struktur des menschlichen Geistes

Wertsch (1991, 98) hat die Einsichten von Vygotsky aufgenommen und mit dem Erkenntnissen von Bakhtin (1981, 1986) vertieft. Für Wertsch bedeutet *»mediated action«*, die Vermittlung menschlicher Tätigkeit durch den inneren und äußeren Dialog. Schon für Vygotsky war der Dialog der Ausdruck der sozialen Struktur des menschlichen Geistes: »Mit einem Wort, die ganze Natur ... ist sozial. Sogar wenn wir uns den mentalen Prozessen zuwenden, so ist ihre Natur quasi-sozial. In ihrer eigenen privaten Umgebung unterhalten Menschen die Funktionen der sozialen Interaktion« (Vygotsky 1981, 164). Bakhtin folgert – und damit rückt er in die Nähe von Buber – dass der Andere, außerhalb meiner Selbst, für meine Weiterentwicklung notwendig ist. Sprechakte sind für ihn Manifestationen menschlichen Tuns. Wörter und Sprache drängen immer nach »außen«. Vorstellungen, Erlebnisse, Erkenntnisse müssen geäußert, *exteriorisiert* werden. Dabei hängen unsere Äußerungen an den Äußerungen der Anderen. Es entsteht eine »kommunikative Kette«. Erst in dieser Verkettung entstehen neue Qualitäten in der Erkenntnis, entsteht ein kreativer Prozess der gemeinschaftlichen Bedeutungsfindung. Nach Bakhtin können »Bedeutung zumessen« und »Verstehen« nicht einfach von einer Person auf eine andere übertragen werden. Statt dessen entsteht beides, wenn wir miteinander sprechen und reflektieren. In jedem Dialog ist zudem eine »dritte Stimme« anwesend. Sie ist die Referenz und die Autorität der miteinander Kommunizierenden. Sie ist »Gott ... die absolute Wahrheit, der Gerichtshof des leidenschaftslosen menschlichen Bewusstseins, die ›Leute‹, der Gerichtshof der Geschichte, die Wissenschaften und so weiter« (Bakhtin 1986, 126).

Für das diakonische Lernen bedeutet dies, dass Luthers »Lernen im Mundhaus« sich nicht nur auf theologische, sondern auf diakonische Tätigkeit beziehen muss. Dieses ist für die Entwicklung der Schüler elementar. Je mehr »Stimmen« im Hinblick auf diakonischeTätigkeit zur Sprache kommen, desto eher kann eine »kommunikative Kette« entstehen. Es ist wichtig, dass auch die *»inner voices«* der Lernenden »exteriorisiert« werden, zur Sprache kommen können. Dabei geht es nicht nur ein-

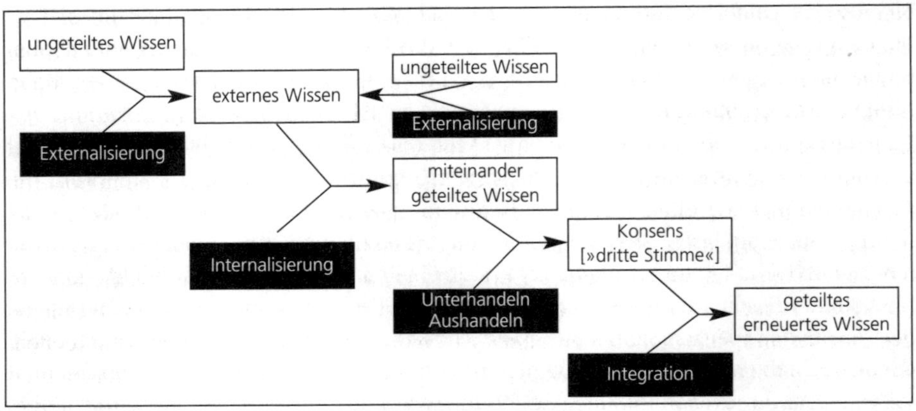

seitig um die Entwicklung der Schüler, den Aufbau ihrer *»higher mental functions«* (Vygotsky 1981), wie Begriffsbildung, Bedeutsamkeitsfindung durch Partizipation. Es geht ebenso um die Weiterentwicklung diakonischer Gemeinschaften im Dialog mit den Erkenntnissen der Schülerinnen und Schüler! Hilfreich ist auch die Vorstellung der *»third voice«*, des höchsten Referenzrahmens in den Gesprächen zwischen Schülern und diakonisch tätigen Menschen. In theologischer Perspektive ist dies Christus, in dessen Präsenz diakonische Gemeinschaft entsteht. Dabei sollte darauf geachtet werden, dass diese »dritte Stimme« nicht nur implizit, sondern auch explizit ein Thema der Gespräche ist. Hierdurch kann deutlich werden, wie Handeln durch den Glauben der diakonisch Tätigen vermittelt wird. Hier ist noch einmal daran zu erinnern, dass »Dienst am Nächsten« und »Dienst am Wort« im NT und bei Luther zusammengehen.

3.5 Folgen für den Zusammenhang von »Diakonie-theoretisch« und »Diakonie-praktisch«

Mit Vygotsky und Aebli kann gesagt werden, dass »Diakonie-theoretisch« aus »Diakoniepraktisch« entsteht. Dies ist nicht nur historisch korrekt, sondern gilt auch für die Genese diakonischen Denkens der Schüler im Lernprozess. Oder anders ausgedrückt: Der konkrete »Tisch-Dienst« bleibt die Grundlage für komplexe diakonische Tätigkeiten, Organisationsstrukturen und Theoriebildungen.

Umgekehrt gilt, dass »Diakonie-theoretisch« immer – außer bei Routinetätigkeiten – auch den Rahmen praktischer Tätigkeiten formt. Nur wird sie eben nicht explizit vermittelt, sondern liegt dem Handeln und seinen strukturellen Bedingungen implizit zugrunde. »Diakonie-theoretisch« mit Schülern aus der Praxis zu entwickeln, heißt Sprechen, Reflektieren und Nachdenken über konkrete diakonische Tätigkeiten. Dabei ist es ein Lernziel zu verdeutlichen, dass »Diakonie-theoretisch« zu einer qualitativ höheren »Diakonie-praktisch« führt, Reflektion über Diakonie selber Diakonie sein kann. Dieser Nachweis ist indes – mit Aebli und Luther – *praktisch* zu erbringen.

Die Kommunikation zwischen einer diakonischen Gemeinschaft und Schülern kann auch mit Hilfe des Internets unterstützt (mediatisiert) werden. Kommunikation und Erfahrungsaustausch können überbrückt werden. Ein Projekt – ein Atlas religionspädagogischer Lernorte – entsteht zurzeit am PTI in Kassel (www.pti-kassel.de) in Zusammenarbeit mit der EKD (www.rpi-virtuell.de).

3.6 Die Bedeutung authentisch-sozialer Kontexte für das diakonische Lernen

Zur Überwindung der Kluft zwischen Theorie und Praxis braucht diakonisches Lernen die Verzahnung von Schule und diakonischen Gemeinschaften. Nur das Lernen in authentischen diakonischen Kontexten kann authentische Wissensstrukturen hervorbringen. Lurias empirische Untersuchungen zum Wissenserwerb und Kontext unterstreichen diesen Zusammenhang noch einmal: »Kognitive Prozesse (wie Wahrnehmung und Gedächtnis, Abstraktion und Verallgemeinerung, Argumentation und Problemlösen) sind nicht unabhängige und unveränderliche »Fertigkeiten« oder »Funktionen« des menschlichen Bewusstseins. Sie sind Prozesse, die in konkreten, praktischen Tätigkeiten entstehen, und sie werden in den Grenzen dieser Tätigkeit geformt« (Luria 1971, 266).

3.7 Diakonische Tätigkeit in systemischer Perspektive

Mit Vygotsky, Luria, Bakhtin und Wertsch wurden bisher grundlegende Erkenntnisse der *»activity theory«* aufgenommen und mit Aebli kommentiert. Dabei war vor allem die Perspektive des Individuums einzunehmen und dort seine Transformation physischer und geistiger Tätigkeit zu beschreiben. Mit der von Pratt geforderten doppelten Perspektive von Individuum und Kultur geht es im Folgenden nun um andere Vertretern der *»activity theory«*, die die Bedeutung sozialkulturellen Kontextes herausgearbeitet haben. Hierzu ist insbesondere Engeström zu rezipieren, der sich in der Tradition Vygotskys, Lurias und besonders Leontjews sieht. Seine Einsichten sollen anschließend im Modell der »Lehrzeit«, im *»situated learning«*, ausgeführt werden. Dieser Ansatz steht in der Nähe der *»activity theory«*[9] *und der kognitiven Psychologie von Bruner (situated cognition)*.

Engeström analysiert Tätigkeit weniger auf der Ebene des Individuums, sondern systemisch, in der Außenperspektive. Er greift die Erkenntnis der *»activity theory«* auf, dass Menschen ihre Tätigkeit in Formen von Gemeinschaften und durch Nutzung kultureller Artefakte ausführen. Kurzum, dass unsere Entwicklung stark mit unserem soziokulturellen Kontext verbunden ist. Diese Interdependenz von Individuum und Gemeinschaft ist freilich etwas völlig anderes als der Determinismus früherer sozialer Theorie. Engeström beschreibt tätige Gemeinschaften *(communities of practice)* in ihren Rollen, Arbeitsteilungen und Regeln. Erst durch den Aufbau differenzierter Strukturen gelingt es, bestimmte Aufgaben auszuführen. Die Aufgabenverteilung der

9 »Situated learning« als »legitime periphäre Partizipation« wurde im Rahmen der Konferenz von »Work and Communication« 1988 in San Diego u. a. durch Engeström und Cole mit konzipiert (Lave & Wenger 1991, 25).

Armenfürsorge in der ersten Gemeinde mit Hilfe von sieben Diakonen ist hierfür ein Beispiel. Mit Hilfe von neuen Rollen und Arbeitsteilung entsteht Spezialisierung. Zugleich entstehen spezialisierte, geistige und physische Artefakte/Werkzeuge.

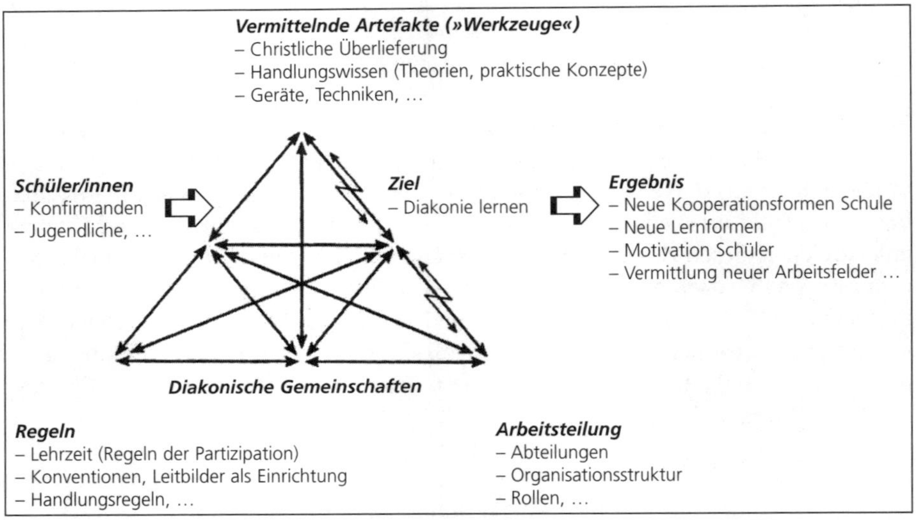

Regeln für die Arbeitsteilung diakonischer Gemeinschaften

Tätigkeitssysteme können in einem Dreieck visualisiert werden. Auf diese Weise kann z. B. analysiert und darstellt werden, wie Schüler oder Schülergruppen in diakonische Tätigkeit involviert werden. Sie lernen nicht nur neue Handlungen kennen, sondern auch die Arbeitsteilung und Regeln, mit deren Hilfe diakonische Tätigkeit ausgeübt wird. Sie selbst bekommen den Status des Lehrlings, Praktikanten, *»newbies«* mit impliziten oder expliziten Regeln zuerkannt. Während »newbies« stets mehr an Zielen, Arbeitsteilung, materiellen und geistigen Artefakten der Gemeinschaft partizipieren, kommt es zur Transformation, die wir mit »Lernen« beschreiben. Mit jedem Neuling kommt Veränderung in das gesamte Tätigkeitssystem: Geistige und materielle Artefakte werden umgestaltet, Arbeitsteilung und -organisation verändern sich und natürlich auch Ziele und Motive der Tätigkeit. Durch Interiorisierung bildet das Individuum kreativ die Strukturen der Tätigkeiten in seinen menschlichen Geist ab und um. Durch Exteriorisierung – d. h. durch Darstellen, Visualisieren, Symbolisieren, Äußern von Erfahrungen, Fertigkeiten, Kenntnissen – kommt es zu Spannungen innerhalb des Systems. (Im Dreieck werden die Spannungen als Pfeile mit zwei Spitzen dargestellt.) Diese Spannungen sind für Engeström essenziell, quasi der Motor der Weiterentwicklung einer Tätigkeit! Im ungünstigen Fall führen sie jedoch zum Zusammenbruch eines Tätigkeitssystems. Mit Engeström kann die Tätigkeit einer diakonischen Gemeinschaft als *»multi-voiced«* und *»multi-layered«* dargestellt werden. Auf verschiedenen Ebenen werden verschiedene Tätigkeiten in miteinander verbundenen Systemen ausgeführt. Auch innerhalb eines Systems lassen sich verschiedene Hierarchien *(layer)* festmachen. Ganz oben steht die Tätigkeit *(activity)*, die bestimmte Motive verfolgt. Darunter stehen die bewussten Handlungen *(actions)*, die auf bestimmte Ziele ausgerichtet sind *(goals)*. Dann folgt routinehaftes Verhalten *(operations)*, welches bestimmte Aufgaben erfüllen soll *(tasks)*. Ähnliche Unterteilungen finden sich ebenfalls in der Psychologie des Westens. Hier wird von geistigen und physischen Handlungen (Piaget: Operationen) gesprochen und diese werden vom spontanen oder routinehaften Verhalten unterschieden. Spannungen erscheinen auf der Ebene des Individuums als kognitive Dissonanz.

Diakonisches Lernen in der Perspektive von Engeström heißt kreative Partizipation als Neuling in einem »System« diakonischer Tätigkeit, also durch Partizipation an Motiven, Arbeitsteilung, Regeln, physischen und geistigen Artefakten zunehmend involviert zu werden.

Dieser Prozess geht nicht ohne Spannungen innerhalb eines diakonischen Systems vonstatten, die – kreativ genutzt – zu Innovation führen. Authentische diakonische Kontexte in der Perspektive von *»activity theory«* sind weit mehr als nur »Lernorte«. Sie schließen die gesamte soziale (gemeinschaftliche) Vermittlung von Tätigkeit mit ein. Die systemische Perspektive von Engeström kann diese Zusammenhänge veranschaulichen.

3.8 Situated learning

Auch *»situated learning«* verknüpft Lernen und Tun aufs Engste miteinander. Es basiert auf einer allgemein akzeptierten Erkenntnis der Kognitionsforschung: »... es sollte nicht angenommen werden, dass Wissen übertragbar ist, als Folge einer automatischen Konsequenz, wenn Bedeutung an eine Erfahrung verknüpft wird. Wissen ist relativ spezifisch im Hinblick auf den Zweck, auf den es hin erworben wurde« (Kirschner 2000, 5). Dieselbe Einsicht zur »Situiertheit« von Erkenntnis und Wissen haben wir auch von Vertretern der *»activity theory«* (Luria, s.o.) vernommen. Dieses ist der Ausgangspunkt von »situated learning«: Fruchtbares Lernen muss mit dem »Sitz im Leben« der Wissensanwendung verbunden sein. Die strittige Frage ist nur: wie? Auf der Suche nach pädagogischen Antworten beschritten Brown u. a., den Weg von der »Kultur der Schulung« zur Alltagskultur (1989). Sie untersuchten das Lernen »gewöhnlicher Leute« *(just plain folks)* und prägten den Begriff des Lernens in der *»cognitive apprenticeship«* (Collins u.a, 1989). Sie erkannten, dass das Motiv der »Lehrzeit«, eine uralte, bis heute gültige, enkulturierende Form des Lernens war. Das Lehrzeitmodell von Brown wurde von Lave und Wenger aufgegriffen (1990, 1991). Wie diese analysierten sie Lernprozesse in der Alltagskultur, z. B. das Problemlöseverhalten beim täglichen Einkauf im Supermarkt oder bei der Zubereitung von Speisen (1988). Sie erkannten, dass die meisten Menschen im Alltag kaum auf ihr in der Schule erworbenes Wissen zurückgreifen, sondern kreative neue Strategien zur Problemlösung entwickelten. Alltagswissen *(everyday cognition)* und Improvisation spielten eine viel deutlichere Rolle als Schulwissen. Lave erklärt sich dies wie folgt: »Wenn Alltagspraktiken ... allgegenwärtig sind, sind sie in gleicher Form organisiert und Ausdruck der direkten, immer andauernden und tiefen Erfahrung des Handelns der ganzen Person *(whole-persons acting)*. Diese scheinen elementare Bedingungen für wirksame menschliche Tätigkeit zu sein« (1988,190). Während für Brown »situated learning« eine pädagogische Orientierung *für* Bildungseinrichtungen darstellt, wurde Lave stets schulkritischer. Für Brown enkulturieren gute Lehrer ihre Schüler in die Gemeinschaft derer, die mit dem Wissen tätig sind. Auch sie können das schulische Lernen als »Lehrzeit« auffassen, mit dem Ziel, in diese mit dem Wissen tätige Gemeinschaft hineinzuführen. Didaktisch geschieht dies u. a. dadurch, dass Schüler zu Beginn Aufgaben erhalten, in denen ihr implizites Alltagswissen zum Zuge kommt. So erfahren sie den *Wert kreativer Alltagsstrategien* zur Lösung von Problemen. Dadurch, dass der Lehrer immer verdeutlich, dass es nicht nur einen Lösungsweg gibt, sondern verschiedene Wege, die mehr oder weniger effizient sind, werden Kreativität und Problemlösestrategien weiter gefördert. Eben solche Eigenschaften kennzeichnen Alltagswissen in tätigen Gemeinschaften. Auf stets höherem Niveau partizipieren Schüler dann an deren Diskussionen, Bewertungen und Überlegungen. Ähnliche didaktische Wege der Verknüpfung von Alltagswissen mit diakonischem Wissen sind auch für das diakonische Lernen in der Schule gut vorstellbar. Für Lave haben Bildungseinrichtungen die Tendenz, einen künstlichen, kulturell isolierten Tätigkeitsrahmen für Lernende zu generieren. So entwickelten sie eigene Bewertungschemata *ohne* Bezug zu den impliziten Bewertungsstrategien der »communities of practice«. So kann die Schule nach Lave niemals die Partizipation, Empathie, affektive Lernfortschritte, Bemühung eines Schülers und das Ergebnis seiner Tätigkeit adäquat messen und zueinander in Beziehung setzen. Eine alte Erkenntnis, die sich auch in der sozialen Lerntheorie von Bandura wiederfindet und den Unterschied der Lernkontexte Schule und »community of practice« verdeutlicht[10]. Letztere sind historisch gewachsene Gemeinschaften, ihre Tätigkeit ist »situated«. Eine »community of practice« ist ein »set« von Beziehungen zwischen Menschen, Tätigkeit und Welt, über eine bestimmte Zeit und in Beziehung mit tangierenden und überlappenden »communities of practice«. Das, was die Gemeinschaft im Kern zusammenhält, ist ihre Verbundenheit durch die gemeinschaftliche Tätigkeit *(activity)*. Zur Transformation der Tätigkeit (Lernen) gehört das ständig neue Aushandeln der Bedeutung von Tätigkeit *(negotiation of meaning)*. Dies ist ein offener Prozess. Neue Elemente werden aufgenommen, Altes wiederentdeckt etc.

Lave ging in ihrer zweiten Studie 1991 der Frage nach, wie sich »Lehrzeit« in unterschiedlichen kulturellen Kontexten darstellt. Sie analysierte verschiedene empirische Studien u. a. aus dem Bereich anonyme Alkoholiker, US-Navy, Fleischerausbildung oder Schneiderausbildung in Liberia. Sie fand vergleichbare Muster, von denen sie annimmt, dass sie sich in andere Kontexte übertragen lassen. Und in der Tat kann die Frage gestellt werden, inwiefern eine solche kulturelle Übertragung nicht einen Selbstwiderspruch des »situated learning« darstellt.[11] Indes bin ich durch die Analyse einer religiös tätigen Gemeinschaft im Internet zu dem Schluss gekommen, dass sich wesentliche Elemente der legitimen peripheren Partizipation in anderen Formen tätiger Gemeinschaften wiederfinden lassen (Sander-Gaiser 2003, 274). Hanisch u. a. sind ihrerseits überzeugt, dass »diakonisches Lernen als

---

10 »In social cognitive theory, perceived self-efficacy results from diverse sources of information conveyed vicariously and through social evaluation, as well as through direct experience.« (Bandura 1986, 411)

11 »Further, coming to see that a theory of situated activity challenges the very meaning of abstraction and/or generalization had led us to reject conventional reading of the generalizability and/or abstraction of ‘knowledge‹«. So Lave selbst (1991, 37 und 1988, 39, 44).

Persönlichkeitsentwicklung vor allem dann sinnvoll und möglich erscheint, wenn es als »situated learning« im Rahmen einer »community of practice« geschieht« (2004, 141). Letzte Sicherheit bietet indes nur eine empirische Auswertung einer Lehrzeit, die nach den Prinzipien des »situated learning« gestaltet wurde. Für Lave ist das zentrale, kulturübergreifende Muster der Lehrzeit die »legitime periphere Partizipation« der Neulinge. Legitim ist ihre Lehrzeit deshalb, wenn die tätige Gemeinschaft ein Interesse an der Partizipation von Neulingen hat. Diese erhalten wiederum aufgrund der Kriterien für »Lehrzeit« den legitimen Status des »Lehrlings«. Ziel der »legitimen peripheren Partizipation« ist es, von der (beobachtenden) Peripherie zu den Kerntätigkeiten *(coreactivities)* der Gemeinschaft fortzuschreiten. Diese zentripetale Bewegung vom Rand zum Zentrum geht mit einer Zunahme von Wissen und Fertigkeiten und mit einem Positionswechsel innerhalb der Gemeinschaft einher. Voraussetzung hierfür ist allerdings, dass die »Neulinge« ihrerseits »ihre eigene Identität in der Zukunft der tätigen Gemeinschaft« finden möchten. Für eine weitere Darstellung des »situated learning« sei auf Hanisch u. a. (2004, 133) und Sander-Gaiser (2003, 243) verwiesen.

Entsprechend den oben dargelegten Erkenntnissen aus »activity theory« und »situated learning« lassen sich folgende wichtige Elemente einer gelungenen »Lehr- / Praktikumszeit« festhalten:

- *Festlegung / Beschreibung der »Legitimität« der Lehrzeit.* Die Legitimität einer »Lehrzeit« beruht auf zwei Motiven: 1. Die diakonische Gemeinschaft muss ein vitales Interesse an »Lehrlingen/Praktikanten« haben. (Eine »Lehrzeit« kann formalisiert angeboten werden (Praktikums-, Ausbildungskontrakt) oder informell organisiert sein (»Patenschaften«, »Mitlaufen«). 2. Vonseiten der Praktikant/innen gehört Motivation dazu, sich auf die neue Tätigkeit im Kontext der Gemeinschaft einzulassen. (Es kann sinnvoll sein, zwischen Einrichtung und Praktikanten eine Übereinkunft, einen »Kontrakt« zu schließen, in dem wechselseitigen Erwartungen und Pflichten abgeklärt werden.)
- *Aufbau von Beziehungen zwischen Praktikanten und Mitgliedern der Gemeinschaft.* Diakonisches Lernen geschieht in und durch Beziehungen. Isolierte Tätigkeitsstrukturen in Lehrzeitmodellen führen weg von der sozialen Vermittlung diakonischen Wissens und entsprechender Fertigkeiten.
- *Kommunikation.* Reden, Zuhören, Handlungen kommentieren, Erfahrungen austauschen sind der Motor geistiger Entwicklung. Durch Kommunikation wird implizites Wissen explizit. Durch die Sichtweisen der Lehrlinge und Praktikanten fällt neues Licht auf die Tätigkeit der diakonischen Gemeinschaft.
- *Breite und einfache Zugänge zu allen wichtigen Tätigkeitsbereichen.* Wenn die Lehrzeit darauf abzielt, an den *»coreactivities«* der Gemeinschaft teilzuhaben, müssen möglichst viele Tätigkeitsbereiche offen stehen. Hierin sollten Praktikant/innen von der Beobachtung zur Selbsttätigkeit angeleitet werden.
- *Beachtung zentripetaler und zentrifugaler Kräfte in der Gemeinschaft.* Eine Lehrzeit kann mit wechselseitiger Zustimmung, aber auch mit Kritik einhergehen. Schwierigkeiten mit der Lehrzeit können Praktikanten zentrifugal an den Rand einer diakonischen Gemeinschaft führen. Umgekehrt lassen zentripetale Kräfte in der Gemeinschaft Praktikanten eine Gemeinschaft als wertvoll und ihre Teilnahme als wünschenswert erscheinen. Der Unterricht bietet hier weiterführende Möglich-

keiten als die Praktika. Hier gibt es einen Raum und eine eigene Gemeinschaft für Auseinandersetzung, Kritik und Selbstfindung, die sich von den impliziten Bewertungskriterien einer diakonischen Gemeinschaft unterscheiden.

- *Erkennen des Zusammenhangs zwischen Innovation und Statuswechsel.* Es kann geschehen, dass durch neue Mitglieder einer Gemeinschaft alte Mitglieder in den Hintergrund gedrängt werden. Die Altgedienten erkennen dann ihre eigenen Überzeugungen und Tätigkeitsstrukturen nicht mehr. Umgekehrt wird der Status von Neulingen verbessert, wenn ihre Weise, Tätigkeit zu gestalten, sich etabliert.
- *Erkennen der Autoritätsfiguren.* Diese können einen erheblichen Einfluss auf eine diakonisch tätige Gemeinschaft ausüben. Durch ihren Einfluss wird diakonische Tätigkeit auf eine bestimmte Weise realisiert. Autorität beruht auf der Dauer und der Intensität der Partizipation.
- *Erkennen von »Helden« und »Hütern der Tradition«.* Bestimmte Personen haben oftmals Meilensteine in der Entwicklung einer diakonischen Tätigkeit gesetzt. Sich mit ihnen zu beschäftigen hilft beim Erkennen des Selbstverständnisses einer diakonischen Gemeinschaft. Auch hier kann der Unterricht weiterführende Lernprozesse in Gang setzten.
- *Erkennen von »Verwandtschaften«.* Manche Mitglieder unterhalten enge Beziehungen zueinander und prägen damit das Gesicht diakonischer Tätigkeit. Neulinge können »adoptiert« werden.
- *Erkennen der verschiedenen Ebenen diakonischer Tätigkeit.* Tätigkeit wird in verschiedenen Ebenen in einer Gemeinschaft ausgeführt und kommuniziert. So existieren verschiedene Themenstränge *(threads)*, die neben- und übereinander miteinander verwoben sind.
- *Erkennen: »Wissen heißt Einfluss«.* Je kompetenter ein Mitglied Tätigkeiten ausführt und Wissen darstellen kann, umso höher ist für gewöhnlich sein Ansehen.
- *Veränderungen im Lehrzeitstatus.* Lehrlinge werden im Allgemeinen mit größerer Toleranz behandelt, bekommen jedoch auch häufiger Hinweise auf Grundlagenkenntnisse. Wichtig ist es, dass die diakonische Gemeinschaft ihren Praktikanten einen Statuswechsel signalisiert. Damit wird die Akzeptanz des Neulings in der Gemeinschaft verdeutlicht, die Lehrzeit implizit ausgewertet. Folgen sind ein Motivationsschub und die Steigerung des Selbstwertgefühls.
- *Religiöse Überlieferung, Geschichten und »Mythologien« kennen lernen.* Die Identität einer tätigen Gemeinschaft wird durch Erzählungen, Rituale manifest. Sie kennen zu lernen und an (religiösen) Handlungen und Feierlichkeiten teilzunehmen, ist essenziell. Daneben existieren zahlreiche Geschichten von problembehafteten Situation und deren Lösungen. Diese bilden das Selbstverständnis einer diakonischen Gemeinschaft ebenfalls ab. Je mehr ein Lehrling, eine Praktikantin in die Mitte der Gemeinschaft vorstößt, umso mehr hat er oder sie eigenen Anteil an der narrativenÜberlieferung der Gemeinschaft.
- *Transparenz.* Die Strukturen der Gemeinschaft sollten für Praktikanten und Lehrlinge stets transparent sein.

3.9 Lernen durch Beobachten und Vorbilder

Ein zentrales Motiv des Lernens in einer »Lehrzeit« ist näher auszuführen: das Lernen in Beziehungen, genauer gesagt die Vorbildfunktion der Mitglieder einer diakonischen Gemeinschaft. Hier isrt auf die soziale Lerntheorie von Bandura zurückzugreifen. In der christlichen Überlieferung hat das Vorbildlernen eine ähnlich lange Tradition wie das Lernen in einer Lehrzeit. Im Mittelalter und in der Theologie Luthers bekommt es als *imitatio magistri* besondere Bedeutung. Ziel ist es, zur *conformitas* mit Christus zu kommen, allerdings als ein Weg der Werkgerechtigkeit. Wenn dies klar ist, steht für Luther einer exemplarischen Orientierung der Gläubigen an Christus nichts im Wege (Luther WA 10 I, 11,1). Nichts anderes tun wir, wenn wir heute von Christus als dem »Diakon« sprechen, als dem Vorbild für unser eigenes diakonisches Handeln. Bandura entdeckte das Motiv des Lernens durch Vorbilder, als er empirisch nachweisen konnte, dass Kinder beobachtetes aggressives Verhalten in Fernsehsendungen nachahmten (Bandura 1977, 27). Der Stanforder Psychologe entdeckte, dass Kinder weit intensiver durch Vorbilder als durch Instruktion lernen. Banduras Einschätzung der Bedeutung des Vorbildlernens für Heranwachsende, aber auch für Erwachsene, wird bis heute als ein wertvoller Zugang zum sozialen Lernens anerkannt (Steiner 2001, 120). Warum ist Vorbildlernen für Menschen so elementar? »Lernen wäre ausgesprochen mühsam, um nicht zu sagen extrem gefährlich, wenn Menschen sich nur auf die Auswirkungen ihrer eigenen Taten verlassen würden, um Klarheit darüber zu haben, was zu tun ist. Glücklicherweise wird das meiste menschliche Verhalten durch Beobachtung und Modellbildung (modeling) gelernt. Indem wir andere beobachten, formen wir eine Vorstellung, wie neues Verhalten auszuführen ist, und bei späteren Gelegenheiten dient uns diese codierte Information als ein Führer für Taten« (Bandura 1977, 22). Während wir beobachten, machen wir ein kognitives Modell des beobachteten Verhaltens, eine symbolische Repräsentation *(symbolic modeling)*. Später können wir dieses kognitive Modell als Orientierung für unser Verhalten benutzen. Die symbolischen Repräsentationen werden ergänzt durch Sprache und Zeichen, ein Moment, welches »activity theory«, Aebli und »situated learning« ebenfalls stark betonen. Neues Verhalten bedarf jedoch erst einer erfolgreichen Rückmeldung (Verifikation), bevor es sich zu einem neuen Modell festigt. Folgende Elemente sind wichtig, damit das Lernen aus Beobachtung erfolgreich verläuft:

1. *Aufmerksamkeit gegenüber dem Geschehen.* Für das diakonische Lernen heißt dies, gerade auch die emotionale Bedeutung der Situation und deren diakonischen Wert zu erfassen.
2. *Aufnahme:* Die beobachteten Elemente werden kodiert und stehen dem Gedächtnis zur Verfügung.
3. *Reproduktion:* Die beobachteten Handlungen können innerlich (oder äußerlich) reproduziert werden.
4. *Motivation:* Der beobachtende Schüler erhält aufgrund des Effekts der ausgeführten Handlung eine positive Verstärkung, eine Motivation zur eigenen Ausführung der Handlung.

Im Hinblick auf das Lehrzeit-Modell des »situated learning« bekräftigen die Einsichten von Bandura noch einmal die Legitimität der zunächst nur »peripheren Partizipation« der Praktikanten in einer tätigen diakonischen Gemeinschaft. Anders ausgedrückt: Das Bedürfnis der Neulinge, erst einmal nur »mitzulaufen« und »zuzusehen«, kann mit vielen kognitiven Prozesse einhergehen und sollte nicht unterschätzt werden. »Modeling«, d. h. die Ausbildung kognitiver Handlungsmodelle, ist die Grundlage für die spätere Beherrschung diakonischer Handlungen. Auch unterstreicht Bandura die besondere Rolle der »oldtimer«. Die Einsichten der »activity theory« werden noch einmal unterstrichen, wenn Schüler angehalten werden, selbstständig diakonische Handlungen auszuführen und Wissen anzuwenden (Exteriorisierung). Dies führt zu einer positiven Verstärkung der Motivation, sobald sich der gewünschte Effekt der Handlung einstellt.

Eine wichtige Komponente des sozialen Lernens ist das Lernen von Empathie, das »stellvertretende Erleben eines Gefühls eines anderen« (Steiner 2001, 117). Dieses kann sich schon bei Kleinkindern einstellen und ist nicht an die Ausbildung formal-kognitiver Fertigkeiten (Stufenmodelle) gebunden (ebd., 115). Ein Schlüssel zum Aufbau empathischer Fertigkeiten ist, ob es den Mentor/innen gelingt den Praktikant/innen die emotionalen Zustände anteilnehmend zu vermitteln (affektive Erklärung). Dies kann nur erreicht werden, wenn Mentoren und Praktikanten ein vertrauensvolles, positives Verhältnis zueinander entwickelt haben. Je mehr Empathie und folglich prosoziales Verhalten in alltäglichen diakonischen Kontexten eingeübt wird, desto eher wird es sich auch in Alltagssituationen, also etwa auch im Schulhof, wiederfinden lassen. Dass Schüler soziales Verhalten auf diese Weise übertragen können, wurde empirisch im Compassion-Projekt bestätigt.

3.10 Intrinsische Motivation

Wir haben gesehen, dass diakonische Tätigkeiten Schülern Selbstvertrauen und Anerkennung in einer diakonischen Gemeinschaft geben können. Das, was sie lernen, kann sie motivieren, um der Tat selbst willen anderen zu helfen. Schüler gehen hier an »schwierige Einsatzorte«, weil »es ›Spaß‹ macht, nicht weil sie sich opfern wollen« (Kuld 2002, 278). Dieser Befund wird in anderen nichtreligiös-sozialen Projekten empirisch noch einmal bestätigt. Schüler können eine intrinsische Motivation entwickeln. »Und dabei wird die Unterscheidung zwischen Altruismus und Egoismus bedeutungslos. Viele engagieren sich als Helfer nicht aus einem religiösen Antrieb heraus, sondern weil sie es lohnend und erfreulich finden und als persönliche Bereicherung betrachten« (Wilkinson 1997, 122). Zugleich entsteht eine Disposition, die als prosoziale Handlungsbereitschaft beschrieben werden kann: »Die direkte Begegnung und Kommunikation zwischen Menschen, die auf Kooperation und wechselseitige Hilfe angewiesen sind, festigt die Bereitschaft zu Prosozialität und wirkt ihrer möglichen Ermüdung oder Abschwächung entgegen, ja sie vermag die Entwicklung sogar umzukehren« (Kuld 2002, 280). In diesem Sinne kann diakonisches Lernen ein Hoffnungsträger für das Thema Gewalt an Schulen sein.

3.11 Spielerisches Lernen als Brücke zwischen Unterricht und Praxis

Spielerisches Lernen ist in der Theologie Luthers fest als eine evangeliumsgemäße Lernform verankert und wird auch in der gegenwärtigen Religionspädagogik wieder debattiert. Für Vygotsky ist das Spiel ein Weg, um die Distanz zwischen den faktischen Fertigkeiten eines Einzelnen und dem, was er zusammen mit »peers« oder Lehrern kann, zu überbrücken (Vygotsky 1987, 92). Spiel hilft, in die »Zone der nächsten Entwicklung« hineinzuwachsen. Im Spiel »schafft das Kind eine imaginäre Situation« (ebd. 93), welche nach bestimmten Regeln geformt ist. Indem diakonische Situationen imaginär reproduziert werden, können Kinder fundamentale diakonische Konzepte kennen lernen. Hiermit können die Tätigkeiten in den diakonischen Gemeinschaften vorbereitet und nachbereitetet werden: »Auf diese Weise sind die größten Fortschritte für Kinder im Spiel möglich, Fortschritte, die morgen ihre Grundlage für reale Tätigkeit und Moralität sein werden« (ebd., 100). So ist spielerisches Lernen eine von vielen Möglichkeiten, den von den Schülern gewollten und lernpsychologisch notwendigen Erfahrungsbezug im diakonischen Unterricht herzustellen. Erinnert sei auch noch an die Möglichkeit mit Hilfe einer zweiten (Klassen)gemeinschaft die Tätigkeit in diakonischen Gemeinschaften vorzubereiten und kritisch auszuwerten. Dabei sind die Grenzen des Lernens im Klassenzimmer immer im Auge zu behalten. Spannend ist die Entwicklung von »Diakonie-theoretisch« aus »Diakonie-praktisch«. Ideal ist es, wenn Schüler/innen zum Sprechen, Visualisieren und Reflektieren über diakonische Tätigkeits(strukturen) in ihrer »Lehrzeit« angehalten werden (Exteriorisierung). Dennoch ist dies nicht als Möglichkeit vorrauszusetzen. Der Unterricht kann hier eine wichtige Plattform sein, um diakonische Tätigkeit abzubilden, begrifflich zu analysieren und weiterzuentwickeln. Im Idealfall fließen die Erkenntnisse im Unterricht wieder zu den besuchten Einrichtungen zurück. Diese Funktion des Unterrichts braucht Bildungspartnerschaften zwischen Schule/Gemeinde und diakonischen Einrichtungen.

4 (Schul)pädagogische Anknüpfungspunkte

Wenn diakonisches Lernen sich als schulisches und außerschulisches Lernen etablieren soll, dann ist es wichtig, an vorhandene (schul)pädagogische Strömungen anschließen zu können. Am einfachsten geschieht dies dort, wo soziales Lernen bereits im (Schul)Profil verankert ist und eine Schulpraxis nachweisen kann. Ähnlich gute Rahmenbedingungen dürften in integrativ-kooperativen Schulen zu finden sein. Schulen in christlicher Trägerschaft können diakonisches Lernen nicht nur als soziales Lernen entdecken, sondern auch als einen Weg, um Schülerinnen und Schüler an Glauben und Religion durch praktisches Handeln heranzuführen. Positiv können die Entwicklungen zum Ganztagesschulprogramm und zur Ganztagsschule wirken. Schulen sind auf der Suche nach Bildungspartnern, und eine strukturelle Verzahnung ist aus lernpsychologischer Perspektive nur einzufordern.

4.1 Anknüpfung an ganzheitliches und handlungsorientiertes Lernen

Diakonisches Lernen kann versuchen, an das – inzwischen inflationär gebrauchte – *ganzheitliche Lernen* anzuschließen. Als Lernen mit »Kopf, Herz und Hand« (Pestalozzi) ist »Diakonie-theoretisch« zusammen mit »Diakonie-praktisch« eine Form ganzheitlichen, handlungsorientierten Lernens. Hier entsteht die Möglichkeit, »dass Kopf- und Handarbeit der Schüler in ein ausgewogenes Verhältnis zueinander gebracht werden können« (Meyer 1994, 214). Einer ganzheitlichen und handlungsorientierten Bildung geht es um die Vermittlung von Fachkompetenz, Methodenkompetenz und Sozialkompetenz im Kontext konkreter Lebenssituationen (Qualifikationsdreieck). Der Anschluss an den *handlungsorientierten Unterricht* ist lohnend, weil dort die motivationspsychologische Komponente des diakonischen Lernens gewürdigt und die Forderung nach realen Tätigkeitsfeldern unterstützt wird: »Die Begründung für handlungsorientierten Unterricht liegt in dem Versuch, das gestörte Verhältnis von Schule und Leben u. a. dadurch zu verbessern, dass der gesellschaftliche Verwertungszusammenhang des in der Schule vermittelten Wissens für die Schüler erfahrbar gemacht wird. Sie liegt erziehungstheoretisch in dem Versuch, Schüler zu Subjekten ihrer Lernprozesse zu machen. Sie liegt motivationstheoretisch in dem Versuch, über Handlungsorientierung mehr Freude und Interesse an gemeinsamem Tun zu finden« (Bönsch 1982, 12).

4.2 Anknüpfungspunkt Projektarbeit und Reformpädagogik

Projektarbeit ist für den handlungsorientierten Unterricht die ideale Form des Unterrichts. Diakonisches Lernen eröffnet die Möglichkeit, schulexterne Projekte durchzuführen. Wenn diakonisches Lernen als Projektarbeit realisiert wird, eröffnet sich über Dewey eine Brücke zur Reformpädagogik: »Also ist der Gegenstand des Wissens praktisch, in dem Sinne, dass es für seine Existenz von einer speziellen Form von Praxis abhängig ist« (Dewey 1916, 334). Obwohl Dewey damit in die Nähe unseres Theorieansatzes rückt, so fehlt seinem pädagogischen Pragmatismus die lernpsychologische Dimension. Dennoch hat die reformpädagogische Tradition von Dewey/Killpatrick den unschätzbaren Vorteil, dass sie sich breit etabliert hat. Es ist hier nicht der Ort, um sich mit der Reformpädagogik in religionspädagogischer Perspektive auseinander zu setzen. Entscheidend ist, dass sich reformpädagogische Elemente in unterschiedlicher Weise an den Schulen etabliert haben. Dabei ist der »Grundgedanke der Reformpädagogik, der ihre Verästelungen in die verschiedensten pädagogischen Bereiche zusammenhält, das Prinzip der *Selbsttätigkeit* in der Erziehung« (Röhrs 1994, 332). Tendenziell geht es der Reformpädagogik weniger um Vernetzung mit außerschulischen »communities of practice«, sondern um die Umgestaltung der Schule zum Lebens- und Wirkungsraum des Kindes. Gedacht wird »vom Kinde aus«, welches sich im Rahmen der Schule »natürlich« entwickeln soll. Wie das diakonische Lernen, so richtet sich die Reformpädagogik auch gegen eine mögliche Dominanz von »Buchschulen« und »Buchunterricht«. Dennoch drängt diakonisches Lernen aus den reformpädagogischen Lernszenarien, Ateliers, Werkstätten, Schulwohnstuben und Lerngärten hinaus in authentische Lernkontexte.

Andere reformpädagogische Ansätze durchbrechen indes diese traditionelle Ausrichtung der Reformpädagogik. Ein Beispiel ist das Konzept der *»community education«*, welches in Deutschland z. B. im Konzept der Leipziger »Nachbarschaftsschule« seinen Niederschlag gefunden hat.[12] »Community education« beruht darauf, dass Schule in einem hohen Grad mit den umliegenden sozialen Gemeinschaften vernetzt wird (Hiemstra 1997). Das kann dahin führen, dass Schüler/innen mithelfen, die Entwicklung ihres Stadtteils mit zu planen. Lernen ist nicht auf Kinder und Jugendliche begrenzt, sondern ist lebenslang und resultiert in einem hohen Anteil formeller und informeller Lernangebote für alle Altersstufen.

4.3 Anschluss an außerschulische Bildungsnetzwerke

Ähnliche Konzepte der Vernetzung von Bildung gibt es auch außerhalb der Schulen in der Erwachsenenbildung. Das wird durch die EU und das Bundesministerium für Bildung und Forschung gezielt gefördert.[13] In Europa sind bereits zahlreiche regionale Bildungsnetzwerke entstanden, die so genannten »Learning Regions/Lernenden Regionen«. Hier wird schulisches Lernen mit außerschulischem und beruflichem Lernen vernetzt. Ziel ist – wie auch in der »community education« – das vernetzte, lebenslagenbezogene und lebenslange Lernen aller Bürgerinnen und Bürger. Durch diese Bildungsnetzwerke erhofft man sich auch positive Auswirkungen auf regionale soziale Fragen. Die »Lernenden Regionen« haben unterschiedliche Arbeitschwerpunkte, je nach Eigenheit der jeweiligen Region und Akteure. Es ist also jeweils zu prüfen, inwiefern eine Zusammenarbeit lohnt. Lerntheoretisch ist diese Entwicklung von hohem Interesse, da dort informelles Lernen mit formalisiertem Lernen in Projekten verbunden wird (Dohmen 2001).

---

12 Z. B. die Nachbarschaftsschule in Leipzig (www.nasch.de), die sich besonders der Arbeit mit sozial benachteiligten Gruppen zuwendet. Vorbilder für eine Verknüpfung von Arbeits- und Alltagswelt mit Schulbildung gab es bereits in der Reformpädagogik. Zu nennen ist die Lebensschule bei Decroly (École pour la vie par la vie!), der freie Gesamtunterricht in der Dorfschule von Kretschmann, sowie die Arbeitsschule von Kerschensteiner.

13 Förder-Richtlinien des Bundesministeriums für Bildung und Forschung für »Lernende Regionen-Förderung von Netzwerken«. Siehe http://www.bmbf.de/foerderungen/677_3266.php und http://www.-lernende-region-ohz.de/index.php?c=46&s=projekte .

CHRISTOPH BIZER

Wahrnehmen und Gestalten: Religiöses und diakonisches Lernen auf performativer Grundlage

1 Christliche Barmherzigkeit im »Gottesraum«

Zu jener Zeit, als die Leute hier zu Lande vom Christentum noch eine Ahnung hatten, und nicht nur das: sich vielmehr ihr ganzes Leben im Rahmen der christlichen Religion abspielte, zu jener Zeit sprach ein elender Habenichts, der am Straßenrand kauerte, *ohne die Lippen zu bewegen*, nur durch sein bedürftiges Dasitzen, den vorübergehenden Zeitgenossen mit drei gewichtigen Worten an: »um Christi willen«. Der auf diese Weise stumm Angesprochene wusste wohl, was er zu tun hatte, selbst wenn er es nicht tat; irgendwie wusste er, es ging jetzt auch um sein Heil. Sich bückend krümmte er vor dem Bettelmann seinen Rücken und legte ihm eine Münze in die ausgestreckte Hand: »... um Christi willen«. Der Name des beschworenen Christus, lautlich ausgesprochen oder nicht, machte den Akt zu einer christlichen Handlung. Ob *Christus* leibhaftig dabei war, ist für uns eine abstrakte theologische Frage (was ist schon reale Präsenz?) – jedenfalls, wenn er abwesend war, war er *in* seiner Abwesenheit umso drängender *anwesend.* Wenn die Münze »um Christi willen« gegeben wurde, darf vieles offen bleiben, was wir sonst genau zu wissen meinen. Nach der Logik der Handlung war es dieser Christus, der abwesend – anwesend die beiden Menschen für einen Moment, und wer weiß: vielleicht für die Ewigkeit, miteinander in Beziehung gebracht hat – als zwei Mitmenschen, Mitchristen und (wenn wir uns schon im Christentum bewegen): als *Brüder*, in aller Verschiedenheit.

Der in der Gosse kauernde Bruder nimmt die Gabe in Empfang. Er ist ganz schmutzig machende Verkommenheit und ansteckende Aussichtslosigkeit; so ein Bruder hat (Brüderlichkeit hin oder her) in seiner Beziehungslosigkeit keinen Dank zu bieten! Sentimentalitäten haben hier keinen Platz. Aber die Münze hat gerade den Handteller des Bettlers berührt, da murmelt dieser dem Spender zu: »Vergelt's Gott!« – Gebeten hatte der Bettler »um Christi willen«, um des Gekreuzigten willen, der sterbend von einem Vertreter der weltlichen Macht als Gottes Sohn bezeichnet worden war (Mk 15,39) – des Gekreuzigten, dessen Bild, so wie er nackt angenagelt und sterbend, das ganze Elend der Menschen in sich zusammenfasst und vor Gott ausbreitet, und damit auch die Not des Bettlers. »Um Christi willen«: Die formelhafte Bitte hat die Kraft, für Hörende und Nichthörende die Chance aufzutun, Spuren des Antlitzes vom Gekreuzigten sich in den Zügen des Bettlers schemenhaft abspiegeln zu sehen.

»Vergelt's Gott«: Der Bettler hat keine Gegengabe. Freude, das Geschenk eines glücklichen Lächelns sind romantische Träume der späteren Geber. Mit den Worten »*Gott* möge vergelten!« bringt der Bettelnde einen ganz Anderen zum Zug. Gleichsam durch die Gestalt des Gekreuzigten hindurch, von dieser in sich aufgesogen und doch in unfassbarer Nichträumlichkeit von ihr unterschieden, tut sich mit dem Wörtlein *Gott* ein Spalt im Himmel auf, aus dem sich eine Fülle von Reichtum, Gnade und Heil ergießt, die alles, was menschliche Sinne sonst erfassen könnten, übersteigt.

Diese Fülle ermöglicht und erhält alles Leben durch Zufuhr von Kraft und Zuversicht vom Grund her. Das ist die Wirklichkeit, die mit dem Wörtlein »Gott« angesprochen ist. Es geht hier nicht um »Vergeltung« durch einen höchsten Richter, der für einen berechneten Ausgleich zu sorgen hat, sei es durch abgewogene Strafe (falls die Gabe zu gering ausgefallen sein sollte) oder durch angemessene Entschädigung (für Einbuße an Vermögen). Was Gott, Inbegriff von Welt, Leben und Liebe, »vergilt«, liegt quer zu menschlich gewirkten Wirklichkeiten, ist dem üblichen zielgerichteten Tun und Machen entzogen, dennoch höchst real, eine Wirklichkeit anderer Art, nicht *von*, aber *für* und *in* dieser Welt.

Der Bettelmann entwickelt keine Theorie über das, was in der Welt gilt. Weltanschauungen, Religionssysteme und Menschenbilder sind für ihn weit weg. Er braucht sie nicht! Der Mann hat Hunger und Durst, er ist verwahrlost und schwach. Er greift halt zu diesem Satz, weil er ihm irgendwoher, ihn entlastend, zur Verfügung steht. Damit greift er zugleich nach der Wirklichkeit, die in dem Sätzchen liegt und aus ihm sich entfaltet. Wir Späteren, die wir gewohnt sind, vom so genannten (mehr oder weniger) autonomen Subjekt her zu denken, beschreiben den Sachverhalt vielleicht so: Der Bettler nimmt den vorgegebenen Wortlaut auf und spricht ihn in den Vorgang des Gebens und Nehmens hinein. Dadurch entsteht für einen kurzen Moment um die beiden herum und durch die beiden hindurch ein kaum wahrzunehmender atmosphärischer Raum, in dem das Sprechen des einen und das Geben des anderen ineinander verschränkt sind.

Das Gesprochene stiftet einen »Gottesraum«: Der allmächtige Gott gibt sich in ihn hinein, führt darin Regie und lässt sich in diesem unwägbaren Augenblick, natürlich in ihn entziehender Verhüllung, in seinem ganzen Reichtum erahnen. Der Bettler kommt durch seinen knappen formelhaften Spruch zu höchsten Würden, weil das von ihm ausgesprochene Wunschwort Gott den Herrn über dem Barmherzigen (und damit auch über ihm selbst) aufscheinen lässt. Der verwahrloste Bettler übt die Macht aus, Gott herbeizu»zaubern«; und zwar *den* Gott, der aus seiner Fülle einen knauserigen Geber mit gnadenreicher »Vergeltung« überschüttet. Der Konjunktiv oder vielmehr Optativ »Vergelt's Gott« drückt nur insofern eine von ihrer Realisierung geschiedene Möglichkeit aus, als die Gottheit Gottes einen magischen Automatismus von Wunsch zu Wirklichkeit ausschließt. Dennoch ist das ausgesprochene »Vergelt's Gott« eine geheimnisvolle sprachliche Form, die bewirkt, was sie besagt: Ausgesprochen stiftet sie (Theologen ergänzen: »im an das Wort gebundenen Heiligen Geist«) die Wirklichkeit dessen, was ausgesagt ist; Gott ist schon dabei, dem Geber anfangsweise und fort und fort mit reichlicher Gnade zu vergelten! Geheimnis der Religion!

2 »Um Christi willen«: der Gekreuzigte

Der Ritus christlicher Barmherzigkeit, den ich als Exemplum nachgezeichnet habe, liegt weit zurück in der Geschichte, so dass er heute niemanden bedrängen kann. Er spielt in einer voraufklärerischen Welt, die unbezweifelt vom Himmel Gottes überwölbt und von einem als Person gedachten Gott souverän geleitet wird. Gott war durch eine eigene Institution im Weltgetümmel repräsentiert. Im Grundsatz unangefochten war er auf Erden in der *christlichen Kirche* (natürlich: geheimnisvoll) gegenwärtig und ließ durch priesterliche Handlungen Heil auf die kommenden Menschen, auf alles Lebendige und auf die Welt im Ganzen ausgehen. Das sei nun nicht mehr unsere Welt, ist die allgemeine und als verbindlich durchgesetzte Meinung. Das »Vergelt's Gott« in unserer Szene hatte eine Ansprechbarkeit des Mitmenschen auf Gott hin vorausgesetzt, die ihn erahnen ließ, dass es um Heil gehe. Heute würde der Wunsch vermutlich nur ein Achselzucken erzielen, aber vielleicht dennoch ungespürt eine Wirkung auslösen.

Die Welt unserer Tage müsse nicht zwangsläufig ohne Gott sein, wird eingeräumt. Die psychische Realität des Gott*glaubens* könne durchaus eine Wirklichkeit eigener Art darstellen. Im Zeichen der Postmoderne sei eine notwendige Einheit der Wirklichkeit sowieso fraglich; auch sich ausschließende Wirklichkeiten können durchaus nebeneinander stehen: einerseits Welt ohne Gott – andererseits Welt unter, in und mit Gott. Wenn jedoch der weltumfassende »Gott« nicht selbstverständlich vorgegeben sei, wird der Glaube an ihn nunmehr von den einzelnen Menschen geleistet werden müssen. Er rutscht in die Innerlichkeit von einzelnen, sich zu frommen Gemeinschaften zusammenschließenden Individuen, die je von sich aus ihren Glauben an Gott ausbilden, diesem Gott leben und sich von ihm bestimmen lassen. In *diese* Welt wäre unsere Beispielsszene *mutatis mutandis* einzuzeichnen, wenn wir sie von heute her als ein Modell diskutieren wollten, an dem möglicherweise Religion zu lernen ist.

Von hier aus noch einmal zurück zur Ausgangsszene. Das einleitende »Um Christi willen« war in die Geschichte so eingestellt worden, dass die Wendung auch ungesprochen gehört wurde; einem Menschen in Not und Armut zu helfen, geschieht selbstverständlich »um Christi willen«. Denken wir uns in dieser Welt auf Friedhöfen, an Wegkreuzungen und in Kirchen das Kreuz mit dem gekreuzigten Christus aus Stein oder Holz im frontalen Gegenüber sinnenfällig aufgestellt. Was hätte es damit auf sich? Es steht nicht einfach nur da, wie es Leuten vorkommen mag, die genau wissen, was sich vor ihnen befindet, so dass sie gar nicht mehr hinschauen. (Außerdem wäre es schamlos, auf die Darstellung eines festgenagelten Sterbenden zu schauen.)

Frühere Christen haben gelernt, sich vor dem Kreuz und dem Gekreuzigten angemessen zu verhalten. Zu ihrer lebensnotwendigen Ausstattung gehörte es, dass sie fähig waren, sich zu bekreuzigen. Bekreuzigt kamen sie durch undurchschaubare Gefahren, ohne Schaden zu nehmen, hindurch: Die Selbstberührung mit zwei oder drei Fingern der rechten Hand: punktuell Stirn – Magen, linke Schulter – rechte Schulter und schließlich das Sternum, zeichnet das Kreuz Christi auf die eigene Person: Unter diesem Schutzzeichen kann dem Träger nichts Ernstes zustoßen. Er ist leibhaftig mit dem gekreuzigten Christus identifiziert, er ist in diesem Moment Christusträger[1]. Ich versuche, mir die räumliche Installation vorzustellen: eine Achse durch Welt und Weltall:

Am aufgeprägten Zeichen des Kreuzes zeigt der Leib des Gekreuzigten nach außen; der sich Bekreuzigende steht gleichsam hinter dem Kreuz. Ich stelle mir vor, vielleicht schaut er vorsichtig seitlich am Kreuzesstamm hervor. Wohin? Aus sicherer

---

1 Protestantische Geistigkeit verflüchtigt die Bekreuzigung spiritualistisch zur »Tauferinnerung«. Vgl. RGG 4. Aufl. Bd. 4 s.v. Kreuzeszeichen / Bekreuzigung (A. Heinz).

Burg zum Bedrohlichen hin: »Ätsch, ihr könnt mir nichts. An Christus kommt ihr nicht vorbei!« Denkbar wäre auch, dass der Mensch hinter dem Kreuz zu Gott hinaufschaut. Auch Gott kann ihm nichts, denn der sieht ja geradewegs auf seinen Sohn – und den *kann* er nur mit Wohlgefallen (Mt 3,17) ansehen. Das gilt dann auch für den, der sich hinter dem Sohn birgt. Das auf den Leib aufgetragene Kreuzeszeichen schützt durch Christusmacht selbst vor Gottes Zorn. Es gibt in der Handlung des Kreuzschlagens Anteil am Gottessohn.

Ich stelle mir das Kruzifix am Weg oder in der Kirche vor: Ein Mensch hält davor inne und bekreuzigt sich. Sich so darstellend entspricht er dem, den er frontal vor sich hat. Die Figur zieht ihn in ihren Bann, fängt an zu sprechen. Das Kruzifix *dort* als figürliche Darstellung außen, das Kruzifix *hier* als der Mensch, der ihm antwortet: ein dialogischer Raum in einer besonderen Atmosphäre; er zu mir, ich zu ihm, mit dem, was wir jeweils sind. Ein dritter, etwa Gottvater, ist gar nicht da. Es braucht ihn nicht.

Der Mensch hält dem leidenden, ja gestorbenen Gegenüber stand und weicht nicht aus. Er steht damit auch zu *seiner* Todesverfallenheit und spricht stammelnd zum Toten. Und der tote Christus ist seinerseits lebhaft aktiv und lässt den Menschen nicht los. Er sagt es, vielleicht aus dem Bild, vielleicht durch einen Menschen mit christlicher Erfahrung. Die Zuwendung von diesem Toten macht den Standhaltenden zu einem, der von jenseits des Todes her festgehalten ist. Jetzt sieht er: Aus dem Tod des gekreuzigten Christus leuchten Spuren des Lichts[2] aus dem Himmelsraum hinter dem Todesreich; sie gehen auf den Menschen über. Der Gabentausch, der fröhliche Wechsel, so wie Luther ihn in der Freiheitsschrift (Luther 1520) beschrieben hat, ist aktual – erfahrbar im Gang: Der Tote am Kreuz gibt Leben, und der lebende, zeichenhaft mitgekreuzigte Mensch, gibt ihm seine Todverfallenheit.

Der Gekreuzigte und der vor ihm auf ihn ausgerichtete Mensch sind zu einem dialogisch strukturierten Raum zusammengeschlossen; ein vertrautes Gespräch kommt in Gang, in dem sich Frieden auf Erden realisiert: christliches Gebet. Das Bild des Toten in der Wahrnehmung »kippelnd« (d. h. umspringend) zum himmlischen Geber des Lebens und wieder zurück zum Toten, dem standzuhalten ist, und das sich darüber wieder zum Lebensspender verwandelt, hin und her ...: Das ist die christliche Grunderfahrung, an der in mannigfaltigen Variationen Christentum entsteht. Ich formuliere damit die zentrale These meiner Überlegungen. Es handelt sich um ein leiblich-sinnliches Geschehen, an dem Nichtchristen, Viertel-, Halb- und Dreiviertelchristen in immer neuen Anläufen zu einfachen, ganzen Christen werden. Wahrnehmung hier verstanden als ein Wechselverhältnis, in dem der Wahrnehmende und das sich wahrnehmen Lassende beide aus dem ersten Anfangsgefühl aneinander wirken und zur Wahr-heit bringen. (Bizer 2003, 23–46)

2 Das Bild stammt von Arnulf Rainer. Siehe F. Mennekes (Hg.), Arnulf Rainer, Weinkreuz. Eine Kunst-Monographie (insel taschenbuch 1569), 1. Aufl. Frankfurt/M. 1993. Aus der schwarz übermalten Figur des Gekreuzigten fällt vom zur Seite geneigten Kopf ein zarter goldener Lichtschein auf einen der ausgestreckten Arme und beginnt dort die Schwärze abzutauen.

3 Unterricht in christlicher Religion

3.1 Eine religionsdidaktische Skizze

Damit stehen wir im Begriff, den historischen Zusammenhang unserer Szene in Möglichkeiten gegenwärtiger Lernerfahrung zu überführen. Die Formel »Vergelt's Gott« mag abhängig sein von einer vorgängig konstituierten Gottgläubigkeit, die schwer erschwinglich ist, nachdem die allgemeine Annahme, dass ein Gott sei, aufgelöst ist. Das mag sein, wie es will. Mir scheint der religionsdidaktische Schlüssel vielmehr in einer gegenwärtigen Christusanschauung zu liegen, die in der Struktur ihres dialogischen Raumes für Wahrnehmung und Erfahrung aufgesucht werden kann.

Das ist nicht der Christus, der noch heute über eine dogmatische Theorie religionsdidaktisch plausibilisiert werden könnte, etwa in dem Sinn, dass der Mensch gewordene Gottessohn durch die Leistung seines Todes für die Sünden aller Menschen bezahlt und mithin Gott derart versöhnt habe, dass dieser hinfort unbeschadet seiner Gerechtigkeit jeden Menschen »um Christi willen« in Gnade annehmen könne. Die Satisfaktionstheorie historisiert und rationalisiert den Kreuzestod, macht ihn zum Mittel eines Zwecks und verstellt über ihre theoretischen Annahmen den gegenwärtig in seiner Gestalt wirkenden Christus.

In der Moderne und Nachmoderne kann ein begegnender Christus nur ein gestaltend installierter sein. Jedes Kreuz, das einlädt, sich auf es einzulassen, ist immer von Menschen gestaltet und aufgestellt. Religionsdidaktisch wäre eine Szene, in der ein erfahrener Christ einen Jugendlichen zu meditativem Gespräch und Segnung vor dem Kruzifix in eine Kirche einlädt, nur die eine Seite der Medaille. Im Gegenzug ist gestaltgebende Arbeit der beiden unerlässlich: »Wie stellen wir ihn für uns dar? In welcher Gestalt und an welchem Ort ist er für uns angemessen? Wie bringt er leiblich, bildlich, akustisch, sprachlich zum Ausdruck, was er, solidarisch mit uns, uns aus seiner Wirklichkeit zu geben vermag? Der *erste* Weg führt zur Initiation (Josuttis 1996, 143–147), der *zweite* zu Unterricht; beide Wege bedingen sich wechselseitig und sind aufeinander angewiesen.

In der Perspektive der zweiten Arbeitsdimension liegt die gottesdienstliche Begehung, auch elementares liturgisches Entwerfen, Handeln und dessen Reflexion (Bizer 2001, 95–118). Auch die Anbahnung von Initiation ist im Kirchengebäude gut aufgehoben: Kirchen sind der Ort, an dem unter unseren religionssoziologischen Bedingungen christliche Religion aufzusuchen ist[3] (Glockzin-Bever & Schwebel 2002, 199–202). Sie markieren die christliche Religion als einen Fremdkörper im gesellschaftlichen Leben, der eine eigene Wirklichkeit in eigenen Strukturen darstellt. Die empfundene »Schwelle« vor diesem Bezirk erleichtert den christlich-religiösen Unterricht, weil die Fremdheit christlicher Religion nicht überspielt werden muss und alle Unterrichtenden die wechselnden Abstände zu ihr lernend fortlaufend selber bestimmen. Religion ist jetzt in erster Linie eine Sache sinnlich-gestaltender Wahrnehmung, Wahrnehmung besonders der Atmosphären, mit denen sich Wahr-

---

3 Die didaktische Erschließung von Kirchengebäuden hat sich deshalb gleichsam zu einer eigenen religionspädagogischen Disziplin ausgebildet.

nehmbares umgibt. Dabei wird nicht vorhandene Innerlichkeit angesprochen, sondern das Woran bedacht, an dem sich Innerlichkeit entfaltet.

Das »Material« zur Gestaltung christlicher Religion ist – alles orientierend, was sich irgend sonst anbietet – die »Heilige Schrift«: ein Strukturgesetz christlicher Religion, schon von ihren jüdisch-theologischen Anfängen her. Im Prinzip ist auf christlicher Seite »Heilige Schrift« heilig, weil sie Christus anschauen und sprechen lässt: in tatsächlich erst einmal sehr fremden Wortlauten und Handlungen, aber in eigener Artikulation der Lernenden und in einem Gestaltungsprozess, der beides in seinem Verlauf aneinander und füreinander aufschließt. Die Heilige Schrift stößt die Lernenden immer wieder auf die oben gezeichnete Grundlinie von »lebendig – tot« und »tot – lebendig« an der Christusgestalt. An Psalmen, Propheten und Aposteln wird die Grundfigur immer wieder durchgespielt.

Für ein Lernen von christlicher *Religion* trägt die Frage nach einem isolierten historischen Jesus so gut wie nichts aus. Die Frage gilt einer Abstraktion und macht aus der Heiligen Schrift ein historisches Quellenbuch. Die Bibel als Heilige Schrift[4] lässt Christuswirklichkeit wahrnehmend gestalten: Alles, was durch sie von dem lebenden Gekreuzigten ausgeht, nimmt die Beteiligten in seine Wirklichkeit auf, auch wenn sie sich bald wieder entfernen und die Berührung mit dieser Wirklichkeit erst einmal abschütteln werden.

3.2 Zu Raum und Leiblichkeit

Unschwer ließe sich die Geschichte der religionspädagogischen Theorie seit den Tagen der Problemorientierung als eine Suche nach der verlorenen Leiblichkeit darstellen. Die Religionspädagogik zumal des gymnasialen Unterrichts überwindet ihre Tendenz zur Intellektualisierung christlicher Religion nur mühsam. Religion kommt so in den Unterricht, dass gelehrt wird, was sie »bedeutet«. Die Frage nach der »Bedeutung« abstrahiert Religion unterrichtlich von ihrer Ausübung und verwandelt Leib in Intellekt. Auch der (evangelische) kirchliche Unterricht hatte die Tendenz, sich hier anzuschließen.

Intellektualisierung war so lange kein Problem, als die religiöse Sozialisation in der Familie, z. B. durch Gebete bei Tisch und beim Einschlafen, durch religiöse Feste und gemeinsamen Gottesdienstbesuch, christlich-religiöse Erfahrung ermöglichte, die sodann im Unterricht thematisiert werden konnte. Noch unter hermeneutischen Vorzeichen war der Biblische Unterricht in der Schule gemeinschaftliche Entfaltung christlicher Wirklichkeit und deren Reflexion (Rang 1947).

Erst unter der verabsolutierten Betonung eines gesellschaftlich konzipierten Religionsbegriffs wurde »Religion« paradigmatisch zu einer Sache der »Aufklärung«, z. B. des Schülers darüber, was mit ihm religiös angestellt worden war: methodisch im räumlich – abstrakten Reden über ...

4 Die christliche Heilige Schrift aus Altem und Neuem Testament ist unter didaktischem Aspekt an der Aufgabe orientiert, lernend zu gestalten »was Christum treibet«. Dabei können Psalmen Christus sprechen lassen. Die Rekonstruktion historischer Abläufe innerhalb der Überlieferungsgeschichte der biblischen Bücher kann dabei hilfreich sein, wenn die Begrenztheit der Fragestellung durchschaut ist.

Der biblische Unterricht, erst unter interaktionalen, dann bald bibliodramatischen Akzentsetzungen, versuchte, ansatzweise Leiblichkeit in den Unterricht zurückzuholen. Schon in den 70er Jahren übten Religionslehrer in der »Themenzentrierten Interaktion« (TZI), auf ihre Leiblichkeit zu achten und entsprechenden Unterricht zu entwickeln. Auch die »Symboldidaktik« kann als Versuch interpretiert werden, der Religion die Körperlichkeit zurückzugeben: Sobald Symbole »wahrgenommen« werden, werden sie in den eigenen leiblichen Regungen entdeckt, die ihrerseits in Bewegung bringen (Biehl 1999, 32ff).

Auch die Frage nach der Elementarisierung von Religion, zunächst (bei Hans Stock) als wissenschaftlich-theologische Reduktion von Komplexität verstanden, müsste der Logik des Programms entsprechend nach leiblichen Vollzügen von Religion fragen, in denen christliche Religion unbeschadet ihrer Komplexität für die Lernenden konkret wird (Schweitzer 2003). Unter dem Leitbegriff der »Inszenierung« wird faktisch an Raumprogrammen gearbeitet, die von menschlichen Körpern ausgehend entwickelt werden (Meyer-Blanck 1997, 2–16).

Bei allen diesen Bemühungen spielte das diakonische Lernen im *Mainstream* der Religionspädagogik kaum eine Rolle. Es hätte Religionspädagogik erden können. Diakonie will organisiert, strukturiert und wissenschaftlich reflektiert werden, gewiss, aber als ausgeübte Tätigkeit, besteht sie aus leiblich–seelischen Vollzügen an leiblichen Menschen.

4 Unterricht in Religion und Diakonie

Religionspädagogisch habe ich im Vorangehenden mein Augenmerk auf Vorgänge gerichtet, in denen sich christliche Religion aufbaut und ihre Wirklichkeit hervorbringt. Als Modell dient das wittenbergisch-reformatorische (biblische) Wort, das im Verlauten alles das gültig zur Wirklichkeit bringt, was es besagt. Wer den Segen sich zugesprochen hört und sieht, *hat* den Segen und ist ein Gesegneter Gottes (auch wenn er's nicht glaubt). Wenn das Absolutionswort gesprochen wird: »... spreche ich dich frei, ledig und los aller deiner Sünden ..., im Namen des Vaters, des Sohnes und des Heiligen Geistes« dann ist die so Angesprochene auf Zeit und Ewigkeit ihre Schuld los, auch wenn die Repräsentanten des Handels- und Strafrechts in ihrem Wirklichkeitsbereich keine Konsequenzen daraus ziehen. Der Absolvierende indessen wird zur Freigesprochenen stehen und mit ihr »Kirche« (im vollen, religiösen Sinn des Wortes) bilden. Woraus dann wieder folgt, dass die Kirche als die Gemeinschaft am oder der Heiligen eine Größe eigenen Rechts darstellt.

Religionsunterricht, der von diesen Vorgängen ausgeht, ist »performativ« genannt worden (Englert 2002, 34): Einen »Inhalt« darstellend – gestaltend zu seiner ihm und den Gestaltenden angemessenen, wirkenden »Form« kommen lassen, die individuelle Wahrnehmungen hervorbringt und sich wiederum in neue gestaltete Wirklichkeit überführt. Das gilt, was Unterricht in Religion angeht, nicht nur für Religion, sondern auch für den Unterricht selbst, pädagogisch. Der wahrnehmende Gestaltungsprozess ist als Weg das Ziel.

Für den Religionsunterricht bringt diese Konzeption insofern Vorteile, als – im Labor von Lernen (in Schule und Kirche) und deshalb in unerlässlicher Hypothetik – nicht nur *über* gedachte Religion reflektiert, sondern *mit* Religion gehandelt, experimentiert wird: Was passiert, wenn gesprochen wird: »um Christi willen«? Lernende sprechen das probeweise – sich beobachtend – aus. Eine religiöse Formel verschafft sich im gemeinsamen Lernen in den Facetten ihrer Potenzialität, für jeden und jede jeweils wieder anders, ihre Räume und Resonanzen.

Unterricht in Sachen christlicher Religion und Diakonie haben ein ähnliches strukturelles Problem. Die Ausübenden arbeiten professionell in durchorganisierten institutionellen Räumen, die unter heutigen ökonomischen Bedingungen den expliziten christlichen Formen nicht entsprechen. Sie sind beide christlich–konfessionell bestimmt und stehen in Arbeitszusammenhängen, in denen weder das Christliche noch das Konfessionelle allgemein verstanden wird. In einem großen Schulsystem ist christliche Religion so wenig zu Hause wie im Untersuchungszimmer eines Krankenhauses der Diakonie. Die Professionalität der pädagogischen wie der ärztlichen bzw. pflegerischen Tätigkeit verweist Religion »um der Sachlichkeit willen« an den Rand. Und doch ist christliche Religion in beide Bereiche integriert. Das diakonische Krankenhaus stellt kostbaren Raum für eine Kapelle bereit und institutionalisiert das Christliche als »Hohlform« für stille Andacht. Überdies bietet eine Telefonnummer im Krankenzimmer an, die professionelle Klinikseelsorgerin herbeizubitten.

Entsprechend der Religionsunterricht in der Schule. Er soll das Religiöse der Religion in die Verfahren, Sprache und Geistigkeit der Schule hinein vermitteln; oft filtert er es dabei aus.Auch der Schulgottesdienst ist schulisch geprägt; seine Formen sind von Schülern und Schülerinnen entwickelt, die (der Frische kommt's zugute!) sich an explizit gestaltete Religion von weit, weit her herantasten müssen. Die Spannung von Institution und Religion zeitigt hohe und bewundernswerte Vermittlungsleistungen (Feige & Dressler 2000). Die Ruhe, die den einzigen Besucher in einer leeren Klinikkapelle umgibt, die Einladung, im Gesangbuch zu blättern oder nur stumm da zu sitzen, kann tröstend auf die göttliche Gnade verweisen.

In einer schweren Krankheit lag ich fast bewegungslos in einem Klinikbett; meine Kopfhaut juckte (vermeintlich?) unerträglich. Eine Schwesternschülerin hat mir mit behutsamen Händen und liebevoll die Haare gewaschen. Ihre massierenden Hände schufen vom Kopf her um mich eine perlende Hülle der Geborgenheit. Sie hat »Leben« in mich einströmen lassen. Ihre Hände ließen die Gnade des Vaters im Himmel in mich einströmen. »Performativ!« Ich weiß es noch heute. Wenn in der Diakonie geholfen wird, dann liegt die Hilfe in der Tätigkeit selbst: Die Tat bewirkt, was ihre Gestik zeigt, performativ!

5 Diakonisches Lernen

Die folgenden Punkte diakonischen Lernens sind in didaktischer, nicht systematischer Absicht ausgewählt. Sie sollen weiteres Wahrnehmen und Nachdenken anregen: Welches Profil erhält diakonisches Lernen, wenn es auf Performativität hin ausgerichtet wird?

5.1 Diakonie lernen

Vom Religionsunterricht in Kirche und Schule her gesehen ist diakonisches Lernen zunächst Information über das, was Diakonie institutionell leistet. Die diakonischen Anstalten sollen bekannt, ihre Arbeitsbedingungen, Grundsätze und Probleme nachvollzogen werden. Schüler und Schülerinnen müssen wissen, wo sie sich hinwenden können, wenn sie Hilfe brauchen, was sie erwartet und was es kostet. Wer unterrichtet wird, lernt, woher die Grundsätze der Helfenden abgeleitet sind und an welchen Grenzen Helfende sich schützen müssen, sich helfend selber aufzugeben. Darf »Kirche« im theologischen Sinn jemals Sorge haben, ausgenutzt zu werden? Wenn anders der Reichtum Gottes immer neu auf sie herabfließt und ihre Armut nie arm ist?

Was für Kirche im Ganzen gilt, muss für die einzelnen diakonisch Helfenden noch einmal neu durchdacht werden. Das hält niemand aus! Umso wichtiger ist der Zusammenhang mit der Kirche im Ganzen ... Diakonisches Lernen führt zum Unterricht in Sachen Kirche, Kirche jetzt nicht institutionell gemeint, sondern als performativ aufgebaute und sich aufbauende.

Die Kehrseite: Diakonie muss sich um ihretwillen selbst unterrichtbar halten; für Kirchen-, Schul-, Erwachsenen- und Medienkonsumenten-Unterricht. Ihre Selbstverständigung unter allen Beteiligten ist ein unabschließbarer Prozess. Diakonie muss sich ihres Zusammenhangs mit praktizierter und praktizierbarer Religion versichern, von jedem Beteiligten her, damit sie »evangelische« Diakonie bleibt oder wird. Hier fließen die Erfahrungen von Mitarbeitern ein, die in anderen Religionen oder Weltanschauungen heimisch sind. Evangelisch-christliche Religion ist nie von anderen Religionen getrennt, sondern lernt gemeinsam mit ihnen. Ebenso die Diakonie. »Unterrichten« besteht im Hin und Her der Gegenseitigkeit.

5.2 Elementares diakonisches Lernen

Elementar sehe ich diakonisches Lernen im Wahrnehmen und Ausformen von Gesten: die Zuwendung zu bedürftigen, notleidenden Menschen. Nicht Trost, sondern Trösten ist gefragt. Gesten des Tröstens wollen gelernt sein. Spontaneität ist auf vorgegebene Formen angewiesen, um sich an ihnen, sie variierend, zeigen zu können. Der Händedruck drückt bestätigend oder beginnend Solidarität aus; im sanften Streicheln über den Kopf bewirkt die offene Hand Wärme, Zärtlichkeit, Behütung. Probier aus, wie es deiner Art entspricht! Ich trockne Tränen – mit dem eigenen Taschentuch? Auch angehende coole Männer dürfen weinen und trösten. Eine sich vollziehende Trostgeste leistet, *ist* Trost.

Zugleich verweist die Tröstung auf ein Anderes, Fremdes. Christen personalisieren: Tröstung tröstet »um Christi willen« und Gott »vergilt« sie. Im diakonischen Trösten ist Christus (unerkannt?) das eigentliche Subjekt und gibt der Geste die Performanz. Es gehört nicht an die große Glocke, aber es ist christliches Wissen: Der Trostlose steht in seiner Trostlosigkeit – genau besehen – ohnmächtig vor dem Gekreuzigten, der ihn in seinen Raum aufnimmt und ihm Leben gibt. Deshalb wirkt Trösten, weil dieser andere mitwirkt. Das elementare diakonische Lernen führt in das Christentum der Diakonie hinein und erweist darin seine Elementarität.

5.3 Der Gratulations- und Kondolenzbrief

Die Performanz des Briefes zeitigt beim Schreibenden und beim Lesenden eigenartige Wirklichkeiten. Während ich meinen Brief schreibe, *bin* ich bei der Angeredeten: liebe Elisabeth. Unter dem Schreiben ist Elisabeth tatsächlich lieb; die Anrede ist fast so etwas wie eine unabdingbare Schwelle zum Schreiben, fast eine Beschwörung. Ohne diese Anrede würde der Brief vermutlich gar nicht zustande kommen. Beim Lesen spiegelt sich Elisabeth im Geschriebenen. Lesend erklärt sich ihr der Schreibende als »Ihr« oder »Dein«. Im Schreiben vollzieht der eigenhändig geschriebene Namenszug einen Akt der Zuschreibung in fast körperlicher Präsenz. Wie mit einem überreichten Geschenk »gibt« sich mit dem Brief der oder die Schreibende dem Empfänger. Wünsche zum Geburtstag erhalten dadurch für die Beziehung zwischen Schreiber und Leser wirklichkeitsstiftenden Charakter. Sie sind genau überlegt; sie entsprechen dem Wünschenden wie der Angewünschten, der sie »dienen«.

Anders das Telefonat, das die Präsenz durch Resonanzen im Kopf auslöst und damit körperlich in den Empfänger eindringt, wahrt der Brief in der Nähe Distanz: Man hält ihn erst in den Händen, öffnet ihn zu gegebener Zeit, liest ihn vielleicht mehrmals, in Abständen und antwortet, wenn Zeit und Ruhe ist: Die Antwort kann reifen. Reizvoll, in diesem Sinn die E-Mail oder die SMS zu untersuchen ...

Schwerlich ist ein Kondolenzbrief durch Telefonat, Mail oder gar SMS zu ersetzen. Kondolenz ist Beileid. Wer kondoliert, sammelt sich zuvor. Schreibend gibt der Schreiber dem Verlust, den der Empfänger erlitten hat, eine Sprachgestalt. Sein eigenes Verhältnis zum Verstorbenen kommt zur Darstellung, abschließend, unwiederholbar. Das sich vollziehende Gedenken auf der Materialität des Briefbogens und die vielleicht unbeholfene Tröstung machen das Schreiben wie das Lesen des Briefes zu einem gleichsam rituellen Akt Der Brief drückt aus, was nicht auszudrücken ist. Das »um Christi willen« bleibt auch hier ungeschrieben, aber der Verweis ist im Nichtgeschriebenen angelegt.

Dem Kondolierenden fällt der briefliche Dienst am Trauernden unendlich schwer. Wer lehrt das Unlehrbare dieses diakonischen Briefes? Antwort: das diakonische Lehren.

5.3 Diakonisches Lernen am Ritus

Diakonie geht in ihrer Dienst- und Denkbewegung vom Menschen aus. Auch damit steht sie dem Religionsunterricht nahe. Aber sie bringt etwas, was im Horizont des Empfängers letztlich fremd ist. Das macht ihre Würde wesentlich aus. Diakonie ist evangelisch und bringt »Evangelium«. »Und Evangelium ist ... «: Der jetzt fällige dogmatische Satz kann als solcher nur Abgrenzungen setzen und infolgedessen Streit auslösen. Ich versuche es hier mit drei Punkten. Wer sich nicht darauf einlassen will, bekommt allerdings Streit mit mir, nur theologischen, aber der wird beiden Seiten gut tun.

1. Evangelium verwirklicht sich geschehend, so unaufdringlich zwanglos dass sich die Beteiligten auch entziehen können. Aber es hat die Macht, sich unversehens verbindlich zu machen. Und dann ist es nicht wieder loszukriegen.

2. Im Evangelium macht sich vom Himmel her Christus sterbend – tot – lebendig präsent, ungreifbar verhüllt, und gibt Leben.
3. Das Christusgeschehen hat irgendwie zu tun mit Wortlauten, Klängen und Bildern der Heiligen Schrift, die es geschehen lassen, die es zu Raum und Gestalt bringen, die es in eigener Sprache und in vielen Variationen dienend bestimmten Menschen vor Augen, Ohren und alle Sinne bringt: »Vergelt's Gott« und »um Christi willen«, zum Beispiel. Im performativen Ausgesprochenwerden ist räumlich-atmosphärisch Christus da.

Evangelium macht sich diakonisch im Ritus körperlich konkret. Eine Krankensegnung mit Segensspruch und Handauflegung lässt Christuskraft auf die Kranke übergehen. Der 23. Psalm, mehrmals langsam gesprochen, »Der Herr ist mein Hirte« lässt Christus als Heiland ins Krankenzimmer kommen und den Sterbenden durch das finstere Tal zum gedeckten Tisch ins Haus des Herrn geleiten. Nirgendwo ist der Verlust an Christentum so schmerzlich zu erfahren wie am Sterbebett. Wer kann unter den Familienmitgliedern schon einen Psalm rituell-nachvollziehbar sprechen? Und: der Ritus braucht in der Regel auch beim Empfänger Sensibilität und Übung, um die Kraft dieser Handlung zu ermessen. Es braucht diakonisches Lernen, das zum Beispiel Psalmen in ihrer Performativität erfasst und dazu ausrüstet, Sterben in ein christliches Geschehen zu verwandeln.

Evangelische Diakonie, die sich selbst durchsichtig macht, lernt am Vollzug von Riten, die am zentralen Ort diakonischer Anstalten oder Handlungen in christlicher Inhaltlichkeit zugänglich sein müssen. Von da aus strahlen sie weiträumig auf die Umgebung aus und stellen sie unter die Signatur: »um Christi willen« – »vergelt's Gott«.

Christel Ruth Kaiser

Praxis der Schulentwicklung an evangelischen Schulen (Beispiel: Melanchthon-Schule Steinatal)

In unserer Gesellschaft zeigt sich eine zunehmende Tendenz zur Individualisierung: Vielfach wird die mangelnde Bereitschaft bei Jugendlichen beklagt, soziale Verantwortung zu übernehmen. Schreckensmeldungen über Ausbrüche der Gewalt an Schulen unseres Landes rütteln auf. Die Ausbildungs- und Arbeitsplatzsituation steigert die Gefahr rücksichtslosen Sich-Durchsetzens und der Entsolidarisierung. Wenn es außerdem zutrifft, dass die Jugend aufgrund veränderter Lebensbedingungen in Familie und Gesellschaft immer weniger Gelegenheiten hat, differenzierte soziale Erfahrungen zu machen, bedarf es neuer Lernorte, an denen Formen der Solidarität gelernt und erfahren werden, die motivieren und befähigen, sich im Dienst an den Mitmenschen für die verantwortliche Gestaltung des Gemeinwesens mit guten Lebensbedingungen für alle einzusetzen. Damit sind einige Gründe genannt, die nicht nur in der Melanchthon-Schule, sondern ebenso in zahlreichen anderen evangelischen Schulen dazu geführt haben, das diakonisch-soziale Lernen in die aktuellen Schulprogramme zu integrieren.

Mit wechselnden Themenstellungen im Unterricht aller Jahrgänge lernen die Schülerinnen und Schüler der Melanchthon-Schule Theorie und Praxis diakonischer Arbeit kennen. Leitfach ist der Religionsunterricht, aber auch andere Fächer beteiligen sich. Bei Begegnung und Austausch mit Menschen in Behinderteneinrichtungen, Alten- und Pflegeheimen usw. machen die Jugendlichen Erfahrungen, die sie existenziell berühren und ihnen ethische Fragehorizonte eröffnen, die wiederum im Fachunterricht der Schule zur Sprache kommen. Darüber hinaus nehmen sie Einblicke in ehrenamtliche wie professionelle soziale Arbeit, was einer späteren beruflichen Orientierung dienen kann. Nicht zuletzt geht es um die bewusste Prägung des Schullebens im Sinne einer »Kultur des Helfens«. So setzt die Gesamtkonzeption diakonisch-sozialen Lernens auf eine nachhaltige Sensibilisierung der Jugendlichen, damit sie – über ihre Schulzeit hinaus – die Bedeutung diakonischen Handelns für eine humane Gesellschaft in der Öffentlichkeit vertreten und sich für diese Aufgaben persönlich engagieren. Insgesamt bildet das diakonisch-soziale Lernen – ebenso wie die wöchentliche Montagsandacht mit ihrem Sinnsetzungsangebot in wichtigen Lebensfragen – einen profilbildenden Schwerpunkt im Schulprogramm. Darüber will der nachfolgende Praxisbericht *in exemplarischer Weise* Auskunft geben.[1]

1 Vgl. dazu demnächst den von der »Wissenschaftlichen Arbeitsstelle Evangelische Schule« (OKR'in Dr. Uta Hallwirth) in Hannover herausgegebenen Reader zu den Konzepten diakonisch-sozialen Lernens evangelischer Schulen, die sich am gleichnamigen Wettbewerb der Barbara-Schadeberg-Stiftung 2003 beteiligt haben.

1 Motivationen, Anlässe, Auslöser

Die Melanchthon-Schule ist das Gymnasium der Evangelischen Kirche von Kurhessen-Waldeck. Circa 700 Mädchen und Jungen besuchen die Schule im Steinatal, die – auf einem Campus-Gelände in freier Natur gelegen – am Fuß des Knüllgebirges zu finden ist.[2]

Aufgrund der kirchlichen Trägerschaft sind Schulleitung und Kollegium der Melanchthon-Schule daran interessiert, ein unverwechselbares evangelisches Profil des Gymnasiums herauszubilden und dieses Anliegen im Schulprogramm erkennbar zu gestalten. Eine »gute Schule« lebt ja aus einem gemeinsamen »Konzept von innen«, das in hohem Maße zur Identifikation von Lehrenden und Lernenden mit ihrer Schule beiträgt und die Akzeptanz der dort vermittelten Lerninhalte und -methoden stärkt. So wirkt der Anspruch eines im Konsens der Schulgemeinde entwickelten Schulprofils auf die unterrichtliche Arbeit ein und gleichermaßen auf das allgemeine Schulleben. Letzteres wird in der Melanchthon-Schule geprägt und rhythmisiert durch wöchentliche Andachten und regelmäßige Gottesdienste im Kirchen- und Schuljahr, zu denen sich alle Mitglieder der Schulgemeinde einfinden und denen hoher Stellenwert für ein Miteinander im Sinne christlichen Menschenverständnisses eingeräumt wird.

Evangelischer Bildungstradition in der Spur der Reformatoren Martin Luther und Philipp Melanchthon folgend, zählen *Glaube und Wissen* zum Fundament des gesamtschulischen Erziehungs- und Bildungskonzeptes. Wenn eine Schule, die den Namen Philipp Melanchthons zu Recht tragen will, dieser Leitlinie zu folgen sucht, stellt sich die Aufgabe, dem zweifellos notwendigen Verfügungswissen an Fakten gleichermaßen das Orientierungswissen zur Seite zu stellen. Dabei geht es nicht darum, in einer evangelischen Schule Unterricht z. B. in »christlicher Mathematik«, »christlicher Biologie«, »christlichem Englisch« etc. zu fordern. Christliche Freiheit zeigt sich vielmehr darin, dass sie Sachlichkeit und Sachverstand zulässt: Christliche Bildung erweist sich zunächst einmal als fundierte, wissenschaftspropädeutisch gesicherte Bildung, die die Lebensmöglichkeiten der Menschen fördert. Entscheidend im Bildungsprozess an einer evangelischen Schule ist allerdings die Glaubwürdigkeit von Personen, die wiederum ihr »Innenleben« nicht ständig auf der Zunge tragen, die vielmehr in eigener Entscheidung verantworten, wo es sinnvoll und geboten erscheint, den Sachhorizont des eigenen Faches für Gespräche zu weiten, die auf Sinn- und Wertfragen – also auf Orientierung – im Lebensvollzug zielen. Eine evangelische Schule muss der Ort sein, wo es möglich ist, über das Leben im Ganzen zu reflektieren: über sein Woher? und Wohin?, in seiner Fülle und in seinen Grenzen. Dabei sind christlicher Glaube und christliche Bildung gewiss kein »Pool«, aus dem man schnelle »Antworten auf alle Fragen« holen kann – im Gegenteil: Hier gibt es Sperren gegen zu vereinfachende Sinnkonstruktionen; aber sie vermitteln uns aus dem »Schatz des Evangeliums« – wie es die Reformatoren ausdrückten – ein Orientierungswissen, das für die Probleme des Lebens sensibel macht und sie bewältigen hilft.

---

2 Melanchthon-Schule, 34628 Willingshausen-Steinatal (b. Schwalmstadt).

Damit ist die zentrale Motivation umrissen, einen solchen Bildungsbegriff in curricularen wie extracurricularen Zusammenhängen glaubwürdig umzusetzen. Hier liegt eine wesentliche Begründung dafür, dass Schulleitungen und Kollegien an evangelischen Schulen unter dieser Perspektive geeignete Aufgabenbereiche erschließen, um modellhaft zu zeigen, was »evangelisch lernen« heißt.

Was führt ein Gymnasium dazu, die Profilierung seines Schulprogrammes durch Aufbau eines Arbeitsschwerpunktes im diakonisch-sozialen Lernen anzustreben? Ganz konkret spielen hier auch äußere Anlässe und Auslöser eine Rolle. Sie sollen kurz skizziert werde, weil sie zeigen, dass neben grundsätzlichen bildungstheoretischen Erwägungen auch Anknüpfungspunkte und Gelegenheiten nützlich und hilfreich sind, die in der jeweils spezifischen Schulsituation bzw. dem regionalen Umfeld einer Schule zu finden sind:

Als die Melanchthon-Schule im Jahr 1998 ihr 50-jähriges Gründungsjubiläum feierte, erinnerte sich die Schulgemeinde an den »diakonischen Anfang« des Gymnasiums 1948, der zahlreichen anderen Schulgründungen in damaliger Zeit durchaus gleicht: Während der Nachkriegswirren sah zunächst das spätere Diakonische Werk von Kurhessen-Waldeck seinen Auftrag darin, eine Schule mit Internat zu gründen, um heimat- oder elternlosen Flüchtlingskindern aus den deutschen Ostgebieten und der SBZ/DDR Bildung und ein Zuhause zu geben. Kurz darauf übernahm die Landeskirche selbst die Trägerschaft des neuen Gymnasiums (J. C. Kaiser 1999). Ein halbes Jahrhundert später fragte nun die Schulgemeinde danach, was unter den inzwischen veränderten Bedingungen zu tun sei, um dem Anspruch des Anfangs weiterhin zu entsprechen. War das Internat als Heimstatt für Kinder bereits Mitte der 80er Jahre geschlossen worden, so ließ sich eine erkennbare Fortführung des diakonischen Wirkens der »Gründerzeit« nicht mehr ausmachen: Man hatte sich zu einer »guten Schule der Region« entwickelt. Und damit trat ein Desiderat zutage, das Überlegungen zu einer diakonischen Neuorientierung in Gang brachte.

Zwar gab es schon seit vielen Jahren im Rahmen des Religionsunterrichts punktuelle Besuche von Schulklassen in der benachbarten großen Einrichtung *Hephata* [3], die sich jedoch eher als Informationsveranstaltungen für Schülerinnen und Schüler im Konfirmandenalter darstellten und deren Zustandekommen ausschließlich von der individuellen Initiative der jeweiligen Lehrkräfte abhing. Dank guter persönlicher Kontakte zwischen den Leitungsverantwortlichen beider Einrichtungen wurden erste Ideen entwickelt, wie Vernetzungen zwischen Schule und Diakonie als den »Geschwistern von Kirche« hergestellt und im Interesse beider Aufgabenbereiche inhaltlich ausgefüllt werden könnten. Denn nichts lag näher, als die aussichtsreiche Nachbarschaft als Chance zu begreifen und aktiv zu werden!

So war ein Impuls gesetzt, von dem jedoch zu diesem Zeitpunkt niemand sagen konnte, ob er die Kraft haben würde, Bewegungen anzustoßen: Menschen in Schule und Diakonie für ein gemeinsames Lern- und Handlungskonzept, das außerschulische Lernorte einbezieht, zu gewinnen und dieses in der Praxis umzusetzen.

---

3 Hessisches Diakoniezentrum e.V. in Schwalmstadt-Treysa.

2 Entwicklungsschritte

2.1 Voraussetzungen in der Schule

Wie sah damals die Bereitschaft zu einer solchen Kooperation im Kollegium der Melanchthon-Schule aus? In der Fachgruppe Religionslehre gab es schon seit längerem den Wunsch, den Themenbereich Diakonie realitätsnäher zu unterrichten. Eine Religionslehrerin, die bis heute vorrangig als Sportlehrerin tätig ist und auch eine Ausbildung als Motologin durchlaufen hat, war damals zur Betreuung zweier an den Rollstuhl gebundener Schüler eingesetzt und hatte bereits frühzeitig – im Vorfeld der Jubiläumsfeierlichkeiten – ein stärkeres Engagement für diakonische Aufgaben in und außerhalb der Schule angemahnt. Andere Mitglieder der Fachgruppe erhofften sich eine vertiefte theologische Reflexionsfähigkeit im Religionsunterricht bei den Schülerinnen und Schülern, wenn sie menschliche »Grenzerfahrungen« zeitweise durch eigene Mitwirkung in diakonischen Einrichtungen mitbrächten. So zeigte sich im Fachbereich Religionslehre großes Interesse an der Entwicklung eines entsprechenden fachdidaktischen Konzepts, das direkte Begegnungen mit Menschen mit Behinderungen – z. B. in einem Diakoniepraktikum – einschließen sollte. Zweifel hatte man dagegen an der Ansprechbarkeit und Zustimmung anderer Fachbereiche, da diese durch Aktivitäten außerhalb der Schule in ihrer Unterrichtszeit tangiert würden und auch sonst – aufgrund fehlender Berührungspunkte mit diesen Aufgaben – möglicherweise wenig Verständnis für das Anliegen der Fachgruppe Religion aufbringen würden. Hier wollte man niemanden überfordern, denn die berechtigten Anliegen der Kolleginnen und Kollegen anderer Fächer sollten respektiert werden. Lediglich mit dem Fachbereich Sozialkunde[4] gab es Beratungen und von dort her spontane Unterstützung insofern, als man anbot, sich an spezifische Themenstellungen – z. B. die sozialen Sicherungssysteme in Deutschland betreffend – zu beteiligen. Auch ein Praktikum in der Oberstufe, wie es der Fachgruppe Religionslehre sinnvoll erschien, wurde begrüßt, allerdings sollte dieses nicht in Konkurrenz zu dem schon traditionsreichen so genannten Betriebspraktikum im Jahrgang 10 stehen; außerdem gab man zu bedenken, dass ein zusätzliches Blockpraktikum während der Schulzeit zu viel Unterrichtsausfall nach sich ziehe und daher kaum auf Akzeptanz im Kollegium stoßen werde.

Aus diesem Grund wurde beschlossen, zunächst in sehr kleinen Schritten vorzugehen: das hausinterne Fachcurriculum im Blick auf die einzelnen Jahrgangsstufen zu überarbeiten, um jeweils geeignete diakonische Themen festzulegen, darüber hinaus Praxiserfahrungen an außerschulischen Lernorten so zu organisieren, dass sie möglichst nicht die Interessen anderer berührten: Unnötiger »Gegenwind« sollte vermieden werden, um dem Vorhaben zu einem späteren Zeitpunkt denkbare größere Spielräume – über die eigenen Fachgrenzen hinaus – offen zu halten.

4 In Hessen seit kurzem in »Politik und Wirtschaft« umbenannt.

2.2 Anregungen und Außenkontakte

Zu diesem Zeitpunkt hatte die Schulleitung Kenntnis von den neuen Bildungsforen der Diakonie erhalten, die vom Diakonischen Werk der EKD unter der Zielsetzung veranstaltet werden sollten, interessierten Schulen ein Forum zu bieten, sich über Fragen der Schulentwicklung mit diakonischem Schwerpunkt zu informieren bzw. Erfahrungen auszutauschen. Seit dem 1. Bildungsforum im Jahr 1998[5] nahmen Kollegiumsmitglieder der Melanchthon-Schule regelmäßig an den Veranstaltungen teil und konnten von dem großen Vorsprung mancher Schulen in Sach- und Organisationsfragen des diakonischen Lernens konzeptionell wie praktisch profitieren (Mletzko 2002). Inzwischen haben sie auch selbst als beteiligte Referenten eigene Akzente gesetzt und hilfreiche Hinweise an andere weitergegeben[6], die sich auf den Weg machen wollen, einen diakonischen Schwerpunkt in ihrer Schule zu implementieren.

Diese Bildungsforen haben Lehrerinnen und Lehrern, ebenso den »Diakonikern« als ihren Partnern in den Einrichtungen, professionelle Hilfen zur Verwirklichung ihrer Zielsetzungen gegeben. Nicht zuletzt ermutigte die Kommunikation unter den beteiligten – zumeist evangelischen – Schulen und trug zu mancher schulpraxisnaher Problemlösung bei. Im Jahr 2004 unterstützte das 6. Bildungsforum das diakonisch-soziale Lernen an Schulen: diesmal vorrangig in Fragen der Curriculum-Entwicklung.[7]

»Aller Anfang ist schwer!« Darum sei dem Diakonischen Werk der EKD für die Initiative der Bildungsforen an dieser Stelle ganz herzlicher Dank gesagt.[8]

2.3 Vorbereitungen

Da aus den schon beschriebenen Gründen in der Melanchthon-Schule der Ansatz des diakonisch-sozialen Lernens im Religionsunterricht wurzelte, stellte sich zuerst die Aufgabe, das hausinterne Fachcurriculum zu überarbeiten, um für die einzelnen Klassenstufen geeignete und abwechslungsreiche Themen festzulegen. Jeder Jahrgang sollte in einer altersgemäßen Auswahl Arbeitsfelder der Diakonie kennen lernen: im regulären Fachunterricht, durch Gespräche mit Experten aus Diakonie und Sozialarbeit, durch Einladungen von Menschen mit Behinderungen und gemeinsame Aktivi-

---

5 Anlass dieser ersten Tagung war das 150-jährige Jubiläum der Diakonie.

6 Beim 4. Bildungsforum 2002 in Bethel b. Bielefeld haben die für das diakonisch-soziale Lernen verantwortlichen Koordinatorinnen – Heike Helmes (Sek. I) und Lotte Kraushaar (Sek. II) – das Gesamtkonzept der Melanchthon-Schule vorgestellt.

7 Das 6. Bildungsforum (29.–31.10.2004 im Evangelischen Johannesstift Berlin) wurde erstmals gemeinsam vom Diakonischen Werk der EKD und der seit 2003 eingerichteten Wissenschaftlichen Arbeitsstelle Evangelische Schule der EKD und der Barbara-Schadeberg-Stiftung am Comenius-Institut veranstaltet.

8 Dieser Dank gilt insbesondere den für die Vorbereitung und Durchführung Verantwortlichen: Uwe Mletzko (Bildungsforen 1–3, 1998–2000 jeweils in der Diakonischen Akademie Deutschland in Berlin) und Dr. Peter Bartmann (Bildungsforum 4, 2002 in den Bodelschwingh'schen Anstalten Bethel) sowie seit 2003 (Bildungsforum 5 in den Francke'schen Stiftungen zu Halle) Dr. Silke Köser.

täten, durch Exkursionen in diakonische bzw. soziale Einrichtungen sowie Praktikumserfahrungen verschiedenster Art.

Einige Teilbereiche der genannten Vorhaben ließen sich problemlos in der Schule planen und in die Tat umsetzen. Bei anderen mussten nicht unerhebliche Schwierigkeiten gemeistert werden, denn es stellten sich neben den konzeptionellen zahlreiche praktische und organisatorische Fragen; darüber hinaus galt es, ein Netzwerk an persönlichen Kontakten zu den Verantwortlichen in diakonischen oder sozialen Einrichtungen der Region aufzubauen, wenn es gelingen sollte, außerschulische Lernorte zu erschließen. Am Beispiel des inzwischen an der Melanchthon-Schule etablierten diakonisch-sozialen Praktikums in der Jahrgangsstufe 11 sei verdeutlicht, welche Anstrengungen am Anfang des Projekts notwendig waren, um ein erfolgreiches Modell zu entwickeln.

In der Fachgruppe Religionslehre war man sich schnell einig, dass ein Praktikum in diakonischen Einrichtungen am besten während der Oberstufenzeit anzusiedeln sei, weil man das Lebensalter der Jugendlichen für den dort zu leistenden Dienst als besonders aussichtsreich betrachtete. Die so genannte Qualifikationsphase[9] musste wegen der Abiturvorgaben – zum Bedauern der Fachgruppe – ausgeschlossen bleiben. Demzufolge kam die Jahrgangsstufe 11 in den Blick, wobei das 1. Halbjahr der notwendigen Vorbereitung, das 2. Halbjahr für die Praxis zur Verfügung stehen sollte. Als schwierig erwies es sich zunächst, eine Alternative zu den an anderen Schulen überwiegend üblichen Blockpraktika zu entwerfen, denn diese Form sollte aus den genannten Überlegungen nicht infrage kommen. In gemeinsamen Beratungen mit der Schulleitung fand sich ein gangbarer Weg:

Die Schülerinnen und Schüler entscheiden sich – nach entsprechender Vorbereitung – für einen Praktikumsplatz ihrer Wahl in einer diakonischen bzw. sozialen Einrichtung der Region und treffen persönliche Absprachen mit der gewählten Institution hinsichtlich des genauen Zeitpunkts ihres Praktikumsdienstes; dabei ist sicherzustellen, dass sie während des gesamten 2. Halbjahres der Jahrgangsstufe 11 einmal in der Woche nachmittags ca. drei Stunden in den Einrichtungen tätig sind. Als Zeitausgleich entfallen zwei von den wöchentlichen drei Unterrichtsstunden im Religionskurs. Diese beiden »Leerstunden« werden auf einen Nachmittag gelegt, so dass den beteiligten Schülerinnen und Schülern eine tatsächliche Zeitersparnis ermöglicht sowie den betreuenden Lehrkräften ein zeitlicher Spielraum für Besuche am Praktikumsplatz eingeräumt wird. Die dem Religionskurs weiterhin zur Verfügung stehende dritte Unterrichtsstunde wird als so genannte Kontaktstunde erteilt, in der die Praktikanten ihre Einsatzerfahrungen gemeinsam reflektieren. Anstelle der Klausuren als schriftliche Qualifikationsnachweise verfassen die Praktikanten eine ausführliche Facharbeit über ein Schwerpunktthema ihres Tätigkeitsbereichs. Die Benotung der »sonstigen Mitarbeit« ergibt sich aus den Gesprächen bei den turnusmäßigen Beratungsbesuchen der jeweils zuständigen Lehrkraft sowie in der Kontaktstunde.

Eine Realisierung dieser Planung bedurfte jedoch nicht nur der Zustimmung innerhalb der Schule, sondern sie musste mit den Einrichtungen beraten und beschlossen

9 Jahrgangsstufen 12 und 13.

werden. In einem ersten Schritt suchten Religionslehrkräfte möglichst viele der im Umfeld der Melanchthon-Schule tätigen diakonischen und sozialen Einrichtungen persönlich auf, um mit Sondierungsgesprächen im Blick auf das schulische Vorhaben den Boden für konkretere Absprachen zu bereiten. Auf Einladung der Schulleitung fand sich dann wenig später ein großer Kreis von Leitungsverantwortlichen diakonischer bzw. sozialer Einrichtungen in der Melanchthon-Schule ein.[10] Nicht allein die Information über die bisher nur innerhalb der Schule entwickelten Vorstellungen stand auf dem Programm, sondern vor allem die Frage, ob es überhaupt möglich sei, Schülerinnen und Schülern Praktikumsplätze zu gewähren[11], darüber hinaus ein ausführlicher Gedankenaustausch über Vor- und Nachteile des vergleichsweise ungewöhnlichen Konzepts.[12] In einer fast wunderbar zu nennenden Weise löste sich die Sorge der Aktiven in der Melanchthon-Schule, dass die schulinternen Ideen keine Resonanz finden würden, bei diesem Treffen auf. Im Gegenteil: Man begrüßte die angedachte Organisationsstruktur ausdrücklich, weil die potenziellen Praktikant/innen aufgrund ihres Lebensalters in der Jahrgangsstufe 11.2 in überschaubaren eigenverantwortlichen Aufgaben eingesetzt werden konnten. Auch die Planung der individuell zu vereinbarenden wöchentlichen Tätigkeit über ein halbes Jahr hinweg stieß auf Zustimmung, da man sich von dieser relativ langen Bindung der Jugendlichen an die gewählte Einrichtung – zumindest in Einzelfällen – eine dauerhafte Kommunikation und Einsatzbereitschaft über die Praktikumszeit hinaus versprach. Deutlich wurde von den Leitungspersönlichkeiten die Erwartung zum Ausdruck gebracht, dass die künftigen Praktikanten Verlässlichkeit und Eignung für die ihnen anvertrauten Aufgaben mitbringen müssten. Die Betreuung und Begleitung durch Vertreter der Mitarbeiterschaft wurde zugesagt, mehr noch: Man war bereit, den Praktikanten eine abschließende persönliche Evaluation ihres Einsatzes zu geben und sich an der Ausstellung eines Zertifikates über den geleisteten Dienst zu beteiligen. Schließlich wurde in dieser ersten Runde die annähernde Zahl von Praktikumsplätzen ermittelt, die pro Einrichtung zur Verfügung gestellt werden konnten. Man verabschiedete sich unter der Zusicherung der Schule, nach Erprobung der neuen Praktikumsphase nochmals zu einem Erfahrungsaustausch einzuladen, um ggf. Verbesserungsvorschläge bzw. auch Korrekturen des »Steinataler Modells« vorzunehmen. Für die Initiatoren aus der Melanchthon-Schule hatte die gelungene Veranstaltung hohe Motivationskraft, war man dem angestrebten Ziel, das diakonisch-soziale Praktikum zu verwirklichen, doch ein Stück näher gerückt. Darüber hinaus hatte man eine gute Erfahrung gemacht: dass Kooperation und Verständigung im beiderseitigen Interesse erwünscht waren und zu konkreten Ergebnissen führten.

---

10 Die Gäste aus den Einrichtungen unterschiedlichster Träger zeigten sich überrascht, erfreut und beeindruckt, dass es möglich war, einmal in diesem Kreis nahezu aller für die Soziale Arbeit in der Region Verantwortlichen zusammenzukommen. Offensichtlich ergab die ungewöhnliche Konstellation für alle Beteiligten einen motivierenden Effekt.

11 Den Religionslehrkräften der Melanchthon-Schule war es durchaus klar, dass hier ein Wunsch geäußert wurde, der nicht mit Selbstverständlichkeit von den Einrichtungen zu erfüllen war: Denn wenn regelmäßig relativ große Schülergruppen in die Arbeitsgebiete der Einrichtungen strömen, ergibt sich für die dortige Mitarbeiterschaft ein zusätzlicher Betreuungsaufwand, zu dem die Bereitschaft vorhanden sein muss.

12 Bisher wurden in den Einrichtungen ausschließlich Blockpraktika durchgeführt, zumeist in den Jahrgangsstufen 9 oder 10 im Rahmen des Betriebspraktikums aller Schulformen.

Nach dem Abstecken des äußeren Organisationsrahmens mussten weitere Hürden genommen werden: Wie würden die Schülerinnen und Schüler auf das innovative schulische Angebot eines Religionskurses mit diakonisch-sozialem Praktikum reagieren? Wie hoch war das Risiko, dass nur sehr wenige den Kurs anwählen würden?[13] Wie würden die Elternhäuser mit der neuen Anforderung umgehen? Hier war Überzeugungsarbeit angesagt, um die Beteiligten mit Sachkunde und Sensibilität für das Projekt zu gewinnen. Bei der dazu einberufenen Schülerversammlung der gesamten Jahrgangsstufe 11[14] in einer Turnhalle der Melanchthon-Schule war eine gewisse Spannung – bei den Schülerinnen und Schülern genauso wie bei den Lehrkräften – zu spüren. Die Fachgruppe Religionslehre hatten sich Mühe gegeben, den Raum für das Rundgespräch in der großen Gruppe angenehm zu gestalten. Dennoch: Ein ungeschicktes oder falsch gesetztes Wort hätte möglicherweise die ganze Atmosphäre negativ beeinflussen und Ablehnung provozieren können, denn die Schülerschar traf sich zu diesem Zeitpunkt noch wenig vorbereitet[15], voller Fragen und Bedenken bezüglich einer neuen Entwicklung, deren Folgen für die persönliche Schullaufbahn bzw. Lebensgestaltung noch unklar waren. Es kam anders: Nach einführender Information über Zielsetzung und Organisationsform des Praktikums durch die Schulleitung stellten die Jugendlichen interessiert und ernsthaft ihre berechtigten Fragen, wobei es offenbar für viele wichtig war zu erfahren, dass man sich in den »Diakonie-Kurs« – dieser Name bürgerte sich schnell ein – freiwillig einwählen konnte. Individuelle Fragen wurden beantwortet und Befürchtungen ausgeräumt; dennoch zeichnete sich ab, dass längst nicht alle Schülerinnen und Schüler auf das Praktikum zugehen würden. So stand noch über eine längere Strecke die Frage im Raum, ob überhaupt ein solcher Kurs mit vertretbarer Teilnehmerzahl zustande kommen würde.

Umso bedeutsamer erschien es darum, zu einem Elterninformationsabend einzuladen und dort ebenfalls über die Konzeption des Diakoniekurses zu berichten. Sehr schnell wurde hier die überwiegende Zustimmung und Unterstützung der Elternhäuser deutlich, die in dem Praktikum eine große Chance für ihre Kinder sahen, wesentliche Lebenserfahrungen zu machen, zu denen sie sonst kaum einen Zugang gehabt hätten. Einige der Eltern, die selbst in diakonischen oder sozialen Institutionen beruflich engagiert waren, konnten das Vorhaben aus ihrer Sicht authentisch kommentieren.[16]

Als die Kurswahlen zur Jahrgangsstufe 11.2 ausgewertet waren, stellten die engagierten Kollegiumsmitglieder mit Erleichterung und Freude fest, dass tatsächlich ein stattlicher Grundkurs mit mehr als 20 Schülerinnen und Schülern eingerichtet werden konnte[17]: ein positives Signal auf Zukunft, das Mut machte.

---

13 Keinesfalls wollte man gleich zu Beginn der neuen Möglichkeit im Schulprogramm eine allgemeine Verpflichtung zur Teilnahme aussprechen.

14 Es handelte sich um ca. 80 Personen.

15 Diese Jugendlichen hatten die im neu gestalteten Lehrplan für das Fach Religionslehre vorgesehenen Unterrichtsreihen aus den Aufgabenfeldern der Diakonie noch nicht durchlaufen.

16 Die Einbindung der Eltern – insbesondere derjenigen mit professionellem Hintergrund – hat sich im Laufe der Jahre als äußerst hilfreich erwiesen: nicht nur zur Motivation der jeweils nachrückenden Schülerschaft, sondern auch sehr konkret durch Hinweise bezüglich geeigneter Praktikumsplätze u.v.m.

17 An diesem ersten Durchgang des Diakonie-Grundkurses im Jahr 1999 beteiligten sich bezeichnenderweise ausschließlich Mädchen; in jedem weiteren Kurs der Folgezeit erhöhte sich dann der Anteil der Jungen kontinuierlich.

Im nächsten Schritt mussten für die Teilnehmer/innen des neuen Grundkurses passende Praktikumsplätze gefunden werden. Zu diesem Zweck standen Besuche in verschiedenen Einrichtungen bzw. Berichte von Mitarbeitern aus den Einrichtungen über Einsatzmöglichkeiten auf dem Programm. Im Rahmen dieser Orientierung lernten die zukünftigen Praktikanten die verschiedenen Handlungsfelder der Diakonie und die Organisation des Diakonischen Werkes als Spitzenverband der Wohlfahrtspflege in Deutschland kennen. Die Jugendlichen konnten zudem in ihrem heimischen Umfeld eigenständig Praktikumsplätze ermitteln, die allerdings dem Anspruch einer diakonisch-sozial geprägten Aufgabe zu entsprechen hatten. Im Kontext dieser Vorbereitungsphase zeigte sich schon bald das Problem der meistens recht weiten Fahrtstrecken vom Heimatort zur gewählten Einrichtung. Wie sollten die Praktikanten nachmittags aus den weit abgelegenen Ortschaften im ländlichen Raum zu ihrer Einsatzstelle kommen? Nicht überall stand Busverkehr zur Verfügung. Würden die Eltern bereit sein, Fahrdienste zu übernehmen? Und wer sollte die Fahrtkosten tragen? Konnte die Schule dafür eintreten? Wie sah es mit einem Versicherungsschutz aus? Galt er auch für transportierende Familienangehörige oder Bekannte, die Mitfahrgelegenheiten boten? So häuften sich bei der praktischen Durchführung des Projekts viele sehr konkrete Fragen im Detail, die einer raschen Klärung bedurften. Neben der Sachkunde der Wirtschaftsleitung der Melanchthon-Schule half die Kommunikation mit erfahrenen Kolleginnen und Kollegen anderer Schulen, denen man auf den schon erwähnten Bildungsforen der Diakonie begegnet war. Sie gaben gern Auskunft über erprobte Lösungen und hatten manchen guten Tipp parat.[18]

3 Praxis im Schulprogramm

Der bisherigen Darstellung ist zu entnehmen, dass die Melanchthon-Schule mit dem diakonisch-sozialen Lernen einen profilbildenden schulischen Schwerpunkt setzt, dessen Besonderheit in einer pädagogischen Konzeption zu sehen ist, nach der sich die Schülerinnen und Schüler während ihrer *gesamten Schullaufbahn* mit diakonischen Handlungsfeldern befassen (Steinataler Hefte 1/2003). Jede Jahrgangsstufe hat ihre spezielle Prägung durch ein altersgemäßes Themen- und Methodenangebot. Mit wachsendem Lebensalter der Kinder bzw. Jugendlichen werden höhere Anforderungen intellektueller wie emotional-affektiver Art gestellt, die ihnen Kenntnisse und Kompetenzen für den Umgang mit zentralen Sachproblemen aus dem Spektrum sozialer Arbeit vermitteln und die sie »stark machen« können für die persönliche Zuwendung zum Mitmenschen sowie für eigene Lebens- und Grenzerfahrungen.

18 Man war sich einig darin, dass nicht jede Schule »das Rad neu erfinden« müsse. Insofern haben sich auch die gedruckten »Dokumentationen« von Ergebnissen der Bildungsforen für die Schulentwicklungsaufgaben bewährt.

3.1 Unterstufenarbeit

Beginnt das diakonisch-soziale Lernen der jüngsten Mitglieder der Schulgemeinde in der Jahrgangsstufe 5 zunächst mit kleinen Unterrichtseinheiten – beispielsweise »Helfen in der Familie« oder »Regeln in der Klassengemeinschaft« –, so schließt sich im Jahrgang 6 ein für das schulische Gesamtkonzept zentrales Erstbegegnungsprojekt mit behinderten Kindern aus zwei benachbarten Schulen für Praktisch Bildbare an. Durch diese Unterrichtseinheit werden Möglichkeiten und Wege zu einem konstruktiven und unbefangenen Miteinander angebahnt. Den zumeist nichtbehinderten Schülerinnen und Schülern der Melanchthon-Schule sollen hierdurch die Kommunikation und der Kontakt zu Menschen mit Behinderungen erleichtert werden. Sie lernen den anderen in seiner Andersartigkeit und Einzigartigkeit zu akzeptieren und zu achten. Die Kinder dieser Altersstufe sind zwar anfangs nicht frei von Ängsten, reagieren aber bei Erfahrungen der Nähe umkompliziert und überwinden potenzielle Hemmschwellen rasch. Sie brauchen allerdings vorbereitende Betreuung, professionelle Anleitung und Begleitung, die ihnen Sicherheit gibt, nicht zuletzt auch den notwendigen Freiraum, um die sie sichtlich tief berührende Erfahrung mit der Schwachheit anderer verarbeiten zu können.

Während der Vorbereitungsphase hat sich mittlerweile eine Zusammenarbeit mit der Fachgruppe Biologie bewährt, die die Schülerinnen und Schüler mit Formen der geistigen und körperlichen Behinderung vertraut macht. Anhand spezifischer Sensibilisierungsübungen versuchen die Kinder sich mit den alltäglichen Schwierigkeiten, die ein behinderter Mensch zu bewältigen hat, auseinander zu setzen, wobei sie zusätzlich von Mitgliedern der Fachgruppe Sport unterstützt werden: Sie machen Selbsterfahrungen beim Durchlaufen eines so genannten Blindenparcours mit verbundenen Augen, auch »ohne einzelne Gliedmaßen«, sie müssen Gebäude und Gelände im Rollstuhl erkunden, Blindenschrift und Gebärdensprache lernen, spielerisch wahrnehmen, wie man sich fühlt, wenn man verspottet wird u. a. m.

Seit 1998 besteht zwischen der Melanchthon-Schule und der Hermann-Schuchard-Schule Hephata[19] eine Schulpartnerschaft. In kleineren Gruppen werden die Kinder aus den 6er-Klassen dort – beispielsweise zu Weihnachtsfeiern – eingeladen; sie nehmen an Projekttagen oder an anderen gemeinsamen Unternehmungen – wie Klettern, Tanz, Kanu-Fahrten – teil. Im Gegenzug erleben Schülerinnen und Schüler der Hermann-Schuchard-Schule Projekttage im Steinatal oder besuchen die Melanchthon-Schule zu anderen Anlässen. Themen wie »Zirkus im Steinatal« oder »Leben mit und in der Natur« wurden von allen Beteiligten mit viel Freude und Spaß angenommen.[20] Ein solcher Austausch hat sich inzwischen bewährt, und man versucht – sofern der Unterrichtsbetrieb der Schulen es erlaubt – sich möglichst häufig zu treffen. Schülerinnen und Schüler der 6. Klassen fahren regelmäßig zu den jährlich stattfindenden Hephata-Festtagen und beteiligen sich aktiv daran, indem z. B. ein Rollstuhlbasketball-Turnier organisiert oder Theater gespielt wird. Erfreulicherweise haben sich mittlerweile weitere Begegnungsmöglichkeiten mit der Brüder-Grimm-

---

19 Schule für Praktisch Bildbare und Praktisch bildbare Körperbehinderte, 34613 Schwalmstadt-Treysa.

20 Fingerspitzengefühl und Einfühlungsvermögen sind hier gefragt, damit die z.T. schwerbehinderten Kinder integriert, aber nicht von begeisterter Aktivität der Sechstklässler überfordert werden.

Schule in Alsfeld[21] ergeben. Aufgrund dieser Verbindungen kann nun jede Klasse eines 6. Jahrgangs Kontakte zu Klassen der Partnerschulen aufbauen und diese während eines Schuljahres individuell gestalten und pflegen. Neben Aktivitäten wie textiles Gestalten – z. B. Seidenmalerei –, Töpfern, Basteln und Singen bietet sich insbesondere das Medium »Bewegung« für das gegenseitige Kennen- und Verstehenlernen an. Auch Andachten und Gottesdienste werden zusammen mit den Gästen gestaltet.

Einen Akzent anderer Art setzt der Lehrplan in der Jahrgangsstufe 7. Die Fachgruppe Religionslehre sieht für diese pubertäre Entwicklungszeit die Thematik der Drogenprävention und -beratung vor, wobei die so genannten Alltagsdrogen – der Zigaretten- bzw. Alkoholkonsum – im Vordergrund stehen. Im laufenden Schuljahr wurde dazu erstmals ein mehrtägiges Jahrgangsstufenprojekt durchgeführt, das in Zukunft regelmäßig stattfinden wird.[22] Die Drogenberatungslehrerin der Melanchthon-Schule lädt in diesem Kontext Experten aus der im Schulamtsbezirk zuständigen Drogenberatungsstelle zu Gesprächen mit den Schülerinnen und Schülern ein. Über Drogeninformation und Reflexion möglicher Hintergründe für den Konsum legaler wie illegaler Drogen hinaus werden die Schülerinnen und Schüler mit dem umfassenden und gesellschaftlich relevanten Aufgabenbereich der Drogenberatungsstellen bekannt gemacht. Auch den Eltern werden Informationsveranstaltungen angeboten, wo sie Gelegenheit haben, Problemlagen und Besorgnisse zu thematisiereren, z. B. Fragen nach Anzeichen eines möglichen Drogenkonsums zu stellen oder die verbreitete »Medien-Sucht« Jugendlicher zu diskutieren.

3.2 Mittelstufe

Als Unterrichtsthema für die Jahrgangsstufe 8 im Bereich des diakonisch-sozialen Lernens wurde eine Einführung in die Geschichte der Diakonie festgelegt: Wichern und die Entwicklung der Inneren Mission im 19. Jahrhundert, Theodor Fliedner und die Begründung der weiblichen Diakonie, Friedrich von Bodelschwingh in Bethel etc. Weiterhin geht es um die Vermittlung von Kenntnissen über die heutigen Arbeitsfelder der Diakonie, insbesondere um die persönliche Erkundung diakonischer bzw. sozialer Einrichtungen in den Heimatorten der Schülerinnen und Schüler, was sich als sinnvolle Kooperation mit dem Konfirmandenunterricht erwiesen hat. Die Jugendlichen haben den Auftrag, Termine für Interviews mit den Verantwortlichen zu vereinbaren und ihre Recherche-Ergebnisse im Unterricht zu präsentieren. Auf diese Weise gewinnen sie eine konkrete Vorstellung von der Bandbreite diakonisch-sozialer Arbeit im eigenen Umfeld, was gegenüber einer Aneignung ausschließlich als Lehrbuchwissen einen deutlich höheren Grad an Wahrnehmung schafft.

---

21 Schule für Praktisch Bildbare. Abteilung für Körperbehinderte, 36294 Alsfeld.

22 Zurzeit werden Gespräche mit den Fachgruppen Politik und Wirtschaft sowie Biologie hinsichtlich einer fächerverbindenden Kooperation geführt. Bisher wird die Drogenproblematik in beiden Fächern später – im Jahrgang 8 bzw. 9 – behandelt. Nach dem sachspezifischen Kenntnisstand der Drogenberatungslehrerin sind jedoch entscheidende Weichen für eine Drogenprävention früher zu stellen.

Die Jahrgangsstufe 9 ist dann für ein Engagement in Kirchengemeinden vorgesehen, da aufgrund der zeitlichen Nähe zum Konfirmandenunterricht bereits enge Beziehungen zur eigenen Gemeinde bestehen. Als Gymnasium in kirchlicher Trägerschaft ist der Melanchthon-Schule daran gelegen, dass dieser Kontakt nach der Konfirmation nicht verloren geht. In praktischen Einsätzen vor Ort – betreut durch Pfarrerinnen und Pfarrer oder Mitglieder des Kirchenvorstandes – erleben die Jugendlichen in ihrem persönlichen Lebensumfeld, wie wichtig ihr freiwilliges Engagement für Menschen in z.T. schwierigen Lebenssituationen ist. Diese Einsätze können aufgrund des Lebensalters der Nachkonfirmanden keine Pflegedienste umfassen; vielmehr geht es um leichte Hilfen wie Vorlesen, Einkaufen, Spazierengehen, Gartenarbeit etc. oder einfach darum, Gesellschaft zu leisten. Die Schülerinnen und Schüler entscheiden selbst, wann und wie häufig[23] sie diese diakonisch-sozialen Dienste verrichten.

Im Jahrgang 10 stehen Themen wie Schuldnerberatung, Betreuung von Obdachlosen, Strafgefangenen und Asylbewerbern auf dem Lehrplan. Regelmäßig informiert eine Mitarbeiterin des Diakonischen Werkes im Schwalm-Eder-Kreis über Problemlagen und Arbeitsweise in diesem weitreichenden Aufgabenfeld.[24] Den Heranwachsenden soll deutlich werden, welche persönlichen und gesellschaftlichen Konstellationen ein diakonisch-soziales Hilfehandeln erfordern, ohne das in Not geratene Menschen sich nicht neu orientieren und zu einem selbstbestimmten Leben finden können.

3.3 Oberstufe

Zwar verbringen Schülerinnen und Schüler am Gymnasium bis zum 18. Lebensjahr den größten Teil ihrer Zeit in und mit der Schule, aber das bedeutet nicht, dass diese auch in gleichem Umfang als Erfahrungsfeld für die Alltagswirklichkeit erlebt wird. Lebensumstände in der Jugend haben sich gegenüber früheren Generationen geändert: Oft arbeiten Eltern bzw. allein erziehende Mütter oder Väter, d. h. sie müssen Beruf und Erziehung bewältigen. In der Freizeit bestimmen Medien wie Computer und Fernsehen den Tagesablauf. Eine kirchliche Sozialisation findet – wenn überhaupt – vielfach nur noch im Zusammenhang mit dem Konfirmandenunterricht statt. Die besonderen Chancen einer Schule in kirchlicher Trägerschaft liegen demnach u. a. darin, Jugendlichen, die kaum noch Kontakt mit kirchlichen Einrichtungen haben, neue Zugänge zu ermöglichen.

Aufgrund sich auflösender traditioneller Familienstrukturen fehlen existenzielle Grunderfahrungen: Wer ernstlich krank ist, wird ins Krankenhaus gebracht; wer behindert ist, wird in entsprechenden Einrichtungen versorgt; wer alt ist, zieht in ein Altenheim um. Menschliche Grenzsituationen – Krankheit, Leiden, Gebrechen, Alter,

23 Sechs Einsätze werden mindestens erwartet.

24 Eine praxisbezogene Mitwirkung von Schülerinnen und Schülern dieser Jahrgangsstufe ist allerdings aufgrund der sich hier stellenden Anforderungen kaum zu erreichen; zurzeit wird die so gennante Schwälmer Tafel in Schwalmstadt als Hilfsprojekt für bedürftige Menschen eingerichtet, woran sich ggf. Praktikanten des Diakonie-Kurses der Jahrgangsstufe 11 (s. u.) beteiligen können.

Tod – zu erleben, bleibt dem unmittelbaren Erfahrungsfeld Jugendlicher entzogen, denn Krisenbewältigung menschlichen Daseins findet zumeist außerhalb der Familie statt.

Das alles ist auch in der Schülerschaft der Melanchthon-Schule zu spüren, insbesondere im Religionsunterricht: wenn die Schülerinnen und Schüler aufgefordert sind, über ethisch-moralische Fragen, Lebens- und Weltanschauungen, christliche Glaubenserfahrungen u. a.m. nachzudenken und zu diskutieren. Positiv ist ihr erkennbares Bemühen, sich der Reflexion solcher Themen zu stellen; aber aufgrund fehlender praktischer Erfahrung erscheinen ihre Beiträge oft theoretisch, zwar gutwillig gelernt bzw. von anderen übernommen, aber wenig mit Realität gedeckt, kurz: in vielen Fällen zu »glatt«.

Hier setzt das Projekt des diakonisch-sozialen Praktikums in der Jahrgangsstufe 11.1 an: Indem die Jugendlichen Menschen und Orte aufsuchen, die nicht in ihrem alltäglichen Erfahrungsfeld liegen, fordern sie ihre eigene Umgebung heraus und werden selbst gefordert. Sie müssen physische wie psychische Belastungen aushalten, Stellung beziehen, neue Verhaltensweisen einüben, Verständnis und Toleranz lernen, Bestätigung suchen, können dabei erweiterte Einsichten und Selbstvertrauen gewinnen. Indem sie zunehmend den Lernort »Schule« mit dem Lernort »Leben und Alltag« verbinden, kann echtes, authentisches Leben erfahren werden, was wiederum auf die Schulwirklichkeit und ihre persönliches Lebensgestaltung positive Auswirkungen hat.

Die Schülerinnen und Schüler erweitern aber nicht allein ihren Horizont hinsichtlich der Praxis diakonischer Arbeit, sondern sie gewinnen auch Einblicke in Kernbereiche von Diakoniewissenschaft, Theologie und Kirche: So erfahren die Praktikanten z. B., dass Diakonie als Handlungsfeld von christlicher Gemeinde und Kirche zu verstehen und ohne Einbindung in Gemeinde bzw. Kirche nicht denkbar ist, wobei sich diakonisches Handeln – unabhängig und selbstständig – zugleich im kritischen Dialog mit der Kirche vollzieht. Sie erkennen, wie Diakonie, die ihre theologische Bestimmung ernst nimmt, einen Beitrag zu leisten versucht, der christlichen Tradition vom Kommen des Reiches Gottes zu entsprechen, und darum ihre Aufgabe darin sieht, gesellschaftlichen Entwicklungen entgegenzuwirken, die den Wert eines Menschen und seiner Arbeit ausschließlich nach dem wirtschaftlichen Kosten-Nutzen-Ertrag berechnet. Darüber hinaus erkennen sie, dass Diakonie eine globale Verantwortung wahrnimmt, die alle Menschen – die gesamte Schöpfung – einschließt. Und nicht zuletzt lernen sie zu verstehen, dass Diakonie nicht alle Problemfelder der Gesellschaft besetzen kann und will, weshalb sie in Koordination und Kooperation mit anderen Trägern des sozialen Hilfehandelns agiert.

Während der Vorbereitungsphase des diakonisch-sozialen Praktikums im Religionsunterricht der Jahrgangsstufe 11.1 geht es um Klärung grundlegender Fragen: Wo und in welcher Weise wird Religion und Religiosität in unserer Alltagswirklichkeit erfahrbar? Was ist die Motivation für »diakonisches« bzw. »soziales« Handeln?[25] Was leisten Menschen in hauptberuflicher und ehrenamtlicher Tätigkeit?

25 Mittel- bis langfristig soll nachgehalten werden, ob sich in Theorie und Praxis des Praktikumsengagements nach der Wahrnehmung der Schülerinnen und Schüler eine Differenz zwischen »diakonischem« und »sozialem« Handeln beschreiben lässt.

Wie bereits geschildert, sollen die Schülerinnen und Schüler diakonische und soziale Einrichtungen[26] im näheren und weiteren Umkreis der Schule kennen lernen, um sich zu orientieren und Antworten auf ihre Fragen zu finden. Darüber hinaus recherchieren sie selbst unter fachlicher Anleitung und suchen – im Kontext von Vorträgen, per Interview etc. – das Gespräch mit Experten aus verschiedensten Aufgabenbereichen der Sozialarbeit. Sind dann die Praktikumsplätze ausgesucht und alle notwendigen Vorbereitungen getroffen, beginnen die Schülerinnen und Schüler mit ihrem Dienst in den Einrichtungen. Während dieser wöchentlichen Einsatzzeiten werden die Jugendlichen von Fachkräften beraten und betreut, damit sie den neuen, oft belastenden Eindrücken standhalten können. Vergleichbare Aufgaben übernehmen die jeweiligen Kursleiterinnen oder -leiter, indem sie als Kontaktpersonen den Erfahrungsaustausch zwischen den Praktikanten gewährleisten, auf diese Weise Raum für das Aussprechen möglicher Ängste und Nöte geben und die Reflexion konkreter Problemfelder unterstützen. Die Lehrkräfte begleiten zudem die Anfertigung der umfangreichen Hausarbeit, deren Gegenstand aus dem jeweiligen Arbeitsgebiet gewählt wird. Dies alles geschieht im gemeinsamen Unterricht im Religionskurs am Schulmorgen bzw. bei Besuchen am Praktikumsort. Ebenso unverzichtbar ist die Unterstützung durch die Eltern: Sie sind den Jugendlichen vertraute, verlässliche Gesprächspartner bei der Verarbeitung der im Praktikum gemachten existenziellen Erfahrungen.

Durchweg mit Engagement, Einsatzfreude und Sensibilität für die Belange der ihnen anvertrauten Menschen leisten die Schülerinnen und Schüler im Verlauf des gesamten zweiten Kurshalbjahres diakonisch-soziale Arbeit in den Einrichtungen: in Wohngemeinschaften, Werkstätten oder Schulen für Menschen mit Behinderungen, in Senioren- und Pflegeheimen, in der häuslichen Pflege, in der Jugend- und Familienhilfe etc. Die Schulgemeinde der Melanchthon-Schule zollt ihnen dafür die verdiente Anerkennung, was sich u. a. in einem Zertifikat über die im Praktikum erworbene Qualifikation ausdrückt.

Im Rahmen der sich dem Praktikum anschließenden Unterrichtsarbeit im Fach Evangelische bzw. Katholische Religionslehre der so genannten Qualifikationsphase geht es konsequenterweise darum, die gewonnenen Erfahrungen und Einsichten in Beziehung zu den abiturrelevanten fachspezifischen Inhalten zu setzen, damit das Praktikum nicht als Schlusspunkt des diakonisch-sozialen Lernens an der Melanchthon-Schule verstanden wird, sondern vielmehr als »Doppelpunkt«: Denn hier bietet sich die große Chance, dass sich die Schülerinnen und Schüler mit den für die Abiturphase vorgesehenen Kursthemen – Anthropologie und Ethik, Christologie, Gotteslehre und Kirchengeschichte – unter diakonisch-sozialer Perspektive auseinander

26 Die federführend tätigen Koordinatorinnen aus der Fachgruppe Religionslehre sind dankbar, dass sich nicht nur die in der Region tätigen Träger diakonischer Einrichtungen an dem Oberstufen-Praktikum beteiligen, indem sie Einsatzplätze zur Verfügung stellen, sondern dass auch andere Träger sozialer Arbeit das Projekt entsprechend unterstützen. Ohne dieses Zusammenwirken wäre es gar nicht möglich, allen interessierten Schülerinnen und Schülern einen geeigneten Praktikumsplatz zu vermitteln. Auch um dieser Ausgangssituation Rechnung zu tragen, wurde in der Melanchthon-Schule der Begriff des »diakonisch-sozialen Lernens« geprägt.

setzen können und zu einem durch Lebenserfahrung gedeckten, sie persönlich betreffenden Verständnis dieser theologischen Dimensionen finden.[27]

4 Wirkungen und Reaktionen

Das vorgestellte Konzept der Melanchthon-Schule, das im Jahr 1998 seinen Anfang nahm, schrittweise aufgebaut wurde und bis heute weiterentwickelt wird, kann nachvollziehbarerweise nicht folgenlos für das gesamtschulische Leben bleiben. Stellvertretend für manche Beobachtungen, die seither auf dem Campus des Gymnasiums gemacht werden können, seien zwei Aspekte genannt, die schlaglichtartig beleuchten, wie das Diakonische mehr und mehr in der Schule Einzug hält.

War das Miteinander von nichtbehinderten und behinderten Jugendlichen noch vor wenigen Jahren ganz ungewohnt und daher aufsehenerregend in der Schülerschaft, so stellt sich diese Kommunikation nun freundlich-selbstverständlich dar: Es ist normal, dass man sich regelmäßig sieht; jede/r hat sich schon beteiligt und weiß, was nötig und hilfreich für das Gelingen der Begegnungstreffen ist. Gab es anfangs eine vergleichsweise ähnlich distanzierte Haltung bei Kollegiumsmitgliedern gegenüber einer Kooperation mit den Schulen für Praktisch Bildbare, da regulärer gymnasialer Fachunterricht nicht gemeinsam durchführbar ist, so haben zahlreiche Lehrerinnen und Lehrer inzwischen an Projekttagen mit den behinderten Kindern neue Erfahrungen ganz anderer Art sammeln können, die ihnen bislang mangels Gelegenheit fehlten, die sie beeindruckten und die ihnen sichtlich Freude machten. Jetzt ist es keine Ausnahme mehr, dass z. B. eine Mathematik- oder Französisch-Lehrkraft sagt: »Da mache ich mit!« oder: »In meiner Gruppe können gern einige behinderte Kinder mitbetreut werden!«

Ohne hier vorschnell und überzogen idealisierend oder harmonisierend werten zu wollen, darf als Auswirkung des diakonisch-sozialen Lernens auf das Klima in der Schulgemeinde die Wahrnehmung größerer Rücksichtnahme, gegenseitigen Respektierens, wachsender Aufmerksamkeit und Höflichkeit konstatiert werden.

Wie reagieren die am diakonisch-sozialen Lernen direkt Beteiligten rückblickend auf das Erlebte? Schülerinnen und Schüler äußern sich zumeist sehr offen, spontan und nicht selten in einer die Lehrkräfte überraschenden Weise. So begreifen Sechstklässler schnell, dass Integration durch einen Umgang miteinander »auf Augenhöhe« verwirklicht wird: »Erst hatte ich etwas Angst vor den behinderten Kindern, aber jetzt nicht mehr. Die sind ja wie wir: Sie freuen sich oder sind traurig oder mal beleidigt – genau wie ich –, und dann sind sie auch wieder gut!«. Ein anderer Schüler schildert ebenso authentisch: »Patrick hat einen Sprachfehler und wahrschein-

27 Für die Lehrkräfte der Fachgruppe Religionslehre stellt sich damit eine nicht unerhebliche Herausforderung: den Lehrplan im Blick auf diakonische Zuspitzungen der o.g. theologischen Dimensionen zu focussieren, damit der im Praktikum erworbene Zugewinn an Reflexionsfähigkeit im Bereich von Sinn- und Wertfragen in den wissenschaftspropädeutisch angelegten Fachunterricht eingebracht und auf dieser Ebene weiterentwickelt werden kann. Hier wünscht sich das Kollegium Austausch und Beratung; darüber hinaus wird entsprechendes Unterrichtsmaterial für die Oberstufenkursarbeit in der Qualifikationsphase benötigt.

lich eine Lernbehinderung. Er hat sich als ein Sportpaket herausgestellt: Er bestand nämlich darauf, gegen mich zu laufen. Gut, hatte ich mir gedacht, so schnell kann er ja nicht sein. Doch das war geirrt! Patrick ist losgeschossen, und irgendwann konnte ich ihn gar nicht mehr einholen.«[28]

Jugendliche aus der Oberstufe äußern sich vielfach über ihre in der Praktikumszeit gewachsene Einsicht in Lebensprobleme: »Die vielen Erfahrungen, die ich im Umgang mit Alten und Pflegebedürftigen gemacht habe, waren die Zeit, die ich mit ihnen verbracht habe, wert. Ich habe die Furcht vor dem eigenen Altsein verloren, indem ich einen tiefen Einblick in das Leben und Sterben von Alten bekommen habe ...«. Dabei fällt auf, dass sie nicht darauf abheben, etwas »Heldenhaftes« oder gar Bewunderungswürdiges für andere geleistet zu haben, vielmehr liegt der Akzent ihrer Darstellungen stets auf der – eher erstaunten und dankbaren – Selbstwahrnehmung, dass sie »gebraucht« wurden und es »geschafft« haben: Obwohl die Anforderung hoch und die Sorge groß war, ob man die Aufgabe meistern würde, hat man durchgehalten, Schwierigkeiten angenommen, Lösungen gefunden. Ganz offensichtlich empfinden die Schülerinnen und Schüler dies als eine Stärkung ihrer Persönlichkeit, was ihnen zu einem positiven Selbstbild verhilft.[29] Informationen und Wertungen dieser Art geben sie gern und selbstbewusst an den nachfolgenden Schülerjahrgang weiter; dies wiederum motiviert die »Nachrücker« und ermutigt sie zu ähnlichem Engagement.

Aus der Sicht der Verantwortlichen in den Einrichtungen werden überwiegend sehr anerkennende Beurteilungen abgegeben: »Ich bin sehr froh darüber, dass jungen Menschen – durch schulischen Weitblick gefördert und betreut – neue Lebenserfahrungen in diakonisch-sozialen Arbeitsfeldern ermöglicht werden. Bereichernd und erkenntnisgewinnend ist es für alle Beteiligten: nicht nur für die Praktikanten ... ich finde es toll, wie einfühlsam, anpassungsfähig und belastbar die Praktikanten die Aufgabe mit Bravour gemeistert haben.« Von hohem Wert ist für die betroffenen Jugendlichen zudem die Aussage, »dass das oftmals kritische Hinterfragen der Praktikanten von vielen Mitarbeitern als Chance gesehen wurde, die tägliche Arbeit aus einem anderen Blickwinkel zu betrachten«, wird darin doch deutlich, dass die Schülerinnen und Schüler nicht ausschließlich diejenigen sind, die Unterstützung und Zuwendung von ihren Betreuern in den Einrichtungen empfangen, sondern dass sie umgekehrt auch hilfreiche Impulse für die gemeinsame Arbeit geben können. Insgesamt wird der Erfolg des Praktikums aus Sicht der Einrichtungen mit einer verlässlichen, effektiv strukturierten und organisierten Zusammenarbeit zwischen Schulleitung, Lehrkräften, Schülerinnen und Schülern sowie mit den Einrichtungsleitungen und dem Fachpersonal begründet. Als wichtiges Qualitätsmerkmal wird hervorgehoben, dass Reflexionsmöglichkeiten jederzeit gegeben sind und regelmäßig wahrge-

---

28 Auch die Eltern der Kinder in den 6. Klassen wurden um eine Stellungnahme zu dem Begegnungsprojekt der Jahrgangsstufe gebeten. Die Auswertung ergab einhellige Zustimmung, z.T. mit Signalen eigener – bedauerter – Defizite im Bereich konkreter Erfahrungen: »Der Umgang mit Behinderten ist nicht für jeden alltäglich und normal. Auch ich habe einige Berührungsängste, obwohl ich das nicht haben möchte.«

29 Einige entscheiden sich aus diesen Gründen sogar für eine berufliche Orientierung im Bereich sozialer Arbeit.

nommen werden. Die nachfolgende Einschätzung eines Pflegedienstleiters mag abschließend als Fazit dienen: »Nicht zuletzt zeigt die hohe Motivation und Einsatzfreudigkeit der jungen Leute, dass das Konzept des Diakoniepraktikums richtig und notwendig ist. Es zeigt auch, dass der Austauschprozess zwischen dem Lern- und Lebensort Schule und dem Lern- und Lebensort diakonisch-sozialer Arbeitswelt fruchtbringend für alle Beteiligten ist. Meine Kolleginnen und Kollegen und ich freuen uns auf die nächsten jungen Menschen, die sich auf uns und unsere Hilfeadressaten einlassen und einen Such- wie Findeprozess beginnen« (Steinataler Hefte 1/2003, 22).

5 Ausblick: laufende Planungen und Vorhaben

Die Schilderung der Gesamtkonzeption des diakonisch-sozialen Lernens an der Melanchthon-Schule verdeutlicht, dass der Ausgangspunkt ursprünglich im Religionsunterricht und seinem Anliegen lag, den Schülerinnen und Schülern einen vertieften Zugang zu den Unterrichtsinhalten des Faches zu ermöglichen und damit ihre Persönlichkeitsentwicklung zu fördern. Nach inzwischen ca. sechs Jahren hat sich manches verändert: Eine Reihe anderer Fächer wie Politik und Wirtschaft, Biologie, Sport, Kunst, Musik, Werken und Geschichte haben ihre regelmäßige Kooperation zugesagt und setzen nun eigene fachspezifische Akzente. Durchweg stellt sich die Haltung der Lehrerschaft gegenüber dem diakonisch-sozialen Lernen spürbar positiv dar.[30]

Auf dieser Basis öffnet sich ein weiter Horizont: Nachdem die dauerhafte Etablierung einer Kooperation von Schule und Diakonie als »Lernen in diakonischen Einrichtungen« gelungen ist, wird nun die Diskussion geführt, wie das diakonisch-soziale Handeln ebenso im alltäglichen Schulleben bewusster gemacht und praktiziert werden kann. Nicht nur aus der Fachgruppe Religionslehre, sondern zunehmend auch aus anderen Fachbereichen gibt es dazu Vorschläge.[31]

Im Zuge der aktuellen Schulentwicklung der Melanchthon-Schule zur offenen Ganztagsschule soll es künftig verstärkt darum gehen, der Schülerschaft ein »doppeltes Unterstützungskonzept« zur Verfügung zu stellen, das *allen* dient: einerseits als Kompensations- und Beratungsangebot bei fachlichen Defiziten und/oder persönlichen Lebenskrisen[32], andererseits als Unterstützungsprogramm zur Förderung besonderer Interessen und Begabungen. Diese Arbeit mit begabten bzw. hochbegabten Jugendlichen scheint ein bisher noch eher unentdecktes Bewährungsfeld für diakonisch-soziales Engagement zu sein. Aber gerade in dieser Schülergruppe finden sich – wie heute zunehmend erkannt wird – nicht ausschließlich Jugendliche, die die Schule

30 Man stellt mit gewisser Genugtuung fest, dass das diakonisch-soziale Profil für eine evangelische Schule passend, sinnvoll und – um der eigenen Glaubwürdigkeit willen – notwendig ist.

31 Beispielsweise hat die Fachgruppe Sport einen Schulsanitätsdienst mit Schülerinnen und Schülern aus allen Jahrgangsstufen aufgebaut.

32 Erste Arbeitsgemeinschaften dieser Art haben sich schon gebildet: als so genannte Stützkurse in Kernfächern oder als Hausaufgabenhilfe durch Schülermentoren (»Schüler helfen Schülern«). Kollegiumsmitglieder nehmen an Fortbildungen über Mediationsverfahren, Drogenprävention, Streitschlichterprogramme usw. teil. Die Schulseelsorgerin bietet individuelle Gesprächsmöglichkeiten an.

problemlos durchlaufen, vielmehr zeigen sie z.T. sogar völliges Schulversagen.[33] Diese Jugendlichen zu identifizieren und ihnen adäquate Hilfestellung zu geben, damit sie ihre besonderen Begabungen wieder zeigen, soziale Kontakte aufnehmen und zu einem stabilen Selbstverständnis zurückfinden, sieht die Melanchthon-Schule als verpflichtenden diakonischen Auftrag an.[34]

Alles in allem: Das diakonisch-soziale Lernen in der Melanchthon-Schule ist Motor des Schulentwicklungsprozesses, der bewegt und Zukunftsperspektiven schafft.

---

33 Vgl. die Problemlage der so genannte Underachiever (hochbegabte Minderleister).

34 Im laufenden Schuljahr 2004/05 wurde der Melanchthon-Schule aufgrund ihres eingereichten pädagogischen Konzepts zur Begabtenförderung das Zertifikat des Hessischen Kultusministeriums für »Schulen, die hochbegabte Schülerinnen und Schüler besonders fördern« verliehen.

Markus Wild

Diakonisches Lernen im Religionsunterricht

1 Diakonie und Religionsunterricht

»Diakonie, was ist das denn?«, »Diakonie, das ist doch für alte und kranke Leute!«, »Schon wieder die Armen«, »Was geht das uns an?«. So oder ähnlich könnten Reaktionen von Schülerinnen und Schülern lauten, die mit dem Thema »Diakonie« im Religionsunterricht unvermittelt konfrontiert werden. »Diakonie« als Thema ist Kindern und Jugendlichen nicht unmittelbar einsichtig, bei genauerem Hinsehen lassen sich aber Bezugs- und Anknüpfungspunkte in der Lebenswelt der Jugendlichen finden.

Insbesondere ist dies möglich, wenn man »Soziales Lernen« im Sinne von Einüben eines sozialen Miteinanders und das Thema »Diakonie« als Kennenlernen von sozialer Hilfstätigkeit der Kirche nicht jeweils isoliert sieht, sondern beides sinnvoll zu »Diakonischem Lernen« verknüpft.

In den folgenden Ausführungen soll aufgezeigt werden, dass das »Soziale Lernen«, das in den Bildungsplänen der Länder immer mehr Berücksichtigung findet und als wichtiger Inhalt aller Unterrichtsfächer betont wird, sehr sinnvoll mit Lehrplaninhalten des Religionsunterrichts zu »Diakonischem Lernen« verbunden werden kann. In den Lehrplaneinheiten des Religionsunterrichts finden sich viele Themenfelder, die es ermöglichen, Dimensionen des diakonischen Lernens aufzuzeigen. Indem zu Inhalten des Religionsunterrichts diakonisch-soziale Bezüge hergestellt werden, kann der Bildungsauftrag bezüglich der Sozialkompetenz der Kinder und Jugendlichen im Religionsunterricht einen Schwerpunkt finden.

2 Soziales Lernen in der Bildungsplanentwicklung

In der Diskussion um die schulische Bildung in Deutschland werden unterschiedliche grundlegende Kompetenzen betont, die den Schülerinnen und Schülern vermittelt werden sollen. Neben die Weitergabe von Fach- und Sachkompetenz treten verstärkt personale Kompetenz, Sozial- und Methodenkompetenz. Bewusst wird in vielen Bundesländern nicht mehr von Lehrplänen, sondern von Bildungsplänen gesprochen. Lehrinhalte sollen komprimiert und bundesweit vergleichbar gemacht werden. Ziel der Pläne ist es, evaluierbare Kompetenzen zu beschreiben, denen die Sachinhalte exemplarisch zugeordnet werden. Soziale und personale Einstellungen, individuelle Fähigkeiten und Sachkenntnisse werden als gleichwertige Bildungsziele betont und gefordert, auch wenn die Überprüfbarkeit bei sozialen Bildungszielen Fragen offen lässt.

In der Einführung zu dem seit 2004 in Baden-Württemberg geltenden Bildungsplan arbeitet Hartmut von Hentig wichtige Lebenseinstellungen aus den Inhalten des gesamten Bildungsplans heraus und stellt diese bewusst den zu vermittelnden Fähigkeiten und der Sachkenntnis voran.[1] Diese sozialen und personalen Einstellungen können sicher nicht als Absolutheit gelehrt werden und »sind immer von Fähigkeiten abhängig und mit Sachverständnis verbunden, wenn sie wirksam sein sollen. Sie dürfen diesen aber nicht nachgestellt oder geopfert werden« (von Hentig 2004, 14).

Inhalte, die bisher unter dem Begriff »Soziales Lernen« subsumiert und an den einzelnen Schulen mehr oder weniger betont und gefördert wurden, finden bewusst Einzug in die Bildungspläne der Länder.

Von Hentig nennt als Bildungsziele unter anderem zehn prägende Erfahrungen für Schülerinnen und Schüler (vgl. von Hentig 2004, 13; 14), aus denen die folgenden Auszüge genannt werden sollen, da sie besonders Inhalte des sozialen Lernens innerhalb der Schulgemeinschaft und des Schullebens beschreiben:

Schülerinnen und Schüler ...

- ... gewinnen Lebenszuversicht und überwinden mitgebrachte Ängste ...
- ... gewinnen Freude am Bewahren und Schützen gefährdeter Güter der Natur, des Kleinen, Schwächeren, Verletzlichen ...
- ... entwickeln erst ein Gefühl, dann eine Pflicht für die Gestaltung und Verbesserung der gemeinsamen Lebensverhältnisse. ... Sie stellen sich der Verantwortung für ihr Handeln.
- ... lernen, dass sie dazu Überzeugungen, Wertvorstellungen, Maßstäbe brauchen, dass ihnen zusteht, Kritik zu üben, und dass sie Konflikte wagen müssen; sie entwickeln Gelassenheit und Leidenschaft im öffentlichen Streit; ... sie erkennen die Not von Randgruppen, beziehen sie ein, geben ihnen Hilfe.
- ... lernen, der Gewalt zu entsagen ...

In den übrigen fünf Punkten wird beschrieben, dass Schülerinnen und Schüler Verlässlichkeit lernen, ihre eigene Identität erfahren, Genießen lernen, ihren Blick zur Welt weiten und lernen, sich »letzten Fragen« zu öffnen.

Es sei hier noch einmal erwähnt, dass die genannten Einstellungen und Erfahrungen nicht dem Fach Ethik oder Religionslehre entnommen wurden, sondern grundlegend implizit für alle Unterrichtsfächer und für alle Klassenstufen und Schularten der allgemein bildenden Schulen Geltung haben. Erfahrungen, die in den vergangenen Jahrzehnten in unterschiedlichsten Modellen des sozialen Lernens gewonnen wurden, werden hier herausgearbeitet und dem Bildungsplan vorangestellt. Gleichzeitig lassen sich wichtige Anknüpfungspunkte an die Inhalte der Lehrpläne des Religionsunterrichts feststellen und Dimensionen des diakonischen Lernens daran aufzeigen.

Zum Bereich des sozialen Miteinanders in einer Gemeinschaft nennt Hartmut von Hentig im Bildungsplan folgende Leitfragen (von Hentig 2004, 20), die innerhalb einer Schulgemeinschaft mit Inhalten gefüllt werden müssen:

- Welche Vereinbarungen treffen wir, um die Beziehungen untereinander zu gestalten und Orientierung zu geben?
- Welche pädagogischen Möglichkeiten nutzen wir zur Lösung von Konflikten?

---

1 Dieser Grundsatzartikel gilt für die Bildungspläne aller Schularten in Baden-Württemberg und findet sich in den entsprechenden Druck- oder EDV-Versionen.

- □ Welche Hilfen bieten wir zur Bewältigung von Lebensproblemen unserer Schülerinnen und Schüler?
- □ Wie kann die schulische Gemeinschaft besonderen Lebensumständen von Schülerinnen und Schülern und unterschiedlichen Lebenswelten im schulischen Umfeld Rechnung tragen?
- □ Wie kann in der Schule erreicht werden, dass Mädchen und Jungen sich bei aller Verschiedenheit als gleichberechtigt und gleichwertig wahrnehmen?
- □ Wie fördern wir die Übernahme von Verantwortung und die Sprachfähigkeit so, dass Schülerinnen und Schüler an der Ordnung der gemeinsamen Angelegenheiten mitwirken können und wollen?

Diese Fragen gelten allen Unterrichtsfächern; für den Religionsunterricht bietet diese Grundlage des Bildungsplans neue Entfaltungsmöglichkeiten. Für die Unterrichtsfächer Religion, Ethik, Sozial- und Gemeinschaftskunde besteht die besondere Möglichkeit, eigene Inhalte in ein zu entwickelndes Schulprofil einzubringen, indem diese Fragen eine Rolle im Unterricht spielen.

Die Politik fordert verstärkt, durch Veränderung der Bildungspläne naturwissenschaftliche Forschung zu fördern und den Anforderungen der Wirtschaft in Deutschland und weltweit Rechnung zu tragen. Andererseits ist es an dieser Stelle wichtig zu sehen, dass auch die soziale Kompetenz von Schülerinnen und Schülern gestärkt werden soll.

Der Religionsunterricht erhält bei dieser Veränderung in der Bildungsdiskussion die Chance, bei der Beantwortung der oben zitierten Fragen eine Vorreiterrolle zu spielen und Themenschwerpunkte, die seit langem in den festgeschriebenen Curricula enthalten sind, neu zu betonen und in die innerschulische und gesellschaftliche Diskussion mit einzubeziehen.

3 Vom »Sozialen Lernen« zum »Diakonischen Lernen«

3.1 Verknüpfung von Projekten in den Schulen mit dem Religionsunterricht

Unter dem Begriff des »Sozialen Lernens« werden an den Schulen unterschiedliche Lernarrangements und Projekte zusammengefasst, die teilweise als einzelnes Projekt innerhalb einer Schule allein stehen oder sich mit anderen Maßnahmen ergänzen und in einem Schulprofil »Soziales Lernen« dargestellt werden können. Drei Arten von »Projekten« lassen sich unterscheiden:

1. Klasseninterne Maßnahmen, die bei der Methodenwahl im Unterricht beginnen und über gemeinsame Unternehmungen wie interaktive, gruppendynamische Abenteuerspiele und Klassenfahrten zu einem veränderten Sozialverhalten führen. Die Einrichtung eines Klassenrates, eines Kummerkastens bzw. ergänzender Gesprächsrunden und gemeinsamer Erarbeitung von Klassenregeln tragen ergänzend zu einem angenehmen Miteinander bei.
2. Klassenübergreifende Arbeitsgemeinschaften, Aktionen und Projekte wie z. B. Streitschlichter-AG (Mediation), Umweltprojekte, »Buddy-Projekte« (ältere Schüler helfen jüngeren / »Patenschaften«) sowie Maßnahmen zur Drogen- und Gewaltprävention.

3. Projekte, die über den Schulalltag hinausgehen und außerschulische Lernorte erschließen: Dazu gehören unter anderem Austauschprogramme und Projekte zur Verständigung und Versöhnung mit den west- und osteuropäischen Nachbarstaaten, »Eine-Welt-Projekte«, sowie Sozialpraktika[2] und andere Aktionen, die Schülerinnen und Schüler schrittweise an »bürgerschaftliches« Engagement heranführen. Entsprechende Konzepte gibt es seit langer Zeit immer wieder vereinzelt an Schulen; neuen Aufschwung erhalten diese Ideen inzwischen durch die Zusammenfassung der Maßnahmen unter dem Begriff des »service learning«[3].

Immer mehr Schulen gehen dazu über, langjährig erprobte Unternehmungen und neue Projekte in einem Leitbild oder Schulkonzept mit sozialem Schwerpunkt zu bündeln und damit nach außen sichtbar zu machen.

Die Erziehung zu Verantwortung und Solidarität, die in den Bildungsplänen eine wichtige Rolle spielt, kann im Religionsunterricht eine stärkere Gewichtung erfahren und zur »Sinnstiftung« beitragen: In allen Klassenstufen gibt es Lehrplaneinheiten, die Bezug nehmen können auf Inhalte und Projekte eines solchen sozialen Schulprofils. Wo Schülerinnen und Schüler anhand der jüdisch-christlichen Tradition ethische Verhaltensweisen erarbeiten, die zu mehr Nächstenliebe, Gerechtigkeit und Solidarität mit den Schwächeren führen, kann das »Soziale Lernen« zum »diakonischen Lernen« werden. »Diakonisches Lernen« geschieht damit nicht nur in der Ausbildung der in der Diakonie tätigen Menschen, sondern kann dort beginnen, wo christlich begründete ethische Entscheidungsfindung mit praktischen Erfahrungen in sozialen Projekten und Tätigkeiten von Schülerinnen und Schülern an den Schulen verknüpft wird.

3.2 Ausgewählte Beispiele

Anknüpfungspunkte zwischen religiösen Lehrplaneinheiten und Elementen des »Sozialen Lernens« ergeben sich vielfach. Dazu einige Ideen und Möglichkeiten:

- Soziale Maßnahmen wie Klassenrat, Klassenregeln und Kummerkasten können im Religionsunterricht angeregt oder vertiefend begründet werden bei Themen wie »Wir brauchen einander«, »Miteinander leben«, »Bevorzugt und benachteiligt« oder »Wir haben Angst«.
- Umweltschutzprojekte der Schule können in den unterschiedlichen Lehrplaneinheiten zu Schöpfung und Umwelt thematisiert werden: »Wir sind Gottes Geschöpfe: Menschen – Tiere – Pflanzen«, »Gottes Schöpfung – uns anvertraut«.

2 Diese Praktika stehen bei Beschreibungen von Konzepten des sozialen bzw. diakonischen Lernens oft im Mittelpunkt. Sie seien hier nur kurz erwähnt, da sie an anderer Stelle in diesem Band ausführlich beschrieben werden.

3 Das angloamerikanische Konzept des »service learning« soll Schülerinnen und Schüler zu späterem gesellschaftlichem Engagement anleiten, indem verstärkt außerschulische Praktika im sozialen bzw. gemeinnützigen Bereich angeboten werden. Das Konzept der Sozialpraktika wird hierbei durch freiwillige Tätigkeit der Schülerinnen und Schüler in öffentlichen Institutionen (z. B. Bibliotheken) oder im Bereich des Umweltschutzes und der Landschaftspflege erweitert. Vgl. dazu den Beitrag von H. Rupp u. a. in diesem Band, 56ff.

- □ Gewaltpräventionsprogramme und Streitschlichter-Arbeitsgemeinschaften können eine wichtige Rolle spielen bei Themen wie »Nachgeben oder sich durchsetzen?«, »Gewissen – Mut zu Entscheidungen«, »Strafe – Tor zur Versöhnung«, »Frieden und Gerechtigkeit« oder »Auf der Suche nach einer menschenfreundlichen Moral«.
- □ Soziale Projekte der Schule oder lokaler sozialer Einrichtungen zur Integration von Immigranten und Asylbewerbern sind anschauliche Beispiele für Lehrplaneinheiten wie »Fremde brauchen Schutz«, »Gelebte Solidarität«, »Christen gegen Rassismus«, »Menschenrechte« u. a.
- □ Schüleraustauschprogramme mit Staaten Ost- und Westeuropas ergeben anschauliche Anknüpfungspunkte für Lehrplaneinheiten wie »Aus Fremden Freunde machen«, »Versöhnung nach dem Zweiten Weltkrieg« und »Verantwortung für den Frieden«.
- □ Drogenpräventionsprogramme der Schule können mit Lehrplaneinheiten wie »Gesund, krank, süchtig«, aber auch in höheren Klassen mit Fragen zum »Sinn des Lebens« verknüpft werden.
- □ Lehrplaneinheiten, die explizit die diakonische Arbeit der Kirchen beinhalten, werden lebendig durch die Verknüpfung mit eigener Anschauung und praktischer Tätigkeit der Schülerinnen und Schüler.

Nicht in allen Fällen gelingt eine entsprechende Verknüpfung, und manchmal bleibt die Umsetzung auf halber Stufe stehen. So ist m. E. allein die Erarbeitung von Klassenregeln oder »Kinderrechten« im Religionsunterricht weder soziales noch diakonisches Lernen, wenn zum »sozialen Lernen« nicht die praktische Umsetzung und zum »diakonischen Lernen« nicht die Erarbeitung und Begründung aus der biblischen oder christlichen Tradition folgt.

Für den Religionsunterricht lohnt es sich sicher, eine Verknüpfung, wie sie in den Beispielen angedeutet wird, zu entwickeln. Dabei kann man Überlegungen folgen, wie sie in der EKD-Diakonie-Denkschrift unter der Überschrift »Diakonisches Lernen anstoßen – Bildungsaufgaben wahrnehmen« aufgezeigt werden.

3.3 Diakonische Praxis im Religionsunterricht

Der Religionsunterricht an öffentlichen Schulen wird immer im Spannungsfeld zwischen den Regeln eines »ordentlichen Unterrichtsfachs« und dem »Raum für anderes« stehen. Einerseits ist der Religionsunterricht in vielen Bundesländern versetzungsrelevant, es sollen Klassenarbeiten geschrieben und Noten erteilt werden. Religionslehrerinnen und -lehrer müssen in Gesprächen immer wieder die Berechtigung des Religionsunterrichts als Unterrichtsfach und der Theologie als Wissenschaft begründen.

Andererseits wird von Eltern, Schülerinnen und Schülern und auch vom Kollegium erwartet, dass der Religionsunterricht Raum bietet für das Einüben sozialer Verhaltensmuster und für Gespräche über Fragen unserer Zeit. Besonders der Religionsunterricht kann, wie Karl Ernst Nipkow in seinem Grundsatzartikel[4] allgemein zur schulischen Bildungsaufgabe betont, »wach sein für Ereignisse, die den Lehrfahrplan durcheinanderbringen«. Man kann nicht nur am Beispiel des 11. September 2001 davon ausgehen, dass »Lehrende mit gespannter Erwartung angesehen werden; sie kommen um ihre persönliche Stellungnahme und Deutung nicht herum« (Nipkow).

Unterrichtende im Religionsunterricht stehen also besonders im Focus der Schulgemeinschaft und müssen hier einen guten Mittelweg zwischen Wissensvermittlung und »Raum für andere Erfahrungen« finden. Dieser Raum wird nicht nur bei aktuellen, oft schockierenden Ereignissen der Tagesnachrichten oder Unglücks- und Todesfällen im Umfeld von Schülerinnen, Schülern und Unterrichtenden eingefordert, sondern oft allein schon von Problemen, die Kinder und Jugendliche im Alltag, zu Hause und in der Schule, haben. Religionsunterricht beinhaltet diakonisches Lernen, wenn er die Möglichkeit bietet, dass sich Schülerinnen und Schüler mit ihren Ängsten und Problemen öffnen und Klassengemeinschaft konkret erfahrbar werden kann. Meditative Unterrichtseinstiege, religiöse Impulse, gemeinsames Essen, institutionalisierte Gesprächsrunden, Einüben von Gesprächsregeln und Streitschlichtung, Kummerkasten usw. bieten je nach Schulart und Altersstufe die Möglichkeit, erste Schritte zu einem diakonischen Miteinander zu gehen.

4 Diakonie kennen lernen

4.1 Exkursionen und Expertengespräche im Religionsunterricht

Konzepte zum »diakonischen Lernen« in der Schule sind nahezu immer mit praktischen Erfahrungen der Schülerinnen und Schüler außerhalb der Schule verknüpft. Wichtigkeit und Sinn von Diakonie- und Sozialpraktika liegen auf der Hand. Gut ist es, wenn diese Praktika in ein Schulkonzept integriert sind und von allen Unterrichtsfächern getragen werden.[5]

An manchen Schulen ist die Umsetzung eines Gesamtkonzepts schwer durchsetzbar, so dass der Religionsunterricht punktuell die Möglichkeit bietet, das »soziale Lernen an anderen Lernorten« anzustoßen: Besuche in sozialen Einrichtungen, wie sie seit Jahrzehnten praktiziert werden, sind ein erster Schritt zum gegenseitigen Kennenlernen. Wo die Möglichkeit (vor allem im städtischen Bereich) besteht, kann der Besuch einer diakonischen Einrichtung nachhaltige Wirkung haben. Diese Exkursionen sollten allerdings längerfristig geplant und durchdacht werden, so dass nicht der Eindruck eines »Zoobesuchs« entsteht. Auch müssen Unterrichtende berücksichtigen, dass die Personalressourcen in sozialen Einrichtungen immer knapper werden und nicht in allen Fällen die Möglichkeit besteht, Mitarbeiterinnen und Mitarbeiter für Vorträge und »Fragerunden« von der vorgesehenen Arbeit freizustellen.[6]

---

4 In diesem Band, 15ff.

5 So geschieht dies vor allem in den kirchlichen Schulen und in Schulen, die das Compassion-Programm oder Modelle der »agentur mehrwert« übernommen haben.

6 Ähnliche Schwierigkeiten ergeben sich natürlich auch für die Betreuung von Praktika und Hospitationen in den Einrichtungen.

Umgekehrt bietet sich natürlich die Chance für die Einrichtungen, ihre Arbeit bekannt zu machen, neue Einblicke zu geben und die Notwendigkeit der diakonisch-sozialen Arbeit zu verdeutlichen. Manchmal ergeben sich aus solchen Besuchen längerfristige Projekte oder es entstehen Kontakte, die Schülerinnen und Schüler dazu ermutigen, sich in ihrer Freizeit sozial zu engagieren.

Anknüpfungspunkte für Besuche und Hospitationen in diakonischen Einrichtungen oder Einladungen an Experten aus diakonischen Einrichtungen können neben dem Thema »Diakonie«, wie bereits erwähnt, zahlreiche andere Lehrplaninhalte des Religionsunterrichts sein. Von diesen kann hier wiederum nur eine kleine Auswahl an Ideen genannt werden:

- Beim Thema »Sterben – Tod – Auferstehung«, aber auch zu Lehrplaneinheiten zur ethischen Entscheidungsfindung, besteht die Möglichkeit, Mitarbeiterinnen oder Mitarbeiter aus der Hospizhilfe einzuladen.
- Zu Themen, die soziale Not und Ungerechtigkeiten ansprechen, wie z. B. »Der Prophet Amos«, »Bevorzugt – Benachteiligt«, »Gelebte Solidarität«, »Menschenrechte« können Besuche in einer Bahnhofsmission, in Obdachlosen-Einrichtungen, »Tafel-Läden« usw. vereinbart werden.
- Besuche in Seniorenzentren, Tagespflegestätten und Seniorenwohnheimen können zur Lehrplaneinheit »Zeit wahrnehmen – Zeit gestalten« wichtige Impulse zum Aspekt »Alter« geben, der ansonsten bei Schülerinnen und Schülern natürlicherweise wenig bedacht wird.
- Besuche einzelner Schülerinnen und Schüler oder von Kleingruppen bei zuvor ausgewählten Seniorinnen und Senioren der Kirchengemeinde oder von Senioreneinrichtungen können wichtige Gesprächs- und Gedankenimpulse zu ganz unterschiedlichen Themen des Religionsunterrichts aller Klassenstufen setzen; so z. B. Interviews und Gespräche zu Themen wie »Verantwortete Partnerschaft«, »Exilgeschichten«, »Sinn des Lebens«, »Menschen erfahren Gott«, »Glück« usw.
- Zum Thema Sucht können Experten von entsprechenden Einrichtungen oder der Polizei eingeladen oder Beratungsstellen und Einrichtungen der Suchtkrankenhilfe besucht werden.
- In Lehrplänen einiger Bundesländer gibt es die Lehrplaneinheit »Gegenseitige Hilfe zum Leben – Behinderte Menschen und nichtbehinderte Menschen«: Hierzu ist ein gegenseitiges Begegnen und Kennenlernen fast unerlässlich.
- Ebenso verhält es sich beim Thema »Einander helfen – Einander wahrnehmen«, das in manchen Bundesländern im Lehrplan der Grundschule vorgesehen ist und durchaus nicht nur klassenintern umgesetzt werden kann.
- Zum Thema »Fremde brauchen Schutz« ist es sinnvoll, Menschen einzuladen oder zu besuchen, die ihre ursprüngliche Heimat verlassen haben bzw. verlassen mussten.
- Die Einheit »Gewalt hat viele Gesichter« bietet Anknüpfungspunkte für Gespräche mit Experten der Polizei oder Sozialarbeiter/innen, die sich mit Gewaltprävention beschäftigen.

- □ Bei einigen biblischen Themen (Gleichnisse, Amos, Rut, Nachfolge Jesu u.v.m.) lassen sich weitere Anknüpfungspunkte zur Diakonie finden.[7]

Es zeigt sich, dass auf diese Weise das Thema »Diakonie« und die Sozialverantwortung der Christen in der Welt an ganz unterschiedlichen Themenfeldern des Religionsunterrichts aufgezeigt werden kann.

Betrachtet man die bereits erwähnten Gesamtkonzepte »diakonischen Lernens«, erscheinen die genannten Exkursionen oder Expertengespräche für den Religionsunterricht allein eventuell veraltet. Für den größeren Teil der Schulen, an denen es kein »Diakonieprofil« gibt, führt die Verknüpfung von Lerninhalten mit diakonischen Aspekten allerdings einen wichtigen ersten Schritt in diese Richtung.

4.2 »Diakonie« als Lehrplan-Thema des Religionsunterrichts

Bisher wurde aufgezeigt, dass soziale Aspekte religiöser Unterrichtsthemen wichtige Impulse zu einem sozialen Schulprofil beitragen und dass diakonische Aspekte in unterschiedlichen Lehrplaneinheiten herausgearbeitet werden können.

Daneben ist es weiterhin wichtig, dass das Thema »Diakonie« als explizit genanntes Thema und auch die »Geschichte der Diakonie« als Inhalte der Bildungspläne nicht unterbewertet werden.

Durch die Veränderung der Gesellschaft werden Menschen vor immer neue soziale Aufgaben gestellt, soziale Unterschiede werden größer und »knappe Kassen« von Ländern und Kommunen lassen weitere Probleme entstehen. Deshalb erscheint es gerade derzeit umso wichtiger, die Notwendigkeit diakonischen Handelns auch in der Schule zu thematisieren.

Entsprechende Themen stellen Unterrichtende immer wieder vor die Schwierigkeit, den Alltags- bzw. Schülerbezug herzustellen. Dennoch sollte im Religionsunterricht Raum dazu gegeben werden, Schülerinnen und Schülern das sozialverantwortliche Handeln der Kirche und exemplarisch diakonisches Handeln einzelner Christen darzustellen und näher zu bringen. In einigen Bundesländern und Schularten verbinden die Bildungspläne diese Darstellung mit der Empfehlung von Praxisprojekten. Aber auch dort, wo diese Projekte nicht durchführbar sind, kann mit Hilfe entsprechender Materialien[8] ein Einblick in das diakonische Handeln der Kirche gegeben werden.

7 Ein interessantes Beispiel dafür, dass in biblischen Unterrichtseinheiten ein diakonischer Schwerpunkt gesetzt werden kann, erarbeitet Dieter Stork zur Lehrplaneinheit »Starke Frauen« an Hand von »Rut« (D. Stork 1997). In seinem Unterrichtsprojekt sollen Kinder am Beispiel des Buches Rut soziale Probleme der Gegenwart auf kreative Art kennen lernen: Umgang mit Fremden, Armut und Hunger, Asylbewerber und Migranten, Flucht und Annahme werden als Themen erarbeitet.

8 Video-Filme, Info-Material der Diakonie, Erzählungen, Unterrichtsmaterialien. Eine kommentierte Zusammenstellung empfehlenswerter Materialien, die von 1988 bis 1998 erschienen sind, bietet: Diakonie-Lernen 1998.

(1) Handlungsfelder der Diakonie als Inhalte von Lehrplaneinheiten

Schülerinnen und Schüler lernen im Religionsunterricht »Diakonie« in ihrer Kirchengemeinde und in der unmittelbaren Umgebung kennen, sie können etwas über übergeordnete Aufgabenbereiche erfahren und neuere Handlungsfelder sozialer und diakonischer Arbeit (z.B. Suchtkrankenhilfe, Aids-Hilfe, Hospizarbeit) als wichtig erkennen. Ebenso ist es möglich, über den »Tellerrand« des eigenen Horizonts hinauszuschauen, gesellschaftliche Problemfelder zu analysieren und zu erkennen und auch die weltweite Diakonie (z. B. »Brot für die Welt«, auch in Bezug auf die Lehrplaneinheiten »Eine Welt« oder »Soziale Gerechtigkeit«) in den Blick zu nehmen.

Schülerinnen und Schülern kann im Religionsunterricht bewusst werden, dass »das diakonische Handeln zu den zentralen Glaubensäußerungen der Kirche gehört«[9], Kirchen einen wichtigen Beitrag zum sozialen Miteinander in unserer Gesellschaft leisten und auch jede/r Einzelne etwas dazu beitragen kann. Vor allem in der Sekundarstufe I werden dazu in den Bildungsplänen Lehrplaneinheiten benannt: »Diakonie praktisch«, »Den anderen sehen, das Nötige tun«, »Diakonische Gemeinde«, »miteinander«, »Diakonie – Auftrag zum Handeln« usw.

In einigen Bundesländern wird, wie bereits angedeutet, das Themenfeld Diakonie an konkrete Handlungsfelder der Diakonie geknüpft: »Mit Behinderungen leben«, »Gesund – Krank – Süchtig«, »Krankheit und Leid«, »In Würde alt werden«, »Armut bei uns«, »Bethel, eine Stadt der Diakonie«, »Aussiedler haben es schwer« etc.

In den einzelnen Bildungsplänen werden dabei unterschiedliche Schwerpunkte gesetzt. Sinnvoll ist es sicherlich, einzelne Themen als mögliche Alternativen schwerpunktmäßig zu vertiefen. Je nach gesellschaftlichem und sozialem Umfeld der Schule und auch nach aktuellen politischen Diskussionen lassen sich zu vielen dieser Themenfelder unmittelbare oder vermittelte Zugänge für Kinder und Jugendliche finden.

(2) Biblische Grundlagen der Diakonie und »Lebensbilder« als Inhalte von Lehrplaneinheiten

Dem »Diakonie lernen« als Schritt zum diakonisch-sozialen Lernen und im Unterschied zum Ethik- und Sozialkundeunterricht dient in den Bildungsplänen unterstützend die Erarbeitung der biblischen Grundlagen der Diakonie und einzelner Lebensbilder wichtiger Persönlichkeiten der Inneren Mission und der Diakonie.

Auch an dieser Stelle können dazu nur wenige wichtige Lehrplanbezüge als Beispiele genannt werden: Die Erarbeitung der Grundlagen beginnt bereits bei biblischen Erzählungen in der Grundschule z. B. im Gleichnis vom Barmherzigen Samariter (Lk 10,25ff), der Erzählung vom Brotteilen (»Speisung der 5000« / Mk 6,30ff) und bei Erzählungen von Heilungswundern. Teilweise wird in der Primarstufe auch bereits das »Gleichnis vom Weltgericht« (Mt 25,31ff) dazu herangezogen. Bei der Lehrplaneinheit für die Grundschule »Starke Frauen« wird in Baden-Württemberg als Lebensbild Regine Jolberg genannt, die sich um die Ausbildung von Kinderpflegerinnen in Baden verdient gemacht hat. Aber auch anhand der mittelalterlichen Person der Elisabeth von Thüringen, die in einigen Bundesländern als Pflichteinheit genannt wird, können diakonische Verhaltensmuster kindgerecht dargestellt werden.

9 So zu finden u. a. in den Leitworten des Ökumenischen Rates der Kirchen.

In der Sekundarstufe I folgen dann in den Lehrplaneinheiten zur Diakonie auch Teilschritte, die die Grundlagen und die Geschichte der Diakonie thematisieren: »Jesus als Diakon«, »Diakonie in der Urgemeinde«, »Die soziale Frage im 19. Jahrhundert«, »Friedrich von Bodelschwingh«, »Diakoniewerk Kaiserswerth«, »Vom Leben Johann Hinrich Wicherns und Theodor Fliedners zu den ›Gesichtern‹ der Diakonie heute«, »Ein Außenseiter: Gustav Werner« u. a. Je nach Region unterscheiden sich die vorgesehenen Lebensbilder der wichtigen Personen der Diakoniegeschichte.

Bei kirchengeschichtlichen und »kirchengemeindlichen« Themen wie »Die Urgemeinde«, »Anfänge des Christentums«, »Das Mönchtum«, »Reformation«, »Unsere Gemeinde«, »Evangelisch – Katholisch« lohnt es sich, einen Blick auf die Nöte der Menschen der jeweiligen Zeit und die entsprechenden christlich motivierten Hilfsangebote zu werfen.

Kirchen- und Diakoniegeschichte kann wichtige inhaltliche Gesichtspunkte christlicher Diakonie verdeutlichen. Narrative Einheiten einer Unterrichtsstunde, aber auch neue Möglichkeiten wie Video, Internetrecherche und Quellensuche vor Ort können Interesse wecken.

5 Ein diakonisches Bildungskonzept für den Religionsunterricht

Aus den bisher angestellten Überlegungen ergibt sich, dass die Lehrpläne für den Religionsunterricht den Unterrichtenden große Freiheit gewähren, soziale und diakonische Themen im Unterricht zu verankern. Diakonische Bildung hat dabei mehr Dimensionen als die reine Vermittlung von Lerninhalten. Es bleibt den einzelnen Religionslehrerinnen und -lehrern überlassen, selbst aus den unterschiedlichen Aspekten ein Gesamtkonzept zur diakonisch-sozialen Bildung im Religionsunterricht zu entwerfen und zu gestalten.

Ein solches Konzept kann von vier Säulen getragen werden, die sich gegenseitig bedingen und stützen:

1. *Soziales Lernen:* Sozialverhalten in der Klassengemeinschaft und Sozialprojekte der Schule.
2. *Diakonie kennen lernen:* Unterrichtseinheiten mit explizit diakonischen Lerninhalten.
3. *Diakonie entdecken:* Diakonische Inhalte in anderen Unterrichtseinheiten und fächerübergreifend entdecken und Bezüge zum »Sozialen Lernen« herstellen.
4. *Diakonische Praxis:* Lernen an außerschulischen Lernorten – Lebenswelten entdecken durch diakonisch-soziale Praktika oder Klassenprojekte.

Für das diakonische Lernen im Religionsunterricht erscheint es sinnvoll, diese vier »Säulen«, die in diesem Beitrag näher ausgeführt wurden, zu beachten und zu kombinieren.

In einigen Bundesländern geben die Bildungspläne nur einen Teil der Lerninhalte eines Unterrichtsfaches vor. So kann zum Beispiel in Baden-Württemberg seit 2004 ein Drittel des Unterrichts mit eigenen Schwerpunkten gefüllt werden. Dieses Konzept bietet die Chance, vermehrt soziales und diakonisches Lernen an den Schulen zu verankern. Voraussetzung dafür ist die Einigkeit der Fachkollegen einer Schule sowie möglichst auch eine Akzeptanz durch das Gesamtkollegium. Die Diakonischen Werke der Landeskirchen und der EKD könnten diese neuen Chancen dazu nutzen, noch intensiver wie bisher mit den religionspädagogischen Instituten der Landeskirchen zusammenzuarbeiten und auf die Chancen und Möglichkeiten des diakonischen Lernens aufmerksam machen. Hilfreich ist es, wenn in gemeinsamer Arbeit dazu weiterhin aktuelle Arbeitsmaterialien erstellt werden können. Des Weiteren kann das Beispiel Schule machen, dass Diakonische Werke durch dafür beauftragte Mitarbeiter ihre Einrichtungen auf Besuche von Schülergruppen und auf Diakoniepraktika vorbereiten und helfen, Kontakte zwischen Schulen und Einrichtungen herzustellen.

Diakonische Werke und religionspädagogische Institute sollten ferner darauf achten, dass Unterrichtseinheiten, die sich mit Diakonie und der sozialen Verantwortung der Christen in der Welt befassen, nicht aus den Bildungsplänen verschwinden. In der Lehrplanentwicklung der letzten Jahre ist hier wieder ein leichter Positivtrend festzustellen. Dies sollte sich auch auf die Lehrbücher auswirken[10].

Je mehr Schulen in den schulinternen Curricula die Möglichkeit nutzen, diakonisches Lernen umzusetzen, desto größer wird die Chance, dass entsprechenden Themen in Lehrbüchern und Bildungsplänen Raum gegeben wird. Entsprechende Gesamtkonzepte evangelischer Schulen mit Diakonie-Curriculum[11] können hierbei auch für den Religionsunterricht an staatlichen Schulen wegweisend werden.

10 So finden sich z. B. im weit verbreiteten Schulbuch »Das Kursbuch Religion 2«, Stuttgart/Frankfurt 2005, die Teilkapitel »Helfend handeln« (88–99) und »Mit Behinderungen leben« (163–167).

11 Vgl. dazu z. B. den Beitrag von Reinhart Gronbach in diesem Band, 94ff.

Lars Schwesinger

Diakonisch-soziales Lernen in der Gemeinde

1 Vorbemerkungen

Diakonisch-soziale Lernprozesse, Projekte und Konzeptionen sind in der Literatur bisher zumeist im Zusammenhang mit dem Lernort Schule gesehen worden (vgl. EKD 2000; dies. 2002). Dieser Beitrag nimmt nun den Lebensraum Gemeinde als Ort diakonischen Lernens in den Blick und will aufzeigen, dass eine wichtige Aufgabe kirchlicher Jugendarbeit darin besteht, Jugendliche für diakonisches Handeln zu sensibilisieren und diakonische Lernprozesse zu ermöglichen.

Als Pastor der Evangelisch-Freikirchlichen Gemeinde Darmstadt (http://www.efg-darmstadt.de) schreibe ich aus freikirchlicher Perspektive. Unsere Gemeinde gehört dem »Bund Evangelisch-Freikirchlicher Gemeinden in Deutschland K.d.ö.R.« (http://www.baptisten.org) an, der sich selbst wie folgt beschreibt: »Wir sind eine evangelische Freikirche, bestehend aus vielen Gemeinden an vielen Orten. In unseren Gemeinden treffen sich Menschen, die alle einmal bewusst entschieden haben, dass sie als Christen leben wollen. Wir gestalten das Gemeindeleben so, dass Menschen aller Altersgruppen Gott begegnen, in verbindlicher Gemeinschaft leben und sich in ihrer Persönlichkeit entwickeln. Gottesdienstformen und Gemeindeleben haben in den Ortsgemeinden durchaus unterschiedliche Prägung, denn die einzelnen Ortsgemeinden sind selbstständig. Immer aber haben wir den Wunsch, die Sache Jesu im eigenen Leben wichtig zu nehmen und sie auch anderen verständlich und glaubhaft zu machen.« (www.baptisten.org, abgerufen am 5.12.04)

Die Jugendarbeit unserer Gemeinde besteht zum einen aus zwei Gruppen für Teenager im Alter von 12 bis 15 Jahren (Teeniekreis und Gemeindeunterricht/Konfirmandenarbeit), die von ca. 16 Teenies besucht werden, zum anderen aus der Jugendgruppe »Checkpoint«, zu der ca. 25 bis 30 Jugendliche im Alter von 16 bis 22 Jahren kommen.

Das Hauptaugenmerk der Darstellung richtet sich auf die Altersgruppe der Jugendlichen. Im Unterschied zu der erstgenannten Gruppe handelt es sich um Jugendliche, die über eine breitere Lebenserfahrung und eine weiter entwickelte Persönlichkeit verfügen. Unter ihnen finden sich zum überwiegenden Teil Schüler und Schülerinnen der Oberstufe sowie einige, die ihr Studium (meist im sozialen Bereich) aufgenommen oder eine Berufsausbildung absolviert haben. Einige der Jugendlichen arbeiten verbindlich im Bereich der Kinderarbeit unserer Gemeinde mit, andere engagieren sich in unregelmäßigen Abständen für bestimmte Projekte in der Gesamtgemeinde. Es ist also eine gewisse Motivation und Bereitschaft vorhanden, sich für andere Menschen einzusetzen. Auch diejenigen, die neu hinzukommen, engagieren sich für die Belange der Jugend- und Gemeindearbeit. Solche Voraussetzungen sind jedoch nicht in jeder Gemeinde gegeben.

Der Buchtitel »Unterwegs zu einer Kultur des Helfens« bringt zum Ausdruck, dass es sich beim diakonisch-sozialen Lernen um einen Prozess handelt. Eine Kultur des Helfens ist nicht einfach gegeben, sondern muss entwickelt und erlernt werden.

Sich auf den Weg zu einer Kultur des Helfens zu begeben, hat für die gesellschaftliche Entwicklung eine wichtige Bedeutung, die ich im folgenden Abschnitt (2) aufzeigen möchte. In einem weiteren Schritt ist auf das Verhältnis von Diakonie und Gemeinde einzugehen (3) und zu fragen, wie sich dieses auf das diakonische Lernen in der Gemeinde auswirkt. Anschließend sollen auf der Grundlage des »situierten Lernens« als lerntheoretischem Konzept[1] wichtige Impulse für das diakonische Lernen in der Gemeinde dargestellt und mögliche Handlungsfelder diakonischen Lernens in der Gemeinde aufgezeigt werden (4). Dabei handelt es sich um Ideen und Vorstellungen, die bislang noch nicht umgesetzt worden sind. Der Wunsch, diakonisches Lernen in der Gemeinde zu ermöglichen, ist in unserer Gemeinde vorhanden. Die Entwicklung einer didaktisch und methodisch durchdachten Konzeption diakonischen Lernens, basierend auf theologischen und pädagogischen Grundlagen, steht jedoch noch aus; damit befasst sich der perspektivische Ausblick (5).

2 Diakonisches Lernen im Spiegel gesellschaftlicher Entwicklungen

Mitmenschlichkeit und prosoziales Verhalten sind unverzichtbare Werte für das gesellschaftliche Zusammenleben. Jedoch ist dieses durch eine zunehmende Pluralität der Werte bestimmt. Diese und nicht zuletzt auch die sozialpolitischen Veränderungen der letzten Jahre machen die Notwendigkeit einer Neuorientierung mit Blick auf die Grundlagen des gesellschaftlichen Zusammenlebens deutlich. Eine unmittelbare Folge der wachsenden Pluralität ist die Individualisierung von Lebensentwürfen und Lebensmaximen. Auch bei Jugendlichen sind verstärkt Entwicklungen zu individualistischen Einstellungen wahrzunehmen. Diese unterstützen die fortschreitende Entsolidarisierung der Gesellschaft. Da die Gesellschaft selbst immer weniger prosoziale Haltungen bei Jugendlichen fördert, obwohl sie für den Fortbestand der Gesellschaft unabdingbar sind, kommt Gemeinden eine große gesellschaftspolitische Aufgabe zu: Sie können Möglichkeiten diakonischen Lernens schaffen, um einer weiteren Fragmentierung der Gesellschaft und den damit zusammenhängenden egozentrischen Tendenzen entgegenzutreten.

»Helmut Klage interpretiert die Entwicklung im Wertebereich als Wandel von einer Pflicht- und Akzeptanzmoral, womit er das traditionelle Wertesystem meint, hin zu einer Selbstentfaltungsmoral. Die Folge sei die Ausbildung einer ›autozentrischen Mentalität‹. An die Stelle des außengelenkten trete der innengeleitete Mensch mit dem Anspruch, seine Bedürfnisse zur Geltung zu bringen. Soziale Regeln würden akzeptiert, solange sie diesem Bedürfnis entsprechen.« (Kuld/Gönnheimer 2000, 7) Diese Feststellungen machen ein Umdenken notwendig. Hier haben – neben anderen gesellschaftlichen Kräften – Gemeinden einen wichtigen Beitrag zu leisten; sie sollten ihre Stimme im Chor der vielen Einflüsse nicht zu gering achten. »Legitim ist ... die Erwartung, dass insbesondere die Ursprungsgeschichte des Christentums Intentionen und Kriterien enthält, die heute von handlungsorientierender und gemeinschaftsbildender Relevanz sind. Es ist der Problemdruck der Gegenwart und zukunfts-

1 Siehe dazu den Beitrag von Helmut Hanisch in diesem Band, 43ff.

bezogener Richtungsorientierung, der die Aufnahme von Impulsen des christlichen Ethos akut werden lässt.« (Strohm 2004, 32)

Christlicher Glaube und christliche Wertorientierungen sollen nicht nur für das Zusammenleben innerhalb einer Ortsgemeinde prägend sein, sondern darüber hinaus Einfluss auf das gesellschaftliche Umfeld, auf Politik und Wirtschaft nehmen. Gemeinden haben eine Mitverantwortung für die Gesellschaft. Strohm sieht in der »Aufforderung zur Solidarität und Verantwortung für den Mitmenschen«, im »Dienst an der Stelle der Herrschaft« und in der »Hilfe für Schwache und Schutzbedürftige durch Aufrichtung des Rechts« Beispiele für christliche Mitverantwortung (Strohm 2004, 32). Ein Ziel der gemeindlichen Jugendarbeit muss es demnach sein, sozial kompetente Mitglieder der Gesellschaft in Zusammenarbeit mit und als Ergänzung zu Angeboten der Schulen, Vereine u. a. heranzubilden. Jugendliche verfügen über ein beachtliches Potenzial, das für die gesellschaftliche Entwicklung von besonderer Bedeutung ist. Leider werden die Kompetenzen von Jugendlichen oft nicht wahrgenommen und gefördert.

Indem Gemeinden diakonischem Lernen Raum geben, können sie die Ressourcen der Jugend fördern. Die Begegnungen mit Menschen am Rande der Gesellschaft, mit Hilfebedürftigen, Behinderten und Alten sowohl innerhalb als auch außerhalb der Gemeinde sensibilisieren Jugendliche für gesellschaftliche Probleme. »Begegnungen mit Menschen in sozialen Einrichtungen sind für viele Jugendliche eine neue Erfahrung. Das Wissen über soziale Problemlagen und Hilfemöglichkeiten wird gefördert. Die Einblicke in den Lebensalltag, persönliche Betroffenheit und gemeinsame Erlebnisse führen dazu, bisherige Bilder und Vorurteile zu revidieren. Verständnis und Toleranz können somit wachsen. Die Aufmerksamkeit für soziale Probleme wächst.« (Adam 2000, 70)

Was für die Begegnung mit Menschen in sozialen Einrichtungen gilt, trifft ebenso innerhalb einer Gemeinde zu. Denn dort kommen Menschen unterschiedlichster Herkunft und Lebenssituation zusammen, um Gottesdienste zu feiern, Gemeinschaft in den verschiedenen Gemeindegruppen zu pflegen und gemeinsam über Fragestellungen des Glaubens und dessen Auswirkungen auf den praktischen Lebensvollzug zu sprechen. Jugendliche können in der Gemeinde alten, kranken, trauernden, sozial schwachen, behinderten, an ihren Lebensträumen gescheiterten Menschen begegnen und durch die Auseinandersetzung mit ihnen und ihrer jeweiligen Situation ein neues Bewusstsein für ihr eigenes Leben und auch für eigenes diakonisches Handeln erlangen. Jugendliche suchen nach Handlungs- und Lebensperspektiven, die ihnen innerhalb der gesellschaftlichen Bezüge, in denen sie leben, immer weniger aufgezeigt werden. Da christliche Werte gesamtgesellschaftlich nur noch eine geringe Rolle spielen, ist es eine wichtige Aufgabe der Gemeinden, solche Normen mitzuteilen und vorzuleben. »Wenn Diakonisches Lernen nicht einfach für ›Soziales Lernen‹ steht, sondern von einer Glaubenspraxis in der Nachfolge Jesu seine Maßstäbe gewinnt, bedeutet dies, dass immer auch ein gesellschaftskritisches Moment, ein Moment der Unruhe enthalten ist, das sich Jesu Reich-Gottes-Botschaft verdankt, die sich mit den vorliegenden Verhältnissen nicht einfach zufrieden gibt und etwas von der Verheißung eines neuen Himmels und einer neuen Erde weiß.« Dieses von Gottfried Adam (2000, 70) beschriebene Ziel des diakonischen Lernens macht deutlich, dass dadurch wichtige Impulse gegeben werden, die in erster Linie von den Gemeinden ausgehen müssen. Wenn für das soziale Lernen allgemein sittlich und gesellschaftlich gültige Werte und Normen grundlegend sind, so nimmt diakonisches Lernen neben diesen auch speziell christliche Motive zwischenmenschlichen Handelns in den Blick und setzt sie kritisch-ergänzend in Beziehung zueinander. Die speziell christlichen Beweggründe sind vor allem mit der helfenden Zuwendung Jesu zu den Menschen und mit seinem Versöhnungshandeln verbunden. »Demnach zielt soziales Lernen auf zwischenmenschliche und gesellschaftliche Handlungsfähigkeit nach den anerkannten Verhaltensmustern und Vorstellungen, während diakonisches Lernen bestimmte christologisch legitimierte Verhaltensmuster selektiert und entsprechende Wertvorstellungen als maßgeblich zu vermitteln trachtet.« (Schmidt 2004, 9)

Gegenstand des diakonischen Lernens ist somit die Vermittlung der aus der christlichen Überlieferung und Tradition gewonnenen Werte und Handlungsweisen, die für das zwischenmenschliche und gesellschaftliche Leben relevant sind.

Dabei geht es nicht um eine unreflektierte Übernahme alter Normen, welche in der Tradition oder (Lehr-)Autorität ihre Begründung finden, sondern um eine Aneignung durch kritische Prüfung im Hinblick auf ihre heutige Relevanz. Die Werte und Normen, welche dem diakonischen Handeln zugrunde liegen, müssen aus eigener Erkenntnis, eigenem Verstehen und eigenem Erleben heraus angenommen werden. Um diesen Lernerfolg zu erzielen, kann sich diakonisches Lernen nicht nur auf eine reine Wissensvermittlung beschränken, sondern muss durch Praxiserfahrungen unterstützt werden. So formuliert die Denkschrift der EKD »Herz und Mund und Tat und Leben« als Ziel und Inhalt diakonischen Lernens: »Im diakonischen Lernen geht es um soziale Einstellungen und christliche Orientierungen wie etwa Achtung und Respekt vor anderen Menschen, Gerechtigkeit und Fairness, um Hilfsbereitschaft und Toleranz sowie um persönliche und gesellschaftliche Verantwortung. Soziales Lernen ist Lernen in zwischenmenschlichen Beziehungen – und zwar auch in unterschiedlichsten Lebenssituationen. Es lehrt die Fähigkeit zur Kommunikation, zur Kooperation und zur Konfliktregelung.« (EKD 1998, 62)

Indem Gemeinden sich verstärkt auf ihren vom Evangelium her gegebenen diakonischen Auftrag besinnen und das Bewusstsein für diakonisches Handeln bei Jugendlichen fördern und schulen, nehmen sie einen wichtigen Teil ihrer gesellschaftlichen Verantwortung wahr.

3 Diakonisches Lernen im Spiegel des Verhältnisses von Diakonie und Gemeinde

Haben sich in den letzten Jahrzehnten die großen diakonischen Einrichtungen zu selbstständigen Organisationen entwickelt und ist diakonische Arbeit immer professioneller geworden, so ist auf Gemeindeebene das Wissen um den missionarisch-diakonischen Auftrag Jesu an seine Gemeinde mehr und mehr zu einem evangelistischen Auftrag verkürzt worden. So gut und angebracht die fortschreitende Professionalisierung und Qualifizierung für viele Bereiche diakonischer Arbeit sind – sie haben ihre Licht-, aber auch ihre Schattenseite: Diakonisches Handeln wird von immer mehr Menschen, gerade auch von Jugendlichen, als eine besondere, nur bestimmten Christen vorbehaltene Aufgabe gesehen.

Diakonie bewegt sich dabei zwischen zwei Extremen: Die einen wissen um die Kraft des Heiligen Geistes und die Liebe Gottes in ihren Herzen und sehen darin auch die Qualifikation für jegliche diakonische Arbeit. Sie vergessen aber, dass für viele dieser Arbeiten eine besondere Ausbildung oder anderweitige Qualifikation unverzichtbar ist, will man den Betroffenen wirklich helfen und Schaden mindern, statt ihn zu vergrößern.

Das andere Extrem ist die »Überprofessionalisierung diakonisch handelnder Personen«. Bestimmte Qualifikationen werden als Voraussetzung für diakonisches Handeln gesetzt, obwohl diese nicht für alle Handlungsfelder der Diakonie notwendig wären. So wird Diakonie zur elitären christlichen Liebestätigkeit, die den Sendungsauftrag Jesu an seine Gemeinde entschieden einengt. Für viele wird diakonisches Handeln mit Expertenhandeln identifiziert, dass eine Kirchengemeinde oder einzelne Christen ohne entsprechende Ausbildung nicht leisten können bzw. das sie überfordert. Sicherlich ist es zu begrüßen, dass die diakonische Arbeit professionell durchgeführt wird. Für bestimmte Bereiche wie Pflegedienst, Schuldnerberatung, Jugendhilfe, Abhängigenhilfe u.Ä. ist es unabdingbar, geschultes Personal einzusetzen und sie nicht von Laien bewerkstelligen zu lassen. Aber »im kirchlichen Umfeld ist man sich dessen bewusst, dass in wachsendem Maß diakonische Aufgaben aus der Gemeinde ausgewandert sind. Es werden zunehmend Zweifel formuliert gegenüber einem System, in dem berufliche Experten und institutionalisierte Dienstleistungen als alleinige Garanten für die Lösung individueller und sozialer Problemsituationen gelten.« (von Schubert 2003, 80)

Im Hinblick auf die gegenwärtige und zukünftige gesellschaftliche Entwicklung wird die Notwendigkeit von ehrenamtlicher Arbeit in sozialen Bereichen zunehmen, und es wird wichtiger denn je werden, einzelne Menschen für diakonisches Handeln zu sensibilisieren und motivieren (vgl. Strohm 2004, 36ff).

Diakonisches Lernen in der Gemeinde geht davon aus, dass diakonisches Handeln nicht nur in den Leistungen der Anstaltsdiakonie, sondern auch in den kleinen Hilfen des Alltags besteht. Dort, wo Menschen sich den Nöten und Problemen ihrer Mitmenschen zuwenden und ihnen nach Maß ihrer Möglichkeiten versuchen zu helfen, beginnt diakonisches Handeln. So ist die Hilfe bei Hausaufgaben, beim Umzug oder der Besuch eines älteren Gemeindemitglieds als diakonisches Handeln anzusehen. Auf diese Weise können auch Jugendliche anderen Menschen helfen und die Erfahrung machen, dass sie entsprechende Kompetenzen besitzen.

Diakonisches Handeln muss einen Bezug zum Alltag der Jugendlichen besitzen, soll durch diakonisches Lernen ein tief gehendes Verständnis von Diakonie erreicht werden. (Hanisch 2004, 85ff – zum Vorverständnis)

Solche Erlebnisse und Erfahrungen fördern die Sensibilität der Jugendlichen für soziale Missstände und Nöte ihrer Mitmenschen. Wenn Jugendliche durch diakonisches Lernen alltagsbezogene Erfahrungen sammeln und erkennen, dass diakonisches Handeln keine Überforderung darstellt, sondern sich in den kleinen Hilfen des Alltags vollzieht, wird die Kluft zwischen Diakonie und Gemeinde ein Stück weit verringert. Es kann ein neues Verständnis von Diakonie entwickelt werden, das dazu führt, diakonisches Handeln als wichtigen Bestandteil der persönlichen Lebensgestaltung anzuerkennen. Die Verknüpfung der geistlichen Komponente des diakonischen Lernens mit den Alltagserfahrungen bezeichnet Adam als die theologische Herausforderung: »Es geht also um die Vermittlung der Erfahrungen des christlichen Glaubens im Lebensalltag, die Einübung des Miteinanders von Hilfebedürftigen und Helfenden. Diakonisches Lernen bedeutet Aufbruch und neue Bereitschaft zur Zuwendung, zum Entdecken des Mitmenschen, Erwachen sozialer Fantasien, aber auch Entdecken der Wahrheit des Evangeliums im gesellschaftlichen Alltag.« (Adam 2003, 141)

Gemeinden sind Orte, an denen Jugendliche alltagsbezogene Diakonie erleben und gestalten können und für ehrenamtliches (vielleicht sogar hauptamtliches) Engagement im Bereich der gemeindenahen sowie auch der institutionellen Diakonie sensibilisiert und gefördert werden. Gemeinden sind Orte, an denen Jugendliche die Wahrheit des Evangeliums und seine lebensverändernde Kraft erfahren. In dieser Weise werden diakonische Lernprozesse in einer Gemeinde zu Chancen, dem Prozess des Auseinanderdriftens von Diakonie und Gemeinde entgegenzuwirken.

4 Diakonisches Lernen im Spiegel der Gemeinde als diakonisch tätiger Gemeinschaft

Welche Möglichkeiten bieten sich nun innerhalb einer Gemeinde, diakonische Lernprozesse zu ermöglichen und Jugendliche zu sozial kompetenten und diakonisch handelnden Mitgliedern der Gesellschaft heranzubilden? In welchen Bereichen der Gemeindearbeit können Jugendliche alltagsbezogene Erfahrungen machen, die ihnen wichtige Anstöße zur Persönlichkeitsentwicklung und diakonischem Handeln geben? Es müssen die Bereiche sein, in denen Gemeinde selbst als diakonisch tätige Gemeinschaft sichtbar wird. Als lerntheoretische Grundlage ist hier das Konzept des *situated learning* wichtig, das Helmut Hanisch in seinem Beitrag »Diakonisch – soziales Lernen als Impuls zur Persönlichkeitsentwicklung« (vgl. 43ff in diesem Band) vorgestellt hat. Hanisch nennt vier Faktoren, die diakonisches Lernen als Persönlichkeitsentwicklung unterstützen: Erstens sollen sich Jugendliche in verschiedener Weise in einer diakonisch tätigen Gemeinschaft einbringen, zweitens geschieht dieses in Kontakt mit Mitarbeitenden, die in ihrem Handeln von diakonischen Überzeugungen bestimmt sind. Drittens tauschen die Jugendlichen sich mit anderen über ihre Erfahrungen aus, und viertens erleben sie, dass ihr Engagement von denjenigen, denen Hilfe erwiesen wird, anerkannt und von den Mitarbeitenden geschätzt wird. Ein weiteres wichtiges Kriterium ist, dass sie als »Newcomer« einen vollen Einblick in die Arbeit der Gemeinde erhalten und als Mitarbeiter mit zunächst kleinen und einfachen, dann aber immer anspruchsvolleren und umfangreicheren Aufgaben betraut werden, ohne sie dabei zu überfordern (»periphere Partizipation«). Die Gemeinde muss gewährleisten, dass Jugendliche immer einen oder mehrere Ansprechpartner haben, denen sie ihre Fragen, Eindrücke, Erlebnisse und Ideen mitteilen können. So können die Erfahrungen reflektiert und in das Selbstbild der Jugendlichen integriert werden (»talking within« und »talking about«).

Wenn ein Verständnis von Diakonie auch die kleinen Hilfen des Alltags als diakonisches Handeln betrachtet, so können Jugendliche in der Tat in vielen Bereichen der Gemeindearbeit diakonische Dienste übernehmen und wichtige Erfahrungen machen. In der Evangelisch–Freikirchlichen Gemeinde Darmstadt z. B. können sich Jugendliche in mehreren Bereichen engagieren. Zunächst sind die Gemeindegruppen zu nennen, die sich mit der Zielgruppe Kinder beschäftigen. Das Engagement im Kindergottesdienst, in der Kleinkindbetreuung während der Gottesdienste oder in der Jungschar ist als diakonisches Handeln zu sehen, weil sich Jugendliche dort mit den Kindern und ihren Bedürfnissen und Nöten auseinander setzen. Sie widmen einen Teil ihrer Freizeit Kindern und können ihnen durch ihre eigene Lebenserfahrung Unterstützung und Hilfe sein. Die Mitarbeit in einem Team von älteren, erfahrenen Mitarbeitern ermöglicht ein partizipatorisches Lernen, wie es dem situierten Lernen zugrunde liegt. In regelmäßigen Teamsitzungen besteht die Gelegenheit, die Erfahrungen zu reflektieren und Fragen, Konflikte, Ideen und Erlebnisse zu besprechen.

Auch im Bereich der Seniorenarbeit gibt es Aufgaben, die Jugendliche übernehmen können. Die Mitarbeit in der Vorbereitung eines Seniorennachmittags und die Übernahme kleinerer organisatorischer und inhaltlicher Aufgaben können Jugendlichen helfen, die Lebenswelt der älteren Gemeindemitglieder kennen zu lernen und gegebenenfalls Vorurteile abzubauen, die das Miteinander von Jung und Alt in der Gemeinde oftmals erschweren.

Gerade in der Begegnung mit älteren Mitgliedern der Gemeinde können Jugendliche Erfahrungen sammeln, die eine große Bereicherung für ihre Lebensgestaltung und ihre Persönlichkeitsentwicklung darstellen. Sie nehmen die Schwierigkeiten des Alltags wahr, die alters- oder krankheitsbedingt auftreten können, und erkennen, dass sie in der Lage sind, bei bestimmten Nöten Abhilfe zu schaffen. In der Tat gibt es in unserem Gemeindeumfeld einige Menschen, die nicht mehr mobil genug sind, um Alltagsgeschäfte selbst zu erledigen. Bei einigen reichen persönliche Kontakte und nachbarschaftliche Hilfe innerhalb der Gemeinde nicht aus, um die notwendigen Mitfahrgelegenheiten zu Gemeindeveranstaltungen oder Hilfen bei Einkäufen, Arztbesuchen etc. abzudecken. Um dieser Not entgegenzuwirken, haben wir kürzlich eine »Hilfsbörse« eingerichtet, die Hilfesuchende an Personen vermittelt, welche die entsprechende Hilfeleistung anbieten. In diesem Rahmen bieten sich vielfältige Möglichkeiten für Jugendliche, anderen zu helfen, ihre Gaben einzusetzen und einen Einblick in die alltäglichen Sorgen von hilfsbedürftigen Gemeindemitgliedern zu gewinnen. Da die meisten Jugendlichen unserer Gemeinde über einen Führerschein und zum Teil auch über ein eigenes Fahrzeug verfügen, können sie einen Fahrservice anbieten und Gemeindemitglieder zu Veranstaltungen bringen oder Einkäufe und kleine Botengänge erledigen.

Darüber hinaus können Jugendliche andere praktische Aufgaben übernehmen. Viele ältere Menschen sind nicht mehr in der Lage, eigenhändig einen Brief zu schreiben oder klein gedruckte Zeitungsartikel und Bücher zu lesen. Jugendliche können sich dieser Personen annehmen, etwa einen Brief für sie schreiben oder die Zeitung bzw. ein Buch vorlesen.[2] Auch im Rahmen der Hilfsbörse sind regelmäßige Teambesprechungen vorgesehen. Weitere Tätigkeitsfelder der Hilfsbörse sind Um-

---

2 Ein Beispiel: Eine Jugendliche hat in der Gemeinde eine blinde Mitarbeiterin kennen gelernt. Sie kamen über Australien ins Gespräch. Da beide von diesem Land fasziniert waren, schlug die Jugendliche von sich aus vor, dass sie die Mitarbeiterin besuchen und ihr aus einem Buch über Australien vorlesen könnte. Diese Begegnung hatte nicht nur eine große Bedeutung für die blinde Mitarbeiterin, sondern erwies sich auch für die Jugendliche selbst als eine große Bereicherung und Horizonterweiterung.

zugshilfen, handwerkliche Aufgaben, Hilfe bei Renovierungen, Hausaufgabenhilfe, Nachhilfe, Babysitting, um Eltern die Teilnahme an gemeindlichen oder kulturellen Veranstaltungen zu ermöglichen. Eine Jugendliche hat in den Herbstferien zwei Wochen bei einer Familie gewohnt und den Haushalt übernommen, die Kinder versorgt und so ermöglicht, dass die Mutter eine Kur in Anspruch nehmen konnte. Jugendliche könnten zusammen mit anderen regelmäßige Besuchsdienste übernehmen und eine intensive Beziehung zu Menschen aufbauen, die aus Gesundheits- oder Altersgründen nicht mehr am Gemeindeleben teilnehmen können. Diese erleben, dass sie nicht vergessen werden, dass sie weiterhin Teil der Gemeinde sind. Besuchsdienste können Beziehungen aufbauen, die für die Jugendlichen selbst wichtige Impulse für ihre Lebensgestaltung liefern. Denn die ältere Generation hat gegenüber der jüngeren einen entscheidenden Vorteil: Sie verfügt über eine enorme Lebenserfahrung. Diese stellt für die Lebens- und Handlungsorientierung der Jugendliche eine wichtige Hilfe dar. Mit Hilfe von Pastoren oder anderen Gemeindemitgliedern, die die Lebensgeschichten älterer Menschen gut kennen und wissen, welche Personen interessante Erfahrungen in ihrem Leben gemacht haben, kann ein Kontakt mit den betreffenden Personen angebahnt werden. Während eines ersten Besuchs könnten die Jugendlichen die Älteren über ihre Lebenserfahrungen und Lebensprinzipien, welche für sie wichtig sind, befragen. Dabei ist für Jugendliche einer Gemeinde besonders interessant, welche Rolle der Glaube in guten wie in schlechten Zeiten gespielt hat. So lernen die Jüngeren ältere Menschen nicht als hilfsbedürftige und zur Last fallende Mitmenschen kennen, sondern als solche, die ihnen selbst wichtige Impulse für ihre eigene Lebensgestaltung geben können. Gerade die Generation, die den Zweiten Weltkrieg und die Nachkriegszeit als Jugendliche erlebt hat, hat oft wichtige Erfahrungen weiterzugeben. Die Kriegs- und Nachkriegserlebnisse mit all den Entbehrungen, Bewahrungen, Wundern etc. sind für heutige Jugendliche meist interessant. Zudem werden sie durch den Einblick in die Lebensphase Jugend, die die Älteren unter ganz anderen Bedingungen meistern mussten, herausgefordert, über die Gestaltung ihres Lebens angesichts des »Reichtums«, in dem sie aufwachsen, nachzudenken.

Durch die Beschäftigung mit den Lebensgeschichten älterer Menschen kann Verständnis für diese Personengruppe geweckt und das Klischee von »konservativen Alten« korrigiert werden. Gleichzeitig wird den älteren Menschen vermittelt, dass sie selbst im hohen Alter und bei aller Gebrechlichkeit immer noch wichtige Mitglieder der Gemeinde sind. Sie erleben, dass sie gebraucht werden und dass ihre Erfahrungen für die Jugendlichen wichtig sind.

Menschen mit besonderen Lebenserfahrungen sind aber nicht nur die älteren Gemeindemitglieder, sondern auch ausländische Mitglieder, die sich hier in Deutschland eine neue Existenz aufgebaut haben.

5 Perspektiven

Die skizzierten Handlungsfelder der Gemeinde als diakonisch-tätige Gemeinschaft ermöglichen es Jugendlichen, alltagsbezogene Erfahrungen zu machen, die für die Entwicklung eines Verständnisses von Diakonie grundlegend sind. Als Aufgabe bleibt bestehen, diakonisches Lernen in der Gemeinde methodisch und konzeptionell zu durchdringen. Insbesondere muss ein Konzept erarbeitet werden, dass zum einen die älteren Mitarbeiter befähigt, Jugendliche in die Arbeit so einzubeziehen, wie es beim situierten Lernen erfolgt. Der Begleitung der Jugendlichen ist große Aufmerksamkeit zu widmen. Zudem muss gewährleistet sein, dass Jugendliche ihre Erfahrungen reflektieren und in Bezug zu ihrem Selbstbild setzen können. Nun wird der Erwerb von Wissen durch das diakonische Handeln nicht allein ausreichen, um ein umfassendes Verständnis von Diakonie zu erlangen. Das durch die Praxiserfahrungen gesammelte Wissen, sollte durch weitere Vermittlung von theologischem und pädagogischem Grundwissen, dass für diakonisches Handeln relevant ist, ergänzt werden. In Gruppenstunden oder in besonderen Schulungen sollten sich Jugendliche das notwendige Wissen während ihrer aktiven Teilnahme an einer diakonisch handelnden Gemeinschaft erwerben können, das sie in ihrer Mitarbeit anwenden, überprüfen und verstehen lernen können.

Prosoziale Haltungen müssen neu erlernt werden. Sie können nicht als gegeben vorausgesetzt werden. Gemeinden sind Orte, an denen Lernprozesse erfolgen, die sich über Jahre erstrecken. Für diakonisches Lernen in der Gemeinde bedeutet dies, dass Jugendliche über einen längeren Zeitraum in die Mitarbeit integriert werden sollten, auch wenn eine zeitliche Begrenzung sinnvoll erscheint. Sicherlich wird zwischen der Mitarbeit in der Gemeinde und einer sozialen Einrichtung unterschieden werden müssen. Jedoch sollte auch diakonisches Lernen innerhalb einer Gemeinde zeitlich begrenzt sein. Wenn Jugendliche durch ihre Tätigkeit in der Gemeinde prosoziale Haltungen einüben und ein theologisch fundiertes Verständnis von Diakonie entwickeln, so bleibt die berechtigte Hoffnung, dass sie sich auch über den festgelegten Zeitrahmen hinaus, innerhalb oder außerhalb der Gemeinde, diakonisch engagieren. »*Unterwegs* zu einer Kultur des Helfens« zu sein bedeutet, das Ziel noch nicht erreicht zu haben. Gemeinden können durch diakonisches Lernen dazu beitragen, dass durch ihr Miteinander die Lebens- und Handlungsorientierung von Jugendlichen stärker von Mitmenschlichkeit und Nächstenliebe geprägt wird, was sich auch auf die gesamtgesellschaftliche Wertorientierung positiv auswirken sollte.

Rainer Starck

Diakonisches Lernen in der Konfirmandenarbeit

1 Diakonisches Lernen im herkömmlichen Konfirmandenunterricht

Diakonisches Lernen war bis weit in die zweite Hälfte des 20. Jahrhunderts hinein kein explizites Thema des Konfirmandenunterrichts. Soweit dieser unter Einfluss der Evangelischen Unterweisung stand, war er zunächst daran interessiert, die Frömmigkeit der einzelnen Jugendlichen zu fördern und sie auf den Glauben der Kirche zu beziehen, wie er vor allem im agendarischen Gottesdienst Ausdruck findet. Zugleich war diakonische Arbeit noch weithin gemeindlich verankert, lag also im Nahbereich und musste schon deshalb nicht eigens thematisiert werden.

Mit fortschreitender Professionalisierung und Spezialisierung der diakonischen Arbeit wurde diese im ausgehenden 20. Jahrhundert immer mehr aus den Gemeinden hinaus verlagert. Aus dem so genannten Gemeindedienst wurde das regionale Diakonische Werk, aus dem gemeindlichen (evangelischen) Krankenpflegeverein die überparochiale (ökumenische) Sozialstation. Damit gingen bislang selbstverständlich gegebene Bezugspunkte für ein mögliches diakonisches Lernen in der Gemeinde verloren.

In der Folge dieser Entwicklung findet das Thema Diakonie Eingang in die gängige Praxisliteratur, sowohl in die Arbeitshilfen für Unterrichtende wie auch in die Bücher für die Hand der Konfirmandinnen und Konfirmanden, zunächst, von wenigen Ausnahmen abgesehen, nachgeordnet im Zusammenhang anderer Themen (z. B. Kirche oder Gemeinde, vgl. Pioch, 2). Eigens ausgewiesene Kapitel zu diesem Thema finden sich erst spät (Lübking 1995, 63ff bzw. 44ff).

Mit der zunehmenden Problemorientierung der Konfirmandenarbeit kommen diakonische und/oder sozialethische Aspekte individuellen wie gemeindlichen Lebens, wie sie in der paulinischen Formel vom »vernünftigen Gottesdienst« (Röm 12,1) mitschwingen, in den Blick. So begegnen in der Praxisliteratur der 1970er Jahre Vorstellungsgottesdienste, die das Thema Soziale Gerechtigkeit im weltweiten Maßstab (Nord-Süd-Konflikt) aufgreifen. Andere Dokumentationen aus dieser Zeit belegen die Beschäftigung mit Fragen z. B. der Drogenprävention oder des Strafvollzugs. Beispiele, in denen die Diakonie als zentrale Grundfunktion der Kirche herausgestellt oder eine direkte Begegnung mit diakonischen Aktivitäten angesteuert wird, bleiben die Ausnahme.

Ein Blick in die Praxisliteratur

Im Katechismus für die Evangelische Landeskirche in Baden[1] (1928) heißt es zu »Frage 47: Was ist die Aufgabe der Kirche? Antwort: Die Kirche hat die Aufgabe, das Wort Gottes rein und lauter zu verkündigen und mit der Tat der Liebe zu

1 43. Aufl., Karlsruhe 2000.

dienen.« Als Lesestücke werden Apg 2,37–42 und Mt 20,25–28 angegeben sowie als biblische Belegstellen 1. Petr 4,10 und Joh 10,16 zitiert. Daraus mögen sich im Unterricht Hinweise auf diakonische Aktivitäten der Gemeinde ergeben haben. Intentional war der am Katechismus orientierte Konfirmandenunterricht aber nicht auf das entdeckende Erkunden von zentralen Funktionen der Kirche ausgerichtet, sondern auf die Zustimmung zu dogmatisch-ekklesiologischen Satzwahrheiten.

Als eigenes Thema begegnet Diakonie erstmals in »Unterrichtsblätter für Konfirmanden« (Achtnich/Haug 1972). In Blatt 301 wird Diakonie als ein »Kennzeichen der Kirche« vorgestellt: » Es gibt keine Kirche ohne Diakonie.« Der Satz wird illustriert durch ein Fallbeispiel: Ein Kirchenvorstand berät über die Frage, ob die Gemeinde eine besondere Weihnachtsfeier für die Kinder einer Obdachlosensiedlung veranstalten soll. Die Konfirmandinnen und Konfirmanden spielen die Sitzung nach. Weiter enthält das Arbeitsblatt detaillierte statistische Informationen über die Einrichtungen der Diakonie im Bereich der damaligen EKD und fordert dazu auf, die diakonischen Einrichtungen im eigenen Kirchenbezirk und die Berufe der dort beschäftigten Mitarbeiter aufzulisten. Weitere Arbeitsblätter (302–305) informieren über freiwillige soziale Dienste, das Diakonische Jahr, die Aktion Sühnezeichen, Friedensdienste und Terre des hommes. Der Akzent liegt auf der Information über diakonische und der Diakonie verwandte Aktivitäten. Fallbeispiele und Erzählungen im Verstehenshorizont der Jugendlichen ermöglichen aber auch Empathie. Und in der beigegebenen Handreichung für die Unterrichtenden findet sich der Hinweis: »Wo die Einsatzwilligkeit einzelner K. geweckt wird, müssen Chancen für überschaubare, kurzfristige Dienste angeboten werden.« (a. a. O. 22)

Die in den 70er und 80er Jahren auflagenstärkste Arbeitsmappe für den Konfirmandenunterricht, »Meine Welt – mein Leben – mein Glaube« (Pioch 1978, 1986 u. ö.), präsentiert das Thema Diakonie unter der Überschrift »Die Kirche und ihre Aufgaben«. Die Konfirmandinnen und Konfirmanden sollen Schwierigkeiten und Notsituationen auflisten und überlegen, bei welcher Einrichtung der Diakonie die Betroffenen Hilfe finden könnten. Ergänzend werden die diakonischen Einrichtungen in der Gemeinde und im Kirchenkreis erhoben. Das Material beschränkt sich auf Sachinformationen zum Thema.

Seit den 70er Jahren wird diakonisches Lernen auch in mehreren Heften der Schriftenreihe *KU-Praxis* angeregt. Vorgeschlagen wird erkundendes und entdeckendes Lernen im Rahmen von Projekten und Praktika. Diese reichen vom Kindergarten über die Behindertenwerkstatt bis hin zur Nachbarschaftshilfe bei Alten oder Kranken. Die Vorschläge sind durchgängig mit konkreten Hinweisen für die Planung, Durchführung und Auswertung verbunden[2].

»Leben entdecken«, ein Buch, das vor allem den Konfirmandenunterricht in den lutherischen Kirchen geprägt hat, ordnet die Diakonie eher beiläufig dem Kapitel über Jesus Christus zu (55–68). Neben anderen stehen dort Friedrich von Bodelschwingh und Mutter Teresa für ein Leben in der Nachfolge Jesu. Im lexikalischen Anhang (182) wird Diakonie als »Hilfe und Fürsorge« definiert. Präventive Diakonie

2 Vgl. u. a. die Hefte KU-Praxis 1,17; 3,24; 5,5; 6,31; 7,26.40; 10,15; 14,19.21.23.27; 15,4; 18,11; 29,25; 31,16.20; 36,80; 45,58.

ist nicht im Blick. Im Kapitel über die Kirche (102ff) berichten eine Entwicklungshelferin von einer Abendmahlsfeier in Guatemala und ein Auslandspfarrer von einer Konfirmation in Tansania. Die Texte enthalten keinen unmittelbar einleuchtenden Bezug zum Thema Diakonie.

Das zu »Leben entdecken« entwickelte Handbuch (Maser, Reimer 1985) bietet im Ergänzungsteil einen Unterrichtsvorschlag zur Diakonie, der an einem Fallbeispiel diakonische Handlungsmöglichkeiten aufzeigt und die »Diakonie in unserer Gemeinde« thematisiert.

Erst das *Kursbuch Konfirmation* (Lübking 1995 u. ö.) widmet dem Thema Diakonie wieder ein eigenes Kapitel (63ff). Die Beispiele liegen im Verstehenshorizont der Jugendlichen, ermöglichen viel Empathie und bringen gleichzeitig die ganze Breite der diakonischen Arbeit der Kirche in den Blick, darunter auch Aspekte, die für Jugendliche im Konfirmationsalter u. U. von existenzieller Bedeutung sind (z. B. Armut und Wohlstand). Ein Fragebogen im Stil gängiger Psychotests hilft, den Grad der eigenen Hilfsbereitschaft zu »testen«. Das Praxisbuch für Unterrichtende empfiehlt Interviews und Erkundungen in diakonischen Einrichtungen, im Sozial- und Wohnungsamt sowie bei Wohlfahrtsverbänden (AWO u. a.) und regt zu Praktika und Projekten im diakonischen und sozialen Bereich an.

Der 2004 erschienene *Grundkurs KU* (Starck u. a.) fordert im Kapitel Gemeinde mit Bezug auf Dietrich Bonhoeffer eine »Kirche für andere« ein (37ff), konkretisiert diesen Gedanken dann aber am Beispiel des Kirchenasyls. Deutlichere Bezüge auf die Diakonie ergeben sich im Kapitel Gottesdienst anhand des mittelalterlichen Hungertuchs zu den Werken der Barmherzigkeit (88). Zum Thema Gemeinde werden im Zusammenhang des dort empfohlenen Gemeindepraktikums (Starck, Grundkurs KU. Unterrichtsideen, Gütersloh 2004) mögliche diakonische Lernorte aufgeführt.

Das *Handbuch für die Konfirmandenarbeit* (1984), eine Zwischenbilanz der Reformbemühungen um die Konfirmandenarbeit in den 60er und 70er Jahren, nimmt an keiner Stelle Bezug auf die Möglichkeit eines diakonischen Lernens in der Konfirmandenarbeit. Die Neubearbeitung dieses Werkes (1998) erwähnt das Thema Diakonie im Zusammenhang möglicher Planungsentscheidungen und Organisationsformen, jedoch ohne diakonisches Lernen selbst explizit zu thematisieren.

Fragt man zurück nach der Bedeutung, die der Gemeinde und damit auch ihrer diakonischen Grundfunktion im traditionell konzipierten Konfirmandenunterricht zukam, lassen sich diese Beobachtungen einordnen. Der im Unterricht (kognitiv) vermittelte Bezug des Konfirmandenunterrichts zur Gemeinde war dogmatisch vorgegeben: Gemeinde war theologisch qualifiziert als Versammlung unter Wort und Sakrament. Die Konfirmandenzeit sollte die Einführung der Jugendlichen in die so verstandene Gemeinde gewährleisten. Die Gemeinde wurde damit zum Gegenstand des (in erster Linie kognitiv verstandenen) Lernens. Praktische Erfahrungen mit Gemeinde waren in der Regel auf den Sonntagsgottesdienst konzentriert. Hier hatte die Gemeinde ihre »Mitte«. Darauf in erster Linie sollten die Konfirmandinnen und Konfirmanden ausgerichtet sein. Anderes war nachrangig.

Die Versuche der 70er Jahre, die Konfirmandenarbeit nicht mehr länger auf ein theologisch idealisiertes Bild von Gemeinde, sondern konsequent auf die empirisch fassbare Ortsgemeinde auszurichten, konnten daran zunächst wenig ändern. Der »Lernort Gemeinde« war weithin die so genannte Kerngemeinde mit ihren Aktivitäten, zu denen aufgrund der o. a. Entwicklung mit Ausnahme des Kindergartens nun immer weniger diakonische Aufgaben gehörten. Diakonisches Lernen war damit nicht ausgeschlossen. Es fand in der Regel im Zusammenhang des so genannten Gemeindepraktikums statt, wenn und sofern diakonische Einrichtungen der Gemeinde dafür zu Verfügung standen. Vereinzelt machten Pfarrerinnen und Pfarrer von der Möglichkeit Gebrauch, mit ihren Konfirmandengruppe eine der großen diakonischen Einrichtungen zu besuchen und dort einen ganzen Tag die Arbeit in unterschiedlichen Abteilungen kennen zu lernen. In der Breite der Konfirmandenarbeit sind das jedoch die Ausnahmen.

Mit dem Bildungsplan 2004 wurde in Baden-Württemberg das fächerübergreifende Projekt TOP SE (Soziales Engagement) für die Sekundarstufe I eingeführt (vgl. oben 56ff). Es soll Kontakte mit Menschen in anderen Lebenslagen vermitteln und so das Weltbild der Schülerinnen und Schüler erweitern und ihre soziale Kompetenz fördern. Die Praxiseinsätze sind im Bereich der Kinder- und Jugendhilfe, bei Alten, Suchtkranken und Wohnungslosen sowie bei Menschen mit Behinderungen vorgesehen. Diakonisches Lernen in der Konfirmandenzeit kann demgegenüber das spezifisch Kirchliche der diakonischen Arbeit in den Blick rücken.

2 Praktika und Projekte als Organisationsform diakonischen Lernens

Untersuchungen zum sozialen Lernen (so u. a. Befragungen von Schülerinnen der Sekundarstufen I und II im Zusammenhang der Compassion-Initiative der Erzdiözese Freiburg) haben ergeben, dass Jugendliche weniger aus religiösen Motiven heraus bereit sind zu helfen, sondern weil es ihnen »Spaß« macht, d. h. weil sie es als für sie selbst lohnend und bereichernd empfinden. Dabei verstehen die Befragten ihr eigenes Leben offenbar immer als ein Leben in Beziehung zu anderen. Es schließt den Blick auf die Nächsten durchaus mit ein, allerdings meinen sie damit zumeist nur die ihnen unmittelbar Nahestehenden. Ihre Bereitschaft zu helfen verbinden sie zudem mit der Bedingung, dass das erwartete Engagement zeitlich begrenzt und überschaubar bleibt und sich daraus keine weiteren Verpflichtungen ergeben.

Damit sind die Organisationsformen für ein diakonisches Lernen in der Konfirmandenzeit bereits vorgezeichnet: Praktika und Projekte, zeitlich begrenzt und ohne weitergehende Verpflichtung. D. h. der reguläre Unterricht am Nachmittag fällt für einige Wochen aus. An seine Stelle tritt eine Projektphase, in der die Konfirmandinnen und Konfirmanden ihre Gemeinde, genauer: ihre Kirche, von der praktischen Seite erleben:

- Zu zweit oder in kleinen Gruppen besuchen sie eine oder mehrere diakonische Einrichtungen der Gemeinde oder des Kirchenbezirks: eine Behinderten-Einrichtung, eine Beratungsstelle, die Diakoniestation, die Telefonseelsorge, ein Alten- und Pflegeheim, die Geschäftsstelle des Diakonischen Werkes u. a. m.
- Sie führen (vorbereitete!) Gespräche und Interviews mit Mitarbeiterinnen und Mitarbeitern in diesen Einrichtungen oder mit Gemeindegliedern, die dort ehrenamtlich tätig sind.
- Sie fassen ihre Eindrücke zusammen, verfassen kurze Texte dazu, wählen eventuell Fotos aus, die sie dort machen konnten oder die sie Prospekten dieser

Einrichtungen entnehmen, und gestalten damit für eine Woche den Schaukasten am Gemeindehaus oder eine Ausgabe des Gemeindebriefs.

- Sie organisieren eine Aktion (Pfennigbasar, Flohmarkt) zugunsten der Einrichtung, die sie besucht und erkundet haben.
- In einer weitergehenden Form sind die Konfirmandinnen und Konfirmanden Mitarbeiterinnen und Mitarbeitern (als Mentorinnen/Mentoren) einer diakonischen Einrichtung zugewiesen und begleiten diese bei ihrer Arbeit. Neben dem Hospitieren sind hier manchmal auch eigene praktische Schritte möglich.

Dieses handlungsorientierte praktische Lernen vermittelt intensive, aber auch einmalige Eindrücke, die in der Beschränkung auf das im Unterricht Gebotene so nicht möglich wären: Zum einen bekommen die Konfirmandinnen und Konfirmanden einen Einblick in das Leben und die Nöte der Menschen. Sie begegnen einer Kirche, die für andere eintritt, und sind selbst nach der eigenen Verantwortung gegenüber anderen gefragt. Sie kommen mit Menschen zusammen, denen sie sonst wahrscheinlich nicht begegnen dürften. Sie lernen unterschiedliche und zumeist benachteiligte Lebenssituationen kennen und bekommen einen Blick dafür, wie verschieden Leben sein kann und wie unterschiedlich Menschen damit umgehen können. Zugleich begegnen sie Menschen, die aus dem christlichen Glauben die Kraft schöpfen, in diese Situationen hineinzugehen und zu helfen, weil »Gott will, dass allen Menschen geholfen werde ...« (1. Tim 2,4).

Ein deutlicher Vorzug liegt in der zeitlichen Begrenzung. Die Konfirmandinnen und Konfirmanden gehen nach einer überschaubaren Phase wieder in das gewohnte Unterrichtsarrangement zurück. Weitergehende Verpflichtungen sind mit dem einmaligen Engagement auf Zeit nicht verbunden. Sie müssen in »ihre« Einrichtung nicht zurückkehren, wenn sie das nicht wollen. Es wird auch nicht erwartet, dass sie sich künftig einer Einrichtung oder einem bestimmten Verständnis christlichen Engagements verpflichtet fühlen. Gleichwohl kann sich daraus für die einen oder anderen eine Perspektive für ein späteres Engagement im sozial-diakonischen Bereich, etwa am Wochenende oder in den Ferien, ergeben.

Und schließlich: Diakonische Praktika nehmen wie andere Praktika in der Konfirmandenzeit konkrete Lebensäußerungen einer Gemeinde bzw. der Kirche in den Blick. Die Konfirmandinnen und Konfirmanden gehen dabei gezielt einer Grundfunktion von Kirche, der *diakonia*, nach, so wie sie sich bei der Mitgestaltung eines Gottesdienstes mit der Grundfunktion *leiturgia* auseinander setzen oder in ihrer Gruppe erleben, was mit *koinonia* gemeint ist, und sich im Vorstellungsgottesdienst, wenn sie darstellen, was ihnen in der Konfirmandenzeit am christlichen Glauben wichtig geworden ist, der Grundfunktion *martyria* annähern. So besehen gehört ein diakonisches Praktikum zu den unverzichtbaren Essentials einer Konfirmandenzeit, die für sich in Anspruch nimmt, Jugendliche mit ihrer Kirche und deren Grundfunktionen bekannt zu machen.

3 Voraussetzungen und Bedingungen für diakonisches Lernen im Konfirmationsalter

Konfirmandinnen und Konfirmanden fragen grundsätzlich nach dem Verhältnis von Anspruch und Wirklichkeit, also nach der Übereinstimung von Theorie und Praxis, von Reden und Handeln, von Gebet und Arbeit, von »Kontemplation und Kampf« (Taizé). Und das nicht abgehoben und »eigentlich«, sondern in Bezug auf die Welt, in der sie leben. Mit den zahlreichen Kompromissen, mit denen die Älteren sich in der Regel eingerichtet haben, können sie erst einmal nichts anfangen. Das Bild von Gemeinde muss für die Jugendlichen in sich stimmen, damit sie sich wenigstens in Teilen darauf einlassen und in Zustimmung und Kritik damit identifizieren können. Der damit eingeforderten Relevanz des christlichen Glaubens für das alltägliche Leben kann in keiner anderen Organisationsform so intensiv nachgespürt werden wie gerade in einem diakonischen Praktikum.

Wie weit sich Jugendliche auf diakonische Praktika einlassen können und durch sie ansprechen lassen, hängt von mehreren Faktoren ab, die auf jeden Fall bedacht sein wollen, wenn Enttäuschung auf der einen und Überforderung auf der anderen Seite möglichst ausbleiben sollen:

- *Selbstbild und soziale Perspektive*: Jugendliche, die ein positives Selbstbild haben und über entsprechende innere Ressourcen verfügen, werden im allgemeinen mit belastenden Situationen leichter zurechtkommen als andere. Gleiches dürfte auch für Jugendliche zutreffen, die bei anderen, Gleichaltrigen oder Erwachsenen, mit ihren Einstellungen Zustimmung finden, sich akzeptiert fühlen und für ihr diakonisches Engagement Anerkennung erfahren. Unter anderen Voraussetzungen muss der Unterricht u. U. kompensatorisch wirken.
- *Soziale Integration*: Jugendliche, die gute Erfahrungen mit Erwachsenen (nicht notwendig ihren eigenen Eltern) machen, die sozial integriert sind, z. B. in Vereinen oder Jugendgruppen, und dort Ansprechpartner haben, dürften mehr Möglichkeiten haben, sich rückzuversichern oder zu entlasten. Hier kommt den (ehrenamtlichen) Mitgliedern des KU-Teams eine besondere Verantwortung zu.
- *Elternbeziehung*: Bei aller Distanz zu den eigenen Eltern, die Jugendlichen im Konfirmationsalter zustehen mag, dürfte die zustimmende Einschätzung eines solchen Praktikums durch die Eltern es ihnen leichter machen, das Projekt durchzustehen. Deshalb ist eine der ersten und unerlässlichen Aufgaben bei der Organisation eines diakonischen Praktikums die Information der Eltern.
- *Unterschiedliche Sozialisationserfahrungen von Mädchen und Jungen*: Mädchen erwarten und versprechen sich nach bisheriger Erfahrung von diakonischen Praktika mehr Einsichten und neue Erfahrungen als Jungen. Die wenigen Jugendlichen, die solche Praktika ablehnen, sind mehrheitlich die Jungen. Zugleich werden Mädchen offenbar mehr als Jungen mit der Pflege von Beziehungen in Verbindung gebracht, d. h. die Erwartung an ihre Bereitschaft zur Fürsorge für andere ist deutlich höher. Diese Erwartungshaltung führt zu unterschiedlichen Ausgangslagen, was die mögliche Akzeptanz eines diakonischen Praktikums bei den Eltern, aber auch bei den Jugendlichen selber angeht.
- *Vor- und Nacharbeit im Unterricht*: Ethische Haltungen von Jugendlichen resultieren nicht aus Gewöhnung oder Konditionierung, auch nicht aus Gefühlen, son-

dern sie verdanken sich der Einsicht und dem Verstand. Deshalb ist die vorbereitende, begleitende und nacharbeitende Reflexion eines solches Praktikums im Unterricht unverzichtbar. Diakonische Praktika haben einen nicht zu bestreitenden erlebnispädagogischen Wert in sich. Wenn sie darüber hinaus auf längere Sicht zu einer Bereitschaft zu verändertem Handeln und zu einer reflektierten Haltung gegenüber sozialen und diakonischen Herausforderungen führen sollen, braucht das die informierende, reflektierende und bewertende Verarbeitung der möglichen wie der dann tatsächlich gemachten Erfahrungen.

4 Hinweise zur Organisation diakonischer Praktika und Projekte

Diakonische Praktika sind ähnlich wie die von Schulen organisierten Betriebspraktika an vorhandenen Strukturen, Arbeitsabläufen, Berufsbildern und - spezifisch für Kirchengemeinden - nebenberuflich wahrgenommenen oder ehrenamtlich ausgeübten Funktionen orientiert. Sie beinhalten ein Lernen unter Anleitung. Ein diakonisches Praktikum zu organisieren und anzubieten, heißt dementsprechend für die Unterrichtenden, die Jugendlichen für einen definierten Zeitraum »aus den Händen zu geben« und sie Praktikerinnen und Praktikern anzuvertrauen. Pfarrerinnen und Pfarrer verzichten damit auf einen Teil der ohnehin knapp bemessenen Unterrichtszeit. Das fällt oft nicht leicht.

Diakonische Praktika bedeuten überdies zunächst einen relativ hohen organisatorischen Aufwand. Wenn sie dann aber »laufen«, sind die Unterrichtenden merklich entlastet. Ihre Aufgaben während der Praktika beschränken sich in der Regel auf Koordinierung und gegebenenfalls Schlichtung in Konfliktfällen. In der Frage, wer die Mentorinnen und Mentoren für die Konfirmandinnen und Konfirmanden sein können, befinden wir uns heute allerdings in einer prinzipiell anderen Lage als noch vor wenigen Jahrzehnten:

Die Basis für diakonische Praktika in der Gemeinde ist durch die bereits erwähnte Verlagerung von Aufgaben aus den Gemeinden hinaus, durch kommunale Kindergärten und -tagesstätten oder verbandlich bzw. privatwirtschaftlich organisierte Diakonie-, Sozial- und Pflegestationen schmaler geworden. Die Wege zu den professionalisierten diakonischen Einrichtungen sind weiter geworden. Das fängt bei der Entfernung zur überparochialen Sozialstation in ökumenischer Trägerschaft an und hört bei der Frage nach der Personenkenntnis noch nicht auf. Gleichzeitig befindet sich die gemeindliche diakonische Arbeit durch den Zwang zum Stellenabbau in den Kirchen auf dem Wege zur Ent-Professionalisierung.

Häufiger als vor Jahren werden deshalb ehrenamtliche Mitarbeiter/innen als Mentor/innen angefragt. In dieser Beziehung hat eine signifikante Akzentverschiebung stattgefunden. Die Schwelle zur Planung und Verwirklichung von diakonischen Praktika ist offensichtlich höher geworden. Praktikumsplätze und Aufgabenbeschreibungen sind zunehmend amorph. Der Organisationsaufwand wird größer, der Fortbildungsbedarf im Blick auf Mentorinnen und Mentoren umfangreicher.

Diese Feststellungen helfen, die praktischen Aufgaben, die sich aus einer Entscheidung für die Gestaltung von diakonischen Praktika ergeben, realistisch in den Blick zu nehmen. Sie zeigen aber auch, dass die Theorieentwicklung im Blick auf solche Praktika nicht abgeschlossen sein kann. Was die skizzierte Akzentverschiebung theologisch und pädagogisch bedeutet, ist noch offen.

Eine Checkliste

Die Dauer eines diakonischen Praktikums hängt von den damit verfolgten Zielen ab. Ein einmaliger Informationsbesuch in einer Einrichtung von einer Stunde Dauer kann durchaus sinnvoll sein. Nachhaltiges Lernen allerdings braucht mehr Zeit. Viele diakonische Einrichtungen sehen es deshalb – zu Recht – als Vorteil an, wenn ein Praktikum sich über einen Zeitraum von zwei bis vier Wochen erstreckt und die Jugendlichen möglichst täglich eine begrenzte Zeit in der Einrichtung präsent sind. Davon profitieren dann nicht nur die Einrichtungen möglicherweise, sondern die Jugendlichen mit Sicherheit. Je nach Schultyp (Nachmittagsunterricht?) sind dazu frühzeitige Absprachen mit den Schulleitungen erforderlich.

Oft empfiehlt es sich, nicht nur wegen der begrenzten Anzahl an Einsatzmöglichkeiten, sondern auch um der Jugendlichen willen, den Konfirmandinnen und Konfirmanden anzubieten, dass sie eine Praktikumsstelle auch zu zweit wählen können.

Das Praktikum selbst erfordert eine langfristige vorauslaufende Planung. Dazu einige Hinweise aus der Praxis für die Praxis:

☐ *Vor Beginn der Konfirmandenzeit* (bei einer zweijährigen Konfirmandenzeit gegen Ende des so genannten Vorkonfirmandenjahres)
- Kontaktaufnahme mit diakonischen Einrichtungen der jeweiligen Gemeinde bzw. des Kirchenbezirks oder -kreises.
- Auswahl möglicher Praktikumsstellen.
- Bei der Auswahl solcher Stellen können der/die Bezirksdiakoniepfarrer/in, der/die Leiter/in des regionalen Diakonischen Werkes oder dessen Öffentlichkeitsreferent/in behilflich sein.
- Mögliche Ansprechpartnerinnen für die Praktikumsstellen kontaktieren.
- Prospektmaterial über die Einsatzstellen besorgen.
- Erste Absprachen im KU-Team: Welche Praktika wollen wir dieses Mal anbieten? Wer stellt sich als Mentor/Mentorin für welchen Praxiseinsatz, welches Projekt zur Verfügung? Die ausgewählten Vorschläge plakativ aufarbeiten.

☐ *Beim ersten Elternabend* (des zweiten KU-Jahres)
- Information an die Eltern (auch schriftlich).
- Vorstellung des Praktikums und der vom KU-Team vorgeschlagenen möglichen Einsatzstellen.
- Rückfragen und Diskussion des Vorhabens.
- Ziel: Einvernehmen mit den Eltern.

☐ *Sechs Wochen vor Beginn des Praktikums*
- Die Vorschläge des KU-Teams für die Praxisphase plakatieren.
- Zunächst unverbindlich die Interessen der Jugendlichen an den Angeboten erheben (jede/r stellt sich zum Plakat seiner Wahl, ohne sich damit gleich festlegen zu müssen).

- Ergänzende bzw. alternative Vorschläge aus der Gruppe prüfen.
- Einzel- oder Gruppenberatung der jeweiligen Interessenten an einer Praktikumsstelle.
- Verbindliche Klärung der Optionen.

□ *Vier Wochen vorher*
- Bekanntgabe der definitiven Zuordnung zu Praktikumsstellen (muss vom KU-Team entschieden werden).
- Aushang im Gemeindehaus.
- Zuordnung von Mentor/innen und Praktikant/innen.
- Soweit noch Absprachen zwischen Mentor/in und Praktikumsgruppe erforderlich sind, werden diese individuell vereinbart.

□ *Zwei Wochen vorher*
- Schriftliche Information an die ausgewählten Einrichtungen.
- Namen der Praktikant/innen und der jeweiligen Mentor/innen/Begleiterinnen.
- Hinweis auf Gemeindeveranstaltung (aus Versicherungsgründen).
- Dank- und Absagebriefe an die nicht gewählten Einrichtungen.
- Eventuell ein Informationsnachmittag mit Vertretern der Praxiseinrichtungen, ersatzweise Vorstellungsbesuch von Praktikant/in und Mentor/in bei der jeweiligen Einrichtung.
- In Kleingruppen den Erwartungs- bzw. Befürchtungshorizont klären:
  Ich habe mich für diese Einrichtung / Stelle entschieden, weil ...
  An dieser Einrichtung / Stelle interessiert mich besonders ...
  In Kontakt kommen / sprechen möchte ich dort z. B. mit ...
  Ich rechne damit / befürchte / hoffe, dass ...
  Möglicherweise werde ich dort gebraucht, weil ...
  Dieses Praktikum wird für mich gut, wenn ...

□ *Während des Praktikums*
- »Hotline« vereinbaren, falls jemand Schwierigkeiten hat.
- Tagebuchnotizen, Fotos u. a.m. für die individuelle Dokumentation (Portfolio).
- Besuche (Mentor/innen!) bei den Konfirmandinnen und Konfirmanden an der Praktikumsstelle und bei der (Abteilungs-) Leitung der Einrichtung.
- Eventuell Zwischentreffen aller nach einer Woche.

□ *Nach dem Praktikum* Konfirmandentag oder Wochenendseminar zur Auswertung:
- Erlebnisse, Eindrücke und Erfahrungen in Stichworten oder Symbolen auf Kärtchen in zwei Farben (positiv/negativ) festhalten und in Kleingruppen (Anleitung: KU-Team und/oder Mentor/innen) austauschen.
- Eventuell Systematisierung und plakative Gestaltung (Plenum).
- Gestaltung von Wandzeitungen aufgrund von Tagebuchnotizen, Fotos usw.
- Mögliche Aspekte: Einsatzstellen, Tätigkeiten, Schwierigkeiten, positive Erfahrungen.
- Abfassen eines Praktikumsberichts.
- Eventuell Gestaltung eines (Vorstellungs-) Gottesdienstes.

5 Religionsdidaktische Chancen diakonischen Lernens

Eine Konfirmandenarbeit, die Begegnungen, Aktionen und Projekte aus dem diakonischen Bereich der Kirche einschließt, bietet in religionsdidaktischer Hinsicht die Chance auf eine ganze Reihe elementarer und gleichzeitig handlungsorientierter Lernerfahrungen: Konfirmandinnen und Konfirmanden können …

- □ … dem christlichen Glauben in einer zentralen Konkretion begegnen: Diakonisches Lernen geschieht in konkreten, kirchlich wie öffentlich bedeutsamen Einrichtungen (z. B. Kindergärten, Altenheimen, Krankenhäusern, Beratungsstellen) oder in der interpersonalen Begegnung (mit diakonisch tätigen Christinnen und Christen) bzw. auf sie hin. Dabei geht es letztlich stets um die Einheit von theologischen (z. B. pastoraltheologischen/sozialdiakonischen) Perspektiven und deren Verwirklichung vor Ort, von Glaubensinhalten (z. B. Doppelgebot) und ihrer individuellen Umsetzung im Leben, von Theorie und Praxis. Den Jugendlichen kann bewusst werden, dass christlicher Glaube nicht (überfordernde) Ideale meint, sondern im individuellen wie im sozialen Leben konkret werden will.
- □ … die handlungsorientierende Gestaltungskraft des Glaubens erleben: Diakonisches Lernen kann den Blick dafür schärfen, wie die biblische Botschaft und die christliche Glaubenstradition das Leben und Handeln von Menschen prägen (z. B. anlässlich eines Interviews mit diakonisch engagierten Christinnen oder Christen). So kann erfahrbar werden, welchen Beitrag gelebter Glaube in der Bewältigung von Alltagsfragen leisten kann, wie er Werteinschätzungen bestimmt und Hierarchien in Frage stellt. Daran kann die befreiende, Angst abbauende Kraft wahrgenommen werden.
- □ … die solidarische und emanzipatorische Perspektive des Glaubens entdecken: In Projekten und Erkundungen, in Befragungen und Spielen können Modelle des Lebens erschlossen werden, die sich als Alternative zu den innerhalb der bürgerlichen Gesellschaft anerkannten Lebensvorstellungen anbieten.
- □ … die Diskrepanz zwischen Urteilen und Handeln überwinden lernen: Jugendliche im Konfirmationsalter nehmen mit besonderer Aufmerksamkeit wahr, wenn Erwachsene engagiert denken und reden, aber dann für sich selbst keine Handlungskonsequenzen daraus ziehen. Und nicht selten leiden sie selber unter der Diskrepanz zwischen eigener Einsicht und Überzeugung und ihren geringen Handlungsmöglichkeiten. Diakonisches Lernen wirkt diesen Diskrepanzen entgegen, indem es die Begegnung mit gelungenen Beispielen für ihre Überwindung ermöglicht.
- □ … Kirche als »Kirche für andere« kennen und verstehen lernen: *Diakonia* als tätige Nächstenliebe ist eine der zentralen Funktionen der Kirche neben *koinonia* (Gemeinschaft), *martyria* (Bezeugung) und *leiturgia* (Gottesdienst). Wie in keiner anderen dieser Funktionen wird in der Diakonie exemplarisch erkennbar, was Dietrich Bonhoeffer mit »Kirche für andere« gemeint hat. Die Begegnung mit Menschen, die sich aus ihrer christlichen Überzeugung heraus engagieren, die Bemühungen der Diakonie, Leid zu mindern und auf dem Hintergrund der christlichen Botschaft auch dessen Ursachen auszuschalten, machen zudem deutlich, dass die Kirche ihren Ort im Geschehen der Welt hat und engagiertes Christsein Einmischung und Widerstand bedeuten kann.

- ☐ ... im Handeln für andere eine Form der Nachfolge für sich entdecken: Wer für andere handelnd tätig wird, erfüllt das Gebot Jesu Christi »Was ihr getan habt einem von diesen meinen geringsten Brüdern, das habt ihr mir getan« (Mt 25,40b). Gerade für Jugendliche im Konfirmationsalter kann sich in dieser Perspektive eine Möglichkeit auftun, den christlichen Glauben für sich selbst konkret werden zu lassen. Dass sie dabei auch an Grenzen stoßen können und andere Lösungen eines Problems suchen müssen, als sie vielleicht Erwachsenen möglich sind, steht dem nicht entgegen. Gerade im Finden neuer Wege, im Antworten auf Herausforderungen können Jugendliche entdecken, zu welchen Formen der Nachfolge sie selber fähig sind.

GABRIELE BARTSCH

Begegnung mit diakonischer Wirklichkeit: Das Angebot von Weiterbildungsagenturen[1]

»Was bedeutet eigentlich *mehrwert*?« – so werden wir häufig gefragt. »Wo kommen Sie her? Was ist Ihre gesellschaftspolitische Perspektive?« – das hören wir hinter dieser Frage über die Agentur *mehrwert* heraus. Eine erste Antwort gleich zu Beginn. Mit unserer Arbeit möchten wir Mehrwert in sozialer Hinsicht schaffen und damit zur Steigerung des Sozialkapitals beitragen. Dazu hat die Agentur *mehrwert* das Konzept »Lernen in fremden Lebenswelten« entwickelt, das die aktuellen Lerntheorien der Erwachsenenpädagogik berücksichtigt und gesellschaftstheoretisch an den zivilgesellschaftlichen Diskurs anknüpft, der gegenwärtig in der Politologie und Soziologie geführt wird. Bevor ich auf das Konzept »Lernen mit Herz, Kopf und Hand« eingehe, stelle ich zu Beginn einige theoretische Grundannahmen vor, in deren Kontext die Agentur *mehrwert* ihre Arbeit ansiedelt.

1 Soziales Lernen in der Zivilgesellschaft

Der Begriff Sozialkapital beschreibt die Fähigkeit einer Gesellschaft, ihren sozialen Zusammenhalt zu organisieren und aufrechtzuerhalten (Bourdieu 1987; Putnam 2001). Orte, an denen dieses geschieht, sind zum einen Familie und Bildungsinstitutionen, zum anderen alle zivilgesellschaftlichen Formationen, wie Vereine, Verbände, Gruppierungen, Bürger(rechts)bewegungen. Also alle Initiativen, deren Zielsetzung über das Interesse von Privatpersonen und kleinen Teilgruppen hinausgeht und die in der politischen Definition dem so genannten Dritten Sektor zugerechnet werden.

Mit der Agentur *mehrwert* machen wir den Namen gewissermaßen zum Programm und bewegen uns dabei im Mainstream der gegenwärtigen Debatte um Zivilgesellschaft und neue Formen von Gemeinsinn und Verantwortung. Bei diesen neuen Formen geht es darum, die Interaktion zwischen den einzelnen Bürgerinnen und Bürgern bzw. organisierten Gruppen und dem staatlichen, wirtschaftlichen und sozialen System neu unter die Lupe zu nehmen. Zivilgesellschaft (manche sprechen auch von Bürgergesellschaft) soll gewährleisten, dass das Aushandeln verschiedener, in der Regel sich widersprechender Interessen demokratisch legitimiert, gleichberechtigt und friedlich abläuft.

Weltweite kriegerische Auseinandersetzungen und Krisenherde zeigen immer wieder, dass das Konzept der Zivilgesellschaft nicht als Freizeitvergnügen unausgelasteter Mittelschichtsangehöriger einzustufen ist, sondern existenzielle Voraussetzung und Notwendigkeit demokratiefähiger Gesellschaften ist.

1 Bei diesem Artikel handelt es sich um eine überarbeitete Fassung des in Norbert Collmar, Christian Rose (Hg.): das soziale lernen – das soziale tun, Neukirchen-Vluyn 2003 erschienenen Artikels von Gabriele Bartsch.

Warum diese Debatte jetzt? Die westlichen Industriegesellschaften befinden sich seit dem letzten Jahrhundert in einem grundlegenden Transformationsprozess. In diesem Prozess gibt es zwei Hauptlinien, die ins Blickfeld zu nehmen sind: zum einen die Emanzipation des Individuums von familialen Bindungsgemeinschaften und zum anderen ein global ausgerichtetes Wirtschaftssystem. Beide Linien stehen in einem dialektischen Verhältnis zueinander, d. h. das eine ist ohne das andere nicht möglich und realisierbar. Die Auswirkungen der einen Linie und die Anforderungen der anderen Linie auf das Individuum scheinen sich trotzdem zu widersprechen. Doch beide, der Prozess der Individualisierung und ein auf kurzfristige Gewinnmaximierung ausgerichtetes Wirtschaftssystem, erfordern räumliche Mobilität und geistige Flexibilität.

Dennoch bleibt ein widersprüchliches Moment: Das Tempo, das in den wirtschaftlichen Produktionsprozessen an den Tag gelegt wird und den Beschäftigten vor allem die angesprochene hohe räumliche und geistige Mobilität abverlangt, ist nur schwer mit der »Natur« oder dem Charakter menschlicher Beziehungen in Einklang zu bringen. Menschliche Beziehungsstrukturen basieren auf Vertrauen und Loyalität – und diese wiederum brauchen verlässliche Netzwerke, die eher langfristig angelegt sind (Sennett 1998). Anders ausgedrückt: Vertrauen, Kontinuität und Loyalität brauchen Zeit.

Die zentrale Frage ist also: Was vermittelt Menschen angesichts eines dynamischen Wirtschaftssystems und einer temporär und regional möglichen hohen Arbeitslosenrate Sicherheit und was verweist auf Zukunft? Wie kann gewährleistet werden, dass Menschen unterschiedlicher Herkunft, unterschiedlichen Glaubens, unterschiedlicher politischer Auffassungen friedlich und aufeinander bezogen zusammenleben? Dies ist nicht nur in sozialpolitischer Hinsicht wichtig, sondern auch für global operierende Unternehmen von elementarer Bedeutung. Einige internationale Konzerne haben dies mittlerweile begriffen und engagieren sich auf vielfältige Weise im sozialen Gefüge. In den USA und Großbritannien wird dieses Engagement unter verschiedenen Bezeichnungen, z. B. *Corporate Social Responsibility*, *Corporate Volunteering* oder *Corporate Community Involvement*, kommuniziert.

Was kann nun eine Zivilgesellschaft beflügeln? Die Reformvorschläge reichen von neoliberalistischen Ansätzen, die im Rückzug des (Sozial)Staates eine Stärkung der Selbstverantwortung und der Selbstorganisation des einzelnen Bürgers wähnen (Walzer), bis hin zu partizipativen gesellschaftspolitischen Konzepten, in denen es um neue Rollenbestimmungen zwischen den drei Akteuren Bürgerinnen/Bürger, Staat und Wirtschaft geht. In dieser zivilgesellschaftlichen Variante schimmert ein stark koordinierender und steuernder Staat durch, bei der Rollenbestimmung der Bürgerinnen und Bürger geht es um deren gestalterischen Part in der öffentlichen Aushandlung von Interessen. Typische Beispiele hierfür sind Initiativgruppen, die sich für Stadtteil- oder Frauenprojekte einsetzen oder für die Rechte benachteiligter Gruppen kämpfen. Es ist nur auf den ersten Blick paradox, wenn in dem zivilgesellschaftlichen Entwurf ein starker Staat gefordert wird. Dieser ist allerdings weniger in seiner bürokratischen Rolle gefragt als vielmehr in einer starken Steuerungs- und Koordinierungsfunktion, der Aushandlungsprozesse dadurch mit anstößt und mitgestaltet. Es hat den Anschein, als ob die »Wende« nach 1989 mit der Politik der runden Tische eine solche zivilgesellschaftliche Kultur verstärkt hat.

Im Zeitalter des Pluralismus und des Zusammentreffens verschiedenster Werteorientierungen kommt es nicht von ungefähr, dass der ethische Diskurs Konjunktur hat und wir uns damit auseinander setzen, wie Menschen trotz aller Unterschiede Gemeinsinn entwickeln, sich engagieren und Verantwortung übernehmen. In einer solchen Konstellation bekommen zwei Fähigkeiten eine Schlüsselfunktion:

- die Fähigkeit, Bindungen kurzfristig aufzubauen und soziale Netzwerke aufrechtzuerhalten, und
- die Fähigkeit, Differenzen auszuhalten und Konflikte auszutragen.

Was Gemeinschaft tragfähig macht, ist nicht Einheit und Harmonie, sondern genau das Gegenteil, Aushandeln von Interessen und konstruktives Konfliktmanagement. Amerikanische Soziologen haben interessanterweise festgestellt, »dass Menschen durch verbale Konflikte eher zusammengehalten werden als durch verbale Übereinstimmung.« Denn: »Im Konfliktfall sind sie zu gründlicherer Kommunikation gezwungen, um die Differenzen auszutragen« (Coser, zitiert nach Sennett 1998).

Es gilt also, diese beiden Schlüsselkompetenzen – Bindungen aufzubauen und Interessengegensätze auszugleichen – so früh wie möglich zu entwickeln. Dies geschieht heutzutage nicht mehr automatisch innerhalb verlässlicher Familiensysteme oder über die weiteren Sozialisationsinstanzen Kindergarten, Schule und Freizeit, sondern es muss systematisch organisiert werden. Hier geht es gewissermaßen darum, Gelegenheiten zu schaffen, bei denen soziales Lernen geschehen kann (Rauschenbach 1997).

2 Von der Theorie zur Praxis: Die Agentur *mehrwert*

Das Diakonische Werk Württemberg und das Evangelische Landesjugendpfarramt haben Anfang der 90er Jahre ein Modellprojekt initiiert, das von 1996 bis 1999 Modelle sozialen Lernens entwickelt und diese in der schulischen und betrieblichen Bildung erprobt hat. Die erfolgreiche Arbeit, die in einem Abschlussbericht dokumentiert ist (Leitmann u. a. 1999), hat schließlich im Jahr 2000 zur Gründung der Agentur *mehrwert* geführt. *mehrwert* hat genau diesen Auftrag des Modellprojekts übernommen, nämlich einen Beitrag zur Förderung der personalen und sozialen Kompetenzen zu leisten.

2.1 Was ist Sozialkompetenz?

Ein Blick in die Literatur zeigt unterschiedliche Kompetenzkonzepte mit geringen oder umfangreichen Ausdifferenzierungen. Durch die von Daniel Golemans angestoßene Debatte um die Emotionale Intelligenz wird die Kategorisierung keineswegs leichter – geschweige denn einfacher. Der Begriff »Kompetenz« wird vielerorts unscharf verwendet, eine Typisierung scheint nach gegenwärtigem Forschungsstand aussichtslos (Weiß 1999). Die Agentur *mehrwert* hat sich deshalb für eine pragmatische Handlungsweise entschieden und ein eigenes Kompetenzmodell entwickelt, das sich an die Vorstellungen von Zimmer/ Brake anlehnt:

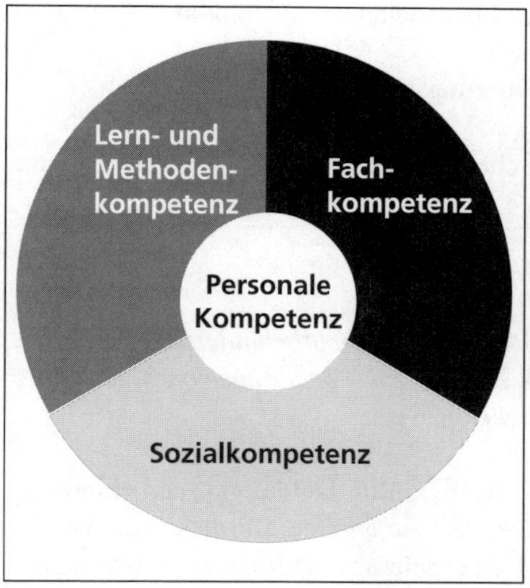

Unter sozialem Lernen verstehen wir das Lernen, mit sich selbst und anderen Menschen situationsangemessen umzugehen. Dies umfasst einerseits Aspekte der Identitäts- und Persönlichkeitsentwicklung, zum anderen Kompetenzen im Umgang mit anderen Menschen. *Personale Kompetenz* bezieht sich etwa auf Empathie, Sensibilität, Gerechtigkeitssinn, Toleranz, Verantwortung, Ausdauer, Belastbarkeit, Flexibilität und Eigeninitiative, während *Soziale Kompetenz* beispielsweise Kommunikations- und Kooperationsfähigkeit, Verhaltenssicherheit, Teamfähigkeit und Konfliktfähigkeit umfasst.

Das von *mehrwert* entwickelte Konzept »Lernen in fremden Lebenswelten« ist handlungs- und erfahrungsorientiert und knüpft an zentrale lerntheoretische Erkenntnisse aus der Pädagogik und Erwachsenenbildung an:

- Das Neue wird mit dem Alten (Bekannten) verknüpft und verglichen.
- Neue Impulse treffen auf den »Resonanzboden« der Erfahrung.
- Erfahrung speist sich aus unterschiedlichen Quellen (Biographie, Ausbildungen, Familie, Freizeit, Erwerbstätigkeit und außerberufliche, z. B. ehrenamtliche Tätigkeiten) (Knoll 1999).

Soziale Einrichtungen eignen sich als Lernfelder für die personale und soziale Kompetenzentwicklung aus drei Gründen besonders gut:

- In sozialen Organisationen findet im Unterschied zu inszenierten »Outdoor-Konstellationen« Lernen im realen Leben statt.
- Lernen geschieht im Unterschied zu Seminar-Settings in sozialen Organisationen ganzheitlich, d. h. mit Herz, Kopf und Hand.
- Lernen in der fremden Lebenswelt »soziale Organisation« hat exemplarischen Charakter. Dies bedeutet, dass soziales Lernen grundsätzlich in jeder Einrichtung möglich ist, die mit Menschen in »besonderen Lebenssituationen« arbeitet.

2.2 Zwei Beispiele aus der Praxis[2]

Die Agentur *mehrwert* hat die Kernidee »Lernen in fremden Lebenswelten« für unterschiedliche Zielgruppen entsprechend modifiziert:

2 Ähnliche Projekte werden auch von einigen Diakonischen Werken und Caritas-Verbänden angeboten, z. B. die Projekte »Szenenwechsel« und »SODA« in Oldenburg für Jugendliche ab 15 Jahren. Informationen unter www.szenen-wechsel.de und www.sozialdabei.de.

- ☐ Key – Soziales Lernen in der Schule und betrieblichen Ausbildung
- ☐ Do it! – Service Learning für Studierende
- ☐ Blickwechsel® – Soziales Lernen für Führungskräfte.

Wie dies in der Praxis aussehen kann, beschreiben die folgenden Projektbeispiele:

»Effektive Teamarbeit«

Wenn so genannte »behinderte« Auszubildende mit »nichtbehinderten« Kollegen zusammenarbeiten, ist dies ein effektiver Beitrag zur Förderung von Sozialkompetenz und der Entwicklung der Persönlichkeit.

Wie wichtig eine gute Teamarbeit ist, weiß Gülin Güldal, körperbehinderte Auszubildende der *Karlshöhe Ludwigsburg*, seit sie an einem Projekt mit Azubis von *Wüstenrot* teilgenommen hat. »Wir haben gelernt, wie wichtig es ist, einander zu vertrauen.« Über mehrere Monate hinweg hatten sich behinderte und nicht behinderte Lehrlinge in Kleingruppen getroffen und gemeinsam Exkursionen und Umfragen zum Thema Arbeitsmarkt gestartet. Die Vorbereitung auf diese ungewöhnliche Kooperation hatte *mehrwert gGmbH*, die Agentur für Soziales Lernen mit Sitz in Stuttgart, übernommen.

Kooperation nicht immer einfach

Dass die Zusammenarbeit nicht immer einfach war, machten die kaufmännischen Auszubildenden bei einer Präsentation deutlich. »Wir hatten Hemmungen, auf die Leute von der Karlshöhe zuzugehen«, so Sonja Schaaf von *Wüstenrot*. »Es war eine langsame Annäherung, aber das wurde mit der Zeit besser.« Eine wichtige Erfahrung fürs Berufsleben sei gewesen, ein Gefühl dafür zu bekommen, »wie es ist, unter Zeitdruck zu arbeiten«.

Behinderte Menschen als Kunden

»Im erweiterten Sinne sind die behinderten Menschen unsere Kunden«, sagt Daniele Pinna, angehender Konstruktionsmechaniker der Bietigheimer Firma *Valeo*. Einen Monat lang war er in die Werkstatt für Behinderte, die fast um die Ecke liegt, versetzt worden. Vor Ort passte Pinna – wie seine elf Kollegen auch – Förderbänder an die Bedürfnisse behinderter Menschen an. »Die sind dankbar, wenn ihre Arbeit erleichtert wird«, hat der Auszubildende festgestellt.

Am eigenen Leib spüren, wie es ist, im Rollstuhl zu sitzen

Beim Vorbereitungsseminar hatten die Azubis gemerkt, wie schwer es ist, eine Tür ohne fremde Hilfe zu öffnen, wenn man im Rollstuhl sitzt. Oder wie man sich fühlt, wenn man mit verbundenen Augen geführt wird. In der Werkstatt selbst waren die Berührungsängste schnell verschwunden: »Wenn man vor Ort ist, merkt man, dass das nur Vorurteile sind.«

Ungewöhnliche Erfahrungen im Schulalltag
Achtklässler lernen den Alltag von alten Menschen im Heim kennen

Ungewöhnliche Erfahrungen im Schulalltag machten Achtklässler der Grund- und Hauptschule Esslingen-Sulzgries. Für zwei Tage tauschen sie die Schulbank mit der Teilnahme am Lebensalltag von alten Menschen im Esslinger Katharinenstift, einer Einrichtung des Vereins für Evangelische Altenheime in Württemberg. »Ich finde es gut, was mit den alten Menschen hier unternommen wird«, so der 14-jährige Simon Berndt. Erstaunt war er, dass die Bewohnerinnen und Bewohner beim Kreuzworträtsel »wesentlich besser und schneller waren als wir«. Besonders interessant für den Schüler, der zuvor noch nie in einer solchen Institution war: dass »sie immer wieder zurückkommen auf ihre Kindheit«. Für Suse Zeller, die das Projekt im Auftrag der Stuttgarter Agentur *mehrwert gGmbH* pädagogisch begleitet, ist das Projekt denn auch »Geschichts- und Kulturvermittlung aus erster Hand«.

Obwohl Janos Duve früher schon mal zu Besuch im Katharinenstift war, musste er sich, als ihm angeboten wurde, eine bettlägrige Dame beim Essen zu unterstützen, »erst einmal überwinden«. Bereits nach kurzer Zeit war diese Unsicherheit überwunden, hat sich der 13-Jährige auch daran gewöhnt, dass »manche ganz fröhlich sind und andere gar nichts reden«.

Sowohl Schüler/innen als auch Betreuende berichten, dass sie von den Bewohnern des Wohnstiftes sehr offen empfangen worden seien. »Die alten Menschen freuen sich auf das Wiedersehen mit den jungen Leuten«, so Suse Zeller. Schule und Wohnstift liegen direkt nebeneinander. Dorothea Haas, Sozialbetreuerin im Stift, kann sich deshalb gut vorstellen, dass das Projekt den Auftakt für eine längerfristige Kooperation zwischen den beiden Institutionen bildet.

3 Herausforderungen und Lernerfahrungen

Aus der mehrjährigen Praxis lassen sich die Herausforderungen und Lernerfahrungen zusammenfassen:

Herausforderungen:
- Wie orientiere ich mich rasch in einer für mich fremden Lebenssituation?
- Wie gehe ich mit Menschen um, die für mich ungewohnte Verhaltensmuster zeigen?
- Wie komme ich mit Spontaneität und Impulsivität zurecht?
- Wie reagiere ich auf unvorhersehbare Ereignisse?
- Wie bewege ich mich in komplexen, nicht planbaren Situationen?

Lernerfahrungen:
- sich auf neue und unbekannte Situationen einstellen,
- die eigenen Stärken kennen lernen,
- die eigenen Grenzen erfahren,

- Verständnis für Menschen in anderen Lebenssituationen entwickeln,
- die Arbeitsweise in sozialen Organisationen kennen lernen,
- den eigenen Horizont erweitern,
- kommunikative Kompetenzen stärken,
- eigene Wahrnehmungsfähigkeit stärken,
- das eigene Verhaltensrepertoire erweitern.

Die Lerneffekte beim sozialen Lernen sind deshalb so nachhaltig, weil die Teilnehmenden mit ihrer eigenen Emotionalität in Kontakt kommen. Betroffenheit wird ausgelöst, wenn Menschen mit schwierigen Lebenssituationen konfrontiert werden. Dies führt zu einer Relativierung der bis dato empfundenen eigenen Probleme und Schwierigkeiten. Für junge Menschen, aber auch für gestresste Manager ist dies vielleicht die wichtigste Erfahrung, die sie beim sozialen Lernen machen (Bartsch 2004).

Die Aufgabe der Agentur *mehrwert* besteht darin, diese Kooperationen vorzubereiten, für eine professionelle Anleitung und eine Auswertung zu sorgen. Wichtig ist dabei, dass alle Beteiligten für sich einen Gewinn oder einen »Mehrwert« definieren. So kann der Gefahr vorgebeugt werden, dass beispielsweise Unternehmen soziale Einrichtungen und deren Klientel einseitig als Lernfelder »instrumentalisieren«. Die Agentur *mehrwert* bewegt sich als Mittler zwischen verschiedenen Organisationskulturen. Sie

- stellt Verbindungen zwischen den verschiedenen Partnern her und vermittelt Kontakte,
- berät soziale Organisationen, wie sie auf Unternehmen zugehen können,
- tauscht Argumente aus, wer welchen Nutzen aus einer neuen Zusammenarbeit zieht,
- leistet »Übersetzungsarbeit« zwischen den unterschiedlichen Organisationskulturen und -sprachen,
- konzipiert Partnerschaftsmodelle,
- managt Projekte,
- produziert Materialien (Checklisten, Methodische Anregungen etc.) und stellt diese zur Verfügung,
- kommuniziert Beispiele von »best practice« über Pressearbeit, Tagungen, Veröffentlichungen etc.,
- stellt über das Internet eine Plattform her und
- vieles mehr ...

Resümee einer Schulleiterin: »Kein anderes Projekt hat an unserer Schule eine so starke Auswirkung auf die Schulentwicklung genommen wie das Projekt Soziales Lernen.«

Die Agentur *mehrwert* versteht sich selbst als lernende Organisation und handelt nach der Maxime von Peter M. Senge: »Eine »lernende Organisation« ist ein Ort, an dem Menschen kontinuierlich entdecken, dass sie ihre Realität selbst erschaffen. Und dass sie sie verändern können.«

Gerhard Hess, Götz Kanzleiter

Soziales und diakonisches Lernen durch Schülermentorenprogramme

Beschrieben, analysiert und weiterentwickelt wird im Folgenden ein Projekt, das seit einigen Jahren im Kontext der Jugendverbandsarbeit in Baden-Württemberg einen interessanten Entwicklungsprozess durchlaufen hat und das (nach einer zweijährigen Modellphase) seit dem Schuljahr 1999/2000 eine konzeptionelle und praktische Zuspitzung im evangelisch-konfessionellen Bereich erfahren hat: das Schülermentorenprogramm »Soziale Verantwortung lernen« (Weingardt u. a. 2000), das mit der Veröffentlichung in »Kultus und Unterricht« [1]als landesweites und flächendeckendes Kooperationsprojekt (vereinbart zwischen dem Evangelischen Jugendwerk in Württemberg und dem Ministerium für Kultus, Jugend und Sport, Baden-Württemberg) den Schulen vorgestellt und im Zuge der Öffnung von Schule sowie der neuen Bildungspläne zur Aufnahme in die Schulstruktur empfohlen wurde.

Parallel zu diesem »Schülermentorenprogramm« gab und gibt es in Baden-Württemberg noch andere Mentorenprogramme, z. B. im Bereich Sport, Musik und Verkehrserziehung, neuerdings auch im Bereich des Natur- und Umweltschutzes. Während diese Programme dem »Mitmachen« in einem Verein oder einer Initiative – und der Ausbildung einer Ehrenamtlichenkultur dienen, zielt das Schülermentorenprogramm vor allem auf die Erfahrung und *Ausbildung sozialer Kompetenzen* sowie *sozialer Schlüsselqualifikationen.*

Wie sich dieses Schülermentorenprogramm (nachfolgend: SMP) im Detail versteht, warum man heute (wieder) solche Programme braucht und wie das Modell weiterzuentwickeln ist, damit es stärker *diakonisches Lernen* ermöglicht, wird im Folgenden entfaltet.

1 Von der Notwendigkeit sozialer Lernarrangements

Im kirchlich-diakonischen Bereich der Württembergischen Landeskirche gab es Anfang/Mitte der 90er Jahre verstärkt eine Diskussion über die zunehmende Auswanderung des Sozialen aus dem Alltag. Mitauslöser war eine Tagung des Diakonischen Werkes Württemberg (September 1993) zum Thema »Soziales Engagement junger Menschen in der modernen Gesellschaft« (Diakonisches Werk Württemberg 1995, 5ff), bei der Thomas Rauschenbach, ein ausgewiesener Kenner des soziale Ehrenamtes, die »Verlagerung des Sozialen von traditionellen Milieus in öffentlich organisierte Dienste« konstatierte und für eine »moderne Kultur des Sozialen« plädierte, die zwei Gesichter haben müsse: ein »expertenhaftes und ein alltägliches«. Im Anschluss gab es vielfältige Bemühungen, neue soziale Lernarrangements auf verschiedenen Ebenen und für unterschiedliche Zielgruppen zu entwickeln. Eine der von Rauschenbach direkt angesprochenen Institutionen/Ebenen, an die dabei zu denken sei, ist die Schule. An dieser Stelle greift das Beispiel des SMP, das direkt mit Schule kooperiert.

1 MfKJS, »Kultus und Unterricht«, Oktober 1999, AZ: VI/4–6811.231/60

Eine zweite herausfordernde Beobachtung lässt sich unter Rückgriff auf eine Studie des B.A.T. Freizeit-Forschungsinstituts (Opaschowski/Duncker 1996, 4ff) über Freizeiteinstellungen und -verhalten von 14- bis 25-Jährigen anführen: die tendenzielle Entkoppelung von Freizeitalltag und sozialen Pflichten in der Freizeit. Ein zentrales Untersuchungsergebnis: Immer mehr Jugendliche wollen ihre Freizeit ohne Einschränkungen genießen. Hauptsache Spaß – Pflichten und Verpflichtungen werden aus ihrer privaten Freizeitgestaltung zunehmend ausgeblendet. Diese Tendenz zeigt sich nach Opaschowski und Duncker bis in den familiären Bereich hinein, selbst Verwandten- und Krankenbesuche oder die Mithilfe bei häuslichen Pflichten sind für die Hälfte der befragten 14- bis 25-Jährigen mit großer Unlust verbunden.

Wenn also neue soziale Lernarrangements für junge Menschen entwickelt werden sollen, müssen dies solche Arrangements sein, die Spaß und sinnvolles soziales Tun möglichst weit miteinander in Einklang bringen. Auch in diesem Erwartungshorizont stellt das SMP ein interessantes Modell dar.

Ein dritter und letzter Aspekt: Wenn es darum geht, den Gedanken des Sozialen wieder generell neu und verstärkt zu betonen, wenn innovative Formen sozialen Lernens flächendeckend initiiert und erprobt werden sollen, dann darf dabei keine pädagogische Institution »außen vor« bleiben. Vor allem darf sich dann Schule als die für den Lebensalltag von Kindern und Jugendlichen (schon von ihrer heutigen zeitlichen Ausdehnung) prägendste Bildungseinrichtung aus diesem Prozess nicht ausklinken. Hier kann man erfreulicherweise feststellen, dass die Bemühungen der letzten Jahre um eine Öffnung der Schule – in Verbindung mit neuen Bildungsplänen (in Baden-Württemberg), die auch erweiterte Bildungsziele formulieren – Schritte in die richtige Richtung sind und insbesondere für neue soziale und diakonische Kooperationen neuen Spielraum bieten. Diesen will das SMP nutzen.[2]

Es ist also festzuhalten: Neue, insbesondere jugendgemäße Lernarrangements für soziales und diakonisches Lernen sind wichtig und nötig. Dass dabei lebensaltertypische Haltungen, Wünsche und Erwartungen von Kindern und insbesondere Jugendlichen (Spaß haben, etwas Sinnvolles tun ...) zu integrieren sind, ist die Herausforderung. Dabei mit der wichtigen Sozialisations- und Bildungsinstanz Schule die Kooperation zu suchen und sie auf diese Weise stärker auch in soziale Lernprozesse einzubinden, ist (heute) eine große Chance. Hierzu hat das Schülermentorenprogramm einen guten Weg gefunden

2 Das Schülermentorenprogramm »Soziale Verantwortung lernen«

2.1 Die strukturell-organisatorische Seite

Die Grundidee des SMP ist, dass möglichst vielen interessierten Schülerinnen und Schülern ab dem 15. Lebensjahr die Möglichkeit eröffnet wird, zeitbegrenzt in

2 Dies ist kein grundsätzlicher Widerspruch zur diagnostizierten »institutionellen Fremdheit von Schul- und Sozialpädagogik« in den Ausführungen von K.E. Nipkow (vgl. den Beitrag in diesem Band). Die beiden Felder haben sich aber in den letzten Jahren vorsichtig angenähert (beginnend mit der zunehmenden Integration der Schulsozialarbeit in den (Haupt)Schulen.

Feldern der Evangelischen Jugendarbeit (oder der Schule) mitzuarbeiten, um dort wichtige Erfahrungen zu machen und Kompetenzen zu erwerben, die auch für den Schul- und sonstigen Alltag hilfreich sind.

Dabei ist von vornherein eine »Win-win-win-Strategie« leitend, d. h., alle beteiligten Personen bzw. Einrichtungen sollen davon profitieren: die Jugendlichen durch die hinzugewonnenen sozialen Erfahrungen und Kompetenzen, die Evangelische Jugendarbeit durch die (zeitbegrenzte) Mitarbeit junger Menschen in ihrem Arbeitsfeld, die Schule durch die Rückwirkung der erworbenen Kompetenzen auf den Schulalltag.

Drei Ausbildungsmodule sind im »Schülermentorenprogramm« vorgesehen:

Ausbildungsmodul	Inhalte / angestrebte Kompetenzen
Praktikum = Modul I	Hineinschnuppern und Learning by Doing ✓ Auf Zeit mitarbeiten in bestehenden Arbeitsfeldern der Jugendarbeit, die eine Teamstruktur aufweisen ✓ Verantwortlich verschiedene Teilaufgaben übernehmen ✓ Sich in Gruppenprozesse einbringen ✓ Hinhören, einfühlen und antworten können ✓ Umgang mit eigenen und fremden Fehlleistungen ✓ Kooperieren, Kritik und Konfliktbewältigung im Team Pädagogisch-psychologische Grundkompetenzen ✓ Erkennen: Ich, meine Gaben und meine Grenzen ✓ Umgang mit anvertrauten Gruppen- oder Campteilnehmern ✓ Kommunikation; Sachebene, Ich-, Du- und Appell-Botschaften
Grundkurs = Modul II	Organisatorische und methodische Kompetenzen ✓ Elemente und Problemstellungen der Programmgestaltung bei Veranstaltungen, Feriencamps und im Gruppenbereich ✓ Methoden und Medien ✓ Entwicklungspsychologische Grundlagen ✓ Rechtsfragen, Finanzen und technische Vorbereitung ✓ Aufgaben und Stile der Teamleitung Thematische und religionspädagogische Grundlagen ✓ Themen des Jugendalters, Fragen der Gesellschaft ✓ Biblische Grundlagen, religiöse Praxisformen ✓ Methodische Vorbereitung kurzer Besinnungseinheiten
Spezialkurs = Modul III	Innerschulische Aktivitäten entfalten ✓ Ideen und Erfahrungen zu Projekten, Veranstaltungen oder kontinuierlichen Schülergruppen und -teams in der Schule ✓ Kurze methodische Übungseinheiten ✓ Rechtsfragen und die Tätigkeit als Schülermentor ✓ Innerschulische Strukturen: Grenzen, Möglichkeiten, Konfliktstellen

Während die Module I und II vor allem die Erfahrungen im Feld der Jugendarbeit im Blick haben und reflektieren, betont das Modul III (Spezialkurs) die mögliche Rückbindung und Übertragungsmöglichkeit der gemachten Erfahrungen in das Feld Schule.

Als Zeitraum für ein SMP ist etwa ein Jahr vorgesehen, wobei dies auch je nach Situation vor Ort variieren kann.

Wer diese SMP-Module erfolgreich durchlaufen hat, erhält ein von der Kultusministerin und dem Leiter des ejw unterzeichnetes »Mentorenzertifikat«, zur Bestätigung der hinzugewonnenen Kompetenzen. Gleichzeitig ist dieses »Mentorenzertifikat« der so genannten »Julei-Card« gleichgestellt, welche die ehrenamtlichen Mitarbeiter und Mitarbeiterinnen in der Jugendarbeit nach Ableistung bestimmter Schulungskurse und praktischer Tätigkeitszeiten bekommen und die gewisse Vergünstigungen (verbilligte BahnCard, Rabatte, begründeten Sonderurlaubsanspruch ...) bietet.

Die erworbenen Kompetenzen und das Zertifikat sollen aber auch künftigen Ausbildungsbetrieben bzw. Arbeitgebern signalisieren, dass ihre Inhaber/innen neben den schulischen Kompetenzen auch noch über andere, eben soziale Kompetenzen verfügen. Dieses Zertifikat kann somit ein gewisser »Bonus« für künftige Bewerbungen auf Ausbildungs- bzw. Arbeitsplätze sein.

2.2 Die konzeptionell-inhaltliche Seite

Das generelle Ziel des SMP ist, interessierten Jugendlichen aller Schularten durch gezielte Bildungsmaßnahmen eine Förderung ihrer sozialen und personalen Kompetenzen zu ermöglichen und Verantwortungsbereitschaft freizusetzen. Die Übernahme von Verantwortung in Handlungsfeldern der Schule und der außerschulischen Jugendbildung soll dadurch verstärkt werden.

Aus der eingangs dargestellten Annahme heraus, dass heute dazu verstärkt »soziale Lernarrangements« (T. Rauschenbach) zur Einübung einer »Kultur des Sozialen« benötigt werden, bieten die Initiatoren des SMP zunächst eine allgemeine Definition »Sozialer Verantwortung«: Soziale Verantwortung hat es mit »Verantwortung im gesellschaftlichen Nahbereich zu tun. Verantwortung z. B. für soziale, politische und natürliche Lebensgrundlagen im lokalen Bereich; Einsatz für Solidarisierungs- und Gemeinschaftsformen im Gemeinwesen.« (Weingardt u. a. 2000, 12)

Diese eher allgemeine Zielformulierung wird in Bezug auf die Erfahrungsmöglichkeiten im SMP weiter konkretisiert; dabei werden »sieben Grundelemente« beim Aufbau verantwortlichen Handelns besonders hervorgehoben:

I.	Aufmerken: Wahrnehmen und Aufmerken auf das, was um mich herum geschieht und auf mich zukommt, mich anspricht; sich einfühlen und davon gedanklich und emotional bewegen lassen.
II.	*Antwort suchen:* Sich »heraus-fordern« lassen durch das, was ich bei meinem Aufmerken wahrgenommen habe; spüren, dass ich antworten soll und will. Ausdrucksformen bedenken, wie ich angemessen handelnd darauf antworten könnte.
III.	*Sich riskieren:* Bereit sein dafür, dass mein Handeln misslingt, dass ich mich oder andere damit teilweise enttäusche; bereit sein, dass ich mich in Verbindlichkeiten begebe; bereit sein dafür, dass ich mich vor anderen verantworten muss, dass ich angefragt oder kritisiert werde für mein Handeln.
IV.	*Sich entscheiden:* Zunächst für das persönliche Antworten, das Sich-Riskieren, verantwortlich sein; dann auswählen zwischen Handlungsalternativen, wie ich meine Antwort aussehen lasse, was ich verantwortlich tun will, sofern mein verantwortliches Handeln allein vollzogen werden muss; fast immer aber ist Verständigung mit anderen möglich und nötig.
V.	*Sich verständigen:* Etwa mit den Menschen, auf die meine Antwort, meine Verantwortungsübernahme gerichtet ist; mit anderen, die zur verantwortlichen Situation am Rande dazugehören; Verbündete suchen bzw. wahrnehmen: Menschen mit einer ähnlichen Motivation oder Handlungsbereitschaft; sich verständigen über Ziele und Handlungsalternativen; gemeinsam Kräfte bündeln, Aufgaben teilen.
VI.	*Ausführen und Durchhalten:* Den eingeschlagenen Weg beschreiten; dranbleiben und sich von Schwierigkeiten und Rückschlägen nicht sofort entmutigen lassen; unausweichliche Konfliktstellen aushalten und gemeinsam bearbeiten.
VII.	*Anschauen und Genießen:* Die Verbundenheit mit anderen im Tun empfinden; das Bewältigen von Hindernissen und Etappen als Erfolg ansprechen; ebenso das Erreichen des Ziels; das Ergebnis bekannt machen; stolz sein, sich loben lassen können, die Anerkennung empfinden; sich miteinander freuen, das Gelingen nachklingen lassen mit etwas, das man sich gemeinsam gönnt; sich dazu eine Ruhepause gönnen; ein Fest feiern.

Es ist dabei nicht daran gedacht, dass alle diese Erfahrungen gemacht werden müssen, es sollen aber sehr wohl die vielfältigen Erfahrungs*möglichkeiten* im SMP ins Blickfeld gerückt werden, die man machen *kann*. Diese Fähigkeiten können vor allem dann ausgebildet werden, wenn eine Teamstruktur im Praxisfeld gegeben ist und wenn eine gute Begleitung und Reflexion der gemachten Erfahrungen gewährleistet ist.

Soweit das Anliegen und die beabsichtigten Lernerfahrungen, die sich potentiell im SMP machen lassen. Es stellt sich nun die Frage: Ist das SMP in der bisher praktizierten Form bereits ein soziales Lernarrangement, das in zugespitzter Weise soziale oder gar diakonische Erfahrungen (im Sinne der Ausführungen Nipkows) machen und reflektieren lässt? Eine vorweggenommene allgemeine Antwort müsste wohl lauten: Dies ist nur bedingt der Fall! Diese Feststellung bedarf der Erläuterung.

3 Motivieren, Qualifizieren, Honorieren

Worin liegt das Besondere des Schülermentorenprogrammes (SMP) »Soziale Verantwortung lernen«, und welche Erfahrungen werden dabei *tatsächlich* gemacht?

Zunächst ist festzuhalten: Das SMP ist ein »Erfolgsmodell« in der Kooperation zwischen Jugendarbeit und Schule. Immer mehr Schulen wie auch Verantwortliche in der verbandlichen Jugendarbeit interessieren sich für das Konzept. In den neuen Bildungsplänen in Baden-Württemberg hat es als beispielhaftes Programm Einzug in den verbindlichen Realschul-Bildungsplan gehalten.

Insgesamt wurden in den Jahren 1999–2003 von den kirchlichen Trägern des SMP in Baden-Württemberg 1000 Schülerinnen und Schüler ausgebildet und zu Schülermentoren qualifiziert und zertifiziert. Das Evangelische Jugendwerk in Württemberg hat daran einen Anteil von ca. 60 Prozent.

Die Gründe für diesen Erfolg liegen einmal in der einfachen und klaren Struktur des SMP-Konzepts, an der vermittelnden Sprache zwischen Schule und Jugendhilfe und an der Variabilität und Flexibilität der einzelnen Ausbildungsmodule. Darüber hinaus gelingt es in der Praxis immer wieder sehr gut, dass tatsächlich alle beteiligten Partner (Jugendarbeit, Schule und Jugendliche) von diesem Ausbildungsprogramm profitieren:

Es motiviert Schülerinnen und Schüler zum freiwilligen und ehrenamtlichen Engagement in Jugendarbeit und Schule durch die Qualifikation in Praktika- und Kurseinheiten und durch die Honorierung mit dem ansprechenden und nutzenbringenden Abschlusszertifikat. Als qualifizierte Schülermentorin und qualifizierter Schülermentor können die Jugendlichen interessante und verantwortungsvolle Tätigkeiten in Schule und Jugendarbeit übernehmen. Darüber hinaus haben sie einen wertvollen Qualifikationsnachweis für spätere Bewerbungen erhalten.

Der Jugendarbeit gelingt es mit dem SMP sich innerhalb des Schulsystems gut darzustellen und für die eigene Arbeit zu werben. Mit der Arbeit in Schulklassen erreicht die Jugendarbeit die ganze überkonfessionelle Breite eines kompletten Jahrgangs – dazu noch in einem Setting, in dem eine hohe Teilnahmeverbindlichkeit besteht. Die Schulpflicht tangiert insofern auch das wichtige Freiwilligkeitsprinzip der Jugendarbeit. In den SMP-Kooperationsprojekten ist daher immer eine konzeptionelle Wahlmöglichkeit eingebaut, d. h. die Teilnehmenden sollten auch die Möglichkeit haben, sich gegen die Zusammenarbeit mit der Jugendarbeit und für ein verstärktes Engagement in der Schule zu entscheiden. Von den Schülerinnen und Schülern werden die Angebote der Jugendarbeit aber meistens als sehr attraktiv wahrgenommen. Dadurch ergibt sich für den in der Schule engagierten Jugendverband eine optimale Möglichkeit, seine Arbeit darzustellen und mit dem potenziellen Nachwuchs in Kontakt zu treten.

Die Schule der Gegenwart ist mit vielfältigen Herausforderungen und Aufgaben konfrontiert. Die politische Bildungsdebatte, das schlechte Abschneiden des deutschen Bildungswesens im internationalen Vergleich, der Ausbau des Angebotes von Ganztagesschulen und die neu erarbeiteten Bildungspläne setzen die Schule unter Druck. Viele Aufgaben kann die Schule mit außerschulischen Partnern leichter bzw. besser lösen. Insofern ist es nicht verwunderlich, dass die Schule für Kooperationen so offen ist wie noch nie. Zunehmend entdeckt sie in der Kooperation mit Jugendarbeit und speziell im SMP »Soziale Verantwortung lernen« die Chance, ihre systemimmanenten Defizite im Bereich des sozialen Lernens auszugleichen.

3.1 Was motiviert die Jugendlichen zur Teilnahme?

Nur wenn es gelingt, die Jugendlichen mit ganzem Herzen und allen Sinnen bei der Sache zu halten, gelingt der Prozess des sozialen und diakonischen Lernens. Deshalb ist die Frage nach der Motivation entscheidend wichtig und letztendlich Grundvoraussetzung für jegliche Praxiskonzepte, die sich als Ziel »soziales Lernen« setzen.

Das SMP motiviert Jugendliche zur Teilnahme, weil sie dort
- Spaß erleben »trotz« sinnvollem und sozialem Tun.
- Freunde gewinnen und Gruppe erleben.
- Beziehungsangebote erhalten und Begleitungsangebote erfahren.
- motivierte Menschen in der Leitung erleben.
- mit ihren Fragen, Problemen und Sorgen ernst genommen werden.
- mitbestimmen können, wo es lang geht.
- zielorientiert, projektorientiert und zeitlich begrenzt sich einbringen können.
- Ausbildung, Qualifikation und damit Wertschätzung erhalten.
- in der Gruppe lernen, Teamerfahrungen machen – und alles ohne Leistungsdruck.
- die Ausbildung zertifiziert bekommen.
- mit ihren Stärken gefördert und mit ihren Schwächen akzeptiert werden.
- etwas Sinnvolles tun dürfen und können.
- mit dem Zertifikat zum Schülermentor bessere Bewerbungschancen erhalten.

Auf die Frage »Warum hast du dich zur Schülermentorenausbildung angemeldet?« gaben die Schülerinnen und Schüler selbst folgende Antworten (Weingardt u. a. 2000, 39):

»Mir gefällt es, mit Kindern zu arbeiten.«	69 Prozent
»Ich übernehme gerne Verantwortung.«	48 Prozent
»Ich möchte mich persönlich weiterentwickeln.«	44 Prozent
»Ich möchte neue Fähigkeiten entwickeln.«	44 Prozent
»Aus Glaubensgründen«	20 Prozent
»Wegen des schulfreien Tages für den Spezialkurs«	11 Prozent

Die Schülerinnen und Schüler gaben überwiegend sachspezifische oder persönliche Motive an. Der freie Schultag war nur für jede/n Zehnte/n relevant. Auch waren es wenig Jugendliche, die aus religiösen Motiven die Ausbildung begannen.

Es lassen sich darüber hinaus auch geschlechtsspezifische Aussagen unterscheiden: Die Jungen erhoffen sich vorwiegend ausbildungs- und berufsspezifische Vorteile: »bessere Bewerbungschancen« (61 Prozent) und lassen sich »wegen des Zertifikats«

ausbilden (52 Prozent). Die *Mädchen* hingegen nennen eher *sozial orientierte* Motive: »Ich möchte soziale Verantwortung lernen« (44 Prozent) bzw. »weil ich gerne mit anderen etwas unternehme« (40 Prozent).

Durch die geäußerten Motive und Hoffnungen wird erkennbar, dass Jugendliche sehr wohl bereit sind, sich für eine Sache zu engagieren, vorausgesetzt, sie erscheint ihnen subjektiv sinnvoll, bietet kommunikative Erfahrungen und besitzt einen gewissen »Tauschwert« (Kompetenzaneignung, Zertifikat).

3.2 Was »lernen« die Schülerinnen und Schüler im SMP?

In einer empirischen Befragung haben 210 Teilnehmer und Teilnehmerinnen am SMP ihre Lernerfahrungen benannt (Weingardt u. a. 2000, 43f). Über zwei Drittel gaben einen Lernzuwachs in folgenden Bereichen an:
- □ wie man eine Gruppenstunde aufbaut,
- □ welche Spiele man mit Kindern und Jugendlichen machen kann,
- □ wie man eine biblische Einheit vorbereitet,
- □ welche rechtlichen Aspekte man beachten sollte.

Die Mehrheit gab des Weiteren an, einen persönlichen Lernzuwachs in folgenden Kompetenzbereichen erfahren zu haben:
- □ wie man eine Veranstaltung organisiert,
- □ wie man eine Gruppe leitet,
- □ wie man im Team Aktionen oder Programme vorbereitet und durchführt,
- □ wie man Konflikte mit Teilnehmern angeht und löst,
- □ wie die körperliche und psychische Entwicklung von Kindern verläuft,
- □ wie man mit Medien und technischen Hilfsmitteln arbeitet,
- □ wo man weitere Schulungen erhalten kann.

Alle Items weisen auf grundlegende Kompetenzen für Mitarbeiterinnen und Mitarbeiter in der Jugendarbeit hin. Die Jugendlichen benennen – mit ihren Worten – Fähigkeiten, die für die Gruppenleitung und Programmgestaltung relevant sind. Dass »in, mit und unter« diesen genannten Lernzuwächsen auch viele soziale und personale Erfahrungen gemacht werden, wird von ihnen zwar nicht ausdrücklich so benannt, dies ist aber zweifellos der Fall.

Auch diese Aussagen belegen, dass Jugendliche dann bereit sind, soziale Verantwortung zu übernehmen wenn das Ergebnis für sie sichtbar und greifbar ist und ihnen die Erfahrung etwas »bringt«. Zudem müssen die Jugendlichen spüren, dass die Erwachsenen ihnen etwas zutrauen. Eine Schülerin hat es folgendermaßen ausgedrückt: »Endlich erhalten wir die Freiheit, was Eigenes zu tun, und Erwachsene trauen uns etwas zu!« (ebd., 42)

Durch das Hineinschnuppern in die Handlungsfelder und Bereiche der Jugendarbeit bekamen Schülerinnen und Schüler durchaus Lust weiterzuarbeiten. Über 90 Prozent der ausgebildeten Schülermentorinnen und -mentoren engagierten sich auch nach der SMP-Ausbildung noch in der Evangelischen Jugendarbeit. In der Schule nahm das Engagement um 12 Prozent zu. Vor allem die Gruppe der Mentor/innen, die bereits zuvor in der Jugendarbeit aktiv waren, entdeckte insbesondere die Schule als neues Handlungsfeld.

3.3 Bürgerschaftliche und soziale Erfahrungen im SMP

Kaum eine Ausbildung bietet jungen engagierten Menschen in dem Maße die Chancen, eigenverantwortlich und ehrenamtlich tätig zu werden und gleichzeitig soziale Verantwortung praktisch wahrzunehmen wie das Wirken als Schülermentor/in. In diesen Tätigkeiten erfahren Jugendliche, dass man ihnen etwas zutraut, ihnen Verantwortung überträgt und dass man sie in wichtigen Aufgabenfeldern in der Schule, der Jugend- und Vereinsarbeit braucht. Die verstärkte Einbeziehung junger Menschen in die gesellschaftliche Realität ist aber auch vor einem weiteren Hintergrund wichtig. Die Anforderungen, die Vertreter der Wirtschaft und des Dienstleistungssektors an die Fähigkeiten und Fertigkeiten junger Menschen heute stellen, machen deutlich, dass Jugendliche möglichst früh daran arbeiten müssen, Schlüsselqualifikationen wie etwa Teamfähigkeit, Konfliktfähigkeit sowie kommunikative Kompetenzen und Führungskompetenz zu erwerben. Die verschiedenen Schülermentorenprogramme leisten dazu einen ganz wesentlichen Beitrag. Für Jugendliche gibt es in Schule wie Jugendarbeit eine Fülle von Bereichen, in denen sie eigenverantwortlich und ehrenamtlich initiativ werden und dabei diese wichtigen Schlüsselkompetenzen erlernen können. Wichtig ist, dass sie für diese Aufgaben in Theorie und Praxis fundiert vorbereitet und in der Folge von Fachleuten qualifiziert begleitet werden.

Nimmt man diese Aspekte ernst, so kann man feststellen, dass das SMP ein wichtiges Modell bürgerschaftlichen Engagements im Rahmen der Evangelischen Jugendarbeit ist. Schülerinnen und Schüler können sich in diesem Feld sozial engagieren und dabei wichtige persönliche und soziale Erfahrungen machen. Dies ist angesichts der aktuellen gesellschaftlichen Entwicklung ein wichtiger Beitrag. Diakonisches Lernen im engeren Sinn ist eine solche Erfahrung aber zweifellos noch nicht!

4 Diakonische Erfahrungen im SMP

Wie kann das SMP weiterentwickelt werden, damit aus »sozialen Erfahrungen« prägende »diakonische Erfahrungen« werden?

In Kooperation mit der Fachstelle für integrative Freizeitmaßnahmen (Projekt Jugendarbeit und Diakonie, kurz: proJad) im Evangelischen Jugendwerk in Württemberg wurden inzwischen Varianten der Kooperation von Jugendarbeit und Schule entwickelt, die den Aspekt des diakonischen Lernens stärker betonen. Hierfür wurde der Begriff »diakonisch sehen lernen« als weiteres Bildungsziel eingeführt.

Im klassischen SMP siedeln sich die praktischen Aufgabenfelder für die Mentoren entweder in der Schule (Pausenspielmentor, 5er-Patenschaften, Mittagstisch mitgestalten ...) oder im Feld der Jugendarbeit (Kindergruppe leiten, Waldheim, Ferienprogramm ...) an. In den »diakonischen« Varianten wurden nun Module entwickelt, die den Schülerinnen und Schülern Erfahrungs- und Betätigungsfelder in diakonischen Bereichen ermöglichen. Drei Beispiele:

(A) Begegnungstag mit behinderten Menschen

In diesem Beispiel wurde in die 5-tägige Grundausbildung zum Gruppenleiter (s. Modul II) ein Begegnungstag mit behinderten Menschen eingefügt. Dieser fand in einer diakonischen Einrichtung für körperlich und geistig behinderte Menschen statt (Bosch-Gieseler 2000, 111f). Ziel war die persönliche Begegnung der Jugendlichen mit den behinderten Bewohnern in den Wohngruppen und an den Arbeitsstätten. Das Ergebnis dieses Schulungstages ist verblüffend. Die Grundeinstellung der jungen Mentoren oder Gruppenleiter zu behinderten Mitmenschen verändert sich, der Blickwinkel des Helfens wird ein anderer, und sie machen eine Erfahrung die nachhaltig wirkt.

(B) Kooperationsprojekt »Feuer und Eis« (Integratives Schullandheim)

(Beispiel für Modul I) In Kooperation von Evangelischem Jugendwerk Bezirk Calw, der Haupt- und Realschule Althengstett, der Realschule Bad Liebenzell und der Haldenwangschule Sommenhardt (Förderschule für Kinder und Jugendliche mit geistigen und körperlichen Behinderungen) entstand das Konzept eines integrativen Schullandheimes. In der Grundidee betreuen immer zwei Schüler der Haupt- und Realschule zwei Schüler aus der Förderschule. Kleine Teams, zu denen je zwei nichtbehinderte Schüler/innen und zwei behinderte Schüler/innen sowie ein Freizeitbetreuer gehören, schaffen eine klare Struktur, die den behinderten Teilnehmer/innen Sicherheit gibt und für die nichtbehinderten Jugendlichen den Verantwortungsbereich deutlich macht und eingrenzt. In einem Vortreffen werden das Konzept und die Rahmenbedingungen erklärt. Betreut und begleitet wird die Maßnahme hauptverantwortlich von der Jugendreferentin aus der Jugendarbeit mit Unterstützung durch Lehrkräfte der Schulen und ehrenamtlichen Mitarbeitern. Das Projekt »Feuer und Eis« wurde 2004 bereits zum fünften Mal in Folge durchgeführt.

Die Ziele wurden von den Beteiligten wie folgt definiert:
- Lernen in unterschiedlichen Lebenswelten,
- neue Formen des Lernens einüben,
- Hemmschwellen abbauen,
- Möglichkeiten für bürgerschaftliches Engagement in und außerhalb der Schule entwickeln.

Die Jugendreferentin formulierte ihr zentrales Anliegen so: Wir möchten den Jugendlichen Erfahrungen ermöglichen, in denen spürbar wird; »Ich werde gebraucht, ich kann etwas tun, was anderen weiterhilft.« Für die Kinder und Jugendlichen mit Behinderungen geht es darum, ihnen Kontakte zu nichtbehinderten Gleichaltrigen zu ermöglichen.

Die Programmgestaltung entspricht dabei einer typischen Freizeitmaßnahme der Jugendverbandsarbeit: Kochen, Spielabend, Wohlfühlabend, Schneeolympiade, Schlitten- und Skifahren, Gottesdienst, gemeinsamer Restaurantbesuch, kreativ-meditative Einheiten ... Die Rückmeldungen der Schülerinnen und Schüler waren überwiegend positiv; sie sprachen sich ausnahmslos für eine Wiederholung aus. Es wurde deutlich, dass diese Woche für alle Beteiligten sehr intensiv und anstrengend, aber auch sehr lehrreich, lohnend und spannend war.

(C) Integratives Erlebnisseminar

(Beispiel für Modul I) »Am Anfang hab' ich mich nicht getraut, aber dann hab ich ein bisschen Mut bekommen«, sagt die 18-jährige Jasmin, noch ein wenig außer Atem nach dem ersten »Vertrauensfall« ihres Lebens. Alles war gut gegangen für die Teilnehmerin, die in ihrem Alltag in der Diakonie Stetten die Werkstufe besucht. Das Vertrauen, das sie in die anderen Jugendlichen gesetzt hatte, sie mit ihren Händen behutsam aufzufangen, war nicht enttäuscht worden (Bartsch 2000, 65).

16 junge Menschen aus der Diakonie Stetten und Schüler/innen der Oscar-Paret-Schule in Freiberg verbrachten ein Wochenende in der Freizeitzeitanlage Kapf im Schwarzwald. Die Gruppe der Diakonie Stetten bestand aus geistig behinderten Bewohnerinnen und Bewohnern unterschiedlichen Alters verschiedener Wohngruppen, die Gruppe der Oscar-Paret-Schule war ebenfalls eine altersgemischte Gruppe von Schülerinnen und Schülern aus der Sozial-AG dieser Schule.

Das Wochenende begann am Freitagabend. Die Teilnehmer/innen reisten von verschiedenen Richtungen an und lernten sich beim gemeinsamen Abendessen und großem Lagerfeuer kennen. Der Samstag stand unter erlebnispädagogischen Vorzeichen. Der »Vertrauensfall« wurde in mehreren Etappen vorbereitet, zunächst mit leichten Übungen in Kleingruppen, danach mit Blindenführungen durch das Gelände, und zum Abschluss konnten sich die ganz Mutigen von einem Kasten in die Hände der Gruppenmitglieder fallen lassen. Der Nachmittag war gefüllt mit Kletterübungen an den verschiedenen Schwierigkeitsgraden der Kletterwände, einige fuhren Go-Carts, und nach und nach entstanden kleine gemischte Teams, die aneinander Interesse fanden und sich kennen lernten.

Während des gesamten Planungsprozesses waren sich die Verantwortlichen nicht sicher, ob es innerhalb des kurzen Zeitraumes gelingen kann, dass Jugendliche der Diakonie Stetten und Jugendliche der Sozial-AG der Oscar-Paret-Schule Freiberg überhaupt etwas miteinander anfangen können. Dass die Kontaktaufnahme dann erstaunlich schnell gelang, lag eindeutig an den Teilnehmer/innen der Diakonie Stetten. Es war vor allem die Direktheit und Emotionalität dieser Jugendlichen mit geistigen Behinderungen, die es den nichtbehinderten Schülerinnen und Schülern ermöglichten, sich ebenfalls zu öffnen. Die Schüler/innen aus Freiberg konnten wahrnehmen, dass spontane Gefühlsäußerungen das Knüpfen von Beziehungen erleichtern.

Auch das gemeinsame Programm unterstützte diesen Prozess: Beide Gruppen bekamen Anregungen und Aufgaben, die herausfordernd, aber doch zu bewältigen waren. Dabei lag die Herausforderung weniger in körperlicher Geschicklichkeit als vielmehr in der Überwindung von Ängsten. Hier wie dort gab es Mutige, Schnelle, Langsame, Zögerliche und Draufgänger. Die Auseinandersetzung mit der Aufgabe lief letztlich quer durch die Gruppen. Auch dieses Projekt soll in absehbarer Zeit wiederholt werden.

4.1 Ausblick: Perspektiven diakonischen Lernens

Was müssen diakonische Einrichtungen und Institutionen der Jugendhilfe (Verbände, Vereine, Jugendhäuser etc.) beachten, damit soziales und diakonisches Lernen im weiten Feld der Kooperation mit Schule gelingen kann? Folgende Faktoren sind entscheidend, damit Jugendliche sich auf Projekte einlassen und soziales und diakonisches Lernen gelingt:

Der Spaßfaktor: Lernarrangements für soziales und diakonisches Lernen zu organisieren ist keine einfache Angelegenheit. Jugendliche fragen sehr schnell nach dem Nutzen. »Was bringt mir das?« Dieses Verhalten ist insofern nicht verwunderlich, als dies eine grundlegende Frage unserer Gesellschaft geworden ist. Gut funktionierende Jugendarbeit berücksichtigt diese Motivlage. Motivation entsteht immer dann, wenn die Jugendlichen etwas bekommen, wenn sie Spaß erfahren können, wenn sich ihr Engagement lohnt. Dabei geht es nicht vorrangig um »materielle Aspekte«, sondern eher um soziale Gegebenheiten und Gelegenheiten. Spaß wird von Jugendlichen dann empfunden, wenn z. B. folgende Kriterien berücksichtigt werden: In neuen Erlebnis- und Lernfeldern können neue Erfahrungen gemacht werden. Es sind attraktive Gruppenerfahrungen mit Gleichaltrigen möglich. Neben dem Engagement, der Arbeit und Praxiserfahrung wird auch Freizeit gestaltet. Freiwilligkeit und Partizipation motivieren zum Einsteigen. Es bestehen klar überschaubare Rahmenbedingungen für das Projekt. Altersgemäße Didaktik und Methodik sind Pflicht, praktische Erfahrungen wiegen schwerer als kognitive Wissensvermittlung.

Beziehungsfaktor: Jugendliche haben ein feines Gespür, wenn sie »nur« als potenzielle Nachwuchsmitarbeiter beachtet und gebraucht werden. Sie wollen als Menschen ernst genommen werden, suchen Reibungs- und Beziehungspartner. Gelingt es, den »Draht« zu ihnen zu bekommen, sind Jugendliche zu vielem bereit. Hier kommt es auf folgende Punkte an: Alle Motive für die Zusammenarbeit müssen transparent gemacht werden. Eigene Ziele und Absichten sollen benannt werden. »Leitbilder« und »Glaubensmodelle« müssen in der Realität für die Jugendlichen überprüfbar und erlebbar sein. Beziehungsarbeit braucht viel Zeit und ausreichende personale Ressourcen. Jugendliche wollen keine Funktionalität, sondern Herzblut und ehrliche Identifikation.

Kooperationsfaktor: Schulen und diakonische Einrichtungen sind strukturierte und zielorientierte Institutionen. Die Faktoren Spaß und Beziehung gehören nicht zu ihren starken Seiten. Damit diakonisches Lernen für Jugendliche in Schule und Diakonie verstärkt umgesetzt werden kann, brauchen diese Einrichtungen die Vernetzung mit der Jugendarbeit, damit das Wissen um die Bedürfnisse der Jugendliche und die speziellen jugendkulturellen Eigenheiten mit in die Projektplanung einfließen.

Die bisher erprobten Modelle des SMP und der breit gefächerten Modellprojekte im Bereich Jugendarbeit und Schule belegen eindrücklich, dass die interdisziplinäre Kooperation zwischen Schulen, Diakonie und Jugendarbeit dem sozialen und diakonischen Lernen von Jugendlichen im hohen Maße zuträglich ist: Diakonische Einrichtungen und Schulen brauchen das Potenzial der Jugendarbeit. Diese wiederum profitiert von der Fachlichkeit der Diakonie und der Strukturiertheit von Schule. Wichtig ist, dass bereits in der Konzeptionsphase alle Partner am Tisch sitzen. Vernetzungskompetenz ist zu einem Qualitätskriterium geworden.[3]

3 Weitere Informationen zum Schülermentorenprogramm unter www.schuelermentor.de oder in der Schülerarbeit des Evangelischen Jugendwerkes in Württemberg www.schuelerarbeit.de.

Renate Zitt

Berufliche Bildung und Diakonie – Horizonte und Perspektiven

In der Diskussion über Bildung und Diakonie stellt der Bereich beruflicher Bildung einen großen Sektor dar, da in Trägerschaft von Diakonie und Kirche viele soziale, sozialpädagogische, heilpädagogische und pflegerische Einrichtungen bestehen, daneben auch große Ausbildungseinrichtungen für den sozialen Sektor auf Einrichtungs-, Fachschul-, Fachhochschul- und Hochschulebene sowie auf universitärer Ebene. Hierzu gehört ebenfalls die Frage, wie Jugendlichen und Erwachsenen Zugänge zu beruflicher Aus-, Fort- und Weiterbildung ermöglicht werden können, um eine Teilhabe am Leben der Gesellschaft und ihrer Mitgestaltung zu ermöglichen. Gerade im Hinblick auf Kinder und Jugendliche mit schlechteren Startchancen ist hier nach dem Beitrag von Kirche und Diakonie zu fragen. Viele Einrichtungen und Angebote in diakonischer und kirchlicher Trägerschaft bemühen sich genau darum.

Die Kammer der EKD für Bildung und Erziehung, Kinder und Jugend hat hierzu 2003 in Anknüpfung an die Denkschrift »Maße des Menschlichen« eine Stellungnahme zu Perspektiven für Jugendliche mit schlechteren Startchancen abgegeben, die dafür plädiert, die Lage der Jugendlichen mit schlechteren Startchancen als ein Bildungsproblem zu erkennen. Diagnostiziert wird: 8 bis 10 Prozent aller Schulabgänger/innen erhalten in Deutschland keinen Schulabschluss, 15 Prozent aller Jugendlichen bleiben ohne Ausbildung, mit zunehmender Tendenz. Die Gesamtzahl der Jugendlichen zwischen 20 und 29 Jahren ohne abgeschlossene Berufsausbildung liegt bei über einer Million, es gibt immer weniger Ausbildungsplätze, 25 Prozent der Ausbildungsverhältnisse werden vorzeitig aufgelöst, die Zahl der arbeitslosen Jugendlichen ist in den letzten Jahren überproportional angestiegen.

Gefordert wird eine qualitative Verbesserung des Bildungssystems und eine Unterstützung der individuellen Wege der Jugendlichen im Bildungssystem. Orientiert an der Bildungsdenkschrift »Maße des Menschlichen« soll Bildung am ganzen Menschen orientiert sein und sich an den Lebenslagen, Interessen und Möglichkeiten der einzelnen Kinder, Jugendlichen und Erwachsenen ausrichten. Im berufsbildenden Bereich sollen Ausbildungsgänge flexibilisiert und modularisiert, Berufsausbildungsvorbereitung, Benachteiligtenförderung und berufliche Ausbildung effektiver integriert, der Dienstleitungsbereich entwickelt, freie Träger unterstützt und besser einbezogen, Jugendliche auf der Suche nach Lebenssinn und tragfähigen Lebenszielen begleitet werden (vgl. EKD 2003b).

Was allerdings hier nicht erwähnt wird: Auch für diese Bildungsbereiche der Begleitung, Förderung und sozialen Unterstützung muss professionell ausgebildet werden. Und dies geschieht wiederum in der beruflichen Bildung für soziale Berufe in mancherlei Trägerschaft, aber eben auch zu einem maßgeblichen Anteil in diakonischer und kirchlicher Regie.

Die folgenden Ausführungen verstehen sich auf diesem Hintergrund als eine mögliche Annäherung an berufliche Bildung und Diakonie im Horizont diakonischer und kirchlicher Bildungsverantwortung, die den Blick auf berufliche Bildung für soziale

Berufe besonders betont. Im ersten Schritt sind Dimensionen kirchlicher und diakonischer Bildungsverantwortung zu beleuchten; sodann wird berufliche Bildung in theologischer Perspektive thematisiert. In einem dritten Schritt werden diakonische Horizonte und Profile von Bildung konturiert. Anschließend sind Perspektiven einer diakonischen Bildungs- und Einrichtungskultur zu zeichnen. Ein kirchliches und diakonisches Profil beruflicher und allgemeiner Bildung wird im fünften Schritt entwickelt. Didaktische Perspektiven und Dimensionen runden das Bild ab.

Als Einstieg in die ersten drei Unterpunkte sollen jeweils Studierende der Sozialen Arbeit, der Diakonie und der Gemeindepädagogik in Verbindung mit dem Studium der Sozialen Arbeit das Wort bekommen. Als Einleitung des vierten Punktes wird ein Leitender und Lehrender aus einer Bildungs- und Ausbildungsinstitution in diakonischer Trägerschaft zitiert, um so das vielstimmige Bild mit den unterschiedlichen Facetten zu beruflicher Bildung für soziale Berufe und Diakonie zu konturieren.

1 Dimensionen kirchlicher und diakonischer Bildungsverantwortung

Stellt man Studierenden der Sozialen Arbeit im ersten Semester an der Evangelischen Fachhochschule Darmstadt die Frage stellt »Was bedeutet es für Sie, an einer Evangelischen Fachhochschule Soziale Arbeit zu studieren?«, so antworten sie aus ihrer Sicht:

- Hier ist es o.k., man wird als Einzelner gut wahrgenommen und betreut.
- Die Leute fragen mich manchmal, was das bedeutet: Evangelische Fachhochschule? Ob wir da beten und so? Und ich sage dann immer, das ist eine ganz normale Schule, aber ziemlich gut. Warum ich hier studiere? Ich habe eben schon sehr viel Gutes darüber gehört.
- Ich fühle mich hier geschätzt und wichtig, gefordert und gleichzeitig gut betreut. Wissenschaft bleibt hier nicht theoretisch und trocken, sondern wird anschaulich.
- Ich merke, dass meine Lebenskompetenzen, die ich mitbringe, hier wichtig sind und ich sie in die wissenschaftliche Reflexion einbringen kann.
- Ich weiß, dass ich ein etwas chaotischer Arbeiter bin, aber dank der EFH weiß ich ziemlich genau, was ich wann zu tun habe. Und das ist o. k.
- Soziale Arbeit war mein Traumstudium, ich habe lange gewartet, um hier angenommen zu werden. Jetzt bin ich da.

Wie lassen sich diese Äußerungen auf Dimensionen diakonischer und kirchlicher Bildungsverantwortung beziehen? Wenn Bildung und Diakonie aus evangelischer Perspektive betrachtet werden: Ist dann das »Evangelische« als etwas Integriertes oder als etwas Zusätzliches, als etwas Selbstverständliches oder als etwas zu Klärendes zu verstehen? Sind Horizonte und Perspektiven eher auf die Trägerstruktur oder eher auf Berufsprofile und Arbeitsfelder bezogen? Sind sie eher durch bestimmte Inhalte oder eher durch Handlungsformen bestimmt? Und was bedeutet dabei der Horizont »sinnstiftender Deutungen des Lebens«? (EKD 2003a, 66)

Folgende Dimensionen evangelischer, diakonischer und kirchlicher Bildungsverantwortung sind in der Diskussion: Für Gisela Kubon-Gilke ist das evangelische Bildungsverständnis durch eine doppelte Bildungsaufgabe gekennzeichnet: »Eine wichtige Aufgabe der Kirche ist unbestritten die Erschließung der Glaubensüberlieferung im Generationenzusammenhang, u. a. durch Gemeinde- und Schularbeit. Neben dieser Unterrichtsaufgabe zur Weitergabe und zum Verständnis evangelischer Glaubensinhalte ist es aber ebenso wichtig, dass sich die evangelische Kirche – u. a. in der Berufung auf Luthers und Schleiermachers Bildungsvorstellung – in der pädagogischen Mitverantwortung des gesamten Bildungssystems versteht.« (Kubon-Gilke 2003, 24)

Nach Wolfgang Hubers Buch »Kirche in der Zeitenwende« von 1999 gehören Gottesdienst, Bildung und Diakonie zu den konstitutiven Dimensionen von Kirche und Christentum. Und Bildung gehört – neben Gerechtigkeit und Barmherzigkeit – zu den »drei maßgeblichen Kennzeichen für das gesellschaftsbezogene Handeln der Kirche« (Huber 1999, 158). Die Bildungsaufgabe der Kirche differenziert Huber in drei Dimensionen: In die Bildungsaufgabe der Gemeinde, Bildungseinrichtungen in kirchlicher Trägerschaft und in die gesellschaftliche Mitverantwortung für den öffentlichen Diskurs über Bildung. Hier wird auch der Religionsunterricht an öffentlichen Schulen subsumiert.

Diese Differenzierung schließt sich an Karl Ernst Nipkow an: Bildungsverantwortung und Gemeinde – der kirchlich-gemeindliche Ansatz; Bildungsverantwortung im religiösen Wandel – der Ansatz beim neuzeitlichen Christentum; Bildungsverantwortung im öffentlichen Bildungsdiskurs – der Ansatz bei gesellschaftlichen Herausforderungen (vgl. Nipkow 1990). Mit Friedrich Schweitzer kann man im Anschluss von einer vierfachen Bildungsverantwortung der Kirche und Diakonie sprechen: »1. Religionspädagogik, 2. Gemeindepädagogik, 3. Bildungseinrichtungen in evangelischer bzw. kirchlicher Trägerschaft, 4. Öffentlicher Bildungsdiskurs« (Schweitzer 2003, 9). Nach K. E. Nipkow bezieht sich die Bildungsverantwortung der Kirche als Lebensbegleitung und Erneuerung auf die Mündigkeit in Glaubensdingen, die Mündigkeit und soziale Verantwortung als Bürgerin und Bürger und auf die soziale und gerechte Gestaltung des Gemeinwesens. Im Blick hat sie:

- die Gesamtheit der gesellschaftlichen Lebensverhältnisse (Bildung und Politik),
- die Hoffnung auf humanere und gerechtere Lebensverhältnisse (Bildung und Utopie),
- die Ausrichtung auf persönliche Mündigkeit und sittliche Selbstverantwortung (Bildung und Subjektivität),
- die Rückbindung an die geschichtlich wirksamen Überlieferungen und deren Interpretation (Bildung und Überlieferung),
- die Einbindung des sich bildenden Individuums in die menschliche Sprachgemeinschaft als Verständigungsgemeinschaft (Bildung und Verständigung), (vgl. Nipkow 1990, 32–36).

Bildung im Sinne der EKD-Denkschrift »Maße des Menschlichen« meint auf diesem Hintergrund den »Zusammenhang von Lernen, Wissen, Können, Wertbewusstsein, Haltungen (Einstellungen) und Handlungsfähigkeit im Horizont sinnstiftender Deutungen des Lebens« (EKD 2003a, 66).

Seltsam unterbelichtet bleibt allerdings in den aktuellen Bildungsdiskussionen aus theologischer Perspektive die Dimension der beruflichen Bildung. Es verwundert, dass sowohl in der von Friedrich Schweitzer herausgegebenen Veröffentlichung der

Wissenschaftlichen Gesellschaft für Theologie »Der Bildungsauftrag der Protestantismus« (2002) wie auch in »Maße des Menschlichen« (2003) die berufliche Bildung, die Kirche und Diakonie in eigener Trägerschaft in unterschiedlichen Ausbildungsstätten auf Fachschul- und Fachhochschuleebene und in unterschiedlichen Einrichtungen erbringt, nicht eigens thematisiert wird. Dabei fließen gerade hier – insbesondere in der Ausbildung für soziale, pflegerische, sozial- und heilpädagogische, diakonische und religionspädagogische Fachkräfte – die Dimensionen gemeindlicher, kirchlicher, diakonischer, gesellschaftlicher, öffentlicher und subjektorientierter Perspektiven zusammen.[1]

In den aktuellen Diskussionen um Bildung und Diakonie ist daher unbestreitbare Voraussetzung: Allgemeine und berufliche, gemeindlich und gesellschaftlich bezogene, biographie- und lebensgeschichtlich orientierte Bildungsprozesse zu initiieren, zu begleiten und zu tragen gehört zu den Kernaufgaben kirchlicher und diakonischer Arbeit.

Und dabei ist in theologischer Hinsicht Diakonie sowohl als eine Dimension von Bildung, wie Bildung auch als eine Dimension von Diakonie zu charakterisieren.

2 Annäherungen an Bildung und berufliche Bildung in theologischer Perspektive

Welche Dimensionen umfasst Bildung im theologischen Horizont? Was zeichnet das christliche Menschenbild aus? Aus welchen Quellen speisen sich Motivation, Ethos und Kreativität?

Studierende der Sozialen Arbeit im zweiten Semester beschreiben biblische und theologische Bezüge und Motive sozialen und diakonischen Handelns mit folgenden Stichworten:

- Nächstenliebe,
- soziale Gerechtigkeit,
- den Menschen als soziales Wesen wahrnehmen,
- menschenwürdiges Leben fördern,
- Einsatz für Schwächere, Benachteiligte und Vernachlässigte,
- Zuwendung und Liebe,
- innere Zufriedenheit,
- Geborgensein im Göttlichen,
- den Menschen annehmen, wie er ist,
- auf den Menschen zugehen,
- Toleranz und Akzeptanz,
- das Anderssein, das Fremde aushalten und die Gemeinsamkeiten erkennen,
- Isolation aufheben,
- Aufspaltung in Arm und Reich thematisieren,

1 Zusammengedacht werden diese Linien neuerdings im Bildungskonzept für die Evangelisch-Lutherische Kirche in Bayern (ELKB) vom 1.3.2004. Unter dem Stichpunkt Ausbildung wird die Vielfalt in der Berufsbildung in kirchlicher und diakonischer Trägerschaft erwähnt.

- Hilfe zur Selbsthilfe,
- Verantwortung gegenüber anderen,
- Zwischenmenschliche Beziehungen,
- Einsicht in die eigene Begrenztheit,
- Angenommensein auch im Scheitern
- Fairness,
- Vertrauen,
- Neue Wege wagen (Kreativität, ...),
- Aufbauen und Ermutigen,
- Unterstützen.[2]

Diese Stichworte zeigen: Diakonische Horizonte von Bildung können »sich prinzipiell in allen menschlichen Praxisfeldern ereignen« und sind »nicht nur auf bestimmte Formen und Interaktionen und Kommunikationen angewiesen ..., sondern auch auf die Erinnerung grundlegender Traditionen und Visionen, die die Wahrnehmung der Wirklichkeit begründen. Eine zukunftsfähige Bildung muss darüber hinaus offen sein für das Zukünftige.« (Rupp/Scheilke/Schmidt 2002, 7)

In theologischer Perspektive meint dies die Erinnerung an die Liebe Gottes, das Geschenk und die Aufgabe des Lebens an die Menschen als Beziehungswesen, die zur Freiheit und zur Verantwortung berufen sind, die voraussetzungslos angenommen sind und die – allesamt begabt und schöpferisch – gebraucht werden, um füreinander da zu sein.

Der Münchener Religionspädagoge Hans-Jürgen Fraas betont für seinen theologischen Bildungsbegriff die Dimensionen des Menschen als Leib, als soziales Wesen und als Angewiesensein. Bildung muss sich nach Fraas jedoch auch mit der postmodernen Freiheit und den Phänomenen der Globalisierung und Regionalisierung auseinander setzen, mit Interkulturalität und Interreligiosität. Er beschreibt den Beitrag der Theologie zum Bildungsbegriff so, dass es um die Kategorie des Grundes, das Leben aus der Liebe Gottes, geht. Daraus sind die Bildungsziele aktuell immer wieder neu im gesellschaftlichen Kontext zu entwickeln (vgl. Fraas 2000). Entscheidend ist aber auch Folgendes: Der theologische Horizont und ein diakonisches Profil von Bildung lassen sich nicht aus ihrem jeweiligen Kontext ablösen. Profil im Sinne von Erkennbarkeit und Identität ist hier also weniger als Abgrenzung, Besonderheit oder Auszeichnung verstanden, sondern eher als zutiefst menschliche Lebensdimension, deren Erkennbarkeit wiederum eher etwas mit einer Lebenshaltung, mit dem Geist der Freiheit, der Anteilnahme, der Einsicht in die Begrenztheit und dem Mut zur Verantwortung zu tun hat.

Wolfgang Huber spricht in Bezug auf die Erkennbarkeit von Kirche und Diakonie in der Gesellschaft nach Röm 12,1–2 vom Gottesdienst im Alltag für »das Gute, Wohlgefällige und Vollkommene«, also von einer »Lebenshaltung, die verantwortet sein will« und die sich an dem ausrichtet, was in der Perspektive Gottes als gut, dem Nächsten hilfreich und dem gemeinsamen Leben förderlich gelten kann« (Huber 1999, 154). Dazu gehört es essenziell, »offen für Begegnung, Dialog und Koopera-

2 Diese Gesichtspunkte haben Studierende im Studiengang Soziale Arbeit an der Evangelischen Fachhochschule Darmstadt im Sommersemester 2004 in der Lehrveranstaltung »Einführung in die Theologie« zusammengetragen.

tion« (Huber 1999, 155) zu sein. Huber nennt als biblischen und sozialethischen Orientierungsrahmen den Dekalog, die zehn Gebote (vgl. Ex 20, Dtn 5), das Doppelgebot der Liebe (vgl. Mt 22,37–40) und die goldene Regel (vgl. Mt 7,12). »Gelingende menschliche Beziehungen« werden »an den Grundsatz der wechselseitigen Anerkennung und Achtung gebunden« (Huber 1999, 156).

Was bedeutet dies nun für die berufliche Bildung? Eine wichtige Sicht zur beruflichen Bildung stellt das 1997 vom Comenius-Institut herausgegebene »Handbuch Religionsunterricht an berufsbildenden Schulen« dar. Berufliche und allgemeine Bildung werden hier in einem engen Zusammenhang gesehen. Aufgenommen wird die pädagogische Kritik seit den 1960er Jahren an der radikalen Trennung von beruflicher und allgemeiner Bildung. Es gilt, dass beides nicht voneinander getrennt werden kann. »Der Beruf ist das einzige Thema, das unterschiedslos für jeden SR (Schüler, R.Z.) von individueller Bedeutung ist und damit seine Subjektivität aufgreift, zugleich aber für den unumgänglichen Zwang steht, sich auf die Sphäre der Heteronomie einzulassen und nach Möglichkeiten der Vermittlung dieses Widerspruchs zu suchen.« (Dammer 1997, 63)

Das Konzept des Bildungsganges seit den 90er Jahren – u. a. von Gruschka – integriert in die berufliche Bildung berufsspezifische und allgemein bildende Fächer. Sich bilden erfolgt problem- und handlungsorientiert, ist an Schlüsselproblemen des Berufs orientiert und auf Entwicklungsaufgaben bezogen, auf Handlungs-, Lebens- und Wissenskompetenzen. Berufliche Fähigkeiten sind damit nicht nur fachliche Fähigkeiten. Es geht besonders in sozialen Berufen – aber nicht nur hier – um Interaktionen, um die Ergänzung von Sozialität und Selbstverständnis und um Wahrnehmungs-, Orientierungs-, Deutungs- und Gestaltungskompetenz für die Lebensumfelder. In diese Gesamtperspektive fließen Grundfragen, Welt- und Lebensdeutungen immer mit ein.

Der diakonische Horizont von Bildung heißt im Sinne biblischer Tradition auch, besonders achtsam auf das Schwache und das Kleine zu sein, sich zu sorgen, mitzuleiden, das »Andere« und den anderen an sich heranzulassen und sich für Gerechtigkeit einzusetzen. Der katholische Theologe Johann Baptist Metz hat dafür den Begriff *Compassion* (Mitleidenschaft) geprägt, auf den auch für diakonisch-soziale Lernprozesse im Kontext von Schule, Kirche und Gesellschaft Bezug genommen wird.

3 Diakonische Horizonte und Profile von Bildung

Studierende aus dem fünften Semester, die sich zusätzlich zum Studium der Sozialen Arbeit für gemeindepädagogische Arbeitsfelder qualifizieren, formulieren in einem Seminar über Gemeindediakonie, Gemeinwesenarbeit und Netzwerke Folgendes:

Diakonisches Profil heißt für uns:

- Gegenseitiges und anerkennendes Gegenüber und Miteinander, gestaltet durch achtsamen Umgang in gleichwertiger Augenhöhe mit dem Ziel, »oben« und »unten« und Ausgrenzung zu vermeiden.
- Vertrauen auf das Mitsein Gottes, auf Liebe und schöpferisches Erbarmen, Miteinander in der Gemeinschaft, Aktivität und Handeln vor diesem Hintergrund.

- ☐ Achtsamkeit für Menschen, Systeme, Strukturen.
- ☐ Den Menschen nahe sein.
- ☐ Miteinander leben: aufeinander zugehen, gemeinsam feiern, soziales Lernen, gegenseitige Unterstützung (z. B. Patenschaften), miteinander ins Gespräch kommen, gemeinsame Projekte, Menschen stärken, Seelsorge gemeinsam wahrnehmen, Vernetzungsstrukturen gestalten.
- ☐ Diakonie – das bedeutet für uns: dem Leben dienen, und was wirklich diakonisch ist, das erweist sich immer erst in der Praxis.

Diakonie ist ein vielschichtiger Begriff. Diakonie ist zeit- und situationsabhängig und lebt heute in komplexen Herausforderungen und Strukturen. Sie bezeichnet unterschiedlichste Institutionalisierungsformen diakonisch-sozialen Handelns, berufliche Felder und Ämter, sie bezeichnet in Deutschland den großen gewachsenen Wohlfahrtsverband als Teil des Sozialstaats, sie bezeichnet die Dimensionen anwaltschaftlicher und ökumenischer Diakonie und damit eine sich weltweit verbunden fühlende ökumenische Mikro- und Makrodiakonie.

Die vielschichtigen Dimensionen von Diakonie – als alltägliche, als kirchlich organisierte, als sozialstaatliche und als gesellschaftliche Diakonie – verweisen im theologischen Horizont auf das biblisch fundierte Ethos von Liebe, Gerechtigkeit und Versöhnung. In ihren unterschiedlichen Dimensionen kann Diakonie die ganz alltägliche Kultur des Miteinander bezeichnen. Als alltägliche Diakonie und Kultur des Miteinander, als Mitmenschlichkeit und universales Hilfeethos kann Diakonie schöpfungstheologisch begründet werden. Sie ist der Menschheit sozusagen eingestiftet. Diakonie meint aber auch Kultur des Miteinander und organisierte Diakonie in Gemeinde und Kirche. Diakonie als Gemeindestruktur, Gemeinschaftsstruktur und Institutionalisierung in bestimmten Ämtern und Diensten kann christologisch, gemeindetheologisch und kirchentheoretisch begründet werden.

Der Vielschichtigkeit der Diakonie versucht im Hinblick auf Bildung und Ausbildungswege, der Verlautbarung des VEDD »Bildungswege im Diakonat« mit verschiedenen Bildungswegen gerecht zu werden. Unterschieden wird hier zwischen einem Basiskurs Diakonie, einem Diakonikum und der theologisch-diakonischen Weiterbildung für Frauen/Diakonissen und der Ausbildung zur Diakonin/zum Diakon. Dabei geht es um diakonisch-theologische Grundorientierung, Weiterbildung und Ausbildung (professionelle Doppelqualifikation) (vgl. Verbände im Diakonat 2004). Die professionelle Ausbildung zum Diakon und zur Diakonin wird außerdem als Doppelqualifikation in einer komplexen Kompetenzmatrix beschrieben (vgl. VEDD 2004).

Interessant ist nun Folgendes: Die Fragen eines profilierten Bildungsverständnisses im diakonischen Bereich bzw. bei diakonischen Trägern werden oft unter dem Vorzeichen »diakonische Profile« diskutiert. Und bei der Frage zum Verhältnis von Diakonie und Bildung findet sich zuweilen eine Verengung auf das neue Feld diakonischen Lernens vor allen in den allgemein bildenden Schulen in evangelischer Trägerschaft und den damit verbunden Praxiseinsätzen und Praktika in diakonischen Einrichtungen. Wenn innerhalb der verfassten Kirche über Perspektiven und Horizonte von Bildung gesprochen wird, firmiert das wiederum meist unter »evangelisches Profil«.

In verschiedenen Feldern in der Diskussion zeigt sich damit die institutionelle Differenzierung von Diakonie und Kirche, aber auch zwischen allgemeiner und beruflicher Bildung, zwischen Schulpädagogik und Sozialpädagogik und zwischen elementarer und schulischer Bildung.

Dass althergebrachte, institutionell gewachsene Systemschranken zu überwinden sind, um konzeptionell weiterzukommen, zeigen die Diskussionen um PISA, die Ganztagsschulen und um die damit verbundenen Vernetzungen von Bildungsfragen und Bildungsinstitutionen. Meines Erachtens ergeben sich neue Perspektiven, wenn man versucht, die unterschiedlichen Sichtweisen zusammenzuführen.

Die Bayerische Landeskirche formuliert dies – unter dezidierter Einbeziehung der beruflichen Aus-, Fort- und Weiterbildung – in ihrem aktuellen Bildungskonzept so: »Bildung umfasst den ganzen Menschen als Geschöpf Gottes und als Person in seinem Denken, Fühlen und Handeln, die Förderung und Entwicklung des ganzen Menschen in seiner Vielfalt und seinem Reichtum und ... zu sozialer-diakonischer Verantwortung in und für die Gesellschaft.« (Bildungskonzept für die ELKB 2004, 17) Bildendes Lernen – unter Bezugnahme auf die Denkschrift »Maße des Menschlichen« – umfasst die Dimensionen ethischer, politischer und sozialer, musisch-ästhetischer, medienpädagogischer und religiöser Bildung.

Überlegungen zu einem Ineinanderdenken von Bildung und Diakonie hat im Oktober 2003 Karl Ernst Nipkow auf dem Bildungskongress vor der Diakonischen Konferenz in Speyer unternommen und damit wichtige Wege gewiesen.[3] Er verknüpft die evangelische und diakonische Bildungs- und Profilfrage so, dass er das 1997 von der Diakonischen Konferenz verabschiedete Leitbild Diakonie, das ja Orientierung geben und Profil zeigen will (vgl. Leitbild Diakonie 1997), mit den Bildungsperspektiven der Denkschrift der EKD »Maße des Menschlichen« verbindet.

Es geht ihm um ein umfassendes Bildungsverständnis, das in unserem Zusammenhang berufsvorbereitendes, berufsbegleitendes Lernen und Persönlichkeitsbildung umgreift und ein subjektorientiertes wechselseitiges Geschehen in Beziehungen und Kontexten darstellt. Nipkow schlägt auf diesem Hintergrund eine Verbindung zum sozialen, ethischen und diakonischen Lernen, das soziale Einstellungen und Orientierungen sowie alltagsbezogene Spiritualität beinhaltet.[4] Für Kontexte und Profile dieses diakonischen (und das ist m.E. gleichbedeutend mit dem evangelischen) Bildungsverständnisses von Diakonie und Kirche betont er:

- *Das gesellschaftlich-politische Profil:* Es beinhaltet, auch in den Rahmenbedingungen dafür zu sorgen, dass Bildung subjektorientiert an den fundamentalen Fragen des Menschseins orientiert ist und dass Menschen überhaupt einen Bildungsabschluss erwerben können. Zentral ist es für die Einzelnen, das Gefühl vermittelt zu bekommen: Ich werde gebraucht.
- *Bildung als Lebensbegleitung im Horizont biblischer Überlieferung:* Bildung, Lebenssinn und der ganze Mensch gehören zusammen. Ein diakonisches Profil von Bildung bezieht sich somit auf unterschiedliche Lebenslagen und Lebensphasen. Leiblichkeit, Sozialität und Sinnfragen werden verknüpft und zusammengesehen. Bildung erscheint als Haltung und Lebensform im Zusammensein mit Menschen.

3 Vgl. hierzu insgesamt Karl Ernst Nipkows Beitrag in diesem Band, 15ff.
4 Vgl. hierzu Jürgen Gohdes Beitrag in diesem Band, 33ff.

- *Diakonische Profile im Kontext der Globalisierung:* Bildung, biblisch-christlich buchstabiert, geht vom Menschen aus und fragt, welche Bildung Menschen heute brauchen, angesichts räumlicher Entgrenzung, zeitlicher Beschleunigung, Kontingenz der Sachen und der Individualisierung. Nach Nipkow geht es hier um eine mehrdimensionale Profilierung des Bildungsverständnisses. Bildung meint in diesem Sinne nicht nur Selbstbildung zu Mündigkeit, sondern gerade auch »Verwandlung durch Widerfahrnisse«: Begegnung und Angesprochensein sind hier die entscheidenden Kategorien, Veränderung der Wahrnehmung, die durch die Andersheit des anderen herausgerufen ist.

In diesem Horizont beschreibt Nipkow weitere Profile evangelischer und diakonischer Bildung: Das verständigungs- und versöhnungsorientierte Profil meint, für die Würde jedes Einzelnen in seiner Differenzierung zu anderen einzutreten. Zuwendung und Hilfe implizieren eine stärkende und tröstende Deutung des Lebens. Ein alternatives Zeitkulturprofil kultiviert Zeit als erlebte, erinnerte und erhoffte Zeit, als bewusste Gestaltung von Lebensgezeiten und als Rhythmisierung (etwa im Lebenslauf und im Kirchenjahr). In dieser Zeitkultur werden befreiende Anfänge, Schwellen und Abschiede sichtbar gemacht und bewusst begangen. Mit der Orientierung an der Grundbestimmung des Menschen als Ebenbild Gottes und in Verantwortung für die Mitgeschöpfe wird ein spezifisch wertbezogenes, achtsames Profil kultiviert, zu dem Sinnsuche, Sinn- und Lebensdeutungen dazugehören. Mit einem universalen freiheitlich-sozialen Profil ist nach Nipkow die Tradition der Rechtfertigung insofern angesprochen, als eine Bindung an Gott zur Verantwortung für alle Menschen in der einen Welt verpflichtet.

Die diakonischen Horizonte von Bildung zeigen sich in didaktischen Dimensionen, in der Einrichtungs- und Trägerkultur, in der curricularen Gestaltung, implizit und explizit. Evangelische und diakonische Bildung ist insofern sowohl gesellschaftlich-politisch als auch biographisch-lebensbegleitend orientiert, sie versteht sich verständigungs- und versöhnungsorientiert und pflegt einem achtsamen Umgang mit Menschen, Zeiten und Räumen.

Was könnte dieses Profil nun für Ausbildungsgänge in kirchlicher und diakonischer Trägerschaft bedeuten?

4 Perspektiven einer diakonischen Bildungs- und Einrichtungskultur

Über die Zukunft sozialer und pflegerischer Ausbildungsgänge und Berufsbilder in evangelischer Trägerschaft fand – veranstaltet von der Evangelischen Fachhochschule Bochum Ende 2002 – in Villigst eine Expertentagung statt.[5]

5 Dem vorgeschaltet war im Juli 2002 ein so genannter »Round table«, an dem Vertreter der landeskirchlichen Diakonischen Werke, von Fachverbänden und Ausbildungseinrichtungen und der Evangelischen Fachhochschule teilnahmen. Ziel des von der Evangelischen Fachhochschule Bochum initiierten Prozesses sollte es sein, »in Anbetracht der gravierenden Veränderungen im Bildungs- und Sozialwesen und der Umbrüche in allen Bereichen erzieherischer, sozialer und pflegerischer Tätigkeiten mögliche gemeinsame Interessen evangelischer Ausbildungseinrichtungen auszuloten.«

Lutz G. Böhm, Schulleiter des (ESPA) Berufskolleg der Evangelischen Sozialpädagogischen Ausbildungsstätte Münster e.V. und Berufsfachschule für Sozial- und Gesundheitswesen in Münster, betonte dort: »Schule bleibt Schule – das ist eine Erfahrung, die unsere Berufskollegs täglich beim verpflichtenden Angebot des Religionsunterrichts machen, der bei einigen Flammen entzünden lässt und bei anderen Langeweile (oder Schlimmeres) auslöst. Auch unsere Gottesdienste sind nicht reichlich besucht, wie dies ja auch für die Volkskirche gilt. Und dennoch bin ich überzeugt, dass sich ein christlicher Geist in der Schule ausdrückt und unsere Schüler erfasst. Dies vermittelt sich selten über christliche oder kirchliche Rituale, vielmehr über die pädagogische Haltung unserer Lehrer und Lehrerinnen. Es ist ja allen bei uns arbeitenden Mitarbeitern bewusst, dass sie in der doppelten Didaktik eingebunden sind: einerseits pädagogische Theorie und Praxis zu unterrichten, aber andererseits selbst ein Modell für pädagogisches Handeln und für eine ethische Grundhaltung darzustellen. Alle unsere Schulen haben dies in einem häufig sehr aufwendigen Leitbildprozess (hier: »Schulprogramme« genannt) formuliert und neu über ihr evangelisches Schulverständnis nachgedacht« (Böhm 2003, 43).

Während der Tagung arbeitete dort auch eine Arbeitsgruppe zur Frage des evangelischen bzw. diakonischen Profils. Gewünscht wurden Mitarbeiter/innen-Teams, die Leitbilder und Konzepte der jeweiligen Arbeitsstelle teilen, aktiv gestalten und leben. Die Arbeitsgruppe betont: »Dazu gehören betriebliche Transparenz und Teilhabe, eine diskursive Kultur, Respekt vor der Meinung anderer und auch das Zulassen persönlicher Gefühle« (Rektorat der EFH Bochum 2003, 11)

Als Voraussetzung für eine solche Einrichtungskultur wurden Entscheidungsspielräume, ausreichende Ressourcen zur Umsetzung von Ideen und Leitbildern, Delegation von Verantwortung sowie eine Konflikt-Konsens-Entscheidungskultur benannt. »Im Umgang miteinander, mit den Auszubildenden und Klientel müsse Fachlichkeit durch Wertschätzung ergänzt werden. Mitarbeitende, Lehrende und Lernende müssten in Glaubensfragen sprachfähig sein bzw. zur Sprache befähigt werden. Dazu gehöre auch die kontinuierliche und selbstverständliche Verknüpfung fachwissenschaftlicher und theologischer Diskurse, die in den Curricula der Aus-, Fort- und Weiterbildung, aber auch in den einrichtungsinternen Gesprächsangeboten verankert werden müsse.« (Rektorat der EFH Bochum 2003, 12)

Das evangelisch-diakonische Profil wird als ein »lebendiger Teil der Landschaft vor Ort« und mit dem Bewusstsein für die eigene Geschichte gewünscht. Als integraler Bestandteil dieses Profils wird *compassion* gesehen, d. h. »die Parteinahme für Benachteiligte, Verfolgte und Bedrängte, was auch den Auftrag von Kirche und Diakonie zur ›politischen Einmischung‹« (Rektorat der EFH Bochum 2003, 12) umfasst.

Als biblisch-theologische Motive werden u. a. der Geist der Freiheit und der Kindschaft (Röm 8) und die Werke der Barmherzigkeit (Mt 25) als menschliches

---

(Rektorat der EFH Bochum 2003, 5) Druck kommt hierbei von veränderten Rahmenbedingungen der Landeskirchen und der Träger, veränderten Bedingungen auf Bundes- und Länderebene, den Entwicklungen des Arbeitsmarktes und dem europäischen Kontext. Gerade der europäische Kontext bietet jedoch auch große Chancen im Hinblick auf Mobilität, Perspektivenwechsel und Weiterentwicklung der Bildungssysteme.

Handeln genannt: »Entlastendes, Befreiendes, Heilendes, Ganzheitliches zu entdecken und zu erleben, eine ›Erbarmenskultur‹, auch im Bezug auf mich selbst und die MitarbeiterInnen zu praktizieren ... Denn zum evangelischen (und diakonischen, R.Z.) Selbstverständnis gehören: Offenheit und Profil, ein Menschenbild der Mündigkeit und Sprachfähigkeit; Spiritualität, Andachten, Gottesdienste, Meditation, Stille und Gebet.« (Rektorat der EFH Bochum 2003, 18)

Dies impliziert ein diakonisches Ausbildungsprofil und eine dafür nötige diakonische Bildungs- und Einrichtungskultur.

5 Kirchliches und diakonisches Profil beruflicher und allgemeiner Bildung

Zum kirchlichen und diakonischen Profil von Bildung gehört die Wahrnehmung der Lebensbedingungen der Einzelnen und der Strukturen in der Gesellschaft. Aus der Soziologie ist bekannt: In der postmodernen Gesellschaft gibt es mehr Freiheit, mehr Entscheidungsmöglichkeiten, mehr Markt, aber auch mehr Risiken des Scheiterns. Zugleich ist das eigene Leben von Institutionen abhängig. In dieser Situation muss das Leben reflektiert und gestaltet werden. Für die Gestaltung ihres Lebens sind Menschen auf Beziehungen und Netzwerke angewiesen. Sie brauchen Orte, wo sie als ganze Personen mit ihren Lebensgeschichten wahrgenommen werden.

Zum christlichen Ethos gehört es, sich der Verletzlichkeit des eigenen Lebens bewusst zu bleiben und sich der Verletzlichkeit einer fremden Biographie auszusetzen. Dies geschieht im Zuhören, im Dasein, im Helfen und Aushalten, in Beziehungen und tragenden Gemeinschaften, in denen Menschen leben, sich engagieren, sich organisieren und sich unterstützen.

Der Philosoph Richard Rorty hat darauf hingewiesen, dass sich das eigentlich Menschliche erst dort erschließt, wo die Schmerzpunkte des Lebens aufgesucht und wahrgenommen werden. Dazu gehört es, sich mit der Lebensbewältigung an den schwierigsten Stellen des Lebens auseinander zu setzen. Das kann nur in Gemeinschaft und in Beziehungen mit anderen geschehen.

Der Münsteraner Theologe Johann Baptist Metz hat dafür den Begriff *compassion* geprägt (vgl. Metz 2000). *Compassion:* sich berühren lassen vom anderen, Mitempfinden, sensibel sein für das Leid und die Probleme anderer, für die eigene Hilfebedürftigkeit und die Hilfebedürftigkeit des anderen. *Compassion* als Sensibilität für das Leiden ist für Metz das Wesen des Christentums und das maßgebliche Kriterium für die Verständigung zwischen den Religionen und Kulturen.

Die biblischen Traditionen kennen – so Metz – eine universelle Verantwortung für das Leben der Menschen. Die Rede von Gott ist insofern Ausdruck eines mitfühlenden, leidempfindlichen Gottes. Gott hört die Not und die Klage und schafft den Hilfebedürftigen Hilfe und Recht. Gerechtigkeit, Liebe und Versöhnung sind hier biblische Leitbegriffe. Metz betont: Jesu erster Blick galt dem Leid der anderen. Und mit bestimmten Geschichten hat sich Jesus damit in das Gedächtnis der Menschheit hineinerzählt, z. B. mit der Geschichte vom Barmherzigen Samariter im Lukas-Evangelium. Diese Geschichte veranschaulicht den Zusammenhang von Handeln, Hilfebedürftigkeit, Gottes- und Nächstenliebe.

Hier ergeben sich auch Parallelen zu dem Philosophen Emmanuel Lévinas, der den unbedingten Anspruch im Antlitz des Anderen betont. Diesen Zusammenhang veranschaulicht Hans-Jürgen Benedict, Professor an der Evangelischen Fachhochschule des Rauhen Hauses in Hamburg, mit einem Zitat aus Martin Bubers Erzählungen der Chassidim: »Wenn einer zu dir kommt und von dir Hilfe fordert, dann ist es nicht an dir, ihm fromme Munde zu empfehlen: habe Vertrauen auf Gott, sondern auf der ganzen Welt ist nur einer, der diesem Menschen helfen kann, du allein.« (Benedict 2004, 67)

Benedict beschreibt in diesem Zusammenhang Gott als Geheimnis der Welt und als Beziehungskraft der Liebe, Barmherzigkeit und Gerechtigkeit, die zu ihrer Verwirklichung auf die Kooperation der Menschen – mit ihren ganz menschlichen Mitteln und Begrenzungen – angewiesen ist.

Die Erfahrung der Barmherzigkeit Gottes im schöpferischen Geschenk des Lebens nimmt Benedict zum Anlass, hier – schöpfungstheologisch – von einem Urwissen um die Verantwortung in Beziehung zum anderen auszugehen. Der Mensch als Geschöpf Gottes bekommt unbedingte Menschenwürde zugesprochen. Gottebenbildlichkeit und Mitmenschlichkeit bedeuten die Erfahrung von unbedingter Liebe und Zuwendung und implizieren ein Urwissen um die Verantwortung zur Zuwendung zum anderen. Dies verwirklicht sich nach Benedict in einem antiselektionistischen Denken, in beispielhaften Handlungen und in Rechtsstrukturen. Als Beispiele hierfür nennt er etwa das Biblische Sozialrecht, die Wahrnehmung der Leidenden, die Botschaft Jesu, exemplarisches Handeln von Menschen. Und in den heutigen Rechtvorstellungen das Recht auf ein menschenwürdiges Leben, wie es sich etwa im Bundesozialhilfegesetz (BSHG) niederschlägt.

In Bildungsprozessen in diakonischer und kirchlicher Perspektive muss es deshalb Möglichkeiten und Räume geben, existenzielle Fragen zu stellen und Wege der kreativen und spielerischen Auseinandersetzung mit sinnstiftenden Horizonten zu gehen. Die Begegnung mit biblischen Geschichten, christlichen und religiösen Traditionen mit ihren Licht- und Schattenseiten, geschieht dabei aktiv und in Auseinandersetzung mit der eigenen Lebensgeschichte. Dazu gehören elementare Zugänge, Orientierung am Dialog und Fragen der Motivation im Hinblick auf Beruf, Lebensgeschichte und Alltag, die von folgenden Perspektiven lebt:

1. Wir sind in eine Welt eingezeichnet, die in Gott geborgen ist.
2. Auch die Gebrochenheit der Existenz hat bei Gott ihren Ort.
3. Der Mensch ist auf Hoffnung, auf Ermutigung, auf Beziehungen und ihre Gestaltung angewiesen (vgl. Zitt 2004, 50–55).

Bildungsprozesse in diesem Horizont gibt es in ganz unterschiedlichen Kontexten. Sie integrieren Zugänge zu Praxiskontexten, zu lokalen und globalen Sozialräumen, zu Theorie- und Wissensbeständen, zu Selbst- und Fremdwahrnehmung.

6 Didaktische Perspektiven und Dimensionen

In der Bildung für soziale und diakonische Bildungsprozesse gilt immer das doppelte didaktische Dreieck: Wie und was Berufsrollenträger/innen später in Bildungsprozessen vermitteln bzw. initiieren sollen, dafür brauchen sie die Gelegenheit, es selbst erfahren, analysieren und gestalten zu lernen.

Bildung und Ausbildung für soziale und sozialpädagogische Berufe (die immer auch eine religionspädagogische Dimension haben) in Kirche, Diakonie und Gesellschaft strebt eine Kompetenz der sich selbst (Aus-)Bildenden an, mit der die künftigen Handlungs- und Berufsfelder in ihrer Vielfalt wahrgenommen, durchdacht, gedeutet und gestaltet – und kontextbezogene Bildungsprozesse angeregt werden können. Schon heute und sicher auch künftig nimmt die Frage nach unterschiedlichen kulturellen Hintergründen und ihrer Vermittelbarkeit eine äußerst wichtige Rolle ein. Grundlegende didaktische Dimensionen und Strukturelemente sind hier – analog zu diakonisch-sozialen Bildungsprozessen (vgl. Schmidt/Zitt 2003, 56–75):

- Analyse von Kontexten, Räumen und Rahmenbedingungen,
- Verarbeitung in subjektiver Perspektive,
- Konfrontation mit Erfahrungen und Bewertungen anderer,
- Orientierung und Informationen zu sozialen Strukturen, Systemen und Rahmenbedingungen sozialpädagogischen Handelns,
- Auseinandersetzung mit Traditionen humaner Sinn- und Wertorientierung,
- sich zu sinnstiftenden Horizonten in Beziehung setzen,
- Perspektivenwechsel einüben,
- Präsentation und Kommunikation.

Diese didaktischen Strukturelemente gruppieren sich rund um den Kern der Ausbildung von Wahrnehmungs-, Analyse-, Deutungs-, Methoden- und Handlungskompetenz (vgl. Schmidt/Zitt 2004, 71ff).

Curricular ist dies in der diakonisch-sozialen Bildung und Ausbildung z. B. in erfahrungs- und handlungsorientierten Projekten zum Thema »Leitbilder in sozialen, diakonischen und kirchlichen Organisationen« umzusetzen. Hier ergeben sich auch starke Verknüpfungspunkte zum diakonisch-sozialen Lernen, zur diakonischen Bildung, zum Lernen in realen Erfahrungszusammenhängen und zum interkulturellen Lernen.

Zu den didaktischen Perspektiven gehören auch konstitutiv religionspädagogisch angelegte Bildungsprozesse, ob sie nun vom Situationsansatz, einem korrelativen Ansatz zwischen Tradition und Situation, von einer dimensionalen Religionspädagogik oder von einem handlungsorientierten und sozialräumlich orientierten Begegnungsmodell her begriffen werden.

Die Denkschrift der EKD »Identität und Verständigung« betont als didaktische Gestaltungsperspektiven in religionspädagogischer Hinsicht, für die ebenfalls das doppelte didaktische Dreieck zwischen den Inhalten und Prozessen, Bildenden und sich Bildenden gilt (vgl. EKD 1997b, 48ff):

- ☐ *Subjektorientierung:* Im Mittelpunkt stehen die Subjekte »mit ihren Erfahrungen und Denkansätzen, ihrem Fühlen und Wollen, ihren Wünschen und Zweifeln«, als ganze Person im Zusammenhang von Biographie und Lebensgeschichte.
- ☐ *Erfahrungsbezug:* Es geht um eine Verschränkung von Religion und Leben, Glaube und Alltag, Kirche und Gesellschaft und die Kommunikation zwischen diesen Dimensionen.
- ☐ *Dialogisch-prozesshafter Bezug auf die Tradition*: Biblische Bezüge, religiöse Symbol- und Sprachwelten, Erinnern und Erzählen, Gedächtnis und Zukunft werden verknüpft. Begegnung mit der biblischen und kirchlichen Tradition geschieht in großer kultureller Vielfalt.

- *Alters-, entwicklungs- und kontextbezogenes Lernen*: Entwicklungspsychologische Kenntnisse und Bezüge sind unabdingbar.
- *Interkonfessionelles und ökumenisches Lernen, alphabetisierendes Lernen:* Grundelemente des Christentums werden konfessionsbezogen und ökumenisch angeeignet.
- *Interkulturelles und interreligiöses Lernen*: Lern- und Lebensorte beinhalten Integrationsprozesse, Begegnung mit Fremdem, Toleranz und Verständigung. Pluralität benötigt eine interkulturelle Gesprächskultur. Der Dialog verschiedener religiöser Überzeugungen miteinander erfordert die Fähigkeit, die biblisch-christliche Tradition im Dialog mit anderen zu thematisieren.
- *Fragen medialer Vermittlung in Lernprozessen.*
- *Identifikation und Partizipation:* Bildung geschieht durch Begegnung und Identitätsbildung zwischen eigener Auffassung und fremden Überzeugungen.

Diese didaktischen Gestaltungsperspektiven gelten für ganz unterschiedliche Bildungskontexte aus kirchlicher und diakonischer Perspektive.

Dabei ist von den Gedanken, Fragen und Bedürfnissen der Menschen auszugehen, denn letztlich geht es ja – gut theologisch und christologisch begründet – darum, den Menschen nahe zu sein und Bildungs- und Lebensperspektiven zu ermöglichen, die sich mit den Grundfragen des Lebens beschäftigen: »Wer bin ich?«, »Woher komme ich?«, »Was können und sollen wir tun?« und »Wohin soll es gehen?«.

In dieser Hinsicht können kommunikative Leitbilder für diakonisch-soziale Bildungsprozesse in unterschiedlichsten Kontexten entwickelt werden. Persönlichkeitsbildung, Theorie-Praxis-Verzahnung, Sozialraumentwicklung und Verständigung sind dafür konstitutiv. Damit etwas von dem Horizont erfahren werden kann, von dem der Psalmbeter spricht: »Du stellst meine Füße auf weiten Raum« (Ps 31,9).

Horizonte und Perspektiven kirchlicher und diakonischer Bildungsverantwortung sind jeweils vor Ort subjektorientiert und kontextbezogen zu entwickeln. Bildungsprozesse beinhalten Entwicklungen und Begegnungen mit Wissensbeständen, Traditionen, Umwelten, Sozialisationsagenturen, mit Menschen, Institutionen und Problemen. Bildung als kulturelles Phänomen verweist auch auf sinnstiftende Horizonte. In der Tradition jüdischen Lernens gehören Erinnern, Lernen, Lehren und Tun zusammen. Lernprozesse erschließen Zukunft auch im Rückgriff auf Erinnerung. Sich bilden heißt damit auch, sich erinnern und sich (mit Kopf, Herz und Hand) zu überliefertem Lebenswissen in Beziehung zu setzen.

Der Bildungsbegriff der EKD-Denkschrift »Maße des Menschlichen« erweist sich somit als tragfähig durch seinen konstitutiven Bezug auf unterschiedliche Lebenslagen, der Bildung »als Zusammenhang von Lernen, Wissen, Können, Wertbewusstsein, Haltungen (Einstellungen) und Handlungsfähigkeit im Horizont sinnstiftender Deutungen des Lebens« (EKD 2003a, 66) begreift. Bildung zielt insofern auf »verantwortungsbewusste Mündigkeit«, Bildung und Erziehung werden verbunden und »haben in christlicher Sicht nicht nur jene Fähigkeiten zu wecken und zu stärken, die gerechten, sondern die zugleich auch fürsorglichen Lebensverhältnissen dienen: einer Kultur des Mitgefühls, der Barmherzigkeit und der Hilfsbereitschaft« (EKD 2003a, 66). Diese evangelischen und diakonischen Perspektiven betreffen unterschiedlichste Bildungskontexte und jedes Lebensalter – auch berufliche Bildung und Bildung für Soziale Berufe.

Martina Plieth

Diakonie in der Ausbildung von Theologen und Theologinnen[1]

»In meinem fünften Semester habe ich ein Praktikum in einem Landeskrankenhaus für Psychiatrie gemacht. Die Erfahrungen dort waren überaus wertvoll und prägend für mein ganzes weiteres Studium. – Aber wenn ich so richtig darüber nachdenke, war mir damals nicht klar, dass ich ein ›Diakoniepraktikum‘ absolvierte. Überhaupt hätte ich als Studentin nicht viel über Diakonie sagen können. Mit diesem Thema habe ich mich erst kurz vor meinem Zweiten Theologischen Examen intensiver beschäftigt.« (Pfarrerin, 45 Jahre alt)

Kirchliche Arbeit ist immer auch diakonische Arbeit. Als solche ist sie darauf ausgerichtet, Nächstenliebe organisiert zu praktizieren und so an der Verleiblichung von Theologie bzw. Gestaltwerdung des Evangeliums im Alltag der Welt mitzuwirken. Das Gelingen oder Misslingen der damit verbundenen Bemühungen liegt in der Verantwortung von zahlreichen ehren-, neben- und hauptamtlichen Mitarbeitenden, die sich – ohne oder auch mit theologischer Ausbildung – kirchlich-diakonisch engagieren. Nicht zuletzt Pfarrer/innen leisten in dieser Hinsicht wichtige Beiträge in unterschiedlichen Diakonie-Bereichen. Sie agieren z. B.:

- als gemeindediakonisch tätige Theologen (Gemeindepfarrer/innen und nebenamtliche Bezirksdiakoniepfarrer/innen),
- als übergemeindlich kirchendiakonisch tätige Theologinnen auf Pfarrstellen der verfassten Kirche außerhalb von Ortsgemeinden (Referentinnen bei Kirchenleitungen und nachgeordneten Dienststellen, für die Diakonie zuständige Oberkirchenräte sowie Landesdiakoniepfarrer/innen, Krankenhausseelsorger/innen und Berater/innen etc.),
- als verbands- bzw. anstaltsdiakonisch tätige Theologen mit direkter Anstellung bei diakonischen Einrichtungen und Rechtsträgern (Seelsorgerinnen, Referenten, Leiterinnen oder Vorstandsvorsitzende etc. von diakonischen Einrichtungen, die rechtlich von der verfassten Kirche unabhängig sind) und
- als frei diakonisch tätige Theologinnen im Rahmen alternativer Diakonie-Projekte (Leiter/innen von Diakonischen Kommunitäten und Hausgemeinschaften etc.).

Unabhängig von ihrem individuellen Einsatzort benötigen Theologinnen, die mit diakonischen Aufgaben betraut sind, bestimmte Voraussetzungen, um diese sinnvoll und effektiv erledigen zu können. Sie müssen Zugang zu zentralen Wissensbeständen auf dem Feld und im Umfeld der Diakonie besitzen und dazu in der Lage sein,

1 Hier und im Folgenden sind – in Kenntnis der Sachlage, dass es viele unterschiedliche theologisch orientiert arbeitende Berufsgruppen gibt – immer dann, wenn von Theolog/inn/en die Rede ist, Pfarrer und Pfarrerinnen gemeint. Ihre Ausbildung weist deutliche Defizite im Blick auf diakonische Dimensionen auf und bedarf – nicht zuletzt deshalb – einer besonderen kritischen Sichtung.

diesen selbstständig zu nutzen; außerdem sollten sie das Vermögen mitbringen, diakonische Kenntnisse auf konkrete Situationen anzuwenden und so einen Übertrag von Theorie in Praxis zu leisten. Sie brauchen dementsprechend eine hinreichende diakonische Vorbildung, die vorzugsweise im Rahmen ihrer mehrjährigen Ausbildung und nicht nachklappend im Anschluss an diese erlangt werden sollte. Inwieweit dies vor dem Hintergrund der curricularen Vorgaben für die gegenwärtige Theologenausbildung bereits gewährleistet ist bzw. wie eine Verbesserung des Ist-Zustands herbeizuführen wäre, sollen die nachfolgenden Überlegungen verdeutlichen.

Zurzeit ist die theologische Ausbildung zukünftiger Pfarrer/innen im Bereich der Evangelischen Kirche in Deutschland strukturell zweiphasig angelegt. Auf ein wissenschaftlich, d. h. diskursiv-akademisch ausgerichtetes Studium folgt das Vikariat, das in erster Linie kirchlich orientiert ist und in die unterschiedlichen grundlegenden Handlungsfelder pastoraler Existenz einführt. Auf diese Weise entsteht ein »Ausbildungs-Doppelblock«, in dem auf den ersten Blick die Vermittlung theoretischer Kenntnisse und Fähigkeiten voransteht und die Erlangung bestimmter praktischer Fertigkeiten nachgeordnet wird; Kompetenzerwerb geht Performanzerwerb ganz offensichtlich voran, und konkrete Praxis baut auf reflexiver Theorie auf. Das dahinter stehende klassische Modell des Nacheinanders von Explikation und Applikation wird nur dort unterbrochen, wo während des Studiums mehrere, voneinander unabhängige Praktika (in der Regel zwei) absolviert werden, die eine Art »Vorausschau« auf entscheidungs- und handlungsrelevante Alltagswirklichkeit und das vielfältige Anforderungsprofil auf sie bezogener pastoraler Tätigkeiten ermöglichen.

Das so skizzierte dyadische Modell der Pfarrerausbildung ist auch in Bezug auf die Auseinandersetzung mit diakonischen Topoi maßgeblich, was ein Blick in die derzeit vorliegenden EKD-Verlautbarungen zum Studium der Evangelischen Theologie und die verschiedenen zentralen Veröffentlichungen zum Thema »Ausbildungsrichtlinien« und »Prüfungsordnung« der Evangelischen Kirche von Westfalen (EKvW) exemplarisch veranschaulichen kann:

Als Gegenstände des Theologiestudiums, das mit der Ersten Kirchlichen Dienstprüfung bzw. der Diplomprüfung abgeschlossen wird, werden die Hauptfächer Altes Testament, Neues Testament, Kirchengeschichte, Systematische Theologie und Praktische Theologie benannt. Im Rahmen der praktisch-theologischen Studien sind insgesamt sieben Hauptgebiete zu berücksichtigen:

»– Grundlagen und Geschichte der Praktischen Theologie
– (Theorie von) Gottesdienst und Verkündigung
– Religionspädagogik (in Schule und Gemeinde)
– (Theorie der) Seelsorge
– (Theorie der) kirchliche(n) Handlungen (Kasualien)
– Kirchliche Institutionenlehre/Gemeindeaufbau
– (Theorie der) Kirchen- und Gemeindeleitung (Pastoraltheologie)« (Studium, 79).

Darüber hinaus werden Diakoniewissenschaft ebenso wie Kirchen- und Religionssoziologie, Religionspsychologie und Christliche Publizistik als für das Studium dieser Hauptgebiete »außerdem wichtig« (Studium, 79) apostrophiert und so als »Hilfswissenschaften« oder besser gesagt »helfende Wissenschaften« eingeführt. Auch auf die Notwendigkeit von Praktika für die Erschließung praktisch-theologischer Zusammenhänge wird gesondert verwiesen und zusätzlich angemerkt, dass Probleme der Diakonie in »allen theologischen Fächern ... als Themenschwerpunkte u. a. zu berücksichtigen« (Studium, 79) seien.

Die Praktika können im diakonischen Umfeld angesiedelt sein, sie müssen es aber nicht: »Bei der Zulassung zur Ersten Theologischen Prüfung soll der Nachweis erbracht werden, dass mindestens zwei landeskirchliche Praktika abgeleistet wurden. Entsprechend den Regelungen der Zwischenprüfungsordnungen muss dabei bis zur Zwischenprüfung ein landeskirchliches Gemeindepraktikum als Pflichtpraktikum absolviert werden« (Merkblatt, 1). Das zweite erforderliche Praktikum kann wahlweise in landwirtschaftlichen, industriellen oder diakonischen Arbeitsbereichen erfolgen.

De facto gab es in der EKvW in den vergangenen fünf Jahren nur 17 Studierende, die einen Praktikumsplatz im Raum der Diakonie wählten, darunter acht Männer und neun Frauen. Im Jahresdurchschnitt waren das bis zu vier Personen, wobei festzustellen ist, dass für das Kalenderjahr 2004 überhaupt keine Meldungen vorlagen. Diese insgesamt eher geringe Beteiligungsquote mag unter anderem damit zusammenhängen, dass für Diakoniepraktika bei freier Verpflegung und Unterkunft ein Praktikantengeld in Höhe von nurmehr 140 Euro ausgezahlt wird, während Landpraktika – bei ebenfalls freier Kost und Logis – mit 235 Euro abgerechnet werden und Studierende im Industriepraktikum – unter Berücksichtigung eines angemessenen Unterhalts-Eigenanteils – »die übliche Bezahlung eines Arbeiters« (Merkblatt, 1) erhalten.

Fazit: Das Thema »Diakonie« ist für die erste Ausbildungsphase grundsätzlich vorgesehen. Es wird allerdings nicht als Hauptgebiet des Studiums, sonders als zwar durchaus relevantes, aber doch beigeordnetes »Nebengebiet« der Praktischen Theologie bzw. als ein (mögliches) Querschnittthema aller theologischen Disziplinen benannt. Als solches soll es unter wissenschaftlichen Gesichtspunkten oder eventuell auch im Rahmen von Praktika behandelt werden.

Der Vorbereitungsdienst der Vikare und Vikarinnen, der innerhalb der EKvW in der Regel zweieinhalb Jahre dauert, ist in unterschiedliche »verbindliche Phasen« gegliedert, deren Schwerpunkte durch die Stichworte Orientierung, Pädagogik I (Religionsunterricht), Gottesdienst und Verkündigung, Seelsorge und Beratung, Pädagogik II (Kirchlicher Unterricht), Diakonie und Ökumene, Kybernetik sowie Vertiefung und Integration gekennzeichnet sind (Verordnung, 1). Den Abschluss dieses Ausbildungsblocks bildet die Zweite Theologische Prüfung, die in ihrem mündlichen Teil unter anderem auch auf die benannten Phasenschwerpunkte rekurriert und darauf abzielt festzustellen, »ob der Prüfling seine theologische Bildung ergänzt und vertieft hat und seine wissenschaftlichen Einsichten und praktischen Erfahrungen im Dienst der Kirche bewähren kann« (Ordnung, §1).

Die Vikariatsausbildung erfolgt auf zwei aufeinander bezogenen Ebenen: in der Kirchengemeinde und in Seminaren. Sie dient in all ihren Dimensionen »der geistlichen, theologischen, kirchlichen und gesellschaftlichen Orientierung sowie der Integration von Person und Berufsaufgabe« (Richtlinien, 1) der Auszubildenden.

Letzteres gilt auch für die sechste Phase »Diakonie und Ökumene«, die insgesamt acht Wochen umfasst, zu denen zwei Kurswochen, mehrere Studientage und eine ökumenische Studienfahrt gehören. In dieser Phase wird den zukünftigen Pfarrer/innen vermittelt, »dass und auf welche Weise Diakonie ein Lebens- und Wesensmerkmal der Kirche ist. Es soll deutlich werden, dass sich die Rahmenbedingungen des

Sozialstaates ohne Institutionalisierung und Professionalisierung nicht erfüllen lassen und inwiefern die christliche Gemeinde für aktuelle Herausforderungen an ihr helfendes Handeln offen bleiben muss« (Richtlinien, 5). Außerdem geht es darum zu vermitteln, »dass alles kirchliche Handeln im Horizont der Ökumene (vor Ort und weltweit) zu sehen ist« (Richtlinien, 5). Wichtige Hauptbezugsfelder sind dabei »die diakonische Arbeit in der Kirchengemeinde, die diakonischen Einrichtungen des Kirchenkreises und die diakonischen Einrichtungen auf landeskirchlicher Ebene und andererseits die ökumenische Ausrichtung kirchlicher Arbeit und die Dimension ökumenischer Diakonie« (Richtlinien, 5). Zum obligatorischen Stoffplan der darauf bezogenen mündlichen Prüfung gehören dementsprechend im Bereich der Grundkenntnisse folgende Inhalte: »Biblische Grundlagen der Diakonie, Überblick über die Geschichte der Diakonie (unter Einschluss der westfälischen Diakonie), Theologische Grundfragen heutigen diakonischen und politischen Handelns, Strukturen und Arbeitsfelder heutiger Diakonie (sowie) Diakonie und gesellschaftspolitische Verantwortung im Sozialstaat« (Stoffpläne, 7.1; Erg. i.Kl. M.P.).

Außerdem können im Bereich der Spezialkenntnisse weitere, hieran anknüpfende Themenkomplexe vertiefend behandelt werden. So z. B.: »Einzelne Arbeitsfelder heutiger Diakonie; Diakonie und Ökonomie; Struktur und Arbeitsweise von einzelnen diakonischen Einrichtungen; Bedeutende Gestalten aus der Geschichte der Diakonie; Diakonisches Handeln und Verkündigung, Ökumenische Diakonie usw.« (Stoffpläne, 7.2).

Über das reguläre Pflichtpensum hinausgehend können Vikare und Vikarinnen im Rahmen ihrer zweiten Ausbildungsphase einen deutlichen Akzent in diakonischer Hinsicht setzen: Sie haben zum einen die Möglichkeit, in ihrer Gemeinde ein zeitlich begrenztes Praxisprojekt mit Diakonieprofil durchzuführen und so konkrete Arbeit mit Reflexion derselben zu verbinden (Ordnung, §16). Zum anderen steht es ihnen frei, in ihrem fünften Ausbildungshalbjahr ein Sondervikariat unter der Überschrift »Diakonie und gesellschaftliche Verantwortung« wahrzunehmen, um so außergemeindliche diakonische Arbeit intensiver kennen zu lernen und sich mit der Problematik von Diakonie im Sozialstaat vertraut zu machen. In der EKvW stehen dafür zurzeit folgende Einsatzorte zur Verfügung:

- Diakonisches Werk der EKvW – Landesverband der Inneren Mission, Münster
- von Bodelschwingh'sche Anstalten, Bethel
- Evangelisches Johanneswerk e.V., Bielefeld
- Diakoniewerk Ruhr-Witten, Witten
- Evangelische Stiftung Ludwig-Steil-Hof, Espelkamp (Übersicht, 8).

Fazit: Das Thema »Diakonie« ist wesentlicher Bestandteil der zweiten Ausbildungsphase. Es gehört zu den vorgegebenen Arbeitshauptgebieten und wird dementsprechend auch im Prüfungskanon berücksichtigt. Seine Bedeutung kann fakultativ durch die Wahl eines Praxisprojekts und eines Sondervikariats mit diakonischer Prägung besonders akzentuiert werden.

Allerdings wäre es wünschenswert, wenn darüber hinaus die Diakonie(wissenschaft) in der ersten Ausbildungsphase aus ihrem bisherigen »Randexistenz-Dasein« herausgeführt und – ganz so wie in der zweiten Ausbildungsphase – im studientechnisch verbindlichen Fächerkanon fest eingebunden würde. Sie sollte darüber hinaus auch obligatorischer Gegenstand der Ersten kirchlichen Dienstprüfung sein.

Auf diese Weise könnten allen Studierenden diakoniewissenschaftliche Grundkenntnisse (Grundkompetenzen) vermittelt werden, die eine Basis für die zweite Ausbildungsphase (Performanzerwerb) böte. Dabei wäre zu gewährleisten, dass die Studien- und die Vikariatszeit keine zufällig aufeinander folgenden, letztlich nicht zusammengehörigen Ausbildungsetappen darstellen, sondern als eine gegliederte funktionale (Spannungs-)Einheit wahrzunehmen sind: Für den ersten Ausbildungsabschnitt mit vornehmlich wissenschaftlich-theoretischer Prägung müsste dafür die kontinuierliche Integration von Praxisbezügen gesichert sein, um Erfahrungsdefiziten zu wehren; und für den zweiten Ausbildungsabschnitt mit in erster Linie lebens- bzw. handlungsbezogenen Komponenten müsste der Erhalt analytisch-diskursiver und reflexiver Vorgehensweisen erklärtes Ziel bleiben, um zunehmender »Entwissenschaftlichung« zu begegnen. Das so entstehende Beziehungsgefüge von Theorie und Praxis entspräche einem inklusiv-integrativen Ausbildungsverständnis, das eine Verbindung von fachwissenschaftlichen und berufsfeldbezogenen Elementen ermöglichte. Vor diesem Hintergrund könnten das notwendige Zusammenspiel von theologischer Sachklärung und deren subjekt- wie gesellschaftsbezogener Kontextualisierung sowie der Erwerb von Handlungsvermögen (Performanz) für professionelle diakonische Arbeitsfelder in Kirche und Gesellschaft sinnvoll koordiniert und konstruktiv zur Geltung gebracht werden. Es gäbe dann vermutlich weniger verfälschende Simplifizierungen, die mit kaum steuerbarer Eigendynamik die Herausbildung weltloser Theologie auf der einen Seite und die Entstehung weltlicher Heillosigkeit auf der anderen Seite unterstützen. Stattdessen könnte sich ein ganzheitlich ausgerichteter Lehr-Lern-Kosmos entwickeln, in dem Kopf, Herz und Hand in einem komplexen Prozess von Wahrnehmung, Reflexion, Entscheiden und Handeln zusammenwirken bzw. – zumindest teilweise parallel – aufeinander Bezug nehmen könnten. Wissen würde in diesem Kontext zu »Lebenswissen«, das »Wissen fürs Leben« und »Wissen vom Leben« umfasst und nicht das eine vom anderen trennt.

Fazit: Das Thema »Diakonie« sollte sowohl in der ersten als auch in der zweiten Ausbildungsphase verbindlich vorkommen und integrativer Bestandteil beider kirchlicher Dienstprüfungen (Erstes und Zweites Examen) sein.

Um möglichen Missverständnissen vorzubeugen, sei an dieser Stelle noch einmal darauf hingewiesen, dass es im gegebenen Zusammenhang keineswegs um eine einebnende Umwidmung von Theorie in Praxis oder von Praxis in Theorie gehen soll. Auch die in der diakonischen Ausbildung von zukünftigen Pfarrer/innen notwendigen theorie- und praxisorientierten Lernprozesse sollen prinzipiell weiterhin unterscheidbar bleiben. Es ist z. B. durchaus angeraten, grundsätzlich zwischen additiven und transformativ angelegten Lernvorgängen zu differenzieren und sich (als Lehrende/r wie als Lernende/r) immer wieder bewusst zu machen, dass Erstere darauf abzielen, Faktenwissen zu vermitteln, während Letztere Grundorientierungen aufschlüsseln helfen und Veränderungen von Verhaltensweisen ermöglichen sollen. Beides ist in einer modernen, zunehmend selbstreflexiven Gesellschaft im Übergang zur Postmoderne sinnvoll und notwendig, wobei das transformative Element eindeutig mehr kritisches Potenzial freisetzt als das additive und gezielter dazu anleitet, geeignete Kulturbestände auf ihre Plausibilität und Tragfähigkeit hin zu befragen. Wer transformativ lernt, wird zum Autor/zur Autorin des eigenen Lebens und konstruiert individuelle Lebenswelt und Lebensgeschichte; er/sie arbeitet daran, subjekthafte Erfahrungen in einzelnen Lebensbereichen zu erfassen, reflexiv zu vermitteln und im pluralen gesellschaftlich-kulturellen Kontext zu kommunizieren.

Wo dies in unmittelbarem Bezug zu diakonisch-sozialen Handlungsfeldern und Herausforderungen und auf der Basis des Evangeliums geschieht, entstehen Sinn- und Wertorientierungen, deren Wurzeln in der befreienden Botschaft und dem zum Leben ermutigenden Beispiel Jesu Christi liegen. Sie stellen ein theologisch-ethisches Grundgerüst dar, das Gelegenheit dazu bietet, im jeweiligen Kontext die je eigene Subjektivität in der Begegnung mit Menschen, Inhalten und Strukturen zu bedenken, zu entwickeln und zu entfalten und dabei vergangenheits- und zukunftsorientierte »Erinnerungsarbeit« zu leisten. Im Vordergrund stehen dabei der Kontakt zwischen wirklichen Menschen und menschlicher Wirklichkeit und das Bemühen darum, zentrale Fakten biblischer Überlieferung in ihrer konkreten Bedeutung für eigenes und fremdes Leben wahrzunehmen. Dabei werden immer wieder kreative Neuinterpretationen angestammter Überlieferung und verschiedene Prozesse der Rekonstruktion, der Dekonstruktion und der Konstruktion von Erfahrungswelt benötigt. Die eigenen Lebensmöglichkeiten werden konturiert und zeitgleich transzendiert; es geht dabei nicht nur um das jetzt Machbare, sondern immer auch um das Zugesagte, noch Ausstehende, aber von Gott her grundsätzlich Denkbare; es geht also um eigene Lebensgrenzen und -chancen in einer gemeinsamen, gegebenen und aufgegebenen Welt-Schöpfung und damit um sozial-diakonisches Lernen bzw. *diakonische Bildung als theologisch verankertes und zu verantwortendes »Existenzprojekt«:* Der/die Einzelne soll eingedenk der lebensförderlichen Taten und Absichten Gottes zur Entwicklung geprägten (Selbst-) Bewusstseins und zur Herausbildung tragfähiger Beziehungen befähigt werden. Dabei sind kognitive, emotionale und affektiv-handlungsbezogene Aspekte zu berücksichtigen und die bereits genannten ganzheitlichen Durchdringungs- und Aneignungsprozesse mit Kopf, Herz und Hand anzuvisieren. Ausgebildet werden sollen schließlich das Vermögen, Gott weltbezogen und Welt gottbezogen wahrzunehmen bzw. zu erfassen und beides interpretierend darzustellen und zu kommunizieren, sowie die Fertigkeit, in dieser Welt selbstbestimmt, verantwortlich und zukunftsorientiert als Theologe bzw. Theologin leben und arbeiten zu können.

Wo Letzteres gelingt, werden Diakonie-Lernende zu Diakonie-Lehrenden, die andere Menschen dazu befähigen, diakonische Kompetenzen und Performanzen auszubilden und diese in Theorie und Praxis zu bewähren.

Fazit: Diakonische Ausbildung hat theoretische und praktische Dimensionen zu berücksichtigen und sollte als theologisch verankertes und zu verantwortendes »Existenzprojekt« wahrgenommen werden.

Um genauer beurteilen zu können, was Theologen im Detail lernen sollen, wenn es um diakonische Kompetenz und Performanz geht, empfiehlt es sich, eine dreifache Differenzierung vorzunehmen. Dabei möchte ich ein bisher ungebräuchliches Kunstwort einführen und von »diakonischer Kompermanz« sprechen. Dieser Verbundbegriff weist programmatisch auf das Ineinander bzw. Miteinander von Fähigkeiten und Fertigkeiten hin, die zur gedanklichen sowie tathaften Durchdringung und Gestaltung diakonischer Kontexte benötigt werden, und konfiguriert als solcher die dynamische Spannungseinheit von Kompetenzen und Performanzen.

Diakonische Kompermanz besitzt fachliche, personale sowie soziale Perspektiven und kann in diesen Teilbereichen wie folgt umschrieben werden:

- *Fachliche Kompermanz im diakonischen Umfeld* umfasst alle Fähigkeiten und Fertigkeiten, die benötigt werden, um sozial-diakonische bzw. theologisch-ethische Sachverhalte angemessen wahrzunehmen, darzustellen und zu kritisieren; sie ermöglicht und sichert die Organisation und Verwaltung spezifischen Fachwissens im Blick auf die Verständigung über die lebensgestaltende und lebenserhaltende (befreiende) Kraft des Evangeliums. – Die zentrale Fragestellung im Bereich diakonisch-fachlicher Kompermanz lautet: Welcher Bezugsrahmen bzw. welches Orientierungssystem bestimmt mich als diakonisch denkendes, entscheidendes und handelndes Wesen (vor Gott und vor der Welt)?
- *Personale Kompermanz im diakonischen Umfeld* schließt diejenigen Fähigkeiten und Fertigkeiten ein, die zur Selbstwahrnehmung, Selbstbewusstheit und -annahme sowie zur Selbstorganisation benötigt werden; dazu gehören u. a. ausgereiftes Problembewusstsein, Sinnsensibilität und Kreativität, um persönliche Interessen und Bedürfnisse personadäquat verantwortlich zu regulieren, deren Potenziale zu entfalten und die Bedeutsamkeit der religiösen Dimension für die eigene Existenz zu erkennen und nachzuzeichnen. – Die zentrale Fragestellung im Bereich diakonisch-personaler Kompermanz lautet: Wer bin ich als diakonisch denkendes, entscheidendes und handelndes Wesen (vor Gott und vor der Welt)?
- *Soziale Kompermanz im diakonischen Umfeld* inkludiert alle Fähigkeiten und Fertigkeiten, die eine angemessene Erfassung und Durchdringung menschlicher Situationen sowie der von ihnen betroffenen Individuen zustande kommen lassen; sie zentriert sich auf Fremdwahrnehmung, bewusste Begegnung mit anderen Menschen und auf Fremdannahme (Akzeptanz und Toleranz) und fördert so die Herausbildung von Kooperationswillen und -ermöglichung. – Die zentrale Fragestellung im Bereich diakonisch-sozialer Kompermanz lautet: Wen bzw. was gibt es außer mir als diakonisch denkendem, entscheidendem und handelndem Wesen in der von Gott gegebenen und aufgegebenen Welt und welche Beziehungen sind zwischen mir und anderen (seien es andere Menschen oder auch Gott als »der ganz Andere«) bzw. anderem in dieser Welt möglich?

Um die Berücksichtigung aller benannten Bereiche diakonischer Kompermanz im Rahmen der Ausbildung zukünftiger Pfarrer/innen möglichst umfassend zu gewährleisten, müsste künftig für die erste und die zweite Ausbildungsphase ein erweiterungsfähiger Kanon theologisch-diakonisch bestimmter institutionalisierter Lehr-Lern-Situationen herausgebildet werden. Dies könnte im Rahmen einer speziellen, bereichsspezifisch ausgestalteten *Diakonie-Didaktik* geschehen. Um diese zu entwickeln, ist zunächst einmal weitere Grundlagenarbeit zu leisten, die insbesondere darauf abzielt, die inhaltliche Füllung des Terminus technicus *Diakonie-Didaktik* zu verdeutlichen und ihn als Komplex-Größe mit praktischer und theoretischer Konnotation zu markieren. – Schließlich geht es, wenn von *Diakonie-Didaktik* die Rede ist, keineswegs um eine bloße Anwendungslehre mit reinem Praxisbezug, sondern um eine wissenschaftlich-reflexive Disziplin mit Verbundcharakter. Diese besitzt eine Brückenfunktion, ist also dazu angetan, z. B. zwischen unterschiedlichen theologischen Richtungen, zwischen Theologie und Humanwissenschaften und auch zwischen Forschung und Alltag etc. zu vermitteln. Sie ist eine wissenschaftlich-reflexive Disziplin, die sämtliche in Lehr- und Lernprozessen wirksamen Faktoren erfassen und beschreiben kann. Ihr Hauptaugenmerk sollte einerseits darauf ausgerichtet sein, die Dynamik des Lehrens und Lernens zum Zweck der Theoriebildung zu verstehen sowie zu erklären, und andererseits darauf, die Fähigkeiten und Fertigkeiten zu vermitteln, die dazu benötigt werden, gezielte Lehr-Lern-Prozesse person-, sach- und situationsadäquat planen und durchführen zu können.

Der Aufbau und die innere Gliederung einer *Diakonie-Didaktik* ergeben sich dann folgerichtig: Zunächst einmal müssten Begründungsstrukturen, Zieldimensionen und methodische Grundlegungen für die Erarbeitung diakonischer Topoi bedacht werden; dabei ginge es in erster Linie um theoretisch ausgerichtete Explikation. Parallel dazu wäre es sinnvoll, modularisierte Lehr-Lern-Einheiten vorzustellen, die dem zuvor Erörterten strukturell-inhaltlich entsprechen; dies würde hauptsächlich praxisorientierte Applikation bedeuten. Die so entstehende, hier nur ansatzweise zu skizzierende Einheit von Theorie und Praxis bzw. von Explikation und Applikation wäre dauerhaft aufrechtzuerhalten und zu stabilisieren. Wo dies geschähe, könnten diakonisch ausgerichtete Ausbildungsvorgänge entstehen, die von ihrem Profil her als komplexe Sinneinheiten mit prinzipiell religiöser Dimension zu beschreiben wären; diese könnten umfassen:

- die Reflexion der jeweiligen Bedingungen und Kontexte des diakonisch-religiösen Lehrens und Lernens an unterschiedlichen Lehr-Lern-Orten (anthropologische und soziokulturelle Voraussetzungen);
- die Reflexion der Möglichkeiten und Grenzen diakonisch-religiösen Lehrens und Lernens (Wissenschaftsorientierung versus Glaubenseinführung/Spiritualität);
- die Reflexion der Begründung und Verantwortung diakonisch-religiöser Lehr-Lernprozesse (Normativität);
- die Reflexion der Interaktion zwischen Lehrenden und Lernenden (und/oder innerhalb der gesamten Lerngruppe) und
- die Reflexion der anzuwendenden Methoden und der einzusetzenden Medien etc.

Die Entwicklung einer in diesem Sinne reflexiven *Diakonie-Didaktik* wäre alles andere als »diakonaler Selbstzweck«. Sie würde zwar in erster Linie dazu beitragen, Quantität und Qualität diakonischer Dimensionen in der Ausbildung von Theologen und Theologinnen zu vergrößern bzw. zu verbessern, aber genau das würde letztlich auch eine Schärfung des kirchlichen Profils zukünftiger Pfarrer/innen bewirken. Schließlich ist Diakonie eine Gestalt des kirchlichen Zeugnisses von Gottes Liebe zur Welt in Jesus Christus und vollzieht sich aufgrund dessen – und eben nicht grundlos oder selbstzweckorientiert – in Wort und Tat als ganzheitlicher Dienst am Menschen (siehe dazu Satzung, 1).

»Diakonische Themen ziehen sich wie ein roter Faden durch meine Ausbildungszeit. Ich habe mich seit Beginn meines Studiums besonders intensiv mit der ›Behindertenproblematik‹ befasst – und das in allen Disziplinen. Auf diese Weise war ich gut gerüstet, als ich mein Diakoniepraktikum in Bethel begann. Im Vikariat konnte ich dann all das vertiefen, was ich vorher erarbeitet hatte. Und zum Zweiten Examen musste ich eigentlich kaum mehr Neues erkunden; da war im Großen und Ganzen nur noch Erinnern und Wiederholen angesagt.« (Pfarrer, 32 Jahre alt)

Manfred Riegger

Lehr- und Lernformen aus diakonisch-sozialer Perspektive

Ein Hauptschüler scheibt: »In meinem (diakonischen) Praktikum hatte ich eine Stelle in einem Pflegeheim in Bad Heilbrunn (Oberbayern). Die Aufgabe dieser Einrichtung ist es, alte Menschen zu versorgen und zu betreuen. In dem Pflegeheim wohnen ca. 35 Senioren, die Patienten sind überwiegend Frauen. Zu meinen Aufgaben gehörte es, mit den Patienten spazieren zu gehen, denn die meisten konnten nicht mehr alleine gehen, ihnen das Essen zu bringen und ihnen zu helfen, in den Fahrstuhl zu gelangen. Die meiste Zeit habe ich damit verbracht, mit ihnen Spiele, z. B. ›Mensch ärgere dich nicht‹, zu spielen. Da ich während meines Praktikums eigentlich nicht in einem Senioren-Pflegeheim arbeiten wollte, hatte ich keine Erwartungen, sondern nur die Befürchtung, dass ich es nicht schaffen würde. Obwohl in diesem Heim nur sehr schwere Pflegefälle leben, war es ein sehr positives Erlebnis für mich, dass es drei Patienten gab, die noch etwas verstanden haben und fähig waren, richtig zu spielen und zu lachen. Negativ habe ich die bedrückende Stille erlebt, die nur durch gelegentliche Schreie unterbrochen wurde. Ich musste dort Tag für Tag erleben, dass diese Menschen durch Alzheimer nicht mal mehr fähig waren, die einfachsten Tätigkeiten auszuführen. U. a. habe ich immer wieder versucht, den alten Frauen das Würfeln beizubringen, mit mäßigem Erfolg (da sie z. B. den Würfel immer wieder in ein Glas mit Wasser geschmissen haben.) ... «

Mich berühren die Erlebnisse dieses 14-jährigen Hauptschülers, welche ihm während eines einwöchigen Praktikums in einem Pflegeheim widerfahren sind und welche er im ersten Teil seines im Deutschunterricht angefertigten Berichtes schildert. Doch sind Erlebnisse der Betroffenheit das Einzige, was bleibt? Um angesichts solcher oder ähnlicher Erlebnisse das darin enthaltene Potenzial für diakonisch-soziales Lernen weiter zu heben, wird im Folgenden die Bedeutung von Lehr- und Lernformen zu reflektieren sein.

1 Lehr- und Lernformen im Rahmen diakonisch-sozialer Bildung

1.1 Begriffe

Trotz einer Fülle von Definitionen zum Verständnis von Unterrichtsmethoden (vgl. dazu Meyer 1994, 45f) – im Weiteren spreche ich der Einfachheit halber nur von Methoden – wird darunter traditionell eine »Sammelbezeichnung für alle Wie- und Wegfragen unterrichtlichen Lehrens und Lernens« (Lachmann 2002, 18) verstanden. In den Blick genommen werden damit jene »Verfahren und Arbeitsweisen, die im Unterricht verwendet werden, um ein Lernergebnis zu erzielen« (ebd., 19). Eine solche Sichtweise birgt jedoch die Gefahr, dass das Verhältnis von Form und Inhalt als lediglich »äußerlich« im Sinne eines »reinen« Methodeneinsatzes, einer »äußerlichen« Verpackung für einen schon feststehenden Inhalt missverstanden wird. Demgegenüber ist im Bereich des diakonisch-sozialen Lernens, das nicht selten »lebensbezogenes Lernen und die Auseinandersetzung mit existenziellen Fragen« einschließt, die »Lernkultur« einer Lerngruppe entscheidend (Schweitzer 2003a, 200). Erst auf der Grundlage einer angemessenen Lernkultur, die ich als emotionales Gehaltensein beschrieben habe (vgl. Riegger 2002, 261f) und die das Anliegen des diakonisch-sozialen Lernens nicht nur punktuell, sondern in ihrer Gesamtheit bejaht und unterstützt, sind Methoden begründet zu wählen. Das Gleiche gilt für die Medien des Unterrichts, die gleichsam als »objektive Seite der Methoden« (Schulz 1996, 168) angesehen werden können. Um das Dargelegte auf begrifflicher Ebene zu berücksichtigen, bevorzuge ich die Bezeichnung Lehr- und Lernformen.

Die gewählte Bezeichnung erlaubt ferner, Differenz und Verbindung von Lehren und Lernen in Anschlag zu bringen. Denn einerseits ist daran festzuhalten, dass diakonisch-soziales Lernen durch Lehre nicht gemacht werden kann und somit eine kausal-lineare Verbindung von Lehren und Lernen (im Sinne eines technizistischen Verständnisses) abgewehrt werden muss. Andererseits ist jedoch nicht zu übersehen, dass auch diakonisch-soziales Lernen eines Lernarrangements vonseiten der Lehre bedarf, womit deutlich wird, dass in der Lehre äußere Bedingungen für innere diakonisch-soziale Lernprozesse organisiert werden müssen (vgl. dazu Terhart 1992, 89). Der zuletzt genannte Aspekt sollte in Bezug auf diakonisch-soziale Lernprozesse präzisiert werden, denn das zu gestaltende Lernarrangement bezieht sich sowohl auf die Ermöglichung von praktischen Erlebnissen bzw. Erfahrungen (in der Regel außerhalb des Unterrichts) als auch auf deren Begleitung (unterrichtlich wie außerunterrichtlich). Unter diakonisch-sozialer Perspektive darf deshalb eine Betrachtung von Lehr- und Lernformen nicht vorschnell auf Unterricht eingeengt werden. Denn eine Beschränkung, beispielsweise auf das Unterrichtsgespräch, würde andere Gesprächsformen, die für diakonisch-soziale Lehr-Lernprozesse von wesentlicher Bedeutung sein können, aus dem Blickfeld geraten lassen (vgl. 3.1 und 3.3).

Für die Beurteilung der Angemessenheit von Lehr- und Lernformen ist im vorliegenden Zusammenhang an einem Verständnis von diakonischer Bildung (vgl. Schmidt/Zitt 2004 und Nipkow, in diesem Band) Maß zu nehmen. Zentral ist für mich ein Bildungsverständnis, bei welchem anvisiert wird, dass Menschen durch »Bildung die Fähigkeit erwerben, sich selbst, andere und die Wirklichkeit insgesamt zu verstehen und sich zu all diesem in ein verantwortliches praktisches Verhältnis zu setzen« (Mette 2002, 34). Aus diakonisch-sozialer Perspektive ergibt sich dann die Bildungsaufgabe, dass Menschen in der Lage sind »die Not und das Leid hilfsbedürftiger Mitmenschen wahrzunehmen (Erkenntnis und Einsicht)« (Rekus 2000, 75), die Bedeutung eigenen diakonisch-sozialen Handelns unter dem Aspekt von diakonisch-sozialer Verpflichtung zu reflektieren (Werturteilsfähigkeit) sowie die »persönlichen Möglichkeiten und Grenzen des Dienstes am Mitmenschen unter dem Aspekt von Selbstverpflichtung, d. h. persönlicher Entscheidung einzuschätzen (Handlungsdispositionen)« (ebd.). In einem solchen Konzept wird die diakonisch-soziale Verpflichtung grundsätzlich vor der Vernunft begründet, wodurch den am Bildungsprozess Beteiligten ermöglicht werden soll, dass sie sich in einer pluralen Gesellschaft zurechtfinden sowie begründete diakonisch-sozial verantwortliche Entscheidungen treffen können, um gegenwärtig und zukünftig (soweit als möglich) selbstständig und verantwortlich ihr Leben zu gestalten. Dies kann »freilich prinzipiell nicht erzwungen werden, nur Anregung ist möglich.« (Liebau 1999, 171) Um diese angemessen zu ermöglichen, sind vom Gesichtspunkt der Lehr- und Lernformen aus die sich wechselseitig bedingenden Faktoren von Bildungsprozessen in den Blick zu nehmen.

1.2 Dimensionen von Lehr- und Lernformen in diakonisch-sozialen Bildungsprozessen

(1) Institutionelle Rahmenbedingungen und Lernumgebungen

Grundsätzlich geht es hier um das *Aufdecken struktureller Auswirkungen der Makroorganisation auf die Mikroebene*, also der Institution auf die konkrete Umsetzung spezifischer Lehr-Lernformen innerhalb einer bestimmten Institution. Wenn es sich beim diakonisch-sozialen Lernen im Kern um eine Synthese praktischer Erfahrungen von Menschen v. a. in sozialen Einrichtungen und darauf bezogener – wie auch immer gestalteter – (unterrichtlicher) Begleitung handelt, so drängt sich die Frage auf: Wie sind derartige Lernprozesse im institutionellen Rahmen der Schule, der Hochschule, der kirchlichen Gemeinde usw., aber auch der sozialen Einrichtungen (Kindergarten, Kinderheim, Kinderhort, Förderschule, Krankenhaus, Sozialstation, Werkstätte für Menschen mit Behinderungen, Aussiedler- bzw. Asylbewerberwohnheim, Senioren- und Pflegeheim usw.) angemessen zu initiieren? Beispielhaft sei auf die Unterschiedlichkeit des Bildungsauftrages eines Kindergartens und einer Hauptschule abgehoben, wenn die Leiterin eines Kindergartens einen Hauptschüler nach dem Vorstellungsgespräch für ein Praktikum aufgrund seines Verhaltens (u. a. erhebliche Defizite im Bereich der Umgangsformen) aus Verantwortung gegenüber ihrem Bildungsauftrag und ihren Kindern ablehnen muss. Aufgabe der Schule ist es dann, diesen Tatbestand mit dem Schüler zusammen im Gespräch aufzuarbeiten. Selbst wenn die institutionell bedingten Differenzen insgesamt nicht bagatellisiert werden dürfen, wie das Beispiel zeigen kann, so brauchen sie andererseits auch nicht dramatisiert werden, denn in der Regel dürfte sich ein genügend großer Bereich für eine angemessene Zusammenarbeit herausfinden lassen.

Darüber hinaus scheint sich im Blick auf die Lehr- und Lernformen die Koppelung von zwei unterschiedlichen Institutionen, wie beispielsweise eines Kindergartens und einer Hauptschule und damit verbunden von praktischen Schülerfahrungen innerhalb der einen und unterrichtlicher Begleitung innerhalb der anderen, als problematisch zu erweisen. Die Öffnung der Schule in Richtung sozialer Einrichtungen und damit die Erweiterung auf Lebensbereiche, die in der Schule so nicht vorkommen, sowie die damit aufseiten der Schüler/innen empirisch nachgewiesene gesteigerte Lebensrelevanz von Unterricht und die erhöhte Sensibilität für diakonisch-soziale Fragestellungen (vgl. Kuld/Gönnheimer 2000, 78) können jedoch ermutigen, die Suche nach Lehr- und Lernformen (vgl. u. a. Kopp-Engel/Engel 2003; Kuld/Gönnheimer 2004) zu intensivieren, die geeignete Verbindungen zu unterstützen vermögen. In welcher Institution auch immer diakonisch-sozial gelernt werden soll, es sind *konkrete Voraussetzungen einer Lernumgebung* zu beachten. In Anlehnung an Otto Marmet können die Bedingungen für solche Lehr-Lernprozesse wohl dann als *besonders günstig* angesehen werden,

»– wenn der Lernende sich sicher fühlt und den Menschen, mit denen er zusammen ist, vertrauen kann;
– wenn er neugierig und bereit ist, ein Risiko einzugehen;
– wenn er neues Verhalten in einer entspannten Atmosphäre handelnd erproben kann;
– wenn er alternative Möglichkeiten des Verhaltens bei anderen beobachten kann;
– wenn er eigene Schwäche und Unvollkommenheit akzeptiert und nicht krampfhaft perfekt werden will;
– wenn auch die anderen ihn so akzeptieren, wie er ist« (Marmet 1996) und
– wenn Anerkennung und Wertschätzung für das geleistete Engagement erfolgen (vgl. Kuld/Gönnheimer 2000, 154).

Demgegenüber können ungünstige Lernbedingungen – wie ein »starker Selektions- und Prüfungsdruck, die Überbetonung von Erfolg (Belohnungen, Zensuren), Rivalität und Konkurrenzdenken, spöttische Haltungen (Herabsetzen, Bloßstellen, Auslachen), Intoleranz gegenüber dem, was von der Norm abweicht und Perfektionismus« (Marmet 1996) – diakonisch-soziales Lernen behindern. Als Grundlage für den Einsatz von Lehr-Lernformen zur Unterstützung diakonisch-sozialen Lernens innerhalb des je vorgegebenen und auf die veränderbaren Bedingungen hin untersuchten institutionellen Rahmens ist dafür Sorge zu tragen, dass die günstigen Lernbedingungen möglichst maximiert und die ungünstigen weitgehend minimiert werden.

(2) Ziele

Im komplexen Geflecht der verschiedenen Dimensionen ist auch der Zusammenhang von Lehr- und Lernformen mit dem Ziel des diakonisch-sozialen Lernens zu bedenken, soll dieses doch durch entsprechende Arrangements verwirklicht werden. Der Zielbestimmung entsprechend, nämlich der verantworteten Beschäftigung mit dem Diakonisch-Sozialen in einer lebensnahen Lernsituation (vgl. Gönnheimer 2002, 198), sind jene Lehr- und Lernformen bevorzugt zu wählen, die eine aktive Auseinandersetzung mit und eine Entwicklung von dem diakonisch-sozialen Bereich verpflichteten Haltungen unterstützen, welche mit »Hilfsbereitschaft, ... Kommunikation, Kooperation und ... Solidarität mit Menschen, die aus welchen Gründen auch immer auf die Hilfe anderer angewiesen sind« (Kuld 2001, 293), bezeichnet werden können. Als besonders geeignet erscheinen somit jene Lehr- und Lernformen, welche die mitmenschliche Begegnung ebenso ermöglichen wie die authentische Erfahrung menschlichen Seins und mitmenschlicher Wirklichkeit: die Sensibilisierung für die Not, das Leid, das Glück des/der anderen und die reflexive, verantwortungsbezogene Auseinandersetzung damit (vgl. Riegger 2003b). Somit sollen weder Mitleidgefühle erzeugt noch bestimmte Verhaltensweisen direkt bewirkt werden. Vielmehr geht es darum, insbesondere nach den praktischen Erfahrungen eine Vielfalt an Lehr-Lernarrangements anzubieten, um einen Austausch unter den Beteiligten sowie ein Nachdenken über sich, andere und die Welt zu unterstützen. Da dies u. a. die Beschäftigung mit Fehlformen des Helfens (vgl. Schmidbauer 1997) wie mit erlernter Hilflosigkeit (vgl. Seligman 1975; Peterson u. a. 1993) einschließt, ist die Zielperspektive eine an der Realität orientierte Kultur des Helfens in unserer Gesellschaft.

(3) Inhalte

Das Diakonisch-Soziale – als Teil der schulischen Bildung – wird nicht wie beispielsweise verschiedene Formen der binomischen Gleichungen gelernt, sondern in lebensnahen Begegnungen mit hilfsbedürftigen Menschen. Das pädagogisch Neue ist hierbei der durch empirische Begleitforschung untermauerte Kerngedanke, dass diakonische Praktika »langfristig zu veränderten Verhaltensbereitschaften und Haltungen« im Bereich des sozialen Handelns führen können, »wenn sie mit Fachunterricht verknüpft sind, der informierend, reflektierend und bewertend auf Erfahrungen in den Praktika vorbereitet und nachträglich eingeht« (Kuld 2001, 293f). In diesem Zusammenhang wird festgestellt, dass mit einer solchen Vernetzung zwar ein fächerverbindendes Unterrichtskonzept umgesetzt wurde, in dem motivierte Lehrpersonen in ihrem Fachbereich ohne Schwierigkeiten Anknüpfungspunkte inhaltlicher Art an Vorgaben der Lehr- bzw. Bildungspläne im schulischen Bereich fanden. Offen blieb jedoch, welcher Lehr- und Lernformen sie sich bedienten (vgl. Kuld/Gönnheimer 2000, 69).

Hier scheint mir inhaltlich ein Doppeltes hilfreich zu sein: Zunächst sollte stärker herausgestellt werden, dass sich diakonisch-soziales Lernen auf helfendes Handeln bezieht, wovon sozialpsychologisch dann gesprochen werden kann, »wenn die Absicht besteht, einer konkreten Person eine Wohltat zu erweisen« (Bierhoff 2002, 178). In der direkten Begegnung und Kommunikation mit hilfsbedürftigen Menschen (z. B. im für alle verpflichtenden Praktikum) geht es also darum, dass Teilnehmende sich darum bemühen, einer anderen Person oder Personengruppe etwas Gutes zu tun, dieser Anteilnahme entgegenzubringen, sie zu unterstützen etc. Führen Teilnehmende nach dem Praktikum freiwillig diese Tätigkeiten weiterhin durch, so erlaubt dieses zusätzliche Merkmal der Freiwilligkeit, die entsprechenden Tätigkeiten als altruistisch bzw. prosozial (ebd.) zu bezeichnen.[1] Sodann ist darauf hinzuweisen, dass die angesprochenen, dem diakonisch-sozialen Bereich verpflichteten Haltungen einer Manifestation bedürfen. Deshalb ist es wohl sinnvoll, diese Erscheinungsformen im Hinblick auf »laute« und »leise« zu unterscheiden. Derlei Differenzierung scheint mir deshalb wichtig, weil es geschehen kann, dass sich diakonisch-sozial »laute« Phänomene aufdrängen. Darunter verstehe ich wortwörtliches Tun (z. B. wenn einer schwerhörigen Person Spielregeln erklärt werden) ebenso wie Handlungen, die wegen ihrer Besonderheit die Wahrnehmung auf sich ziehen (z. B. das Waschen alter Menschen). Diakonisch-sozial »leise« Phänomene, wie das schweigende, aber doch aufmerksame Zuhören, könnten in der Gefahr stehen als weniger bedeutend übersehen zu werden.

(4) Personale Faktoren

Nicht zu vernachlässigen ist, dass die Lehr-Lernformen im Bereich des diakonisch-sozialen Lernens von den personalen Komponenten abhängig sind. Auch für das im schulischen Rahmen stattfindende diakonisch-soziale Lernen sind neben den Lernen-

---

1 Vgl. zum Ganzen auch D. Fetchenhauer/H.-W. Bierhoff, Altruismus aus evolutionstheoretischer Perspektive, in: Zeitschrift für Sozialpsychologie 35 (2004), 131–141; M. Bahr, Prosoziales Lernen, in: N. Mette/F. Rickers (Hg.), Lexikon der Religionspädagogik, Bd. 2, Neukirchen-Vluyn 2001, 1572–1575, und B. Grom, Religionspädagogische Psychologie des Kleinkind-, Schul- und Jugendalters, 5. vollst. überarb. Aufl. Düsseldorf 2000, bes. 194–212.

den und Lehrenden verstärkt auch das nähere Umfeld der Schüler/innen, also insbesondere die Eltern, die professionelle Fachkraft und nicht zuletzt die hilfsbedürftigen Menschen selbst zu berücksichtigen. Mittels geeigneter Lehr-Lernformen ist beispielsweise die Passgenauigkeit von Lernenden und Hilfsbedürftigen sowie betreuenden professionellen Fachkräften bestmöglichst herzustellen. So kann ein 14-jähriger Schüler, der ohne (jüngere) Geschwister aufwächst, beim Spielen mit Kindergartenkindern ebenso »aufblühen« wie die aus Russland stammende Schülerin im Krankenhaus bei der Betreuung von russisch sprechenden Patienten. Gewöhnlich ist im Gespräch das unterstützende Potenzial der professionellen Fachkraft wie das der Eltern zu eruieren und zu fördern. Von Schülerseite ist angemahnt worden, dass nur solche Lehrende diakonisch-soziale Lernprozesse begleiten sollten, die sich auch für die Schüler/innen interessieren (vgl. Kuld/Gönnheimer 2000), was auf eine grundsätzlich gute Lehrer-Schüler-Beziehung als Basis für den Einsatz entsprechender Lehr-Lernformen schließen lässt. Die Lehrperson muss sich die Spezifika dieses Lernens insgesamt zu eigen machen, um die darin enthaltenen Möglichkeiten entdecken zu können (vgl. ebd., 75). Zu erwarten ist ferner, dass Lehrende, die selbst nicht willens oder in der Lage sind, sich mit dem diakonisch-sozialen Bereich auseinander zu setzen und gegebenenfalls Grenzerfahrungen auszuhalten, Schüler/innen nicht so begleiten können, dass diese sich sicher fühlen. Eine besondere Sensibilität aufseiten der Lehrkraft erfordert es zudem, mit geeigneten Lehr-Lernformen den geschlechtsspezifischen Sozialisationsbedingungen und damit den Unterschieden in den traditionellen Rollenerwartungen (vgl. Riegger 2003a, 20ff) ebenso angemessen gerecht zu werden wie dieser Art des Lernens eher ablehnend gegenüberstehende Schüler/innen dafür zu öffnen (vgl. Riegger 2003b, 2004a, 2005b). Wenn sich die Lehrperson selbst für ein solches Lernen öffnet, hat es positive Rückwirkungen auf den Schulraum, z. B. in Form einer erhöhten Motivation für den Unterricht insgesamt (vgl. Kuld/Gönnheimer 2000, 75). Weitgehend gelungenes diakonisch-soziales Lernen ermöglicht es zudem im Blick auf die Lehr- und Lernformen, das persönlich-schülerorientierte Potenzial des Unterrichts auszuschöpfen, ohne inhaltliche Vorgaben zu vernachlässigen (vgl. Kuld/Gönnheimer 2000, 78).

Aus der Vielfalt der Aspekte, die innerhalb der erörterten Dimensionen für einen reflektierten Gebrauch von Lehr- und Lernformen im diakonisch-sozialen Bereich von Bedeutung sind, werden im Folgenden m. E. wesentliche, aber bisher noch nicht hinreichend in den Blick genommene Gesichtspunkte eingehend beleuchtet.

2 Spezifika des diakonisch-sozialen Unterrichts

Aufgrund der Bedeutung, welche dem diakonisch-sozialen Handeln im hier vertretenen Verständnis von diakonisch-sozialer Bildung beigemessen wird, sollte das im schulischen Bereich häufig eingespielte Zueinander von kognitiven, emotionalen bzw. affektiven und pragmatischen bzw. psychomotorischen Komponenten des Unterrichts neu bedacht werden. Dabei zeichnen sich in Bezug auf die Lehr- und Lernformen für mich besonders die Aspekte Erfahrungsbezug und Diskurskultur als wesentlich ab, weshalb einige grundlegende Hinweise zum Einsatz von Lehr- und Lernformen in diakonisch-sozialen Bildungsprozessen nötig werden.

2.1 Lernen durch Erfahrung

Weil sich diakonisch-soziale Bildung wesentlich »›in, mit und unter‹ dem Begleiten, Beraten, Pflegen ... vollzieht« (Nipkow, in diesem Band), ist sie grundlegend auf praktisches Lernen und damit auf »Lernen durch Erfahrung« (Riegger 2002, 123) bezogen. Somit dürfte deutlich werden, dass diakonisch-soziale Bildung notwendig auf diakonisch-soziale Handlungen und dabei gesammelte Erlebnisse bzw. Erfahrungen der Einzelnen sowie auf dabei gewonnene Einsichten verwiesen ist. Doch Erfahrung »hat ihre eigene Evidenz, sie ist zunächst unzugänglich für Argumente von außen«, weshalb »neue Formen des Umgangs mit den legitimen Einzelerfahrungen, mit den vielen authentischen Antworten in einer Lerngruppe zu entwickeln« sind, bevor sie ins Gespräch mit den geronnenen »Erfahrungen (christlicher) Generationen vor und neben uns gebracht werden können« (Bitter 2002, 237). Aus diesem Grund kläre ich meinen allgemeinen Erfahrungsbegriff und mache ihn gleichzeitig für ein unterrichtliches Vorgehen dadurch handhabbar, dass eine Differenzierung von Erfahrung auf drei Ebenen erfolgt.

Mein theoretischer Ausgangspunkt ist ein integrales Erfahrungsverständnis (vgl. Riegger 2002, bes. 179-185), nach dem Glaube als »Erfahrung mit der Erfahrung« (E. Jüngel) verstanden wird. Auf dieser Basis kann ich eine Unterscheidung auf drei Ebenen der Erfahrung vornehmen, und zwar alltägliche, religiöse und christliche Erfahrung. Die drei Erfahrungsebenen kommen durch eine Typisierung von je unterschiedlichen »Interpretationsrahmen« (E. Schillebeeckx) zustande, aufgrund derer allererst Erlebnisse zu Erfahrungen werden. Wenn davon ausgegangen wird, dass »Transzendenz *in* der menschlichen Erfahrung liegt« (Schillebeeckx 1977, 47) und – vereinfacht gesprochen – als dasjenige verstanden werden kann, »was jenseits unserer Subjektivität und ihres Fassungsvermögens liegt« (Theißen 2003, 180), so zeichnen sich m. E. die drei Typen von Erfahrungen folgendermaßen aus:

1. *Alltägliche Erfahrung* kommt aufgrund eines Interpretationsrahmens zustande, dessen Transzendenzorientierung vornehmlich rein innerweltlich ausgerichtet ist (z. B. Fortbestand einer Freundschaft). Auf dieser Ebene kann das hier zur Debatte stehende Lernen als soziales Lernen im Hinblick auf sozialverpflichtete Haltungen verstanden werden.
2. Aus der Vielfalt religiöser Phänomene kann nach religionsgeschichtlichen Befunden *religiöse Erfahrung* dahingehend verstanden werden, dass sie aufgrund eines Interpretationsrahmens zustande kommt, dessen Transzendenzorientierung maßgeblich »an Heil verheißenden Mächten, die über den Wirkraum der Menschen hinausliegen und ihren Schicksalsweg vorausgehen« (Kern 1985, 213), ausgerichtet ist (vgl. z. B. die verschiedenen Weltreligionen). Auf dieser Ebene könnte soziales Lernen im Hinblick auf wie auch immer geartete religiöse Traditionen oder Weltanschauungen transparent werden, wodurch eine interreligiöse Perspektive eröffnet wäre.
3. Mit *religiös-christlicher Erfahrung* wird religiöse Erfahrung dahingehend spezifiziert, dass der Interpretationsrahmen entscheidend an der christlichen Offenbarung und gegebenenfalls an entsprechenden konfessionellen Besonderheiten ausgerichtet ist. Auf dieser Ebene könnte soziales Lernen als diakonisches Lernen bzw. als Lernen von *Compassion* (vgl. Metz 2000, Riegger 2004b) gefasst

werden.[2] Somit werden die Begrifflichkeiten diakonisches Praktikum und dem Diakonischen verpflichtete Haltungen verdeutlicht.

Der *Zusammenhang der drei Ebenen* wird dadurch deutlich, dass sowohl im Christentum wie auch in verschiedenen Religionen davon ausgegangen wird, dass das Transzendente im Immanenten, also im rein Innerweltlichen und damit auf der alltäglichen Ebene, »irgendwie« gegenwärtig ist. So besteht die Möglichkeit, eine christlich-religiöse Erfahrung im Bereich der Diakonie auch als religiöse Erfahrung kommunikabel zu machen, deren sichtbare Manifestation als alltägliche Erfahrung im Bereich des sozialen Lernens beschreibbar ist. Wird jedoch umgekehrt von alltäglicher Erfahrung im Bereich des Sozialen ausgegangen, zu der auch ein Mensch mit reinem Immanenzbezug fähig ist, braucht es zur Interpretation als religiöse und als christlich-religiöse Erfahrung im Bereich des Diakonischen nicht nur die jeweiligen Interpretationsrahmen als Angebote, sondern auch die Aktivität der sich bildenden Menschen selbst. Ohne diese Aktivität würde es sich lediglich um Indoktrination handeln. Selbst wenn mit der Bezeichnung diakonisch-soziale Bildung v. a. die erste und dritte Ebene herausgehoben sind, erhalten wir m. E. mit der Unterscheidung dreier Erfahrungsebenen eine Ausgangsbasis für ein produktives Gespräch mit allen Beteiligten einer pluralen Gesellschaft. Dabei ist zu betonen, dass diese drei Erfahrungsebenen nicht gegeneinander ausgespielt werden dürfen, sondern als integrierend anzusehen sind, womit christliche Glaubenserfahrungen als Angebot für Menschen in der heutigen pluralen Gesellschaft im Rahmen von je angemessenen Lehr-Lernformen ins Spiel gebracht werden und wirklich Raum greifen können.

2.2 Modell des »realistisch diakonisch-sozialen Diskurses«

In Erweiterung bisheriger Modelle einer Diskursethik, welche v. a. auf argumentative Diskurskompetenzen abheben, ist diakonisch-soziale Bildung wesentlich auf eine praktische Hermeneutik verwiesen. Aus diesem Grund sind Kriterien für eine reflexive Auseinandersetzung im Sinne eines realistischen Diskurses innerhalb diakonisch-sozialer Bildung auf der Basis von diakonisch-sozialen Handlungen herauszuarbeiten.

(1) Das Basismodell des realistischen Diskurses

F. Oser (1998) entwarf auf der Grundlage des entwicklungsorientierten Ansatzes von L. Kohlberg einen Diskursansatz, der »stärker die subjektiven, sozialen und kommunikativ-prozessualen Bedingungen für die Auseinandersetzung um eine moralisch begründete Problemlösung in konkreten Situationen« (Oser 2001, 84) berücksichtigt.

2 Vgl. dazu aus der neueren theologischen Literatur v. a. K. Bopp (1998), Barmherzigkeit im pastoralen Handeln der Kirche. Eine symbolisch-kritische Handlungstheorie zur Neuorientierung kirchlicher Praxis, München; zusammenfassend ders. (2002), Barmherzigkeit, Praktisch-theologisch, in: K. Baumgartner/P. Scheuchenpflug (Hg.), Lexikon der Pastoral, Bd. 1, Freiburg i. Br., 130–134; S. Dybowski (1992), Barmherzigkeit im Neuen Testament – Ein Grundmotiv caritativen Handelns, Freiburg i. Br., sowie M. Zehetbauer (1999), Die Polarität der Botschaft Jesu. Konsequenzen für die Ethik, Regensburg.

Seinen Ansatz entfaltete er in der Beschäftigung mit der Diskursethik von K.-O. Apel (1988) und J. Habermas (1983, 1991), welche eine »ideale Kommunikationsgemeinschaft« voraussetzen, in der »Handlungsprobleme einer Lösung zugeführt werden können, die den die menschliche Gemeinschaft und die Autonomie des Einzelnen tragenden Prinzipien entspricht« (Oser 2001, 84). Die Differenz zwischen einer solchen idealen Kommunikationsgemeinschaft und der Realität in einer Schule ist als beachtlich anzusehen. Denn während auf der einen Seite das »letzte Ziel die Normbegründung an sich ist,« geht es auf der anderen Seite um »Lernen in stets durch ungünstige Randbedingungen belastete, durch mancherlei Kommunikationsschranken begrenzte und durch die kognitiven Fähigkeiten und den Stand der sozialen Entwicklung der Beteiligten begrenzte Problemlöseprozesse« (ebd.). Das Lösen solcher Probleme hat in diesem Ansatz zwar Vorrang vor der grundsätzlichen Begründung der Norm, doch ist zu fragen, welche Probleme überhaupt in den Blick kommen.

An dieser Stelle kann vom Konzept der diakonisch-sozialen Bildung her konkretisiert werden, dass hierbei jene Probleme in den Blick kommen, wie sie sich in der Begegnung und Kommunikation mit hilfsbedürftigen Menschen darbieten. Hierin sehe ich eine realistische Chance, individuelles Handeln mit Teilbereichen einer lebensweltlichen Realität so in einen Bedingungszusammenhang zu bringen, dass sich daraus konkrete Perspektiven für einen realistischen Diskurs im Raum der Schule entwickeln lassen. Aus diesem Grund bringe ich im Folgenden das von Oser dargelegte Diskursmodell mit dem Ansatz des Konzepts einer diakonisch-sozialen Bildung in Verbindung, sodass eine Klärung der Bedingungen (2) und der Entscheidungstypen (3) erfolgt.

(2) Bedingungen für einen realistischen Diskurs innerhalb eines diakonisch-sozialen Konzepts von Bildung

a) Wissen um die Notwendigkeit diakonisch-sozialverpflichteter Haltungen: Wissen um die notwendige Verantwortung ist eine Voraussetzung, damit sich eine Person für diakonisch-sozialverpflichtete Haltungen einsetzen kann. Erst wenn sie wahrnimmt, dass Verantwortung übernommen werden müsste, kann sie entweder Verantwortung abwehren oder aber sich entscheiden, in irgendeiner Weise diese Verantwortung zu übernehmen.

Wird Verantwortung übernommen, muss der »realistische diakonisch-soziale Diskurs« einen Platz bekommen. Durch das diakonische Praktikum erfolgt eine Unterbrechung bisheriger beruflicher Alltagsroutinen der Lehrenden, eine Veränderung der Schulorganisation und des Schuljahresablaufs sowie eine Öffnung des Unterrichts auf Lebenswelten hin, die in der Schule sonst real so nicht vorkommen und die für die Schüler/innen Neues bringen. Für den praktischen Teil des Konzepts wie für die schulische Begleitung sind äußere Vorkehrungen zu treffen, aber auch innere Bereitschaft zu wecken, etwas einem Diskurs zu unterziehen. Denn Diskurse sind nur erfolgreich, wenn die Beteiligten sie wollen und sich dem Prozess der Auseinandersetzung um die Bedeutung von diakonisch-sozialer Verpflichtung öffnen.

b) Engagement für diakonisch-sozialverpflichtete Haltungen: Hier ist der Wille da, etwas für die Entwicklung diakonisch-sozialverpflichteter Haltungen zu tun. Die Lehrperson engagiert sich, damit andere sich engagieren.

Um dies zu erreichen, braucht es einen regelgeleiteten Austausch über diakonisch-sozialverpflichtete Haltungen, damit die Beteiligten sich im Gespräch öffnen, um Ängste, Betroffenheit, erfahrene Schwierigkeiten, Bedrücktsein, Erleichterung, Können usw. in den Diskursprozess einzubringen. Dies ist eine komplexe Aufgabe, die pädagogische Verantwortung und Vorbereitung erfordert, damit produktive Auseinandersetzungen stattfinden können.

c) Realisierung einzelner diakonisch-sozialverpflichteter Haltungen: Realisierung bezieht sich hier auf im Praktikum vollzogene diakonisch-sozialverpflichtete Handlungen ebenso wie auf eine adäquate Bezugnahme auf solche Handlungen im Unterricht, wobei mögliche Dilemmata und Kontroversen in den Blick zu nehmen sind.

Denn es nützt wenig, wenn auf das Diakonisch-Soziale bezogene Inhalte lediglich »aufgetischt« werden. Vielmehr geht es darum, divergierende Aussagen und Erfahrungen so zu koordinieren, dass sie zu Prinzipien des Diakonisch-Sozialen in ein Verhältnis gesetzt werden können. Die Schulklasse bzw. Lerngruppe kann sich Schritt für Schritt angesichts eigener Erfahrungen im Praktikum bestimmte diakonisch-soziale Haltungen zu Eigen machen. Folglich herrscht eine Art »eingeschränkter Universalismus« (Oser 2001, 85) vor, weil zwar nach der Verallgemeinerbarkeit von diakonisch-sozialen Haltungen gefragt wird, aber nicht in Form einer Generalisierung, sondern für die je spezifische Situation angemessen. Das heißt: Die auf dem Hintergrund des Praktikums als unmittelbar drängend wahrgenommenen Fragestellungen sollen befriedigend geklärt werden.

d) Annahme von Einsichtsfähigkeit: Die Lehrperson nimmt an, dass die Beteiligten sich an den Verpflichtungsaspekten des Diakonisch-Sozialen orientieren und Einsicht in ihre Selbstverpflichtung erlangen können. Mit anderen Worten: Es wird der gute Wille unterstellt, dass sich während des gesamten Zeitraums eine Einsicht entwickeln kann, warum jede/r der Beteiligten so und nicht anders handeln muss.

Die Rolle der Lehrperson ist insofern von besonderer Bedeutung, als sie die Basis für eine produktive Auseinandersetzung schafft, welche als Vertrauen und praktizierter Vorschuss an »Zu-Mutungen« bezeichnet werden könnte. Lehrpersonen sollten durch ihre Haltung zeigen, dass sie es allen Schülern zutrauen, die Balance zwischen Dimensionen des Diakonisch-Sozialen so herzustellen, dass sich entsprechende Haltungen entwickeln können.

e) Handeln und Einsicht: Es ist nicht Teil dieses Diskursmodells, dass die Lehrperson sich aus der Sache heraushält.

Hier wird also das Augenmerk auf die Rolle der Lehrpersonen gerichtet. Die Lehrkraft ist nicht nur Beobachter/in oder Kontrolleur/in, sondern aktiv Beteiligte im doppelten Sinne: einerseits mit erfahrungsbezogenen Einblicken in die entsprechenden diakonisch-sozialen Lebenswelten und andererseits in den jeweiligen Austauschprozessen. Dabei äußert sie ihre Meinung, die von Bedeutung ist, weil sie ein »Mensch mit Wissen, mit Erfahrung und mit Können« (ebd.) ist. Diese Meinung kann zwar ebenso wie die anderen Meinungen kritisiert werden, aber sie gibt auf diese Weise Richtungen und Versuche der Entwicklung von diakonisch-sozialverpflichteten Haltungen an. So werden auch Inhalte übermittelt.

Wenn alle fünf Bedingungen tatsächlich vorhanden sind, kann man von einem vollständigen »realistisch diakonisch-sozialen Diskurs« sprechen. Doch auf dem Weg dahin sind Entscheidungen zu treffen.

(3) Entscheidungstypen der Lehrperson

Die Lehrperson hat zu entscheiden, wie sie unterrichtet. Dies kann im vorliegenden Zusammenhang nach fünf Typen kategorisiert werden.

a) Vermeidung: Obwohl ein Problembewusstsein vorhanden ist, vermeidet es die Lehrperson, Verantwortung zu übernehmen, um z. B. eine Unterbrechung der gewöhnlichen Routine im Schulalltag herbeizuführen.

Gründe könnten u. a. im Prinzip der Nicht-Einmischung (Aufgabe der Schule ist lediglich die Wissensvermittlung), der zu großen zeitlichen Beanspruchung (der Lehrplan ist wichtiger) und der Nicht-Zumutbarkeit (Schüler/innen können keine diakonisch-sozialverpflichteten Haltungen erproben, weil sie zu jung sind) liegen. Allen Gründen ist gemeinsam, dass man sich dadurch dem »realistischen diakonisch-sozialen Diskurs« entziehen will. Die Betroffenen müssen zur Entwicklung diakonisch-sozialverpflichteter Haltungen erkennen, dass entsprechend einschlägige Situationen behandelt werden.

b) Delegieren: Die Lehrperson akzeptiert zwar die Verantwortung für diakonisch-sozialverpflichtete Haltungen, gibt diese aber sofort an andere Personen (Kollegen, Schulleitung, Eltern) oder Institutionen weiter. Wer delegiert, weiß oder stellt sich zumindest vor, welche diakonisch-sozialverpflichteten Haltungen die Schüler/innen entwickeln sollten, hält sich aber alle Möglichkeiten offen. Die unbedingte Notwendigkeit einer kommunikativen Organisation, also das Einfordern der Rahmenbedingungen für die Auseinandersetzung mit diakonisch-sozialverpflichteten Haltungen, damit sich die Beteiligten öffnen können, ist nicht vorhanden.

c) Alleinentscheidung: Wer eine Alleinentscheidung trifft, setzt unmittelbar alles ein, was an Strategien zur Verfügung steht und einigermaßen legitim ist, um ein meist intuitiv als richtig empfundenes Verhalten von Schülern zu erreichen. Ein Handeln nach diesem Entscheidungstyp ist schnell und effizient, doch kann auch festgestellt werden, dass es eine »diskursfeindliche Seite« (Oser 1998, 77) aufweist. »Sowohl die Intuition als auch das schnelle Eingreifen können unzweckmäßig« (ebd.) sein. Dieses »Handeln stellt eher eine Art Regulierung« (ebd.) als eine Koordination von Verpflichtungsansprüchen dar, und »meistens müssen die Betroffenen die Mitteilungen des Alleinentscheiders als Handlungsbefehle verstehen« (ebd., 78). Es kann also gesagt werden, dass das Handeln nicht an den unmittelbaren Diskurs zurückgebunden ist. Selbst wenn Strategien der Diskussion eingesetzt werden, geschieht dies, ohne dass der Diskurs tatsächlich ermöglicht wird.

d) Unvollständiger »realistisch diakonisch-sozialer Diskurs«: Die Lehrperson bespricht sich mit den betroffenen Personen, glaubt sie zu verstehen, entscheidet aber allein. Im Unterschied zur Alleinentscheidung werden die betroffenen Personen als Mitreflektierende eingeschätzt. Im Unterschied zum vollständigen diakonisch-sozialen

Diskurs übernimmt die Lehrperson die Bürde der Entscheidung bezüglich der Verpflichtungsaspekte, was impliziert, dass sie die Einsichtsfähigkeit nicht ganz den anderen Personen zumutet, nicht die vollständige Notwendigkeit des Wissens um die Begründung vor der Vernunft annimmt, sondern nur jeweils einen Teil davon. Das letzte Wort behält sich diese Person selbst vor.

e) Vollständiger »realistisch diakonisch-sozialer Diskurs«: Die Lehrperson unterstellt hier nicht nur vernünftiges Verstehen, sondern mutet auch die Fähigkeit zum Handeln und zur Einsicht zu.

Hier wird also Bildung als Ermöglichung des Entwicklungsprozesses von diakonisch-sozialverpflichteten Haltungen verstanden, in welchem sich die Lehrperson als Beteiligte und Initiator versteht. Fachdidaktische Kompetenz kann nicht mehr als solche allein zum Zuge kommen. Diese ist vielmehr getragen von der Basishaltung, die jene kommunikativen Vorbedingungen schafft und sie auch lebt, welche diakonisch-sozialverpflichtete Haltungen prozessual immer wieder und stets neu sich entwickeln lassen.

Die skizzierten Entscheidungstypen müssen nicht nur so verstanden werden, dass lediglich der zuletzt genannte Typ anzustreben wäre und die anderen als defizitär abzulehnen sind. Denn eine Auseinandersetzung mit diakonisch-sozialverpflichteten Haltungen ist nicht automatisch schlecht, wenn nicht alle fünf Aspekte berücksichtigt werden. Doch ergibt eine Kombination von Diskursbedingungen und Entscheidungstypen unterschiedliche Arten der Bezugnahme auf diakonisch-sozialverpflichtete Haltungen im Unterricht, die von der Lehrperson angestrebt werden können.

Abschließend kann gesagt werden, dass es falsch, unnötig und wohl auch kontraproduktiv wäre, wenn stets ein vollständiger »realistisch diakonisch-sozialer Diskurs« zur Entwicklung diakonisch-sozialverpflichteter Haltungen im Unterricht durchgeführt würde. Vielmehr ist vertiefend darüber nachzudenken, wann Lehr-Lernformen so eingesetzt werden sollten, dass sie den dargestellten Diskursbedingungen entsprechen. Es müssten also Kriterien angegeben werden, die entscheiden helfen, wann eine Situation »diskursgeladen« ist, d. h. wann mit größter Wahrscheinlichkeit die Vernachlässigung des vollständigen »realistisch diakonisch-sozialen Diskurses« eine verantwortungslose Handlung der Lehrkraft darstellen würde, weil die mögliche Entwicklung von diakonisch-sozialverpflichteten Haltungen unterbleibt. Es ist hier jedoch nicht der Ort, ausführlich auf solche Kriterien einzugehen.

2.3 Gibt es für diakonisch-soziales Lernen besonders geeignete Lehr- und Lernformen?

Vieles spricht m. E. bisher dafür, dass es keine spezifischen Lehr-Lernformen gibt, welche ausschließlich für den diakonisch-sozialen Unterricht gebraucht würden. Wohl ist anzunehmen, dass über die dargestellten Zusammenhänge hinaus vor allem solche Lehr- und Lernformen sich als für diakonisch-soziales Lernen gut geeignet herausstellen könnten, mit denen die Kluft zwischen Klassenzimmer und diakonischem Praktikum ansatzweise überwunden werden kann. Diesem Kriterium scheinen am ehesten jene Lehr-Lernformen zu entsprechen, welche auf die eine oder andere Weise einen Erfahrungsbezug erlauben.

Sodann scheint eine monistische Verwendung von Lehr-Lernformen dem diakonisch-sozialen Lernen nicht dienlich zu sein. Vielmehr sollte eine Vielfalt des methodischen Arrangements verwirklicht werden, um auf unterschiedlichsten Ebenen einen Austausch unter den Mitschülern sowie ein Nachdenken über sich und die Welt zu unterstützen.

Schließlich scheint die Quantität des Einsatzes von Lehr- und Lernformen, mit denen ein Konzept der diakonisch-sozialen Bildung umgesetzt werden soll, für veränderte und länger anhaltende Verhaltensbereitschaften in diesem Bereich nicht unwichtig zu sein; denn tendenziell wurde festgestellt, dass ein positiver Zusammenhang zwischen häufiger Thematisierung und entsprechenden Bereitschaften besteht (vgl. Kuld/Gönnheimer 2000, 78).

3 Exemplarische auf Schule bezogene Praxis

Die folgenden Beispiele stammen aus unterschiedlichen 9. Hauptschulklassen, in denen ich unterrichtet habe. Dienen sie als Ausgangspunkt für eigene Umsetzungen, so ist es unerlässlich, dass zumindest die oben skizzierten Dimensionen des Unterrichts bedacht werden (vgl. auch Riegger 2005a).

3.1 Gespräche

In verschiedenen Interaktionen fielen immer wieder einige Schüler/innen auf, die dem diakonischen Praktikum ablehnend gegenüberstanden (vgl. Riegger 2003a, 2005b). Hier ist es notwendig, dass die Schule im Vorfeld bemüht ist, »solche ablehnenden Schüler ... zu öffnen, indem sie ihnen mögliche individuelle und allgemeine Dimensionen« des Konzepts erschließen hilft (Kuld/Gönnheimer 2000, 101). Wie dies geschehen kann, sei an folgenden Beispielen zum Umgang mit geschlechterspezifisch sozialisierten Rollenerwartungen verdeutlicht.

Bei meiner ersten Vorstellung dessen, um was es sich beim diakonischen Praktikum handelt, meldeten Schülerinnen in einer Klasse kaum Einwände an. Einige Äußerungen von Jungen lauteten jedoch:

A: »So etwas haben wir doch bisher nicht gemacht!«
B: »Was bringt denn so ein Praktikum?«
C: »Warum soll ich in einer sozialen Einrichtung arbeiten?«

Während eines weiteren Gesprächs in dieser Klasse ereignete sich folgende, in Auszügen wiedergegebene Interaktion:

Ich: »Mir ist aufgefallen, dass vor allem die Jungen Bedenken wegen des Praktikums haben.«
A (Junge): »Die Mädchen können das halt!«
Ich: »Dann machen wir das jetzt so, dass die Mädchen Mathematikaufgaben weiter machen, damit wir Männer unter uns reden können.«

Kurzes Umsetzen im Klassenzimmer. In der einen Hälfte erledigten die Mädchen ihre Aufgaben, in der anderen Hälfte redete ich mit den Jungen.

Ich: »Es interessiert mich jetzt schon, was die Mädchen besser können.«

A: »Daheim passen die auf kleine Kinder auf.«

D: »Und helfen beim Wickeln der Kleinen.«

E: »Überhaupt wissen die, wie man mit Kindern umgeht.« …

Ich: »Ist das so schwer, auf Kinder aufzupassen oder mit alten Menschen spazieren zu gehen?«

D: »Was soll ich machen, wenn eine Oma beim Spazierengehen nichts sagt?«

Ich: »Wer kann Vorschläge machen?«

F: »Unser Nachbar ist 86 und manchmal verwirrt. Wenn der mich sieht, dann erzählt er immer von früher. Ich brauch' da gar nichts sagen.« …

Im weiteren Gespräch tauschten mehrere Jungen ihre bisher gemachten Erfahrungen aus, die sich auf kleine Kinder, Menschen mit Behinderungen und vor allem alte Menschen bezogen. Während des Gesprächs täuschten die Mädchen wohl mehr einen Arbeitswillen vor, als dass sie einen solchen umsetzten, denn sie lauschten aufmerksam unserem Gespräch.

Das Eröffnen neuer Perspektiven lässt sich an folgendem Beispiel verdeutlichen, bei dem ein Junge seine Ablehnung begründete:

G: »Warum soll ich denn ein solches Praktikum machen? Ich werde nie etwas mit dem Sozialen zu tun haben!«

Ich: »Was für einen Beruf willst du lernen?«

G: »Ich werde Maurer!«

Ich: »Du hast sicher bei unserem Schulgebäude gesehen, dass vergessen wurde, behindertengerecht zu bauen. Deshalb musste auch die Auffahrrampe nachträglich eingebaut werden. Wenn du schon jemand in einem Rollstuhl geschoben hast, dann könntest du beim Bauen sagen, wie diese Rampen konstruiert sein müssen.«

G: »Das kann ich aber im ersten Lehrjahr dem Meister nicht sagen.«

Ich: »Das glaube ich auch, aber es braucht auch Gesellen, die nicht nur auf Anweisungen warten, sondern bei der Arbeit mitdenken.«

Dieser Schüler absolvierte dann sein Sozialpraktikum in einem Kindergarten.

Im folgenden Gesprächsausschnitt wurde die möglichst gute individuelle Passgenauigkeit zwischen Erwartungen und Lernchanchen ausgelotet.

Schüler: »Herr Riegger, ich gehe in den Kindergarten, weil ich weiß, dass ich mit kleinen Kindern umgehen kann.«

Ich: »Ich habe auch schon gesehen, wie gut du mit Kindern aus der ersten Klasse umgegangen bist, als du Pausenaufsichtshilfe warst. Ich glaube, dass du gut im Kindergarten arbeiten könntest. Ich glaube aber auch, dass du bei einer größeren Herausforderung noch mehr lernen könntest.«

Schüler: »Ich habe auch schon mit einem Schüler gesprochen, der im letzten Jahr im Altenheim war. Der hat gesagt, dass es nicht so schlimm ist.«

Dieser Schüler hat sich dann für einen Praktikumsplatz in einem Altenheim entschieden.

3.2 Rollenspiel

Zur Vorbereitung und Vorstrukturierung möglicher Situationen in einem Pflegeheim sowie zur Reduzierung von Angst vor Neuem initiierte ich drei Tage vor Beginn des Praktikums ein Rollenspiel, das die Szene am Ende des oben angeführten Schülerberichts zur Grundlage hatte. Schüler/innen spielten die vier Rollen:

Tisch. Mensch-ärgere-dich-nicht-Spiel. Mann, 79 Jahre alt, sehr vergesslich. Frau, 84, verwirrt. Als sie würfeln soll, wirft sie den Würfel in ein auf dem Tisch stehendes Glas. Praktikant, 14, spielt mit den alten Leuten Mensch-ärgere-dich-nicht. Frau, 77, gänzlich verwirrt, steht auf, geht aus dem Haus in Richtung Straße. Als dies der Schüler begriff, der die Rolle des Praktikanten einnahm, war er zunächst entsetzt, dann fragte er: »Ja was soll ich denn jetzt machen?« Nach Hinweisen von beobachtenden Mitschülern hielt er die 77-jährige Frau von ihrem »Spaziergang« ab.

Nach dem Praktikum kam ein Schüler, der in einem Pflegeheim arbeitete, auf mich zu und sagte: »Es war genau so, wie wir es gespielt haben!«

3.3 Besuch während des Praktikums

Der Besuch einer Lehrperson vor Ort darf nicht nur als ›netter‹ Ausflug betrachtet werden. Vielmehr sollte er insbesondere der Bewusstwerdung des Erfahrungshintergrunds der Schüler/innen wie der diese begleitenden professionellen Fachkräfte dienen. Dies kann das folgende Gespräch zeigen:

Beim Besuch eines Schülers in einem Kindergarten nahm mich die Gruppenleiterin und Betreuerin des Praktikanten zur Seite und fragte:

S: »Ich finde es gut, dass die Schüler ein solches Praktikum machen. Aber warum wird denn heute so ein Praktikum gemacht? Das gab es doch früher nicht.«

Ich: »Nehmen Sie diesen Schüler. Er ist ein Einzelkind und lebt bei seiner Mutter. Er hat kaum Umgang mit kleineren Kindern, wie dies früher fast immer üblich war.«

S: »Das habe ich so noch nicht bedacht.«

Mit dem diakonischen Praktikum wird vielen Schülern eine Möglichkeit geboten, ihnen bisher nicht oder kaum zugängliche Erlebnisse bzw. Erfahrungen zu machen, von denen man früher davon ausgehen konnte, dass sie allen zu eigen sind.

3.4 Auswertung von Praktikumserlebnissen

Intention: Um den Schülern eine erfahrungsbezogene Aktualisierung und eine bewusste Wahrnehmung von Erlebnissen, die sie mit dem Praktikum in Verbindung bringen, zu ermöglichen, wählte ich das hier zu beschreibende Vorgehen. Ein weiterer Grund lag darin, dass in dieser Klasse ca. 70 Prozent der Schüler/innen Deutsch nicht als Muttersprache hatten und mit diesem Vorgehen der sprachliche Austausch unterstützt werden sollte.

Sozialform: Sitzkreis
Material: Ausreichend weiße DIN-A5-Blätter, Tesa-Krepp, je ein Blatt DIN A5 mit der Aufschrift »schöne Erlebnisse« bzw. »bedrückende Erlebnisse«

Arbeitsschritte:

1. Weil für viele Deutsch nicht die Muttersprache ist, soll mit Hilfe der folgenden Vorgehensweise der Austausch über das diakonische Praktikum erleichtert werden. Bei dem, was wir jetzt machen, gibt es keine falschen Antworten. Wichtig ist nur, dass du konzentriert mitmachst. Wenn du etwas nicht verstehst, dann frage sofort nach.
2. Ihr habt sicher viel im diakonischen Praktikum erlebt. Verschiedenste Situationen. Was hast du getan? Mit Patienten geredet? Hast du mit ihnen gespielt? Vielleicht hast du sie gewaschen oder ihnen zu essen gegeben. Vielleicht waren es auch andere Tätigkeiten. Vielleicht dachtest du über die Menschen in deiner sozialen Einrichtung nach. – Alles Situationen, die irgendwie mit dem diakonischen Praktikum zu tun haben.
3. Überlege dir eine Situation, ein Erlebnis aus dem Praktikum. Skizziere dies auf dem Blatt! (Ich lege weiße DIN-A5-Blätter in die Mitte des Sitzkreises.)
4. Wenn alle mit ihrer Skizze fertig sind: Beschreibe die Situation und das dazugehörige Erlebnis (nicht reihum!). Die anderen sollten gut zuhören und überlegen, was sie daraus für sich lernen können.
5. Beim Zuhören der Schilderung der anderen sind dir vielleicht ähnliche Situationen eingefallen. Diese kannst du nun erzählen.
6. Mit Tesa-Krepp wird am Boden ein Kontinuum geklebt, dessen Pole jeweils das schönste und das bedrückendste Erlebnis bilden. Die Schüler/innen ordnen ihr Erlebnis zu. Arbeitsauftrag: Ordne bitte dein Bild auf der folgenden Skala zu! Wie war das Erlebnis am Anfang? – Wenn alle fertig sind: Was fällt dir auf? Nach dem Gespräch: Wo würdest du dein Bild heute auf der Erlebnisskala zuordnen? Was fällt dir jetzt auf?

schöne Erlebnisse — bedrückende Erlebnisse

Die Schüler/innen arbeiteten u. a. folgende Aspekte heraus:

- Es gibt ganz unterschiedliche Erlebnisse, die zum Leben gehören, und auch in einem eher bedrückenden Umfeld gibt es schöne Erlebnisse.
- Zunächst eher bedrückende Erlebnisse können sich verändern. Aus Angst kann Freude werden, dass ich es geschafft habe. Wenn ich nicht weiter weiß, kann ich andere um Rat fragen. Eine Schülerin berichtete: »Am ersten Tag war ich entsetzt, als ich in den Speisesaal kam und die vielen Behinderten sah. Mit der Zeit habe ich aber gemerkt, dass es wirklich liebenswerte Menschen sind. Vielleicht sind diese Behinderten normaler als wir Normale.«
- Abschließend sei noch erwähnt, dass eine aus Russland stammende Schülerin mit ihrer Skizze in der Hand die ersten drei Sätze vor der ganzen Klasse sagte. Und das nach ca. einem Jahr Klassenzugehörigkeit!

3.5 Praktikumsberichte

Der folgende Bericht entstand im Deutschunterricht, als das durch den Lehrplan vorgegebene Erstellen von Berichten konkret zu erlernen war:

»In meinem Praktikum hatte ich eine Stelle im Kreiskrankenhaus Bad Tölz, Innere Medizin. Die Aufgabe dieser Einrichtung ist es, kranke und verletzte Menschen zu versorgen, zu pflegen und zu heilen. Meine Aufgaben waren: Essen austeilen, Patienten füttern, waschen, beim Duschen helfen, Betten machen, Betten abziehen und frisch überziehen, Windeln wechseln, Tabletten austeilen, Sachen holen und wegtragen. Zu Beginn des Praktikums hatte ich Befürchtungen, dass es mir überhaupt nicht gefallen würde und dass ich schwer kranke Patienten zu betreuen hätte. Aber es fiel mir leicht, im Krankenhaus zu arbeiten, da mir die Arbeit viel Spaß machte und ich ziemlich nette Kollegen hatte. Es gab aber auch schwere Pflegefälle, Menschen, die oft nicht mehr wussten, was sie gerade gesagt hatten. Viele ältere Leute waren sehr durcheinander und haben über ihre Jugend erzählt, über Hitler und das Dritte Reich. Eine ältere Frau war am Waschbecken hingefallen, zum Glück konnte ich sie gerade noch auffangen. Sie war ziemlich schwer und ich konnte sie nicht mehr halten. Dann habe ich schnell die Schwester gerufen. In meinem Praktikum habe ich wichtige Erfahrungen gemacht, denn jetzt weiß ich, was ich werden will, nämlich Krankenschwester.« (Schülerin im Krankenhaus, 14 Jahre)

Bleibt mir noch, den eingangs nur halb wiedergegebenen Schülerbericht zu vervollständigen: »... Es ist mir nicht sehr schwer gefallen in dieser Einrichtung zu arbeiten, da ich keine pflegerische Tätigkeit übernehmen musste und wir zu zweit waren. Dennoch, als ich mir diese hilflosen Menschen so anschaute, hatte ich großes Mitleid mit ihnen, wie sie so alleine und traurig da saßen. Eine Aufgabe, die ich in diesem Altenheim übernehmen musste, schien auf den ersten Blick einfacher als sie es wirklich war. Mein Klassenkamerad und ich mussten mit einer Frau spazieren gehen. Sie konnte sich kaum auf den Beinen halten, und wir mussten sie rechts und links stützen. Bei jedem Schritt hatte ich die Befürchtung, dass sie uns umkippt. Ich war heilfroh, als wir sie wieder absetzen durften. Ich habe für mich die Erfahrung gemacht, dass Altenpfleger kein Beruf für mich ist. Ich hätte nicht gedacht, dass ich dieses Praktikum so gut überstehe. Meiner Meinung nach sollte jeder einmal in einer sozialen Einrichtung arbeiten.« (Schüler im Altenheim, 14 Jahre)

Dieser Meinung schließe ich mich an, in der Hoffnung, dass Lehr- und Lernformen so arrangiert werden, dass diakonisch-sozialverpflichtete Haltungen Raum greifen und sich eine an der Realität orientierte Kultur des Helfens in unserer Gesellschaft entwickelt.

Literaturverzeichnis

Achtnich, E.; Haug, E. (1972), Unterrichtsblätter für Konfirmanden, Gelnhausen/Berlin.

Adam, G. (1999), Die diakonische Dimension erschließen. In: Scheilke, Chr. T.; Schreiner, M. (Hg.), Handbuch Evangelische Schulen, Gütersloh, 143–149.

Adam, G. (2000), Diakonisches Lernen in Schule und Gemeinde. In: Glaube und Lernen. 15. Jg., 68–79.

Adam, G. (2002), Bildung als Dimension von Diakonie und Diakoniewissenschaft. In: Schweitzer, F. (Hg.), Der Bildungsauftrag des Protestantismus, Gütersloh, 124–141.

Adam, G. (2002), Diakonisches Lernen anstoßen – Das Soziale lernen. In: Pithan, A.; Adam, G.; Kollmann, R. (Hg.), Handbuch Integrative Religionspädagogik, Gütersloh.

Adam, G. (2003), Diakonisches Lernen als Beitrag zur Zivilgesellschaft. In: Schmidt, H.; Zitt, R. (Hg.), Diakonie in der Stadt. Reflexionen – Modelle – Konkretionen. Diakoniewissenschaft Grundlagen und Handlungsperspektiven. Bd. 8., Stuttgart, 35–143.

Adam, G. (2004), Diakonisch-soziales Lernen – eine Bildungsaufgabe. In: Adam, G. (Hg.), Diakonie – Nächstenliebe in unserer Zeit. FS G. Gäbler, Würzburg, 194–203.

Aebli, H. (1975), Über die geistige Entwicklung des Kindes, Stuttgart.

Aebli, H. (1980), Denken. Das Ordnen des Tuns (Bd. I: Kognitive Aspekte der Handlungstheorie. Bd. II: Denkprozesse), Stuttgart.

Aebli, H. (1987), Zwölf Grundformen des Lehrens, Stuttgart.

Ahrns, H.-J.; Feser, H.-D. (1997), Wirtschaftspolitik. Problemorientierte Einführung, 7. Aufl., München/Wien.

Akerlof, G. A. (1970), The Market for »Lemons«: Quality Uncertainty and the Market Mechanism. In: Quarterly Journal of Economics 84, 488–500.

Apel, K.-O. (1988), Diskurs und Verantwortung. Das Problem des Übergangs zur postkonventionellen Moral, Frankfurt a. M.

Appel, M. u. a. (2001), Zivilgesellschaft. Ein Konzept für Frauen? Eine feministische Konkretisierung, Wien.

Arbeitsgemeinschaft für Jugendhilfe (Hg.) (2003), Jugendhilfe & Bildung, Kooperation Schule und Jugendhilfe, Berlin.

Arbeitslosengruppen in Deutschland (1998), Adressenverzeichnis und Ergebnisse einer Umfrage, hg. von FALZ e. V., Bonn.

Arendt, H. (1960), Vita activa oder vom tätigen Leben, Stuttgart (Engl.: »The human condition«, Chicago 1957).

Arnold, K.; Mutz, Dr. G.; Korfmacher, S. (2001), Corporate Citizenship in Deutschland. Broschüre erhältlich bei: Broschürenstelle des Bundesministeriums für Familie, Senioren, Frauen und Jugend, Weinheim.

Atkinson, A. B. (1998), Poverty in Europe, Oxford/Malden.

Azahr, M. Z. (1997), Einbeziehung der islamischen Religion in die kognitive Verhaltenstherapie in Malaysia. In: Verhaltenstherapie, 34–39.

Baier, S. (2001), Schwierige Verständigung unter den Kindern Abrahams. In: Die Tagespost, Nr. 33 v. 17.3.2001, 9.

Bakhtin M. M. (1981), The dialogic imagination. Four essays by M. M. Bakhtin, hg. von Holquist, M.; Emerson, C.; Holquist, M., Austin.

Bakhtin M. M. (1986), Speech genres and other late essays, hg. von Holquist, M.; Emerson, C.; Holquist, M., Austin.

Baltes, P. B. J.; Mittelstraß, U.; Staudinger, M. (Hg.) (1994), Alter und Altern: Ein interdisziplinärer Studientext zur Gerontologie, Berlin/New York.

Bandura, A. (1977), Social Learning Theory, New York.

Bandura, A. (1986), Social foundations of thought and action. A social cognitive theory, New York.

Bargheer, F. W. (2001), Diakonisches Lernen. In: Mette, N.; Rickers, F. (Hg.), Lexikon der Religionspädagogik, Bd. 1, Neukirchen-Vluyn.

Bartsch, G. (2003), Vorurteile abbauen und Toleranz fördern. In: Kanzleiter, G. (Hg.), Praxishandbuch für integrative Jugendarbeit. An der Grenze geschieht Leben, Stuttgart, 65–68.

Bartsch, G. (2004), Blickwechsel – eine andere Welt erleben. Wie Führungskräfte von Menschen in sozialen Einrichtungen lernen. In: Geißler, K. A.; Laske, S.; Orthey, A. (Hg.), Handbuch Personalentwicklung, Köln, 7.26, 1–14.

Baur, W. (2001), Fit machen für ein Leben an den ausgefransten Rändern des Arbeitsmarktes – Chancen für junge Modernisierungsverlierer. In: Gropper, E.; Jenter, A. (Hg.): Statt Ausgrenzung und Gewalt, Stuttgart, 40–58.

Beauftragte der Bundesregierung für Migration, Flüchtlinge und Integration (2004), Migrationsbericht der Integrationsbeauftragten, Berlin/Bonn.

Beck, U. (1999), Schöne Neue Arbeitswelt. Vision: Weltbürgerschaft, Frankfurt a. M./New York.

Beck, U. (Hg.) (2000), Die Zukunft von Arbeit und Demokratie, Frankfurt a. M.

Belzen, J. (1997), Hermeneutical Approaches in Psychology of Religion, Amsterdam/Atlanta.

Benedict, H.-J. (2004), Gott als kooperative Macht der Barmherzigkeit und Gerechtigkeit – Biblische Diakonie, diakonische Gemeinde. In: Schibilsky, M.; Zitt, R. (Hg.), Theologie und Diakonie, Gütersloh, 66–78.

Berié, H.; Fink, U. (2000), Europas Sozialmodell – Die europäischen Sozialsysteme im Vergleich. Eine volkswirtschaftliche Analyse, WISO – Institut für Wirtschaft und Soziales.

Biehl, P.; Nipkow, K. E. (2003), Bildung und Bildungspolitik in theologischer Perspektive, Münster.

Biehl, P. (1999), Festsymbole. Zum Beispiel: Ostern. Kreative Wahrnehmungen als Ort der Symboldidaktik, Neukirchen-Vluyn.

Bierhoff, H.-W. (2002), Theorien hilfreichen Verhaltens. In: Frey, D.; Irle, M. (Hg.), Theorien der Sozialpsychologie. Bd. 2: Gruppen-, Interaktions- und Lerntheorien, 2. vollständig überarb. u. erw. Aufl., Bern u. a., 178–197.

Bildungskonzept für die Evangelisch-Lutherische Kirche in Bayern (ELKB) (2004): Fassung vom 1. März 2004 (Manuskript).

Bildungsplan 2004 für die Realschule, Ministerium für Kultus, Jugend und Sport Baden-Württemberg.

Bildungstheorie. In: Beiheft der Z. F. Päd., 205–229.

Birkhölzer, K. (2000), Formen und Reichweite lokaler Ökonomien. In: Ihmig, H. (Hg.), Wochenmarkt und Weltmarkt. Kommunale Alternativen zum globalen Kapital, Bielefeld, 56–88.

Bitter, G. (2002), Ästhetische Bildung. In: Bitter, G.; Englert, R.; Miller. G.; Nipkow, K. E. (Hg.), Neues Handbuch religionspädagogischer Grundbegriffe, München, 233–238.

Bizer, Chr. (2001), »Liturgie« als religionsdidaktische Kategorie. In: Neijenhuis, J. (Hg.), Liturgie lernen und lehren. Beiträge zu Liturgie und Spiritualität, Leipzig, 95–118.

Bizer, Chr. (2003), Kirchliches. Wahrnehmungen – sprachlich gestaltet – zum Wahrnehmen. In: Leonhard, S.; Klie, T. (Hg.), Schauplatz Religion. Grundzüge einer performativen Religionspädagogik, Leipzig, 23–46.

Bizer, Chr. (2004) Ecce homo – sehet welch ein Mensch! Vom christlichen Menschenbild,

wahrnehmend gestaltet. In: Bizer, Chr. u. a. (Hg), Jahrbuch der Religionspädagogik, Bd. 20, 113–122.
Bizer, K.; Sesselmeier, W. (2004), Reformprojekt D, Darmstadt.
Böhm, U.; Weingardt, M.; Willrett, S. (Hg.) (2000), Startversuche im Gemeinwesen – Jugendliche lernen soziale Verantwortungsfähigkeit. Dokumentation zu einem Forschungsprojekt, Stuttgart.
Böhm, L. G. (2003), Schule bleibt Schule. In: Rektorat der Evangelischen Fachhochschule Bochum (Hg.), Zukunft sozialer und pflegerischer Ausbildungsgänge und Berufsbilder in evangelischer Trägerschaft. Dokumentation, hg. von Mogge-Grotjahn, H.; Bußmann, U., Bochum, 18ff.
Böhm, W. (1994), Wörterbuch der Pädagogik, 14. Aufl., Stuttgart.
Böhnisch, L. (1999), Sozialpädagogik der Lebensalter: eine Einführung, 2. Aufl., Weinheim/München.
Böhnisch, L.; Schröer, W. (2001), Pädagogik und Arbeitsgesellschaft. Historische Grundlagen und theoretische Ansätze für eine sozialpolitisch reflexive Pädagogik, Weinheim/München.
Bollnow, O. F. (1959), Existenzphilosophie und Pädagogik. Versuch über unstetige Formen der Erziehung, Stuttgart.
Bönsch, M. (1991), Handlungsorientierter Unterricht, Oldenburg.
Bonß, W.; Keupp, H.; Koenen, E. (1984), Das Ende des Belastungsdiskurses? Zur subjektiven und gesellschaftlichen Bedeutung von Arbeitslosigkeit. In: Bonß, W.; Heinze, R. G. (Hg.), Arbeitslosigkeit in der Arbeitsgesellschaft, Frankfurt a. M.
Bosch-Gieseler, M. (2003), Ein anderer Grundkurstag – Begegnung mit behinderten Menschen. In: Kanzleiter, G. (Hg.), Praxishandbuch für integrative Jugendarbeit. An den Grenzen geschieht Leben, Stuttgart, 111–113.
Boulad, H. (1997), Caritas als Dienst der Evangelisation. In: Pompey, H (Hg.), Caritas – Das menschliche Gesicht des Glaubens: ökumenische und internationale Anstöße einer Diakonietheologie. Reihe »Studien zur Theologie und Praxis der Caritas und Sozialen Pastoral«, Bd. 10., Würzburg, 223–235.
Bourdieu, P. (1987), Die feinen Unterschiede. Kritik der gesellschaftlichen Urteilskraft, Frankfurt a. M.
Braun, H. (2001), Providing Social Services in a Multicultural Environment. The Case of Germany – Discussion Paper 76 des Studien- und Forschungsschwerpunktes Services Administration & Managament (SAM) und Zentrum für Arbeit und Soziales der Universität Trier, Fachbereich IV.
Breyer, F.; Franz, W.; Homburg, S.; Schnabel, R.; Wille, E. (2004), Reform der sozialen Sicherung, Berlin.
Breyer, F.; Zweifel, P.; Kifmann, M. (2004), Gesundheitsökonomik, 5. Aufl., Heidelberg u. a.
Brown, J. S.; Duguid, P. (1992), Stolen knowledge. Educational Technology Publications, Englewood Cliffs.
Brown, J, S.; Collins, A.; Duguid, P. (1989), Situated cognitions and the culture of learning. In: Educational Researcher 18, 32–42.
Buber, M. (1960), Reden über Erziehung, Heidelberg.
Büchele, H.; Wohlgenannt, L. (1985), Grundeinkommen ohne Arbeit. Auf dem Weg zu einer kommunikativen Gesellschaft, Wien.
Bundesamt für die Anerkennung ausländischer Flüchtlinge (2003), Wanderungsbewegungen, Nürnberg.
Bundesamt für die Anerkennung ausländischer Flüchtlinge (2003), Migration und Asyl, Nürnberg.
Bundesarbeitsarbeitsgemeinschaft Fort- und Weiterbildung in der Diakonie (Hg.) (2000), Grundaussagen zur Bedeutung Diakonischer Aus-, Fort- und Weiterbildung. Qualitätsstan-

dards für die Fort- und Weiterbildung von Leitungs- und Führungskräften in der Diakonie. Qualitätsstandards für die Fort- und Weiterbildung in der Diakonie, Berlin.
Bundesministerium für Familie, Frauen, Jugend und Senioren (Hg.) (2001), Streitschrift – Zukunftsfähigkeit sichern! – Für ein neues Verhältnis von Bildung und Jugendhilfe, Bonn.
Bundesministeriums der Justiz (1997), Lebenslagen nichtehelicher Kinder. Rechtstatsächliche Untersuchung zu Lebenslagen und Entwicklungsverläufen nichtehelicher Kinder, Köln.

Colby, A.; Damon, W. (1995), The development of extraordinary moral commitment. In: Killen, M.; Hart, D. (Hg.), Morality in everyday life. Developmental perspective, Cambridge/New York, 342–370.
Collins, A.; Brown, J. S.; Newman, S. E. (1989), Cognitive apprenticeship. Teaching the craft of reading, writing and mathematics, Cambridge.
Collmar, N. (2004), Schulpädagogik und Religionspädagogik. Handlungstheoretische Analysen von Schule und Religionsunterricht, Göttingen.
Comenius, J. A. (1964), Unum necessarium, hg. von Seeger, J.; Keller, L., Hamburg.
Comenius, J. A. (1965), Pampaedia. Lat. Text und dt. Übers., hg. von Tschizewskij, D. u. a., Heidelberg.
Cremer, H.; Pestieau, P. (2003), Social insurance competition between Bismarck and Beveridge, Manuskript, University of Toulouse (IDEI and GREMAQ), CREPP, University of Liège, CORE and Delta.
Crüsemann, F. (2003), Soziales Recht und freiwillig soziales Engagement im Alten Testament. In: Schmidt, H.; Zitt, R. (2003), Diakonie in der Stadt. Reflexionen – Modelle – Konkretionen, Stuttgart, 25–43.

Daheim, H.-J.; Schönbauer, G. (1993), Soziologie der Arbeitsgesellschaft: Grundzüge und Wandlungstendenzen der Erwerbsarbeit, Weinheim u. a.
Dahrendorf, R. (1983), Wenn der Arbeitsgesellschaft die Arbeit ausgeht. In: Matthes, J. (Hg.) Krise der Arbeitsgesellschaft? Verhandlungen des 21. Soziologentages in Bamberg 1982, Frankfurt a. M./New York, 25–37.
Dammer, K.-H. (1997), Bildung im Medium des Berufs. In: Comenius-Institut; Gesellschaft für Religionspädagogik; Deutscher Katechetenverein (Hg.), Handbuch Religionsunterricht an berufsbildenden Schulen, Gütersloh.
Dann, S. (2002), Das Einstiegsgeld – eine zielorientierte negative Einkommensteuer: Konzeption, Umsetzung und erste Zwischenbilanz nach 15 Monaten in Baden-Württemberg. In: Dann, S. u. a. (Hg.), Kombi-Einkommen. Ein Weg aus der Sozialhilfe?, Baden-Baden, 67–86.
Datenreport 2004 (2004), Zahlen und Fakten über die Bundesrepublik Deutschland, hg. vom Statistischen Bundesamt, Bonn www.destatis.de/datenreport.
Davy, J.; Ellis, S. (2003), Palliativ pflegen – Sterbende verstehen, beraten, begleiten, Bern.
Dehn, U. (1989), Hinduismus und Buddhismus. Informationen und Anregungen zur Begegnung von Christen. Hg. v. d. Evangelischen Zentralstelle für Weltanschauungsfragen. EZW-Texte Nr. 142.
Deissler, A., (1975), Biblisches Ethos I., Ethos des AT. In: Stoeckle, B. (Hg.), Wörterbuch Christlicher Ethik, Freiburg, 36–39.
Deutsche Bibelgesellschaft (1985), Die Bibel. Nach der Übersetzung Martin Luthers, Stuttgart.
Dewey, J.; Boydston, A. (Hg.) (1991), The collected works of Dewey 1882–1953. (Bd.1: Dewey. The early works, 1882–1898, Bd. 2: The middle works of Dewey, 1899–1924, Bd. 3: Dewey. The later works 1925–1953), Carbondale.
Diakonisches Werk der EKD (Hg.) (1996), Aufnahme und Schutz von bedrohten Menschen – den Flüchtlingen eine Chance, Stuttgart.

Diakonisches Werk der EKD (Hg.) (1997), Hospizarbeit in den Einrichtungen des Diakonischen Werkes, in den Landeskirchen und in den Kirchengemeinden der EKD, Stuttgart.

Diakonisches Werk der EKD (Hg.) (1997), Leitbild Diakonie – damit Leben gelingt, Stuttgart.

Diakonisches Werk der EKD (Hg.) (1998), Schule – Diakonie – Kirche. Bildungsforum vom 23. bis 24. Oktober 1998, Berlin.

Diakonisches Werk der EKD (Hg.) (1998), Diakonie-Lernen. Auswahlbibliographie von Materialien für Religionsunterricht, Konfirmandenarbeit und Christenlehre, erarbeitet von Wild, M. unter Mitarbeit von Becker, U.; Büttner, G.; Herrmann, V.; Mletzko, U.; Spitzenpfeil, Ch.; Thierfelder, J., Stuttgart.

Diakonisches Werk der EKD (Hg.) (2000), Schule und Diakonie, Orte sozialen Lernens. In: Informationen und Materialien aus dem DW der EKD, H. 3, Stuttgart.

Diakonisches Werk der EKD (2002), Fürs Leben lernen! Tagungsbericht vom vierten Bildungsforum der Diakonie. In: Informationen und Materialien aus dem DW der EKD, H. 11, Stuttgart.

Diakonisches Werk der EKD (Hg.) (2003), Diakonie in der Ökumenischen Dekade zur Überwindung von Gewalt. Ergebnisse einer Befragung. Diakonie-Korrespondenz 01/03.

Diakonisches Werk der EKD; EKD (2004), Diakonische Bildung und diakonisch-soziales Lernen. Positionspapier des gemeinsamen Arbeitskreises für diakonisch-soziales Lernen. Unveröffentlichtes Manuskript.

Diakonisches Werk der EKD; Deutscher Evangelischer Verband für Altenarbeit (Hg.) (1999), Vernetzte Sterbebegleitung im Altenpflegeheim, Stuttgart.

Diakonisches Werk der Evangelischen Kirche von Westfalen (Hg.) (2003), »... sondern überwinde das Böse mit Gutem.« Beiträge der Diakonie zur Dekade Gewalt überwinden 2001–2010, Diakonie Forum 27, Münster.

Diakonisches Werk in Baden (2003), Herausgefordert zur Arbeit mit Flüchtlingen und Migrant/innen, Karlsruhe.

Diakonisches Werk Württemberg (1995), Der Rede wert: Soziales Engagement junger Menschen in der modernen Gesellschaft; zu beziehen beim DWW, Stuttgart (= DWW 1995).

Dohmen, G. (2001), Das informelle Lernen. die internationale Erschließung einer bisher vernachlässigten Grundform menschlichen Lernens für das lebenslange Lernen aller, Bonn.

Dörner, K. (2001), Der gute Arzt. Lehrbuch der ärztlichen Grundhaltung, Stuttgart.

Drehsen, V.; Henke, D.; Schmidt-Rost, R.; Steck, W. (Hg.) (1997), Der »ganze Mensch«. Perspektiven lebensgeschichtlicher Individualität, FS für D. Rössler, Berlin/New York.

Ebert, A.; Godzik, P. (Hg.) (1993), Verlaß mich nicht, wenn ich schwach werde, Rissen.

Engeström, Y. (1999), Activity theory and individual and social transformation. In: Engeström, Y.; Miettinen, R.; Punamäki, R. (Hg.), Perspectives on Activity Theory, Cambridge, 19–38.

Engeström, Y.; Miettinen, R.; Punamki, R.-L. (Hg.) (1999), Perspectives on activity theory, Cambrigde.

Englert, R. (2002), Performativer Religionsunterricht?! Anmerkungen zu den Ansätzen von Schmid, Dressler und Schoberth. In: Religionsunterricht an höheren Schulen, 45. Jg., 32–36.

Enns, F. (2001), Gemeinschaftsbildung zur Überwindung von Gewalt. Mechanismen der Gewaltüberwindung und Impulse zur theologischen Reflexion. In: Enns, F. (Hg.), Dekade zur Überwindung von Gewalt 2001–2010. Impulse, Frankfurt a. M.; 31–50.

Enns, F. (2002), Elemente einer Kultur der Gewaltfreiheit. ÖRK-Dekade zur Überwindung von Gewalt. In: entwurf 2/2002, 7–10.

Erklärung von Jurist(innen) bei Caritas und Diakonie (2004). Abgedruckt in: Neue Caritas 1/2004, 9–18.

Eschenbroich, D. (2001), Weltwissen der Siebenjährigen. Wie Kinder die Welt entdecken können, München.

Etzioni, A. (1997). Die Verantwortungsgesellschaft. Individualismus und Moral in der heutigen Demokratie, Frankfurt a. M.

Evangelische Obdachlosenhilfe (2003), Grundsatzposition, unter http://www.evangelische-obdachlosenhilfe.de.

Evangelische Obdachlosenhilfe (2004), Studie: Problemlagen der Hilfesuchenden in der Wohnungslosenhilfe, beauftragtes Institut: Gesellschaft für Organisation und Entscheidung (GOE), Bielefeld.

Feige, A.; Dressler, B. u. a. (2000), Die (empirische) »Feigestudie« für die (evangelische) Religionslehrerschaft in Niedersachsen, Münster.

Fienberg, S. E. (1983), Final Report of the Seattle-Denver Income Maintenance Experiment. Vol. 1 and 2., Washington D.C.

Fraas, H.-J. (2000), Bildung und Menschenbild in theologischer Perspektive, Gütersloh.

Frevel, B.; Dietz, B. (2004), Sozialpolitik kompakt, Wiesbaden.

Friedman, M. (1982), Capitalism and Freedom, Chicago/London.

Fromm, M.; Keim, W. (Hg.) (1982), Diskussion Soziales Lernen, Baltmannsweiler.

Für eine Zukunft in Solidarität und Gerechtigkeit (1997), Wort des Rates der Evangelischen Kirche in Deutschland und der Deutschen Bischofskonferenz zur wirtschaftlichen und sozialen Lage in Deutschland, Hannover/Bonn.

Furco, A. (2004), »Zufriedener, sozialer, sensibler und motivierter«: Hoffnungsvolle Ergebnisse in den USA. In: Sliwka, A.; Petry, C.; Kalb, P. E. (Hg.), Durch Verantwortung lernen, Weinheim, 12–31.

Galuske, M. (1998), Abkehr von der heiligen Kuh! Jugendberufshilfe nach dem Ende der Vollbeschäftigungsillusion. In: Jugend – Beruf – Gesellschaft, 6–14.

Galuske, M. (2002), Flexible Sozialpädagogik. Elemente einer Theorie Sozialer Arbeit in der modernen Arbeitsgesellschaft, Weinheim/München.

Gardner, H. (1985), The mind's new science. A history of the cognitive revolution, New York.

Geisler L. S. (2003), Plädoyer für einen »Neuen Arzt«. Arzt-Patient-Beziehung im Wandel. In: Dr. med. Mabuse 142, 34–37.

Geißler, R. (2002), Die Sozialstruktur Deutschlands. Die gesellschaftliche Entwicklung vor und nach der Wiedervereinigung, 3. Aufl., Wiesbaden.

Gerstenkorn U. (2004), Hospizarbeit in Deutschland, Stuttgart.

Giarini, O.; Liedtke, P. M. (1997), Wie wir arbeiten werden. Der neue Bericht an den Club of Rome, München.

Gil, Th. (1997), Sozialphilosophie der Arbeit, Stuttgart.

Glockzin-Bever, S.; Schwebel, H. (Hg) (2002), Kirchen – Raum – Pädagogik, Münster, 199–202.

Gohde, J. (2004), Den Kindern gerecht werden: Erziehung, Bildung und Betreuung als christlich-diakonischer Auftrag und sozialpolitische Verpflichtung. In: Wehrmann, I. (Hg.), Kindergärten und ihre Zukunft, Weinheim, 18–26.

Gönnheimer, S. (2002), Schule und Verantwortung. Zur Bedeutung einer ethischen Kategorie in Erziehung und Unterricht, Frankfurt a. M.

Gönnheimer, S. (2004), Das Gefühl, gebraucht zu werden: Compassion, ein Praxis- und Unterrichtsprojekt in Süddeutschland. In: Sliwka, A.; Petry, C.; Kalb. P. E. (Hg.), Durch Verantwortung lernen. Service Learning: Etwas für andere tun, Weinheim/Basel, 123–137.

Gorz, A. (1983), Wege ins Paradies: Thesen zur Krise, Automation und Zukunft der Arbeit, Berlin.

Gorz, A. (1999), Arbeit zwischen Elend und Utopie, Frankfurt a. M.
Götzelmann, A. (2003), Evangelische Sozialpastoral. zur diakonischen Qualifizierung christlicher Glaubenspraxis, Stuttgart.
Grethlein, C. (1998), Religionspädagogik, Berlin/New York.
Gudjons, H. (1986), Was ist Projektunterricht? In: Bastian, J.; Gudjons, H., Das Projektbuch. Theorie, Praxisbeispiele, Erfahrungen, Hamburg, 14–27.
Günthör, A. (2002), Der Islam und wir Christen, Gütersloh.

Habermas, J. (1983), Moralbewußtsein und kommunikatives Handeln, Frankfurt a. M.
Habermas, J. (1991), Erläuterungen zur Diskursethik, Frankfurt a. M.
Hahn, M. u. a. (2003), Die Leute sind ja draußen aufgeblüht ... Berliner Beiträge, Reutlingen, 435.
Hallwirth, U. (2004), Pädagogische Impulse aus dem Altenheim. In: Klasse. Die evangelische Schule, 19.
Hanisch, H. (2000), Dimensionen diakonischen Lernens. In: Diakonisches Werk der EKD (Hg.), Schule und Diakonie, Orte sozialen Lernens, Stuttgart, 11–18.
Hanisch, H.; Gramzow, C.; Hoppe-Graff, S. (2004), Diakonisches Lernen – Konzeptionelle Annäherungen auf empirischer Grundlage. In: Hanisch, H., Schmidt, H. (Hg.), Diakonische Bildung. Veröffentlichungen des Diakoniewissenschaftlichen Instituts an der Universität Heidelberg, 76–170.
Hänsel, D. (1999), Projektmethode und Projektunterricht. In Dagmar Hänsel (Hg.): Projektunterricht. Ein praxisorientiertes Handbuch, Weinheim/Basel, 54–92.
Hart, D.; Yates, M.; Fegley, S.; Wilson, G. (1995), Moral commitment in inner-city adolescents. In: Killen, M.; Hart, D. (Hg.), Morality in everyday life. Developmental perspective, Cambridge/New York, 317–341.
Hart, D.; Fegley, S. (1995); Prosocial behavior and caring in adolescence: relations to self-understanding and social judgement. In: Child Development 66, 1346–1359.
Hauser, R. (1996), Ziele und Möglichkeiten einer sozialen Grundsicherung, Baden-Baden.
Haußer, K. (1983), Identitätsentwicklung, New York.
Heckmann, F. (1999), Globale Wertintegration und soziale Netzwerke – Zur Erklärung weltweiter Migration. In: Bundesamt für die Anerkennung ausländischer Flüchtlinge (Hg.), Asylpraxis, Bd. 5, Nürnberg, 81–94.
Heinz, A. (2003), Art. Kreuzeszeichen/Bekreuzigung. In: RGG[4] Bd. 4, Tübingen, 1757.
Hiemenz, Th.; Kottnik, R. (Hg.) (2000), Sich einlassen und Loslassen, Freiburg i. Br.
Hiemstra, R. (1997), The Educative Community. Linking the Community, Education and Family, New York.
Higgins, E. T.; King, G. A.; Mavin, G. H. (1982), Individual construct accessibility and subjective impressions and recall. In: Journal of Personality and Social Psychology 43, 35–47.
Huber, W. (2004), Zur Einführung: Ist die Schule überhaupt der Ort ... ? In: Sliwka, A.; Petry, C.; Kalb, P. E. (Hg.), Durch Verantwortung lernen. Service Learning: Etwas für andere tun, Weinheim/Basel, 7–10.
Huber, W. (1999), Kirche in der Zeitenwende. Gesellschaftlicher Wandel und Erneuerung der Kirche, Gütersloh.

Institut der deutschen Wirtschaft (2004), Deutschland in Zahlen, Köln.

Jahoda, M.; Lazarsfeld, P. F.; Zeisel, H. (1975), Die Arbeitslosen von Marienthal. Ein soziographischer Versuch, Frankfurt a. M.
Janowski, B. (1999), Die rettende Gerechtigkeit. Beiträge zur Theologie des Alten Testaments 2, Neukirchen-Vluyn.

Josuttis, M. (1996), Unterricht als Initiation. In: Josuttis, M.; Die Einführung in das Leben. Pastoraltheologie zwischen Phänomenologie und Spiritualität, Gütersloh, 143–147.

Kaiser, J. C. (1999), Zur Geschichte der Melanchthon-Schule. In: Schwälmer Jahrbuch 1999, hg. vom Schwälmer Heimatbund e. V. Ziegenhain, Schwalmstadt, 34–43.

Kanzleiter, G. (2003), Praxishandbuch für integrative Jugendarbeit. An den Grenzen geschieht Leben, Stuttgart.

Keppler, W.; Leitmann, G.; Ripplinger, J. (1999), Das Soziale Lernen. Ergebnisse eines landesweiten Modellprojektes, Stuttgart.

Kern, W. (1985), Anthropologische Strukturen im Blick auf Offenbarung. In: Kern, W.; Pottmeyer, H. J.; Seckler, M. (Hg.), Handbuch der Fundamentaltheologie, Bd. 1, Freiburg i. Br., 195–216.

Keupp, H. u. a. (1999), Identitätskonstruktionen. Das Patchwork der Identitäten in der Spätmoderne, Reinbek.

Kieselbach, Th.; Wacker, A. (1985), Individuelle und gesellschaftliche Kosten der Massenarbeitslosigkeit, Weinheim/Basel.

Kieselbach, Th.; Wacker, A. (Hg.) (1991), Bewältigung von Arbeitslosigkeit in sozialen Kontexten. Programme – Initiativen – Evaluationen, Bd. 2, Weinheim.

Kießling, K. (2004), Zur eigenen Stimme finden – religiöses Lernen an berufsbildenden Schulen, Ostfildern.

Kirchenamt der EKD (Hg.), Referat Statistik, Kirchenaustritte in Deutschland, http://www.kirchenaustritt.de/Statistik.

Kirchenamt der EKD (1994), Identität und Verständigung. Standort und Perspektiven des Religionsunterrichts in der Pluralität. Eine Denkschrift, Gütersloh (= EKD 1994).

Kirchenamt der EKD (Hg.) (1997), »... und der Fremdling, der in deinen Toren ist.« Gemeinsames Wort der Kirchen zu den Herausforderungen durch Migration und Flucht, Hannover (= EKD 1997a).

Kirchenamt der EKD (1997), Identität und Verständigung. Standort und Perspektiven des Religionsunterrichts in der Pluralität. Eine Denkschrift der evangelischen Kirche in Deutschland, 4. Aufl., Gütersloh (= EKD 1997b).

Kirchenamt der EKD (Hg.) (1998), Herz und Mund und Tat und Leben. Grundlagen, Aufgaben und Zukunftsperspektiven der Diakonie. Eine evangelische Denkschrift, Gütersloh (= EKD 1998).

Kirchenamt der EKD (Hg.) (2002), Zusammenleben gestalten. Ein Beitrag des Rates der EKD zu Fragen der Integration und des Zusammenlebens mit Menschen anderer Herkunft, Sprache oder Religion, Hannover (= EKD 2002).

Kirchenamt der EKD (Hg.) (2003), Maße des Menschlichen. Evangelische Perspektiven zur Bildung in der Wissens- und Lerngesellschaft, Gütersloh (= EKD 2003a).

Kirchenamt der EKD (2003), Perspektiven für Jugendliche mit schlechteren Startchancen. Eine Stellungnahme der Kammer der EKD für Bildung und Erziehung, Kinder und Jugend, Hannover (= EKD 2003b).

Kirchenamt der EKD (Hg.) (2004), Studium der Evangelischen Theologie zur Vorbereitung auf den Pfarrberuf. Übersicht über die Studienmöglichkeiten im Bereich der Evangelischen Kirche in Deutschland. Stand: Wintersemester 2003/2004, Hannover (EKD-Texte 28).

Kirchenamt der EKD und Deutsche Bischofskonferenz (Hg.) (1990), Gott ist ein Freund des Lebens, 4. Aufl., Gütersloh.

Kirschner, P.A. (2000), The inevitable duality of education. Cooperative higher education. Maastricht, (Dissertation: Maastricht Universität).

Kirsten, N. (2003), Mit Anstand unterrichte. In: Die Zeit vom 4.9.2003, http://www.zeit.de/2003/37/B-Benehmen.

Klee, E. (1991), Persilscheine und falsche Pässe. Wie die Kirchen den Nazis halfen, Frankfurt a. M.

Kleinert, H. u. a. (Hg.) (1951), Lexikon der Pädagogik, II. Bd., Bern.

Klieme, J. (1985), Woher wir kommen. Rückblick auf die Behindertenarbeit von 1935 bis 1985. In: Orientierung, Heft 3/4.

Knoll, J. (1999), Eigen-Sinn und Selbstorganisation. Zu den Besonderheiten des Lernens von Erwachsenen. In: Kompetenzentwicklung 99. Aspekte einer neuen Lernkultur. Argumente, Erfahrungen, Konsequenzen, Münster u. a., 61–79.

Koch, H. (2000), Die Verbandsklage in Europa. Rechtsvergleichende, europa- und kollisionsrechtliche Grundlagen. In: Zeitschrift für Zivilprozess (ZZP), Bd. 113, 413–441.

Konow, J. (2003), Which Is the Fairest One of All? A Positive Analysis of Justice Theories. In: Journal of Economic Literature XLI (December), 1188–1239.

Körtner, U. H. (1999), Evangelische Sozialethik. Grundlagen und Themenfelder. Göttingen.

Kopp-Engel, B.; Engel, M. (2003), Ökumenisches Sozialpraktikum. Einführen – durchführen – begleiten. Handbuch für Pädagoginnen und Pädagogen, Stuttgart.

Krafeld, F. J. (1989), Anders leben lernen. Von berufsfixierten zu ganzheitlichen Lebensorientierungen, Weinheim.

Krafeld, F. J. (1990), Ohne Arbeit leben lernen. In: Neue Praxis, 260–267.

Krafeld, F. J. (2000), Die überflüssige Jugend der Arbeitsgesellschaft. Eine Herausforderung an die Pädagogik, Opladen.

Krafeld, F. J. (2004), Lebensweltorientierte Jugend(berufs-)hilfe. In: SOZIALEXTRA, 20–24.

Krauß, W. (2002), »Verantwortung oder Zeugnis: Jesus als humanitäre Intervention Gottes«. In: »... dem halte ich auch die andere hin« (Lukas 6,29). Theologie und Gewalt, epd-Dokumentation 6/2002, 18–26.

Kronauer, M.; Vogel, B.; Gerlach, F. (1993), Im Schatten der Arbeitsgesellschaft. Arbeitslose und die Dynamik sozialer Ausgrenzung, Frankfurt a. M./New York.

Kubon-Gilke, G. (2000), Methodologischer Individualismus und Arbeitsteilung – Kooperation, Teams, Firmen und Marktkoordination. In: Held, Martin, Nutzinger, Hans G. (Hg.): Geteilte Arbeit und ganzer Mensch. Perspektiven der Arbeitsgesellschaft, Frankfurt a. M./New York: Campus, 61–80.

Kubon-Gilke, G. (2001), Ökonomische Analyse sozialer Brennpunkte: Anmerkungen zur Tragödie der guten Absicht in der Wohnungspolitik. In: Meyer, B. (Hg.), Zum Beispiel Michael M. und Dagmar S. – Multiperspektivität in der sozialen Arbeit, Darmstadt, 105–120.

Kubon-Gilke, G. (2003), Zwischen protestantischem Bildungsverständnis und Arbeitsmarkt – Zu den Rahmenbedingungen von Ausbildung und Beschäftigung in evangelischer Verantwortung. In: von Mogge-Grotjahn, H.; Bußmann, U. (Hg.), Zukunft sozialer und pflegerischer Ausbildungsgänge und Berufsbilder in evangelischer Trägerschaft, Bochum, 19–30.

Kubon-Gilke, G. (2004a), Außer Konkurrenz. Sozialpolitik und Soziale Arbeit im Spannungsfeld der Koordinationssysteme Markt, Befehl und Pflicht, Manuskript, der Teil zur Marktkoordination ist im Internet verfügbar: http://www.efh-darmstadt.de: Lehrende: Kubon-Gilke: go: Texte: »Marktkoordination«.

Kubon-Gilke, G. (2004b), Wi(e)der Elitebildung. Gestaltung des Bildungssystems aus der Perspektive des evangelisches Bildungsverständnisses und bildungsökonomischer Analysen, Manuskript, erscheint als Buch voraussichtlich 2005.

Kubon-Gilke, G. (2004c), The Impact of Incentive Schemes on Quality and Efficiency – Problems of Building up Quality Standards in the Social Sector, Arbeitspapier, Manuskript. Erscheint in: Fröse, M. W. (Hg.), Management und Organisationsentwicklung in sozialen Einrichtungen. Überlegungen zu gegenwärtigen Entwicklungen (voraussichtlich 2005).

Kuld, L. (2001), Compassion. In: Mette, N.; Rickers, F. (Hg.), Lexikon der Religionspädagogik, Bd. 1, Neukirchen-Vluyn, 293–295.

Kuld, L. (2002), Compassion. Ein Projekt sozialen Lernens an Schulen. In: Battke, A.; Fitzner, Th.; Isak, R.; Lochmann, U. (Hg.), Schulentwicklung – Religion – Religionsunterricht. Freiburg, 276–280.

Kuld, L.; Gönnheimer, S. (2000), Compassion – Sozialverpflichtetes Lernen und Handeln, Stuttgart.

Kuld, L.; Gönnheimer, S. (Hg.) (2004), Praxisbuch Compassion. Soziales Lernen an Schulen, Donauwörth, 19–23.

Kummerow, W. u. a. (1997). Das Diakonische Praktikum. In: Evangelisches Schulwerk in Württemberg; PTZ Stuttgart (Hg.), Projektorientiertes Lernen (Birkacher Beiträge für Bildung und Erziehung 1), Stuttgart, 26–35.

Küng, H. (1996), Projekt Weltethos, 3. Aufl., München.

Lachmann, R. (2002), Methodische Grundfragen. In: Adam, G.; Lachmann, R. (Hg.), Methodisches Kompendium für den Religionsunterricht 1, 4. überarb. Aufl., Göttingen, 15–38.

Lampert, H.; Althammer, J. (2004), Lehrbuch der Sozialpolitik, 7. Aufl., Berlin u. a.

Landesjugendpfarramt Hannover; RPI Loccum (2003). Schnittmengen. Kirche und Ganztagsschulen, Hannover.

Lave, J. (1988), Cognition in practice. Mind, mathematics and culture in every day life, Cambridge/New York.

Lave, J.; Wenger, E. (1991), Situated Learning. Legitimate peripheral participation, Cambridge/New York.

Lave, J. (1990), The culture of acquisition and the practice of understanding. In: Stigler J.; Shweder, R.; Herdt, G. (Hg.), Cultural psychology, Cambridge, 309–327.

Leitbild Diakonie – damit Leben gelingt! (1997). In: Kirchenamt der EKD (Hg.) (1998), Herz und Mund und Tat und Leben. Grundlagen, Aufgaben und Zukunftsperspektiven der Diakonie. Eine evangelische Denkschrift, Gütersloh, 76–80.

Leitfaden für Arbeitslose (2004), Der Rechtsratgeber zum SGB III, 21. aktualisierte Aufl., Frankfurt a. M.

Leitmann, G.; Keppler, W.; Ripplinger, J. (1999), Das Soziale lernen. Ergebnisse eines landesweiten Modellprojekts, Stuttgart. Broschüre erhältlich bei info@agentur-mehrwert.de.

Leitmann, G. (2000), Projekt Soziales Lernen. In: Diakonisches Werk der EKD (Hg.), Schule und Diakonie – Orte sozialen Lernens, Stuttgart, 25–35.

Leonhard, S.; Klie, Th. (2003), Performative Religionspädagogik. Religion leiblich und räumlich in Szene setzen. In: Leonhard, S.; Klie, Th. (Hg.), Schauplatz Religion. Grundzüge einer Performativen Religionspädagogik, Leipzig, 7–16.

Lévinas, E. (1983), Die Spur des Anderen. Untersuchungen zur Phänomenologie und Sozialpsychologie, Freiburg/München.

Liebau, E. (1999), Erfahrung und Verantwortung. Werteerziehung als Pädagogik der Teilhabe, Weinheim.

Lienemann-Perrin, Ch. (1999), Mission und interreligiöser Dialog, Göttingen.

Lübking, H.-M. (1995a), Kursbuch Konfirmation. Ein Praxisbuch für Unterrichtende in der Konfirmandenarbeit, Düsseldorf.

Lübking, H.-M. (1995b), Kursbuch Konfirmation. Ein Arbeitsbuch für Konfirmandinnen und Konfirmanden, Düsseldorf.

Lübking, H.-M. (2004), Die Jugend ist in der Schule. Ganztagsschule und Evangelische Kirche. In: Loccumer Pelikan, 1–37.

Luria, A. R. (1971), Towards the problem of the historical nature of psychological processes. International Journal of Psychology 6, 259–272.

Luther, M. (1520), Ein Sendbrief an den Papst Leo X. Von der Freiheit eines Christenmenschen, zum zwölften, WA 7, 25–26.

Maier, K. (1996), Für ein menschenwürdiges und sinnerfülltes Leben auch ohne Erwerbsarbeit. In: Diakonie, 51–59.

Maier, K. (2000), Die Krise der Arbeitsgesellschaft als politische und kulturelle Herausforderung an die Kirche. In: Diskussionen, Nr. 37, hg. von der Evangelischen Akademie Baden zusammen mit dem Freundeskreis der Evangelischen Akademie Baden e.V. Karlsruhe, 10–39.

Maier, K. (2005), Globalisierung und die Krise der Arbeitsgesellschaft als Chance und Herausforderung für die Soziale Arbeit. In: Sozialmagazin, 31–41.

Marmet, O. (1996), Ich und du und so weiter. Kleine Einführung in die Sozialpsychologie, 5. überarb. Aufl., München.

Marquard, R. (2004), Glauben leben. Kirche gestalten. Gottesdienst feiern. Ein theologischer Leitfaden für das Ehrenamt, Stuttgart.

Matthes, J. (Hg.) (1983), Krise der Arbeitsgesellschaft? Verhandlungen des 21. Soziologentages in Bamberg 1982, Frankfurt a. M./New York.

mehrwert. Agentur für soziales Lernen (Hg.) Soziales Lernen in der Schule, 10–25.

Mennekes, F. (1993), Artur Rainer Weinkreuz. Eine Kunst-Monographie, Frankfurt a. M./Leipzig.

Merkblatt für landeskirchliche Praktika (Stand: 1.9.2003). (Merkblatt)

Mette, N. (2002), Religiöse Bildung zwischen Subjekten und Strukturen. In: Bitter, G.; Englert, R.; Miller. G.; Nipkow, K. E. (Hg.), Neues Handbuch religionspädagogischer Grundbegriffe, München, 31–35.

Metz, J. B. (2000), Compassion – Zu einem Weltprogramm des Christentums im Zeitalter des Pluralismus der Religionen und Kulturen. In: Metz, J. B.; Kuld, L.; Weisbrod, A. (Hg.), Compassion. Weltprogramm des Christentums. Soziale Verantwortung lernen, Freiburg, 9–18.

Meyer-Blanck, M. (1997a), Inszenierung des Evangeliums. Ein kurzer Gang durch den Sonntagsgottesdienst nach der Erneuerten Agende, Göttingen.

Meyer-Blanck, M. (1997b), Inszenierung und Präsenz. Zwei Kategorien des Studiums Praktischer Theologie. In: Wege zum Menschen, 2–16.

Meyer, H. (1994), Unterrichtsmethoden 1, Frankfurt a. M.

Miettinen, R. (1999), Transcending traditional school learning: Teachers work and networks of learning. In: Engeström, Y. u. a. (Hg.), Perspectives on activity theory. Serie Learning in doing: social, cognitive, and computational perspectives, Cambridge, 324–346.

Ministerium für Kultus, Jugend und Sport Baden-Württemberg (2003), Leitfaden 7: Studien zur Effektivität des Schülermentorenprogramms, Stuttgart (Oberschulamt).

Ministerium für Kultus, Jugend und Sport Baden-Württemberg (2004), Sozial – aber wie?! Themenorientiertes Projekt Soziales Engagement.

Mletzko, U. (2002), Bildungsforen in der Diakonie. In: Zeitschrift für Pädagogik und Theologie, 44–51.

Mücke, P. (2002), Unternehmensgrenzen und Arbeitsmärkte. Ein Beitrag zur Interaktion normativer Verhaltenssteuerung und marktlicher Kontrolle, Marburg.

Muckel, S. (2000), Der Islam unter dem Grundgesetz. Muslime in einer christlich vorgeprägten Rechtsordnung. Katholische Sozialwissenschaftliche Zentralstelle Mönchengladbach (Hg.), Kirche und Gesellschaft, Nr. 273, Köln.

Müller M.; Kern M.; Nauck F.; Klaschik E. (Hg) (1997), Qualifikation hauptamtlicher Mitarbeiter, Bonn.

Myung, H. C. (1975), Gegen die Gewalt. In: Takenaka, M. (Hg.), Christian Art in Asia, Tokyo, 168.

Neumann, H.; Helwig, A. (2002), Fallpauschalen im Krankenhaus: Das Ende der »Barmherzigkeit der Intransparenz«. In: Deutsches Ärzteblatt 99, A–3387.

Nicolin, A. (1997), Anpassungsprozesse im Arbeitsmarkt. Eine dynamische Theorie der Bildung von Effizienzlöhnen, Marburg.

Nipkow, K. E. (1975/1982). Grundfragen der Religionspädagogik. Bd. 1: Gesellschaftliche Herausforderungen und theoretische Ausgangspunkte. Bd. 2: Das pädagogische Handeln der Kirche. Bd. 3: Gemeinsam leben und glauben lernen, Gütersloh.

Nipkow, K. E. (1977), Bildung und Entfremdung. Überlegungen zur Rekonstruktion der Bildungstheorie. In: Beiheft der Z. F. Päd. 205–229, Wiederabdruck in: Nipkow, K. E., Pädagogik und Religionspädagogik zum neuen Jahrhundert, Bd. 1: Bildungsverständnis im Umbruch – Religionspädagogik im Lebenslauf – Elementarisierung, Gütersloh 2005, 17–48.

Nipkow, K. E. (1990), Bildung als Lebensbegleitung und Erneuerung. Kirchliche Bildungsverantwortung in Gemeinde, Schule und Gesellschaft, Gütersloh.

Nipkow, K. E. (1992), Art. Religionspädagogik. In: Evangelisches Kirchenlexikon (EKL). Bd. 3. Göttingen, 1567–1573.

Nipkow, K. E. (1998), Bildung in einer pluralen Welt. Bd. 1: Moralpädagogik im Pluralismus, Gütersloh.

Nipkow, K. E. (2002a), Bildung und Protestantismus in der pluralen Gesellschaft. In: F. Schweitzer (Hg.), Der Bildungsauftrag des Protestantismus (Veröffentlichungen der Wissenschaftlichen Gesellschaft für Theologie, Bd. 20), Gütersloh, 13–35.

Nipkow, K.E. (2002b), Wie Gewalt eindämmen und zum Frieden erziehen? Evolutionstheoretische Aspekte. In: entwurf 2/2002, 3–6.

Nipkow, K. E. (2003a), Zur Bildungspolitik der evangelischen Kirche. Eine historisch-systematische Studie. In: Biehl, P.; Nipkow, K. E., Bildung und Bildungspolitik in theologischer Perspektive (Schriften aus dem Comenius-Institut, 7), Münster, 153–262.

Nipkow, K. E. (2003b), God, Human Nature and Education for Peace. New Approaches to Moral and Religious Maturity, Aldershot.

Noormann, H. (1998), Diakonisches Lernen – eine Zumutung für den Zeitgeist. In: Christenlehre/Religionsunterricht – Praxis, 51. Jg., H. 2, 6–13.

Nüsken, D. (2004), Was bedeutet Hartz für die Jugendberufshilfe? In: SOZIALEXTRA, 25–30.

Oelkers, J. (1996), Reformpädagogik. Eine kritische Dogmengeschichte, Weinheim/München.

Opaschowski, H. W.; Duncker, C. (1996), Jugend und Freizeit, Hamburg.

Ordnung für die Zweite Theologische Prüfung (Theol. Prüfungsordnung II – ThPrOII). Vom 22. Oktober 1998. (Ordnung)

Oser, F. (1998), Ethos – die Vermenschlichung des Erfolgs, Opladen.

Oser, F. (2001), Acht Strategien der Wert- und Moralerziehung. In: Edelstein, W.; Oser, F.; Schuster, P. (Hg.), Moralische Erziehung in der Schule. Entwicklungspsychologie und pädagogische Praxis, Weinheim, 63–89.

pädagogik, Themenheft 5/04 »Verantwortung übernehmen«, 20–23.

Pankoke, E. (1988), Kultur als Arbeit. Kulturinitiativen in der Beschäftigungskrise, Essener Gespräche zur politischen Kultur, Essen.

Perspektiven für Jugendliche mit schlechteren Startchancen (2003), Eine Stellungnahme der Kammer der Evangelischen Kirche in Deutschland für Bildung und Erziehung, Kinder und Jugend, Hannover.

Peterson, S., Maier, S. F., Seligman, M. E. P. (1993), Learned helplessness. A theory for the age of personal control, New York.

Pioch, W. (1978), Meine Welt – mein Leben – mein Glaube. Arbeitsmappe für den Konfirmandenunterricht, Hamburg.

Pompey, H. (1968), Die Bedeutung der Medizin für die kirchliche Seelsorge im Selbstverständnis der sogenannten Pastoralmedizin. Eine bibliographisch-historische Untersuchung bis zur Mitte des 19. Jahrhunderts, Freiburg i. Br.

Pompey, H. (1990), Helfen und Heilen aus ökologisch-systemischer Sicht. In: Jahrbuch des Deutschen Caritasverbandes, Freiburg i. Br., 23–35.

Pompey, H. (1993), Das andere Gesicht der Armut. In: Kirche und Gesellschaft Nr. 203, Köln.

Pompey, H. (1993), Psychosoziale Aspekte von Armut und Verarmung. In: Rauscher, A. (Hg.), Probleme der sozialen Sicherungssysteme, Köln, 163–210.

Pompey, H. (1995), Christlicher Glaube und helfende Solidarität in der Diakoniegeschichte der Kirche. In: Kerber, W. (Hg.), Religion und prosoziales Verhalten, München, 75–134.

Pompey, H. (1997), Beziehungstheologie – Das Zueinander theologischer und psychologischer »Wirklichkeiten und die biblisch-theologische Kontextualisierung von Lebens- und Leidenserfahrung. In: Pompey, H. (Hg.), Caritas – Das menschliche Gesicht des Glaubens: ökumenische und internationale Anstöße einer Diakonietheologie, Würzburg, 92–128.

Pompey, H. (1997), Theologisches Verständnis von Leben und Leiden, von Solidarität und Helfen – Ein caritativ-diakonisches Credo. In: Pompey, H. (Hg.), Caritas – Das menschliche Gesicht des Glaubens: ökumenische und internationale Anstöße einer Diakonietheologie, Würzburg, 321–357.

Pompey, H.; Roß, P.-S. (1998), Kirche für andere. Handbuch für eine diakonische Praxis, Mainz.

Pratt, J. B. (1926 / 71), The religious consciousness. A psychological study, New York.

(Pseudo-)Plutarch (1967), Über Kinderzucht, hg. von Röhrs, H.; Bildungsphilosophie, Erster Bd., Frankfurt a. M., 28–47.

Putnam, R. D. (Hg.) (2001), Gesellschaft und Gemeinsinn. Sozialkapital im internationalen Vergleich, Gütersloh.

Rabe-Kleberg, U. (1988), Unvollendete Statuspassagen zwischen Studium und Beruf: Auf dem Weg zu neuartigen Arbeitsverhältnissen in sozialen Berufen. In: Pankoke, E., Kultur als Arbeit. Kulturinitiativen in der Beschäftigungskrise, Essener Gespräche zur politischen Kultur, Essen, 34–47.

Raiser, K. (1972), Identität und Sozialität. G. H. Meads Theorie der Interaktion und ihre Bedeutung für die theologische Anthropologie, München.

Raiser, K. (2001), Gewalt überwinden. Ökumenische Reflexionen zu einer »Kultur aktiver und lebensfreundlicher Gewaltfreiheit. In: Enns, F. (Hg.), Dekade zur Überwindung von Gewalt 2001–2010. Impulse, Frankfurt a. M.; 11–30.

Rang, M. (1947), Handbuch für den biblischen Unterricht. Theoretische Grundlegung und praktische Handreichung für die christliche Unterweisung der evangelischen Jugend, 1.und 2. Halbbd., 2. Aufl., Tübingen.

Rauschenbach, T. (1997), Zur Notwendigkeit einer neuen Kultur des Sozialen. In: Stark, W. u. a. (Hg.): Soziales Lernen in Schule, Betrieb, Jugendarbeit und neuen gesellschaftlichen Organisationsformen, Bad Boll, 30–48. (Dieses Buch ist erhältlich unter info@agentur-mehrwert.de.)

Rawls, J. (1979), Eine Theorie der Gerechtigkeit, Frankfurt a. M.

Reiniger, F. (1999), Gustav Schmoller. Grundzüge gouvernementaler Gelehrtenpolitik im wilhelminischen Deutschland, Berlin.

Reinmann-Rothmeier, G.; Mandl. H. (1997), Lernen neu denken. Kompetenzen für die Wissensgesellschaft und deren Förderung. Schulverwaltung NRW 3, 74–76.

Rektorat der Evangelischen Fachhochschule Bochum (Hg.) (2003), Zukunft sozialer und pflegerischer Ausbildungsgänge und Berufsbilder in evangelischer Trägerschaft. Dokumentation, hg. von Mogge-Grotjahn, H.; Bußmann, U., Bochum.

Rekus, J. (2000), Compassion – ein erlebnisbezogenes Bildungskonzept. In: Metz, J. B.; Kuld, L.; Weisbrod, A. (Hg.), Compassion. Weltprogramm des Christentums. Soziale Verantwortung lernen, Freiburg i.Br., 75–88.

Religionsunterricht in der Pluralität. Eine Denkschrift, Gütersloh.

Religiöse Bildung – Anerkennung leben (2003), Dokumentation Bildungskongress 13. September 2003, hg. vom Zentrum Bildung der Evangelischen Kirche in Hessen und Nassau, Darmstadt.

Renn, H.; Schoch, D. (2005), Grundsicherung für Arbeitssuchende (SGB II). Das neue Sozialleistungsrecht für hilfsbedürftige erwerbsfähige Personen, Baden-Baden.

Richtlinien für den Vorbereitungsdienst der Vikarinnen und Vikare der Evangelischen Kirche von Westfalen (Vikariatsrichtlinien – VikRl). Vom 22. Mai 2003 (KaBl. 2003, 186). (Richtlinien)

Riegger, M. (2002), Erfahrung und Glaube ins Spiel bringen, Das Sozialtherapeutische Rollenspiel als Methode erfahrungsbezogenen Glauben-Lernens, Stuttgart.

Riegger, M. (2003a), Compassion: Learning and Doing. A Study on the Implementation of the Compassion Project at a State School in Germany. In: Journal of Empirical Theology (= JET) 16, Heft 2, 5–32.

Riegger, M. (2003b), Sozialverpflichtetes Lernen und Handeln: Das Compassion-Projekt an staatlichen Schulen als kritisch-konstruktiver Beitrag zur Bildung verantwortlicher Heranwachsender. In: Arntz, K.; Hafner, J.; Hausmanninger, T. (Hg.), Mittendrin statt nur dabei. Christentum in pluraler Gesellschaft, Regensburg, 166–186.

Riegger, M. (2004a), Apprendimento sociale a contatto con persone in difficoltà. Il Compassion-Projekt in una scuola di Benediktbeuren. In: Religione e Scuola 33, 53–64.

Riegger, M. (2004b), Mit Leid leben – mitleidenschaftlich glauben. Freude und Leid der Menschen teilen. In: Praedica Verbum (Fasten-Sonderheft), 6–19.

Riegger, M. (2005a), Planung und Gestaltung von Religionsunterricht konkret. Elementarisierung umgesetzt anhand der Gleichniserzählung vom barmherzigen Vater und seinen zwei Söhnen für die 3. und 7. Jahrgangsstufe, Donauwörth.

Riegger, M. (2005b), Die Implementierung des Compassion-Projektes an Schulen. Mögliche Widerstände – Bewältigungsstrategien – weiterführende Hinweise. In: Keryks 4. Jg., H. 1.

Rifkin, J. (1995), Das Ende der Arbeit und ihre Zukunft, Frankfurt/New York.

Rifkin, J. (2004), Das Ende der Arbeit und ihre Zukunft, neue Konzepte für das 21. Jahrhundert, erw. Neuausgabe, Frankfurt a. M.

Röhrs, H. (1994), Die Reformpädagogik. Ursprung und Verlauf unter internationalem Aspekt. 4. Aufl., Weinheim.

Roscher, F. (2001), Die neue Rechtsverordnung zu §72 BSHG – eine kritische Analyse. In: wohnungslos, 45–51.

Rosenstock-Huessy, E. (1950), Der Atem des Geistes, Frankfurt a. M.

Rosenstock-Huessy, E. (1952), Heilkraft und Wahrheit. Konkordanz der politischen und der kosmischen Zeit, Stuttgart.

Rosenstock-Huessy, E. (1968), Ja und Nein. Autobiographische Fragmente, Heidelberg.

Rupp, H.; Scheilke, Chr. Th.; Schmidt, H. (Hg.) (2002), Zukunftsfähige Bildung und Protestantismus, Stuttgart.

Sacks, J. (2003), The Dignity of Difference. How to Avoid the Clash of Civilizations (revised ed.), London/New York.

Sander-Gaiser, M. (1996), Lernen als Spiel bei Martin Luther. Frankfurt a. M.

Sander-Gaiser, M. (2003), Lernen mit vernetzten Computern in religionspädagogischer Perspektive, Göttingen.

Sander-Gaiser, M. (2004), Lernen mit vernetzten Computern in religionspädagogischer Perspektive. Theologische und lernpsychologische Grundlagen, praktische Modelle, Göttingen.

Satzung des Diakonischen Werkes der Evangelischen Kirche von Westfalen – Landesverband der Inneren Mission – e.V., Münster 2000. (Satzung)

Saunders C. (1999), Brücke in eine andere Welt, Freiburg.

Schaarschuch, A. (1990), Zwischen Regulation und Reproduktion, Bielefeld.

Scheffler, J. (1987), Vom Herbergswesen für Handwerksgesellen zur Fürsorge für wandernde Arbeiter: Herbergen zur Heimat im Zeitalter der Industrialisierung (1854–1914). In: Scheffler, J. (Hg.), Bürger und Bettler. Materialien und Dokumente zur Geschichte der Nichtseßhaftenhilfe in der Diakonie, Bd. 1, Bielefeld, 10–138.

Schillebeeckx, E. (1977), Christus und die Christen. Die Geschichte einer neuen Lebenspraxis, Freiburg i.Br.

Schmidbauer, W. (1997), Hilflose Helfer. Über die seelische Problematik der helfenden Berufe, vollst. überarb. und erw. Neuaufl., Hamburg.

Schmidt, F.; Götzelmann, A. (Hg.) (1997), Der evangelische Kindergarten als Nachbarschaftszentrum in der Gemeinde, Heidelberg.

Schmidt, G. (1993), Religionspädagogik. Ethos, Religiosität, Glaube in Sozialisation und Erziehung, Göttingen.

Schmidt, H. (2002), Diakonisches Lernen: Grundlagen, Kontexte, Formen. In: Rupp, H.; Scheilke, Ch. Th.; Schmidt, H. (Hg.), Zukunftsfähige Bildung und Protestantismus, Stuttgart, 155–168.

Schmidt, H. (2004), Diakonisches Lernen. Grundlagen, Konzepte, Motive und Formen. In: Hanisch, H.; Schmidt, H. (Hg.). Diakonische Bildung, Veröffentlichungen des Diakoniewissenschaftlichen Instituts an der Universität Heidelberg, Bd. 21, Heidelberg, 9–28.

Schmidt, H.; Zitt, R. (2004), Fürs Leben lernen: Diakonisches Lernen – diakonische Bildung. In: Hanisch, H.; Schmidt, H. (Hg.), Diakonische Bildung, Veröffentlichungen des Diakoniewissenschaftlichen Instituts an der Universität Heidelberg, Bd. 21, Heidelberg, 56–75.

Schmidtchen, G. (1992), Ethik und Protest. Moralbilder und Wertkonflikte junger Menschen, Opladen.

Schölper, E. (Hg.) (2004), Sterbende begleiten lernen – das Celler Modell, Gütersloh.

Schulz, W. (1996), Anstiftung zum didaktischen Denken, hg. v. Otto, G.; Luscher-Schulz, G., Weinheim u. a.

Schwartländer, J.; Bielefeldt, H. (1992), Christen und Muslime vor der Herausforderung der Menschenrechte, hg. von der Wissenschaftlichen Arbeitsgruppe für weltkirchliche Aufgaben der Deutschen Bischofskonferenz, Bonn.

Schweitzer, F. (2003), Elementarisierung im Religionsunterricht. Erfahrungen, Perspektiven, Beispiele, Neukirchen-Vluyn.

Schweitzer, F. (2003), Evangelische Bildungsverantwortung – neue Herausforderungen. In: Praktische Theologie (PT), 38. Jg., 5–15.

Schweitzer, F. (Hg.) (2002), Bildungsauftrag des Protestantismus, Gütersloh.

Seel, N. M. (2003), Psychologie des Lernens. Lehrbuch für Pädagogen und Psychologen, München/Basel.

Seiler, Th. B.; Wannenmacher, W. (1987), Begriffs- und Bedeutungsentwicklung. In: Oerter, R.; Montada, L. (Hg.), Entwicklungspsychologie, München/Weinheim, 463–505.

Seils, M. (1962), Der Gedanke vom Zusammenwirken Gottes und des Menschen in Luthers Theologie, Berlin.

Seligman, M. E. P. (1975), Helplessness. On depression, development and death, San Francisco (Deutsch: Erlernte Hilflosigkeit, München 1983).

Steiner, G. (2001), Lernen. 20 Szenarien aus dem Alltag, Bern u. a.

Sennett, R. (2000), Der flexible Mensch. Die Kultur des neuen Kapitalismus, Berlin (Engl.: The Corrosion of Character, New York 1998).

Sesselmeier, W.; Klopfleisch, R.; Setzer, M. (1996), Mehr Beschäftigung durch eine Negative Einkommensteuer, Frankfurt a. M.

Stigler, J. W.; Shweder R.; Herdt G. (Hg.) (1990), Cultural Psychology, Cambridge.

Skiera, E. (2003), Reformpädagogik in Geschichte und Gegenwart. Eine kritische Einführung, München/Wien.

Sliwka, A. (2004), Etwas für andere tun und selber etwas davon haben. In: pädagogik 5/04, 6–9.

Sliwka, A.; Petry, C.; Kalb. P. E. (Hg.) (2004), Durch Verantwortung lernen. Service Learning: Etwas für andere tun, Weinheim/Basel.

Solidargemeinschaft von Arbeitenden und Arbeitslosen (1982), Sozialethische Probleme der Arbeitslosigkeit. Eine Studie der Kammer der Evangelischen Kirche in Deutschland für soziale Ordnung, hg. von der Kirchenkanzlei im Auftrag des Rates der Evangelischen Kirche in Deutschland, Gütersloh.

Spermann, A. (1996), Das »Einstiegsgeld« für Langzeitarbeitslose, Baden-Baden.

Stallmann, M. (1963), Die biblische Geschichte im Unterricht. Katechetische Beiträge, Göttingen.

Steinataler Hefte 1/2003 (»Diakonisch-soziales Lernen«), Schwalmstadt.

Stoffpläne zu den mündlichen Prüfungen im Rahmen der Zweiten Theologischen Prüfung. Vom 22. Oktober 1998. (Stoffpläne)

Stork, D. (1997), Starke Frauen. Das Buch Ruth. Kreative Projektarbeit. Soziales und diakonisches Lernen in der Schule; hg. vom Diakonischen Werk der Evangelischen Kirche von Westfalen, Münster.

Strätling, B.; Strätling-Tölle, H. (2001), Kursbuch Hospiz, Paderborn.

Straus, E. (1956), Vom Sinn der Sinne. Ein Beitrag zur Grundlegung der Psychologie, 2. Aufl., Berlin.

Strohm, Th. (1991), Ist Diakonie lehrbar? Plädoyer für ein neues Verständnis der theologischen Ausbildung. In: Schibilsky, M. (Hg.), Kursbuch Diakonie, Neukirchen-Vluyn, 145–160.

Strohm, Th. (2004), Soziales Lernen in der Perspektive der »Verantwortlichen Gesellschaft« In: Hanisch, H.; Schmidt, H. (Hg.), Diakonische Bildung, Veröffentlichungen des Diakoniewissenschaftlichen Instituts an der Universität Heidelberg, Bd. 21, Heidelberg, 29–40.

Strünck, Ch. (2003), Mit Sicherheit flexibel? Chancen und Risiken neuer Beschäftigungsverhältnisse, Bonn.

Student, J.-C.; Mühlum A.; Student U. (2004), Soziale Arbeit in Hospiz und Palliative Care, München.

Tenbohelen, L. (2002), Caritas international: Flüchtlingshilfe Afghanistan. In: caritasmitteilungen für die Erzdiözese Freiburg 1.

Terhart, E. (1992), Lehr-Lern-Methoden, 2. Aufl., Weinheim.

Theißen, G. (2003), Zur Bibel motivieren. Aufgaben, Inhalte und Methoden einer offenen Bibeldidaktik, Gütersloh.

Thurn, S. (2003), Weltwissen der Fünfzehnjährigen. Nachdenken über Zukunft und Bildung. In: Pädagogik 7–8/2003, 62–66.

Transkulturelle Pflege. In: Zeitschrift für medizinische Ethik 46, 175–255.

Trutwin, W. (1996), Wege zum Licht – Die Weltreligionen, Düsseldorf.

Treml, A. K. (2000), Allgemeine Pädagogik. Grundlagen, Handlungsfelder und Perspektiven der Erziehung, Stuttgart.

Tscheulin, D. (1981), Gemeinsame Grundelemente in verschiedenen Psychotherapieformen. In: Rey, E. R. (Hg.); Aktuelle Psychiatrie, Bd. 2: Klinische Psychologie, Stuttgart/New York, 15–127.

Übersicht über Sondervikariate im 5. Ausbildungshalbjahr, Bielefeld im Januar 2002. (Übersicht)

Ulrich-Eschemann, K. (2000), Vom Geborenwerden des Menschen. Theologische und philosophische Entdeckungen, Münster.

Unabhängige Kommission »Zuwanderung« (2001), Zuwanderung gestalten – Integration fördern. Bericht der Unabhängigen Kommission »Zuwanderung«, Berlin.

VEDD Verband Evangelischer Diakonen- und Diakoninnengemeinschaften in Deutschland e. V. (Hg.) (2004), Was sollen Diakone und Diakoninnen können? Kompetenzmatrix für die Ausbildung von Diakoninnen und Diakonen im Rahmen der doppelten Qualifikation, erarbeitet und beschlossen von der »Ständigen Konferenz der Ausbildungsleiter und –leiterinnen im VEDD« (KAL) im Frühjahr 2004. In: Impuls. Positionen und Konzepte aus dem Verband Evangelischer Diakonen- und Diakoninnengemeinschaften in Deutschland, III/2004.

Verbände im Diakonat (Zehlendorfer Verband, Kaiserswerther Verband, Verband Evangelischer Diakonen- und Diakoninnengemeinschaften in Deutschland e.V.) (Hg.) (2004), Bildungswege im Diakonat. Ein Arbeitspapier der Verbände im Diakonat. Stand: Sommer 2004. In: Impuls. Positionen und Konzepte aus den Verbänden Diakonischer Gemeinschaften, IV/2004.

Verordnung für den Vorbereitungsdienst der Vikarinnen und Vikare der Evangelischen Kirche von Westfalen (Ausbildungsverordnung - AusbVO-Vik). Vom 22. Mai 2003 (KABL. 2003, 184). (Verordnung)

Visionen für eine gerechte Gesellschaft (2003), Solidarität – Chance für die Zukunft, hg. vom Bundesvorstand des Bundes der Deutschen Katholischen Jugend, Düsseldorf.

von Hentig, H. (2004), Einführung in den Bildungsplan, In: Ministerium für Kultus, Jugend und Sport Baden-Württemberg (Hg.): Bildungsplan 2004. Allgemein bildendes Gymnasium, Stuttgart.

von Hentig, H. (1996), Bildung. Ein Essay, Darmstadt.

von Schubert, B. (1995), Behinderung und Selbstbestimmtes Leben, Heidelberg.

von Schubert, B. (1998), Diakonie in Schule und Unterricht. In: danken und dienen, 88–95;

von Schubert, B. (2003), Soziales Lernen/Diakonisches Lernen. Ein Weg zur diakonischen Gemeindeentwicklung. In: Götzelmann, A. (Hg.), Diakonische Kirche. Anstöße zur Gemeindeentwicklung und Kirchenreform. FS für Theodor Strohm. Veröffentlichungen des Diakoniewissenschaftlichen Instituts Heidelberg, Bd. 17, Heidelberg, 180–191.

von Schubert, B. (2003), Soziales Lernen als Element evangelischer Bildungsverantwortung. Konkretionen am Beispiel eines evangelischen Gymnasiums. In: Praktische Theologie, 31–40.

von Schubert, B., Auf Augenhöhe. Wie Menschen mit und ohne Behinderung zusammenleben können (soziale kompetenz). Schülerheft und Vorbereitungsheft für Lehrerinnen und Lehrer. RPE, Stuttgart (in Vorbereitung).

Vygotsky, L. S. (1967), Play and its role in the mental development of the child. Soviet craft of reading, writing, and mathematics. In: Resnick, L. B. (Hg.), Knowing learning and instruction. Essay in honor of R. Glaser, Hillsdale, 453–494.

Vygotsky, L. S. (1978), Mind in society. The development of higher psychological processes, Cambridge.

Vygotsky, L. S. (1981), The genesis of higher mental functions. In: Wertsch, J. V. (Hg.), The concept of activity in soviet psychology, Armonk, 144–188.

Wacker, A. (1976), Arbeitslosigkeit. Soziale und psychische Voraussetzungen und Folgen, Köln.

Wacker, A. (1978), Vom Schock zum Fatalismus? Soziale und psychische Auswirkungen der Arbeitslosigkeit, Frankfurt a. M./New York.

Waldenfels, B. (2000), Das leibliche Selbst. Vorlesungen zur Phänomenologie des Leibes, Frankfurt a. M.

Walzer, M. (1998), Auf dem Weg zu einer neuen Sozialkultur? In: Diakonisches Werk Baden; Diakonisches Werk Württemberg; Evang. Akademie Bad Boll; Diözese Rottenburg-Stuttgart; Sozialministerium Baden-Württemberg (Hg.), Auf dem Weg zu einer neuen Sozialkultur.

Watzlawick, P. (2000), Menschliche Kommunikation – Formen, Störungen, Paradoxien, Bern.

Weingardt, M.; Böhm, U.; Willrett, S.; Stöffler, F. (2000), Soziale Verantwortung lernen, Stuttgart.

Weiß, R. (1999), Erfassung und Bewertung von Kompetenzen – empirische und konzeptionelle Probleme. In: Kompetenzentwicklung 99. Aspekte einer neuen Lernkultur. Argumente, Erfahrungen, Konsequenzen, Münster u. a., 433–493.

Wenger, E. (1998), Communities of Practice: Learning, Meaning, and Identity, Cambridge.

Wertsch, J. V. (1998), Mind as action, New York.

Wertsch, J. V. (1991), Voices of the mind. A sociocultural approach to mediated action, Cambridge.

Wilkinson, H. (1997), Kinder der Freiheit. Entsteht eine neue Ethik individueller und sozialer Verantwortung? In: Beck, U. (Hg.), Kinder der Freiheit, Frankfurt a. M., 85–123.

Winter, F. (2004), Leitungsbewertung (Grundlagen der Schulpädagogik 49), Baltmannsweiler, 185–310.

Zentner, M. (Hg.) (2000), Gründungskongress des Wittenberg-Zentrums für globale Ethik – Dokumentation, Halle.

Ziegler, A.; Bavastro, P.; Holfelder, H. H.; Dörner, K. (2002), Patientenverfügung. Kein »Sterben in Würde« – Eine Aufwertung der Ethik des Einzelnen bedeutet eine Dominanz des Stärkeren über die Ethik des Schwachen. In: Deutsches Ärzteblatt, Jg. 99, Heft 14, 5. April 2002.

Zimmer, D.; Brake, J. (1993) Ganzheitliche Personalauswahl, Bamberg.

Zinchenko, V. P. (1996), Developing activity theory. The zone of proximal development and beyond. In: Nardi, B. A. (Hg.), Context and consciousness. Activity theory and human-computer interaction, Cambridge, 283–324.

Zitt, R. (2004), Erinnerung, Bildung, Ermutigung. Horizonte gemeindlicher Bildungsprozesse. In: Lernort Gemeinde, Heft 1/2004, 50–55.

Zitt, R.; Schmitt, H. (2002), Fürs Leben lernen! Diakonisch-soziale Lernprozesse und die Frage nach einem diakonischen Bildungsbegriff. In: Diakonie Dokumentation: Fürs Leben lernen! Tagungsbericht vom vierten Bildungsforum der Diakonie, Heft 11/2002, 15–16. (Zu bestellen unter: http://www.bpb.de/publikationen/IJC4PK,0,0,Datenreport_2004.html)

Die Autorinnen und Autoren

Dr. Dr. h. c. Gottfried Adam ist Professor für Religionspädagogik und Dekan der Ev.-Theologischen Fakultät der Universität Wien.

Gabriele Bartsch, M. A., Soziologin, ist Geschäftsführerin der Agentur *mehrwert* gGmbH, Stuttgart.

Dr. Christoph Bizer, em. Professor für Praktische Theologie in Göttingen, lebt in Heidelberg und lehrt an der dortigen Theologischen Fakultät.

Christoph Dammann ist Leiter des Projekts »engagiert plus« beim Diakonischen Werk Baden in Karlsruhe.

Dr. h. c. Jürgen Gohde ist Präsident des Diakonischen Werkes der Ev. Kirche in Deutschland, Berlin.

Reinhart Gronbach, ev. Theologe mit den Schwerpunkten Ökumene und Pädagogik, ist Schulleiter des Ev. Lichtenstern-Gymnasiums in Sachsenheim. Von 1995 bis 2005 war er am Ev. Schulzentrum in Michelbach/Bilz tätig und hat dort das Profilfach Diakonie entwickelt und umgesetzt.

Dr. Helmut Hanisch ist Professor für Religionspädaogik an der Theologischen Fakultät der Universität Leipzig.

Gerhard Hess ist Dozent für Kinder- und Jugendarbeit sowie Außerschulische Bildung im Fachbereich Religionspädagogik der Ev. Fachhochschule Reutlingen-Ludwigsburg.

Christel Ruth Kaiser ist Oberstudiendirektorin und Schulleiterin der Melanchthon-Schule Steinatal.

Götz Kanzleiter ist Landesreferent in der »Schülerarbeit« im Ev. Jugendwerk in Württemberg.

Andreas Klett-Kazenwadel war Projektvikar für Asylarbeit und ist Pfarrvikar in Südbaden.

Angela Knapp ist Lehrerin an der Max-Planck-Realschule Bretten und Fachberaterin für Ev. Religion am Staatlichen Schulamt Karlsruhe.

Dr. Silke Köser ist theologische Referentin beim Diakonischen Werk der Ev. Kirche in Deutschland, Berlin.

Roswitha Kottnik, Pfarrerin der Württembergischen Landeskirche, war Referentin für Hospizarbeit und Palliative Care beim Diakonischen Werk der Ev. Kirche in Deutschland, Stuttgart/Berlin, und ist dort gegenwärtig als Referentin für Selbsthilfe und offene Altenarbeit tätig.

Dr. Gisela Kubon-Gilke ist Professorin für Ökonomie und Sozialpolitik an der Ev. Fachhochschule Darmstadt und Privatdozentin an der Technischen Universität Darmstadt.

Dr. Konrad Maier ist Professor für Politikwissenschaft und Sozialarbeitswissenschaft an der Ev. Fachhochschule Freiburg.

Dr. Dr. h. c. Karl Ernst Nipkow ist em. Professor für Religionspädagogik und Erziehungswissenschaft an der Universität Tübingen.

Dr. Martina Plieth ist Privatdozentin für Praktische Theologie an der Universität Münster und Pfarrerin der Ev. Kirche von Westfalen.

Dr. Heinrich Pompey ist em. Professor für Praktische Theologie / Caritaswissenschaft an der Theologischen Fakultät der Universität Freiburg.

Thomas Poreski ist Referent im Arbeitsfeld besondere soziale Lebenslagen und Wohnungspolitik im Zentrum FIBA des Diakonischen Werkes der Ev. Kirche in Deutschland, Berlin.

Dr. Manfred Riegger ist Akademischer Rat am Lehrstuhl für Didaktik des Kath. Religionsunterrichts und Religionspädagogik an der Kath.-Theologischen Fakultät der Universität Augsburg und unterrichtet Religion an einer Grund- und Hauptschule.

Dr. Hartmut Rupp ist Direktor des Religionspädagogischen Instituts der Badischen Landeskirche in Karlsruhe und Honorarprofessor an der Theologischen Fakultät der Universität Heidelberg.

Dr. Martin Sander-Gaiser ist Privatdozent für Religionspädagogik an der Universität Leipzig und Studienleiter am PTI in Kassel.

Dr. Heinz Schmidt ist Professor für Praktische Theologie und Direktor des Diakoniewissenschaftlichen Instituts an der Universität Heidelberg.

Dr. Britta von Schubert, Diplom-Diakoniewissenschaftlerin und Oberstudienrätin i. R., war Koordinatorin des Caritas-/Diakonieprojekts am Elisabeth-von-Thadden-Schulzentrum in Heidelberg-Wieblingen.

Lars Schwesinger, Diplom-Diakoniewissenschaftler, war Pastor der Ev.-Freikirchlichen Gemeinde Darmstadt und ist derzeit Pastor im Gemeindejugendwerk des Landesverbandes Südwest des BEFG.

Dr. Barbara Städtler-Mach ist Professorin an der Ev. Fachhochschule Nürnberg sowie Mitbegründerin und Leiterin des Instituts für Gerontologie und Ethik in Neuendettelsau.

Rainer Starck ist Schuldekan in Karlsruhe und Leitender Redakteur der Schriftenreihe KU-Praxis.

Dr. Heike Vierling-Ihrig ist wissenschaftliche Assistentin am Praktisch-Theologischen Seminar der Universität Heidelberg.

Markus Wild ist Pfarrer und Religionslehrer am Friedrich-Ebert-Gymnasium Sandhausen bei Heidelberg.

Frank Ziegler ist wissenschaftlicher Mitarbeiter der Bundestagsabgeordneten Dr. Thea Dückert.

Dr. Renate Zitt, Diplom-Diakoniewissenschaftlerin, ist Professorin für Religionspädagogik/Gemeindepädagogik und Dekanin im Fachbereich Aufbau- und Kontaktstudium an der Ev. Fachhochschule Darmstadt.